KB208914

2천년 동안 베일에 가려있던
신비의 비경전 고대 히브리어 문헌

〈일러두기〉

1.

신약 및 구약 성서에 포함된 고대 문헌을 '카논〈Canon〉'이라고 하고, 카논에서 제외된 문헌을 '아포크리파〈Apocrypha〉'라고 한다.

2.

이 책에 등장하는 고유명사는 가능한 한 〈공동번역 성서〉에 따른다. 다만 성서에 등장하는 인물과 동일인이 아닌 개인의 이름이나 지명은 당시의 발음에 따른다.

3.

〈하느님〉 또는 〈하나님〉의 표기는 원래가 〈니은〉 받침 밑에 〈아래 아〉가 붙은 구한말 표기로부터 현대한글에서, 특별한 의미 부여 없이, 그것을 〈느〉 또는 〈나〉로 표기하게 된 것이라고 이해하고, 애국가에도 "하느님이 보우하사"라고 되어 있고, 국어사전에도 "하느님"이 표준어로 되어 있으며, 〈주기도문〉에 "하늘에 계신 우리 아버지"라고 하는 점을 고려하여 〈하느님〉으로 표기한다.

4.

로마총독 〈본디오 빌라도〉는 라틴어로 Pontius Pilatus로 표기하는데, 원래의 발음은 대중적 또는 중세 라틴어에 따르면 "뽄씨우스 삘라뚜스"가 되고, 기원 전 고전 라틴어에 따르면 "뽄띠우스 삘라뚜스"이지만, 우리 나라의 가톨릭에서는 〈본시오 빌라도〉, 개신교에서는 〈본디오 빌라도〉로 표기하는 점을 고려하고, 많은 사람이 이해한다는 점에서 〈본디오〉로 표기한다. 그러나 그 어느 쪽도 정확한 것은 아니다.

5.

로마황제를 의미하는 〈카이사르〉 즉 Caesar는 원래가 우리가 말하는 이씨나 김씨와 같은 가문의 명칭이다. 영어 발음의 〈쥴리어스 시저〉가 초대 황제로 대접을 받으면서 그 이후에 명칭이 황제를 의미하게 되었다. 그리고 원래의 발음은 고전 라틴어로는 〈카에사르〉이고, 대중적 또는 중세 라틴어로는 〈체사르〉이며, 가톨릭에서는 이 〈체사르〉라는 발음을 사용했고, 프랑스어는 〈세자르〉, 이탈리아어는 〈체사레〉, 영어는 〈시저〉로 발음하고, 독일어로는 〈카이저〉가 되고, 러시아어로 넘어가면 〈짜르〉가 된다. 여기서는 〈체사르〉라고 표기한다.

6.

몇 가지 간단히 예를 들기는 했지만, 고유 명사의 표기가 어떤 식이든 구애받지 말고 앞 뒤의 문맥을 잘 살펴서 읽어 주기 바란다.

편집자

초대교회에서 읽었던
원초적 성서

제2의 성서

구약

초대교회에서 읽었던
원초적 성서

제2의 성서

구약

초판 1쇄 | 2001년 9월 19일
1판 14쇄 | 2017년 8월 5일
2판 1쇄 | 2021년 3월 25일

번역편찬 · 이동진
펴낸곳 · 해누리
펴낸이 · 김진용
편집주간 · 조종순
마케팅 · 김진용

등록 | 1998년 9월 9일(제16-1732호)
등록변경 | 2013년 12월 9일(제2002-000398호)
주소 | 서울특별시 영등포구 당산로 20길 13-1
전화 | 02)335-0414 팩스 | 02)335-0416
E-mail | haenuri0414@naver.com

© 이동진 2001

ISBN 978-89-6226-120-2 (03200)

* Apocrypha(New Testament)
  Edited And Translated by Dong Jin, Lee

초대교회에서 읽었던
원초적 성서

제2의 성서

감추어진 성서/Hidden Bible

구약

이동진 편역

((해누리

지금의 성서가 신앙의 교과서라면
〈제2의 성서〉는 가장 우수한 참고서이다

이동진〈편역자〉

　　인류 역사상 사람들이 가장 많이 읽었으며, 지금도 가장 많이 읽고 있는 책이 성서이다. 또한 성서는 2천 년 이상 최장 베스트셀러였으며 인류 역사상 가장 광범위하고, 가장 지속적으로, 또 가장 크게 인류의 문화와 문명에 영향을 끼쳤다고 할 수 있다.

　　따라서 그리스도교 신자거나 아니거나, 우리는 성서를 이해할 필요가 있고, 그것도 '반드시 올바르게' 이해할 필요가 있다. 만일 성서를 바르게 이해하지 못하면 불필요한 논쟁이 발생하고, 비인간적인 투쟁이 전개되며, 수많은 사람을 속이고 막대한 피해를 주는 각종 이단이나 컬트가 발생하게 된다.

　　그러나 성서를 이해한다는 것은 결코 쉬운 일이 아니다. 성서에 대해 아무리 많은 지식을 가졌다고 해도 성서의 참된 내용을 이해하지 못할 수가 있다. 지식이란 그 속성상 완벽할 수 없기 때문이다.

　　또한 '교회에서 공인된' 카논, 즉 경전 73권(개신교에서는 66권)으로 구성된 신약과 구약 성서 자체만 가지고 아무리 연구해도, 성서가 제시하는 메시지와 그 세계를 완전히 이해할 수는 없다.

　　성서 구절 중에는 의미가 모호한 것이 많고, 서로 상반되는 내용도 적지 않으며, 역사적인 사실과 전후 관계가 잘 들어맞지 않는 대목도 상당히 있기 때문이다. 따라서 성서를 제대로 이해하기 위해서는 보조 수단이 절실히 필요하게 된다. 그 보조 수단 중에 가장 중요한 자료가 바로 이 〈제2의 성서〉다.

**비경전은 초대 교회의 윤리관과 가치관,
종교의 의식구조를 이해하는 데 필수적이다**

〈제2의 성서〉는 지금 우리가 읽는 성서와 같은 시대에 저술되었
으면서도 성서에 포함되지 못한 고대 문헌(아포크리파, 비경전)들
로 구성되어 있다.

과거에 몇천 종류가 있었는지 알 길도 없는 고대 문헌들 가운데
서 지금까지 발견된 것은 수백여 종류가 되지만, 그 가운데서도 중
요한 문헌들만 발췌해서 신약시대와 구약시대의 〈제2의 성서〉 두
권으로 이번에 출간하게 되었다.

특히 비경전 고대 문헌들 중에서도 "고린토인들에게 보낸 클레
멘스의 편지", "이냐시우스의 편지들", "바르나바스의 편지", "헤
르마스의 목자", 기타 다른 문헌들은 초대 교회에서 성서와 똑같이
인정을 받아 사용되던 것들이다.

또한 이 문헌들은 성서에 나오지 않는 귀중한 내용을 전해주기
도 한다. 예를 들면 마리아의 생애, 예수의 어린 시절, 12사도들의
활동 등은 이 고대 문헌들을 통해서만 알 수가 있기 때문에 참고
자료로서 그 가치가 매우 높다.

메시아를 가리키는 용어인 '사람의 아들'은 다니엘서 7장 13절
이하에 나오는 것이 원천이 되어, 신약에서 그 개념이 발전되었는

데, 바로 '사람의 아들'이라는 용어는 다니엘서보다도 먼저 〈에녹의 책〉에 처음 등장했고, 〈에즈라 제4서〉에도 나온다.

수호천사에 관한 이야기도 비경전 문헌에서만 찾아볼 수 있다. 그리고 이 고대 문헌들은 신약과 구약이 경전으로 확정되기 이전 상태인 초대 교회 당시 신자들의 윤리관, 가치관, 종교적 의식구조 등을 이해하는 데 필요한 자료가 된다.

아울러 비경전은 신·구약 성서가 왜 경전으로서 높은 가치를 지니고 있는지 더욱 명백히 실감할 수 있게 해준다는 점이 중요하다. 말하자면 완전한 것과 불완전한 것을 비교하여, 완전한 것이 왜 완전한 것인지 깨닫고, 그것을 더욱 아끼게 되는 것과 마찬가지다. 성서를 교과서라고 한다면, 비경전 고대 문헌들은 교과서의 내용을 잘 이해하도록 도와주는 참고서라고 할 수 있다.

바오로의 계시록이 단테 〈신곡〉의 모델이 된 것처럼 고대 문헌은 세계 문학의 보물 창고가 되었다

문화적으로는 이 문헌들이 아름다운 문체, 놀라운 상상력, 풍부한 설화를 동원하여 그 자체로서 미학적·문학적 가치가 높은 작품이 될 뿐 아니라, 오랜 세월에 걸쳐서 지중해와 유럽의 미술과 문학에 커다란 영향을 끼쳤다는 점을 주목해야 한다.

〈진주의 노래〉, 〈솔로몬의 노래〉와 〈솔로몬의 시편〉, 〈시빌의 신탁집〉, 그리고 〈에녹의 책〉은 성서적 관점을 떠나서도 그 자체가 최고 수준의 문학적 걸작들이다.

〈에즈라의 환상〉은 단테가 〈신곡〉을 저술하는 데 영감과 기본 문헌 자료를 제공했으며, 〈신곡〉의 지옥편은 〈바오로 계시록〉을 모델로 삼은 것이다.

또한 〈에즈라의 환상〉은 아랍의 동화 〈신밧드의 모험〉의 기초

자료를 제공했다.

밀턴의 〈실락원〉은 아담과 하와의 이야기에서 영감을 받아 썼으며, 가장 오래된 지혜의 문서인 〈아히카르〉에서 아랍 문학의 세계 고전 명작 〈아라비안나이트〉와 〈이솝의 생애〉가 탄생했다.

나일강 상류「나그함마디」에서 발굴된 파피루스 묶음

18세기 영국의 위대한 시인 윌리엄 블레이크의 시도 이 고대 문헌들로부터 많은 영향을 받은 것이다. 영화 〈쿼바디스〉에서 베드로가 예수에게 "쿼바디스, 도미네?(주님, 어디로 가십니까?)"라고 묻는 장면에 관해서는 〈베드로 행전〉에 자세히 묘사되어 있다.

그뿐만 아니라 이 책의 〈포칠리데스의 잠언〉은 유럽 도덕 교과서의 기초가 되기도 했다. 〈셈의 예언서〉에서는 로마시대 악티움 해전에서 패한 안토니우스가 알렉산드리아에서 자살하는 장면이 예언되어 있으며, 이 문헌이 발굴된 이후에 버나드 쇼의 〈시저와 클레오파트라〉, 플루타르크의 〈영웅전〉이 집필되었다.

르네상스 시대의 위대한 화가 미켈란젤로와 라파엘로도 이 고대 문헌들로부터 영감을 받아 걸작품들을 남겼다. 이처럼 〈제2의 성서〉는 세계 문학 걸작들의 창작 발상과 자료를 제공한 문화유산의 보물 창고라고 말할 수 있다.

이 문헌은 콜럼버스가 아메리카 신대륙을 발견하는 단서와 동기를 제공했다

특히 흥미로운 점은 콜럼버스가 왜 목숨을 걸고 서쪽으로 무작정 항해를 해서 아메리카 신대륙을 발견하게 되었는가 하는 질문에 대해서 이 고대 문헌들이 해답을 준다는 것이다.

즉 〈제2의 성서〉에 포함된 〈레카브의 역사〉와 〈에즈라 제4서〉는 콜럼버스의 신대륙 발견에 중요한 단서를 제공하여 오늘날 아메리카가 존재하는 핵심적인 역할을 했다.

고대 문헌에 따르면, 레카브가 40년 동안 하느님께 신비의 섬을 보여달라고 기도한 결과 천사의 안내를 받는다. 이와 관련해서, 아일랜드의 수도자 브랜다누스가 서쪽으로 끝없는 항해를 계속하여 마침내 이상한 섬에 도착하는 대목이 나온다.

콜럼버스는 항해를 떠나기 전에 스페인 왕을 설득하기 위해 〈에즈라 제4서〉의 6장 42절에 기록된 '지구는 바다가 7분의 6이고 육지가 7분의 1이다'라는 대목을 인용하여 왕을 설득하는 데 성공하여, 마침내 항해에 나서게 되었다. 콜럼버스는 이 고대 문헌을 읽고 나서 육지가 바다에 둘러싸여 있다는 확신을 갖게 되었고, 아메리카 신대륙 발견에 성공한 것이다.

구약은 1천 년에 걸쳐서 저술되었지만 신약은 불과 50년 동안에 완성된 것이다

우리는 단행본으로 출판된 성서를 읽고 있기 때문에, 성서가 마치 단일 저자에 의해서 어느 일정한 시기에 저술된 책이라는 착각을 하기 쉽다. 그러나 그렇지가 않다.

성서는 기본적으로 구약 46권(개신교에서는 39권)과 신약 27권으로 구성되어, 전체가 73권(개신교에서는 66권)이다. 저자가 73명인가 하면 그렇지도 않다. 구약의 상당 부분은 그 저자가 누구인지 모른다. 신약의 여러 권에 대해서도 저자가 누군가에 대한 논란이 아직도 있다. 또 어떤 것은 여러 명의 글이 한 권으로 묶인 것도 있다.

성서는 오랜 기간에 걸쳐서 저술된 것이다.

구약은 기원 전 1200년(또는 900년)부터 기원 전 50년까지, 그러니까 약 1천 년에 걸쳐서 저술되었고, 신약은 예수가 처형된 지 20년이 지난 기원 후 50년에서 마지막 사도인 요한이 죽기 직전인 기원 후 95년까지 약 50년에 걸쳐서 저술되었다.

다시 말하면, 아브라함이 가나안 지방에 정착한 것은 기원 전 1850년경, 즉 지금부터 약 4천 년 전의 일인데, 그 이후 약 950년이 지나서 입으로 전해내려오던 구약시대의 이야기들이 창세기를 비롯한 고대 문헌으로 처음 기록되기 시작했다.

우리 나라의 경우, 단군에 관한 이야기가 수천 년이 지나 〈삼국유사〉 등에 기록되는 것과 비슷하다고 하겠다. 그런 고대 문헌들은 다시 6백 년이 지난 기원 전 300년에 종합적으로 편집되어 히브리어에서 그리스어로 번역되었다. 그래서 '70인역'이 나온 것이다.

그 이후에도 구약의 경전들은 계속해서 집필되었다. 이에 비하면 신약의 경전들은 약 50년이라는 비교적 짧은 기간에 저술된 것이다. 그런데 구약이든 신약이든 최초의 원본이 남아 있는 것은 한 권도 없다.

가장 오래된 필사본이라고 해도 모두 원본이 저술된 지 수백 년이 지나서 앞의 것을 손으로 베껴 쓴 것이다. 말하자면 최초의 저자의 원고가 완전히 없어졌다는 말이다.

또한 구약이든 신약이든 그 최초의 저자들은 자기 글이 요즈음 우리가 말하는 성서로 남아서 그것만이 교회에서 유일하게 사용될 줄은 몰랐다. 그렇게 사용될 것을 염두에 두고 저술한 것도 아니다.

왜냐하면 그들이 살아 있을 당시, 그리고 그 후 수백 년이 지날 때까지도 지금 우리가 말하는 73권(또는 66권)이라는 성서 목록이 확정되지 않은 채, 유대교와 그리스도교에서는 성서는 물론이고 그보다 수십 배나 많은 다른 고대 문헌들을 교회에서 사용해왔던 것이다.

구약의 저술은 기원 전 50년에 끝나고, 신약의 저술은 기원 후 50년에 시작되었다. 그렇다면 그 사이의 1백 년 동안은 공백기간이다. 문제는 이 공백기간에 예수 그리스도가 지상에 살면서 중요한 가르침을 베풀었다는 사실이다.

그렇다면 이 공백기간에는 성서에 포함된 문헌 이외의 다른 종교적 고대 문헌들이 저술되지 않았단 말인가? 그렇지가 않다. 기원 전 2세기부터 기원 후 2세기까지 약 4백 년 동안은 유대교와 그리스도교 초기의 중대한 시련기였다.

기원 전 167년에 유대인에 대한 대박해가 일어났고, 기원 전 63년에는 로마제국의 폼페이우스 장군이 예루살렘을 점령했으며, 기원 후 30년에 예수가 십자가에 처형되었고, 기원 후 70년에는 로마군이 반란을 진압한 뒤 예루살렘을 철저히 파괴했던 것이다.

이 시련의 시기에 종교적 고대 문헌이 가장 많이, 가장 정열적으로 저술되었다. 그리고 신앙을 가진 사람들에게 엄청난 영향을 미쳤다.

**고대 문헌이 없었다면 기원 전 200년부터
기원 후 100년까지의 종교사는 쓸 수 없었을 것이다**

영국의 오스코트 대학의 성서학 교수인 R. J. 포스터 신부는 비경전 고대 문헌들의 저술 배경과 그 가치에 관해서 다음과 같이 설

히브리어 모세 5경 필사본, 14세기

명했다.

"구약시대의 비경전은 구약시대 말기와 그리스도교 초기의 유대민족의 암울한 시대상황에서 나온 것인데, 곧 성취될 메시아의 승리를 강조하고, 희망을 주제로 삼는다.

이 문헌들은 유대인들의 필연적인 승리에 대한 신앙을 다시 불붙이고, 민족을 위로하고, 예언적 길잡이 역할을 했다. 기원 후 66년에 로마제국에 대항해서 일으킨 전국적인 반란은 이 문헌들의 영향력이 얼마나 컸는지를 잘 증명해준다.

한편, 신약시대의 비경전은 성서에 기술된 내용이 너무 짧거나 자세하지 못해서 예수, 성모 마리아, 사도들, 내세의 삶 등에 관하여 좀더 자세히 알고 싶어하는 신자들의 궁금증에 해답을 주지 못했기 때문에 저술되었고, 이 고대 문헌들은 성서에서 누락된 부분을 보충하고, 새로운 내용을 추가한다.

그리고 신약시대의 비경전 가운데 유대교 문헌들은 예수의 생존 당시 유대민족이 가장 중요시했으며 보편적으로 믿었던 교리들을 드러내주고, 그리스도교 문헌들은 초대 교회 신자들이 어떤 문제에 관해서 가장 관심이 많았고, 무엇을 믿고 존경했는지를 알려준다.

또한 이 문헌들은 교회의 전례, 중세의 문화와 예술에 미친 영향을 절대로 과소평가해서는 안 된다. 성모 마리아의 봉헌, 요아킴과 안나의 이름은 이 문헌들로부터 유래한 것이다.

비경전의 전설, 기적, 오류 등을 읽은 결과, 성서가 단순하면서도 위대하다는 점을 우리가 더욱 더 절실히 깨닫게 되는데, 이것이 바로 이 문헌들의 공헌이다."(가톨릭 성서주해사전, 121-126 참조)

구약시대의 비경전 문헌들의 중요성에 대해서 프린스턴 신학대학교의 제임스 H. 찰스워즈 교수는 "이러한 문헌들이 없다면, 기원 전 200년부터 기원 후 100년까지의 종교 발전의 흐름을 설명하기가 절대적으로 불가능하다."고 말했다.(구약시대 비경전 문헌, 서문 참조)

사도들의 활동을 기록한 비경전 고대 문헌들에 대해서 독일의 본 대학교 교수 빌헬름 슈네멜커는 이 문헌들이 기원 후 2세기 교회에서 '사도'에 대한 개념과 사도 중심 규범의 신학적 발전에 막대한 영향을 미쳤고, 그 이후의 성인 전기 작가들에게도 계속해서 영향을 미쳤다고 말했다.(신약시대의 비경전 고대 문헌, 서문 참조)

그리고 브리태니커 백과사전에는 신약시대의 비경전 고대 문헌들이 예수와 사도들에 관한 초창기 교회의 여러 전통들을 전해주기 때문에 중요하다고 지적되어 있다.(Bible 항목 참조)

지금의 성서는 로마 교황의 승인을 받아
1546년 트렌트 공의회에서 확정된 것이다

그렇다면 넓은 의미에서 모두 고대 문헌에 속하는 카논(경전)과 아포크리파(비경전)는 언제 무슨 이유로 분리되었는가?

기원 후 약 200년 동안의 초대 교회에서는, 카논과 아포크리파를 구별하지 않은 채, 각 지역의 교회들의 판단에 따라 모든 고대 문헌들을 공개 낭독, 인용 등 종교적인 목적으로 자유롭게 사용해왔다. 그러다가 유대교는 그리스도교의 출현 때문에, 그리스도교는 내부의 이단 발생 때문에, 〈카논〉, 즉 '교회에서 공인된 경전'의 목록의 필요성을 느끼게 되었다.

유대교는 기원 후 90년경에 얌니아에서 지도자 회의를 개최하여 구약의 경전 목록을 확정했는데, 이 목록에서는 기원 전 300년에 완성된 그리스어 번역집(셉투아진타, 즉 70인역)에 있던 7권 등이 제외되었다. 이 구약 경전 목록의 확정은 구약을 기록하기 시작한 이래 약 1300년이 지난 뒤에 이루어진 것이다.

그리스도교는 구약과 신약 경전 73권의 목록을 기원 후 393년 북아프리카의 카르타고 주교회의에서 결정하여 로마 교황의 승인을 받았고, 그 후에도 목록에 대한 논란이 계속되다가 트렌트 공의회(1546년)에서 확정되었다. 카르타고 주교회의를 기준으로 본다면, 신약 목록은 그 저술이 끝난 지 약 3백 년 뒤에 확정된 것이다.

한편 종교개혁 때 개신교에서는 구약에서 히브리어 필사본이 없는 7권과 일부 내용을 경전에서 제외하였다.

고대 문헌들의 인류학적 유산 가치는
높이 평가되고 있다

고대 문헌들 가운데 왜 어느 것은 신·구약의 경전이 되고, 어느 것은 거기 포함되지 못하여 비경전이 되는가 하는 의문이 생긴다. 이 점에 관해서 예수회 신부 존 메켄지는 그의 『성서 사전』에서 다음과 같이 설명한다.

"경전은 영감을 받은 책이다. 그러나 영감을 받았다고 해서 모두 경전이 되는 것은 아니다. 영감을 받은 책은 저자인 인간을 수단으로 삼아서 하느님이 기록한 것이다. 경전은 그 책이 영감을 받았고, 하느님의 말씀으로서, 계시된 교리의 원천으로서 신자들에게 제공된 것이라고 교회가 인정한 책이다."

그러니까 하느님의 영감을 받기는 했지만, 경전에는 포함되지 않은 책이 있다는 말이 된다. 비경전의 저자들도 나름대로 신앙을 가지고 열심히 기록했을 것이라는 점을 고려할 때, 비경전이라고 해서 무조건 배척할 것이 아니라 참고할 것은 참고하고, 그 자체에 포함된 아름다움이나 가치, 그리고 읽은 재미를 제대로 평가해주는 것이 현대의 상황에서 바람직하지 않을까 생각한다.

선입견을 버리고 고대 비경전을 일종의 문화 유산으로 대한다면, 신앙인에게 오히려 도움이 될 것이다. 아울러 이 고대 문헌들이 일반 독자에게도 흥미 있고 유익한 읽을거리가 되리라 믿는다.

어쨌든 정통 교회의 기준에 적합하지 않다는 이유로, 성서에 경전으로 포함되지 못한 고대 문헌들을 〈아포크리파〉, 즉 '숨겨진 문헌' 또는 '비밀의 책'이라고 부르는데, 이 문헌들은 기원 전 4세기에서 기원 후 2세기까지 약 6백 년에 걸쳐서 저술되었다.

이 고대 문헌들은 그 종교적·문화적·예술적 가치에도 불구하고, 교회의 배척과 인간적인 편견 때문에 불태워지거나 점차 필사본의 명맥이 끊어지거나 사람들의 기억에서 사라졌다.

물론 전문적인 성서학자들이 성서를 연구, 해설하는 보조수단으로서 이 아포크리파를 그 동안 연구하고 이용해왔다. 그러나 남아 있는 자료가 너무나 빈약했다. 그러다가 2천 년 가까이 묻혔던 대량의 자료들이 우연한 기회에 세상의 빛을 보게 된 것이다.

그리고 전 세계에 엄청난 충격을 주고 흥분을 일으켰던 것이다. 다시 말하면, 방대한 분량의 고대 문헌들이 1947년에서 1956년 사이에 요르단 서쪽 사해 근처의 쿰란 동굴에서, 그리고 1945년 12월 이집트 나일강 상류에 위치한 '야발 알 타이프' 산의 나그함마디에서 발견되어 전 세계를 놀라게 한 것이다.

쿰란에서 발견된 사해문서에는 기원 전 150년부터 서기 68년 사이에 히브리어로 기록된 것으로, 현존하는 것 가운데 가장 오래된 필사본 조각들이 포함되어 있다. 그리고 무덤으로 사용되던 동굴이 150개나 있는 나그함마디에서 발견된 52종류의 고대 문헌은 서기 50년에서 150년 사이에 필사한 것들이다. 이 고대 문헌들은 인류학적 유산으로 높이 평가되었다.

고대 문헌들이 경전에서 제외되었던 것은 정치 · 종교적 대립 때문이었다

미국의 인디애나 대학의 비교문학 교수이자 시인인 윌리스 반스토운이 고대 문헌들을 편집한 책인 〈또다른 성서〉의 서문에서 지적한 다음 요지는 독자들에게 많은 참고가 될 것이다.

"구약성서가 확정된 이후, 그리고 기원 후 수백 년 동안 하느님의 계시를 받은 수많은 저자들이 계속해서 거룩한 문헌들을 저술했다. 이 가운데 많은 문헌이 놀랄 만큼 아름답고, 종교적인 중요성을 지니는 한편, 경전으로 공인된 성서들과 경쟁 관계에 있었다.

…역사의 흐름이 달리 진행되어서, 하느님의 계시를 받은 이 문헌들 가운데 일부가 오늘날의 성서에 포함되었더라면, 우리는 종교 사상의 전통을 근본적으로 다른 시각에서 이해하게 되었을 것이다.

…오늘날 우리는 엄격한 교리의 속박에서 벗어나 유대교 및 그리스도교 세계의 '보다 더 풍부한 내용의 성서'를 자유롭게 읽을 수가 있다. …성서에 포함되지 않은 이 고대 문헌들은 심미적으로나 종교적으로나 성서에 비해 전혀 손색이 없고, 오히려 예수의 어린 시절에 관한 복음서들처럼 결정적인 자료를 제공해줄 뿐 아니라, 성서의 주요 내용을 다른 각도에서 전해주기도 한다.

…〈전도서〉나 〈아가서〉처럼 훌륭하지만 위험한 문헌을 경전에 포함시킬 때나, 수많은 고대 문헌들을 경전에서 제외시킬 때의 과정이 자의적이고 의심스러운 경우가 적지 않았다. 고대 문헌들을 경전에서 제외시킨 것은 유대인, 그리스도교 정통파, 그노시스파 사이의 격렬한 정치적·종교적 대립 때문인 경우가 많았다.

그리스도교의 비경전 문헌들은 초대 교회의 생활과 이상을 명확하게 그려준다. 사도들이 소아시아와 인도를 떠돌아다니는 모습을 볼 수 있고, 전설적인 모험담, 순결에 관한 설교, 열망하던 순교의 피비린내나는 장면 등을 알 수 있다.

비경전은 특히 계시록 분야가 탁월한데, 고대 문헌들을 읽는 독자는 요한계시록이 이상하고 모호한 문서가 아니라, 비경전이 유대교 및 그리스도교 문헌과 완전히 일치한다는 사실을 깨닫게 될 것이다.

…또한 고대 문헌들은 고대의 사상을 다양하게 드러낸다. 다양한 관점이 서로 상충하는 듯이 보이기도 한다. 독자들은 나름대로 자기 관점을 동원하여 해석과 판단을 하게 될 것이다."

이 고대 문헌들은 우리가 타임 머신을 타고 2천 년 전의 초대 교회 시절로 되돌아가게 만든다. 그리고 당시 성서의 세계를 다양한 관점에서 바라보게 해준다.

이 문헌들은 성서에 대한 획일적인 해석이란 불가능하고 또 바람직하지 않으며, 다양한 각도에서 바라보는 것이 오히려 보다 깊은 신앙을 위해 크게 도움이 된다는 점에서 매우 중요하다.

인간이 하느님의 계시를 완전히 깨달을 수는 없겠지만, 어쨌든 그 계시에 가까이 접근하는 길은 무수히 많다고 하겠다. 이 고대 문헌들은 그러한 목적을 위해 중요한 참고자료가 될 것이다.

2001년 여름
관악산 架下서재에서
이동진 씀

제2부
지혜의 문헌

 제3부
시편, 찬미가, 기도

제4부
계시록

제5부
기타 문헌

제1부

창세기 이후의
이스라엘

아담과 하와의 생애

단테의 〈신곡〉, 밀턴의 〈실낙원〉에 영향을 준 문헌

해설

아담과 하와, 그리고 그 자손들에 관한 유태인의 전설은 매우 많다. 지금까지 전해져 내려오는 이 문헌의 필사본들은 적지 않지만, 제목이 통일되어 있지 않고 서로 다르다.

최초의 원문은 히브리어로 작성되었을 것으로 추정하지만, 그 원문은 현재 필사본이 전해지지 않고 있다. 이 원문에서 그리스어 번역이 나왔고, 히브리 원문 또는 그리스어 번역본을 토대로 해서 그후에 라틴어 번역본이 나왔다고 학자들은 본다.

이 문헌은 기원전 100년에서 서기 200년 사이에 처음 작성되었고, 그리스어 번역과 라틴어 번역은 서기 400년 이전에 이루어진 것으로 보인다. 저자는 알렉산드리아 또는 팔레스타인에 살던 유태인이라는 설이 있으나, 확실하지는 않다.

그리스어, 아라메아어, 슬라브어 등으로 번역된 필사본들이 그리스도교 초기 때부터 대단한 인기를 끌었으며, 또한 널리 전파되어 오늘에 이른다.

이 문헌은 5세기 이후 유럽의 종교시에 직접, 간접으로 크게 영향을 미쳤다. 그리고 여기 포함된 사탄의 타락 전설은 이슬람교의 코란에서도 그 흔적을 발견할 수 있다. 세트가 낙원으로 여행한 이야기가 12세기에는 그리스도의 나무 십자가 전설로 발전했다.

이 문헌은 중세의 종교시와 종교연극에 커다란 영향을 주었다. 단테의 〈신곡〉에서는 단테가 아담에게, 창조부터 자기 시대까지 몇 년이 지났는지(4302년이 지났다), 그리고 아담이 낙원에서 무슨 언어를 사용했는지에 관해서 질문한다. 밀턴의 〈실락원〉에서도 이 문헌의 영향을 받은 부분이 많이 발견된다.

이것은 아담과 하와의 생애와 관련된 이야기들인데, 하느님의 하인인 모세가 미카엘 대천사의 가르침을 받은 뒤에 주님의 손에서 십계명 석판들을 받을 때 이것도 아울러서 하느님으로부터 계시를 받은 것이다.

아담과 하와의 후회

제1장
낙원에서 쫓겨난 뒤 아담과 하와는 천막을 치고 슬픔에 못 이겨 통곡하면서 7일간 탄식을 계속했다. 그러나 7일이 지나자, 배가 고파진 그들은 먹을 것을 찾으러 돌아다녔으나 발견하지 못했다.

제2장
1. 그러자 하와가 아담에게 "주인님, 저는 배가 고파요. 그러니 가서 우리가 먹을 음식을 찾아보세요. 어쩌면 하느님이 마음을 누그

러뜨리고 우리를 불쌍히 여겨서 낙원으로 다시 불러들일지도 모르잖아요?"라고 말했다.

2. 아담이 자리에서 일어나 그 지방 일대를 7일간 돌아다녔다. 그러나 낙원에서 먹던 음식을 발견하지 못했다.

「아담과 하와의 계시록」

제29장 7-10: 우리는 7일간 비탄에 잠겼다. 7일이 지나자 우리는 배가 고파졌다. 그래서 내가 아담에게 "우리가 먹을 음식을 구해서 오세요. 그렇지 않으면 우리는 죽을 거예요. 하느님이 우리를 가엾게 여겨주시도록 일어나서 땅에 엎드려 통곡합시다."라고 말했다. 우리는 일어나서 그 지방 일대를 돌아다녔으나, 음식을 발견하지 못했다. 그래서 내가 아담에게 "주인님, 일어나서 저를 죽이세요.

그러면 저는 당신과 하느님과 천사들 앞에서 사라지게 되고, 그 결과, 하느님과 천사들이 저 때문에 당신에게 품은 분노를 더 이상 터뜨리지는 않을 거예요."라고 말했다. 아담이 하와에게 "나더러 하느님이 창조한 형상에 내 손을 대고 해쳐서 나의 갈빗대를 죽이고 살인죄를 범하라니, 당신은 어찌하여 이런 악한 짓을 생각해 내는 거요?"라고 대꾸했다.

이하 고딕 활자의 내용은 〈아담과 하와의 계시록〉에서 추가로 인용한 것이다.

제3장

1. 하와가 아담에게 "주인님, 저를 죽여 주세요? 아, 전 죽고 싶어요! 제가 죽는다면, 하느님이 당신을 낙원으로 다시 불러들일지도 몰라요. 왜냐하면 저 때문에 하느님이 당신에게 분노했으니까요."라고 말했다.

2. 아담은 "하느님의 다른 저주를 받을까 두려우니, 제발 그런 소리는 하지 마시오. 내가 어떻게 나 자신의 살을 향해 손을 뻗쳐서 해칠 수가 있단 말이오? 차라리 우리가 일어나서 먹을 것을 함께 찾아봅시다. 그래야만 우리가 쇠약해지지 않고 목숨을 부지할 수

있소!"라고 대답했다.

제4장

1. 그들이 7일 동안 먹을 것을 찾아서 헤맸으나 낙원에서 먹던 것은 발견하지 못했고, 오로지 짐승들의 먹이만 보였다.

2. 그래서 아담이 하와에게 "주님은 짐승들과 야수들에게 이것을 먹이로 지정했지만, 우리에게는 천사들의 음식을 제공해 왔소.

3. 그러니 우리를 만드신 하느님께서 우리를 보고 얼마나 크게 탄식하셨겠소? 그러므로 우리는 마땅히 마음 속 깊이 참회해야 하오. 그러면 주 하느님이 우리를 참아주고 불쌍히 여겨서 목숨을 이어가라고 음식을 줄 것이오."라고 말했다.

제5장

1. 하와가 아담에게 "주인님, 참회가 뭐지요? 제가 어떤 종류의 참회를 해야 한단 말인가요? 계속해서 지고 갈 수 없는 과도한 짐을 우리가 짊어지면 안 돼요. 왜냐하면 우리가 약속한 것을 지키지 않은 까닭에, 하느님은 우리 기도를 들어주지 않고 고개를 돌릴 테니까요.

2. 제가 당신에게 근심과 재앙을 초래한 이후에 당신은 얼마나 많이 참회하려 했던가요."라고 말했다.

제6장

1. 아담이 하와에게 "당신은 나하고 똑같은 시련을 견디어 낼 수가 없소. 그러니까 힘 자라는 데까지만 하시오. 나는 40일간 단식을 하겠소. 당신은 일어나 티그리스 강으로 가시오. 그리고 깊은 강물 속에 돌을 놓고 그 위에 서서 머리만 내민 채 있으시오.

2. 말은 한 마디도 하지 마시오. 금지된 나무의 열매를 따먹어서

아담과 하와, 라파엘로 작, 16세기

우리 입술이 더러워진 이후, 우리는 주님께 간청할 자격도 없기 때문이오. 당신은 강물 속에서 37일 동안 서 있으시오.

3. 나는 요르단 강물에서 40일 동안 지내겠소. 어쩌면 주님이 우리를 불쌍히 여길지도 모르겠소."라고 말했다.

「아담과 하와의 계시록」

제29장 11-12: 아담이 하와에게 "우리는 차라리 참회하고 40일간 기도합시다. 그러나 하느님이 창조할 때 여섯째 날까지도 당신은 창조되지 않았기 때문에, 당신은 34일간만 단식하시오. 우리는 자격이 없고 우리 입술이 더러우니, 세 마디 말이 당신 입술에서 새어나오지 못하게 하시오. 그러나 '오, 하느님, 제게 은총을 내려 주십시오.' 라고 속으로 말없이 기도하시오."라고 말했다.

제7장

1. 하와가 티그리스 강으로 걸어가서 아담이 지시한 대로 했다. 마찬가지로 아담도 요르단 강으로 가서 물 속에 돌을 넣고 목만 내민 채 그 위에 서 있었다.

제8장

1. 아담이 "요르단 강물이여, 나와 함께 슬퍼하라. 강물 속에서 헤엄치는 모든 생물을 불러모아서 내 주위를 둘러싼 채 나와 함께 그들도 비탄에 잠기게 하라.

2. 자기들을 위해서가 아니라 나를 위해서 비탄에 잠기게 하라. 왜냐하면 그들이 아니라 내가 죄를 지었기 때문이다."라고 말했다.

3. 모든 생물이 즉시 모여서 그를 둘러쌌다. 바로 그때부터 요르단 강물이 흐르지 않고 정지해 버렸다.

「아담과 하와의 계시록」
제29장 13-14: 아담이 요르단 강으로 가서 "요르단 강물이여, 흐름을 멈추어라. 모든 새들, 그리고 땅과 바다의 모든 동물과 파충류들은 모두 모여라." 하고 큰 소리로 외쳤다. 그러자 하느님의 모든 천사와 모든 생물이 마치 벽처럼 아담을 둘러쌌다. 그리고 그들은 하느님이 아담의 말에 귀를 기울이도록 아담을 대신해서 울면서 기도했다.

사탄이 다시 하와를 속였다

제9장

1. 그후 18일이 지났다. 그러자 화가 난 사탄이 빛나는 천사의 모습으로 변신하여 티그리스 강의 하와에게 갔다. 하와가 울고 있었다.

2. 악마가 그 슬픔을 같이 느끼는 척 자기도 울면서 "울음을 그치고 강물에서 나오시오. 이제는 슬픔과 한숨을 버리시오. 당신과 당신 남편 아담이 왜 아직도 비탄에 잠겨 있는 거요?

3. 주 하느님이 당신의 한숨에 귀를 기울였고, 당신의 참회를 받아들였소. 천사인 우리가 모두 당신을 위해 중간에 서서 주님께 간청했소.

4. 그래서 주님이 나를 파견해서 당신을 강물에서 나오게 하고, 당신들이 낙원에서 먹던 음식이 없다고 통곡하는데, 바로 그 음식을 주라고 했소.

5. 그러므로 당신은 강물에서 나오시오. 그러면 낙원의 음식이 준비된 곳으로 데려다 주겠소." 라고 말했다.

「아담과 하와의 계시록」

제29장 15-16: 아담을 속일 기회를 잡지 못한 악마가 티그리스 강의 하와에게 갔다. 하와의 눈물이 땅 위에 그리고 그의 옷자락에 떨어졌다.

제10장

1. 그 말을 듣고 나자, 하와가 그의 말을 믿고 물에서 나왔다. 강물이 하도 차가웠기 때문에 그녀의 몸은 시퍼렇게 변해 있었다.

2. 강물에서 나온 하와가 땅바닥에 쓰러졌는데, 악마가 일으켜 가지고 아담에게 데리고 갔다.

3. 그러나 하와와 악마를 본 아담은 구슬프게 울면서 큰 소리로 부르짖었다.

4. "오, 하와! 하와! 왜 참회를 중단했소? 어찌하여 우리 원수에게 다시금 유혹되었단 말이오? 우리가 낙원에서 쫓겨나고 정신적 기쁨을 박탈당한 것이 바로 저 악마 때문이 아니오?"

제11장

1. 그 말을 들은 하와는 자기가 악마에게 속아서 강물에서 나왔음을 깨달았다. 그래서 땅바닥에 엎드렸다. 그녀의 슬픔과 한숨과 통곡은 두 배로 증가했다.

2. 하와가 울부짖으면서 악마에게 말했다. "오, 악마야, 저주를 받아라! 왜 공연히 우리를 공격하느냐? 너는 우리와 무슨 상관이 있느냐? 우리가 네게 무슨 짓을 했다고 우리를 따라다니면서 속이느냐? 왜 우리에게 악의를 품고 있느냐?

3. 우리가 네 영광을 빼앗고 수치스럽게 만들었단 말이냐? 오, 이 원수야, 왜 우리가 죽을 때까지 따라다니면서 배신하고 질투하느냐?"

사탄이 천국에서 내쫓긴 내력

제12장

1. 악마가 한숨을 내쉰 뒤에 "오, 아담이여! 나의 증오와 질투와 슬픔은 모두 당신 탓이오. 다시 말하면, 내가 천사들과 더불어 천국에서 누리던 영광을 빼앗기고 추방당한 것은 바로 당신 때문이고, 내가 지상으로 쫓겨난 것도 당신 때문이었소."라고 말했다.

2. 아담이 "내가 네게 무슨 짓을 했다는 거냐? 너에 관해서 내가 무슨 잘못을 저질렀단 말이냐? 우리는 너를 해친 적이 절대로 없다. 그런데 왜 우리를 따라다니면서 괴롭히느냐?"라고 물었다.

제13장

1. 악마는 "아담이여, 무슨 말을 그렇게 하는 거요? 당신 때문에 나는 천국에서 추방당한 거요.

2. 당신이 창조되었을 때, 나는 하느님 앞에서 쫓겨나고, 천사의 자격을 잃고 유배당했소.

3. 하느님이 당신에게 생명의 입김을 불어넣었을 때, 그리고 당신 얼굴과 모습이 하느님의 모습 안에서 만들어졌을 때, 미카엘 대천사가 당신을 데리고 온 다음, 하느님 앞에서 당신을 숭배하라고 우리에게 명령했소.
그리고 주 하느님은 '아담을 보라. 나는 아담을 우리 모습에 따라 비슷하게 만들었다.'고 선언했소.

제14장

1. 그러자 미카엘이 나가서 모든 천사들을 불러모으고는 '주 하느님이 지시한 대로, 주 하느님의 모습을 숭배하라.'고 말했소.

2. 그리고 미카엘 자신이 제일 먼저 숭배한 뒤에 나를 불러서 '야훼 하느님의 모습을 숭배하라.'고 말했소. 그래서 '나는 아담을 숭배하지 않겠소.'라고 대꾸했소.

3. 미카엘이 계속해서 숭배를 강요하기에 '왜 강요하는 거요? 나보다 열등하고 또 나보다 뒤에 창조된 사람을 나는 숭배하지 않겠소. 창조의 순서로 보아 내가 그보다 먼저 창조되었소. 그가 창조되기 이전에 나는 이미 창조되었소. 오히려 아담이 나를 숭배해야만 하오.'라고 대꾸했소.

제15장

1. 나의 부하인 다른 천사들이 내 말을 듣고는 아담을 숭배하기를 거절했소.

2. 미카엘은 '하느님의 모습을 숭배하라. 숭배하지 않는다면 주 하느님이 네게 분노할 것이다.'라고 단언했소.

3. 나는 '만일 주 하느님이 나에게 역정을 낸다면, 나는 하늘의 모든 별 위에 내 옥좌를 놓고, 가장 높으신 그분과 동등하게 될 거요.'라고 말했소.

제16장

1. 그래서 주 하느님이 나에게 분노하고, 나와 내 부하 천사들에게서 영광을 거두고 추방했소. 그리고 당신 때문에 우리는 천국의 우리 거처에서 이 세상으로 쫓겨나 지상으로 떨어진 거요.

2. 엄청난 영광을 박탈당했기 때문에 우리는 즉시 비탄에 잠겼소. 그리고 당신이 말할 수 없는 행복과 기쁨에 젖어 있는 것을 보고 우리는 괴로웠소.

3. 그래서 나는 당신 아내를 속였고, 내가 영광으로부터 추방된 것처럼 당신도 아내를 통해서 행복과 기쁨으로부터 추방되도록 만

든 거요."라고 말했다.

제17장

l. 악마의 그 말을 듣고 나자 아담은 목을 놓아 울부짖으면서 "오, 주님, 나의 하느님, 나의 목숨은 당신 손에 달려 있습니다. 내 영혼의 파멸을 노리는 이 원수를 멀리멀리 쫓아버려주십시오. 그리고 그가 스스로 저버린 영광을 제게 주십시오."라고 소리쳤다.

2. 악마가 즉시 사라졌다.

3. 그러나 아담은 요르단 강물 속에 서서 목만 내민 채 40일 동안 참회를 계속했다.

아담과 하와의 자녀들

제18장

l. 하와가 아담에게 "주인님, 당신은 계속 살아 계셔야 해요. 첫 번째나 두 번째 잘못을 당신이 저지르지 않았으니, 당신에게는 삶이 허락되었어요. 그러나 저는 하느님의 계명을 지키지 않고 원수에게 두 번이나 속았지요.

2. 그러니까 이 삶의 빛으로부터 저를 분리해주세요. 저는 해가 지는 곳으로 가서 죽을 때까지 거기 머물겠어요."라고 말했다.

3. 그녀는 서쪽으로 걸어가기 시작했고, 한숨을 푹푹 내쉬면서 큰 소리로 비통하게 울었다.

4. 그녀는 서쪽에 집을 마련했는데, 임신 3개월이었다.

제19장

I. 해산이 가까워지자 그녀는 심한 진통에 시달렸고, "주님, 제게 자비를 베풀어주세요. 도와주세요."라고 부르짖었다.

2. 그러나 그 소리는 용납되지도 않았고, 하느님의 자비도 내려지지 않았다.

3. 그래서 그녀는 "누가 나의 주인인 아담에게 이 소식을 전해줄 수 있을까? 오, 하늘의 빛이여, 제발 부탁하니, 동쪽으로 돌아갈 때 나의 주인 아담에게 소식을 전해주오."라고 혼자말을 했다.

제20장

I. 그러나 바로 그때 아담이 "하와의 하소연이 내게 들렸다. 어쩌면 뱀이 다시 그녀와 다투고 있는지도 모르겠다."고 말했다.

2. 그래서 그는 심한 진통에 시달리고 있는 하와에게 갔다. 하와가 "주님, 당신을 보는 순간 고통스럽던 내 영혼이 활기를 되찾았어요. 주 하느님이 당신 말을 들어주셔서 저를 가련히 여기고 가장 지독한 이 고통에서 벗어날 수 있도록, 저를 위해 탄원해주세요."라고 말했다.

3. 아담이 하와를 위해서 주님에게 기도했다.

제21장

I. 그러자, 보라! 열두 명의 천사와 2명의 위대한 천사들이 와서 하와의 좌우에 섰다.

2. 하와 오른쪽에 선 미카엘이 그녀의 얼굴에서 가슴까지 어루만지면서 "하와여, 아담 때문에 당신은 축복을 받았소. 그가 기도와 탄원을 많이 했기 때문에 당신을 도와주려고 내가 파견된 거요.

3. 자, 일어나서 출산할 준비를 하시오."라고 말했다. 그녀가 아들을 낳았는데 그 아들은 광채를 발산했다. 그리고 아기가 즉시

일어나서 달려가더니 손
에 갈대를 하나 쥐고 와
서 어머니에게 바쳤다.

그의 이름은
카인이었다

제22장
1. 아담이 하와와 아기를
동쪽으로 데리고 갔다.
2. 주 하느님이 미카엘
천사에게 여러 가지 씨앗
을 주어 아담에게 전달하

제목 미상, 존 레이놀즈 작, 18세기

도록 했다. 그리고 아담과 그 모든 자손이 그 씨앗에서 얻는 수확
으로 먹고 살도록 밭을 갈고 일하는 방법을 천사가 가르쳐주었다.

「아담과 하와의 계시록」
제1장 1-3: 이것은 아담과 하와에 관한 기록이다. 그들이 낙원에서 나온 뒤에 아
담이 아내를 데리고 동쪽으로 갔다. 거기서 그들이 18년 2개월을 머물렀는데, 하
와가 임신하여 두 아들을 낳았다. 하나는 카인이라고 부르는 디아포토스, 또 하나
는 아벨이라고 부르는 아밀라베스였다.

아벨의 피살과 다른 자녀들의 출산

제23장

1. 그후 하와가 다시 임신하여 아들을 낳았는데 그 이름은 아벨이었다. 카인과 아벨은 같이 지냈다.

2. 하와가 아담에게 "주인님, 제가 잠을 자고 있는 동안 환상을 보았어요. 아벨의 피가 카인의 손에 담겨 있는데, 카인이 그 피를 마시고 있었어요. 그래서 제가 지금 슬퍼하는 거예요."라고 말했다.

3. 아담은 "카인이 아벨을 죽여서는 절대로 안 돼! 둘을 갈라놓아서 따로따로 살게 합시다."라고 대답했다.

4. 그들은 카인을 농부로, 아벨을 양치기로 만들어서 둘이 따로 떨어져서 살아가도록 했다.

5. 그후 카인이 아벨을 죽였는데, 그때 아담은 130세였다. 그리고 살해될 때의 아벨은 122세(22세를 잘못 적은 것이라는 설도 있음)였다.

「아담과 하와의 계시록」

제2장 1-4: 다음에 아담과 하와가 잠자리를 같이 했는데, 하와가 아담에게 "주인님, 오늘 밤 저는 꿈 속에서 아벨이라고 부르는 내 아들 아밀라베스의 피를 보았어요. 아벨이 카인의 입 속으로 처박혔는데, 카인이 무자비하게 아벨의 피를 마셨지요. 아벨이 피를 자기에게 조금이라도 남겨달라고 사정했지만, 카인은 피를 모조리 마셔버렸어요. 그런데 그 피는 카인의 위장에 머물러 있지 못하고 모조리 입으로 다시 뿜어져 나왔어요."라고 말했다. 아담이 "그들에게 무슨 일이 일어났는지 일어나서 보러 갑시다. 원수들이 그들과 싸우고 있을지도 모르니까."라고 대꾸했다.

제3장 1-3: 그들이 가서 보니 아벨이 카인에게 이미 피살되었다.

하느님이 미카엘 대천사에게 "가서 아담에게 이 말을 전하라. '네가 아는 신비를 카인에게 알리지 마라. 카인은 분노의 자식이기 때문이다. 살해된 아들 대신에 다른 아들을 줄 테니 비탄에 잠기지 마라. 이 아들은 네가 해야 할 일을 모두 네게 밝혀줄 것이다. 그러나 너는 그 아들에게 아무것도 알려주지 마라!"하고 지시했다. 아담은 그 말을 가슴 깊은 곳에 간직하고 자기와 하와만 알고 지냈는데, 피살된 아들 아벨을 위해서 몹시 슬퍼했다.

제24장
1. 그 이후에 아담이 아내를 알았고, 그녀는 임신하여 세트라고 부르는 아들을 낳았다.
2. 그래서 아담이 하와에게 "자, 카인이 때려눕힌 아벨 대신에 내가 아들을 얻었다."고 말했다.
3. 세트를 낳은 뒤에도 아담은 8백년을 더 살고, 아들 서른 명과 딸 서른 명을 낳아 자녀가 모두 예순세 명이었다.
4. 그들은 각각 자기 나라에서 번식했다.

아담이 승천하여 하늘나라의 낙원에 들어갔다

제25장
1. 아담이 세트에게 "내 아들 세트야, 내가 보고 들은 것을 전해줄 테니 잘 들어라.
2. 네 어머니와 내가 낙원에서 쫓겨난 뒤에 우리가 기도하고 있을 때, 하느님의 전령이자 대천사인 미카엘이 우리에게 왔다.
3. 그때 나는 바람과도 같은 전투용 마차를 한 대 보았는데, 그 바퀴들은 불타는 것이었다. 나는 정의로운 사람들의 낙원으로 운반되었고, 나는 전투용 마차에 앉아 있는 주님을 보았는데, 그의 얼

굴은 한없이 뜨거운 화염이었다. 그리고 마차 좌우에 수천 명의 천사들이 서 있었다.

제26장

1. 그것을 보자 나는 정신이 산란해졌다. 공포가 나를 휘어잡았고, 나는 지상의 하느님 앞에서 숭배했다.

2. 하느님이 나에게, '보라! 너는 죽을 것이다. 왜냐하면 하느님의 계명을 무시하고 오히려 네 아내의 말에 귀를 기울였기 때문이다. 내가 네게 아내를 준 것은 그녀를 장악하여 네 마음대로 다스리라고 한 것인데, 너는 내 말을 거역하고 아내의 말에 따랐던 것이다.' 라고 말했다.

제27장

1. 그 말을 듣자마자 나는 땅에 엎드려 주님을 숭배했고, '주님, 전능하고 자비로우며 거룩하고 정의로운 하느님! 당신의 위엄을 연상시켜주는 이름들이 지워지지 말게 하시고, 내 영혼을 회생시켜 주십시오. 왜냐하면 나는 죽어 가고 있고, 내 정신이 입에서 빠져나가기 때문입니다.

2. 당신이 진흙으로 빚은 나를 당신 앞에서 내쫓지 마시고, 당신이 기른 나에게 은총을 거절하지 말아 주십시오.' 라고 말했다.

3. 그러자 보라! 너(세트)에 관한 말을 내가 들었다. 주님이 '나는 네가 세상에 사는 세월을 정확히 헤아릴 것이다. 너는 지식을 소중히 간직하도록 만들어져 있기 때문에, 네 후손 가운데 나를 섬기는 사람들이 영원히 끊어지지 않을 것이다.' 라고 말했다.

제28장

1. 그 말을 듣고 나서 나는 땅에 엎드려 주님을 숭배했고, '당신은 영원하고 가장 높은 하느님입니다. 모든 피조물이 당신에게 영예와 찬미를 드립니다.

2. 당신은 모든 빛들보다 더 찬란하게 빛나는 참된 빛이고, 살아 있는 생명이며, 도저히 이해될 수가 없는 위대함입니다. 위대한 천사들이 당신에게 영예와 찬미를 드립니다. 당신은 모든 인류 안에서 자비의 기적을 일으킵니다.' 라고 말했다.

제29장

1. 내가 주님을 숭배한 뒤에 미카엘 대천사가 즉시 내 손을 잡고는, 하느님이 방문하고 지배하는 낙원으로부터 나를 내쫓았다.

2. 미카엘이 손에 지팡이를 잡고 낙원 주위에 있는 호수에 대었더니 그 물이 얼어붙었다.

3. 미카엘과 내가 얼음 위를 걸어서 건너갔고, 그는 나를 처음 만났던 곳으로 데리고 갔다."고 말했다.

아담이 죽을 병에 걸렸다

제30장

1. 아담은 930세가 되자 자기의 죽음이 가까워졌다고 깨달았다. 그래서 "죽기 전에 축복해주고 유언을 남길 테니, 나의 모든 아들을 불러모아라." 하고 말했다.

2. 아들들은 평소에 주 하느님을 숭배하던 장소에 위치한 작은 성당에 모였는데, 세 그룹으로 나뉘어서 아담이 볼 수 있도록 자리잡

왔다.

3. 그리고 그들이 아담에게 "아버지, 무슨 일로 우리를 모두 불러 모은 겁니까? 그리고 왜 침대에 누워 있습니까?"라고 물었다.

4. 아담이 "아들들아, 나는 병들어서 이제 고통을 겪고 있다."고 대답했다. 그들이 "병과 고통이란 무엇입니까?"라고 물었다.

고통이란 무엇입니까?

제31장

1. 그러자 세트가 "아버지, 당신은 전에 늘 먹던 그 낙원의 열매를 지금 애타게 바라겠지요. 그래서 슬픔 속에 누워 있는 겁니다.

2. 명령만 내려주시면 내가 낙원의 입구 가까이 가서,

3. 머리에 먼지(또는 똥)를 뒤집어쓴 채 낙원의 대문 앞에 엎드려 큰 소리로 통곡하면서 주님께 간청해보겠습니다. 주님이 나의 간청을 듣고 천사들을 보내 당신이 염원하는 그 열매를 줄지도 모릅니다."라고 말했다.

4. 아담은 "그런 게 아니다, 아들아! 난 그 열매를 그리워하는 게 아니라, 기운이 하나도 없고, 심한 육체적 고통에 시달리고 있는 것이다."라고 대답했다.

5. 세트가 "아버지, 고통이란 무엇인가요? 나는 그걸 모릅니다. 숨기지 말고 우리에게 설명해주십시오."라고 말했다.

아담이 낙원에서 추방된 이야기를 전해주었다

제32장

1. 아담이 "아들들아, 내 말을 잘 들어라. 하느님이 나와 너희 어머니를 만들었을 때, 우리를 낙원에서 살게 하고 열매를 맺는 모든 나무를 주었다. 그러나 '낙원 한가운데에 있는 선악의 지식과 관련 있는 나무의 열매는 먹지 말라.'고 말했다.

2. 더욱이 하느님은 낙원의 한쪽 부분을 나에게, 다른 한쪽 부분을 너희 어머니에게 주었다. 하느님은 동쪽과 북쪽의 나무들을 나에게, 그리고 남쪽과 서쪽의 나무들을 너희 어머니에게 주었다.

제33장

1. 주 하느님은 우리들을 감시하라고 천사 2명을 임명했다.

2. 천사들이 올라가 하느님 앞에서 숭배할 시간이 되었다.

3. 원수인 악마는 천사들이 자리를 뜬 그 기회를 즉시 이용해서 너희 어머니를 속여 그녀가 금지된 열매를 먹게 만들었다. 그래서 그녀가 먹고 나에게 주었다.

제34장

1. 주 하느님이 즉시 우리에게 분노했고, 나에게 '네가 내 계명을 어기고 지시한 말을 듣지 않았기 때문에,

2. 보라, 내가 네 몸에 칠십 가지의 재앙을 내리겠다. 머리끝과 눈과 귀에서부터 발톱에 이르기까지, 그리고 모든 사지 안에서 온갖 고통으로 시달릴 것이다.'라고 말했다.

3. 나는 이 고통들이 낙원의 한 나무에서 나오는 고통의 채찍이라고 생각했다. 게다가 주님은 이 고통들을 나와 모든 세대의 자손들

에게 주었다."라고 말했다.

제35장

1. 격심한 고통에 시달리면서 아담이 말하고 나서, "나는 왜 이토록 비참해지고 또 고뇌를 거쳐야만 하는가?"라고 울부짖었다.

2. 아담이 통곡하는 것을 본 하와가 눈물을 흘리면서 "오, 주 하느님, 죄는 제가 지었으니, 아담의 고통을 제게 옮겨주십시오."라고 말했다. 그리고 하와가 아담에게 "주인님, 이 죄는 저에게서 당신에게 간 것이니, 당신 고통의 일부를 제게 넘겨주세요."라고 말했다.

제36장

1. 아담이 하와에게 "일어나 내 아들 세트와 함께 낙원 지방으로 가시오. 그리고 머리에 먼지를 뒤집어쓴 채 땅에 엎드려 하느님 앞에서 통곡하시오.

2. 그분이 너희를 가련하게 여겨, 생명의 기름이 흘러나오는 자비의 나무로 천사들을 보내 그 기름을 조금 줄지도 모르오. 그 기름을 내 몸에 바르면, 내가 이 쥐어짜는 고통에서 벗어날 수가 있을 거요."라고 말했다.

짐승들의 지배

제37장

1. 세트와 그 어머니가 낙원의 문들을 향해 길을 떠났다. 한참 걸어가고 있을 때, 갑자기 뱀이 와서 공격하더니 세트를 물어뜯었다.

2. 그것을 바라본 하와가 "주님의 계명을 지키지 않고 저주를 받은 나는 참으로 불행하구나!" 라고 큰 소리로 외쳤다.

「아담과 하와의 계시록」

제10장: "부활의 그날이 오면 죄를 지은 사람들이 모두 '하와가 계명을 지키지 않았다.' 고 말하면서 나를 저주할 것이다." 라고 울면서 소리쳤다.

3. 이어서 그녀는 뱀에게 "저주받은 짐승아! 하느님의 모습대로 창조된 사람에게 감히 겁도 없이 덤비고 공격하느냐? 네 이빨이 얼마나 강하게 생겼느냐?" 라고 말했다.

제38장

1. 뱀이 사람의 목소리로 하와에게 "하와여! 우리는 바로 당신에게 악의를 품도록 되어 있지 않소? 우리는 바로 당신에게 분노하는 게 아니겠소?

2. 하와여, 주 하느님이 먹지 말라고 명령한 그 과일을 어찌하여 당신은 입을 벌려서 먹었는지 말해 보시오.

3. 그런데도 이제 내가 당신을 질책하는 것을 참을 수가 없다, 이거요?" 라고 대꾸했다.

제39장

1. 그러자 세트가 뱀에게 "주 하느님이 너를 혼내줄 것이다! 진리의 원수, 무질서한 파괴자야, 입 닥치고 조용히 있어.

2. 하느님이 심판하려고 너를 불러낼 그날까지 넌 하느님의 모습으로부터 물러가라." 고 말했다.

3. 뱀이 세트에게 "당신이 명령하는 대로, 나는 하느님의 모습으로부터 물러가겠소." 라고 말했다.

세트와 하와가 지상의 낙원에 도착했다

제40장

1. 그러나 병든 아담에게 발라줄 자비의 기름을 얻기 위해서 세트와 하와가 낙원 지방으로 걸어갔다.

2. 낙원의 문들 앞에 도착한 그들은 땅에서 먼지를 집어서 자기들 머리에 끼얹고 땅바닥에 엎드린 채 큰 소리가 나도록 한숨을 쉬며 통곡했다.

3. 그리고 주 하느님이 고통 중에 있는 아담을 불쌍히 여기고, 천사들이 자비의 나무에서 흐르는 기름을 자기들에게 주도록 해달라고 간청했다.

제41장

1. 그들이 여러 시간 동안 간청하고 기도하고 있을 때, 보라, 미카엘 천사가 나타나서 "주님이 나를 파견했소. 나는 사람들의 육체를 다스릴 임무를 주님으로부터 받았소.

2. 하느님의 사람인 세트여, 당신 아버지 아담의 육체적 고통을 더는 자비의 기름을 얻기 위해서 간청하고 기도하면서 우는 짓은 그만두시오.

제42장

1. 자비의 나무의 기름을 당신은 마지막 심판의 날을 제외한 그 어떠한 시기에도 절대로 얻지 못할 것이오. 5500년(필사본에 따라서는 6500년, 5050년, 5200년, 5199년, 5228년 등으로 표기되어 있음)이 지나면, 가장 사랑스러운 왕, 그리스도, 하느님의 아들이 아담의 육체와 죽은 자들의 육체를 함께 부활시키려고 올 것이오. 그

에덴에서 추방되는 아담과 하와

러면 하느님의 아들 자신도 요르단 강에서 세례를 받을 것이오. 그리고 요르단 강에서 나온 뒤에는 자기를 믿는 모든 사람에게 자비의 기름으로 발라줄 거요. 그리고 자비의 기름은 물과 성령으로 영원한 생명을 위해 다시 태어나는 사람들에게 대대로 제공될 것이오. 그리고 하느님의 가장 사랑스러운 아들 그리스도가 지상에 오시면, 그가 당신의 아버지 아담을 낙원으로 데리고 들어가 자비의 나무에 데려갈 것이오.

제43장

1. 그리고 세트여, 아담이 그 수명을 다했으니 당신은 아담에게 돌아가시오.

2. 지금부터 6일(또는 3일)이 지나면 아담의 영혼이 육체를 떠날 것이오. 아담이 죽을 때 하늘에서, 땅에서, 그리고 하늘의 천체들에서, 엄청난 기적들이 일어나는 것을 당신은 볼 것이오."라고 말했다.

3. 말을 마친 미카엘이 즉시 세트에게서 물러갔다.

4. 하와와 세트는 나드, 크로커스, 칼라민, 시나몬 등 향기로운 약초들을 가지고 돌아갔다.

제44장

1. 그들이 아담에게(또는 아담이 있는 천막으로) 되돌아가서는 뱀이 세트를 물어뜯었다는 이야기를 해주었다.

2. 그러자 아담이 하와에게 "당신은 무슨 일을 했소? 당신은 우리와 우리의 모든 후손에게 커다란 상처와 위반과 죄를 가져다주었소. (또는 당신은 왜 우리에게 파멸과 엄청난 분노를 초래했소? 그 분노는 인류 전체를 지배하는 죽음이오.)

3. 내가 죽은 뒤 당신 자녀들에게 당신이 한 일을 전해주시오. (또는 우리 자녀들, 그리고 자녀들의 자녀들을 모두 불러모아서 우리가 어떻게 죄를 지었는지 말해주시오.) 왜냐하면 우리 뒤에 태어날 사람들은 고통을 당하게 되는데, 견디지 못하게 되면,

4. '우리 부모들이 처음부터 우리에게 이 모든 악을 넘겨주었다'고 말하면서 우리를 저주할 테니 말이오."라고 말했다.

5. 그 말에 하와가 울면서 신음소리를 내기 시작했다.

타락과 그 결과에 관한 하와의 설명

l. 그러자 하와가 그들에게 이렇게 말했다. '나의 자녀들아, 그리고 자녀들의 자녀들아, 나의 말에 귀를 기울여라. 원수가 어떻게 우리를 속였는지 말해주겠다.

2. 하느님이 우리에게 각각 맡겨준 낙원의 일부를 우리가 지키고 있을 때 그 일이 일어났다. 나는 남쪽과 서쪽을 지키고 있었다.

3. 그때 악마가 동물들의 수컷이 모여 있는 아담의 영역으로 들어갔다. 하느님은 동물들을 둘로 나누어서 수컷은 너희 아버지 아담에게, 암컷은 나에게 맡겼고, 우리는 각각 자기 몫을 지켰다.

「아담과 하와의 계시록」
제16장

l. 악마가 뱀에게 '일어나서 나에게 오라. 네게 유익한 것을 알려 주겠다.' 고 말했다.

2. 뱀이 그에게 가자 악마가 '모든 짐승들보다도 네가 더 지혜롭다는 말을 듣고 너를 살펴보려고 왔다. 모든 짐승보다 네가 더 위대하고 그들이 너와 어울리는 것을 발견했다.

3. 그러나 너는 맨 밑바닥에서 기어다니고 있다.

4. 왜 낙원의 열매가 아니라 아담의 잡초를 너는 먹고 있느냐? 우리가 아담 때문에 추방된 것처럼, 아담도 자기 아내를 통해서 낙원에서 추방되도록 하자. 일어나서 나를 따라와라.' 하고 말했다.

5. 뱀이 '주님이 나에게 분노할까 두렵다.' 라고 대꾸했다.

6. 악마가 '두려워하지 마라. 다만 내 그릇이 되어라. 그를 속일 수 있는 말을 내가 네 입을 통해서 하겠다.' 라고 말했다.

유혹

「아담과 하와의 계시록」
제17장

1. 하느님의 천사들이 숭배하러 위로 올라간 뒤에 뱀이 즉시 낙원의 담에 달라붙었다. 그러자 사탄이 천사의 모습으로 변신하여 천사들처럼 하느님을 찬미하는 노래를 불렀다.

2. 나는 그가 천사처럼 담 너머로 몸을 굽히는 것을 보았다. 그가 '당신이 하와요?' 라고 물었다. 나는 '그래요.' 라고 대답했다.

3. '낙원에서 무슨 일을 하고 있소?' 라고 물었다. 나는 '하느님은 우리에게 이곳을 지키고 여기서 먹을 것을 얻으라고 말씀하셨어요.' 라고 대답했다.

4. 악마가 뱀의 입을 통해서 '당신은 일을 잘 하고 있소. 그러나 모든 나무의 열매를 먹는 것은 아니군요.' 라고 대꾸했다.

5. 나는 '그래요. 어느 나무의 열매든 먹어도 좋지만, 한 가지 예외가 있어요. 낙원 한가운데에 있는 나무의 열매만은 하느님이 먹지 말라고 명령했지요. 그것을 먹으면 우리는 거의 틀림없이 죽을 거예요.' 라고 대답했다.

「아담과 하와의 계시록」
제18장

1. 그러자 뱀이 '천만에 말씀! 당신이 다른 짐승들과 같이 행동하는 걸 보니 너무나도 슬프군요. 나는 당신이 무식한 상태에 있기를 바라지 않아요. 그러니 일어나와서 열매를 먹으세요. 저 나무의 영광을 바라보시오.' 라고 말했다.

2. 나는 '하느님이 우리에게 말씀했듯이 우리에게 분노할까 두려워요.' 라고 말했다.

3. 그는 '두려워하지 마시오. 저것을 먹자마자 당신의 눈이 열리고 선과 악을 알게 되어 신들과 동등하게 될 거요.

4. 하느님은 당신이 자기와 동등하게 될 것이 두려워 저것을 아끼고 먹지 말라고 말한 거요.

5. 저 나무에게 다가가서 그 위대한 영광을 보시오.' 라고 했다.

6. 내가 그 나무를 향해 몸을 돌려 그 위대한 영광을 보았다. 그래서 나는 그에게 '눈에 아주 멋지게 보이는 나무로군요.' 라고 말했다. 그러나 열매를 따기가 겁났다. 그가 '자, 내가 열매를 당신에게 주겠소. 따라오시오.' 라고 말했다.

타락

「아담과 하와의 계시록」
제19장

1. 내가 그에게 문을 열어주었다. 낙원에 들어선 그는 내 앞을 지나갔다. 조금 걸어간 뒤에 그가 돌아서서 '난 마음이 변했소. 당신이 저 열매를 먹지 못하게 하겠소.' 라고 말했다. 그것은 결국에는 나를 유혹해서 파멸시키려는 술책이었다. 그는 '당신 남편에게도 열매를 주겠다고 맹세하시오.' 라고 말했다.

2. 나는 '무엇에다 걸고 맹세해야 좋을지 모르겠어요. 내가 아는 것들에 걸 수밖에 없지요. 주님의 옥좌와 케루빔들과 생명의 나무에 걸고 맹세하는데, 나는 남편에게도 주어서 먹게 하겠어요.' 라고 말했다.

3. 내가 맹세를 하자 그가 나무에 기어올라가서 열매에 자신의 사악한 독을 뿌린 다음에 그 열매, 즉 그의 탐욕을 내게 주어서 먹게 했다. 왜냐하면 탐욕은 모든 죄의 원천이기 때문이다. 그래서 나는 나뭇가지를 땅바닥 쪽으로 휘게 하여 과일을 따서 먹었다.

「아담과 하와의 계시록」
제20장

1. 바로 그 순간에 나의 두 눈이 열렸고, 내 몸이 입었던 정의로움을 벗어버린 채 알몸이라는 사실을 깨달았다.

2. 나는 울면서 '너는 왜 이런 짓을 나에게 해서, 내가 입고 있던 영광을 잃어버리게 한 거냐?' 라고 말했다.

3. 나는 맹세를 했기 때문에 더욱 더 울었다. 그는 나무에서 내려오더니 사라졌다.

4. 나는 치부를 가리기 위해서 나의 영역에 있는 나뭇잎을 찾아보았다. 그러나 하나도 발견하지 못했다. 왜냐하면 내가 먹을 때, 무화과 잎새를 제외하고는 나의 영역의 모든 나무들의 잎새가 떨어졌기 때문이다.

5. 나는 무화과 잎새들을 따서 치마를 만들었다. 그 잎새들은 내가 먹은 열매가 달렸던 나무의 잎새와 같은 것이었다.

「아담과 하와의 계시록」
제21장

1. 나는 큰 소리로 '아담, 아담, 어디 있어요? 일어나서 제게 오세요. 엄청난 신비를 가르쳐주겠어요.' 라고 외쳤다.

2. 너희 아버지가 다가오자 나는 우리를 위대한 영광에서 추락시킨 그 범죄의 불법적인 말을 해주었다.

3. 그가 왔을 때 나는 입을 열었다. 내 입을 통해 악마가 말을 했다. 나는 '아담, 저의 주인님, 하느님이 먹지 말라고 말한 저 열매를 제 말을 듣고 먹으세요. 그러면 당신은 하느님과 동등하게 될 거예요.' 라고 권했다.

4. 그러자 너희 아버지는 '하느님이 내게 분노할까 두렵소.' 라고 대답했다.

5. 나는 재빨리 그를 설득하고 말았다. 그가 먹고 눈이 열렸으며 역시 자신의 나체 상태를 깨달았다.

6. 그는 '오, 사악한 여자야! 왜 우리에게 파멸을 초래했소? 당신은 내가 하느님

의 영광을 잃게 만들었단 말이오.' 라고 했다.

하느님이 낙원에 나타났다

「아담과 하와의 계시록」
제22장

1. 바로 그때 미카엘 대천사가 크게 나팔을 불어 천사들을 모두 소집하고,

2. '주님이 이렇게 말했다. 나와 함께 낙원으로 가서 내가 아담에게 내리는 판결을 듣도록 하라.' 고 말했다.

3. 대천사의 나팔소리를 들은 우리는 '자, 하느님이 우리를 심판하러 낙원으로 오신다.' 고 말했다. 우리는 겁이 나서 숨었다. 하느님이 낙원으로 돌아와서 케루빔의 전투용 마차에 자리잡았고, 천사들이 그를 찬미했다. 아담의 영역과 나의 영역에 있는 모든 나무들이 꽃을 피우고 일어섰다.

4. 그리고 생명의 나무가 있는 곳에 하느님의 옥좌가 마련되었다.

「아담과 하와의 계시록」
제23장

1. 하느님이 아담을 부르면서 '아담아, 어디 숨어 있느냐? 내가 찾아내지 못할 거라고 생각하느냐? 집을 지은 목수로부터 집이 몸을 숨길 수가 있느냐?' 라고 말했다.

2. 그러자 너희 아버지가 '오, 주님, 당신에게 발견되지 않을 거라고 생각해서 우리가 숨은 것은 아닙니다. 오히려 저는 발가벗어서 겁이 났고, 당신의 위엄과 힘 앞에서는 두렵기 때문입니다.' 라고 대답했다.

3. 하느님이 '내가 지키라고 준 계명을 위반하지 않았다면, 누가 네 나체를 가르쳐주었겠느냐?' 라고 물었다.

4. 그때 아담은 내가 그를 속이려고 할 때 한 말, 즉 '제가 당신을 하느님으로부터 보호해주겠어요.'라는 말을 기억해냈다.

5. 그래서 나에게 몸을 돌린 뒤에 '왜 이런 짓을 했소?'라고 말했다. 나도 뱀의 말이 생각이 나서 '뱀이 나를 속였어요.'라고 대답했다.

처벌

「아담과 하와의 계시록」
제24장

1. 하느님이 아담에게 '네가 아내의 말을 듣고 나의 계명을 위반했으니, 네가 노동하는 터전인 대지가 저주를 받았다.

2. 땅이 좋은 수확은커녕 가시와 엉겅퀴를 네게 주고, 너는 이마에 땀을 흘려야 빵을 먹을 것이다. 그리고 수많은 시련을 겪을 것이다. 너는 지치면서도 쉬지 못할 것이고, 쓴맛에 시달리고 단맛을 맛보지 못할 것이다.

3. 더위에 짓눌리고 추위에 떨 것이다. 죽어라 일할 것이나 큰 재산을 얻지 못할 것이다. 너는 뚱뚱해질 것이고 드디어 죽어버릴 것이다.

4. 네가 나의 계명을 위반했기 때문에 네가 지배하던 동물들이 무질서하게 일어나 너에게 대항할 것이다.'라고 말했다.

「아담과 하와의 계시록」
제25장

1. 주님이 나에게 '네가 뱀의 말을 듣고 나의 계명을 무시했으니, 너는 진통과 말할 수 없는 고통들을 겪을 것이다.

2. 무서워서 온몸을 떨면서 아이를 낳을 것이고, 그때 너무나 큰 고뇌와 고통 때문에 거의 죽은 상태가 될 것이다.

3. 그러면 너는, 주님, 주님, 저를 구해주세요. 그러면 다시는 육체의 죄를 짓지 않겠어요.라고 고백할 것이다.

4. 나는 원수가 네 안에 심어놓은 적대감 때문에 너의 말에 따라서 너를 심판할 것이다. 그러나 너는 남편에게 다시 의지할 것이고, 그가 너를 지배할 것이다.' 라고 말했다.

「**아담과 하와의 계시록**」
제26장

1. 그 다음에는 그가 격분하여 뱀에게 '네가 이런 짓을 했고, 부주의한 사람을 나쁜 길에 빠지게 할 만큼 은혜도 모르는 그릇이 되었으니, 모든 야수들보다도 더 큰 저주를 받았다.

2. 너는 평소에 먹던 음식을 박탈당하여 살아 있는 동안 매일 먼지를 먹을 것이다. 손과 발을 잃어버리고 배를 땅에 대고 기어다닐 것이다.

3. 귀도 날개도 네게는 남지 않고, 그들을 유혹해서 낙원으로부터 추방당하게 만든 네 사악한 사지들도 모두 없어질 것이다.

4. 또 너와 그의 자손 사이에 적대관계를 심어놓겠다. 심판의 날까지 그는 너의 머리를 경계하고 너는 그의 발꿈치를 노릴 것이다.'

추방과 참회

「**아담과 하와의 계시록**」
제27장

1. 말을 마치자 그는 우리를 낙원에서 추방하라고 천사들에게 명령했다.

2. 우리가 통곡하면서 쫓겨날 때 너희 아버지 아담이 천사들에게 빌면서 '하느님에게 자비를 간청하고 싶으니 잠시만 더 여기 머물러 있게 해주십시오. 왜냐하면

제가 홀로 죄를 지었기 때문입니다.' 라고 말했다.

3. 그들이 내몰던 손을 멈추었다. 아담이 '주님, 제가 한 짓을 용서해주십시오.' 라고 말하면서 울부짖었다.

4. 그러자 주님이 천사들에게 '아담을 내쫓는 일을 왜 멈추었느냐? 죄를 내가 지었느냐? 아니면 내가 부당한 판결을 내렸단 말이냐?' 라고 말했다.

5. 천사들이 땅에 엎드려 주님을 숭배하고 '주님, 당신은 정의롭고, 당신 판결도 정의롭습니다.' 라고 말했다.

「아담과 하와의 계시록」
제28장

1. 주님이 아담에게 '지금부터는 네가 낙원에 사는 것을 허락하지 않는다.' 고 말했다.

2. 아담이 '추방되기 전에 제가 먹도록 생명의 나무 열매를 주십시오.' 라고 말했다.

3. 주님이 '이제는 그 열매를 먹을 수 없다. 네가 그것을 먹고 영원히 죽지 않게 되는 것을 막기 위해서 그 나무를 케루빔들과 빙글빙글 회전하는 불타는 칼이 지키고 있기 때문이다.

4. 그러나 추방된 뒤에 네가 목숨을 걸고라도 모든 악을 피한다면, 부활의 날에 내가 너를 다시 살리고, 생명의 나무 열매를 줄 것이다. 그러면 너는 영원히 죽지 않을 것이다.' 라고 말했다.

「아담과 하와의 계시록」
제29장

1. 주님이 우리를 낙원에서 추방했다.

2. 너희 아버지가 낙원 저쪽에 있는 천사들을 향해서 통곡했고, 그들은 '아담, 우리에게 무엇을 바라는 거요?' 라고 물었다.

3. 너희 아버지가 '자, 당신들이 나를 추방했소. 그러니 추방된 뒤에 내가 하느님

께 제물을 바치고 나의 말에 귀를 기울이도록 간청할 테니, 낙원의 향료들을 가져가게 해주십시오.' 라고 말했다.

4. 그들이 하느님에게 가서 '영원한 왕 야엘(야훼와 엘로힘의 합성어)이여, 낙원의 향료들을 아담에게 허락해주십시오.' 라고 말했다.

5. 하느님이 아담에게 낙원의 향료들을 와서 가져가도 좋다라고 지시했다.

6. 천사들이 그에게 길을 비켜주자 그는 크로커스, 나드, 갈대, 시나몬, 그리고 자기 음식을 위한 씨앗들을 수집했다. 그는 그것들을 가지고 낙원을 떠났다. 그래서 우리는 지상으로 내려오게 되었다.

「**아담과 하와의 계시록**」
제30장

1. 그러므로 나의 자녀들아, 우리가 어떻게 속았는지 말해주었다. 너희는 선을 저버리지 않도록 항상 조심하라." 고 말했다.

아담과 하와의 죽음과 매장

「**아담과 하와의 계시록**」
제31장

1. 하와가 아들들에게 이렇게 말하고 있을 때, 병에 걸려서 누운 아담은 죽기 하루 전이었다. 하와가 아담에게

2. "왜 당신은 죽어 가고 저는 살아 있는 거예요? 당신이 죽은 뒤에 저는 얼마나 오래 살게 되나요? 말해주세요." 라고 말했다.

3. 아담이 "당신은 나보다 그리 오래 살지는 못하고 비슷하게 죽을 것이며, 당신은 내 곁에 묻힐 테니까 걱정할 필요가 없소. 그러나 내가 죽으면, 주님의 천사가 나에 관해서 무엇인가 말할 때까지 아무도 나를 건드리지 못하게 하시오.

4. 왜냐하면 하느님은 나를 잊지 않고, 자신이 빚은 그릇인 나를 찾을 것이기 때문이오. 당신은 일어나서, 내가 내 영혼을 내게 준 분의 손에 되돌려 줄 때까지 하느님에게 기도하시오. 그가 우리에게 분노할지 자비를 베풀지, 즉 우리가 어떤 식으로 우리를 만든 분을 만나게 될지를 모르니까 기도하라는 거요."라고 말했다.

하와의 참회, 아담의 죽음

「아담과 하와의 계시록」
제32장
1. 하와가 나가서 땅에 엎드렸다.

2. 그리고 "오, 하느님, 저는 죄를 지었어요. 모든 것의 아버지, 저는 죄를 지었어요. 당신을 거슬러서, 당신이 선택한 천사들을 거슬러서, 케루빔들을 거슬러서, 당신의 튼튼한 옥좌를 거슬러서, 너무나 많은 죄를 지었어요. 당신 앞에서 죄를 지었고, 피조물 안의 모든 죄가 저를 통해서 왔어요."라고 말했다.

3. 하와가 무릎을 꿇고 기도하고 있을 때, 보라, 인류의 천사(미카엘)가 와서 그녀를 잡아 일으키면서 "하와여, 참회의 자리에서 일어나시오. 당신 남편 아담이 그 육체를 떠났기 때문이오. 일어나서 그의 영혼이 창조주를 만나러 올라가는 것을 보시오."라고 말했다.

제45장
1. 미카엘 대천사가 예언한 바로 그대로 아담의 죽음은 6일 뒤에 왔다.

2. 자기가 죽을 시간이 된 것을 깨달은 아담이 모든 아들에게 "보라! 나는 930세나 되었다. 내가 죽으면 하느님의 위대한 거처인 동쪽을 향해서 묻어라." 하고 말했다.

3. 모든 유언을 마치고 나서 그는 숨을 거두었다.

하느님이 천사들과 함께 돌아온다

「아담과 하와의 계시록」
제33장

1. 하와가 일어나서 손으로 얼굴을 가렸다. 천사가 "지상의 모든 것을 멀리하시오."라고 말했다.

2. 하와가 시선을 하늘로 돌렸더니, 빛나는 독수리 네 마리가 끄는 빛의 전투용 마차가 보였다. 뱃속에서 태어난 자는 그 누구도 독수리들의 영광을 말할 수가 없고 그들의 얼굴도 볼 수가 없는 것이었다. 천사들이 그 마차 앞으로 갔다.

3. 너희 아버지 아담이 누워 있는 곳에 그들이 도착하자 마차가 멈추었고, 너희 아버지와 마차 사이에 세라핌들이 있었다.

4. 황금 향로들과 그릇 세 개를 보았다. 보라! 유향과 향로와 그릇을 든 천사들이 모두 제대로 가서 향을 피웠다. 향로의 연기가 하늘을 뒤덮었다.

5. 그리고 천사들이 엎드려서 하느님을 숭배하고 "거룩한 야엘이여, 그는 당신의 모습이고 당신 손들의 작품이니 용서해주십시오."라고 말했다.

「아담과 하와의 계시록」
제34장

1. 그때 나 하와는 하느님 앞에 서 있는 거대하고 무시무시한 신비 둘을 보았다.

2. 나는 너무나 무서워서 울면서 나의 아들 세트에게 "세트야, 네 아버지 아담의 육체에서 일어나 나에게 와라. 그러면 어떠한 눈도 보지 못한 것을 보게 될 것이다. 그들이 아담을 위해서 기도하고 있다."라고 외쳤다.

「아담과 하와의 계시록」
제35장

1. 세트가 일어나서 자기 어머니에게 갔다. 그리고 "무슨 일입니까? 왜 울고 있습니까?"라고 물었다.

2. 하와가 "눈을 들어서 일곱 개의 하늘이 열린 것을 보아라. 네 아버지의 몸이 엎어져 있고 거룩한 천사들이 모두 그와 함께 있으면서 그를 위해 기도하고 '오, 만물의 아버지여, 그는 당신의 모습이니 그를 용서해주십시오.'라고 기도하는 것도 보아라.

3. 그러면 내 아들 세트야, 이것이 무슨 뜻이겠느냐? 보이지 않는 우리의 아버지 하느님의 손에는 언제 그가 넘겨질 것이냐?

4. 기도를 도와주는 검은 피부의 두 사람(또는 에티오피아 사람들, 신의 얼굴을 한 사람들)은 누구냐?"라고 말했다.

「아담과 하와의 계시록」
제36장

1. 세트가 "그들은 해와 달인데, 스스로 아래로 떨어져서 우리 아버지 아담을 위해 기도하는 것입니다."라고 대답했다.

2. 하와가 "그들의 빛은 어디 있느냐? 왜 그들은 캄캄해졌느냐?"라고 물었다.

3. 세트가 "그들은 만물의 빛 앞에서 빛날 수가 없지요. 그래서 빛이 그들을 피해 숨어버린 겁니다."라고 대답했다.

제46장

1. 해와 달과 별들이 7일 동안 빛을 잃고 캄캄해졌다.

2. 세트가 그의 몸을 부둥켜안고 통곡했고, 하와는 손으로 얼굴을 가린 채 무릎에 고개를 처박고 땅만 내려다보았으며, 모든 자녀들이 목을 놓아 울고 있을 때,

3. 미카엘 천사가 아담의 머리맡에 서서 세트에게 "당신 아버지

죽음의 문 앞에 있는 노인, 윌리엄 블레이크 작, 18세기

의 몸에서 일어나시오. 그리고 나와 함께 가서 주 하느님이 그를 위해 마련해 놓은 것을 보시오. 그는 하느님의 피조물이고 하느님은 그에게 자비를 베풀었소."라고 말했다.

아담의 영혼이 하늘의 낙원으로 올라갔다

제47장

1. 모든 천사들이 나팔을 불었다. 그리고 "피조물을 불쌍히 여기신 주님은 축복을 받았습니다."라고 말했다.

2. 그때 세트는 하느님이 팔을 뻗어서 아담을 잡는 것을 보았다. 주님이 아담을 미카엘에게 넘겨주고

3. "마지막 시기에 내가 각자에게 처벌을 결정해주는 그날까지 네가 그를 맡아라. 그날이 오면 내가 그의 슬픔을 기쁨으로 바꾸어주고, 그는 자기를 타도한 자가 앉던 옥좌를 차지할 것이다."라고 말했다.

「아담과 하와의 계시록」
제37장

1. 세트가 자기 어머니에게 대답하고 있을 때, 한 천사가 나팔을 불었다. 엎드려 있던 천사들이 일어나서 큰 목소리로

2. "주님의 영광이 만물보다도 더 축복을 받았다. 주님은 자기 손으로 빚은 창조물로 아담에게 자비를 베풀었다."고 외쳤다.

3. 그러자 여섯 개의 날개를 단 세라핌이 와서 아담을 아케론 호수로 데리고 갔고, 하느님 앞에서 그를 세 번 씻었다.

4. 아담은 거기서 세시간 누워 있었고, 거룩한 옥좌에 앉은 만물의 주님이 팔을

뻗어 그를 잡은 뒤에 미카엘 대천사에게 넘겨주면서

5. "그를 세 번째 하늘의 낙원으로 데리고 가서, 내가 세상을 위해 마련할 저 위대하고 무서운 날이 올 때까지 그를 거기 머물게 하라."고 말했다.

6. 미카엘 대천사는 하느님이 아담을 용서할 때 지시한 그대로 그를 받아서 데리고 갔다.

아담의 시체를 묻었다

「아담과 하와의 계시록」
제38장

1. 그 다음에 대천사가 유해 처리에 관해서 물었다.

2. 하느님은 모든 천사들을 서열에 따라 자기 앞으로 모이라고 지시했다.

3. 모든 천사들이 향로와 나팔을 들고 모였다. 만물의 주님이 마차에 타자 바람들이 끌었는데, 케루빔이 바람들 위에 있고, 하늘의 모든 천사들이 길을 인도했다. 아담의 육체가 있는 곳에 도착한 그들은 그 몸을 집어들었다.

4. 그들이 낙원으로 들어갔는데, 낙원의 모든 식물이 크게 자극을 받는 바람에 아담에게서 태어난 후손은 세트를 제외하고 모두 졸게 되었다. 왜냐하면 세트는 하느님의 지시로 태어났기 때문이다.

제48장

1. 주님이 미카엘 천사와 우리엘 천사에게 "아마포 세장을 내게 가져와서 아담을 덮어주고, 다른 천들을 가져다가 그의 아들 아벨을 덮어라. 그리고 아담과 그의 아들을 묻어라."라고 말했다.

2. 모든 천사들이 서열대로 아담 앞에서 행진하고, 죽은 자들의 잠을 축복하였다.

3. 미카엘과 우리엘이 "네가 본 것과 똑같이 죽은 자를 묻어라." 하고 말했다.

「아담과 하와의 계시록」
제40장

1. 주님이 미카엘 대천사에게 "낙원에 들어가서 아마포 3장과 비단을 가지고 와라." 하고 말했다.

2. 그리고 하느님은 미카엘, 가브리엘, 우리엘, 라파엘에게 "천으로 아담의 몸을 덮고, 향기나는 기름을 가져다가 그 위에 부어라." 하고 말했다. 그들이 지시대로 시행해서 그의 몸을 준비했다.

3. 주님이 "아벨의 시신도 가져와라." 하고 말했다. 그들이 다른 아마포들을 가져다가 그의 몸도 준비했다.

4. 왜냐하면 카인에게 살해된 이후 그때까지 아벨의 몸을 아무도 돌보지 않았기 때문이다. 그렇게 된 사연은 사악한 카인이 아벨의 몸을 숨기려고 애썼지만 대지가 그것을 받아들이지 않았고,

5. "나에게서 떨어져나가 육체로 빚어진 그 육체가 되돌아오기 전에는 내가 다른 육체를 받아들이지 않겠다."고 말했다. 그래서 천사들이 아벨의 몸을 운반해서 그의 아버지가 죽을 때까지 바위 위에 놓아두었다.

6. 두 사람의 육체는 낙원의 한 지역, 즉 하느님이 아담을 만든 먼지(흙)를 발견한 그곳에 하느님의 지시에 따라 묻혔다.

7. 하느님이 낙원으로 파견한 7명의 천사들이 많은 향료를 가져다가 두 사람의 몸과 함께 땅을 파고 묻었다.

「아담과 하와의 계시록」
제41장

1. 하느님이 "아담아, 아담아!"라고 불렀다. 땅 속에 있는 시신이 "주님, 저는 여기 있습니다."라고 대답했다.

2. 주님이 "내가 이미 네게 '너는 먼지다. 그러므로 먼지로 되돌아갈 것이다.' 라고 말했다.

3. 이제 네게 부활을 약속해준다. 마지막 날에 네 모든 후손과 더불어 너를 부활 시키겠다."고 말했다.

「아담과 하와의 계시록」
제42장

1. 하느님이 삼각형의 봉인을 만들어 무덤 입구에 붙여서, 6일 후에 그의 갈빗대 가 그에게 돌아올 때까지 아무도 손을 대지 못하게 만들었다.

2. 그러고 나서 주님과 천사들이 제자리로 돌아갔다.

3. 하와는 6일 후에 죽었다.

하와의 죽음

제49장

1. 아담이 죽은 지 6일이 지나자 하와는 자기의 죽음이 가까워졌음을 깨달았다. 그래서 모든 아들과 딸, 즉 세트를 비롯한 서른 명의 아들과 서른 명의 딸을 모아놓고 말했다.

2. "나의 자녀들아, 내 말을 잘 들어라. 나와 너희 아버지가 주님의 계명을 어긴 것에 대해서 이야기해주겠다. 그때 미카엘 대천사가 '너희가 공모했기 때문에 주님께서 인류에게 분노의 심판을 내리는데, 처음에는 물로, 그 다음에는 불로 심판할 것이오. 주님은 이 두 가지를 가지고 인류 전체를 심판할 것이오.' 라고 말했다.

제50장

1. 나의 자녀들아, 내 말에 귀를 기울여라! 이제 석판들과 진흙판들을 만들어서 나와 너희 아버지의 생애에 일어난 모든 일, 즉 너희가 보고 들은 모든 것을 거기 기록하라.

2. 주님이 물로 인류를 심판한다면, 진흙판들은 녹아버리겠지만 석판들은 보존될 것이다. 그러나 그가 불로 심판한다면, 석판들은 깨지겠지만 진흙판들은 완전하게 구워질 것이다."

3. 말을 다 마친 하와가 하늘을 향해 두 팔을 뻗어 기도했고, 땅에 무릎을 꿇어 주님을 숭배하고 감사한 뒤에 숨을 거두었다.

「아담과 하와의 계시록」
제42장

3. 살아 있을 때 하와는 자기 죽음을 생각하고 울었다. 자기 육체가 어디에 놓일지 몰랐기 때문이다. 주님이 낙원에 있고 그들이 아담을 묻는 동안에 세트를 제외하고는 하와와 그녀의 모든 자녀들이 내가 말한 바와 같이 잠을 자고 있었다.

4. 죽을 때가 임박하자 하와는 남편 아담이 묻힌 곳에 자기도 묻히게 해달라고 간청하고,

5. "저의 주인이신 하느님, 당신이 아담의 몸 일부로 저를 만드셨으니, 저를 아담의 육체와 분리하지 말아주세요.

6. 제가 죄를 지어 자격이 없기는 하지만, 아담의 육체 가까이 묻히도록 허락해주세요. 제가 낙원에서 그와 함께 지냈고,

7. 계명을 위반한 이후에도 그와 헤어지지 않았으니, 이제 아무도 우리를 분리하지 못하게 해주세요."라고 말했다.

8. 기도를 마친 하와가 하늘을 쳐다보았고, 자리에서 일어나 자기 가슴을 치면서 "만물의 하느님, 제 영혼을 받아주세요."라고 말했다. 그리고 즉시 자기 영혼을 하느님에게 바쳤다.

제51장

1. 모든 자녀들이 비통하게 울면서 하와를 묻었다.

2. 그들이 4일 동안 애도하고 나자, 미카엘 대천사가 나타나서 세트에게 "하느님의 사람이여, 죽은 자를 위한 애도는 6일을 넘지 않도록 하시오. 왜냐하면 일곱째 날은 부활의 상징이고 다가올 시대의 휴식이며, 주님이 모든 일을 마치고 일곱째 날에 쉬었기 때문이오."라고 말했다.

3. 그래서 세트가 석판과 진흙판들을 만들었다.

「아담과 하와의 계시록」
제43장

1. 하와가 죽자 미카엘 대천사가 그 옆에 서 있고, 3명의 천사가 와서 그녀의 육체를 운반하여 아벨이 묻힌 곳에 묻었다.

2. 미카엘 대천사가 세트에게 "부활의 그날까지 죽은 사람의 매장을 이렇게 하시오.

3. 그리고 6일 이상은 애도하지 말고, 일곱째 날에는 쉬고 기뻐하시오. 왜냐하면 일곱째 날에 하느님과 우리 천사들은 정의로운 영혼이 지상에서 떠나가는 것을 기뻐하기 때문이오."라고 말했다.

4. 말을 마친 대천사가 하늘로 돌아가면서 하느님을 찬미하고 "할렐루야! 하느님에게 영광과 힘이 영원히 있기를 빕니다!"라고 말했다.

제52장

3. 세트가 석판과 진흙판들을 만들어 아담과 하와의 생애, 즉 자기가 부모로부터 들은 것과 눈으로 본 것을 모두 기록했다. 그리고 그 판들을 아버지 아담이 평소에 주님께 기도하던 작은 성당, 즉 아담의 집 한가운데에 보관했다.

4. 대홍수 이후 많은 사람이 이 판들을 보았지만 아무도 해독할

수가 없었다.

5. 그러나 지혜로운 솔로몬이 이 기록을 보고는 주님에게 간청했다. 그러자 주님의 천사가 나타나서

6. "세트가 손가락으로 석판 위에 글을 쓰도록 그의 손을 잡아준 천사가 바로 나요. 당신은 글에 능숙해져서 석판에 기록된 것을 모두 알고 이해하며, 아담과 하와가 주님께 기도하던 그 장소도 알게 될 거요.

7. 그리고 바로 그 기도의 장소에 당신이 주님의 성전을 건축하는 것이 마땅하지요."라고 말했다.

8. 그래서 솔로몬이 주님의 성전을 완성하고는 아킬레아 문헌들 (손으로 만들지 않은 문헌들. 즉 주님의 천사가 세트의 손을 잡고 있었기 때문에 세트는 자기가 무엇을 쓰는지도 모르고 손가락으로 쓴 문헌들)을 가져오도록 했다.

9. 그 석판들에서 아담의 7대 후손 에녹이 대홍수 이전에 예언한 내용 즉, 그리스도의 출현에 관해서 "보라! 모든 사람에게 판결을 내리기 위해 주님이 그의 거룩함 속에서 올 것이다. 그는 불경스러운 자들이 자기를 거슬러서 한 모든 말에 대해 단죄하고, 자기 욕망에 따라서 살고 오만한 말을 일삼은 죄인들과 불경스러운 자들과 투덜거리는 사람들과 경건하지 않은 사람들을 단죄할 것이다."라는 말이 발견되었다.

아담과 하와의 책 제1서

아담과 하와가 사탄과 투쟁한 기록

해설

이것은 세상에서 가장 오래된 이야기다. 그리고 인간 생활의 가장 기본적인 요소인, 선악의 대결, 인간과 악마의 싸움, 죄에 대한 인간의 영원한 갈등을 다루었기 때문에 지금까지 전해져 내려오는 것이다.

아담과 하와에 관한 이야기는 그리스인, 시리아인, 이집트인, 아비시니아인, 히브리인들의 문헌에서 수없이 발견된다. 이것은 그 뒤에 무엇인가가 있다는 심증을 준다.

이것은 연대를 알 수 없는 시기에 역시 이름이 밝혀지지 않은 이집트인이 아랍어로 저술한 것으로, 이어서 이디오피아어로 번역이 되기도 했다.

이것의 일부는 탈무드와 코란에서도 나타나기 때문에 인류의 지혜를 담은 고대 문서의 탄생에 대해 그 영향력이 얼마나 강했는지 짐작하게 해준다. 이 문헌의 발견이 이집트의 왕 투탄카멘의 무덤의 발견보다도 인류의 지식 확대에 더 큰 의미를 지니는 최대의 발견이라고 극찬한 학자도 있다.

여기 서술된 인류 최초의 가족들의 이야기에는 현대인의 생활이 안고 있는 고뇌와 문제점들이 그대로 들어 있다. 그리고 카인이 아벨을 죽인 것은, 그들의 쌍둥이 누이동생들을 둘러싼 경쟁과 갈등 때문이라고 하는 점이 특이하다.

낙원에서 추방된 아담,
보물의 동굴에서 거주한다

제1장

1. 셋째 날에 하느님이 땅의 동쪽 끝에 낙원을 만들었다. 땅의 동쪽 끝은 해가 뜨는 곳이고, 그 너머로는 온 세상을 가득 채우고 하늘에 닿는 물 이외에 아무것도 없었다.

2. 낙원의 북쪽에는 소금기가 없고 맑은 물로 가득 찬 바다가 있는데, 그 너머로는 아무것도 없었다. 그 물이 하도 맑아서 땅의 밑바닥이 훤하게 들여다보였다.

3. 그래서 아무리 피부가 검은 사람이라도 거기서 목욕을 하면 눈같이 흰색으로 변하고 더없이 깨끗한 몸이 되었다.

4. 하느님은 자기가 만들어야 할 사람이 어떻게 될지 알고 있었기 때문에, 자신의 즐거움을 위해서 그 바다를 창조했다. 하느님은 사람이 계명을 어겨 낙원을 떠나게 되고, 그후에 지상에서 태어나야만 하며, 정의로운 사람들이 죽어야 하고, 사람들의 영혼들을 마지막 날에 자신이 부활시켜서 원래의 육체를 가지게 하며, 그들이 그 바다에서 목욕하고 모두 죄를 회개할 것이라는 점을 알고 있었다.

5. 그러나 하느님은 아담을 낙원에서 쫓아냈을 때 그를 북쪽 끝으로 가게 하지는 않았다. 그것을 허용한다면, 아담이 그 바다에 가까이 가서, 아담과 하와가 목욕을 하여 죄를 씻어버리고, 또한 자기들이 계명을 어긴 죄를 잊어버리며, 처벌을 생각할 때 그 위반을 더 이상 회상하지 않게 되기 때문이다.

6. 하느님은 아담을 낙원의 남쪽에 두려고도 하지 않았다. 북쪽에서 바람이 불어오면 낙원의 나무들의 감미로운 향기가 남쪽으로

하느님의 최후의 심판

날아가기 때문이다.

7. 하느님은 아담이 그 향기를 맡아서 계명을 어긴 죄를 잊어버리고 오히려 위로를 받으며, 향기를 즐김으로써 죄를 씻어버릴 테니까 그를 남쪽에 두지 않았다.

8. 한없이 자비롭고 자기만이 아는 방식대로 만물을 다스리는 하느님은 아담을 낙원의 서쪽 끝에서 살도록 했다. 그곳의 땅이 매우 넓기 때문이었다.

9. 즉 그곳의 바위산에 있는 보물의 동굴에서 거주하라고 명령했던 것이다.

아담과 하와가 기절한다

제2장

1. 우리 조상 아담과 하와는 낙원을 떠날 때 어디로 가야 할지 몰라서 발길이 닿는 대로 정처 없이 걸어가기만 했다.

2. 낙원의 정문에 이르자, 크고 작은 돌과 모래에 뒤덮인 광막한 대지가 눈앞에 전개되는 것을 보고는 공포에 질려서 몸을 떨다가 땅바닥에 엎드렸다. 그들은 죽은 사람처럼 보였다.

3. 그때까지는 아름다운 각종 나무가 우거진 낙원에서 살아왔지만, 이제는 한 번도 본 적이 없고 어딘지도 모르는 낯선 땅에 자기들이 와 있었고,

4. 밝고 순수한 천성을 받은 그들은 지상의 사물에 얽매이는 마음이 없었기 때문이다.

5. 그래서 하느님이 그들을 동정했다. 낙원의 정문 앞에 쓰러진 그들을 본 하느님은 그의 말씀을 보내서 그들을 일으켜주었다.

위대한 5일 반의 약속

제3장

1. 하느님이 아담에게 "나는 이 지구 위에 세월을 지정해주었다. 그러므로 너와 네 후손은 그 세월이 모두 끝날 때까지 그 세월 속에서 살고 걸어가라. 말씀이 너를 만들었지만 너는 그 말씀을 거역했는데, 내가 그 말씀을 보내면 말씀이 낙원에서 나가 쓰러진 너를 일으켜세워줄 것이다.

2. 그렇다. 5일 반이 끝나면 말씀이 너를 다시 구원해줄 것이다."
라고 말했다.

3. 그러나 아담은 그 말뜻을 알아듣지 못했다.

4. 왜냐하면 5일 반이 지나면 세상의 종말이 온다고 그는 생각했기 때문이다.

5. 그래서 그는 울면서 하느님에게 그 의미를 설명해달라고 간곡히 청했다.

6. 그래서 자기 모습과 비유에 따라 창조된 아담을 불쌍히 여긴 하느님이 5일 반은 5천 년과 5백 일을 의미한다는 것과, 말씀이 어떻게 와서 아담과 그 후손을 구원할 것인지 설명해주었다.

7. 그러나 설명에 앞서서 하느님은, 아담이 낙원에 있던 때, 즉 하와가 열매를 따서 아담에게 먹으라고 준 그 나무 옆에 아담이 있던 때와 같은 조건으로 먼저 아담과 계약을 맺었다.

8. 아담이 낙원을 떠날 때 그 나무 옆을 지나가게 되었는데, 하느님이 그 나무의 모습을 변화시켜서 시들어버리게 한 것을 보았다.

9. 그래서 아담은 공포에 질려 몸을 떨다가 쓰러졌다. 자비를 베풀어 하느님이 그를 일으켜세웠고, 그와 이 계약을 맺었다.

10. 또한 아담이 낙원의 정문에 이르렀을 때, 불타는 칼을 든 케루빔 천사를 보았다. 천사는 화를 내면서 아담을 향해 얼굴을 찌푸렸다. 겁에 질린 아담과 하와는 천사가 정말 자기들을 죽일 것이라고 생각했다. 그래서 땅바닥에 엎드려서 부들부들 떨기만 했다.

11. 그러나 천사는 자비를 베풀어 몸을 돌려 하늘로 올라갔고, 주님에게 이렇게 기도했다.

12. "주님은 불의 칼을 들고 낙원의 정문을 지키라고 저를 파견했습니다.

13. 그러나 당신의 하인들인 아담과 하와가 저를 보고는 땅바닥에 엎드린 채 죽은 사람처럼 되었습니다. 주님, 당신 하인들을 우

리가 어떻게 했으면 좋겠습니까?"

14. 그들에게 자비를 베푼 하느님은 천사에게 정문을 지키라고 파견했다.

15. 이어서 그의 말씀이 아담과 하와에게 와서 그들을 일으켰다.

16. 주님이 아담에게 "5일 반이 지나면 말씀을 보내서 너를 구원하겠다고 이미 내가 말했다.

17. 그러므로 마음을 굳게 다지고 내가 전에 말한 보물의 동굴에 가서 살아라." 하고 말했다.

18. 하느님의 말씀을 듣고 난 아담이 크게 위로를 받았다. 주님이 자기를 구원해준다는 말을 들었기 때문이다.

아담의 통곡

제4장

1. 아담과 하와는 최초의 거주지인 낙원을 떠난 것에 대해서 슬프게 울었다.

2. 아담은 자기 육체가 변한 것을 보았고, 그래서 자기들의 죄에 대해서 하와와 함께 비통한 눈물을 흘렸다. 그들이 한참 걸어간 뒤 보물의 동굴로 천천히 내려갔다.

3. 그 동굴에 이르렀을 때 아담이 눈물을 주르륵 흘리면서 하와에게 "이 세상에서 우리 감옥이자 처벌장소인 이 동굴을 보시오!

4. 낙원과 비교하면 이것이 도대체 뭐요? 드넓은 낙원에 비하면 이것은 얼마나 비좁은 것이오?

5. 저기는 초원인데 여기는 암벽뿐이오. 낙원에는 광채가 충만한데 여기는 어두움뿐이오.

6. 낙원에서는 주님의 자비가 우리 위를 덮었는데, 여기는 편편한 널바위가 머리 위에 걸려 있소.

7. 이 동굴의 땅은 낙원의 비옥한 땅에 비하면 아무것도 아니오. 낙원에는 맛있는 과일이 열리는 나무들이 가득한데, 여기는 돌투성이가 아니오?"라고 말했다.

8. 그리고 아담이 "당신 눈과 내 눈을 보시오. 전에는 우리 눈으로 하늘의 천사들을 바라보고 끊임없이 찬미했는데,

9. 이제는 천사들을 볼 수가 없소. 우리 눈이 육체의 눈으로 변해서 예전과 같이 볼 수가 없단 말이오."라고 말했다.

10. 또한 아담이 "낙원에서 살 때의 우리 몸에 비하면 지금의 우리 육체는 초라하기 짝이 없지 않소?"라고 말했다.

11. 그렇게 말한 아담은 바위 아래 선 채 동굴에 들어가고 싶은 마음이 없었고, 또 들어가려고 하지도 않았다.

12. 그러나 하느님의 명령에 복종하여, "동굴에 들어가지 않으면 다시금 주님에게 거역하게 된다."라고 말했다.

하와가 책임을 절실히 느낀다

제5장

1. 그래서 그들은 동굴로 들어갔다. 그리고 우리는 모르지만 그들은 잘 아는 자기들의 언어로 서서 기도했다.

2. 기도할 때 아담이 시선을 위로 향했는데, 머리 위엔 바위만 보일 뿐 하늘도 하느님의 피조물들도 보이지 않았다. 그래서 통곡하며 자기 가슴을 심하게 두드리다가 드디어 쓰러져서 죽은 사람처

럼 되었다.

3. 하와가 주저앉아 통곡을 했다. 아담이 정말 죽었다고 믿었기 때문이다.

4. 이윽고 하와가 일어나서 하느님을 향해 두 팔을 뻗은 채 자비와 동정을 간청했다. "오, 하느님, 제가 지은 죄를 용서해주세요. 저의 죄를 기억하여 책망하지 말아주세요.

5. 당신의 하인 아담이 낙원에서 이 절망의 땅으로, 빛에서 암흑으로, 환희의 집에서 감옥으로 떨어지게 된 것은 전적으로 저의 잘못 때문입니다.

6. 오, 하느님, 이렇게 쓰러져 있는 당신의 하인을 굽어보시고 그를 죽음으로부터 일으켜주세요. 그래서 그가 저를 통해서 지은 죄를 통곡하고 회개하도록 해주세요.

7. 그의 영혼을 당장 거두어가지 마시고, 그를 살려주어서 회개의 보람을 얻게 해주세요. 그가 죽기 전에 당신이 하시던 것과 같이 이제 당신 뜻대로 해주세요.

8. 그러나 만일 당신이 그를 되살리지 않겠다면, 차라리 저의 영혼도 거두어 저도 그와 같이 되게 해주세요. 저를 이 땅굴 속에 혼자 내버려두지 마세요. 저는 이 세상에서 혼자서는 도저히 살 수가 없어요. 오로지 그와 함께 살고 싶어요.

9. 당신은 그를 잠들게 한 뒤 옆구리에서 뼈를 하나 빼어내고 당신의 전능한 힘으로 그 자리에 살을 채워 넣었지요.

10. 당신은 저 자신인 그 뼈를 가지고 여자를 만들었어요. 저는 그와 같이 빛나고, 마음과 이성과 언어를 소유하며, 그와 똑같은 살을 가지게 되었지요. 당신은 자비와 힘으로 저를 그의 얼굴과 비슷하게 만들었지요.

11. 오, 주님, 저와 그는 하나입니다. 그리고 오, 하느님, 당신은 우리의 창조주이며, 우리를 하루 만에 만든 분이지요.

12. 그러므로 오, 하느님, 우리 죄 때문에 거주하게 된 여기서 우리가 함께 살 수 있도록 그를 살려주세요.

13. 그러나 그를 살려주고 싶지 않다면, 저도 당신이 데려가셔서 우리 둘이 같은 날에 죽게 해주세요."

14. 비통한 눈물을 흘리다가 슬픔을 이기지 못한 하와가 우리 조상 아담의 몸 위에 쓰러졌다.

말씀이 아담과 하와를 다시 살려낸다

제6장

1. 비탄을 견디지 못하여 거의 죽게 된 그들을 하느님이 내려다보았다.

2. 그는 그들을 다시 일으키고 위로해줄 작정이었다.

3. 그래서 그들을 일으켜세우기 위해서 말씀을 보냈다.

4. 그들을 다시 살려준 뒤에 하느님이 "너희는 자유 의지를 가지고 계명을 어겨 낙원에서 내쫓긴 것이다.

5. 그리고 나와 대등하게 신이 되고 위대해지고 높은 자리를 차지하려는 욕망을 너희 자유 의지로 품었기 때문에, 나는 너희가 예전에 가졌던 빛나는 천성을 빼앗고, 낙원에서 험하고 시련이 많은 이 땅으로 내몰았던 것이다.

6. 나의 계명을 어기지 않고 지켰더라면, 그리고 그 근처에도 가지 말라고 명령한 그 나무 열매를 너희가 먹지 않았더라면 얼마나 좋았겠느냐! 그 나무 열매보다도 더 좋은 열매를 맺는 나무들이 낙원에는 많다.

7. 사악한 사탄은 원래의 상태에 머물지 못하고, 신앙을 유지하지

도 않으며, 나에 대해서 좋은 뜻을 전혀 품지도 않고, 내가 그를 창
조했는데도 나를 우습게 여기며, 신이 되려고 노리기 때문에, 내가
그를 하늘나라에서 아래로 내몰아버렸다. 바로 그가 그 나무를 너
희 눈에 황홀한 것으로 보이게 만들었고, 너희는 그의 말에 속아
열매를 먹었다.

8. 그래서 너희가 나의 계명을 어겼기 때문에 나는 이 모든 슬픔
을 너희에게 준 것이다.

9. 나는 창조주인 하느님인데, 만물을 창조할 때 그들을 멸망시킬
의도가 전혀 없었다. 그러나 그들이 나의 분노를 자극했기 때문에
회개할 때까지 심한 재앙으로 처벌한 것이다.

10. 그런데 그들이 계속해서 계명을 어긴다면 영원히 저주를 받을
것이다."라고 말했다.

사람들이 짐승들과 화해한다

제7장

1. 그 말을 들은 아담과 하와는 더욱 흐느끼며 통곡했다. 그러나
주님이 마치 아버지와 어머니처럼 그들을 대해준다고 생각했기 때
문에 하느님 안에 마음이 한결 든든해졌다. 그리고 바로 그 이유
때문에 주님 앞에서 통곡했고, 자비를 간청했다.

2. 이윽고 하느님이 그들을 동정하여 "오, 아담아, 나는 너와 이
미 계약을 맺었다. 나는 그 계약을 어기지 않을 것이고, 나의 위대
한 5일 반이 찰 때까지는 너를 낙원으로 되돌려보내지 않겠다."라
고 말했다.

3. 아담이 "오, 주님, 당신은 우리를 창조했고 낙원에 살기에 적

합한 존재로 만들었습니다. 제가 죄를 짓기 전에는 모든 짐승이 제게 와서 제가 그 이름을 부르도록 했습니다.

4. 그때는 당신의 은총을 제가 받았습니다. 저는 당신의 뜻대로 짐승들에게 이름을 붙여주었습니다. 그리고 당신은 모든 짐승이 제게 복종하도록 만들었습니다.

5. 그러나 주 하느님, 제가 계명을 어겼으니 모든 짐승이 저를 거슬러서 일어나고, 저와 당신의 하녀인 하와를 잡아먹을 것입니다. 그래서 우리 생명을 지상에서 없애버릴 것입니다.

6. 그러므로 당신은 이미 우리를 낙원에서 내쫓아 이 낯선 곳으로 내몰았으니, 짐승들이 우리를 해치지 못하도록 해주십시오."라고 말했다.

7. 주님이 아담을 불쌍히 여겼다. 그리고 아담이 정말로 짐승들에게 잡아먹힐 것으로 생각한다고 보았다.

8. 그래서 하느님은 모든 짐승과 새들, 그리고 지상에서 움직이는 모든 것에게 아담에게 와서 친하게 지내고, 아담과 하와 그리고 후손 가운데 선하고 정의로운 사람들을 해치지 말라고 명령했다.

9. 뱀을 제외한 모든 짐승이 하느님의 명령에 따라서 아담에게 복종했다. 뱀은 다른 짐승들과 함께 아담에게 오지 않았다. 그래서 하느님이 뱀에게 분노했다.

사람이 원래의 빛나는 천성을 잃다

제8장

1. 아담이 눈물을 흘리면서 "낙원에 살면서 마음이 위로 들어올려졌을 때는 우리가 하늘에서 찬미가를 부르는 천사들을 보았지만,

이제는 볼 수가 없습니다. 아니, 동굴에 들어오니까 모든 만물로부터 차단되고 말았습니다."라고 말했다.

2. 하느님이 "나에게 복종할 때는 네가 네 안에 빛나는 천성을 지니고 있었고, 그래서 멀고 먼 사물들을 볼 수가 있었다. 그러나 죄를 지은 뒤로는 그 천성이 사라져서 먼 것은 볼 수가 없고, 육체의 능력에 따라서 오로지 가까운 것만 보이는 것이다. 육체는 난폭하기 때문이다"라고 말했다.

3. 아담과 하와가 슬픔에 찬 마음으로 주님을 찬미하고 숭배하면서 자기들의 길을 걸어갔다.

생명의 나무에서 흐르는 물

제9장

1. 아담과 하와가 보물의 동굴에서 나와 낙원의 정문 근처로 가서 낙원을 쳐다보고는 거기서 멀리 떠나온 것을 생각하고 울었다.

2. 그들은 낙원의 남쪽으로 갔는데, 낙원에 물을 대주는 수원지, 즉 생명의 뿌리에서 나오는 물을 발견했다. 그 물은 지상에서 네개의 강으로 갈라져나갔다.

3. 이윽고 그들이 그 물에 가까이 다가가서 들여다보았다. 그리고 그 물이 바로 낙원에 있는 생명의 나무 그 뿌리 아래에서 솟는다는 것을 알았다.

4. 낙원에서 내쫓겼다는 생각에 아담이 통곡을 하면서 가슴을 쳤다. 그리고 하와에게

5. "나와 당신 자신에게 그리고 우리 후손에게 왜 이토록 수많은 재앙과 처벌을 초래했소?"라고 말했다.

6. 하와가 "무엇을 보았다고 그렇게 울고 또 제게 이런 식으로 말을 하는 거예요?"라고 말했다.

7. 그는 "낙원에서 우리와 함께 있던 이 물, 낙원에 물을 대주고 나서 흘러나가는 이 물을 당신은 보지도 못하는 거요?

8. 낙원에 있는 동안 우리는 이 물에 대해서 신경도 쓰지 않았소. 그러나 이상한 이 땅에 와서는 이 물을 좋아하고 우리 육체를 위해서 사용한다 이거요."라고 말했다.

9. 그 말을 들은 하와가 울었다. 하염없이 울다가 지친 그들이 그 물에 빠졌다. 제 정신이 들자, 만물을 다시 쳐다보기도 싫었기 때문에 그들은 스스로 목숨을 끊으려고 했다. 창조된 만물을 바라보면 스스로 목숨을 끊고 싶은 생각이 들었기 때문이다.

낙원을 떠난 이후 육체에게 물이 필요하다

제10장

1. 자비와 은총의 하느님이 물에 빠져서 거의 죽게 된 그들을 바라보고는 천사를 파견하여 그들을 물에서 건져내어 바닷가에 놓았으나 이미 죽은 뒤였다.

2. 천사가 하느님에게 돌아가서 "오, 하느님, 당신의 피조물들이 마지막 숨을 거두었습니다."라고 보고했다.

3. 그러자 하느님이 그의 말씀을 보내어 그들을 죽음에서 되살려 냈다.

4. 다시 살아난 아담이 "오, 하느님, 낙원에 있는 동안 우리는 이 물이 필요 없었고 또 걱정도 하지 않았지만, 이 땅에 도착한 뒤로는 물 없이는 살 수가 없게 되었습니다."라고 말했다.

5. 하느님은 "네가 나의 지도를 받고 빛나는 천사였던 때는 이 물을 알지 못했다.

6. 그러나 나의 계명을 어긴 뒤로는 물 없이는 살 수 없게 되었다. 너는 물을 마시며 자라고 또한 육체를 물로 씻어야 할 것이다. 왜냐하면 네 육체를 짐승의 육체와 똑같도록 했기 때문에 육체는 반드시 물을 필요로 할 것이며 물 없이는 살 수 없을 것이다."라고 말했다.

7. 그 말에 아담과 하와가 괴로운 비명을 지르면서 울었다. 그리고 아담은 낙원으로 돌아가서 다시 한 번 더 보게 해달라고 간청했다.

8. 그러나 하느님은 "나는 네게 약속을 했다. 그 약속이 이행되면 너와 정의로운 네 후손들을 낙원으로 데려가겠다."고 말했다.

낙원에서 보낸 영광스러운 시절의 회상

제11장

1. 그러자 아담과 하와는 타는 듯한 갈증과 더위와 슬픔을 느꼈다.

2. 아담이 하와에게 "차라리 죽는다 해도 이 물을 마시지 맙시다. 하와여, 이 물이 우리 뱃속으로 들어가면 우리의 처벌과 앞으로 올 우리 자손들의 처벌을 더욱 증가시킬 것이오."라고 말했다.

3. 두 사람은 그 물을 마시지 않고 철 보물의 동굴로 돌아갔다.

4. 아담은 하와를 볼 수가 없었고 다만 그녀가 내는 시끄러운 소리만 들었다. 하와도 마찬가지였다.

5. 깊은 번뇌 때문에 아담이 슬프게 울면서 가슴을 쳤다. 그리고 자리에서 일어나 하와에게 "당신은 어디 있소?"라고 물었다.

6. 하와가 "저는 암흑 속에 서 있어요."라고 말했다.

7. 그는 하와에게 "우리가 낙원에서 살 때 가졌던 빛나는 천성을 기억하시오!

8. 낙원에서 우리가 누리던 영광을 기억하시오! 나무 사이를 산책할 때 우리 머리 위에 그늘을 드리워주던 그 나무들을 기억하시오

9. 낙원에서는 우리가 밤도 낮도 몰랐다는 것을 기억하시오. 자기 뿌리 아래로부터 물이 흘러나오게 하고 우리에게 그늘을 주던 생명의 나무를 기억하시오!

10. 암흑이 전혀 없던 그곳, 우리가 살던 낙원을 기억하시오.

11. 이 보물의 동굴에 들어오자마자 암흑이 우리를 둘러쌌고, 그래서 우리는 더 이상 서로 쳐다볼 수가 없고, 삶의 기쁨이 모두 끝나고 말았소."라고 말했다.

아담과 하와 사이에 암흑이 놓인다

제12장

1. 둘은 동이 틀 때까지 밤새도록 가슴을 치면서 통곡했고, 미야지아에서 보내는 밤이 길다고 탄식했다.

2. 견딜 수 없는 비탄, 그리고 암흑 때문에 아담이 가슴을 치다가 땅바닥에 쓰러져 죽었다.

3. 그가 땅에 쓰러지는 소리를 듣고 하와가 손으로 더듬어서 그를 찾아다녔다. 하와의 손 끝에 아담의 싸늘한 시체가 닿았다.

4. 겁에 질려 말도 나오지 않게 된 하와가 그의 곁에 서 있었다.

5. 그러나 자비로운 주님이 아담의 죽음을 보고, 암흑이 두려워서 하와가 아무 말도 못 하는 것을 보았다.

6. 하느님의 말씀이 아담에게 와서 죽음으로부터 일으켰고, 하와의 입도 열어서 말을 할 수 있게 해주었다.

7. 동굴 안에서 아담이 다시 살아난 뒤에 "빛이 우리를 떠나 어디로 가서 암흑이 우리를 휩싸고 있는 것입니까? 이 기나긴 암흑 속에 당신은 언제까지 우리를 놓아두시렵니까? 왜 우리를 이렇게 괴롭히는 것입니까?

8. 오, 주님, 이 암흑은 지금까지 어디 있었습니까? 너무 캄캄해서 우리는 서로 볼 수가 없습니다.

9. 낙원에 사는 동안 우리는 어둠을 보지도 못했고, 어둠이 무엇인지도 몰랐습니다. 저는 하와 앞에서 숨지 않았고, 하와도 지금 저를 볼 수 없게 되기까지 제 앞에서 숨지 않았습니다. 그리고 우리를 서로 갈라놓는 암흑이 닥치지도 않았습니다.

10. 예전에 우리는 하나뿐인 찬란한 광채 안에 함께 있었습니다. 그러나 이 동굴에 들어오자, 암흑이 닥쳐서 우리가 서로 볼 수 없도록 멀리 갈라놓았습니다.

11. 오, 주님, 당신은 이 암흑으로 우리를 처벌하는 것입니까?"라고 말했다.

밤과 낮이 분리된 이유

제13장

1. 자비가 넘치는 하느님이 아담의 목소리를 들었다.

2. 그래서 아담에게 "아담아, 선한 천사가 나에게 복종하는 동안은 찬란한 빛이 그와 그의 군대 위에 머물렀다.

3. 그러나 나의 계명을 어겼을 때, 나는 찬란한 본성을 박탈했고,

그는 암흑이 되었다.

4. 그가 하늘, 즉 빛의 나라에 있을 때는 암흑을 몰랐다.

5. 그러나 그가 죄를 지었을 때, 나는 그를 하늘에서 땅으로 떨어지게 했고, 바로 이 암흑이 그에게 닥친 것이다.

6. 그리고 아담아, 낙원에서 네가 복종할 때는 찬란한 빛이 네 위에도 있었다.

7. 그러나 나는 너의 범죄를 들었을 때, 그 눈부신 빛을 네게서 빼앗았다. 그러나 자비를 베풀어서 너를 암흑으로 변화시키지는 않고 살을 가진 육체로 만들었으며, 추위와 더위를 견디도록 피부로 감싸주었다.

8. 내가 정말 심하게 분노했더라면 너를 파괴했을 것이다. 그리고 내가 너를 암흑으로 전환시켰다면 그것은 너를 죽인 것과 같았을 것이다.

9. 그러나 나는 자비를 베풀어서 현재의 네 모습으로 만들었다. 네가 죄를 범했을 때 나는 너를 낙원에서 몰아내어 이 땅으로 가게 했고, 이 동굴에서 살게 했으며, 나의 계명을 어긴 천사에게 내린 것처럼 암흑이 네게도 내렸다.

10. 그래서 이 밤이 너를 속인 것이다. 그러나 이 밤은 영원하지 않고 겨우 열두 시간에 불과하며, 그 다음에는 낮이 돌아올 것이다.

11. 그러므로 한숨을 쉬지 말고 낙심하지도 마라. 암흑이 너무 길어서 지쳐버리겠다는 말도 하지 마라. 암흑으로 내가 너를 괴롭힌다고 하지도 마라.

12. 용기를 가다듬어 두려워하지 마라. 이 암흑은 처벌이 아니다. 나는 낮을 만들어 그 안에 태양을 설치했다. 그것은 너와 네 자손이 일을 할 수 있도록 배려한 것이다.

13. 왜냐하면 나는 네가 죄를 짓고 계명을 어겨서 이 땅에 올 줄 알았기 때문이다. 그러나 나는 너를 강요하지도 않고, 용납도 배척

도 하지 않을 것이다. 네가 타락했다고 해서, 빛으로부터 암흑으로, 낙원에서 이 땅으로 왔다고 해서 너를 멸망시키지도 않을 것이다.

14. 왜냐하면 너를 빛을 가지게 만들었고, 너와 비슷한 빛의 자손들을 네게서 나오게 만들 것이기 때문이다.

15. 그러나 네가 하루는 나의 계명을 어겼다. 내가 창조를 마치고 만물을 축복한 뒤에

16. 그 나무의 열매를 먹지 말라고 네게 명령했다. 물론 나는 자기 자신을 속인 사탄이 너도 또한 속일 것임을 알았다.

17. 그래서 그 나무에 가까이 가지 말라고 말한 것이다. 그래서 그 열매를 먹지도 말고, 맛보지도 말며, 그 나무 아래 앉지도 말고, 올라가지도 말라고 했다.

18. 그 나무에 관해서 내가 미리 말하지도 않고 명령하지도 않았는데 네가 죄를 지었다면, 나는 명령을 내리지 않은 잘못이 있을 것이고, 너는 오히려 나를 원망할 수도 있을 것이다.

19. 그러나 나는 이미 명령했고, 경고했으며, 너는 타락했다. 그러므로 피조물들이 나를 탓할 수가 없고, 모든 책임은 자기들에게 있는 것이다.

20. 아담아, 나는 너와 네 자손들이 밝은 시간에 일을 하도록 낮을 만들었고, 일을 한 뒤에 쉬도록 밤을 만들었다. 그리고 들짐승들이 그 시간에 먹이를 찾아다니도록 밤을 만들었다.

21. 아담아, 이제 암흑이 얼마 남지 않았으니 곧 햇빛이 비칠 것이다."라고 말했다.

말씀이 사람이 되어 아담을 구원할 것이다

제14장

1. 아담이 "오, 주님, 이 어두움을 더 이상 보지 않도록 제 영혼을 거두어주십시오. 아니면 암흑이 없는 곳으로 옮겨주십시오."라고 말했다.

2. 그러나 하느님은 "진실로 네게 말하는데, 이 암흑은 네게서 물러갈 것이다. 나의 계약이 이행되는 날까지 매일 나는 너를 위해서 그렇게 하기로 결정했다. 나의 계약이 이행되는 날에는 너를 구출하여 암흑이 없는 낙원으로, 네가 간절히 바라는 빛의 집으로 너를 다시 데리고 가겠다. 하늘의 왕국으로 너를 데리고 가겠다.

3. 죄를 지었기 때문에 네가 겪어야만 하는 이 모든 고통과 고역은 사탄의 손으로는 너를 해방시키지 못하고 너를 구원하지 못할 것이다.

4. 그러나 나는 그 일을 할 것이다. 내가 하늘에서 내려와 네 자손의 육체가 되고, 네게 고통을 주는 연약함을 스스로 입을 때, 이 동굴에서 네게 닥친 암흑이 네 자손의 육체 속에 있는 나에게 무덤 속에서 닥칠 것이다.

5. 그리고 모든 시간을 초월하는 내가 너를 구원하기 위해서, 세월과 시간에 종속되고 사람들의 아들들의 하나가 될 것이다."라고 말했다.

아담과 하와가 더욱 슬프게 운다

제15장

1. 하느님의 말씀을 듣고 아담과 하와는 슬픔에 겨위서 울었다. 왜냐하면 자기들에게 선포된 세월이 끝날 때까지 다시는 낙원에 돌아가지 못하기 때문에, 특히 하느님이 자기들의 구원을 위해서 고통을 받을 것이라고 들었기 때문이다.

아담이 태양을 하느님이라고 착각한다

제16장

1. 그 다음에는 아담과 하와가 서서 기도하고 우는 것을 멈추고 새벽이 올 때까지 기다렸다.

2. 빛이 돌아온 것을 보고 그들은 두려움을 억누르고 용기를 가다듬었다.

3. 아담이 동굴을 나오기 시작하여 입구에 이르자 고개를 동쪽으로 돌렸다. 찬란한 빛을 뿜으며 떠오르는 태양을 바라보고 그 따뜻함을 몸으로 느꼈다. 그는 태양열이 두려웠다. 태양의 불길이 자기를 괴롭히기 위해서 온다고 생각했다.

4. 그래서 울면서 가슴을 치고 땅에 엎드려 간청했다.

5. "주님, 저를 괴롭히지 마시고, 태워버리지도 마시고, 아직은 지상으로부터 제 생명을 거두어가지 마십시오."라고 말했다.

6. 왜냐하면 그는 태양을 하느님이라고 생각했던 것이다.

7. 낙원에 있을 때 하느님의 목소리를 듣고 그가 낙원에서 내는

소리를 듣고 그를 두려워하기는 했지만, 아담은 태양의 찬란한 빛을 본 적이 없고, 자기 몸에 닿는 불타는 뜨거움을 느끼지 못했던 것이다.

8. 그래서 불타는 광선이 자기 몸에 닿자 태양을 두려워했다. 그는 하느님이 선포한 세월이 다 갈 때까지 그 뜨거움으로 자기를 괴롭힐 것이라고 생각했다.

9. 하느님이 암흑으로 우리를 괴롭히지 않는 대신에 태양을 떠오르게 하여 우리를 괴롭히는 것이라고 속으로 생각했기 때문이다.

10. 그런 생각을 하고 있을 때, 하느님의 말씀이 그에게 와서

11. "아담아, 일어나서 우뚝 서라. 저 태양은 하느님이 아니다. '새벽이 오고 낮에는 빛이 있을 것이다' 라고 내가 이미 동굴에서 말한 것처럼, 저 태양은 낮에 빛을 주기 위해서 창조된 것이다.

12. 그러나 나는 밤에 너를 위로하는 하느님이다."라고 말했다.

뱀의 비참한 처지

제17장

1. 아담과 하와가 동굴 입구에서 나가 낙원 쪽으로 갔다.

2. 아담과 하와를 속일 때 사탄이 뱀으로 변해서 서쪽 정문으로 들어갔는데, 그들이 그 앞에 이르자, 하느님의 저주를 받아 뱀이 비참하게 흙을 핥아먹고 땅에 가슴을 대고 몸을 뒤트는 것을 보았다.

3. 예전에는 뱀이 모든 짐승 가운데 가장 고귀한 짐승이었지만, 이제는 미끄러운 것으로 변해서 가장 천한 짐승으로 전락했고, 가슴으로 기고 배로 전진했다.

4. 뱀이 예전에는 가장 아름다웠지만, 이제는 가장 추한 짐승으

로 변했다. 가장 좋은 음식을 먹었지만, 이제는 흙을 먹었다. 가장
좋은 곳에서 살았지만, 이제는 흙 속에서 살았다.

5. 예전에는 뱀이 가장 아름다운 짐승이었기 때문에 모든 짐승이
그 아름다움에 매혹되어 말을 잃었지만, 이제는 모든 짐승이 지긋
지긋하게 싫어하는 짐승이 되었다.

6. 예전에는 뱀이 가장 아름다운 곳에서 살아서 모든 짐승들이 그
곳으로 모여들었고, 뱀이 물을 마시는 샘에서 다른 짐승들도 물을
마셨지만, 하느님의 저주로 거기 독이 들어 있게 되었으므로 모든
짐승이 뱀의 집에서 그리고 뱀의 샘에서 달아나고 말았다.

뱀이 말하는 능력을 박탈당한다

제18장

1. 저주받은 뱀이 아담과 하와를 보자 대가리를 크게 부풀리고 꼬
리를 받치고 위로 솟았으며 눈이 시뻘겋게 충혈되었는데, 마치 그
들을 죽일 기세였다.

2. 그리고 곧장 하와에게 달려들어 하와의 뒤를 추격했다. 곁에
서 있던 아담은 울기만 했다. 왜냐하면 뱀을 때려잡을 막대기가 손
에 없었고, 뱀을 어떻게 죽일지 몰랐기 때문이다.

3. 그러나 하와에 대한 뜨거운 사랑 때문에 그가 다가가서 뱀의
꼬리를 잡았다. 그러자 뱀이 그를 향해 몸을 돌리고는

4. "아담아, 너와 하와 때문에 내가 미끄러운 짐승이 되었고, 배
로 기어다니는 것이다."라고 말했다. 그런 다음 뱀이 엄청난 힘으
로 그들을 거꾸러뜨리고는 죽이려고 눌러댔다.

5. 그러나 하느님이 파견한 천사가 뱀을 떼어 내팽개치고는 그들

을 일으켜주었다.

6. 그리고 하느님의 말씀이 뱀에게 와서 "처음에 나는 너를 미끄럽게 만들고 배로 기어가게 했지만, 말하는 능력은 빼앗지 않았다.

7. 그러나 이제부터 너는 벙어리가 될 것이다. 너와 네 족속은 더 이상 말을 할 수가 없다. 왜냐하면 너를 통해서 처음에 내 피조물들의 파멸이 왔고, 그 다음에는 네가 그들을 죽이려고 했기 때문이다."라고 말했다.

8. 뱀이 벙어리가 되어 말을 하지 못했다.

9. 하느님의 명령으로 한 줄기 바람이 하늘에서 불어와 뱀을 아담과 하와로부터 분리한 뒤 바닷가에 내던졌고, 뱀은 인도라는 나라에 떨어졌다.

어떠한 짐승에 대해서도 두려워하지 마라

제19장

1. 아담과 하와가 하느님 앞에서 울었다. 그리고 아담이

2. "주님, 들짐승들이 일어나서 저를 잡아먹고 제 목숨을 지상에서 끊을 것이라고 저 동굴에서 당신께 말했습니다."라고 말했다.

3. 뱀에게 당한 일 때문에 그가 가슴을 치고는 땅바닥에 시체처럼 쓰러졌다. 하느님의 말씀이 내려와서 그를 일으키고는

4. "짐승들 가운데 그 어떠한 것도 너를 해칠 수 없을 것이다. 왜냐하면 내가 짐승들과 움직이는 모든 것을 동굴에 있는 네게 가게 했을 때 뱀은 제외했기 때문이다. 뱀이 네게 반항하여 네가 공포에 질려서 떨지도 몰랐기 때문이다.

5. 또한 나는 저 저주받은 것이 사악하다고 알았기 때문에 그것이

다른 짐승들과 함께 네게 접근하지 못하게 했다.

6. 그러나 이제는 용기를 가다듬고 두려워하지 마라. 나는 내가 선포한 세월이 모두 끝날 때까지 너와 함께 있겠다."라고 말했다.

뱀을 두려워하지 마라

제20장

1. 아담이 "주님, 뱀이 다시는 우리에게 접근하여 공격하지 못하는 그런 곳으로 우리를 옮겨주십시오. 뱀의 눈은 무섭고 사악한데, 당신의 하녀인 하와가 혼자 있을 때 그가 하와를 죽일지도 모릅니다."라고 말했다.

2. 하느님이 아담과 하와에게 "이제부터는 뱀을 두려워하지 마라. 그가 너희에게 접근하지 못하도록 하겠다. 나는 뱀을 이 산에서 추방하겠다. 그리고 이 산에는 너희를 해칠 짐승을 하나도 남겨두지 않겠다."라고 말했다.

3. 그들은 자기들을 죽음에서 구해준 하느님을 숭배하고 찬미하고 감사했다.

아담과 하와가 자살을 시도한다

제21장

1. 그들이 낙원을 찾으러 나갔다.

2. 태양열이 불꽃처럼 그들의 얼굴을 때렸다. 그래서 땀을 흘리면

파에톤, 코르넬리우스 할렘 작, 17세기

서 하느님 앞에서 울었다.

3. 그들이 우는 그 장소는 낙원의 서쪽 정문을 향하는 높은 산과 가까웠다.

4. 아담이 산꼭대기에서 몸을 아래로 내던졌다. 얼굴이 부서지고 살이 찢어져 피가 많이 나왔으며, 거의 죽을 지경에 이르렀다.

5. 한편 하와는 산 위에 서 있으면서 그를 위해 통곡했다.

6. 그리고 "그가 자기 자신에게 한 일은 모두가 나를 통해서 온

것이기 때문에, 나는 그가 죽은 뒤에 혼자 살아남고 싶지는 않다."고 말했다.

7. 하와도 그의 뒤를 따라서 아래로 몸을 던졌다. 돌들에 부딪쳐서 깨지고 찢어져서 죽은 사람처럼 누워 있게 되었다.

8. 그러나 만물을 내려다보는 자비로운 하느님이 죽은 듯이 누워 있는 그들을 보고는 말씀을 보내서 일으켜주었다.

9. 그리고 아담에게 "아담아, 네가 자신에게 저지른 이 모든 비참한 행위로 나의 지배를 벗어날 수 없고, 5500년의 계약을 변경할 수도 없다."고 말했다.

아담이 죽음을 간청한다

제22장

1. 아담이 하느님에게 "저는 태양열에 말라버렸습니다. 걸어가다가 기절도 했습니다. 이 세상이 지긋지긋합니다. 당신이 저를 언제 여기서 안식처로 데려갈지도 저는 모릅니다."라고 말했다.

2. 하느님은 "아담아, 지금은 안 된다. 네 세월이 끝날 때까지는 안 되는 것이다. 그때가 되면 이 비참한 땅에서 너를 데리고 나가겠다."고 말했다.

3. 아담이 "제가 낙원에 있을 때는 뜨거움도, 피로도, 방랑도, 공포도 몰랐는데, 이 땅에 온 뒤로 이 모든 고통이 제게 닥쳤습니다."라고 말했다.

4. 하느님이 "네가 계명을 지키는 동안에는 나의 빛과 은총이 네 위에 머물렀다. 그러나 죄를 지은 이후로 슬픔과 비참함이 이 땅에서 네게 닥친 것이다."라고 말했다.

5. 아담이 울면서 "주님, 원수인 사탄이 우리를 속일 때, 우리는 우리 의지에 따라서 당신의 계명과 법을 어겼고, 또한 당신처럼 신이 되려고 시도했습니다. 그러나 저를 저버리지 마시고, 혹심한 재앙으로 후려치지 마시고, 저의 죄에 따라서 처벌하지도 말아주십시오."라고 말했다.

6. 하느님이 "네가 이 땅에서 두려움을 품고 공포에 떨며, 발로 걸어다니면서 피로와 고통을 겪고 있으므로, 너를 구원하기 위해서 내가 직접 보살펴주겠다."고 말했다.

아담과 하와가 최초의 제대를 만든다

제23장

1. 아담이 더욱 울면서 "하느님, 제게 자비를 베풀어, 제가 할 일에 대해서 보살펴주십시오."라고 말했다.

2. 하느님이 아담과 하와로부터 자기 말씀을 거두었다.

3. 그러자 그들이 똑바로 일어섰다. 아담이 하와에게 "허리띠를 매시오. 나도 매겠소."라고 말했다. 그녀가 아담의 지시대로 했다.

4. 이윽고 돌들을 모아서 제대의 형상으로 쌓았다. 그리고 낙원 바깥에 있는 나무들의 잎새를 따서 바위에 흘린 자기들의 피를 깨끗이 닦았다.

5. 모래에 떨어진 피는 흙과 함께 퍼서 제대 위에 제물로 바쳤다.

6. 그들은 제대 아래 선 채 울면서 "우리의 잘못과 죄를 용서하시고, 자비의 눈으로 우리를 바라보아주십시오. 낙원에 있을 때 우리의 찬미와 노래가 끝없이 당신 앞으로 올라갔기 때문입니다.

7. 그러나 우리가 이 낯선 땅에 온 뒤로는 순수한 찬미도, 올바른

기도도, 이해하는 마음도, 부드러운 생각도, 올바른 의견도, 오래 가는 분별력도, 정의감도, 찬란한 본성도 더 이상 우리에게 남아 있지 않습니다. 우리 육체는 창조될 때의 그 모습과 딴판으로 변했습니다.

8. 그러나 이제 이 돌들 위에 바쳐진 우리 피를 굽어보시고, 낙원에서 우리가 당신께 바치던 그 찬미처럼, 이 피를 우리 손에서 받아주십시오."라고 말했다.

9. 그리고 아담이 다른 것들도 더 간청했다.

말씀이 아담에게 한 약속

제24장

1. 선하고 자비로우며 사람들을 사랑하는 하느님은 그들을 내려다보고, 자기가 명령하지 않았는데도 그들이 스스로 바치는 피를 또한 내려다보았다. 그는 제물을 보고 놀랐다. 그리고 받아들였다.

2. 또한 그는 자기 앞에 있는 찬란한 불을 내려보내서 그 제물을 태워버렸다.

3. 그리고 제물의 감미로운 맛을 냄새맡고 나서 자비를 베풀었다.

4. 그 다음에 하느님의 말씀이 아담에게 와서 "아담아, 네가 네 피를 흘린 것과 같이, 내가 네 후손의 육체가 될 때는 나도 내 피를 흘리겠다. 그리고 네가 죽었던 것처럼 나도 죽을 것이다. 또한 네가 제대를 만든 것처럼 나도 지상에 제대를 만들겠다. 네가 피를 제물로 바친 것처럼 나도 지상에서 제대 위에 내 피를 제물로 바칠 것이다.

5. 네가 그 피를 통해서 용서를 청했던 것처럼, 나도 내 피로 죄를

용서하고 위반한 죄를 씻어버릴 것이다.

6. 보라. 이제 네 제물을 내가 받아들였다. 그러나 네게 지정된 계약의 세월은 아직 끝나지 않았다. 그 기간이 채워지면 너를 다시 낙원으로 데리고 가겠다.

7. 그러므로 이제는 용기를 가다듬어라. 네게 슬픔이 닥칠 때는 나에게 제물을 바쳐라. 그러면 내가 네게 호의를 베풀 것이다." 라고 말했다.

제사의 관습이 시작된다

제25장

1. 그러나 하느님은 아담이 자주 자살을 하여 자기 피를 제물로 바치겠다고 하는 그의 속생각을 알아챘다.

2. 그래서 "아담아, 산에서 아래로 몸을 던진 것과 같이 또다시 자살을 하지는 마라." 하고 말했다.

3. 아담이 "저는 당신 계명을 어겼고, 아름다운 낙원에서 추방되었으며, 당신이 찬란한 빛을 제게서 거두었기 때문에, 그리고 제 입에서 끊임없이 흘러나오던 찬미들 때문에, 저를 덮고 있던 빛 때문에, 저는 목숨을 영영 끊어버릴 작정이었습니다.

4. 그러나 선하신 하느님, 저를 버리지 마시고, 제가 죽을 때마다 호의를 베풀어서 매번 되살려주십시오.

5. 그렇게 해서 당신이 자비로운 하느님이라는 것을 알리고, 또한 당신은 사람의 죽음이나 추락을 좋아하지 않고, 사람을 잔인하게, 악의로 단죄하거나 완전히 파멸시키지는 않는 분임을 드러내십시오." 라고 말했다.

6. 말을 마친 아담이 입을 다물었다.

7. 하느님의 말씀이 아담에게 와서 축복하고 위로했으며, 그에게 지정된 기간이 끝나면 구원해줄 것이라는 계약을 그와 맺었다.

8. 이것은 아담이 하느님에게 바친 최초의 제사인데, 그후 그의 관습이 되었다.

영원한 빛과 기쁨의 예언

제26장

1. 아담이 하와를 데리고 먼저 머물던 보물의 동굴로 돌아가기 시작했다. 멀리 그 동굴이 보이자, 그들은 또다시 견딜 수 없는 슬픔에 젖었다.

2. 아담이 "산 위에 있을 때는 우리가 하느님의 말씀과 대화하고 그의 위로를 받았으며, 동쪽에서 오는 빛이 우리를 비추었소.

3. 그러나 이제 그 말씀이 우리 곁에서 숨어버리고 빛도 변해서 사라지려고 하며, 암흑과 슬픔이 우리에게 다가오고 있소.

4. 우리는 감옥과 같은 저 동굴에 들어가야만 하는데, 저기서는 암흑이 우리를 삼켜서 우리가 서로 떨어져 있게 되고 서로 볼 수도 없소."라고 말했다.

5. 그 말을 마친 뒤에 그들은 슬픔을 못 이겨 울면서 하느님을 향해 두 팔을 벌렸다.

6. 그리고 태양이 다시 와서 비추어 암흑이 돌아오지 못하도록, 자기들이 바위굴에 다시 들어가지 않아도 좋도록 해달라고 간청했다. 암흑을 보는 것보다는 차라리 죽기를 더 원했다.

7. 과거의 행복 대신 그들이 겪는 모든 고통 때문에, 또한 낯선 땅

에서 당하는 모든 비참함 때문에, 하느님은 그들과 그 엄청난 슬픔과 애절한 요청을 굽어보았다.

8. 그래서 하느님은 그들에게 분노하지 않고, 조급하게 대하지도 않았으며, 자기가 창조한 자녀들을 대하듯이 그들에게도 인내와 관용을 베풀었다.

9. 이윽고 하느님의 말씀이 아담에게 와서 "아담아, 내가 태양을 데리고 네게 온다면 시간과 세월이 모두 무효가 되고, 내가 너와 맺은 계약은 결코 이행될 수가 없다.

10. 그렇게 되면 너는 기나긴 재앙에 시달리고도 영원히 구원을 못 받게 된다.

11. 그러니까 기간이 차고 나의 계약의 날이 올 때까지, 밤과 낮을 살아가면서 차분한 마음으로 오랫동안 참는 것이 더 낫다.

12. 네가 고통당하는 것을 내가 원하지 않기 때문에 그날에는 와서 너를 구원할 것이다.

13. 네가 생전에 한 선행들을 내가 모두 살펴본 뒤에 자비를 베풀어주겠다.

14. 그러나 나의 입에서 나간 계약을 변경할 수는 없다. 변경해서 너를 다시 낙원으로 지금 데려갈 수도 없다.

15. 그러나 계약이 이행될 때, 나는 너와 네 자손에게 자비를 베풀어서 환희의 땅, 즉 슬픔도 고통도 없는 곳, 무한한 기쁨과 즐거움이 있고, 언제나 빛나는 광채가 있으며, 끊임없는 찬미가 있는 곳, 영원히 없어지지 않는 낙원으로 데리고 갈 것이다."라고 말했다.

16. 하느님이 다시 아담에게 "네가 무서워하는 암흑은 열두 시간만 지속되고, 그것이 끝나면 빛이 일어날 테니 참고 동굴로 들어가라."고 말했다.

17. 그 말에 그들이 하느님을 숭배하고 위안을 받았다. 그리고 관습에 따라서 동굴로 돌아갔는데, 눈에서는 눈물이 흐르고 슬픔과

통곡이 가슴에서 솟았으며, 그들은 영혼이 육체를 떠나가기(죽기)를 바랐다.

I8. 밤의 어둠이 내려서 서로 보지 못하게 될 때까지 그들은 서서 기도했다.

I9. 그리고 계속해서 선 채로 기도했다.

악마가 허위의 빛으로 위장해서 다시 유혹한다

제27장

I. 모든 선의 증오자인 사탄이 그들이 계속해서 기도하고, 하느님이 그들과 대화하고 위로하며 그들의 제물을 받아들이는 것을 보고 나서 그들에게 나타났다.

2. 우선 그는 자기 군대를 변모시켰는데, 자기 손에 번쩍이는 불을 쥐자 그의 군대가 위대한 빛 속에 있었다.

3. 이어서 동굴 입구에 자기 옥좌를 설치했는데, 그것은 아담과 하와의 기도 때문에 그가 동굴 속으로 들어갈 수 없었기 때문이었다.

4. 또한 아담이 자기의 빛을 하늘의 빛으로, 그의 군대를 천사들로 생각하고, 하느님이 천사들을 보내서 동굴을 지키고 그에게 암흑 속에서 빛을 주게 했다고 생각하도록 만들기 위한 것이었다.

5. 그래서 아담이 동굴 밖으로 나와서 그들을 볼 때, 아담과 하와가 사탄에게 절하는 순간 사탄이 하느님 앞에서 아담을 두 번째로 굴복시키려고 한 것이다.

6. 그러므로 아담과 하와는 그 빛을 보고 진짜 빛이라고 생각하여 마음이 든든해졌다. 그러나 여전히 몸을 떨면서 아담이 하와에게

말했다.

7. "저 위대한 빛, 무수한 찬미의 노래, 밖에 서 있는 군대를 보시오. 저들은 안으로 우리에게 들어오지 않고, 무슨 말을 하는지, 어디서 왔는지, 이 빛의 의미가 무엇인지, 무엇을 찬미하는지, 어디서 여기에 파견되었는지, 왜 동굴 안으로 들어오지 않는지, 아무것도 말해주지 않소.

8. 저들이 하느님으로부터 왔다면, 동굴 안으로 우리에게 들어와서 자기들의 임무를 말해주었을 거요."

9. 아담이 일어서서 뜨거운 마음으로 하느님에게 기도했고,

10. "주님, 천사들을 창조하여 빛으로 채워주고 우리를 지키도록 파견하며 천사들과 함께 우리에게 올 그런 신이 당신 이외에 이 세상에는 또 있는 것입니까?

11. 그런데 동굴 입구에 무수한 천사들이 위대한 빛 속에서 우렁찬 찬미가를 부르고 있는 모습이 보입니다. 당신 이외의 다른 신으로부터 그들이 왔다면 말해주십시오. 당신이 그들을 파견했다면 그 이유를 알려주십시오."라고 말했다.

12. 아담의 말이 끝나자마자 하느님으로부터 한 천사가 동굴 입구에 나타나서 아담에게 "두려워 마시오. 이것은 사탄과 그의 군대입니다. 그는 첫 번째처럼 당신을 다시금 속이려고 하는 거요. 첫 번째는 그가 뱀 속에 숨었고, 이번에는 빛의 천사로 가장했지요. 당신이 그를 숭배하면, 바로 하느님 앞에서 당신을 굴복시킬 작정입니다."라고 말했다.

13. 이어서 천사가 사탄을 붙잡아 위장의 껍데기를 벗겨서 흉측한 모습을 드러낸 뒤 아담과 하와에게 끌고왔다. 그들은 사탄을 보자 두려워했다.

14. 천사가 "하느님이 하늘에서 그를 추락하게 만든 뒤부터 그는 내내 이 흉측한 모습으로 있소. 이런 모습으로는 그가 당신들에게

접근할 수가 없지요. 그래서 빛의 천사로 변모한 겁니다."라고 말했다.

15. 천사가 사탄과 그의 군대를 몰아낸 뒤에

16. 아담과 하와에게 "두려워하지 마시오. 당신들을 창조한 하느님은 당신들에게 힘을 줄 것입니다."라고 말했다.

17. 그러나 그들은 동굴 속에 서 있기만 했고, 아무런 위로도 받지 못했으며, 정신이 헷갈렸다.

18. 아침이 되자 그들은 기도하고 낙원을 찾아서 밖으로 나갔다. 그들의 마음은 낙원으로 향해 있었고, 거기를 떠나서는 아무런 위로도 받을 수가 없기 때문이었다.

사탄이 아담과 하와를 낙원 북쪽에 있는 물의 바다로 유인한다

제28장

1. 그들이 낙원으로 가는 것을 본 교활한 사탄이 자기 군대를 소집하여 구름의 모습으로 나타나서 그들을 속이려고 했다.

2. 아담과 하와는 그를 환상 속에서 보았고, 낙원을 떠난 것에 관해서 자기들을 위로해주려고 왔거나, 자기들을 낙원으로 다시 데리고 갈 하느님의 천사들이라고 생각했다.

3. 그래서 아담은 하느님을 향하여 두 팔을 벌리고는 그들이 무엇인지 가르쳐달라고 요청했다.

4. 그러자 모든 선의 증오자인 사탄이 아담에게 "나는 위대한 하느님의 천사입니다. 나를 둘러싼 이 군대를 보시오.

5. 당신을 낙원의 북쪽 끝, 맑은 바다의 해변으로 데리고 가서, 당

신과 하와를 거기서 목욕시키고, 예전의 기쁨을 회복시켜주어 당신이 다시금 낙원으로 돌아가게 하기 위해서 나와 이 군대를 하느님이 파견한 겁니다."라고 말했다.

6. 그 말이 아담과 하와의 가슴 속으로 들어갔다.

7. 그러나 하느님은 자기 말씀을 아담에게 보내지 않고, 그가 즉시 사실을 알아차리게 하지 않았으며, 그가 낙원의 하와처럼 패배할지, 아니면 스스로 이길 것인지 그의 힘을 기다려보기로 했다.

8. 사탄이 그들에게 "자, 물의 바다로 가자."라고 말했고, 그들이 움직이기 시작했다.

9. 아담과 하와가 얼마쯤 그들을 따라갔다.

10. 그러나 낙원 북쪽의 매우 높은 산에 이르자, 사탄이 그들에게 가까이 다가와서는 길도 없는 그 산을 환상 속에서가 아니라 현실에서 꼭대기까지 걸어올라가라고 했다. 사탄은 그들을 아래로 던져서 죽이고, 그들의 이름을 지상에서 지워버려 이 땅을 자기와 자기 군대가 독차지할 속셈이었다.

빛을 발산하는 황금가지들

제29장

1. 자비로운 하느님은 사탄이 무수한 계책으로 아담을 죽이려고 하는 반면, 아담은 온순하고 위장이 없음을 보고 큰 소리로 사탄을 저주했다.

2. 그러자 그와 그의 군대가 달아났고, 아담과 하와는 산꼭대기에 서 있었다. 그들은 까마득하게 발 아래 전개되는 드넓은 세상을 바라보았다. 그러나 사탄의 군대는 보이지 않았다.

3. 그들이 울면서 하느님의 용서를 빌었다.

4. 하느님으로부터 말씀이 아담에게 와서 "사탄이 너와 네 자손들을 속이려고 한다는 것을 알고 명심하라."고 말했다.

5. 아담이 주 하느님 앞에서 울고, 낙원의 물건을 기념으로 주면 그것으로 위로를 삼겠다고 졸라댔다.

6. 아담의 생각을 들여다본 하느님은 미카엘 천사를 멀리 인도까지 뻗어나간 바다에 보내어 황금가지들을 가져다가 아담에게 주도록 했다.

7. 이것은 황금가지들이 동굴 속에서 밤에 빛을 발산하여 아담이 암흑을 더 이상 두려워하지 않도록 하려는 하느님의 지혜에서 나온 조치였다.

8. 미카엘 천사는 하느님의 명령에 따라서 황금가지들을 하느님에게 가져왔다.

낙원에서 가져다준 향과 몰약

제30장

1. 이어서 하느님은 가브리엘 천사를 낙원으로 내려보냈고, 그곳을 지키는 케루빔에게 "자, 하느님이 나더러 낙원에 들어가 향기로운 냄새가 나는 향을 가져다가 아담에게 주라고 명령했소."라고 말하라고 지시했다.

2. 가브리엘 천사가 낙원으로 내려가서 지시받은 대로 했다.

3. 케루빔이 "좋소."라고 대답하자, 가브리엘이 들어가서 향을 가져왔다.

4. 그 다음에 하느님은 라파엘 천사를 낙원으로 내려보내서 몰약

을 가져다가 아담에게 주라고 지시했다.

5. 라파엘이 내려가서 하느님의 명령을 전하자 케루빔이 허락하여 몰약을 가져왔다.

6. 황금가지들은 보석들이 있는 인도의 바다에서 나온 것이다. 향은 낙원의 동쪽 끝에서 나온 것이다. 몰약은 아담에게 닥친 쓰라림의 발생지인 서쪽 경계선에서 나온 것이다.

7. 천사들은 낙원의 생명의 나무에서 이 세 가지를 가지고 하느님에게 왔다.

8. 하느님이 천사들에게 "그것들을 물의 샘에 담갔다가 그 물을 아담과 하와에게 뿌려주어서 약간 위로를 받도록 하라. 그리고 그것들을 전달하라."고 말했다.

9. 천사들이 그대로 시행하여 사탄이 그들을 죽이려고 세워둔 산 꼭대기에서 전달했다.

10. 황금가지와 향과 몰약을 받아들고 아담은 기뻐서 눈물을 흘렸다. 황금은 자기가 떠나온 왕국의 상징이고, 향은 자기가 상실한 찬란한 빛의 상징이며, 몰약은 자기가 겪고 있는 슬픔의 상징이기 때문이다.

3일째 되는 날 그들은 동굴에서 좀더 편안해진다

제31장

1. 하느님이 아담에게 "네가 낙원으로부터 무엇인가 위로가 될 상징을 달라고 해서 이 세 가지를 주었다. 그것은 네가 나를 신뢰하고 우리가 맺은 계약을 믿도록 하려는 것이다.

2. 나는 너를 구원하러 갈 것이고, 내가 육체를 가지게 되면 왕들

이 황금과 향과 몰약을 가져올 것이기 때문이다. 황금은 나의 왕국의 상징이고, 향은 나의 신성의 상징이며, 몰약은 나의 수난과 죽음의 상징이다.

3. 그러나 너는 이것들을 동굴에 잘 간직하여라. 황금은 밤에 빛을 줄 것이고, 향은 감미로운 맛을 줄 것이며, 몰약은 네 슬픔을 위로해줄 것이다."라고 말했다.

4. 아담이 그 말을 듣고 주님을 숭배했다. 자비를 베풀어준 그를 아담과 하와가 숭배하고 찬미했다.

5. 하느님이 미카엘, 가브리엘, 라파엘 등 세 천사에게 각각 가지고 온 물건을 아담에게 주라고 지시했고, 그들은 그대로 시행했다.

6. 하느님은 수리엘과 살라티엘에게 아담과 하와를 높은 산꼭대기의 동굴로 데려다주라고 지시했다.

7. 그들은 황금은 동굴의 남쪽에, 향은 동쪽에, 몰약은 서쪽에 놓아두었다. 동굴의 입구가 북쪽이었기 때문이다.

8. 천사들이 그들을 위로하고 떠나갔다.

9. 황금은 칠십 개의 가지였고, 향은 12파운드였으며, 몰약은 3파운드였다.

10. 이것들을 아담이 보물의 집에 남겨두었고, 그래서 "숨겨진 것"이라고 불린다. 그러나 다른 해설가들은 정의로운 사람들의 육체가 동굴에 있었기 때문에 "보물들의 동굴"이라고 불린다고 말한다.

11. 주님이 땅 한가운데서 3일간 있었던 기념으로 3일째 되는 날에 이것들을 하느님이 아담에게 주었다.

12. 이 세 가지 물건은 동굴에서 밤에 아담에게 빛을 주었고, 낮에는 그에게 약간의 위로를 주었다.

아담과 하와가 기도를 하려고 물에 들어간다

제32장

1. 아담과 하와는 7일째 되는 날까지 땅의 열매도 먹지 않고 물도 마시지 않은 채 보물의 동굴 속에서 머물렀다.

2. 8일째 되는 날 새벽이 밝아오자 아담이 하와에게 "낙원에서 무엇인가 달라고 해서 우리는 원하는 것들을 받았소.

3. 그러니 이제는 일어나서 우리가 처음에 보았던 물의 바다에로 갑시다.

4. 그 물에 들어가서 하느님이 우리에게 호의를 베풀어 다시금 낙원으로 데려가달라고, 아니면 다른 것을 달라고, 또는 우리가 지금 거주하는 이곳보다 다른 곳에서 위로해달라고 기도합시다."라고 말했다.

5. 그들은 동굴에서 나가 전에 몸을 던졌던 그 물의 바다 주변에 이르렀다. 그리고 아담이 하와에게

6. "자, 이곳으로 들어가 30일 뒤에 내가 다시 올 때까지 거기서 나오지 마시오. 뜨거운 마음과 감미로운 목소리로 하느님께 우리를 용서하라고 기도하시오."라고 말했다.

7. 아담이 지시한 대로 하와가 물 속으로 들어갔다. 아담도 물 속에 들어갔다.

8. 그들은 선 채 주님에게 자기들의 죄를 용서하고 낙원으로 다시 데려가달라고 기도했다.

9. 그들은 35일간 그렇게 기도했다.

사탄이 '찬란한 빛'을 거짓 약속한다

제33장

1. 그러나 사탄은 동굴에서 열심히 그들을 찾아보았지만 발견하지 못했다.

2. 물 속에 서서 기도하는 그들을 보고 사탄은 속으로 이렇게 생각했다. '저들은 물 속에 선 채 하느님에게 자기들의 죄를 용서하고 원래의 상태로 복원해주며, 나의 손아귀에서 벗어나게 해달라고 기도하고 있다.

3. 그러나 나는 그들을 속여 물에서 나오게 만들고 자기들의 맹세를 지키지 못하게 하겠다.'

4. 그래서 모든 선의 증오자인 사탄은 아담에게 간 것이 아니라, 하와에게 가서 천사의 모습으로 변신한 뒤에 기뻐하고 찬미하면서

5. "평화가 당신과 함께 있기를 빕니다! 기뻐하고 즐거워하십시오! 하느님이 당신에게 호의를 품고, 나를 아담에게 파견했소. 나는 그에게 구원의 기쁜 소식을 전했고, 그가 원래와 같이 찬란한 빛으로 충만해 있다는 것을 알렸소.

6. 아담은 원래 상태로 복원되어 기쁨에 넘쳤으며 나를 당신에게 파견했소. 그와 마찬가지로 당신에게도 빛의 관을 씌워주도록 당신이 나에게 가까이 오라고 했소.

7. 아담은 내게 '그녀가 만일 네게 가까이 오지 않는다면, 우리가 산꼭대기에 있을 때의 징표들을 전하시오. 하느님이 천사들을 보내서 우리를 보물의 동굴로 데려다 주었고, 황금을 남쪽에, 향을 동쪽에, 몰약을 서쪽에 둔 일을 이야기하시오.' 라고 말했소."라고 했다.

8. 그 말에 하와가 몹시 기뻐하고, 사탄의 모습이 진짜라고 생각

천사들의 추락, 마르탱 프레미네 작, 16세기

하여 물에서 나갔다.

9. 사탄이 앞장을 서고 하와가 그 뒤를 따라서 아담에게 갔다. 사
탄이 그녀로부터 자취를 감추어서 더 이상 보이지 않았다.

10. 그래서 그녀는 물 속에 서서 하느님의 용서를 기도하고 있는
아담 앞에 우뚝 섰다.

11. 그녀가 소리쳐 부르자, 아담이 몸을 돌려 그녀를 보고는 울면
서 가슴을 쳤다. 너무나도 심한 비탄에 그가 강물에 잠겨 버렸다.

12. 그러나 하느님이 그의 비참함을 내려다보고 그가 마지막 숨을 몰아쉴 지경임을 알았다. 하느님의 말씀이 하늘에서 내려가 그를 물에서 꺼내주고는 "높은 둑 너머에 있는 하와에게 가라."고 말했다. 하와에게 다가간 그는 "누가 당신더러 이곳에 가라고 했소?"라고 말했다.

13. 하와는 나타나서 징표를 보여준 천사의 이야기를 했다.

14. 아담은 비탄에 잠기면서 그가 바로 사탄이라고 알려주었다. 그들은 곧장 동굴로 돌아갔다.

15. 이 일은 낙원에서 나간 지 7일이 지나서 그들이 물에 들어갔을 때 두번째로 일어난 것이다.

16. 그들은 물 속에서 35일을 단식했고, 그것은 낙원을 떠난 뒤부터 계산하면 모두 42일이 지나간 것이다.

아담이 먹을 것과 마실 것을 호소한다

제34장

1. 그리고 43일째 되는 날, 그들은 슬픔에 겨워 울면서 동굴에서 나왔다. 굶주림과 목마름으로, 기도와 단식으로, 그리고 죄 때문에 오는 심한 슬픔으로 그들의 몸이 여위었다.

2. 그리고 낙원의 서쪽을 바라보는 산으로 올라갔다.

3. 거기서 그들이 선 채로 죄의 용서를 비는 기도를 드렸다.

4. 기도를 마친 뒤에 아담이 "오, 나의 주 하느님, 창조주여, 당신은 네가지 요소들을 모이라고 명령하여 그들이 모였습니다.

5. 그리고 당신은 팔을 뻗어서 땅의 먼지라는 한 가지 요소를 가지고 저를 만들었습니다. 저를 낙원으로 들여보낸 것은 금요일 3

시였고, 그 사실을 동굴에서 제게 알려주었습니다.

6. 처음에 저는 찬란한 본성을 가지고 있었기 때문에 밤도 낮도 몰랐고, 제 안에서 사는 빛도 제게 밤과 낮을 알려주지 않았습니다.

7. 그리고 주님, 당신은 저를 창조한 3시에 제게 모든 짐승, 즉 사자, 타조, 하늘의 모든 새, 지상에서 움직이는 모든 동물을 데려다 주었습니다. 당신은 그들을 저보다 앞서서 1시에 창조했습니다.

8. 당신의 뜻은 제가 그들에게 하나씩 적절한 이름을 붙여주는 것이었습니다. 당신은 제게 이해력과 지식과 순수한 마음과 올바른 정신을 주었고, 그래서 당신의 뜻에 따라서 그들의 이름을 붙여주게 되어 있었습니다.

9. 당신은 그들이 제게 복종하고 하나도 저의 지배에서 이탈하지 못하도록 명령했습니다. 당신은 그들에 대한 지배권을 제게 주었습니다. 그러나 지금은 그들이 모두 제게서 떨어져나갔습니다.

10. 그리고 당신이 저를 창조한 바로 그 3시에 그 나무에 관해, 제가 가까이 접근하지도 말고 열매를 먹지도 말라고 명령했습니다. 당신은 '네가 그 열매를 먹으면 죽을 것이다.' 라고 말했습니다.

11. 당신이 말한 그대로 저를 죽음으로 처벌했더라면 저는 그때 즉시 죽었을 것입니다.

12. 그리고 그 나무에 접근도 말고 그 열매도 따먹지 말라고 명령할 때 거기 하와는 없었습니다. 그때는 당신이 아직 하와를 창조하지 않았고, 제 옆구리에서 그녀를 꺼내지도 않았으며, 그녀는 당신의 명령을 받지도 못했습니다.

13. 그래서 금요일 3시가 끝날 때 당신은 제게 잠을 덮어씌워서 제가 잠들었고,

14. 당신은 제 갈빗대 하나를 빼어서 제 모습에 따라 하와를 창조했습니다. 제가 그녀를 보았을 때 그녀가 누군지 알았고, 그래서 '이것은 나의 뼈들 가운데 하나이며, 나의 살 가운데 하나다. 이제

부터 이것은 여자라고 불릴 것이다.' 라고 말했습니다.

15. 오, 하느님, 당신은 선의로 저를 잠재우고 제 옆구리에서 하와를 빼어냈습니다. 그래서 저는 하와가 어떻게 창조되었는지 보지 못했고, 당신의 선과 영광이 얼마나 위대한 것인지 목격하지도 못했습니다.

16. 그리고 당신은 선의로 우리 둘에게 찬란한 본성의 육체를 주었고, 둘을 결합하여 하나로 만들었으며, 은총을 내리고, 성령의 찬미로 우리를 채우고, 우리가 배고프지도 목마르지도 않게 했으며, 슬픔도 낙심도 고통도 단식도 피로도 모르게 했습니다.

17. 그러나 당신 계명을 어기고 당신 법을 위반한 이후, 지금 당신은 우리를 낯선 땅으로 데려다 놓고 고통과 낙심과 굶주림과 갈증이 닥치게 했습니다.

18. 그러므로 주님, 낙원으로부터 우리 굶주림을 없애는 음식과 목마름을 없애줄 마실 것을 주십시오.

19. 수십일 동안 우리는 아무것도 먹거나 마시지 못하여 살이 빠졌고 힘이 사라졌으며, 낙심과 통곡으로 잠이 우리 눈에서 달아났습니다.

20. 당신이 두려워서 우리는 감히 나무들의 열매를 줍지 못합니다. 왜냐하면 첫 번째로 당신 계명을 어겼을 때 당신은 우리를 배려하여 죽이지 않았기 때문입니다.

21. 그러나 하느님의 명령 없이 우리가 만일 나무들의 열매를 먹는다면, 이번에는 당신이 반드시 우리를 지상에서 없애버릴 것이라는 생각이 들었기 때문입니다.

22. 그리고 하느님의 명령 없이 우리가 이 물을 마신다면, 당신이 우리를 끝장낼 것이기 때문입니다.

23. 그러므로 주님, 제가 하와와 함께 이곳에 와서 우리가 허기를 면하기 위해서 먹을 낙원의 열매를 달라고 간청합니다.

24. 왜냐하면 우리는 지상의 열매와 우리에게 결핍한 것을 얻고 싶기 때문입니다."라고 간청했다.

하느님의 응답

제35장
1. 하느님이 아담의 울음과 신음하는 모습을 다시 보았을 때, 그의 말씀이 와서 아담에게

2. "아담아, 너는 내 낙원에 있을 때 먹는 것도 마시는 것도, 낙심도 고통도 몸이 야위는 것도 변화도 몰랐고, 잠이 네 눈을 떠나지도 않았다. 그러나 죄를 지어 낯선 이 땅에 온 뒤로 이 모든 시련이 네게 닥친 것이다."라고 말했다.

무화과

제36장
1. 하느님이 불타는 칼을 들고 낙원의 정문을 지키는 케루빔에게 무화과 열매를 약간 아담에게 주라고 명령했다.

2. 하느님이 낙원을 걸어다니고, 그의 말씀이 아담과 하와에게 와서 "아담아, 아담아, 어디 있느냐?"라고 물을 때 그들이 무화과나무 사이에 몸을 숨겼었는데, 하느님의 명령에 복종한 케루빔은 바로 그 나무들의 가지를 꺾어서 과일과 잎새가 달린 채로 아담에게 주었다.

3. 말씀이 부르는 소리에 아담은 "오, 하느님, 저는 여기 있습니다. 당신의 소리와 목소리를 듣고 저는 발가벗었기 때문에 몸을 숨겼습니다."라고 대답했다.

4. 케루빔은 무화과나무 가지 두 개를 멀리서 그들에게 던져주었다. 왜냐하면 그들은 불에 가까이 갈 수가 없는 육체를 가지고 있어서 케루빔에게 접근하면 안 되었기 때문이다.

5. 원래는 천사들이 아담 앞에서 몸을 떨고 두려워했다. 그러나 이제는 아담이 천사들 앞에서 몸을 떨고 두려워했다.

6. 그래서 아담이 다가가서 가지를 주웠고, 하와도 자기 가지를 주웠다.

7. 손에 든 가지를 보고 그들은 자기들이 몸을 숨겼던 그 무화과나무들로부터 나온 것임을 알았다.

43일 동안의 회개도 1시간의 죄를 씻을 수 없다

제37장

1. 아담이 하와에게 "이것들은 우리가 찬란한 본성을 잃었을 때 몸을 가린 것이 아니오? 이 열매를 먹으면 무슨 고통과 재앙이 내릴지 누가 알겠소?

2. 그러니까 이것을 먹지 말고, 주님께 생명의 나무의 열매를 달라고 합시다."라고 말했다.

3. 그래서 그들은 그 열매를 먹지 않았다.

4. 그리고 아담이 주님께 생명의 나무의 열매를 간청하면서 "우리가 계명을 금요일 6시에 거슬렀을 때 찬란한 본성을 잃었고, 그후 3시간만 낙원에 머물러 있었습니다.

5. 그날 저녁에 우리가 낙원에서 내몰렸지요. 하느님, 우리는 1시간 동안 죄를 지었는데, 이 모든 시련과 슬픔이 오늘까지 우리에게 닥치고 있습니다.

6. 그러니까 43일 동안의 고통이 1시간의 죄를 감당하지 못한다 이겁니다!

7. 그러므로 주님, 자비의 눈으로 굽어보시고, 우리 죄에 따라서 처벌하지는 말아주십시오.

8. 생명의 나무의 열매를 주십시오. 우리가 그것을 먹고 생명을 유지하며 이 땅에서 고통과 시련을 겪지 않도록 해주십시오. 당신은 하느님이기 때문입니다.

9. 우리가 죄를 지은 뒤에 당신은 우리가 생명의 나무의 열매를 먹고 생명을 유지하며 기절하지 않게 하여 우리를 낙원에서 내쫓고, 케루빔에게 그 나무를 지키게 했습니다.

10. 그러나 지금까지 우리는 모든 고통을 견디면서 지냈습니다. 이 시련의 43일을 가지고 1시간의 죄를 상쇄하게 해주십시오."라고 말했다.

5500년이 채워져야 한다

제38장

1. 하느님의 말씀이 아담에게 와서,

2. "네가 요청하는 생명의 나무의 열매를 지금 줄 수는 없다. 그러나 5500년이 지나면 주겠다. 그러면 너는 그 열매를 먹고 영원히 살 것이고, 하와와 너희 자손들도 그럴 것이다.

3. 그러나 43일간으로는 너희가 계명을 어긴 1시간을 보상할 수

가 없다.

4. 나는 네가 몸을 가렸던 그 무화과나무의 열매를 주었으니 하와와 함께 가서 먹어라.

5. 나는 네 요청을 거부하지 않고 네 희망을 꺾지 않겠다. 그러므로 내가 계약한 기간을 채워라."라고 말했다.

6. 하느님이 자기 말씀을 아담에게서 거두었다.

아담이 신중하게 행동한다

제39장

1. 아담이 하와에게 돌아가서 "자, 일어나시오. 각자 무화과나무 가지를 가지고 동굴로 돌아갑시다."라고 말했다.

2. 해가 질 무렵에 그들이 각각 가지를 들고 동굴로 갔다. 그러나 이런저런 생각이 들어서 선뜻 먹으려고 하지는 않았다.

3. 아담이 "무슨 일이 닥칠지 모르니까 이것을 먹기가 겁이 나오."라고 말했다.

4. 그래서 아담이 울었고 일어서서 기도하면서 "이 무화과를 먹지 않고서도 제 배고픔이 사라지게 해주십시오. 이것을 먹는다고 제게 무슨 이익이 있겠습니까? 이것을 다 먹고 나면 당신에게 무엇을 더 달라고 요청해야 하겠습니까?"라고 말했다.

5. 그리고 "이것을 통해서 무슨 일이 제게 닥칠지 모르니까 먹기가 겁납니다."라고 말했다.

인간의 최초의 굶주림

제40장

1. 그러자 하느님의 말씀이 아담에게 와서,

2. "아담아, 네가 죄를 짓기 전에는 왜 이런 두려움이 없었고, 단식도 걱정도 없었느냐?

3. 그러나 낯선 이 땅에서 살게 된 뒤로는, 네 동물적 육체는 체력을 유지하고 원기를 회복하기 위해서 지상의 음식을 먹지 않으면 안 되는 것이다."라고 말했다.

인간 최초의 갈증

제41장

1. 아담은 무화과를 황금가지 위에, 하와는 향 위에 놓았다.

2. 무화과는 각각 수박 한 덩어리와 무게가 같았다. 낙원에서는 지상의 경우보다 열매가 훨씬 더 크기 때문이다.

3. 그들은 새벽이 올 때까지 밤새도록 서서 단식을 하고 열매를 먹지 않았다.

4. 해가 뜨자 그들이 기도했다. 기도를 마친 뒤에 아담이

5. "하와여, 남쪽으로 향하는 낙원의 경계선, 즉 강물들이 네 군데로 흘러나가는 그곳으로 갑시다. 거기서 주님께 기도하고 생명의 물을 마실 수 있게 해달라고 합시다.

6. 우리가 영원히 살지 못하도록 하느님은 생명의 나무의 열매를 먹여주지 않으니까, 우리는 이 땅의 물을 먹기보다는 생명의 물을

달라고 해서 갈증을 풀어봅시다."라고 말했다.

7. 그 말에 하와가 동의했다. 그들이 낙원의 남쪽 경계선, 즉 낙원에서 약간 떨어진 강물 근처에 이르렀다.

8. 그들은 거기 서서 기도했다. 아담이 하느님 앞에서 큰 소리로 기도했는데,

9. "낙원에 있을 때, 물이 생명의 나무 밑에서 흘러나가는 것을 보았지만 제 마음은 그것을 원하지 않았고, 제 육체는 그것을 마실 필요가 없었습니다.

10. 그때는 살아 있었기 때문에 제가 갈증을 몰랐지만, 지금은 목이 마릅니다.

11. 그때는 생명을 유지하기 위해서 생명의 음식도 생명의 물도 마실 필요가 없었기 때문입니다.

12. 그러나 지금 저는 죽어 있습니다. 제 살은 갈증으로 갈라졌습니다. 생명의 물을 주어서 제가 그것을 마시고 살게 해주십시오.

13. 낙원에 들여보내지 않겠다면, 당신 자비를 베풀어서 저를 이 모든 재난과 시련에서 구하시고, 여기와는 다른 땅으로 옮겨주십시오."라고 말했다.

생명의 물에 대한 약속과 그리스도에 대한 세 번째 예언

제42장

1. 하느님의 말씀이 아담에게 와서

2. "아담아, 안식이 있는 나라로 데려가 달라고 네가 말하지만, 그 나라는 여기가 아니라 하늘의 왕국이다.

3. 그러나 너는 지금 그 나라에 들어갈 수 없다. 오로지 너에 대한 심판이 내리고 이행된 뒤에만 들어갈 수 있는 것이다.

4. 그때 나는 너와 네 정의로운 후손들을 하늘의 왕국으로 데리고 들어가서 안식을 주겠다.

5. 그리고 네가 달라고 하는 생명의 물을 지금은 줄 수가 없다. 그러나 내가 지옥에 내려가서 청동 문들을 부수고 쇠의 왕국을 가루로 만들어버리는 그날,

6. 나는 자비를 베풀어서 너와 정의로운 사람들의 영혼을 구원하여 나의 낙원에서 쉬게 할 것이다. 그것은 세상의 종말이 왔을 때 이루어질 것이다.

7. 생명의 물은 지금 네게 주지 않겠다. 그러나 내가 골고다 땅에서 네 머리 위에 내 피를 흘리는 날, 그 물을 주겠다.

8. 왜냐하면 내 피는 그때 너뿐 아니라 나를 믿는 네 후손 모두에게 생명의 물과 영원한 안식이 될 것이기 때문이다."라고 말했다.

9. 주님이 또한 아담에게 "아담아, 네가 낙원에 있을 때는 이런 시련들이 없었다.

10. 그러나 네가 죄를 지은 이후에 이런 것들이 왔다.

11. 그러므로 이제 네 살은 음식과 마실 것이 필요하다. 지상에 흐르는 물을 마셔라."하고 말했다.

12. 하느님이 그의 말씀을 거두었다.

13. 그들이 주님을 숭배하고 나서 강물에서 몸을 돌려 동굴로 돌아갔다. 정오에 동굴로 돌아온 그들은 동굴 근처에서 활활 타오르는 불을 보았다.

악마가 불지르기를 시도한다

제43장

1. 그들이 무서워서 제 자리에 서 있었다. 아담이 하와에게 "저 불은 무엇이오? 우리는 불을 가져오는 일을 전혀 한 적이 없소.

2. 우리는 구울 빵도, 끓일 죽도 없소. 이런 불은 처음 보는 것이고, 무엇이라고 불러야 좋을지도 모르겠소.

3. 그러나 섬광을 뿌리고 번개를 치는 칼을 든 케루빔을 하느님이 파견했고, 그것이 무서워서 우리가 죽은 사람들처럼 엎드려 있었는데, 이런 불은 본 적이 없소.

4. 그런데 이 불은 케루빔의 불과 똑같고, 하느님은 우리가 사는 동굴을 방어하려고 이 불을 보낸 것이오.

5. 하와여, 그것은 주님이 우리에게 화가 나서 이 동굴로부터 쫓아내려는 것이오.

6. 우리가 동굴에서 다시금 그의 계명을 어겼기 때문에, 그가 이 불을 보내서 이 근처에서 타오르게 하고 우리를 동굴에서 추방하려는 것이오.

7. 정말 그렇다면, 하와여, 우리는 어디서 살아야 좋단 말이오? 주님의 손아귀에서 어디로 도망칠 수가 있단 말이오? 그는 우리를 낙원으로 들여보내지 않을 것이고, 그 안에 있는 좋은 것들을 모두 우리한테 빼앗아버렸으며, 그 대신 우리를 이 동굴로 보내서 우리가 암흑과 시련과 고통을 견디어내다가 드디어 좀 편안하게 살 수 있게 되었소.

8. 그런데 이제 그가 우리를 다른 곳으로 내몰고 있으니 무슨 일이 닥칠지 어떻게 알겠소? 다른 곳의 암흑이 이곳의 암흑보다 더 지독할지 누가 알겠소?

9. 밤이나 낮이나 다른 곳에서 무슨 일이 우리에게 닥칠지 누가 알겠소? 그곳이 가까운지 먼지를 누가 알겠소? 낙원에서 멀리 떨어진 곳으로 주님은 우리를 쫓아버리고 싶은지도 모르지 않소? 우리가 죄를 지었고, 또한 언제나 그에게 요청만 해대니까 우리가 자기를 볼 수 없게 만드려는지도 모르지 않소?

10. 하와여, 하느님이 이곳이 아니라 다른 낯선 곳으로 보내서 우리가 거기서 위로를 받는다면, 그것은 우리 영혼들을 죽이고 우리 이름들을 지상에서 없애버리려는 것이 분명하오.

11. 우리가 낙원과 하느님으로부터 더 멀리 떨어진 곳으로 내쫓긴다면, 어디서 그를 다시 발견하고, 또 황금과 향료와 몰약과 무화과나무 열매를 달라고 요청할 수가 있겠소?

12. 우리가 다시금 두 번째로 위안을 얻기 위해 어디서 그를 발견하겠소? 그가 우리를 대신해서 맺은 계약과 관련해서 우리를 기억하도록 우리는 어디서 그를 발견하겠소?" 라고 말했다.

13. 아담이 입을 다물었다. 그들은 동굴 주위에서 타오르는 불길만 바라보았다.

14. 그러나 그 불은 사탄이 지른 것이다. 그는 동굴과 그 안에 있는 것을 태워버리기 위해서 나무와 마른풀을 모아가지고 와서 불을 질렀던 것이다.

15. 아담과 하와가 슬픔 속에서 머물고, 하느님에 대한 신뢰를 버리고, 또한 주님을 부정하게 만들기 위한 목적이었다.

16. 그러나 하느님의 자비로 사탄은 동굴을 태워버리지 못했다. 주님이 천사를 보내서 불이 꺼질 때까지 동굴을 보호했던 것이다.

17. 불은 정오에서 다음날 새벽까지 계속 탔다. 그것은 45일째 일어난 일이었다.

사람에 대해서 가지는 불의 힘

제44장

1. 아담과 하와는 불이 무서워서 동굴에 접근하지 못한 채 불을 바라보고만 있었다.

2. 사탄은 나무를 계속 날라다가 불에 던져 불길이 높이 치솟고, 동굴 전체를 뒤덮게 했다. 그리고 그 엄청난 불이 동굴을 완전히 태워버릴 것이라고 생각했다. 그러나 주님의 천사가 동굴을 지키고 있었다.

3. 그러나 천사는 사탄에 대해서 아무런 권한이 없었기 때문에 그를 저주하거나 말로 해칠 수가 없었다.

4. 그래서 천사는 저주의 말을 한 마디도 하지 않은 채, 하느님의 말씀이 올 때까지 참고 기다렸다. 말씀이 와서 사탄에게 "여기서 썩 물러가라. 전에는 내 하인들을 속이더니, 이번에는 그들을 죽이려고 하는구나.

5. 내가 자비를 베풀지 않았다면, 너와 네 군대를 지상에서 싹 쓸어 없애버렸을 것이다. 그러나 세상의 종말이 될 때까지 나는 참아주겠다."라고 말했다.

6. 그러자 사탄이 주님 앞에서 도망쳤다. 그러나 불은 마치 석탄불처럼 하루 종일 타올랐다. 그것은 아담과 하와가 낙원을 떠난 지 46일째 되는 날이었다.

7. 불의 뜨거움이 좀 가라앉는가 싶어서 그들이 늘 하던 대로 동굴에 들어가려고 가까이 다가가기 시작했다. 그러나 너무 뜨거워서 안으로 들어갈 수 없었다.

8. 그들은 자기들과 동굴을 갈라놓은 불, 그리고 자기들을 향해서 타들어오는 불 때문에 울음을 터뜨렸다. 그들은 또한 겁에 질렸다.

٩. 아담이 하와에게 "이 불을 보시오. 예전에는 우리에게 복종했지만, 우리가 창조의 한계를 위반하고 환경을 변경시켰으며 우리 본성이 변하고 난 뒤부터는 이것이 더 이상 우리에게 복종하지 않는 거요. 불은 본성이 변하지도 않았고, 창조된 이후 달라진 것이 없소. 그래서 불이 이제 우리에 대해서 지배력을 가지는 거요. 우리가 가까이 가면 우리 살을 태워버릴 거요."라고 말했다.

사탄이 자기 약속을 지키지 않는다

제45장

١. 아담이 일어나서 하느님에게 기도하고 "이 불이 우리와 동굴을 갈라놓아서, 당신이 우리의 거처로 지정해준 그 동굴로 우리가 들어갈 수 없습니다."라고 말했다.

٢. 하느님이 아담의 목소리를 듣고 자기 말씀을 파견하여

٣. "아담아, 이 불을 보라! 이 불의 불길과 뜨거움은 기쁨과 좋은 것들로 가득 찬 낙원과 얼마나 다른가!

٤. 네가 나의 지배 아래 있을 때는 만물이 네게 복종했다. 그러나 죄를 지은 뒤로는 만물이 너를 거슬러 일어났다."고 말했다.

٥. 이어서 주님은 "아담아, 사탄이 너를 얼마나 부추겼는지 잘 보라! 그는 네게 신성을 부여하고 나처럼 높은 자리를 주겠다고 했지만, 결국은 약속을 지키지 않았고 너의 원수가 되고 말았다. 이 불은 사탄이 너와 하와를 태워죽이려고 놓은 것이다.

٦. 아담아, 그는 왜 네게 한 약속을 단 하루도 지키지 않고, 또한 네가 그의 말을 들어서 과거의 영광을 박탈당하도록 만들었겠느냐?

٧. 아담아, 그가 너를 사랑해서 그런 약속을 했다고 보느냐? 아니

면 그가 너를 사랑하고 또 너를 높이 올려주려고 했다고 보느냐?

8. 그렇지가 않다. 그는 너를 사랑해서 그런 것을 약속한 것이 아니다. 너를 빛으로부터 암흑으로 끌어들이기 위해서, 높은 지위에서 타락으로, 영광에서 수치로, 기쁨에서 슬픔으로, 안식에서 굶주림과 지친 상태로 끌어내리기 위해서 한 짓이다."라고 말했다.

9. 하느님은 또한 "동굴 주위에 사탄이 질러놓은 이 불을 보라. 너를 둘러싼 이 놀라운 일을 보라. 네가 그의 말을 들으면 너와 네 자손을 이것이 둘러쌀 것임을 깨달아라. 그는 불로 너를 괴롭힐 것이다. 그리고 너는 죽은 뒤에 지옥으로 갈 것이다.

10. 그러면 너는 너와 네 자손 주위에서 타오르는 그의 불을 지옥에서 볼 것이다. 내가 내려갈 때까지는 네가 거기서 구원되지 못할 것이다. 마찬가지로 나의 계약이 다 이루어지는 날, 나의 말씀이 내려와서 너에게 길을 열어줄 때까지, 너는 거대한 불로 인해서 동굴에 들어가지 못한다.

11. 나의 말씀이 올 때까지 너는 지금 안식을 찾지 못한다. 그 말씀이 오면, 그가 너를 위해 길을 열고 너는 안식을 얻을 것이다."라고 말했다. 이윽고 하느님이 자기 말씀을 동굴로 불러내려서 불길을 갈라지게 하고 아담이 동굴 안으로 들어가게 했다. 하느님의 명령으로 불이 갈라지고 아담을 위해 길을 열었다.

12. 그리고 하느님이 자기 말씀을 거두었다.

내가 몇 번씩이나 너를 구출했던가?

제46장

1. 그래서 그들이 다시 동굴로 들어갔다. 갈라진 불 사이의 길로 그들이 걸어갈 때, 사탄이 회오리바람 같은 바람을 불을 향해 일으켜서, 석탄 불이 부어지듯이 그들의 몸이 타버리도록 했다.

2. 그들이 뜨거운 불 속에서 비명을 지르면서 "주님, 구해주십시오! 이 뜨거운 불이 우리를 완전히 태워버리지 못하게 막아주십시오. 우리가 계명을 어겼다고 처벌하지 말아주십시오."라고 외쳤다.

3. 사탄의 악의로 불이 붙은 그들의 육체를 내려다본 하느님이 천사를 파견하여 그 불을 껐다. 그러나 그들의 몸에 상처는 남아 있었다.

4. 하느님이 아담에게 "네게 신의 자리와 위대함을 주겠다던 사탄이 네게 품은 사랑을 보라. 그는 너를 불로 태우고, 너를 지상에서 말살하려고 했다.

5. 아담아, 나를 보라. 나는 너를 창조했다. 그리고 사탄의 손에서 내가 몇 번씩이나 너를 구출했느냐? 내가 구출하지 않았더라면, 그가 너를 파멸시키지 못했을 것 같으냐?"하고 말했다.

6. 그리고 주님은 하와에게 "그가 '네가 저 나무의 열매를 먹으면 눈이 열리고 선악을 알기 때문에 신과 같이 될 것이다.'고 말하면서 낙원에서 약속한 것이 무엇이냐? 보라! 그는 너희 몸을 불로 태웠고, 너희가 낙원의 맛 대신에 불의 맛을 보게 했으며, 불이 어떻게 타오르는지 보여주고, 불의 사악함과 너희에 대한 불의 힘을 보여주었다.

7. 그는 너희 눈이 늘 보던 선을 제거했고, 실제로 너희 눈을 뜨게 했다. 그래서 너희는 나와 함께 지내던 낙원을 보았고, 또한 사탄

으로부터 너희에게 오는 악도 보았다. 그러나 그는 신의 자격을 너희에게 줄 수가 없고 또한 자기 약속을 지킬 수도 없다. 오히려 그는 너와 앞으로 올 네 자손에 대해서 원한을 품고 있는 것이다." 라고 말했다.

8. 하느님은 자기 말씀을 거두었다.

악마의 음모

제47장

1. 그들은 몸을 태웠던 불에 대해서 진저리를 치면서 동굴로 갔다. 그리고 아담이 하와에게

2. "불이 이 세상에서 우리 몸을 태웠소. 그런데 우리가 죽은 뒤에 사탄이 우리 영혼을 처벌할 때는 어떻게 될 것인지 아시오? 하느님이 와서 자신의 자비로 약속을 이행할 때까지는 우리의 구원이 얼마나 멀고 오래 걸리겠소?" 라고 말했다.

3. 다시금 동굴로 들어가게 된 것을 감사하면서 그들이 안으로 들어갔다. 불이 난 것을 보고는 두 번 다시 거기 들어가지 않겠다고 생각했기 때문이다.

4. 해가 질 무렵에도 불이 여전히 타고 있어서 그들은 잠이 들 수 없었다. 해가 진 뒤에 그들은 밖으로 나갔다. 낙원에서 나온 뒤 47일째 되는 날이었다.

5. 늘 하던 대로 그들은 낙원 근처에 있는 산꼭대기로 가서 자려고 했다.

6. 죄를 용서해 달라고 서서 기도한 다음에 그들은 산꼭대기 밑에서 잠이 들었다.

7. 모든 선의 증오자인 사탄은 속으로 이런 생각을 했다. 하느님은 아담에게 구원을 주기로 계약했고, 아담에게 닥치는 모든 시련과 고통에서 구출해줄 것이다. 그러나 나에게는 그런 약속도 없고 또 구출해주지도 않을 것이다. 하느님이 아담과 그 자손을 내가 살았던 왕국에서 살게 해준다고 약속했다. 그러니까 나는 아담을 죽여야 한다.

8. 지상에서 아담을 없애고, 이 땅은 내가 독차지해야 한다. 그가 죽으면 자손을 하나도 남기지 못하게 하여, 이 땅이 나의 왕국이 되게 하자. 그러면 하느님은 내가 필요하게 되어, 나와 나의 모든 군대를 왕국으로 복귀시킬 것이다.

사탄이 아담과 하와에게 다섯번째 나타난다

제48장

1. 그런 다음에 사탄이 자기 군대를 모두 소집하였고, 그 군대는 그에게

2. "오, 주님, 무슨 일을 하시려는 겁니까?"라고 물었다.

3. 그는 "하느님이 먼지로부터 창조한 이 아담이 우리 왕국을 빼앗았다는 것은 너희가 잘 안다. 자, 우리가 단결하여 그를 죽이자. 아니면, 그와 하와에게 바위를 던져서 콩가루로 만들자."고 말했다.

4. 그 말을 들은 군대는 아담과 하와가 잠든 곳으로 갔다.

5. 사탄과 그 군대가 평평하고 넓고 거대하며 구멍이 하나도 없는 바위를 들어올린 다음에, "바위에 구멍이 나 있다면, 그들이 그 구멍을 통해서 달아나 죽지 않을지도 모른다."고 생각했다.

6. 사탄이 부하들에게 "이 바위가 다른 데로 굴러가지 않고 곧장

그들 위에 떨어지도록 던져라. 그런 다음에 재빨리 도망쳐라."하고 명령했다.

7. 사탄의 부하들이 지시대로 따랐다. 그러나 바위가 산꼭대기에서 아담과 하와 위로 떨어져내릴 때, 하느님은 그것이 그들을 해치지 못하도록 일종의 천막 같은 것으로 변하게 만들었다. 그것이 주님의 명령이었다.

8. 그러나 바위가 떨어졌을 때는 지구 전체가 뒤흔들렸다.

9. 지진이 일어나고 땅이 뒤흔들리는 바람에 아담과 하와가 잠을 깨어보니 천막 속에 들어 있었다. 그들은 영문을 몰랐다. 하늘을 쳐다보면서 잠이 들었는데 천막 속에 들어있었기 때문이다. 그래서 그들은 겁이 났다.

10. 아담이 하와에게 "왜 우리 때문에 산이 몸을 구부리고 땅이 뒤흔들렸을까? 왜 이 바위가 천막처럼 우리 위에서 펴졌을까?

11. 하느님이 우리를 괴롭히기 위해 이 감옥에 가두려고 했을까? 아니면, 그는 우리 위에 땅을 덮어버릴 작정일까?

12. 그는 자기 명령이 없는데도 우리가 동굴에서 나왔다고 해서 화를 내는 것이오. 우리가 동굴에서 나와 여기 올 때, 자기와 상의하지 않고 우리 마음대로 행동했기 때문에 화가 난 것이오."라고 말했다.

13. 하와가 "땅은 우리 때문에 지진을 일으켰고, 바위는 우리 죄 때문에 천막처럼 펴진 게 분명해요.

14. 그러면 우리가 처벌을 더 오래 받아야 하니까 재앙이 닥친 거예요."라고 말했다.

15. 그래서 아담이 일어서서 이 모든 일의 이유를 알려달라고 아침이 될 때까지 기도했다.

부활에 대한 첫번째 예언

제49장

1. 하느님의 말씀이 아담에게 왔다.

2. 그리고 "아담아, 동굴에서 나와 이곳으로 오라고 누가 그랬느냐?"라고 말했다.

3. 아담이 하느님에게 "주님, 하도 뜨거운 불기운이 동굴로 들어왔기 때문에 우리가 여기 왔습니다."라고 대답했다.

4. 하느님이 "아담아, 너는 뜨거운 불기운을 하룻밤도 못 참았다. 그러면 지옥에 가서 어떻게 견디겠느냐?

5. 그러나 두려워하지 마라. 너를 괴롭히기 위해서 내가 바위를 천막처럼 폈다고 생각하지도 마라.

6. 그 바위는 네게 신의 자격과 권위를 약속했던 사탄이 보낸 것이다. 너와 하와를 죽이고 너희가 땅 위에서 살지 못하도록 만들기 위해 그것을 던진 것은 바로 사탄이다.

7. 바위가 너희 위에 떨어질 때, 나는 너희를 가련히 여겨서 바위가 천막처럼 퍼지도록 명령했고, 바위는 자신을 낮추어서 너희 아래 깔렸다.

8. 이 징표는 내가 지상에 내려갈 때 나에게 나타날 것이다. 즉 사탄이 유태인들을 선동하여 나를 죽이게 하고, 그들이 나를 바위 안에 눕히고 커다란 돌을 내 위에 놓아 막을 것이다. 그리고 나는 그 바위 안에서 3일 밤과 낮을 지낼 것이다.

9. 그러나 사흘 만에 나는 다시 일어나고, 그 부활은 너에게 그리고 나를 믿는 너의 자손들에게 구원이 될 것이다. 그러나 아담아, 3일 밤과 낮이 지날 때까지 이 바위 밑에서 너를 구출하지 않을 것이다."라고 말했다.

10. 그리고 하느님이 자기의 말씀을 거두었다.

11. 그들은 하느님이 말한 대로 바위 밑에서 3일 밤과 낮을 지냈다.

12. 그것은 하느님의 지시가 없는데도 그들이 동굴을 떠나서 그곳에 갔기 때문이다.

13. 그러나 3일이 지나자 하느님이 바위를 열고 그들을 꺼내주었다. 그들의 살이 말랐고, 통곡과 슬픔 때문에 그들의 눈과 마음이 몹시 상했다.

아담과 하와가 나체를 가린다

제50장

1. 그들이 보물의 동굴로 돌아갔다. 그리고 그 안에서 밤이 될 때까지 서서 기도했다.

2. 그것은 낙원을 떠난 뒤 50일째 되는 날이었다.

3. 그들이 다시 일어나서 밤새도록 기도하고 하느님의 자비를 빌었다.

4. 새벽이 되자 아담이 하와에게 "자, 가서 우리 몸을 위해 일을 하자!"라고 말했다.

5. 동굴에서 나온 그들은 낙원의 북쪽 경계선으로 가서 자기들의 몸을 가릴 것을 찾아보았다. 그러나 아무것도 발견하지 못했고, 어떻게 일을 해야 좋을지 몰랐다. 그들의 몸은 더럽고, 추위와 더위 때문에 말도 못할 지경이었다.

6. 아담이 일어나서 몸을 가릴 것을 달라고 하느님에게 요청했다.

7. 하느님의 말씀이 와서 아담에게 "아담아, 네가 전에 단식하던 해변으로 하와를 데리고 가라. 거기서 너는 사자가 잡아먹고 남겨

둔 양의 가죽을 발견할 것이다. 그것으로 옷을 만들어서 몸을 가려라."하고 말했다.

사탄에게 무슨 아름다움이 있느냐?

제51장

1. 아담이 하와를 데리고 낙원의 북쪽에서 남쪽, 즉 그들이 전에 단식했던 곳으로 강물을 따라 이동했다.

2. 그들이 남쪽으로 가는 동안, 아직 목적지에 도착하지 않았을 때, 옷에 관한 하느님의 말을 사악한 사탄이 엿들었다.

3. 속이 상한 사탄이 서둘러서 그 장소로 먼저 갔다. 그것은 양의 가죽을 집어서 바다에 던지거나 불에 태워서 아담과 하와가 그것을 발견하지 못하도록 만들 작정이었다.

4. 그러나 사탄이 양의 가죽들을 집어들려고 하는 순간, 하느님의 말씀이 하늘에서 내려와서, 아담과 하와가 올 때까지 그를 양의 가죽 옆에 묶어두었다. 그들이 와서 사탄의 무시무시한 모습을 보고는 겁에 질렸다.

5. 그러자 하느님의 말씀이 다가 와서 "뱀 속에 숨어서 너희를 속이고, 너희가 입었던 빛과 영광의 옷을 벗긴 것이 바로 이것이다.

6. 너희에게 신의 자격과 권위를 약속했던 것도 바로 이것이다. 그에게 무슨 아름다움이 있느냐? 그에게 무슨 신의 자격이 있느냐? 그에게 무슨 빛이 있느냐? 그에게 무슨 영광이 있느냐?

7. 그의 모습은 무시무시하고, 그는 천사들 가운데서 지겨운 존재가 되었다. 그리고 사탄이라고 불린다.

8. 아담아, 그는 지상의 옷인 양의 가죽들을 네게서 빼앗아 없애

버리고 네가 이것으로 몸을 가리지 못하게 만들려고 했다.

9. 그에게 무슨 아름다움이 있다고 네가 그를 따라가려고 했단 말이냐? 그의 말에 귀를 기울여서 네게 무슨 이익이 있었느냐? 그의 사악한 행동을 보고 나서 나를 바라보라. 너의 창조주인 나, 그리고 나의 선한 일들을 보라.

10. 네가 와서 그를 바라보고 그의 사악함을 깨달으며 그에게 아무런 힘이 없다는 것을 알 때까지 내가 그를 묶어두었다."고 말했다.

11. 그렇게 말한 뒤에 하느님이 사탄을 풀어주었다.

아담과 하와가 처음 옷을 입는다

제52장

1. 아담과 하와는 아무 말도 못한 채, 자기들이 창조되었고 또 자기들의 몸이 지상에서 옷이 필요하다는 것을 생각하고는 하느님 앞에 울기만 했다.

2. 아담이 하와에게 "이것은 우리 몸을 가릴 짐승의 가죽들이오. 우리가 이것으로 몸을 가리면, 이 가죽을 썼던 짐승이 죽어서 없어진 것과 마찬가지로, 우리에게 죽음의 징표가 내릴 것이오. 그래서 우리는 죽어서 없어질 거요."라고 말했다.

3. 이윽고 그들이 가죽들을 가지고 보물의 동굴로 돌아갔다. 그리고 그 안에서 종전과 마찬가지로 서서 기도했다.

4. 옷을 만드는 기술이 없었기 때문에 그들은 그 가죽으로 어떻게 옷을 만들지 궁리했다.

5. 그러자 하느님이 천사를 보내서 그 방법을 가르쳐주었다. 천사가 그들에게 "가서 야자나무 가시들을 가지고 오시오."라고 말했

다. 아담이 밖으로 나가서 천사가 말한 가시들을 모아가지고 왔다.

6. 천사는 그들이 보는 앞에서 가시를 가죽에 꽂아서 셔츠를 만들었다.

7. 그리고 천사는 가시들이 마치 한 줄의 실로 누빈 것처럼 보이지 않게 해달라고 하느님에게 서서 기도했다.

8. 하느님의 명령으로 가시들이 보이지 않게 아담과 하와를 위한 옷이 완성됐다. 하느님이 그들에게 옷을 입혔다.

9. 그때부터 그들은 상대방의 발가벗은 몸을 보지 않게 되었다.

10. 그것은 51일째 되는 날에 일어났다.

11. 옷을 입고 난 그들이 서서 기도하고 주님의 자비와 용서를 빌고, 자비를 베풀어 발가벗은 몸을 가리게 해준 데 대해서 감사했다. 그들은 밤이 새도록 기도를 그치지 않았다.

12. 해가 떠올라 아침이 되었을 때는 관습에 따라 기도하고 밖으로 나갔다.

13. 아담이 하와에게 "동굴의 서쪽에 무엇이 있는지 모르니까, 오늘은 거기에 가보자."하고 말했다. 그래서 그들이 서쪽 경계선으로 갔다.

서쪽 땅의 대홍수에 관한 예언

제53장

1. 동굴에서 그리 멀리 가지 않았을 때, 사흘간 굶은 난폭한 사자 두 마리의 모습으로 변한 사탄이 달려들었다. 아담과 하와는 동굴 사이로 몸을 숨겼다. 사자들이 그들을 갈가리 찢어서 죽여 잡아먹으려고 달려들었다.

2. 그들은 울면서 사자들의 발톱에서 구해달라고 하느님에게 기도했다.

3. 그러자 하느님의 말씀이 와서 사자들을 쫓아버렸다.

4. 하느님이 아담에게 "아담아, 서쪽 경계선에서 무엇을 찾고 있느냐? 왜 스스로 네 거처가 있는 동쪽의 경계선을 떠났느냐?

5. 사탄이 너를 속이고 네게 잔꾀를 부리지 못하도록, 동굴로 돌아가서 거기 머물러라.

6. 왜냐하면 아담아, 이 서쪽 경계선 지방에는 너의 자손이 와서 번식하고, 그들이 사탄의 명령에 복종하고 그 행동을 본받아, 죄로 자신들을 더럽힐 것이기 때문이다.

7. 그래서 나는 그들에게 홍수를 일으켜 모조리 죽일 것이다. 그러나 정의로운 사람들은 구출하여 먼 땅으로 이전시킬 것이고, 네가 지금 살고 있는 곳은 아무도 살지 않는 쓸쓸한 땅이 될 것이다."라고 말했다.

8. 그 말을 듣고 난 그들이 동굴로 돌아갔다. 그러나 그들은 살이 마르고, 단식과 기도 그리고 죄의식에서 오는 슬픔으로 기운이 몹시 빠졌다.

아담과 하와가 낙원의 동쪽 정문으로 간다

제54장

1. 그들은 동굴에서 밤이 새도록 서서 기도했다. 해가 뜨자 동굴에서 나왔다. 슬픔으로 머리가 무겁고, 어디로 가야 좋을지 몰랐다.

2. 낙원의 남쪽 경계선을 향하여 갔다. 그러다가 동쪽 경계선에 이르렀는데, 그 너머에는 땅이 그 이상 없었다.

3. 낙원을 지키는 케루빔은 서쪽 정문에 서 있었다. 그것은 아담과 하와가 갑자기 낙원으로 들어가는 것을 막을 목적이었다.

4. 낙원의 동쪽 정문 앞에 서 있던 그들은 케루빔이 지키지 않는다고 생각하여 낙원 안으로 들어가려 했다. 그러자 불타는 칼을 든 케루빔이 와서 그들을 보고는 죽이려고 했다. 하느님의 허락 없이 그들이 낙원으로 들어가면, 하느님이 자기를 죽일까 겁을 냈기 때문이다.

5. 케루빔의 칼에서는 불길이 멀리까지 뿜어나오는 것처럼 보였다. 그러나 그가 아담과 하와의 머리 위로 칼을 쳐들었을 때, 불길이 뿜어나오지 않았다.

6. 그래서 케루빔은 하느님이 그들을 총애하여 낙원으로 들여보내려는 것이 아닌가 생각하여 망설였다.

7. 그렇다고 해서 그들이 낙원으로 들어가는 것을 하느님이 허락했는지 여부를 확인하기 위해 하늘로 올라갈 수도 없었다. 그들 곁에서 떠날 수도 없고 해서 그는 그 자리에 서 있기만 했다. 하느님의 허락이 없는데도 그들이 낙원으로 들어가면, 하느님이 자기를 죽일 것이라고 생각하여 겁이 났기 때문이다.

8. 한편 불타는 칼을 들고 다가오는 케루빔을 본 그들은 공포에 질려서 땅에 엎드린 채 죽은 사람들처럼 되었다.

9. 그때 하늘과 땅이 몹시 흔들렸다. 다른 케루빔이 하늘에서 내려와, 낙원을 지키는 케루빔이 놀라서 입을 다물고 있는 모습을 바라보았다.

10. 또 다른 케루빔이 밤에 아담과 하와가 있는 곳으로 내려왔다. 천사들은 기쁨과 슬픔을 동시에 느꼈다.

11. 하느님이 아담을 총애하여 그를 낙원에 들어가게 하고 과거에 즐겼던 기쁨을 그에게 회복시켜줄 것이라고 생각하여 천사들은 기쁨을 느꼈다.

I2.   그러나 천사들은 아담과 하와가 쓰러져서 죽은 사람처럼 된 것을 보고 슬픔을 느꼈다. 그들은 "아담이 여기서 아무 이유 없이 죽은 것은 아니다. 하느님의 허락 없이 이곳으로 와서 낙원으로 들어가려 했기 때문에 주님이 그를 죽인 것이다."라고 속으로 생각했다.

사탄의 추락

제55장

I.   그러자 하느님의 말씀이 아담과 하와에게 와서 그들을 일으켜 주었다. 그리고 "왜 여기 왔느냐? 내가 너희를 쫓아냈던 그 낙원으로 들어갈 작정이었느냐? 오늘은 네가 거기 들어갈 수 없고, 나의 계약이 이루어지는 날 들어갈 수 있을 것이다."라고 말했다.

2.   아담은 천사들을 볼 수가 없었고 오직 그들의 날개가 퍼덕이는 소리만 귀로 들었다. 그리고 하느님의 말씀을 들은 뒤에 아담과 하와가 울면서 천사들에게 말했다.

3.   "하느님을 섬기는 천사들이여, 나를 굽어보십시오. 당신들을 보지 못하는 나를 굽어보십시오! 전에 빛나는 본성을 지니고 있을 때는 내가 당신들을 쳐다보았고, 당신들처럼 찬미가를 불렀으며, 내 마음은 당신들보다 훨씬 윗자리에 있었지요.

4.   그러나 죄를 지었기 때문에 지금은 찬란한 본성을 잃고 이처럼 비참한 상태에 놓여 있소. 내가 당신들을 보지 못하고, 당신들도 예전에 하던 것처럼 나를 섬기지도 않소. 내가 짐승의 살을 가지고 있기 때문이지요.

5.   오, 하느님의 천사들이여, 나를 예전의 상태로 복귀시켜달라

고, 이 비참한 상태에서 구출해달라고, 나의 죄에 대해서 주님이 내게 내린 사형 판결을 취소해달라고, 나와 함께 주님께 간청해주십시오."라고 말했다.

6. 그 말을 들은 천사들이 아담을 위해서 심한 비탄에 잠기고, 아담을 속여서 낙원으로부터 비참한 상태로, 삶으로부터 죽음으로, 평화로부터 고통으로, 기쁨으로부터 낯선 땅으로 그를 내몰았던 사탄을 저주했다.

7. 천사들이 아담에게 "그대는 사탄의 말에 복종하고, 그대를 창조한 하느님의 말씀을 배반했으며, 사탄이 한 약속을 모두 지킬 것이라고 믿었소.

8. 그러나 아담이여, 사탄이 하늘에서 떨어지기 전에 그가 무슨 일을 했는지 알려주겠소.

9. 그는 자기 군대들을 소집하여, 그들에게 위대한 왕국과 신의 자격을 준다는 등의 여러 가지 약속을 하고는 속였던 거요.

10. 그의 군대들은 그의 말이 진실하다고 믿고, 그래서 그에게 복종했으며, 하느님의 영광을 부인했던 거요.

11. 그 다음에 그는 서열대로 놓인 우리에게 차례로 천사를 보내서, 자기 지휘를 받고 자기의 헛된 약속을 믿으라고 지시했소.

12. 그리고 하느님과 직접 대결하고 나서 그는 자기 군대를 소집하여 우리와 전쟁을 했소. 하느님의 힘이 우리 편이 아니었더라면, 우리는 그를 이기고 하늘로부터 내던지지 못했을 거요.

13. 그가 우리에게서 떨어져나갔을 때 하늘에서는 엄청난 기쁨이 있었소. 왜냐하면 그는 우리보다 아래로 추락했고, 그가 하늘에 계속 있었다면, 천사 가운데서는 그 누구도 하늘에 계속 머물 수가 없었을 테니까 말이오.

14. 그러나 하느님은 자비를 베풀어서 그를 우리로부터 내몰아서 이 캄캄한 지상으로 떨어지게 했는데, 그것은 그가 암흑 자체였고

불의의 행위자가 되었기 때문이오.

15. 그는 계속해서 우리에게 전쟁을 걸었고, 드디어 그대를 속여서 낙원에서 내쫓기게 만들었으며, 이 모든 시련을 당하는 낯선 땅으로 그대가 오도록 만든 거요. 그는 하느님이 자기에게 벌로 내린 그 죽음을 그대에게도 내리게 했소. 오, 아담이여, 그대가 그에게 복종하고 하느님에게 대항했기 때문이오." 라고 말했다.

16. 모든 천사가 기뻐하면서 하느님을 찬미했고, 아담이 낙원에 들어가려고 시도했지만 이번에 죽이지는 말고, 약속이 이행될 때까지 그를 참아주며, 사탄의 손에서 해방될 때까지 그를 이 세상에서 도와달라고 요청했다.

아담이 하느님의 위로를 받다

제56장

1. 하느님의 말씀이 아담에게 왔다.

2. 그리고 "아담아, 기쁨의 낙원과 중노동의 지구를 보라. 낙원을 가득 채운 저 천사들도 바라보라. 그리고 이 지상에서 외톨이인 너 자신과 네가 복종했던 사탄을 보라.

3. 네가 나에게 복종하고 내 말을 보존했더라면, 너는 지금 천사들과 함께 낙원에 있을 것이다.

4. 그러나 너는 사탄의 말을 따르고 죄를 지었으므로 사탄의 천사들, 즉 사악함으로 가득 찬 그의 천사들 가운데서 손님이 되었고, 가시와 엉겅퀴를 주는 이 땅으로 오게 되었다.

5. 아담아, 그가 약속한 신의 자격을 달라고 사탄에게 요청하라. 아니면, 나의 낙원과 같은 낙원을 그에게 만들어달라고 하라. 또는

내가 네게 주었던 빛나는 본성을 그에게 달라고 해보라.

6. 내가 네게 만들어준 그 육체를 그에게 달라고 하라. 내가 네게 준 휴식의 하루를 그에게 요청해보라. 내가 네게 창조해준 이성 있는 영혼을 그에게 달라고 해보라. 내가 네게 준 이 땅보다 더 좋은 다른 땅을 그에게 달라고 하라. 그러나 아담이여, 그는 자기가 한 약속을 하나도 지키지 못할 것이다.

7. 나의 피조물아, 그러므로 너에 대한 나의 사랑과 자비를 인정하라. 네가 지은 죄에 대해서 내가 보복하지 않고, 오히려 너를 가련히 여겨서, 위대한 5일 반이 지나면 내가 너를 구원하러 가겠다고 약속했다."고 말했다.

8. 이어서 하느님은 아담과 하와에게 "불타는 칼을 든 케루빔이 너희를 죽이기 전에 일어나서 여기를 떠나라."고 말했다.

9. 아담이 하느님의 말을 듣고 위안을 받았으며, 그를 숭배했다.

10. 하느님은 그들이 공포가 아니라 기쁨을 안고 동굴로 돌아가도록 호위해주라고 명령했다.

11. 천사들이 그들을 들고 찬미가와 시편을 노래 부르면서, 낙원 옆의 산에서 동굴로 옮겨주었다. 그리고 동굴에서 그들을 위로하고 격려했으며, 자기들의 창조주가 있는 하늘로 떠나갔다.

12. 천사들이 떠나간 뒤, 수치심에 젖은 사탄이 동굴 입구에 와서 아담을 부르더니 "아담, 할 말이 있소."라고 말했다.

13. 그러자 좋은 충고를 해준 천사들 가운데 한 명이 돌아왔다고 생각한 아담이 밖으로 나갔다.

사탄이 추락한 이유

제57장

1. 그러나 사탄의 무시무시한 모습을 본 아담이 겁에 질려서 "당신은 누구요?"라고 물었다.

2. "뱀 속에 몸을 숨기고 하와에게 말을 걸어 내 지시에 따르게 한 것이 바로 나다. 내가 거짓말을 통해서 그녀로 하여금 너를 속이게 했고, 그래서 너희들이 나무의 열매를 따먹고 하느님의 명령을 어기게 했다."고 말했다.

3. 아담이 "하느님이 내게 만들어준 것처럼 너도 낙원을 만들 수 있느냐? 하느님이 내게 만들어서 준 것처럼 너도 나에게 빛나는 본성을 만들어줄 수가 있느냐?

4. 내게 주기로 약속한 신의 자격이 어디 있느냐? 우리가 낙원에 있을 때 네가 처음 우리에게 늘어놓던 그 멋진 말들은 지금 어디 갔느냐?"라고 말했다.

5. 사탄이 "내가 약속을 할 때 그 약속을 지킬 것이라고 너는 생각하느냐? 그렇지 않다. 나 자신도 내가 요청하는 것을 얻게 되리라고는 한 번도 생각하지 않았기 때문이다.

6. 그래서 나는 추락했고, 똑같은 이유로 너를 추락하게 만들었다. 너뿐만 아니라 나의 말을 따르는 사람은 누구든지 추락하게 마련이다.

7. 그래서 이제 아담아, 너는 추락했기 때문에, 나의 말을 따르고 하느님에게 죄를 지었기 때문에 나의 지배를 받아야 한다. 나는 너의 왕이다. 하느님이 네게 약속한 그날이 오기까지는 네가 나의 손아귀에서 벗어날 수 없다."고 말했다.

8. 사탄은 또한 "우리는 하느님이 네게 약속한 그날, 그리고 네가

구원될 그 시간을 모르기 때문에, 너와 네 자손들에게 계속해서 싸움을 걸고 또 죽일 것이다.

9. 사람들의 아들들이 한 명도 하늘의 우리 자리를 상속받지 못하게 하는 것이 우리의 목적이고 큰 기쁨이다.

10. 아담아, 우리가 사는 곳은 뜨거운 불 속이다. 그래서 우리는 단 하루도, 아니, 단 한 시간도 악행을 그치지 않을 것이다. 그리고 네가 동굴에 들어가면 거기 불을 던질 것이다."라고 말했다.

11. 그 말을 들은 아담이 울면서 하와에게 "낙원에서 당신에게 한 약속을 하나도 지키지 않겠다고 하는 저 사탄의 말을 들어보시오. 그가 정말 우리의 왕이 되었단 말이오?

12. 그러나 우리는 창조주 하느님에게 그의 손아귀에서 구원해 달라고 요청할 것이오."라고 말했다.

53일째 되는 날 해질 무렵에 천사가 사탄을 몰아낸다

제58장

1. 아담과 하와가 두 팔을 뻗은 채 사탄을 몰아내달라고, 그가 자기들에게 폭력을 휘두르지 못하게 해달라고, 하느님을 부정하도록 그가 강요하지 못하게 해달라고, 하느님에게 기도하고 간청했다.

2. 하느님이 즉시 천사를 보내 사탄을 몰아냈다. 그것은 그들이 낙원을 떠난 뒤 53일째 되는 날의 해질 무렵에 일어났다.

3. 그들은 동굴로 돌아가 선 채로 땅을 내려다보며 하느님에게 기도했다.

4. 기도하기 전에 아담이 하와에게 "이 땅에서 어떤 유혹이 우리

에게 닥쳤는지 당신은 잘 보았을 거요. 자, 일어나서 하느님에게 우리 죄들을 용서해달라고 기도합시다. 앞으로 40일이 지나기 전까지는 밖으로 나가지 맙시다. 우리가 여기서 죽는다면 그는 우리를 구원해줄 것이오."라고 말했다.

5. 그들이 일어서서 하느님께 간청했다.

6. 기도하면서 동굴에서 지냈고, 밤이나 낮이나 바깥으로 나가지 않았다. 기도의 말은 그들의 입에서 마치 불꽃처럼 빠져나갔다.

사탄이 여덟번째 나타나 아담과 하와를 죽인다

제59장

1. 그러나 모든 선의 증오자인 사탄은 그들의 기도가 끝나기까지 내버려두지 않았다. 그는 자기 군대를 소집했다. 그는 군대에게 "우리가 속인 아담과 하와가 합심하여 밤낮으로 하느님께 기도하고 구원을 간청하고 있다. 40일이 지나기 전에는 동굴에서 나오지 않을 것이다.

2. 우리 손아귀에서 구출하고 원래의 상태로 회복시켜달라고 그들이 합심하여 계속해서 기도를 하므로, 우리도 대책을 세워야겠다."고 말했다. 군대가 사탄에게 "오, 우리 주님, 무엇이든지 원하는 대로 하는 힘이 당신에게 있습니다."라고 말했다.

3. 사악함으로 뛰어난 사탄이 군대를 이끌고 31일째 되는 날 밤에 동굴로 들어갔다. 그리고 아담과 하와를 때려서 죽였다.

4. 그러자 하느님의 말씀이 아담과 하와에게 가서 고통으로부터 다시 그들을 일으켰다. 그리고 하느님이 "강한 사람이 되라. 그래서 방금 네게 나타났던 사탄을 두려워하지 마라." 하고 말했다.

카드무스의 동료들을 잡아먹는 용, 코르넬리우스 할렘 작, 16세기

5. 아담이 울면서 "그들이 나를, 그리고 당신의 하녀인 하와를 마구 두들겨패고 이토록 극심한 고통을 줄 때 당신은 어디 있었습니까?"라고 말했다.

6. 하느님이 아담에게 "아담아, 네게 신의 자격을 준다고 약속한 그는 네가 가진 모든 것의 주인이고 지배자라는 것을 깨달아라. 너에 대한 그의 사랑은 어디 있느냐? 그가 약속한 선물은 어디 있느냐?

7. 네가 그의 말에 따랐고 나의 계명을 어겼으며 그의 명령에 복종했다고 해서, 그가 기꺼이 다가와서 너를 위로하고 힘을 주고 함께 기뻐하고 그의 군대를 파견해서 너를 보호해준 적이 단 한 번이라도 있느냐?"라고 말했다.

8. 아담이 주님 앞에서 울며 "오, 주님, 제가 조금 죄를 지었는데도 당신은 그 대가로 너무 심한 벌을 내려서 괴롭히고 있습니다. 그의 손아귀에서 저를 구해주십시오. 아니면, 저를 가련히 여겨서 이 낯선 땅에 있는 나의 육체로부터 영혼을 거두어주십시오."라고 말했다.

9. 하느님이 "네가 죄를 짓기 전에 이런 기도와 한숨이 있었더라면 얼마나 좋았겠는가! 그랬다면 네가 지금 당하는 고통도 없었을 것이다."라고 말했다.

10. 그러나 하느님은 아담을 참아주고, 아담과 하와가 40일을 마칠 때까지 동굴에서 머물 수 있게 해주었다.

11. 한편 단식과 기도, 굶주림과 목마름 때문에 그들의 살과 기운이 시들었다. 낙원을 떠난 뒤로 먹고 마시고 한 것이 전혀 없었고, 육체의 기능이 제대로 발휘되지 않았기 때문에 너무나 배가 고파서 40일을 마칠 때까지 기도를 계속할 기운이 없었다. 그들은 동굴 안에서 쓰러졌지만, 입에서는 기도의 말이 새어나왔다.

악마가 노인의 모습으로 나타나서 '휴식의 장소'를 제의한다

제60장

1. 이윽고 83일째 되는 날 사탄이 빛의 옷을 입고 찬란한 허리띠를 두른 채 동굴로 왔다.

2. 손에는 빛의 지팡이를 짚고, 대단히 엄숙하게 보였으나 얼굴은 온화하고 목소리는 감미로웠다.

3. 그는 40일간의 기도를 마치기도 전에 아담과 하와가 동굴에서

나오도록 속이기 위해서 그렇게 변신한 것이다.

4. 그는 "40일간의 단식과 기도를 마치면 하느님이 그들을 예전의 상태로 복귀시킬 것이다. 복귀까지 안 가더라도 하느님은 그들에게 호의를 베풀 것이고, 가련히 보지는 않는다 해도, 전에도 두 번이나 그랬던 것처럼 낙원에서 무엇인가를 가져다가 그들을 위로할 것이다."라고 속으로 생각했기 때문이다.

5. 그래서 그런 멋진 모습으로 동굴로 다가가서 말했다.

6. "아담과 하와야, 일어나라. 나를 따라서 좋은 땅으로 가자. 나도 너희와 마찬가지로 살과 뼈를 가지고 있으니 두려워하지 마라. 나는 하느님이 창조한 피조물이다.

7. 하느님은 나를 창조해서는 낙원의 북쪽 구석, 즉 세상의 경계선 지역에 배치했지. 그리고 그가 내게 '여기서 살아라!' 하고 말했다.

8. 그 명령대로 나는 거기서 살았고, 그의 계명을 하나도 어기지 않았다.

9. 그는 나를 잠재운 뒤에 나의 옆구리에서 아담 당신을 빼냈지만 내 곁에 살도록 하지는 않았다.

10. 하느님은 당신을 신성한 자기 손으로 집어서 낙원의 동쪽 구석에 배치했다.

11. 하느님이 나의 옆구리에서 너를 빼어내고는 내 곁에 살도록 하지 않았기 때문에, 너를 생각하면서 나는 몹시 비탄에 잠겼다.

12. 하느님은 내게 '네 옆구리에서 내가 빼낸 아담 때문에 비탄에 잠기지는 마라. 그에게 아무런 해도 받지 않을 것이니까.

13. 왜냐하면 나는 그의 옆구리에서 협조자를 빼어내어 그에게 기쁨을 제공하는 자로 만들 것이기 때문이다.' 라고 했다."고 말했다.

14. 이어서 사탄이 "당신이 이 동굴에서 어떻게 지내는지, 또 어떤 시련과 고통을 당했는지 나는 몰랐다. 하느님이 내게 '네 옆구

리에서 내가 빼낸 아담이 죄를 지었다. 그리고 아담의 옆구리에서 빼낸 하와도 죄를 지었다. 나는 그들을 낙원에서 내몰았고, 슬픔과 비참함의 땅에서 살게 했다. 그들이 나를 거슬러서 죄를 짓고 사탄의 말을 들었기 때문이다. 보라! 그들은 80일째 되는 오늘까지도 고통을 당하고 있다.'고 말해서 비로소 알았다.

15. 이어서 하느님은 내게 '일어나 그들에게 가라. 그리고 사탄이 접근해서 괴롭히지 못하도록 그들을 네가 사는 곳으로 데리고 오라. 지금 그들이 엄청난 비참함을 겪고, 굶주림 속에 무기력한 상태에서 누워 있기 때문이다.' 라고 말했다.

16. 또한 그는 '그들을 데려온 뒤에 너는 생명의 나무의 열매를 먹으라고 주고, 평화의 물을 마시라고 주며, 빛의 옷을 입혀주고, 과거의 은총 상태로 회복시키며, 비참한 상태에서 구출해주어라. 그들이 네 옆구리에서 나왔기 때문이다.' 라고 말했다.

17. 그 말을 듣고 나는 불안해졌다. 오, 나의 자녀들아, 내 가슴은 너희에 대한 걱정으로 터질 것만 같았다.

18. 그러나 아담아, 사탄의 이름을 듣고 나는 두려워졌고 슬퍼졌다. 그가 나의 자녀들인 아담과 하와에게 한 것처럼 나도 함정에 빠뜨릴까 걱정이 되어서 나는 밖으로 나가지 않으려고 했다.

19. 그래서 나는 '오, 하느님, 제가 자녀들에게 갈 때, 사탄이 그들에게 한 것처럼 길에서 저를 만나 싸움을 걸 것입니다.' 라고 말했다.

20. 그러자 하느님이 '두려워하지 마라. 그를 만나면 네 손의 지팡이로 후려쳐라. 네가 나이가 많고 그가 너를 이기지 못할 테니까 두려워하지 마라.' 하고 말했다.

21. 나는 '주님, 저는 늙어서 갈 수 없습니다. 천사들을 보내서 그들을 데려오십시오.' 라고 말했다.

22. 그러나 하느님은 '사실 천사들은 그들과 모습이 다르다. 그들

은 천사들과 함께 오려고 하지 않을 것이다. 그들이 네 자녀이고 너와 비슷하며 네 말을 들을 것이기 때문에 너를 선택한 것이다.

23. 그리고 네가 걸어갈 힘이 없다면, 구름이 너를 태워서 그들의 동굴까지 데려다주고, 너를 거기 내려준 뒤에 돌아올 것이다.

24. 그들이 너와 함께 온다고 한다면, 너와 그들을 운반할 구름을 내가 보내주겠다.' 라고 말했다.

25. 그리고 그가 구름에게 명령했고, 구름이 나를 너희에게 데려다준 다음 돌아갔다.

26. 그러니 나의 자녀들인 아담과 하와야, 거친 나의 머리카락과 허약한 상태를 보고, 내가 먼 곳으로부터 왔다는 것을 생각하라. 자, 나와 함께 휴식의 장소로 가자."라고 말했다.

27. 그가 아담과 하와 앞에서 흐느껴 울었는데, 눈물이 마치 폭포처럼 땅에 쏟아졌다.

28. 그들이 눈을 들어 그의 수염을 보고 부드러운 음성을 듣자, 마음이 끌려 그의 말을 받아들였다. 왜냐하면 그가 진짜 노인이라고 믿었기 때문이다.

29. 그의 얼굴이 자기들의 얼굴과 비슷하다고 본 그들은 자기들이 정말로 그의 자녀인 것처럼 느껴졌고, 그래서 그를 신뢰했다.

그들이 사탄을 따라가기 시작한다

제61장

1. 이윽고 사탄이 그들의 손을 잡고 동굴에서 나가기 시작했다.

2. 그들이 밖으로 나가자마자, 하느님은 40일이 끝나기도 전에 사탄이 그들을 속여서 동굴에서 끌고나가 먼 곳으로 유인해서 죽일

계획임을 알아챘다.

3. 그래서 하느님의 말씀이 다시 와서 사탄을 저주하고는 쫓아버렸다.

4. 그런 뒤에 하느님이 "어쩌자고 동굴에서 나와 여기까지 왔느냐?"하고 물었다.

5. 아담이 "당신은 우리보다 먼저 사람을 창조했습니까? 우리가 동굴 안에 있는데, 갑자기 착한 노인이 찾아와서 '나는 너희를 휴식의 장소로 데려오라고 하느님이 파견한 심부름꾼이다.' 라고 말했습니다.

6. 오, 하느님, 우리는 그가 당신의 전령이라고 믿었지요. 그래서 그가 어디로 데려가는지도 모르고 따라나온 겁니다."라고 말했다.

7. 하느님이 "보라, 그는 환희의 낙원에서 너와 하와를 끌어낸 사악함의 아버지다. 40일이 지나기 전에는 동굴에서 나오지 않고 너희가 단식과 기도를 함께 하는 것을 보고 그는 너희 노력을 물거품으로 만들고 너희의 상호 신뢰를 파괴하며, 너희가 모든 희망을 포기하도록 만들고, 다른 곳으로 끌고가 너희를 죽이려고 했다.

8. 너희와 비슷한 모습을 하지 않고서는 그가 너희에게 아무런 짓도 못 하기 때문이다.

9. 그래서 그는 너희와 닮은 얼굴을 하고 와서 그럴듯한 증거를 둘러댄 것이다.

10. 그러나 나는 너희에 대한 자비와 호의로 그가 너희를 죽이도록 내버려두지 않았다. 오히려 그를 쫓아버린 것이다.

11. 그러므로 아담아, 이제 하와를 데리고 동굴로 돌아가거라. 그리고 40일째 되는 내일까지 거기 머물러라. 그런 다음 동굴에서 나오면 낙원의 동쪽 정문으로 가라."고 말했다.

12. 그들은 하느님을 숭배하고 찬미하며 자기들을 구해준 데 대해서 감사했다. 그리고 동굴로 돌아갔다. 이것은 39일째 되는 날

일어난 것이다.

13. 이윽고 굶주림과 목마름과 기도로 기운이 다 빠진 그들은 기운을 회복시켜달라고 선 채로 열심히 기도했다. 아침이 될 때까지 밤이 새도록 기도한 것이다.

14. 그 다음에 아담이 하와에게 "일어납시다. 그리고 주님이 명령한 대로 낙원의 동쪽 정문으로 갑시다." 라고 말했다.

15. 매일 하던 대로 그들이 기도를 바친 다음에 낙원의 동쪽 문으로 가기 위해서 동굴을 나갔다.

16. 그들은 선 채로 기도하고, 허기를 면하여 기운을 차리도록 무엇인가 먹을 것을 달라고 하느님께 간청했다.

17. 기도를 마치고도 그들은 기운이 없어서 그 자리에 그대로 머물러 있었다.

18. 그러자 하느님의 말씀이 다시 와서 "아담아, 일어나라. 그리고 가서 무화과 2개를 가져오너라." 하고 말했다.

19. 아담과 하와가 일어나서 동굴 근처로 갔다.

무화과나무 두 그루가 생긴다

제62장

1. 하느님이 그들을 위로했기 때문에 사악한 사탄이 질투했다.

2. 그래서 방해를 놓았는데, 그들보다 먼저 동굴로 달려가서 무화과 2개를 꺼내어 동굴 근처에 파묻었다. 그들이 발견하지 못하게 한 것이다. 또한 그는 두 사람을 죽일 궁리도 했다.

3. 그러나 하느님은 자비를 베풀어 무화과들이 땅 속에 있을 때 사탄의 음모를 쳐부수었다. 즉 그 열매들이 두 그루의 무화과나무

로 변해서 동굴의 입구에 그늘을 드리우게 했다. 사탄이 열매들을 동굴의 동쪽에 묻었기 때문이다.

4. 나무들이 자라서 열매가 주렁주렁 열리자 사탄이 비탄에 잠겼고, "무화과 열매들을 그대로 내버려두었더라면 차라리 더 나았을 뻔했다. 자, 보라. 아담이 평생 동안 열매를 따먹을 나무 두 그루로 변했기 때문이다. 열매를 땅에 묻을 때 나는 그 열매들을 완전히 없애버리고 눈에 전혀 띄지 않게 할 작정이었다.

5. 그러나 하느님이 나의 계획을 망쳐놓았다. 이 신성한 열매가 죽게 내버려두지 않았고, 나의 의도를 폭로했으며, 그의 하인들을 해치려는 나의 계획을 좌절시켰다."고 말했다.

6. 계획이 좌절되자 수치심에 휩싸인 사탄이 물러갔다.

나무 그늘에서 쉴 수는 있지만, 그 열매를 먹지는 마라

제63장

1. 동굴로 다가간 아담과 하와는 열매가 주렁주렁 달리고 동굴에 그늘을 드리운 무화과나무 두 그루를 보았다.

2. 아담이 하와에게 "우린 길을 잘못 찾아온 것 같소. 이 나무들이 언제부터 자라기 시작했단 말이오? 원수가 우리에게 길을 잃게 만드려 하는 것 같소. 이 동굴말고 다른 동굴이 이 세상에 있다고 생각하는 거요?

3. 하와여, 어쨌든 안으로 들어가서 무화과 열매 두 개를 찾아봅시다. 그 열매들을 찾지 못한다면 이것은 우리가 살던 동굴이 아니오."라고 말했다.

4. 안으로 들어가서 구석구석 뒤져보았지만 무화과 열매를 발견할 수 없었다.

5. 아담이 울면서 "하와여, 우리가 다른 동굴로 잘못 들어왔단 말이오? 내가 보기에는 이 안에 있던 무화과 두 개가 저 나무들로 변한 것 같소."라고 말했다. 하와가 "저로서는 아무것도 모르겠어요."라고 대꾸했다.

6. 아담이 일어선 채 기도했는데 "오, 하느님, 당신은 우리에게 동굴로 돌아가서 무화과 열매 두 개를 가지고 오라고 명령했습니다.

7. 그러나 우리는 그 열매를 발견하지 못했습니다. 당신이 그 열매들을 가져다가 심어서 이 나무 두 그루를 만들었습니까? 아니면 지상에서 우리가 길을 잘못 든 것입니까? 또는 원수가 우리를 속인 것입니까? 이것이 사실 그대로 된 것이라면, 하느님, 이 나무 두 그루와 무화과 열매 두 개의 비밀을 가르쳐주십시오."라고 말했다.

8. 하느님의 말씀이 아담에게 와서 "내가 너를 열매를 가지러 보냈을 때, 사탄이 먼저 동굴에 가서 열매를 꺼내어 그것들을 없앨 작정으로 동굴 밖 동쪽에 묻었다. 좋은 마음으로 묻은 것이 아니다.

9. 나무는 사탄이 한 짓이 아니다. 내가 네게 자비를 베풀어서 나무들에게 자라나라고 명령했기 때문에 이 나무들이 즉시 자란 것이다. 나무들이 높이 자라난 것은 그 그늘 아래서 네가 휴식을 취할 수 있게 할 뿐 아니라, 나의 힘과 놀라운 일들을 보여주려는 것이다.

10. 동시에 사탄의 저열함과 사악한 일들을 네게 보여줄 목적도 있었다. 왜냐하면 네가 낙원을 떠난 이래 그는 단 하루도 너를 해치려고 하지 않은 적이 없기 때문이다. 그러나 나는 그에게 너를 해칠 힘을 허락하지 않았다."고 말했다.

11. 하느님은 "그러므로 아담아, 이제부터 너와 하와는 저 나무들이 있으므로 크게 기뻐하거라. 그리고 피곤할 때는 그 그늘에서 쉬

어라. 그러나 나무 가까이 가지 말고 그 열매도 먹지 마라."하고 말했다.

12. 그러자 아담이 울면서 "하느님, 우리를 다시 죽일 작정입니까? 당신 얼굴 앞에서 우리를 다시 몰아내고, 지상에서 우리 생명을 끊어버릴 겁니까?

13. 하느님, 이 나무에 지난번처럼 죽음이나 다른 사악함이 깃들어 있음을 당신이 안다면, 우리 동굴 근처에서 그 뿌리를 뽑아버려 말라죽게 하십시오. 그리고 우리가 더위와 굶주림과 갈증으로 죽게 내버려두십시오.

14. 하느님, 당신의 놀라운 일들이 참으로 위대하고, 당신은 자신의 힘으로 어떤 것에서 다른 것을 꺼낼 수가 있다는 것을 우리가 압니다. 당신 힘은 바위들을 나무들로, 나무들을 바위들로 만들 수 있습니다."라고 말했다.

아담과 하와가 지상의 음식을 처음 먹는다

제64장

1. 이윽고 하느님이 아담과 그의 의지력, 굶주림과 갈증과 더위를 견뎌온 그의 인내를 보았다. 그래서 무화과나무 두 그루를 원래의 상태인 열매 두 개로 변화시켜 그들에게 주면서 "각자 하나씩 열매를 가져라."하고 말했다. 그들이 주님의 명령에 따랐다.

2. 그가 "동굴에 들어가서 무화과 열매를 먹고 굶주림을 면하여 죽지 마라."하고 말했다.

3. 해가 질 무렵에 그들이 동굴로 들어갔다. 그리고 일어선 채로 기도했다.

4. 그런 다음에 열매를 먹기 위해서 자리에 앉았다. 그러나 어떻게 먹는지 몰랐다. 지상의 음식을 먹는 데 익숙하지 않았기 때문이다. 또한 그것을 먹으면 위장이 무거워지고 살이 찌며 마음이 지상의 음식을 좋아하게 될까 봐 두려워지기도 했다.

5. 그렇게 앉아 있을 때, 하느님이 가련히 여겨서 천사를 보냈다. 그들이 굶주림과 갈증으로 죽지 않도록 하려는 것이었다.

6. 천사가 아담과 하와에게 "너희가 죽을 정도로 단식하여 힘이 없다고 하느님께서 말씀하셨다. 그러므로 그것을 먹고 육체의 기운을 회복하라. 너희 몸은 이제 음식과 마실 것이 없으면 유지되지 않는 짐승의 살이기 때문이다."라고 말했다.

7. 그들이 무화과 열매를 먹기 시작했다. 그러자 하느님이 맛있는 빵과 피를 그 열매들 속에 섞어주었다.

8. 천사는 열매를 먹고 굶주림에서 벗어난 그들을 떠나갔다. 그들은 먹다 남은 것을 잘 간직했는데, 하느님의 힘으로 열매가 전혀 줄어들지 않은 원래의 상태로 변했다. 그 무화과들은 하느님의 축복을 받았기 때문이다.

9. 그런 다음에 그들이 기운을 회복하여 일어서서 기쁜 마음으로 기도하고 찬미했으며, 밤이 새도록 말할 수 없는 환희에 젖었다. 83일째 되는 날의 일이었다.

음식을 소화할 기능을 받는다

제65장

1. 아침이 되자 그들이 일어나서 습관대로 기도하고 동굴 밖으로 나갔다.

2. 먹어 버릇을 하지 않은 음식을 먹어서 매우 고통스러워졌기 때문에 동굴 주위를 걸어다니면서 서로 말을 이렇게 주고받았다.

3. "먹은 것이 어떻게 되었는데, 우리가 이런 심한 고통을 겪는 것이오? 재앙을 받아서 우리는 죽을 것이오! 먹지 말고 차라리 그대로 죽었더라면, 우리 몸을 음식으로 더럽히기보다는 순수하게 보존한 것이 더 좋았을 것이오."

4. 아담이 하와에게 "낙원에서는 이런 고통을 당하지 않았고, 이렇게 나쁜 음식을 먹지도 않았소. 하와여, 생각을 좀 해보시오. 우리 안에 있는 이 음식을 통해서 하느님은 우리를 괴롭히려고 하는 것인지, 아니면 그가 자신의 약속을 다 이행하기 전에 우리를 죽일 작정인지 생각해 보란말이오."라고 말했다.

5. 이윽고 아담이 주님에게 간청하고 "주님, 우리가 먹은 음식으로 말미암아 죽게 내버려두지 마십시오. 주님, 우리를 내려치지 마십시오. 다만 당신의 위대한 자비에 따라 우리를 다루고, 당신과 약속한 그날까지 우리를 버리지 마십시오."라고 말했다.

6. 하느님이 그들을 바라보았다. 그리고 음식을 먹고도 죽지 않도록, 그들이 먹은 음식을 적절히 처리할 수 있도록 즉시 만들었다. 그것이 오늘날까지 계속된다.

7. 아담과 하와는 자기들의 본성이 변했기 때문에 슬프게 울면서 동굴로 돌아갔다. 그들은 자기들의 본성이 변화해서 낙원으로 돌아갈 희망이 사라지고 다시는 낙원으로 돌아갈 수 없다는 것을 그때부터 깨달았다.

8. 이제 그들의 몸은 이상한 기능을 발휘했고, 생존을 위해서 음식과 마실 것이 필요한 몸으로는 낙원에서 살 수가 없다고 여겼기 때문이다.

9. 아담이 하와에게 "자, 이제 우리의 희망이 사라졌소. 또한 낙원으로 들어갈 수 있다는 우리의 확신도 사라졌소. 우리는 더 이상

낙원의 주민들에게 속하지 않고, 이제부터는 흙에 속하는 지상의 주민들이 되었소. 하느님이 우리를 구원해서 낙원으로 데리고 가겠다고 약속한 그날까지 우리는 낙원으로 돌아갈 수가 없는 거요." 라고 말했다.

10. 그래서 하느님의 자비를 요청하는 기도를 바쳤다. 그제야 정신이 차분해지며, 마음 속 절망이 사라지고 갈망이 식었다. 그들은 지상에서 나그네가 되었다. 그날 밤 아담과 하와가 동굴에서 지냈는데, 먹은 음식 때문에 잠이 깊이 들었다.

밀로 빵을 만들다

제66장

1. 음식을 먹은 다음날 아침, 그들이 동굴에서 기도했다. 그리고 아담이 "하느님에게 먹을 것을 요청해서 받았소. 그러니 이제는 마실 물을 달라고 합시다."라고 말했다.

2. 그래서 자리에서 일어나 낙원의 남쪽 경계선에 있는 강물로 갔다. 그곳은 그들이 전에 스스로 몸을 던진 장소였다. 강가에 선 채 그들은 물을 마시도록 허락해달라고 기도했다.

3. 그러자 하느님의 말씀이 아담에게 와서 "아담아, 네 몸은 거칠어져서 마실 물이 필요하다. 너희는 물을 마셔라. 그리고 주님을 찬미하고 감사하라."고 말했다.

4. 그래서 그들이 가까이 다가가서 실컷 마시고 원기를 회복했다. 그런 다음에 하느님을 찬미하고 관습대로 동굴로 돌아갔다. 이것은 83일째 되는 날이 끝날 무렵이었다.

5. 그리고 84일째 되는 날, 무화과 열매 두 개를 잎새들과 함께 동

굴 벽에 걸어놓았다. 그것들은 하느님의 축복의 상징이었다. 그들은 하느님이 자기들에게 해준 놀라운 일들을 후손에게 보여주기 위해서 그 후손들이 태어날 때까지 그렇게 걸어두었다.

6. 그런 다음 아담과 하와가 다시 동굴 밖에 서서 몸을 양육할 다른 음식을 달라고 기도했다.

7. 하느님의 말씀이 아담에게 "아담아, 동굴의 서쪽으로 검은 흙이 있는 곳까지 가라. 거기서 음식을 발견할 것이다."라고 말했다.

8. 그 말에 따라서 아담이 하와를 데리고 검은 흙이 있는 땅으로 가서 잘 익은 밀과 무화과 열매를 발견하고 크게 기뻐했다.

9. 하느님의 말씀이 다시 와서 "이 밀을 가져다가 빵을 만들어 네 몸을 양육하라."고 말했다. 그리고 하느님은 아담에게 밀을 가지고 빵을 만드는 지혜를 주었다.

10. 그가 모든 것을 다 해내고는 녹초가 되었다. 그러나 밀로 빵을 만드는 법을 배우고 나서 몹시 기뻐하면서 동굴로 돌아갔다.

사탄이 아담의 밀밭을 불태워버렸다

제67장

1. 아담과 하와가 검은 진흙땅으로 가서 하느님이 보여준 밀밭으로 접근하여 그것이 잘 익어 추수할 때가 되었다고 생각했다. 낫이 없었기 때문에 그들은 허리띠를 졸라맨 채 밀을 뽑기 시작했다.

2. 밀을 높이 쌓아올린 뒤에 더위와 갈증에 지쳐서 나무 그늘로 갔는데, 시원한 바람이 불어 그들은 잠이 들었다.

3. 그때 사탄이 아담과 하와가 한 일을 보았다. 그가 자기 군대를 불러모은 뒤에 "하느님이 아담과 하와에게 육체의 원기를 회복할

밀을 보여주어 그들이 밀을 추수하여 쌓아놓은 뒤 피곤해서 자고 있다. 자, 가서 저 무더기를 태워버리자. 그리고 그들 옆에 있는 물병을 비워 마실 것을 없애버리자. 그래서 우리가 굶주림과 목마름으로 그들을 죽이자.

4. 그들이 잠을 깨어 동굴로 돌아갈 때, 도중에서 우리가 길을 잃게 만들면 굶주림과 갈증으로 죽을 것이다. 아니면, 그들이 하느님을 부인하고 하느님이 그들을 죽일지도 모른다. 어쨌든 우리는 그들을 처치해버리면 된다."고 말했다.

5. 그래서 사탄과 그의 군대가 밀 무더기에 불을 질러서 모조리 태워버렸다.

6. 그 불의 뜨거운 열기에 아담과 하와가 잠을 깨어 보니 밀은 불타고 물통은 엎어져 있었다.

7. 그들은 울면서 동굴로 돌아갔다.

8. 그러나 그들이 산 아래에서 위로 올라가고 있을 때, 사탄과 그의 군대가 천사들의 모습으로 나타나서 하느님을 찬미했다.

9. 사탄이 아담에게 "아담, 왜 그토록 굶주림과 갈증으로 고통을 당하고 있소? 사탄이 밀을 태워버린 모양이지요?"라고 말했다.

10. 사탄은 또한 "하느님의 천사들인 우리와 함께 갑시다. 저 밀밭보다 더 좋은 다른 밀밭을 보여주라고 그가 우리를 파견했지요. 그리고 그 밀밭 너머에는 풍성한 샘과 많은 나무가 있어서, 당신이 거기 살면서 밀밭을 경작할 수 있으니, 사탄이 태워버린 것보다 더 많은 수확을 거둘 수 있을 거요."라고 덧붙였다.

11. 아담은 그 말이 옳다고 믿었고, 그들이 천사들이라고 생각하여 따라갔다.

12. 사탄이 아담과 하와를 8일간 이리저리 엉뚱한 곳으로 끌고다녔다. 그래서 그들은 굶주림과 갈증과 피로에 지쳐서 쓰러졌는데 죽은 사람처럼 되었다. 사탄과 그의 군대가 그들을 그대로 내버려

둔 채 달아났다.

아담과 하와가 일주일에 세번 제물을 바친다

제68장

1. 하느님이 그들을 내려다보고, 사탄이 한 짓을 알았다.

2. 그래서 자기 말씀을 아담에게 보내 그들을 죽음의 상태에서 일으켜주었다.

3. 그러자 아담이 "하느님, 당신은 우리에게 준 밀을 빼앗고 태웠으며, 물통을 비워버렸습니다. 당신 천사들을 보내 우리가 밀밭을 떠나 길을 잃게 했습니다. 우리를 죽일 작정입니까? 당신이 이런 일들을 했다면, 우리 영혼을 거두어가십시오. 그러나 처벌하지는 말아주십시오."라고 말했다.

4. 하느님이 아담에게 "나는 밀밭을 불태우지도, 물통의 물을 없애지도, 너를 엉뚱한 곳으로 잘못 인도하도록 천사들을 파견하지도 않았다.

5. 그것은 네 주인인 사탄이 한 짓이다. 네가 내 계명을 당분간 접어둔 채 사탄에게 복종했는데, 이것은 그가 한 짓이다. 밀밭을 불태우고, 물통의 물을 없애고, 길을 잃게 만든 것은 사탄이다. 그가 네게 한 약속은 모두가 허위고 속임수고 거짓말이다.

6. 아담아, 이제 네게 베푼 나의 선행을 인정하라."고 말했다.

7. 하느님이 천사들에게 그들을 밀밭으로 데려가라고 명령했다. 그들은 밀밭이 종전과 변함없고 물통에도 물이 가득 차 있는 것을 발견했다.

8. 거기에 나무 한 그루가 있고, 그 위에 단단한 만나가 있는 것을

보고, 하느님의 힘에 놀랐다. 천사들은 그들에게 배가 고플 때 만나를 먹으라고 지시했다.

9. 하느님은 사탄에게, 다시는 밀밭으로 와서 태우지 못하도록 명령하고 저주했다.

10. 그래서 아담과 하와가 밀을 추수하였고, 자기들이 최초로 피를 봉헌한 그 산으로 가져가서 제물로 바쳤다.

11. 그들은 최초로 만든 제대 위에 밀을 제물로 바쳤다. 그리고 선 채로 기도하면서 "하느님, 우리가 낙원에 있을 때, 우리 기도가 이 제물처럼 당신에게 올라갔습니다. 우리의 무죄함이 향연처럼 당신에게 올라갔습니다. 그러니 이제 우리 제물을 받아주시고, 당신 자비를 거두지 말아주십시오."라고 말했다.

12. 그러자 하느님이 그들에게 "너희가 이 제물을 만들어 바쳤으니, 나는 너희를 구원하려고 지상으로 내려갈 때, 그것을 나의 살로 삼을 것이다. 또한 참된 자세로 제사에 참여하는 사람들에게 용서와 자비가 베풀어지도록, 이 제물이 제대 위에서 계속해서 봉헌되게 만들겠다."고 말했다.

13. 하느님이 눈부신 불을 그 제물 위로 보내어 찬란함과 은총과 빛으로 채웠고, 성령이 그 제물 위에 내려왔다.

14. 그리고 하느님이 천사에게 숟가락과 비슷한 부지깽이로 제물의 일부를 집어서 아담과 하와에게 주라고 명령했다. 천사가 그 명령을 이행하여 제물을 그들에게 주었다.

15. 그러자 아담과 하와의 영혼들이 찬란하게 변하고, 기쁨과 환희와 하느님에 대한 찬미로 가슴이 충만했다.

16. 하느님이 아담에게 "재난과 슬픔이 닥칠 때마다 이렇게 제물을 바치는 것이 관습이 되게 하라. 그러나 너의 구원과 낙원으로 들어가는 일은 너와 나 사이에 합의한 대로 기한이 채워지는 날까지 이루어지지 않을 것이다. 그 계약이 없었더라면, 네가 지금 나

의 이름으로 바친 제물로 인해 자비를 베풀어 너를 낙원으로 당장이라도 데리고 갔을 것이다."라고 말했다.

17. 그 말을 듣고 아담이 몹시 기뻐했고, 하와와 함께 제대 앞에서 절을 하고 하느님을 숭배한 뒤에 보물의 동굴로 돌아갔다.

18. 이것은 그들이 낙원을 떠난 지 80일이 지나고 또 20일이 지난 뒤에 일어났다.

19. 그들은 밤이 새고 아침이 올 때까지 서서 기도하고는 동굴에서 나갔다.

20. 하느님에게 바친 제물이 받아들여져서 기쁨에 가득 찬 아담이 하와에게 "우리는 네번째 날인 수요일과 준비의 날인 금요일 그리고 안식일인 일요일 등 매주 세번씩 죽을 때까지 이 제사를 바치자."고 말했다.

21. 그들이 이렇게 합의하자, 하느님은 그들의 생각과 결의에 대해서 매우 기쁘게 여겼다.

22. 그런 다음에 하느님의 말씀이 아담에게 와서 "아담아, 내가 살을 가진 사람으로 태어나서 수난을 받을 날, 즉 네번째 날인 수요일과 준비의 날인 금요일 그 이전에 벌써 네가 제사를 결정했다.

23. 그런데 첫째 날에는 내가 만물을 창조했고 하늘을 위로 올렸다. 그래서 바로 이날 내가 다시 일어나 기쁨을 창조하고, 나를 믿는 모든 사람을 높이 들어올릴 것이다. 아담아, 너는 평생 동안 이 제물을 바쳐라."고 말했다.

24. 그러고 나서 하느님이 자기 말씀을 아담으로부터 거두었다.

25. 그래서 아담은 7주 동안, 일주일에 세번씩 계속해서 재물을 바쳤다. 50일째 되는 날, 즉 7주가 지나고 나서 첫째 날에 아담은 관습에 따라 그리고 하느님이 가르쳐준 대로 하와와 함께 하느님 앞에서 제물을 마련하여 제대로 갔다.

사탄이 아담의 옆구리를 찔러 살해한다

제69장

1.   모든 선의 증오자인 사탄은 아담을 시기하고, 또한 아담이 제물을 바쳐서 하느님의 호의를 얻은 것에 대해 질투하여, 차돌 무더기에서 날카로운 돌을 얼른 집은 뒤에 사람의 모습으로 변하여 내려가 아담과 하와 앞에 서 있었다.

2.   그때 아담은 제대에 제물을 바치고 두 팔을 뻗어 기도하는 중이었다.

3.   사탄이 날카로운 돌을 가지고 아담의 오른쪽 옆구리에 푹 꽂으니 거기서 피와 물이 쏟아져나왔고, 아담이 제대 위에 쓰러져버렸다. 사탄이 달아났다.

4.   하와가 아담을 제대 아래로 끌어내렸다. 아담의 옆구리에서 흘러나오는 피가 제물을 적시고 있을 때, 하와가 아담의 죽음을 비통해했다.

5.   아담의 죽음을 본 하느님이 자기 말씀을 보내서 그를 일으킨 다음 "제물이 아무런 흠이 없고 또 훌륭한 것이니, 아담아, 계속해서 제사를 지내라."고 말했다.

6.   하느님이 또한 "지상에서 나에게도 이런 일이 일어날 것이다. 즉 내 옆구리를 찔러서 피와 물이 거기서 흘러나오고, 진실한 제물인 내 몸 위로 흐를 것이며, 내 몸은 제대 위에서 완전한 제물로 봉헌될 것이다."라고 말했다.

7.   그래서 하느님은 아담에게 제사를 끝까지 마치라고 명령했고, 제사를 마친 그는 하느님을 숭배하고, 또 자기에게 내려준 징표에 대해서 감사했다.

8.   하느님이 아담을 하루 만에 치유해주었는데, 그것은 7주간이

끝난 뒤 즉 50일째 되는 날이었다.

9. 아담과 하와가 산에서 내려와 종전에 하던 대로 보물의 동굴로 돌아갔다. 그래서 그들이 낙원에서 떠난 뒤 100일이 지나게 된 것이다.

10. 그날 밤 두 사람이 함께 선 채로 하느님에게 기도했다. 아침이 되자 밖으로 나가서 동굴의 서쪽, 즉 밀밭이 있는 곳으로 간 뒤에 종전에 하던 대로 나무 그늘에서 쉬었다.

11. 그때 무수한 짐승 떼가 몰려와 그들을 둘러쌌다. 그것은 결혼을 통하여 아담에게 싸움을 걸려고 하는 사악한 사탄의 짓이었다.

사탄이 아담에게 하와와 결혼하라고 한다

제70장

1. 사탄과 그의 두 부하가 천사의 모습으로 변해서 천사 3명으로 보였고, 그들은 아담에게 황금과 유향과 몰약을 가지고 왔다.

2. 그들은 나무 그늘에서 쉬고 있는 아담과 하와 앞으로 와서, 거짓으로 가득 찬 좋은 말로 인사했다.

3. 아담과 하와는 그들의 멋진 자태와 달콤한 음성에 빠졌다. 그래서 아담이 일어나 환영한 뒤에 그들과 함께 머물렀다. 아담은 그들이 자기에게 황금과 유향과 몰약을 가져다준 천사들과 똑같은 천사들이라고 생각하여 마음 속으로 기뻐했다.

4. 왜냐하면 최초에 천사들이 그에게 왔을 때 선의의 징표로서 평화와 기쁨을 주었으니까, 두번째로 그들이 온 것은 기쁨을 주는 다른 징표를 주기 위한 것이라고 생각했기 때문이다. 그는 사탄이 온 것인 줄은 모르고 기쁘게 영접하여 안내한 것이다.

5. 셋 중에 키가 가장 큰 사탄이 "아담이여, 기뻐하고 또 환희에 젖으십시오. 하느님은 당신에게 세 가지를 말해주라고 우리를 파견했소."라고 말했다.

6. 아담이 "세 가지라니, 그게 무엇이지요?"라고 물었다. 사탄은 "대수롭지는 않은 일이지만, 하느님의 말이지요. 우리가 하는 말을 듣고 따르겠소? 만일 당신이 들으려고 하지 않는다면, 우리는 하느님에게 돌아가서 그대로 보고하겠소."라고 말했다.

7. 사탄이 또한 "두려워하지 말고 떨지도 마시오. 당신은 우리를 모른단 말이오?"라고 말했다.

8. 아담은 "나는 당신들이 누군지 모릅니다."라고 대답했다.

9. 사탄이 "나는 당신에게 황금을 가져다가 동굴로 운반했던 천사요. 이 천사는 유향을 가져다주었고, 또 이 천사는 당신이 산꼭대기에 있을 때 몰약을 가져다주었고, 당신을 동굴로 옮겼소.

10. 그리고 당신을 동굴로 옮겼던 다른 우리 동료 천사들을 하느님은 이번에 같이 보내지 않았소. 왜냐하면 그는 '너희만 가도 충분하다.'고 말했기 때문이오."라고 말했다.

11. 그제야 아담이 그들이 천사라고 믿고는 "하느님의 말씀을 전해 주십시오. 내가 받아들이겠습니다."라고 했다.

12. 사탄이 "말을 받아들이기로 맹세하고 또 약속하시오."라고 말했다.

13. 아담은 "나는 맹세와 약속을 어떻게 하는 것인지 모릅니다."라고 대답했다.

14. 사탄이 "당신 손을 뻗어서 내 손안에 넣으시오."라고 말했다.

15. 아담이 그렇게 하자 사탄이 "자, 이렇게 말하시오. 즉 '공중에 하늘을 높이 올리고, 물 위에 지구를 세우고, 나를 네 가지 요소들과 땅의 먼지로부터 창조하신 하느님이 살아 있고, 이성적이고 말을 하는 것과 같이, 나는 약속을 깨지 않고 나의 말을 부인하지 않

겠다.'고 하시오."라고 말했다.

16. 아담이 그렇게 맹세했다.

17. 사탄이 "자, 당신이 낙원에서 나온 지도 상당한 시일이 지났고, 이제 당신은 사악함도 악도 모르고 있소. 그러나 이제 하느님은 당신의 옆구리에서 나온 하와와 결혼하라고 당신에게 말합니다. 이것은 그녀가 당신에게 자녀들을 낳아주고 위로를 주며 당신의 번민과 슬픔을 없애주기 위한 것이오. 이것은 어렵지도 않은 일이고, 또 당신에게 조금도 수치스럽지 않은 일이오."라고 말했다.

아담이 결혼 문제로 고민한다

제71장

1. 그 말을 들은 아담은 조금 전에 한 맹세와 약속 때문에 매우 슬퍼하면서 "하느님이 나를 죽이고 지상에서 나를 지워버리도록, 내가 나의 살과 나의 뼈와 간통하고 나 자신을 거슬러서 죄를 지으란 말입니까?

2. 지난번에 내가 나무의 열매를 먹었을 때, 그는 낙원에서 나를 이 낯선 땅으로 내몰았고, 찬란한 본성을 박탈했으며, 내게 죽음을 내렸소. 그런데 이번에 이런 일을 한다면, 그는 땅에서 나의 생명을 끊어버리고 지옥으로 던져서 오랫 동안 나를 괴롭힐 것이오.

3. 그러나 하느님은 당신이 하는 말을 내게 해준 적이 없었소. 당신들은 하느님이 보낸 천사들이 아니오. 오히려 당신들은 천사의 가면을 쓰고 내게 온 악마들이오. 하느님의 저주를 받은 악마들아, 썩 물러가라!"고 말했다.

4. 악마들이 달아났다. 아담과 하와가 자리에서 일어나 보물의

동굴로 돌아가 안으로 들어갔다.

5. 아담이 하와에게 "당신이 본 나의 행동을 아무에게도 말하지 마시오. 하느님의 위대한 이름을 걸고 내가 맹세하고, 또한 사탄의 손에 내 손을 넣어서 죄를 지었기 때문이오."라고 말했다. 아담이 그렇게 말하자 하와가 마음을 놓았다.

6. 이윽고 아담이 일어나서 두 팔을 벌린 채, 하느님에게 자기 행동을 용서해달라고 눈물로 호소했다. 그는 40일 동안 밤낮으로 그렇게 기도하며 서 있었다. 그는 굶주림과 갈증으로 땅바닥에 쓰러질 때까지 아무것도 먹지 않고 마시지 않았다.

7. 그러자 하느님이 자기 말씀을 아담에게 보내서 일으킨 다음에 "아담아, 왜 나의 이름으로 맹세하고 사탄의 말에 동의를 했느냐?"라고 말했다.

8. 아담이 울면서 "하느님, 그들이 주님의 천사들인 줄 믿고서 제가 어리석게도 이런 행동을 했으니 용서해주십시오."라고 말했다.

9. 하느님은 "사탄을 조심하라."고 말하고 용서해주었다.

10. 그리고 자기 말씀을 아담으로부터 거두었다.

11. 아담이 마음의 위로를 받았다. 그리고 육체를 위한 음식을 마련하기 위해서 하와를 데리고 동굴 밖으로 나갔다.

12. 그러나 그날부터 아담은 하와와 결혼하는 문제에 관해서 심리적인 갈등을 겪기 시작했다. 결혼을 하면 하느님이 자기에게 분노할까 두려웠기 때문이다.

13. 사람들이 물가에서 놀며 즐기는 것과 같이 아담과 하와는 강물로 가서 강둑에 앉아 있었다.

14. 사탄이 그들을 질투하여 죽이려고 했다.

악마들이 번식 방법을 보여준다

제72장

1. 그래서 사탄은 자기 부하 10명과 함께 세상에서 가장 아름다운 처녀로 변신했다.

2. 그들이 강물에서 나와 아담과 하와 앞에 나타났는데, 자기들끼리 "자, 지상의 사람들인 아담과 하와의 얼굴을 구경하자. 그들이 얼마나 아름답고 또 우리 얼굴과 얼마나 다른지 보자."고 서로 말했다. 이윽고 아담과 하와에게 와서 인사한 뒤에 놀라는 시선으로 쳐다보고 서 있었다.

3. 아담과 하와도 그들을 쳐다보고는 그 아름다움에 놀라 "우리가 사는 곳에도 저렇게 아름다운 생물들이 사는 다른 세상이 있단 말이오?"라고 말했다.

4. 그러자 처녀들이 "물론이죠. 우리는 그 숫자가 엄청나게 많아요."라고 대답했다.

5. 아담이 "어떻게 번식하지요?"라고 물었다.

6. 그들이 "우리에게는 우리와 결혼한 남편들이 있어서 우리가 아이들을 낳지요. 아이들이 자라면 결혼을 하고 또 아이들을 낳고 해서 우리는 번식하는 거예요. 아담이여, 우리 말을 믿지 못하겠다면, 우리 남편들과 아이들을 보여주겠어요."라고 대답했다.

7. 그들이 강물을 향해 고함치자, 남편들과 아이들이 나타나서 각각 아내 곁에 섰다.

8. 아담과 하와는 그들을 보고 깜짝 놀라 말문이 막혔다.

9. 그러자 그들이 아담과 하와에게 "우리 남편들과 아이들을 보았지요? 당신도 하와와 결혼하세요. 그러면 우리처럼 아이들을 가지게 될 거예요."라고 말했다. 이것은 아담을 속이려고 사탄이 생

각해낸 것이었다.

10. 한편 사탄은 속으로 "하느님은 처음에 나무의 열매에 관해서 아담에게 명령하고 '이것을 먹지 마라. 먹으면 죽을 것이다.' 라고 말했다. 그러나 아담이 먹었는데도 하느님은 그를 죽이지 않았다. 다만 그에게 죽음을 선고했고, 그가 육체를 벗어날 때까지 재난과 시련들을 보냈을 뿐이다.

11. 그러나 내가 그를 속여서 하느님의 명령이 없는데도 하와와 결혼하게 만든다면, 하느님은 그를 죽일 것이다."라고 생각했다.

12. 사탄은 아담을 죽여서 지상에서 사라지게 만들기 위해 아담과 하와에게 그런 모습으로 나타난 것이다.

13. 그런 동안에 죄의 불이 아담에게 이르렀고, 그는 죄를 지을 생각을 했다. 그러나 사탄의 충고를 따른다면 하느님이 자기를 죽일까 두려워했기 때문에 스스로 자제했다.

14. 사탄과 그의 군대들이 자기들의 영역으로 돌아가는 것을 보여주기 위해 강물 속으로 들어가는 동안에, 아담과 하와가 일어서서 하느님에게 기도했다.

15. 늘 하던 대로 그들은 저녁 무렵에 보물의 동굴로 돌아갔다.

16. 그날 밤 그들은 일어서서 기도했다. 아담은 서서 기도하면서도 어떻게 기도해야 좋을지 몰랐다. 왜냐하면 마음 속으로는 하와와 결혼하는 것에 관해서 생각하고 있었기 때문이다. 그래서 아침까지 그런 상태에 머물렀다.

17. 빛이 떠오르자 아담이 하와에게 "일어나시오. 그들이 황금을 가져다주었던 산 아래로 내려가서 이 문제에 관해 주님에게 문의합시다."라고 말했다.

18. 하와가 "무슨 문제 말이에요?"라고 물었다.

19. 아담이 "당신과 결혼하는 문제에 관해서 내가 주님에게 가르쳐달라고 해야겠소. 그가 당신과 나를 죽일까 두려우니 그의 명령

없이는 당신과 결혼하지 않을 거요. 저 악마들이 죄악의 모습으로 나타나서 보여준 것 때문에 내 마음은 그들이 지른 불에 타고 있는 것 같소."라고 대답했다.

20. 그러자 하와가 "산 아래까지 갈 건 없잖아요? 차라리 여기 동굴에서 선 채 하느님에게 기도하면서, 이 권고가 좋은 것인지 나쁜 것인지 가르쳐달라고 합시다."라고 말했다.

21. 그래서 아담이 일어선 채 "하느님, 당신은 우리가 죄를 지었음을 알고 있습니다. 죄를 짓는 순간 우리는 찬란한 본성을 잃었고, 우리 육체는 거칠어져서 음식과 마실 것이 필요하고 동물의 욕정을 지니게 되었습니다.

22. 당신이 우리를 허무로 환원시키지 않기 위해서, 우리가 당신의 지시 없이 동물적 욕망에 굴복해서는 안 된다고 명령을 내려주십시오. 당신 명령이 없다면, 우리는 압도되어 사탄의 충고를 따를 것이고, 당신은 우리를 죽일 것이기 때문입니다.

23. 그런 명령을 내리지 않겠다면, 우리 영혼들을 거두어가고, 우리가 이 동물적 욕정에서 벗어나게 해주십시오. 또는 하와와 저를 갈라서게 하여 각각 멀리 떨어진 곳에 놓아주십시오.

24. 그러나 당신이 우리를 멀리 떨어뜨려 놓는다 해도, 악마들이 우리에게 그럴 듯한 모습으로 나타나서 속이고, 우리 마음을 파괴하며, 서로 그리워하는 정을 일으켜서 우리 생각을 더럽힐 것입니다. 우리가 서로 그리워하는 정이 없다고 해도, 결국은 그들이 보여주는 모습을 통해서 우리를 속일 것입니다."라고 말하고 기도를 마쳤다.

아담이 하와와 한몸을 이룬다

제73장

I. 아담의 말을 들은 하느님은 그의 말이 옳고, 또한 사탄의 유혹에도 불구하고 아담이 오랫동안 자신의 명령을 기다릴 만한 의지를 가지고 있다고 보았다.

2. 하느님은 이 문제에 관해서 아담이 생각한 것과 자기 앞에서 아담이 기도한 것이 옳다고 인정했고, 그래서 자기 말씀을 아담에게 보내 "아담아, 낙원에서 이 땅으로 오기 전에 네가 이토록 조심스럽게 행동했더라면 얼마나 좋았겠느냐!"라고 말했다.

3. 그런 다음에 하느님은 황금과 유향과 몰약을 가져다준 천사들을 보내서 아담이 하와와 결혼하는 것에 관해 가르쳐주라고 지시했다.

4. 그 천사들이 아담에게 "황금을 집어서 하와에게 결혼 선물로 주고 약혼을 하시오. 그런 뒤에 유향과 몰약을 그녀에게 선물하고 나서, 당신과 그녀는 한몸이 되시오."라고 말했다.

5. 천사들의 그 말을 들은 아담은 황금을 집어서 하와의 앞가슴 옷 안에 넣었으며, 손을 잡고 약혼했다.

6. 천사들이 아담과 하와에게 40일 동안 밤낮으로 일어서서 기도하고, 그 다음에 아담이 자기 아내의 몸 속으로 들어가도록 지시했다. 그렇게 해야 그것은 더럽혀지지 않고 순수한 행동이고, 거기서 아담의 자녀들이 번식하여 지상을 가득 채울 것이기 때문이다.

7. 그들이 천사들의 말을 다 들은 뒤에 천사들이 떠나갔다.

8. 이윽고 그들이 40일 동안 단식하고 기도했다. 그리고 천사들이 명령한 대로 한몸이 되었다. 아담이 낙원을 떠난 날부터 하와와 결혼할 때까지는 223일, 즉 7개월 13일이 지났다.

9. 이렇게 해서 사탄은 아담과 벌인 싸움에서 패배했다.

맏아들 카인과 딸 룰루와의 출생

제74장

1. 그들은 육체의 생명과 힘을 유지하기 위해 일을 하면서 지상에서 살았다. 하와가 임신한 지 9개월이 지나자 출산이 임박했다.

2. 그러자 하와가 아담에게 "우리가 낙원을 떠난 이후 나타난 징표들 때문에 이 동굴은 순수한 장소요. 그리고 여기는 우리가 기도하는 곳이오. 그러니까 여기서 출산하는 것은 적절하지 못하오. 차라리 사탄이 우리를 던져서 죽이려고 한 그 바위, 하느님의 명령으로 천막처럼 펴져서 다른 동굴이 된 그 바위로 가서 안식처를 만드는 것이 낫겠소."라고 말했다.

3. 아담이 하와를 그 동굴로 옮겼다. 해산이 가까워지자 하와가 심한 진통을 겪었다. 아담은 너무나 미안해서 가슴이 쓰렸다. 왜냐하면 그녀가 거의 죽을 지경이었고, "네가 고통 가운데 아이를 배고, 슬픔 가운데서 아이를 낳을 것이다."라고 한 하느님의 말씀이 실현될 것이기 때문이었다.

4. 하와가 당하는 고통을 보고 아담이 일어서서 기도하기를 "하느님, 당신 자비의 눈으로 저를 바라보고 하와를 저 고통에서 구출해 주십시오."라고 말했다.

5. 하느님이 자기 하녀인 하와를 보고 출산을 시켜주었다. 그녀는 맏아들과 함께 딸을 낳았다.

6. 아담은 하와의 해산과 아이들의 출생을 더없이 기뻐했다. 그리고 8일 동안 그녀를 동굴에서 돌보아주고, 아들은 카인, 딸은 룰루

낙원에서 추방된 이후의 아담과 하와

와라는 이름을 지었다.

7. 카인은 '미워하는 자' 라는 의미인데, 이것은 출산하기 전에 모태에서 그가 자기 누이를 미워했기 때문이다. 그래서 그를 아담이 카인이라고 불렀다.

8. 반면, 룰루와는 '아름다운 사람' 이라는 의미인데, 이것은 그녀가 자기 어머니보다 더 아름다웠기 때문이다.

9. 아들과 딸이 출생한 지 40일이 지나자, 아담이 하와에게 "제물을 준비해서 아이들을 대신하여 바칩시다." 라고 말했다.

10. 하와가 "맏아들을 위해서 먼저 제물을 바치고, 그 다음에 딸을 위해서 제물을 바칩시다." 라고 말했다.

둘째 아들 아벨과 딸 아클리아가 태어나다

제75장

1. 아담이 자녀들을 위해서 제물을 준비하여, 그와 하와가 처음에 만들었던 제대 위에 바쳤다.

2. 아담이 제물을 바치고는 하느님에게 받아달라고 간청했다.

3. 그 제물을 받아들인 하느님이 하늘에서 빛을 내려보내 제물 위에서 빛나게 했다. 아담과 아들이 제물에 가까이 다가갔지만, 하와와 딸은 접근하지 않았다.

4. 아담이 제대에서 내려왔고, 그들은 매우 기뻐했다. 또한 그들은 딸이 태어난 지 80일이 될 때까지 기다렸다가, 아담이 제물을 준비하여 하와와 자녀들에게 가지고 갔다. 그리고 전에 하던 대로 제대 위에 제물을 바치고는 주님에게 받아달라고 간청했다.

5. 주님이 그들의 제물을 받아들였다. 그러자 아담과 하와와 자녀들이 모두 제물에 다가갔고, 기쁨에 넘쳐서 산을 내려왔다.

6. 그러나 그들은 자녀들이 태어난 동굴로 돌아가지 않고 보물의 동굴로 갔다. 그것은 자녀들이 그 동굴 주위에서 걸어다니고, 낙원에서 나온 징표들로 축복을 받도록 하려는 것이었다.

7. 아담의 자녀들은 그 징표로 축복을 받은 뒤, 그들이 태어난 동굴로 돌아갔다.

8. 한편 아담과 하와는 제물을 바치기 전에, 최초에 자기들이 몸을 던졌던 강물로 가서 몸을 씻었다. 고통과 비탄의 흔적을 깨끗이 씻어버린 것이다.

9. 그렇게 강물로 몸을 씻은 다음에 그들은 밤마다 보물의 동굴로 돌아가서 기도하고 축복을 받았다. 그런 다음 자녀들이 태어난 동굴로 돌아갔다.

10. 자녀들이 젖을 뗄 때까지 그들은 그렇게 지냈다. 자녀들이 젖을 떼자, 아담은 매주 세번 드리는 제사와는 별도로 자녀들의 영혼을 위해서 제물을 바쳤다.

11. 자녀들을 돌보는 기간이 지난 뒤에 하와가 다시 임신했고, 정해진 기한이 차자 다른 아들과 딸을 낳았는데, 그들은 아들을 아벨, 딸을 아클리아라고 이름지었다.

12. 그리고 40일이 지났을 때 아담이 아들을 위해서 제물을 바치고, 80일이 지났을 때 딸을 위해서 제물을 바쳤다. 카인과 룰루와를 위해서 한 것과 마찬가지였다.

13. 그는 새로 태어난 아들과 딸은 보물의 동굴로 가서 축복을 받은 다음, 그들이 태어난 동굴로 돌아갔다. 그들이 태어난 뒤에는 하와가 더이상 임신을 하지 않았다.

여자문제로 카인이 아벨을 죽이려고 한다

제76장

1. 자녀들은 자라면서 힘이 세어지고 키가 커졌다. 그러나 카인은 마음이 모질어서 동생을 지배했다.

2. 그는 아버지가 제물을 바칠 때 다른 가족들과 함께 가지 않고 뒤에 남는 경우가 많았다.

3. 반면에 아벨은 마음씨가 착하고 부모에게 복종했으며, 제물을 사랑했기 때문에 부모에게 제물을 바치라고 자주 권고했고, 단식과 기도도 많이 했다.

4. 그래서 아벨에게 이러한 징표가 내려왔다. 그가 보물의 동굴에 들어가서 황금가지들과 유향과 몰약을 보고는 부모에게 "어떻게 저런 것들을 얻게 되었지요?"라고 물었다.

5. 아담이 자세히 설명해주었다. 아벨은 깊은 감명을 받았다.

6. 더욱이 아버지 아담이 그에게 하느님의 업적들과 낙원에 관해서 설명해주었고, 그는 그날 밤 내내 보물의 동굴에서 아버지 등뒤에 머물렀다.

7. 그날 밤 그가 기도하고 있을 때, 사탄이 남자의 모습으로 나타나서 "너는 네 아버지에게 제물을 바치고 단식과 기도를 하라고 자주 권고했다. 그래서 내가 너를 죽이고 지상에서 사라지게 만들겠다."고 말했다.

8. 그러나 아벨은 하느님에게 기도하여 사탄을 몰아냈다. 사탄의 말을 믿지 않았던 것이다. 날이 밝자 주님의 천사가 나타나서 아벨에게 "단식과 기도와 제물 봉헌을 줄이지 마시오. 주님이 그대의 기도를 받아들였기 때문이오. 밤에 그대에게 나타나서 죽이겠다고 저주하는 자를 두려워하지 마시오."라고 말했다. 그 말을 마친 천

사가 떠나갔다.

9. 날이 밝았을 때, 아벨이 부모에게 가서 자기가 본 환상에 관해서 이야기했다. 그 말을 들은 부모는 깊은 시름에 잠겼지만 아무 말도 하지 않았고, 다만 그를 위로했다.

10. 한편 마음이 모진 카인에게 사탄이 밤에 가서 자기를 보여주면서 "아담과 하와가 너보다도 네 동생 아벨을 더 사랑하고, 그래서 그를 네 아름다운 누이 룰루와 결혼시키려고 한다. 그리고 그들은 너를 미워하기 때문에 얼굴이 못생긴 그의 누이 아클리아와 결혼시키려고 한다.

11. 그러므로 그들이 그렇게 실행하려고 할 때, 네가 아벨을 죽이라고 나는 권고한다. 그러면 너의 누이는 네 것이 되고, 그의 누이는 쫓겨날 것이다."라고 말했다.

12. 사탄이 카인을 떠나갔다. 그러나 자기 동생을 죽이려고 수없이 기회를 노리던 카인의 마음 속에 사탄은 여전히 남아 있었다.

재산에 대한 카인의 탐욕과 인색함

제77장

1. 형이 동생을 미워하는 것을 본 아담이 그들의 마음을 부드럽게 만들려고 애썼고, 카인에게 "아들아, 네가 씨 뿌린 것을 추수한 뒤에 하느님에게 제물을 바치면서 네 사악함과 죄의 용서를 빌어라." 하고 말했다.

2. 아담은 아벨에게도 "네가 씨 뿌린 것을 거두어서 제물을 마련하여 하느님에게 바치면서 네 사악함과 죄의 용서를 빌어라." 하고 말했다.

3. 아벨은 아버지의 말에 복종하여 자기가 거두어들인 것으로 좋은 제물을 만들었고, 아담에게 "어떻게 바쳐야 하는지 같이 가서 보여주십시오."라고 말했다.

4. 아담과 하와가 아벨과 함께 가서 제대에 제물을 바치는 방법을 보여주었다. 그런 다음 그들은 하느님이 그 제물을 받아주도록 일어선 채 기도했다.

5. 그러자 하느님이 아벨을 내려다보고 그 제물을 받아들였다. 하느님은 제물보다도 아벨 자신에 대해서 더욱 기뻐했다. 그것은 아벨의 마음이 착하고 그 몸이 순결했기 때문이다. 아벨에게는 거짓의 흔적이 전혀 없었다.

6. 그들은 제대에서 내려와 자기들이 사는 동굴로 돌아갔다. 제물을 바친 기쁨 때문에 아벨은 아버지 아담의 모범을 본받아서 매주 세번씩 제사를 반복했다.

7. 그러나 제물 봉헌에 전혀 기쁨을 느끼지 못하는 카인은 오히려 아버지가 제물을 바치는 것에 대해서 화가 났다. 한 번은 그가 제물을 바쳤는데, 제물이 아까워서 자기 양들 가운데 가장 작은 것을 바쳤고, 그것마저 아깝다고 생각했다.

8. 그래서 하느님은 그의 제물을 받아들이지 않았다. 그의 마음에 살의가 가득 차 있었기 때문이다.

9. 하와가 해산한 그 동굴 속에서 그들은 카인이 열다섯 살, 아벨이 열두 살이 될 때까지 함께 살았다.

질투 때문에 카인이 아벨을 죽이려고 벼른다

제78장

1. 아담이 하와에게 "아이들이 다 컸으니 각각 아내를 찾아줄 생각을 해야겠소."라고 말했다.

2. 그러자 하와가 "우리가 어떻게 그런 일을 할 수가 있어요?"라고 물었다.

3. 아담이 "아벨의 누이를 카인에게, 카인의 누이를 아벨에게 주어서 결혼시키는 거요."라고 대답했다.

4. 하와가 "카인은 마음이 모질어서 저는 싫어요. 그들은 우리가 그들 대신에 하느님에게 제물을 바칠 때까지 기다리게 하세요."라고 말했다.

5. 아담은 그 이상 말을 하지 않았다.

6. 한편 사탄이 들에서 일하는 사람의 모습으로 카인에게 가서 "아담과 하와가 너희 두 사람의 결혼에 관해서 의논했다. 아벨의 누이를 너에게, 너의 누이를 아벨에게 주어 결혼시키기로 합의했지.

7. 내가 너를 사랑하지 않는다면 이런 말도 해주지 않았을 게다. 그리고 네가 내 충고를 받아들인다면, 너의 결혼식 날에 내가 아름다운 옷들과 황금과 은을 얼마든지 가져다주겠다. 그리고 나의 친척들도 거기 참석할 것이다." 하고 말했다.

8. 카인이 기뻐서 "당신 친척들은 어디 있지요?"라고 물었다.

9. 사탄은 "북쪽의 한 정원에 있지. 전에 내가 네 아버지를 그곳으로 데려가려고 했지만, 그가 내 제의를 수락하지 않았지.

10. 그러나 네가 내 말을 받아들이고 결혼한 뒤에 그곳으로 오고 싶다면, 지금 겪는 비참함에서 벗어나 쉴 수가 있고, 네 아버지보다도 더 편안하게 잘 지낼 수 있을 거다."라고 대답했다.

11. 사탄의 그 말에 카인은 귀가 솔깃해졌고 마음이 끌렸다.

12. 그래서 그는 들판에 머물지 않고, 어머니 하와에게 가서 두들겨패고 저주하면서 "왜 나의 누이를 내 동생과 결혼시키려는 거요? 내가 죽기라도 했단 말이오?"라고 말했다.

13. 그러나 어머니 하와는 그를 진정시키고는 먼저 있던 들판으로 돌려보냈다.

14. 얼마후 아담이 돌아오자, 그녀는 카인이 자기에게 한 짓을 일러바쳤다.

15. 그러나 아담은 비탄에 잠기면서도 침착함을 유지했고 아무 말도 하지 않았다.

16. 다음날 아침, 아담은 아들 카인에게 "네 양 가운데 크고 튼튼한 것들을 골라서 하느님에게 제물로 바쳐라. 네 동생에게는 밀을 바치라고 하겠다."고 말했다.

17. 형제가 모두 아버지의 말에 복종하여 산으로 가서 각각 제물을 제대에 바쳤다.

18. 그러나 카인은 동생에게 몹시 거드름을 피우면서, 제대에서 밀쳐내는가 하면, 동생이 제대에 제물을 바치지 못하게 했다. 그리고 자기 제물만 제대에 올려놓았는데, 그 마음은 교만과 허위와 시기로 가득 찼다.

19. 한편 아벨은 손이 미치는 대로 돌들을 모아놓고 겸손하고 허위가 없는 마음으로 그 위에 자기 제물을 바쳤다.

20. 카인은 제물이 놓인 제대 옆에 선 채로 하느님에게 자기 제물을 받아달라고 외쳤다. 그러나 하느님은 그 제물을 받아들이지도 않았고, 신성한 불이 내려와서 그것을 태워버리지도 않았다.

21. 카인은 화가 머리끝까지 뻗쳐 제대 옆에 그대로 서서 하느님이 아벨의 제물을 받아들이는지 지켜보았다.

22. 아벨이 자기 제물을 받아달라고 하느님에게 기도했다. 그러

자 신성한 불이 내려와서 제물을 태웠다. 하느님은 아벨이 자기를 사랑하고 자기 안에서 기뻐하기 때문에 그 제물의 감미로운 맛을 냄새 맡고 받아들였던 것이다.

23. 그리고 하느님은 아벨이 무척이나 마음에 들었기 때문에 사람의 모습을 한 빛의 천사를 파견하여 그의 제물에 참여하도록 했다. 또한 그의 제물의 감미로운 맛을 냄새 맡았기 때문에 그들이 아벨을 위로하고 그의 마음을 든든하게 해주었다.

24. 자기 동생에게 일어난 모든 일을 바라보면서 카인은 더욱 화가 치솟았다.

25. 그래서 그는 입을 열어 하느님을 모독하는 말을 했다. 자기 제물이 받아들여지지 않았기 때문이다.

26. 하느님이 카인에게 "너는 왜 슬픈 표정을 짓고 있느냐? 정의로운 사람이 되라. 그러면 네 제물을 받아들이겠다. 너는 나를 거슬러서 투덜대는 것이 아니라 너 자신을 거슬러서 불평하는 것이다."라고 말했다.

27. 하느님은 카인과 그의 제물을 매우 싫어했기 때문에 그렇게 질책하는 말을 한 것이다.

28. 얼굴이 붉으락푸르락해진 카인은 제대를 떠나 부모에게 가서 자기가 당한 모든 일을 알렸다. 하느님이 카인의 제물을 거절했기 때문에 아담은 비탄에 잠겼다.

29. 반면에 아벨은 즐거워하면서 기쁨에 가득 찬 마음으로 산에서 내려와 하느님이 어떻게 자기 제물을 받아주었는지 부모에게 이야기했다. 그들은 매우 기뻐하며 그의 얼굴에 키스했다.

30. 아벨이 아버지에게 "카인이 저를 제대에서 밀쳐내고 저의 제물을 제대에 바치지 못하게 했지요. 그래서 따로 제대를 만들어 거기에 저의 제물을 바쳤습니다."라고 말했다.

31. 그 제대는 자기 손으로 처음 만든 것이고, 거기서 그 동안 제

물을 바쳐왔기 때문에, 아담은 기분이 몹시 나빴다.

32. 원망과 분노를 참지 못한 카인은 들판으로 나가버렸다. 그때 사탄이 와서 "네가 아벨을 제대에서 밀쳐냈기 때문에 그가 아버지 아담의 그늘 밑으로 피신했고, 그들이 그의 얼굴에 키스하고 너보다는 그에 대해서 훨씬 더 기뻐하고 있다."고 말했다.

33. 사탄의 말을 듣고 나자 카인은 분노에 가득 차서 남몰래 음모를 꾸몄다. 동생을 죽일 기회를 노리고 있다가 드디어 그를 동굴로 데리고 들어가서 말했다.

34. "형제들이여, 이 지역은 매우 아름답고, 저쪽에는 너무나도 아름답고 유쾌한 나무들이 있지. 너희들은 단 하루라도 들판에 나가서 즐긴 적이 없어.

35. 나의 형제들이여, 오늘이야말로 너희들은 나를 따라서 들판으로 나가 스스로 즐기고, 우리 들판과 양떼를 축복해주면 좋겠어. 왜냐하면 너희는 정의로운 사람이기 때문이지. 오, 나의 형제들이여, 나는 너희들을 끔찍히도 사랑하는데, 너희들은 나를 멀리해 왔어."라고 말했다.

36. 그래서 아벨은 카인과 함께 들판으로 나가겠다고 했다.

37. 동굴을 나서기 전에 카인은 "잠깐만 기다려라. 야수들 때문에 지팡이를 가져와야겠어."라고 말했다.

38. 순진한 아벨이 기다렸다. 카인이 지팡이를 가지고 앞장서서 동굴을 나갔다.

39. 카인과 그의 동생 아벨은 길을 걸어갔는데, 카인이 아벨에게 말을 걸고 위로하며 모든 것을 잊어버리자고 했다.

카인이 아벨을 죽인다

카인의 살인

제79장

1. 그들은 계속해서 걸어가 양이 한 마리도 보이지 않는 외딴 곳에 이르렀다. 아벨이 "나의 형제여, 너무 많이 걸어서 이젠 지쳤어요. 나무도 과일도 초원도 양떼도, 형이 말했던 것은 하나도 보이지 않는군요. 나더러 축복해달라던 형의 양들은 어디 있는지요?"

라고 말했다.

2. 그러자 카인이 "자, 이리 와. 곧 아름다운 것들을 실컷 보게 될 거야. 앞장 서서 먼저 가라. 내가 뒤따라 갈 테니까."라고 말했다.

3. 아벨이 앞서서 걸어가고 카인이 그 뒤를 따랐다.

4. 형이 자기를 죽이리라고는 생각지도 않은 채, 거짓 없고 순진한 아벨이 걸어갔다.

5. 뒤에서 카인이 약간 거리를 둔 채 따라가면서 좋은 말로 그를 위로했다. 그러다가 갑자기 빠른 걸음으로 다가가서 지팡이로 아벨을 후려쳤는데, 아벨이 정신을 잃을 때까지 계속해서 때렸다.

6. 땅에 쓰러진 아벨은 형이 자기를 죽이려고 한다는 것을 깨닫고는 카인에게 "오, 나의 형제여, 나를 불쌍히 여겨주세요. 우리는 같은 어머니 젖을 빨고 자랐으니 때리지 말아요! 우리를 잉태하고 세상에 내보낸 그 자궁을 생각해서라도 지팡이로 나를 때려죽이지는 말아요! 정 나를 죽이겠다면, 저 큰 돌을 집어서 단숨에 죽여주세요."라고 말했다.

7. 마음이 고약하고 잔인한 살인자 카인은 커다란 돌을 집어서, 뇌수가 흘러나올 때까지 아벨의 머리를 내리쳤다. 아벨은 카인 앞에서 피투성이가 되어 뒹굴었다.

8. 카인은 자기가 한 짓을 뉘우치지 않았다.

9. 그러나 정의로운 아벨의 피가 스며들자 땅은 그의 피를 마시며 몸을 떨었다. 그리고 카인의 악행을 폭로하고 싶어했다.

10. 신비롭게도 아벨의 피가 자기를 살해한 카인에게 복수를 해달라고 하느님에게 고함을쳤다.

11. 그러자 카인은 즉시 아벨의 시체를 묻을 구덩이를 파기 시작했다. 자기 때문에 땅이 몸을 떠는 것을 보고는 무서워서 그 역시 몸을 떨고 있었다.

12. 그는 아벨의 시체를 자기가 판 구덩이에 처넣고는 흙으로 덮

카인이 질책을 받는다, 노엘 코이펠 작, 17세기

었다. 그러나 땅은 그것을 받아들이려 하지 않고, 즉시 흙 위로 토
해 버렸다.

13. 카인이 다시 땅을 파고 묻었다. 그러나 이번에도 땅은 아벨의
시체를 흙 위로 드러나게 했다. 땅은 아벨의 몸을 세 번이나 흙위
로 드러나게 했다.

14. 질척질척한 땅이 처음에 아벨의 시체를 위로 토해버린 것은
그가 최초로 창조된 사람이 아니었기 때문이다. 그리고 두번째 흙

위로 드러나게 하여 그를 받아들이지 않은 것은 그가 정의롭고 선한 사람인데다가 이유 없이 살해되었기 때문이다. 그리고 세번째 위로 드러나게 한 것은 살인자를 폭로할 증인이 그를 위해 나타나게 하려는 것이었다.

15. 이렇게 땅은 아벨을 위해서 하느님의 말씀이 올 때까지 카인을 조롱했다.

16. 그러자 카인은 하느님이 분노하고 아벨의 죽음을 매우 불쾌하게 여겨 하늘에서 천둥을 치게 했다. 주님의 앞에서 번개가 쳤다. 그리고 주 하느님의 말씀이 하늘에서 카인에게 내려와 "네 형제인 아벨이 어디 있느냐?"고 물었다.

17. 그러자 오만한 마음과 퉁명스러운 목소리로 "오, 하느님, 제가 형제를 지키는 파수꾼이란 말입니까?"라고 대꾸했다.

18. 하느님이 카인에게 "네 형제 아벨의 피를 마신 땅은 저주를 받을 것이다. 그리고 너는 사시나무 떨듯이 마구 떨어야만 한다. 그것이 네 징표가 되어 누구든지 너를 발견하면 너를 죽일 것이다."라고 말했다.

19. 그 말을 들은 카인이 울면서 "오, 하느님, 누구든지 저를 발견하면 저를 죽일 것입니다. 그러면 저는 지상에서 영영 사라질 것입니다."라고 말했다.

20. 그러자 하느님이 "누구든지 너를 보더라도 죽이지는 않을 것이다."라고 말했다. 이것은 이 말을 하기 전에 하느님이 카인에게 "카인을 죽이는 사람에게는 일곱 배로 처벌할 것이다."라고 먼저 말했기 때문인데, 이런 말을 먼저 한 이유는 "너의 형제가 어디 있느냐?"고 물었을 때 하느님은 카인에게 자비를 베풀어서 그에게 회개의 기회를 주고 또 회개시키려고 했기 때문이다.

21. 그때 카인이 회개하고 "하느님, 형제를 살해한 저의 죄를 용서해주십시오."라고 말했더라면, 하느님은 용서해주었을 것이다.

22. "네 형제의 피를 마신 땅은 저주를 받을 것이다."라고 한 말도 카인에게 자비를 베푼 것이다. 왜냐하면 하느님은, 아벨을 죽이고 사악한 짓을 한 것은 땅이 아닌데도 불구하고, 카인이 아니라 땅을 저주했기 때문이다.

23. 그러나 저주는 마땅히 살인자에게 떨어져야 했다. 하지만 하느님은 자비롭게 생각을 하여 아무도 그 사실을 모르게 하고 카인이 배척받지 않도록 배려했던 것이다.

24. 그런데도 하느님이 카인에게 "네 형제는 어디 있느냐?"고 물었을 때, 카인은 "저는 모릅니다."라고 대답했고, 그래서 창조주가 "사시나무 떨듯이 마구 떨어야만 한다."고 말한 것이다.

25. 그래서 카인은 몸을 부들부들 떨며 공포에 질렸다. 그 징표를 통해서 하느님은 그를 만물 앞에 형제를 살해한 자의 본보기로 삼았다. 그리고 하느님이 그를 사시나무 떨듯 떨게 하고 공포에 사로잡히게 한 것은 과거에 자기가 누렸던 평화를 보고, 또한 죽을 때까지 견디지 않으면 안 되는 공포와 전율도 깨달으며, 그 결과 그가 하느님 앞에서 겸손해지고 자기 죄를 뉘우치며, 과거에 누렸던 평화를 추구하게 만들려는 것이었다.

26. 또한 "카인을 죽이는 사람에게 나는 7배로 처벌할 것이다."라고 한 말은 하느님이 카인을 칼로 죽이려고 하지 않고, 오히려 카인이 죄로부터 구원을 받을 때까지, 단식과 기도와 통곡과 엄격한 규칙 생활을 하다가 죽기를 바랐기 때문이다.

27. 그리고 7배의 처벌은 형제를 죽인 죄를 속죄하도록 카인을 기다려주는 7대에 걸친 세월을 의미한다.

28. 카인은 동생을 죽인 후로는 평화 속에서 쉴 수가 없었기 때문에, 공포에 질려서 부들부들 떨면서 피로 더럽혀진 채 아담과 하와에게 돌아갔다.

아담과 하와의 책 제2서

인류의 번식과 타락

카인의 부족이 먼저 번식한다

제1장

1. 카인의 말을 듣고 난 룰루와가 울면서 부모에게 가서, 카인이 어떻게 아벨을 죽였는지 알려주었다.

2. 그러자 셋이 모두 목을 놓아 통곡을 하고 각각 자기 얼굴을 손으로 때렸으며, 머리에 흙을 끼얹고 옷을 찢었다. 그리고 밖으로 나가 아벨이 살해된 곳으로 갔다.

3. 아벨은 살해된 채 땅에 누워 있고 그 주위를 야수들이 둘러싸고 있는 것을 발견했다. 그들은 정의로운 아벨을 생각하며 다시금 목을 놓아 통곡했다. 그의 몸은 순결했기 때문에 향기로운 향료 냄새를 풍겼다.

4. 아담이 눈물을 철철 흘리면서 그의 시체를 보물의 동굴로 옮긴 다음 향료와 몰약으로 감쌌다.

5. 그를 묻은 뒤에 아담과 하와는 140일 동안 심한 비탄에 잠겨서 애도했다. 카인은 열일곱 살 반의 나이였다.

6. 자기 형제를 위한 애도 기간이 지났을 때, 카인은 부모의 허락도 없이 누이 룰루와를 데려다가 결혼했다. 아담과 하와는 그들이 서로 너무나 좋아했기 때문에, 카인을 그녀로부터 갈라놓을 수가

없었다.

7. 카인은 낙원에서 멀리 떨어진 산 밑, 즉 자기 동생을 죽인 곳에서 가까운 지역으로 이주해버렸다.

8. 그곳에는 과일나무가 많고 숲이 울창했다. 그의 누이가 잉태하여 아이들을 낳았고, 그 아이들이 또 아이들을 낳고 계속 번식하여 그 일대를 가득 채웠다.

9. 그러나 아담과 하와는 아벨의 장례를 마친 뒤 7년 동안 잠자리를 같이 하지 않았다. 그후에 하와가 잉태했는데, 아이를 낳기 전에 아담이 "자, 우리가 제물을 마련해서 하느님에게 바치고, 우리에게 위로를 줄 복된 아이, 아벨의 누이 아클리아와 결혼시킬 아이를 달라고 요청합시다."라고 말했다.

10. 그래서 제물을 마련하여 제대로 가지고 가서 주님 앞에 바치고, 주님이 그 제물을 받아들여 훌륭한 자손을 주도록 간청하기 시작했다.

11. 하느님이 아담의 기도를 듣고 그 제물을 받아들였다. 아담과 하와, 그리고 딸이 주님을 숭배하고 나서 보물의 동굴로 내려갔다. 그리고 그 안에 있는 아벨의 시체 앞에 밤낮으로 타오르는 등불을 놓아두었다.

12. 하와는 때가 될 때까지 아담과 함께 단식과 기도를 계속했다. 이윽고 출산할 때가 되자 하와는 "바위 안에 있는 저쪽 동굴로 가서 아이를 낳겠어요."라고 말했다.

13. 아담이 "당신 시중을 들 딸을 데리고 그리 가시오. 나는 이 보물의 동굴에 남아서 내 아들 아벨의 몸을 지키겠소."라고 말했다.

14. 하와가 그의 말에 복종하여 딸을 데리고 나갔다. 아담은 보물의 동굴에 홀로 남아 있게 되었다.

아담과 하와의 다섯번째 자녀인 세트가 태어난다

~~~~~

제2장

1. 이윽고 하와는 얼굴과 몸이 더없이 아름답고 완전한 아들을 낳았다. 그 아이는 아버지 아담보다도 한층 아름다웠다.

2. 아이를 보고 나서 하와가 위로를 받았고 동굴에서 8일 동안 머물렀다. 그런 뒤에 딸을 아담에게 보내어, 와서 아이를 보고 이름을 지어달라고 했다. 딸은 아담 대신에 보물의 동굴에 남아서 아벨의 몸을 지켰다.

3. 아담은 하와에게로 가서 그 아이의 빼어난 얼굴과 아름다움과 완전한 자태를 보고는 몹시 기뻐했고, 아벨을 잃은 슬픔을 위로받았다. 그래서 세트라고 이름을 지었는데, 그것은 "하느님이 기도를 들어주었고, 비탄에서 나를 구출해주었다."는 의미였다.

4. 이름을 지어준 뒤 아담은 보물의 동굴로 돌아갔고, 딸은 어머니에게 돌아갔다.

5. 하와는 그 동굴에서 40일 동안 지낸 뒤에 딸과 아기를 데리고 아담에게 갔다.

6. 그들이 강물로 갔다. 아담과 딸은 아벨을 애도하는 뜻에서 몸을 씻었지만, 하와와 아기는 정화를 위해서 몸을 씻었다.

7. 다시 돌아온 그들은 제물을 마련하여 산으로 올라가서 아기를 위해 바쳤다. 하느님이 제물을 받아들였고, 그들과 그들의 아들 세트에게 축복을 내려주었다. 그들은 다시 보물의 동굴로 돌아갔다.

8. 아담은 그후 평생 동안 하와와 잠자리를 같이 하지 않았다. 그래서 그들 사이에는 카인, 룰루와, 아벨, 아클리아, 세트 등 5명 이외의 다른 자녀는 태어나지 않았다.

9. 세트는 자라면서 키가 크고 힘이 세어졌다. 그리고 단식을 하

면서 열심히 기도하기 시작했다.

사탄이 미녀로 변하여 별거중인 아담을 유혹한다

제3장

1. 우리 조상 아담이 하와와 별거 생활을 한 지 7년이 지났을 때, 그것을 본 사탄이 질투하여 그가 다시 하와와 부부생활을 하게 만들려고 기회를 노렸다.

2. 그때 아담은 밤마다 보물의 동굴 위로 올라가 거기서 혼자 잤다. 그러나 날이 밝으면 그는 다시 동굴로 내려와서 기도하고 거기서 축복을 받았다.

3. 밤이 되면 다시 동굴의 지붕으로 올라가서 혼자 잤는데, 그것은 사탄이 자기를 속일까 두려웠기 때문이다. 그렇게 39일이 지났다.

4. 단식과 기도를 하면서 그렇게 혼자 지내는 아담을 본 모든 선의 증오자인 사탄은 아름다운 여자의 모습으로 변해서 40일째 되는 날 밤에 그에게 나타났다.

5. 그리고 "아담이여, 당신이 이 동굴에서 살게 된 이후부터 우리는 당신에게서 오는 한없는 평화를 체험했고, 또한 당신의 기도를 들었으며, 당신에 대해서 대단히 큰 위로를 받았어요.

6. 그러나 이제 당신이 동굴 지붕으로 올라가서 자는 것을 보고는 의심을 품게 되었고, 하와와 별거 생활을 하기 때문에 우리는 이만저만 슬프지 않아요. 게다가 동굴 지붕에 있을 때 당신은 쉴새 없이 기도를 토해내지만, 당신의 마음은 갈피를 잡지 못하고 이리저리 방황하고 있어요.

7. 그러나 당신이 동굴 안에 있을 때는 그 기도가 한 군데로 모여

진 불과 같았고, 그것이 우리 가슴에 와 닿았고, 당신은 안식을 얻었지요.

8.   저는 또한 당신에게서 갈라져 나간 자녀들 때문에도 심한 비탄에 잠겼어요. 저는 당신의 아들 아벨이 살해된 데 대해서 말할 수 없이 슬퍼했지요. 그는 정의로운 사람이기 때문이에요. 그리고 정의로운 사람을 위해서는 누구나 애도하는 법이거든요.

9.   한편으로 저는 당신의 아들 세트의 출생에 대해 크게 기뻐했어요. 그러나 얼마후 저는 하와가 제 형제이기 때문에 그녀를 위해서 몹시 슬퍼했지요. 하느님이 당신을 깊은 잠이 들게 한 뒤에 옆구리에서 그녀를 빼어낼 때 저도 같이 빼어냈으니까 우리는 형제지요. 하느님은 저를 아래로 내려보내는가 하면, 그녀는 들어올려서 당신 곁에 두었어요.

10.   저는 그녀가 당신 곁에 있어서 매우 기뻤어요. 하느님은 전에 제게 약속을 했는데 '슬퍼하지 마라. 아담이 보물의 동굴 지붕으로 올라가고 아내 하와와 별거하게 되면 너를 그에게 보내줄 것이고, 너는 그와 결혼하여 하와가 한 것처럼 똑같이 다섯 자녀를 낳을 것이다.' 라고 말했지요.

11.   자, 보세요! 하느님이 제게 한 약속이 이루어졌어요. 당신에게 저를 보낸 분은 하느님이에요. 제가 하와의 자녀들보다 더 아름답고 더 훌륭한 자녀들을 낳아줄 테니까요.

12.   게다가 당신은 아직도 한창 젊잖아요. 이 세상에서 청춘을 슬픔으로 끝낼 것이 아니라, 환희와 쾌락으로 청춘의 시간을 보내야만 해요. 당신에게 남은 시간이 얼마 없고, 시련은 엄청나게 많기 때문이에요. 용기를 내세요. 이 세상에서 남은 세월을 끝까지 즐기세요. 나는 당신에게서 즐거움을 얻고, 당신도 제게서 두려움 없는 기쁨을 얻는 거예요.

13.   자, 이제 당신 하느님의 명령을 이행하세요."라고 말했다. 그

리고 그녀는 가까이 다가가서 아담을 껴안았다.

14. 그러나 그녀에게 압도당할 것이라고 깨달은 아담은 그녀로부터 자기를 구출해달라고 뜨거운 마음으로 하느님에게 기도했다.

15. 그러자 하느님이 자기 말씀을 아담에게 보내서 "아담아, 저것은 네게 하느님의 자격과 위엄을 약속했던 사탄이다. 그는 결코 너를 좋아하지 않는다. 그래서 어떤 때는 여자로, 어떤 때는 천사의 모습으로, 또 어떤 때는 뱀의 형상으로, 그리고 신의 모습으로 네게 나타난다. 다양한 형태로 나타나는 것은 모두가 오로지 네 영혼을 파멸시키려고 하는 것이다.

16. 그러므로 아담아, 네 마음을 내가 잘 알기 때문에 그의 손아귀에서 여러 번 구출해 주었다. 그것은 내가 자비로운 하느님이고, 너의 파멸을 원하는 것이 아니라 너의 행복을 원한다는 것을 네게 보여주기 위한 것이다."라고 말했다.

아담이 40일 동안의 별거 생활을 청산한다

제4장

1. 하느님은 사탄에게 무시무시한 본래 형상을 있는 그대로 아담에게 보여주도록 명령했다.

2. 그 모습을 본 아담은 공포에 질려 몸을 부들부들 떨었다.

3. 하느님은 아담에게 "이 악마와 그의 무시무시한 모습을 보라. 그리고 그가 너를, 빛에서 암흑으로, 평화와 안식에서 힘든 노동과 비참함으로 추락시킨 장본인임을 깨달아라.

4. 아담아, 스스로 하느님이라고 일컬은 그를 보라! 하느님이 시커먼 색깔일 수가 있느냐? 하느님이 여자의 모습을 할 수가 있느

냐? 하느님보다 더 힘이 센 존재가 있느냐? 하느님이 다른 것에
패배할 수가 있느냐?

5. 아담아, 네가 보는 앞에서 묶이고 공중에 매달려서 달아날 수
도 없는 그를 보라! 그래서 나는 네게 그를 두려워하지 말라고 말
하는 것이다. 이제부터는 그가 무슨 짓을 하든지 너는 조심하고 그
를 경계하라."고 말했다.

6. 하느님이 아담 앞에서 사탄을 추방하고는 아담을 격려했으며
"보물의 동굴로 돌아가서 하와와 같이 살아라. 네 안에 있는 동물
적 욕정을 모두 가라앉혀주겠다."고 말했다.

7. 그 순간부터 사탄이 아담과 하와를 떠났고, 그들은 하느님의
명령으로 안식을 누렸다. 그러나 하느님은 아담과 하와에게만 그
렇게 하였고 그 자손들에게는 그렇게 해주지 않았다.

8. 아담은 하느님이 자기를 구출해주고 또 욕정을 없애준 데 대
해서 찬미했다. 그리고 동굴 지붕에서 내려와 그 이후에는 하와와
함께 살았다.

9. 이것은 하와와 별거 생활을 시작한 지 40일이 지났을 때의 일
이었다.

사탄이 천사로 나타나서 세트에게 미인계를 쓴다

제5장

1. 세트는 7살이 되었을 때 선과 악을 알았고, 단식과 기도를 그
치지 않았으며, 매일 밤 하느님의 자비와 용서를 간청했다.

2. 그는 아버지보다 더 자주, 그러니까 날마다 제물을 바치고 단
식했다. 세트는 하느님의 천사를 닮아서 얼굴이 매우 아름다웠고

마음씨도 착해서 자신의 영혼을 더없이 훌륭한 상태로 보존했으며, 그렇기 때문에 매일 제물을 바친 것이다.

3. 하느님은 그의 제물뿐 아니라 그의 순결에 대해서도 기뻐했다. 그는 7살이 될 때까지 이처럼 하느님의 뜻과 부모의 뜻에 변함없이 복종했다.

4. 제물을 봉헌한 뒤 제대에서 내려올 때, 사탄이 찬란하게 빛나는 아름다운 천사의 모습으로 그에게 나타났다. 사탄은 빛의 지팡이를 짚고, 빛의 허리띠를 둘렀다.

5. 그리고 세트에게 아름다운 미소를 던지며 달콤한 말로 속이기 시작했다. "세트여, 왜 이런 산 속에서 살지요? 이 산은 거칠고, 돌과 모래투성이며, 좋은 열매도 열리지 않는 나무뿐이오. 집도 마을도 없는 황량한 곳이고, 사람이 살기에 적당하지 않은 장소지요. 더위와 피로와 고통뿐인 장소다 이거예요."

6. 사탄은 또한 "우리는 이 세상이 아닌 다른 세상의 아름다운 곳에서 살지요. 우리 세상은 빛으로 충만할 뿐 아니라 가장 좋은 여건을 갖춘 곳이에요. 그리고 우리 세상의 여자들은 모두 절세의 미인들입니다. 세트여, 이 세상에는 당신같이 탁월한 미남에게 어울리는 미녀가 없으니, 우리 세상의 미녀와 결혼하기를 나는 원해요. 게다가 이 세상에 사는 사람들이라고는 다섯 명밖에 없잖아요?

7. 그러나 우리 세상에는 무수한 남녀가 있고, 모두 이 세상 사람들보다 훨씬 아름답지요. 그래서 당신이 여기를 떠나 나의 친척들을 보고 원하는 여자를 골라서 결혼하기를 바랍니다.

8. 그러면 당신은 내 곁에서 살고 평화를 누리며, 우리처럼 광채와 빛으로 충만하게 될 거예요.

9. 당신이 우리들의 세상에서 살게 되면 이 세상의 비참함에서 해방될 것이며, 두 번 다시 피곤하고 지치는 일이 없을 거예요. 또한 더 이상 죄를 짓지도 않고 욕정에 휘둘리는 일도 없을 테니까,

자녀를 낳지도 않고, 또 자비를 간청할 일도 없을 거예요.

10.   내 말을 따른다면 당신은 나의 딸들 가운데 하나와 결혼할 겁니다. 우리들은 결혼이 죄가 아니고, 동물적 욕정에 따른 짓으로 보지도 않거든요.

11.   왜냐하면 우리 세상에는 하느님이 없고, 우리 모두가 신들이며,   우리 모두가 빛으로 되어 있어서 하늘에 살고, 권세와 영광이 우리 것이니까요." 라고 말했다.

세트가 유혹을 물리친다

제6장

1.   그 말을 들은 세트는 속으로 놀라면서 사탄의 속임수 말에 마음이 끌렸다. 그래서 "이 세상이 아닌 또 다른 세상이 별도로 창조되었다는 말인가요? 거기에는 이 세상의 피조물보다도 훨씬 아름다운 다른 피조물들이 있다는 말인가요?" 라고 물었다.

2.   사탄이 "그럼요. 내가 한 말을 잘 생각해보세요. 그러나 그들에 관해서 칭찬할 일이 아직 많이 남아 있지요." 라고 대꾸했다.

3.   세트가 "당신이 한 말, 그리고 그 묘사는 놀랍지만 오늘 나는 당신과 함께 갈 수가 없소.

4.   부모에게 가서 당신이 한 말을 모두 전하고, 그들의 허락을 받아야만 나는 당신을 따라갈 수가 있소." 라고 말했다.

5.   세트가 또한 "부모의 허락 없이는 아무것도 하지 않겠소. 나의 형제인 카인처럼, 그리고 하느님의 명령을 거스른 아버지 아담처럼 멸망할까 두렵기 때문이오. 자, 이곳을 떠났다가 내일 다시 오시오." 라고 말했다.

6. 그 말을 들은 사탄이 "내가 한 말을 아담에게 전하면 그는 떠나라는 허락을 내리지 않을 거요.

7. 자, 내 말을 들으시오. 내가 한 말을 당신 부모에게는 전하지 마시오. 오늘 나와 함께 우리의 세상으로 갑시다. 거기서 당신은 아름다운 것들을 보고 즐겁게 지낼 거요. 오늘 나의 자녀들을 바라보며 한없는 희열을 느끼고, 그들 가운데서 꿈을 꾸면서 환희에 젖을 거요. 그런 다음에 내일 당신을 이 자리에 다시 데리고 오겠소. 그러나 당신이 원한다면 우리 세상에서 계속 머물게 해주겠소."라고 말했다.

8. 세트가 "부모의 영혼이 나에게 매달려 있지요. 내가 하루라도 그들로부터 숨는다면 그들은 죽을 것이고, 하느님은 그들을 죽게 한 죄로 나를 처벌할 거요.

9. 내가 제물을 바치러 여기 왔으니까 괜찮지, 그렇지 않다면 그들은 단 한 시간도 나와 떨어져 있으려고 하지 않지요. 나도 그들의 허락 없이는 다른 곳으로 가지 않을 거요. 내가 재빨리 돌아가기 때문에 그들은 가장 친절하게 대해 주고 있지요."라고 말했다.

10. 사탄이 "그렇다면 내가 당신을 밤에 그들로부터 숨겼다가 새벽에 돌려보내면 어떻겠소?"라고 말했다.

11. 그러나 세트는 대화를 계속하다가는 그에게 설득당하게 될 것이라 깨닫고는 제대로 달려가서 두 팔을 벌린 채 하느님에게 구출해달라고 기도했다.

12. 그러자 하느님이 자기 말씀을 보내서 사탄을 저주했고, 사탄이 달아났다.

13. 제대로 달려간 세트는 "제대는 제물을 바치는 곳이고 하느님이 여기 있다. 신성한 불이 제물을 태울 것이다. 그래서 사탄이 나를 해치지 못하고, 나를 여기서 떼어 끌고가지는 못할 것이다."라고 말했다.

14. 이윽고 세트가 제대에서 내려가 부모에게 돌아갔다. 그런데 그가 너무 오래 시간을 끌었던 까닭에 아담과 하와가 세트를 찾으러 나섰다가 도중에 만났다.

15. 세트는 부모에게 천사의 모습으로 나타난 사탄이 한 말을 모두 이야기해주었다.

16. 이야기를 다 듣고 난 아담이 그의 얼굴에 키스하고, 그 사탄을 경계하라고 말했다. 아담이 세트를 데리고 보물의 동굴로 돌아갔고, 모두 기뻐했다.

17. 그러나 그날 이후로는 그가 제물을 바치러 가거나 다른 일로 가거나 하여간 어디를 가든지 아담과 하와는 잠시도 그와 떨어져 있지 않았다.

아담의 생전에 태어난 이스라엘의 조상들

제7장

1. 세트의 마음이 완전한 것을 본 아담은 그가 결혼하기를 원했다. 원수가 다시 나타나서 그를 속일까 두려웠던 것이다.

2. 그래서 아담이 아들 세트에게 "아들아, 네가 아벨의 누이 아클리아와 결혼하기를 바란다. 그녀는 네게 자녀들을 낳아줄 것이고, 그 자녀들은 하느님의 약속처럼 땅을 가득 채울 것이다.

3. 아들아, 결혼은 수치도 잘못도 아니니까 두려워하지 마라. 원수가 너를 압도하지 못하게 하기 위해서 네가 결혼하기를 바라는 것이다."라고 말했다.

4. 그러나 세트는 결혼을 원하지 않았다. 다만 부모에게 복종하는 뜻에서 한 마디도 대꾸 하지 않았다.

5. 드디어 아담이 세트를 아클리아와 결혼시켰는데, 그때 그는 열다섯 살이었다.

6. 그가 스무 살이 되었을 때 아들을 낳고 에노스라 불렀고, 그 외에도 다른 자녀들을 낳았다.

7. 에노스가 자라서 결혼하여 카이나인을 낳았다.

8. 카이나인 역시 자라서 결혼하여 마할랄레엘을 낳았다.

9. 이 선조들은 아담이 살아 있을 때 태어났고, 모두 보물의 동굴에서 살았다.

10. 그때 아담은 930세였고, 마할랄레엘은 100세였다. 어른이 된 마할랄레엘은 우리 선조 아담의 마지막 날이 가까워질 때까지 단식과 기도를 사랑했다.

아담이 유언과 더불어 대홍수를 예언한다

제8장

1. 마지막 날이 가까이 다가왔다고 깨달은 우리 선조 아담은 아들 세트를 보물의 동굴로 불렀다.

2. 그리고 "나의 아들 세트야, 네 자녀들과 그 자녀들의 자녀들을 내가 죽기 전에 축복해주겠다. 모두 불러오너라."하고 말했다.

3. 그 말을 들은 세트는 밖으로 나가서 눈물을 펑펑 흘리고는 자기 자녀들과 그 자녀들의 자녀들을 데리고 아담에게 돌아왔다.

4. 그들을 보자 우리 선조 아담은 작별을 생각하고 울었다.

5. 아담의 눈물을 본 그들도 울었고, 땅에 엎드려서 "우리 아버지여, 우리와 어떻게 헤어지겠다는 말입니까? 또한 땅이 어떻게 당신을 받아들이며 우리 눈에서 당신을 감추겠습니까?"라고 말했다.

그들은 소리치면서 목을 놓아 통곡했다.

6. 이윽고 우리 선조 아담이 그들을 모두 축복하고 나서 세트에게

7. "나의 아들 세트야, 네가 아는 바와 같이 이 세상은 슬픔과 괴로움으로 가득 차 있다. 너는 우리에게 닥친 모든 일을 알고 있다. 그래서 나는 이 세상의 모든 시련을 거친 뒤에 이제 너에게 다음과 같이 명령한다. 순진한 천성을 보존하라. 순수하고 정의로운 사람이 되라. 하느님을 신뢰하라. 사탄의 말에 귀를 기울이지 마라. 변장한 사탄이 나타나도 현혹되지 마라.

8. 오늘 내가 내린 명령을 준수하고, 그것을 네 아들 에노스에게 전해주어라. 그리고 에노스는 카이나인에게, 카이나인은 마할랄레엘에게 전해서, 이 명령이 너의 모든 자손 사이에서 굳게 자리잡도록 하라.

9. 나의 아들 세트야, 내가 죽으면 나의 몸에 몰약과 알로에와 카시아를 발라서, 하느님이 낙원에서 가져다가 내게 준 이 모든 징표가 들어 있는 이 보물의 동굴에 안치하라.

10. 아들아, 앞으로 대홍수가 닥쳐서 여덟 명을 제외한 모든 생명을 휩쓸어갈 것이다.

11. 네 자손 가운데서 홍수를 면하고 살아남을 사람들이 내 몸을 이 동굴에서 운반하여, 나이가 가장 많은 사람의 지휘 아래 배에 싣도록 하라. 그리고 홍수가 물러가고 그들이 배에서 나올 때까지 내 몸을 배에 보존하라.

12. 홍수로부터 구출된 직후에 그들로 하여금 내 몸을 운반하여 땅의 한가운데에 놓게 해라.

13. 내 몸이 놓이는 곳이 땅의 한가운데이기 때문에, 하느님이 거기서 올 것이고, 또한 우리 가문을 모두 구원할 것이다.

14. 나의 아들 세트야, 그러나 지금 네가 백성의 우두머리가 되라. 하느님을 두려워하는 가운데 너는 그들을 보살피고 감독하며

노아의 대홍수

바른 길로 인도하라. 하느님 앞에서 단식하도록 명령하라. 사탄에게 멸망당하지 않으려면 그 말을 듣지 말아야 한다는 것을 그들에게 깨우쳐주어라.

15.   또한 너의 모든 후손들을 카인의 후손과 분리시켜라. 말이나 행동에 있어서 그들이 카인의 후손과 섞이지도 말고 접근하지도 못하게 하라."고 말했다.

16.   아담이 세트와 그의 자녀들, 그리고 그 자녀들의 자녀들 위에 축복이 머물도록 했다.

17.   그 다음에 아들 세트와 아내 하와를 향해서 "하느님이 징표로

준 이 황금과 이 유향과 이 몰약을 보존하라. 왜냐하면 앞으로 홍수가 닥쳐서 모든 생물을 죽일 것이기 때문이다. 그러나 방주에 들어가는 사람들은 황금과 유향과 몰약 그리고 나의 몸을 가지고 들어갈 것이고, 황금과 유향과 몰약을 나의 몸과 함께 땅의 한가운데에 놓을 것이다.

18.　그리고 오랜 세월이 지난 뒤, 황금과 유향과 몰약이 나의 몸과 더불어 발견되는 도시가 약탈을 당할 것이다. 그 도시가 약탈을 당하면, 황금과 유향과 몰약이 전리품과 함께 보존되어 하느님의 말씀이 사람이 되어 올 때까지 없어지지 않을 것이다. 말씀이 오면, 왕들이 그가 왕이라는 징표로 황금을, 그가 하늘과 땅의 하느님이라는 징표로 유향을, 그의 수난의 징표로 몰약을 바칠 것이다.

19.　또한 황금은 그가 사탄과 우리의 모든 원수를 정복했다는 징표이고, 유향은 그가 죽은 사람들 가운데서 부활하여 하늘과 땅의 모든 것보다 더 높이 올려질 것이라는 징표이며, 몰약은 쓴 담즙을 마시고 사탄으로부터 지옥의 고통을 받을 것이라는 징표이다.

20.　나의 아들 세트야, 이제 나는 하느님이 내게 밝혀준 숨겨진 신비들을 네게 전해주었다. 너를 위해, 또 네 백성을 위해서 나의 명령을 준수하라."고 말했다.

아담이 죽는다

제9장

1.　세트에게 유언을 마친 아담은 사지가 축 늘어지고 손발이 모든 힘을 잃었으며, 입과 혀가 더 이상 말을 잇지 못했다. 드디어 눈을 감고 숨을 거두었다.

2. 그가 죽은 것을 보자 모든 자녀들이 그의 몸 위로 엎어져서 울었다.

3. 아담은 지상에서 930년을 살았고, 그가 죽은 날은 태양력으로 바르무데 달의 15일 9시였다.

4. 그날은 그가 창조된 금요일인데, 같은 날에 죽은 것이다. 그리고 낙원에서 쫓겨난 날도 역시 금요일이었다.

5. 세트는 아담의 몸에 거룩한 나무들과 거룩한 산에서 생산되는 향료를 아낌없이 사용하여 바르고 잘 싸서, 유향의 방향인 동굴의 동쪽 구석에 안치했다. 그리고 그 앞에 항상 타오르는 등불을 비치했다.

6. 그리고 그의 자녀들은 그 앞에 선 채 새벽이 될 때까지 밤새도록 통곡했다.

7. 세트와 그의 아들 에노스와 카이나인, 그리고 에노스의 아들들이 동굴에서 나가 주님에게 바칠 좋은 제물을 마련한 뒤, 아담이 제물을 바치던 그 제대로 갔다.

8. 그러자 하와가 그들에게 "잠깐 기다려라. 우리는 하느님이 우리 제물을 받아들일지, 그가 자기 하인 아담의 영혼을 보존하여 안식을 줄 것인지 먼저 물어보자."고 말했다.

9. 그래서 그들이 일어선 채 기도했다.

에덴 땅에서 아담이 최초로 죽었다

제10장

1. 그들의 기도가 끝나자, 하느님의 말씀이 내려와서 그들의 아버지 아담에 관하여 위로해주었다.

2. 그런 다음에 그들은 자기 자신들을 위해, 그리고 자기들의 아버지를 위해서 제물을 바쳤다.

3. 제물을 바치고 나자, 하느님의 말씀이 가장 나이가 많은 세트에게 와서 "오, 세트야, 세트야, 세트야!"라고 그 이름을 세 번 부르고는 "내가 너의 아버지와 함께 있었던 것과 같이, 또한 내가 그에게 한 약속, 즉 '내가 나의 말씀을 보내고 너와 네 자손들을 구원할 것이다.' 라고 말한 그 약속이 이루어질 때까지 너와 함께 있을 것이다.

4. 너의 아버지가 한 명령을 지키고, 네 자손을 네 형제 카인의 자손과 분리시켜라."고 말했다.

5. 하느님이 자기 말씀을 세트로부터 거두었다.

6. 그런 뒤에 세트와 하와와 그 자녀들이 산에서 내려가 보물의 동굴로 돌아갔다.

7. 아담은 그 보물의 동굴에서 죽었다. 그는 에덴 땅에서 최초로 죽은 사람이었다. 아벨이 먼저 죽었으나 그는 살해된 것이고, 아담보다 먼저 에덴 땅에서 죽은 사람은 하나도 없다.

8. 아담의 모든 자녀들이 일어서서 자기들의 아버지 아담을 위해서 울고, 140일 동안 그를 위해 제물을 바쳤다.

세트가 세상에서 가장 행복하고 정의로운 백성의 지도자가 된다

제11장

1. 아담과 하와가 죽은 뒤에 세트는 자기 자녀들과 그 자녀들의 자녀들을 카인의 자녀들과 분리했다. 카인의 자녀들은 카인이 아벨

을 죽인 곳으로부터 더 아래쪽으로 내려가 서쪽 지방에서 살았다.

2. 그러나 세트와 그 자녀들은 아담에게 가까운 곳에 살기 위해서 보물의 동굴이 있는 산의 북쪽에 거주지를 정했다.

3. 키가 크고 잘생겼으며 고결한 영혼에 강한 의지력을 겸비한데다가 나이가 가장 많은 세트가 그 백성의 지도자가 되었다. 그는 결백과 인내와 온순함으로 백성을 다스리고, 단 한 명도 카인의 자녀들에게 가지 못하게 했다.

4. 그 백성은 순수함 때문에 '하느님의 자녀들'이라고 불렸고, 타락한 천사들 대신에 하느님과 함께 살았다. 왜냐하면 그들은 자기들의 동굴, 즉 보물의 동굴에서 끊임없이 하느님을 찬미하고 시편들을 노래했기 때문이다.

5. 세트는 아버지 아담과 어머니 하와의 몸 앞에 선 채로 밤낮으로 기도하고, 자기와 자기 자녀들에게 자비를 베풀어달라고 간청했다. 그가 자녀들을 다루는 데 어려움이 있는 경우에는 하느님이 충고해주었다.

6. 세트와 그 자녀들은 지상의 일을 싫어하고 하늘의 일에 몰두했다. 그들은 하느님에게 바치는 찬미와 영광과 시편들에 대해서만 관심을 기울였기 때문이다.

7. 그러므로 그들은 천사들이 낙원에서 하느님을 찬미하고 영광을 바치는 목소리를 바깥에서도 언제나 들었고, 천사들이 하느님의 심부름을 갈 때나 하늘로 올라갈 때 부르는 찬미의 노래도 항상 들었다.

8. 세트와 자녀들이 순수했을 뿐 아니라, 낙원이 그리 멀지 않아서 하늘나라의 큐비트로 15큐비트 떨어진 거리에 있었기 때문에 천사들을 보고 또 그 음성을 들을 수 있었다.

9. 하늘나라의 1큐비트는 사람의 3큐비트에 해당되니까, 그 거리는 사람의 45큐비트였다.

10. 세트와 자녀들은 낙원 아래 위치한 산에서 살았다. 그들은 씨를 뿌리지도 않았고 추수하지도 않았다. 또한 육체를 위한 음식을 만들지도 않았고, 밀조차 거두지 않았다. 오로지 제물만 마련했다. 그래서 산에서 자라는 향기로운 나무들의 과일과 덩쿨 열매를 먹었다.

11. 세트는 40일마다 단식했고, 나이가 가장 많은 그의 자녀들도 그렇게 했다. 낙원에서 바람이 불어올 때는 세트와 자녀들이 낙원에 있는 나무들의 향기를 맡았다.

12. 그들은 행복하고 순진했으며, 공포를 몰랐고, 질투도 없고, 사악한 행동이나 증오도 없었다. 동물적 욕정도 없고, 그들의 입에서 욕이나 저주의 말이 나오는 법이 절대로 없었으며, 사악한 충동이나 속임수도 없었다. 당시 사람들은 맹세를 하지 않았고, 부득이 맹세를 해야만 할 어려운 처지에서는 정의로운 아벨의 피를 걸고 맹세했다.

13. 그러나 그들은 자녀들과 여자들이 매일 동굴에서 단식과 기도를 하고 가장 높은 하느님을 숭배하도록 지도했다. 그들은 또한 자기들의 조상 아담의 몸 안에서 스스로 축복하고 또 그 몸과 함께 기름 바른 사람들이 되었다.

14. 그들은 세트의 마지막 날이 가까워질 때까지 그렇게 살았다.

세트가 죽고 에노스가 지도자가 된다

제12장

1. 한 번은 세트가 아들 에노스, 에노스의 아들 카이나인, 카이나인의 아들 마할랄레엘을 불러모았다.

2. 그리고 "내가 죽을 날이 다가왔으니, 제물을 바치는 제대 위에 지붕을 덮기를 원한다."고 말했다.

3. 그의 말에 복종하여, 젊거나 늙거나 모두 나가서 열심히 일한 결과 아름다운 지붕이 제대를 덮었다.

4. 세트는 그렇게 하면 산에 사는 자기 자녀들에게 축복이 내릴 것이라고 생각했고, 또 죽기 전에 그들을 위해서 제물을 바칠 작정이었다.

5. 지붕의 건축이 끝나자 그는 제물을 준비하라고 명령했다. 자녀들이 열심히 일해서 제물을 준비하여 세트에게 가져갔다. 그는 제물을 제대로 가져가서 하느님에게 바치고는, 그 제물을 받아주고 자녀들의 영혼에 자비를 베풀고 사탄의 손아귀에서 보호해달라고 기도했다.

6. 하느님이 그의 제물을 받아들이고, 그와 자녀들에게 축복을 내렸다. 그리고 하느님이 세트에게 "너와 네 아버지에게 약속한 대로 위대한 5일 반이 지나면 나의 말씀을 보내서 너와 네 자손들을 구원하겠다."고 약속했다.

7. 그래서 세트와 자녀들과 그 자녀들의 자녀들이 모두 모여서 제대에서 내려가 보물의 동굴에 갔다. 거기서 그들은 기도하고, 아담의 몸 안에서 스스로 축복하고, 그 몸과 더불어 기름 바른 사람이 되었다.

8. 그런데 세트는 보물의 동굴에서 며칠 동안 머물다가 병이 들었는데, 고통이 너무 심해서 죽을 지경에 이르렀다.

9. 그래서 그의 맏아들 에노스가 아들 카이나인, 카이나인의 아들 마할랄레엘, 마할랄레엘의 아들 야레드, 야레드의 아들 에녹, 그 아내들과 자녀들을 거느리고 세트의 축복을 받기 위해서 그를 찾아왔다.

10. 세트가 그들을 위해서 기도하고 축복했으며, 정의로운 아벨

의 피를 걸고 맹세하면서 "자녀들아, 이 거룩하고 순수한 산에서 단 한 명도 내려가지 말기를 간절히 바란다.

11.   자기 형제를 죽인 살인자며 죄인인 카인의 자손들과 절대로 교류하지 마라. 너희들이 아는 바와 같이, 그가 자기 형제를 죽였기 때문에 우리는 그와 그의 모든 죄로부터 있는 힘을 다해서 피해 온 것이다."라고 말했다.

12.   그렇게 말한 뒤, 세트는 자기의 맏아들 에노스를 축복해주었고, 평생 동안 우리 조상 아담의 몸을 순수한 마음으로 언제나 보살펴주고, 동시에 세트 자신이 세운 제대에 자주 올라가라고 명령했다. 그리고 자기 백성을 정의로움과 올바른 판단과 순수함 속에서 평생 동안 잘 지도하라고 명령했다.

13.   이윽고 세트의 사지가 늘어지고 손발이 모든 힘을 잃었으며, 입으로 더 이상 말을 못했다. 드디어 그가 아비브 달의 27일에 숨을 거두었는데, 912세였다. 에녹은 그때 스무 살이었다.

14.   그들은 세트의 몸에 향료를 바르고 잘 감싼 다음, 보물의 동굴 속에 우리 조상 아담의 오른쪽에 안치하고, 그를 위해 4일 동안 애도했다. 또한 우리 조상 아담을 위해서 한 것과 마찬가지로 그를 위해서 제물을 바쳤다.

15.   세트가 죽은 뒤 에노스가 백성의 지도자가 되었고, 그는 아버지가 명령한 대로 정의로움과 올바른 판단으로 다스렸다.

16.   에노스가 820세가 되었을 때, 카인은 수많은 후손을 거느리고 있었다. 왜냐하면 카인의 후손들은 동물적 욕정에 따라 자주 결혼하여 산 아래에 있는 땅을 가득 채웠기 때문이다.

라멕이 자기 아버지인 카인과
자기 손자를 죽인다

제13장

1. 그 당시 카인의 아들 라멕이 살았는데 소경이었다. 그의 아들은 나툰이었고, 그들은 많은 가축을 가지고 있었다.

2. 라멕은 젊은 목동, 즉 자기 손자에게 가축을 돌보라고 명령하고는 했다. 그런데 목동은 저녁에 돌아와서 자기 할아버지와 아버지 나툰과 어머니 하지나 앞에서 울면서 "강도가 가축을 강탈해가거나 저를 죽일까 두려워 혼자서는 돌볼 수가 없어요."라고 말했다. 왜냐하면 카인의 후손들 사이에서는 강도와 살인과 죄가 흔했기 때문이다.

3. 라멕이 가엾게 여겨서 "저 애 혼자서는 이곳의 남자들에게 틀림없이 뜨거운 꼴을 당하고 말겠지."라고 말했다.

4. 그래서 그가 일어나서 활을 꺼냈다. 그것은 그가 눈이 멀기 전에 젊었을 때부터 사용해온 것이었다. 그리고 긴 화살들과 매끈매끈한 돌들과 돌팔매를 가지고는 손자와 함께 들판으로 가서, 손자가 가축을 돌보는 동안에 자신은 그 뒤쪽에 자리잡았다. 라멕은 한동안 그렇게 지냈다.

5. 한편 카인은 하느님에게 추방되고 또 온몸의 떨림과 공포로 저주받은 이래, 그 어느 곳에서도 안식을 찾지 못했다. 그래서 어디에도 정착을 못한 채 이리저리 방랑하고 있었다.

6. 그렇게 방랑을 하는 도중 카인이 라멕의 아내들에게 와서 라멕에 관해서 물었다. 그들은 "그는 가축들과 함께 들판에 있어요."라고 대답했다.

7. 카인이 그를 찾아보러 들판으로 나갔다. 그러자 젊은 목동인

라멕의 손자는 그가 일으키는 소음을 들었고, 가축들이 카인을 피해서 한 군데로 모이는 것을 보았다.

8. 그래서 손자가 라멕에게 "주인님, 저것은 야수인가요, 아니면 강도인가요?"라고 물었다.

9. 라멕은 "그가 올라올 때 어느 쪽을 바라보는지 내게 알려라."고 말했다.

10. 라멕이 활에 화살을 메기고, 돌팔매를 준비했다. 카인이 툭 트인 들판에서 나와 가까이 다가오자 손자가 라멕에게 "저기 다가오니까 쏘세요."라고 말했다.

11. 라멕이 활을 쏘자 화살이 카인의 옆구리에 박혔다. 그리고 그가 날린 돌팔매의 돌이 카인의 얼굴에 맞아서 두 눈을 빼어버렸다. 카인이 곧 그 자리에 쓰러져서 죽었다.

12. 이윽고 라멕과 손자가 카인이 넘어진 곳으로 다가갔다. 그러자 손자가 라멕에게 "주인님, 당신이 죽인 사람은 우리 할아버지 카인이에요!"라고 말했다.

13. 라멕은 몹시 가슴이 아팠다. 그리고 너무나 비통하고 후회스러운 나머지, 두 손을 마주친 다음 손바닥으로 손자의 머리를 때렸다. 그 순간 갑자기 손자가 쓰러졌다. 그러나 라멕은 그가 죽은 척한다고 생각하고는 돌을 집어들어 내리쳤다. 그리하여 라멕은 자기 손자도 죽여버렸다.

에노스가 985세에 죽는다

제14장

ı. 에노스가 900살이 되었을 때, 세트의 모든 자녀들과 카이나인 그리고 아내들과 아이들이 그의 주위에 모여서 축복을 해달라고 요청했다.

z. 그는 그들을 위해서 기도하고 축복해준 다음, 정의로운 아벨의 피를 걸고 맹세했으며, "네 자녀들이 하나라도 이 거룩한 산에서 내려가지 못하게 하고, 그들이 살인자 카인의 자녀들과 절대로 어울리지 못하게 하라."고 말했다.

ɜ. 그리고 그는 맏아들 카이나인을 불러서 "아들아, 네 백성에게 정성을 쏟고, 정의로움과 무죄함 속에서 그들을 지도하라. 그리고 우리 조상 아담의 몸을 네 평생 동안 잘 돌보도록 하라."고 말했다.

ɥ. 에노스는 985세에 안식에 들어갔다. 카이나인은 그를 잘 감싸서 보물의 동굴 속에, 그의 아버지 아담의 왼쪽에 안치했다. 그리고 조상들의 관습에 따라 그를 위해서 제물을 바쳤다.

카이나인이 910세에 죽는다

제15장

ı. 에노스가 죽은 뒤 카이나인은 아버지가 명령한 대로 정의로움과 무죄함 속에서 자기 백성의 지도자가 되었다. 그리고 보물의 동굴에 있는 아담의 몸을 계속해서 잘 간수했다.

z. 그가 910세가 되었을 때, 고통스러운 병에 걸렸다. 그가 죽을

때가 가까워지자, 모든 아버지들과 아내들과 아이들을 모아 놓고 모여들어서 축복해주고, 정의로운 아벨의 피를 걸고 맹세했으며, "너희 가운데 하나라도 이 거룩한 산에서 내려가지 못하게 하고, 그들이 살인자 카인의 자녀들과 절대로 어울리지 못하게 하라."고 말했다.

3.   그의 맏아들 마할랄레엘이 그 명령을 받았는데, 그가 그 아들을 축복하고 죽었다.

4.   맏아들이 그를 향료로 바른 뒤에 보물의 동굴 속에 조상들과 함께 안치했다. 그리고 조상들의 관습에 따라 그를 위해서 제물을 바쳤다.

마할랄레엘이 870세에 죽는다

제16장

1.   그래서 마할랄레엘이 정의로움과 무죄함 속에서 백성을 보살피고, 그들이 카인의 자녀들과 성교하지 못하도록 감시했다.

2.   그는 또한 계속해서 아담의 몸을 보살피면서 그 앞에서 기도하고, 자기와 백성에게 자비를 베풀어달라고 하느님에게 간청했다. 그리고 870세가 되자 병들었다.

3.   그래서 모든 자녀들이 그를 보기 위해서, 그리고 그가 이 세상을 떠나기 전에 축복을 받기 위해서 모여들었다.

4.   그가 침대에서 일어나 앉았을 때, 두 눈의 눈물이 뺨을 타고 흘러내렸다. 그가 맏아들 야레드를 부르자 다가갔다.

5.   그는 맏아들의 얼굴에 키스하고 "내 아들 야레드야, 하늘과 땅을 창조한 주님의 이름으로 네게 명령한다. 네 백성을 감시하고,

그들을 정의로움과 무죄함 속에서 지도하며, 그들 가운데 하나라도 이 거룩한 산에서 카인의 자녀들에게 내려가지 못하게 하라. 그들과 섞이는 사람은 그들과 함께 죽을 것이다.

6. 아들아, 잘 들어라. 그들 때문에 앞으로 이 지상에는 엄청난 파괴가 닥칠 것이다. 하느님이 이 세상에 대해서 분노하고, 그들을 물로 멸망시킬 것이다.

7. 물론 나는 네 백성이 네 말을 듣지 않고, 이 산에서 내려가 카인의 자녀들과 성교하고, 그들과 함께 멸망할 것도 알고 있다.

8. 아들아! 그들을 가르치고 감시하여, 그들 때문에 네가 죄를 뒤집어쓰는 일이 없도록 하라."고 말했다.

9. 더욱이 그는 아들 야레드에게 "내가 죽으면 내 몸에 향료를 바르고 보물의 동굴에, 우리 조상들의 몸 옆에 안치하라. 그리고 내 몸 옆에 서서 하느님에게 기도하라. 너 자신이 목숨을 다할 때까지, 조상들의 몸들을 잘 보살피는 의무를 이행하라."고 말했다.

10. 마할랄레엘은 모든 자녀들을 축복한 뒤에 다시 침대에 누워서 조상들과 마찬가지로 안식에 들어갔다.

11. 아버지가 죽은 것을 본 야레드는 슬픔에 잠겨서 울었고, 그의 손과 발에 키스하고, 다른 모든 자녀들도 그렇게 했다.

12. 그의 자녀들이 그에게 정성스럽게 향료를 바르고 조상들의 곁에 안치했다. 그리고 그들은 일어서서 40일 동안 애도했다.

야레드가 사탄에게 속아서 카인의 자손들 마을로 간다

제17장

1. 야레드가 아버지의 명령을 준수하고 백성 위에 사자처럼 일어섰다. 그는 백성들을 정의로움과 무죄함 속에서 지도하고, 자기 허락 없이는 아무것도 하지 못하게 했다. 그들이 카인의 자녀들에게 내려갈까 두려웠기 때문이다.

2. 그래서 그는 여러 가지 지시를 거듭해서 내렸고, 그가 485세가 될 때까지 그렇게 지시를 계속했다.

3. 그러나 그 해 연말에 한 징표가 나타났다. 즉 야레드가 조상들의 몸 앞에 선 채로 기도하며 자기 백성들에게 경고를 주고 있을 때, 사탄이 그를 시기하여 아름다운 모습으로 나타난 것이다. 그것은 야레드가 자기의 허락 없이는 자녀들에게 아무것도 하지 못하게 했기 때문이다.

4. 사탄은 자기 군대 30명을 이끌고 야레드 앞에 나타났는데, 모두 멋진 남자의 모습이었고, 사탄의 나이가 가장 많고 키가 가장 컸으며, 수염이 매우 탐스러웠다.

5. 그들은 동굴 입구에서 야레드에게 밖으로 나오라고 큰 소리로 불렀다.

6. 밖으로 나온 야레드의 눈에는 빛으로 충만한 그들이 매우 아름답고 또 미남으로 보였다. 그는 그들의 아름다움과 미모에 놀랐다. 그리고 혹시나 그들이 카인의 자녀들이 아닐까 하는 생각도 들었다.

7. 한편 그는 "카인의 자녀들은 이 산꼭대기까지 올라올 수가 없다. 그들 가운데는 이렇게 아름다운 남자들이 없다. 그리고 저 속

에는 내 백성이 끼여 있지 않다. 그러므로 저들은 이방인들일 것이다."라고 속으로 생각하기도 했다.

8.   이윽고 야레드와 그들이 인사를 나누고, 그는 나이가 가장 많은 사람에게 "오, 나의 아버지여, 무슨 걱정이라도 있습니까? 당신과 함께 있는 저들은 이방인들처럼 보이는데, 어떤 사람들입니까?"라고 말했다.

9.   나이가 가장 많은 사람이 울기 시작하자 나머지도 따라서 울었다. 나이 많은 사람이 야레드에게 "나는 하느님이 최초로 만든 아담이다. 이 사람은 내 아들 아벨이다. 사탄이 카인의 마음 속에 아벨을 죽이려는 생각을 집어넣었고, 그래서 카인이 아벨을 죽였다.

10.   그리고 이쪽은 내 아들 세트다. 내가 아벨을 대신하여 위로가 될 아들을 요청했고, 그래서 하느님이 이 아들을 내게 주었다.

11.   그리고 이쪽은 세트의 아들이자 내 아들인 에노스다. 나머지는 에노스의 아들 카이난, 그리고 카이난의 아들이자 네 아버지인 마할랄레엘이다."라고 말했다.

12.   그러나 야레드는 그들의 출현과 노인이 자기에게 하는 말에 놀랄 뿐이었다.

13.   그러자 노인이 그에게 "나의 아들아, 놀라지 마라. 우리는 낙원의 북쪽 지방, 즉 이 세상에 앞서서 하느님이 창조한 땅에서 산다. 처음부터 하느님이 우리를 거기 살도록 한 것은 아니고, 원래는 우리를 낙원 안에 두었다. 지금 너는 그 낙원의 아래쪽에서 살고 있다.

14.   내가 계명을 어긴 뒤에 그가 나를 낙원에서 내쫓았고, 나는 이 동굴에서 살게 되었다. 심한 고통과 슬픔이 내게 닥쳤다. 나는 죽을 때가 되었을 때, 아들 세트에게 백성을 잘 돌보라고 명령했다. 나의 이 명령은 대를 이어서 내려오고, 미래의 모든 세대가 끝날 때까지 이어갈 것이다.

15. 나의 아들 야레드야, 우리가 아름다운 지역에서 살고 있는 반면, 너는 네 아버지 마할랄레엘이 내게 알려준 것처럼 여기서 비참한 생활을 하고 있다. 네 아버지는 앞으로 대홍수가 닥쳐서 온 세상을 없애버릴 것이라고 내게 말했다.

16. 아들아, 나는 네가 염려되어 자리에서 일어나 나의 모든 자녀들을 이끌고 여기 왔다. 그런데 너는 울면서 이 동굴 속에 서 있고, 네 자녀들은 무더위와 비참함 속에서 이 산 여기저기에 흩어져 있는 것을 발견했다.

17. 그런데 아들아, 우리가 길을 잘못 들어 여기까지 멀리 찾아오면서, 산 아래 저쪽에 다른 사람들이 사는 것을 발견했다. 그들은 나무와 과일이 풍부하고 초원으로 뒤덮인 아름다운 나라에서 살고 있다. 그 나라는 마치 낙원과 같다. 우리는 그들을 보고 너희가 아닌가 생각했다. 네 아버지가 말해주어서 그들이 너희와는 다른 사람들이라고 깨달았다.

18. 그러므로 나의 아들아, 내 충고를 잘 듣고 실행해라. 너와 네 자녀들은 그들에게 내려가라. 그러면 지금 너희가 당하는 모든 고통에서 벗어나 안식을 누릴 것이다. 저 아래로 내려가지 않겠다면, 자, 일어나서 네 자녀들을 데리고 우리 정원으로 함께 가자. 그러면 너희는 아름다운 나라에서 살게 되고, 지금 너와 네 자녀들이 겪는 모든 고통에서 벗어나 안식을 누릴 것이다."라고 말했다.

19. 노인의 말을 듣고 난 야레드는 착잡한 생각에 잠긴 채 이리저리 걸어다녔지만, 자기 자녀들을 한 명도 발견하지 못했다.

20. 이윽고 야레드가 노인에게 "오늘에 이르도록 당신은 왜 숨어 있었지요?"라고 물었다.

21. 노인은 "네 아버지가 말해주지 않았더라면, 우리는 사실을 모르고 있었을 것이다."라고 대답했다.

22. 야레드는 그 말이 옳다고 믿었다.

23. 얼마 후 노인이 "너는 어디를 그렇게 돌아다녔느냐?"고 물었다. 야레드가 "저는 자녀들 가운데 한 명이라도 만나려고 찾아다녔지요. 제가 당신과 함께 떠나갈 것이고, 당신이 제게 말해준 그들에게 제 자녀들이 내려가야 한다고 말해줄 작정이었지요."라고 대답했다.

24. 야레드의 의도를 들은 노인이 "자녀들은 당분간 내버려두고 너라도 나와 함께 가자. 너는 우리나라를 구경할 것이다. 그리고 거기가 네 마음에 든다면, 너와 우리가 여기로 돌아와서 네 가족을 데리고 가면 되는 것이다. 그러나 우리나라가 네 마음에 들지 않는다면, 너는 다시 이곳으로 돌아올 수가 있다."고 말했다.

25. 그의 자녀 가운데 한 명이 와서 가지 말라고 말하기 전에, 노인은 야레드에게 함께 가자고 독촉했다.

26. 이윽고 야레드가 동굴에서 나가 그들과 어울려 떠나갔다. 그들이 그를 위로하면서 카인의 아들들의 산꼭대기로 데리고 갔다.

27. 노인이 동료 한 사람에게 "동굴 입구에 우리가 한 가지를 잊어버리고 왔다. 그것은 야레드에게 입혀주려고 선택한 옷이다."라고 말했다.

28. 그래서 노인이 "아무나 한 사람 동굴로 돌아가라. 우리는 올 때까지 여기서 기다리겠다. 그러면 우리가 그 옷을 야레드에게 입혀주고, 야레드는 우리처럼 멋진 미남이 되고, 함께 우리나라로 들어가기에 적절한 사람이 될 것이다."라고 말했다.

29. 지시를 받은 그 사람이 떠났다.

30. 그 사람이 그리 멀리 가지 않았을 때, 노인이 "할 말이 있으니까 내가 거기 갈 때까지 기다려라."하고 소리쳐서 불러세웠다.

31. 그가 걸음을 멈추었다. 노인이 그에게 다가가 "동굴 입구에서 우리가 잊어버린 것이란 바로 이것이다. 즉 그 안에 안치된 시체들 위쪽에서 등불이 하나 타오르고 있는데 그것을 꺼버리는 것

이다. 등불을 꺼버린 뒤에 빨리 돌아와라."하고 말했다.

30. 그 사람이 다시 떠났고, 노인이 야레드와 일행에게 돌아왔
다. 그들은 산을 내려갔고 야레드도 뒤를 따랐다. 이윽고 카인의
자녀들이 사는 동네 부근의 우물에 도착하여, 심부름 간 사람이 선
택된 옷을 가져올 때까지 거기서 기다렸다.

33. 동굴로 돌아간 사람이 등불을 꺼버린 다음, 유령을 하나 가
지고 와서 그들에게 보여주었다. 그것을 본 야레드는 그 아름다움
과 우아함에 놀랐다. 그리고 그것이 모두 진실한 것이라고 믿고 마
음 속으로 크게 기뻐했다.

34. 거기 머물러 있는 동안에 그들 가운데 셋이 카인의 아들들의
집으로 들어가서 "우물가에 있는 우리와 우리 동료들을 위해서 오
늘 먹을 음식을 가져오시오."라고 말했다.

35. 카인의 아들들은 그들을 바라보고 놀라며 "이렇게 아름다운
사람들은 여태껏 한 번도 본 적이 없다."고 생각했다. 그래서 그들
은 구경하러 함께 우물가로 갔다.

36. 그들은 나그네들이 너무나도 미남인 것을 발견하고는 다른
사람들에게 그토록 아름다운 사람들을 와서 구경하라고 소리쳐 불
렀다. 남녀가 우르르 몰려와서 나그네들을 둘러쌌다.

37. 그러자 노인이 마을 사람들에게 "우리는 지나가는 나그네들
이오. 남녀를 불문하고 당신들과 흥겹게 놀아줄 테니, 맛있는 음식
과 마실 것을 가져오시오."라고 말했다.

38. 그 말을 들은 카인의 아들들은 아내와 딸과 수많은 여자들을
데리고 왔다. 남자들이 야레드에게 자기 또는 자기 아내와 놀자고
졸라댔다. 누구나 똑같은 요청을 그에게 했다.

39. 그들의 행동을 보자 야레드의 영혼은 진저리를 쳤다. 그래서
그는 음식과 마실 것에 전혀 손을 대지 않았다.

40. 그들을 멀리하고 혼자 떨어져 있는 야레드를 본 노인이 "슬

피하지 마시오. 나는 힘이 센 노인이오. 내가 하는 것을 잘 보고 똑같이 따라서 하시오."라고 말했다.

41.   그러고는 노인이 두 팔을 뻗어 한 여자를 잡았고, 다른 5명의 동료들도 야레드가 보는 앞에서 각각 여자를 잡았으며, 야레드에게 자기들처럼 하라고 말했다.

42.   그러나 그들이 수치스러운 짓을 하는 것을 보고 야레드는 울었다. 그리고 "우리 조상들은 저런 짓을 하지 않았다."고 속으로 생각했다.

43.   그래서 그는 두 팔을 벌리고 울면서, 뜨거운 마음으로 그들의 손아귀에서 자기를 구해달라고 하느님에게 기도했다.

44.   야레드가 기도를 시작하자마자 노인과 그 동료들이 달아났다. 그들은 기도하는 장소에 머무를 수가 없기 때문이다.

45.   야레드가 사방을 둘러보았지만 그들을 발견하지 못했고, 다만 카인의 자녀들에 둘러싸인 채 서 있었다.

46.   그래서 그가 울면서 "하느님, 우리 조상들이 이 족속에 대해서 경고했는데, 이들과 더불어 저를 멸망시키지 말아주십시오. 왜냐하면 제게 나타났던 그들을 저는 우리 조상들이라고 생각하고 있었기 때문입니다. 그런데 그들은 아름다운 모습으로 나타나서 제가 믿도록 속인 악마들임을 이제야 깨달았습니다.

47.   하느님, 악마들로부터 저를 구해주셨듯이, 이제 저는 이 족속 가운데 서 있는데, 여기서도 저를 구해주시기를 간청합니다. 당신 천사를 보내 이들의 손에서 저를 구출해주십시오. 제 힘으로는 여기서 탈출할 수가 없기 때문입니다."라고 말했다.

48.   야레드가 기도를 마쳤을 때, 하느님이 천사를 그곳으로 보내어 야레드를 산으로 데려갔고, 길을 가르쳐주고 충고해준 다음에 떠나갔다.

동굴 속의 꺼진 등불을 다시 밝힌다

제18장

1. 야레드의 자녀들은 매시간마다 그를 방문해서 축복을 받고 자기들이 하는 모든 일에 관해서 의견을 물어보는 관습이 있었다. 그리고 자기들이 하는 일은 모두 그를 위해서 하는 것이었다.

2. 그러나 이번에는 그들이 동굴 속으로 들어갔을 때 야레드를 발견하지 못했고, 등불이 꺼져 있을 뿐 아니라 조상들의 몸이 여기저기 내팽개쳐져 있는 것을 보았다. 그리고 그 조상들의 몸이 하느님의 힘으로 이렇게 말하는 소리가 들렸다. "사탄이 우리들의 아들 카인을 멸망시켰듯이 또한 야레드를 멸망시키려고 나타나서 그를 속였다."

3. 조상들의 몸은 또한 "하늘과 땅의 주 하느님, 사탄이 야레드 앞에 교묘한 위장을 하고 나타났으니 그 손아귀에서 그를 구해주십시오."라고 말했다. 그들은 하느님의 힘으로 다른 것들에 관해서도 말했다.

4. 야레드의 자녀들은 조상들의 목소리를 듣고 무서워했고, 자기들의 아버지를 위해서 울었다. 그에게 무슨 일이 닥쳤는지를 몰랐기 때문이다.

5. 그들은 그날 해가 질 때까지 야레드를 위해서 울었다.

6. 그때 야레드가 침울한 표정으로 몸과 마음이 지친 상태로 돌아왔다. 그는 조상들의 몸과 떨어져 있었던 것을 몹시 슬퍼했다.

7. 그가 동굴에 가까이 다가오자, 자녀들이 그를 보고 동굴에서 허겁지겁 달려나와 목을 끌어안고 통곡하면서 "오, 아버지, 어디 갔었습니까? 전에는 그렇게 하지 않았는데, 왜 우리를 떠나갔습니까?"라고 물었다. 그리고 또한 "아버지, 당신이 사라졌을 때, 우리

조상들의 몸 위에 있던 등불이 꺼졌어요. 그리고 그들의 목소리가 들렸어요."라고 말했다.

8. 그 말을 듣고 야레드는 가슴이 아팠다. 동굴 안으로 들어가자 조상들의 몸이 널려 있고, 등불이 꺼져 있으며, 조상들이 사탄의 손아귀에서 자기를 구해달라고 기도하는 모습이 보였다.

9. 그러자 야레드는 조상들의 몸 위에 엎어져서 껴안고 "오, 나의 조상들이여, 당신들의 중계로, 하느님이 저를 사탄의 손아귀에서 구하도록 해주기를 바랍니다! 제가 죽는 날까지 하느님이 저를 지켜주고 또한 사탄의 눈에서 저를 숨겨달라고 간청해주십시오."라고 말했다.

10. 그때 아담을 제외한 모든 조상의 목소리가 그쳤다. 아담은 마치 동료에게 말하듯이 하느님의 힘으로 야레드에게 이렇게 말했다. "오, 나의 아들 야레드야, 사탄의 손아귀에서 너를 구출해준 데 대해 감사의 뜻으로 하느님에게 제물을 바쳐라. 그 제물을 마련해서 내가 처음 만든 제대 위에서 바쳐라. 또한 사탄을 조심하라. 그는 나를 죽일 목적으로 여러 가지 모습으로 나타나서 속이려고 한 적이 한두 번이 아니었다. 그러나 하느님이 그의 손아귀에서 나를 구해주었다.

11. 사탄을 단단히 경계하라고 네 백성에게 명령하라. 그리고 하느님에게 제물을 바치는 일을 절대로 중단하지 마라."

12. 아담의 목소리도 잠잠해졌다. 야레드와 그 자녀들이 조상들의 목소리를 듣고 놀랐다. 이윽고 그들은 조상들의 몸을 원래 있던 자리에 안치하고, 그날 밤은 날이 샐 때까지 선 채로 기도했다.

13. 그 다음에 야레드가 제물을 마련해서 아담이 지시한 대로 제대 위에서 봉헌했다. 그는 제대를 향해서 올라간 뒤에 하느님에게 등불을 꺼지게 한 자기 죄에 대해서 자비와 용서를 요청하는 기도를 드렸다.

14. 하느님이 야레드에게 나타나서 그와 그의 자녀들을 축복하고 제물을 받아들였다. 그리고 제대에서 신성한 불을 가져다가, 아담의 몸을 비추어줄 등불을 다시 밝히라고 명령했다.

야레드의 자녀들이 타락하기 시작한다

제19장

1. 이윽고 하느님이 아담에게 한 약속을 그에게 다시 밝혀주었다. 하느님은 그에게 5500년에 대해서 설명하고, 자신이 지상에 내려오는 신비를 계시해주었다.

2. 하느님이 야레드에게 "등불을 다시 밝히기 위해서 네가 제대에서 가져간 그 불은 동굴 속의 몸들을 비추기 위해서 네가 간직하라. 아담의 몸이 그곳에서 나가기 전까지는 그 불을 동굴 밖으로 가지고 나가지 마라.

3. 야레드야, 그 불이 찬란하게 타오르도록 잘 보살펴라. 그리고 너는, 네가 조금 전에 본 사탄의 출현이 아니라 환상을 통해서 지시를 받을 때까지 동굴에서 다시는 나가지 마라.

4. 그리고 백성들에게 카인의 자녀들과 성교하지 말도록, 그들의 행동 양식을 배우지 말도록 다시금 명령하라. 왜냐하면 나는 증오와 악행을 사랑하지 않는 하느님이기 때문이다."라고 말했다.

5. 하느님은 다른 여러 가지 계명을 야레드에게 주고 또 그를 축복했다. 그리고 자기 말씀을 그로부터 거두었다.

6. 이윽고 그가 자기 자녀들에게 가까이 가서 불을 약간 집어들고는 동굴로 내려간 뒤에 아담의 몸 앞에 있는 등불을 다시 밝혔다. 그는 하느님에게서 들은 계명을 자기 백성들에게 전해주었다.

7. 이 징표는 그가 450세 되던 해의 연말에 일어난 것이다. 다른 놀라운 일들도 많이 일어났지만 우리는 기록하지 않는다. 오로지 이 한 가지만 기록하는 이유는, 우리의 이야기가 너무 길어지지 않도록 줄이기 위한 것이다.

8. 그리고 야레드가 자녀들을 80년 동안 계속해서 가르쳤다. 그러나 그후 자녀들이 그가 전해준 계명들을 위반하고, 그의 허락 없이 많은 일을 하기 시작했다. 그들은 줄줄이 이어서 거룩한 산을 내려가, 카인의 자녀들과 어울려서 더러운 짓을 하기 시작했다.

9. 야레드의 자녀들이 거룩한 산을 내려가기 시작한 이유에 관해서는 아래와 같이 여러분에게 밝혀두기로 한다.

카인의 자녀들이 악기와 염색된 옷으로 세트의 자녀들을 타락시킨다

제20장

1. 카인이 검은 흙의 땅으로 내려가고 그의 자손이 거기서 번식했을 때, 카인을 죽인 소경 라멕의 아들 게군이 또한 거기서 살았다.

2. 이 게군이 어렸을 때부터 사탄이 그의 안으로 들어갔다. 그는 잡다한 나팔과 호른과 현악기와 수금과 하프와 플루트들을 만들고, 시도 때도 없이 연주했다.

3. 그가 악기들을 연주할 때 사탄이 악기들 안으로 들어갔기 때문에, 마음을 사로잡는 아름답고 감미로운 소리가 들렸다.

4. 그래서 그는 수많은 사람들을 모아서 악기를 연주하도록 했다. 그들이 연주하면 카인의 자녀들은 매우 기뻐했다. 카인의 자녀들은 사탄이 욕정의 불길로 그들의 마음을 차례로 태워버리는데

따라 자기들끼리 다투어 죄를 지었다.

5. 사탄은 또한 게군에게 밀을 가지고 독한 술을 만드는 법을 가르쳐주었다. 이 게군이 수많은 사람을 술집으로 데리고 갔다. 그들은 손에 각종 과일과 꽃을 들고 가서 함께 마셨다.

6. 그래서 이 게군이라는 사람이 죄를 널리 퍼지게 만들었다. 그는 또한 오만하게 행동했고, 카인의 자녀들이 모르고 있던 엄청나게 사악한 온갖 짓들을 가르쳐주었다. 그리고 그들이 전에는 몰랐던 각종 죄악도 가르쳐주었다.

7. 그들이 게군에게 복종하고 그가 말하는 것은 무엇이든지 따르는 것을 본 사탄이 크게 기뻐했다. 그리고 게군의 지능을 증진시켜서 드디어 그가 쇠를 가지고 전쟁 무기를 만들도록 가르쳤다.

8. 결국 그들이 술에 취했을 때 그들 사이에 증오와 살인이 증가했다. 한 남자가 다른 남자의 자녀들을 잡아다 그가 보는 앞에서 더럽히면서 그에게 악행을 배우라고 폭력으로 강요했다.

9. 우세한 사람들의 폭력 앞에 패배한 사람들이 게군에게 가서 보호를 요청했고, 그는 그들을 자기의 동맹 세력으로 규합했다.

10. 죄악이 그들 사이에 말할 수 없이 늘었고, 드디어 한 남자가 자기 누이나 딸이나 어머니나 다른 여자와 결혼했다. 그래서 친척과 남남의 구별이 사라지고 무엇이 악인지조차 모르게 되어, 그저 악행만 저지를 뿐이었다. 온 땅이 죄로 더럽혀졌다. 그들은 자기들을 창조한 심판자 하느님을 분노하게 했다.

11. 그러나 게군은 수많은 사람들을 모아서, 우리가 앞에서 언급한 각종 악기를 거룩한 산 밑에서 연주했다. 그것은 거룩한 산 위에 사는 세트의 자녀들에게 그 소리를 듣게 하려는 것이었다.

12. 세트의 자녀들이 그 악기 소리를 듣고 놀랐다. 그래서 수많은 자녀들이 와서 산꼭대기에 선 채, 1년 동안 계속해서 아래를 내려다보았다.

최후의 심판(일부), 미켈란젤로 작, 16세기

13.   그렇게 1년이 끝나갈 무렵, 게군은 세트의 자녀들이 점점 자기쪽에게 기울고 있다는 것을 알았다. 그러자 사탄이 그의 안으로 들어가서 옷을 다양한 무늬로 염색하는 염료 제조법을 가르쳐주고, 진홍색과 자주색 등을 어떻게 염색하는지도 가르쳤다.

14.   이 모든 것을 배운 카인의 자녀들이 아름답고 요란하게 번쩍이는 옷을 입고 산밑에 모여서 장관을 이루었으며, 뿔피리를 불고 경마를 벌이고, 온갖 추잡한 짓을 다 저질렀다.

15.   반면에 거룩한 산에 사는 세트의 자녀들은 타락한 천사들의

군대를 대신하여 하느님에게 기도하고 찬미했다. 그래서 하느님은 매우 기뻐하여 그들을 '천사들'이라고 불렀다.

16. 그러나 이제 그들은 하느님의 계명을 더 이상 지키지 않았고, 그가 자기 조상들에게 한 약속도 존중하지 않았다. 오히려 단식과 기도를 점점 소홀히 하고, 아버지 야레드의 의견도 무시하기 시작했다. 그리고 산꼭대기에 모여서 아침부터 밤까지 카인의 자녀들을 내려다보기만 했다. 즉 카인의 자녀들이 하는 짓과 그들의 아름다운 옷과 장신구를 구경하는 것이었다.

17. 카인의 자녀들이 아래에서 위를 쳐다보았고, 세트의 자녀들이 산꼭대기에 무리를 지어 서 있는 것을 보고는 아래로 내려오라고 소리쳐 불렀다.

18. 세트의 자녀들은 그들에게 "우리는 길을 모른다."고 말했다. 라멕의 아들 게군이 그 대답을 듣고는 그들을 어떻게 데리고 내려올지 궁리했다.

19. 그때 사탄이 밤에 그에게 나타나서 "그들이 사는 산에서 직접이 아래로 내려오는 길은 없다. 그러나 내일 그들이 보이면 '산의 서쪽으로 가면 시냇물이 흐르는데, 그 옆에 길이 있다. 그 길은 두 봉우리 사이로 빠져서 산 밑으로 나온다. 그 길을 통해서 우리에게 내려오라.'고 말하라."고 지시했다.

20. 아침에 게군이 늘 하듯이 산 아래서 뿔피리를 불고 북을 쳐 댔다. 세트의 자녀들이 그 소리를 듣고 습관적으로 모여들었다.

21. 아래쪽에서 게군이 "산의 서쪽으로 가라. 그러면 내려오는 길을 발견할 것이다."라고 말했다.

22. 그의 말을 들은 세트의 자녀들은 동굴에 있는 야레드에게 가서 들은 그대로 이야기했다.

23. 그는 그들이 자기 의견을 무시할 것임을 알았기 때문에 심한 비탄에 잠겼다.

24. 얼마후 세트의 자녀 백명이 모여서 의견을 나누고는 "자, 카인의 자녀들에게 내려가서 그들이 무엇을 하는지 보고 우리도 함께 즐기자."고 말했다.

25. 자녀들 백명이 모여서 그런 말을 한다는 것을 안 야레드가 심한 충격을 받고 비탄에 잠겼다. 그래서 뜨거운 열정으로 일어서서 그들 한가운데 섰다. 그리고 정의로운 아벨의 피를 걸고 맹세하고 "우리 조상들이 이 거룩하고 순수한 산에서 살아야 한다고 우리에게 명령했다. 너희 가운데 아무도 여기서 내려가면 안 된다."고 말했다.

26. 그러나 그들이 자기 말을 따르지 않는 것을 보고는 그가 "오, 착하고 무죄하고 거룩한 나의 자녀들아, 너희가 이 거룩한 산을 일단 내려가면, 하느님이 다시는 돌아오지 못하게 할 것이다."라고 말했다.

27. 그가 다시 맹세하고 "우리 조상 아담, 세트, 에노스, 카이나인, 마할랄레엘의 죽음과 아벨의 피에 걸고 맹세하니 나의 말을 따르라. 너희가 이 거룩한 산에서 내려가는 순간, 생명과 자비를 잃을 것이다. 그리고 너희는 더 이상 '하느님의 자녀들'이라고 불리지 않고, '악마의 자녀들'이라고 불릴 것이다."라고 말했다.

28. 그러나 그들은 그의 말을 따르려고 하지 않았다.

29. 그때는 이미 다 큰 에녹이 하느님에 대한 열정으로 자리에서 일어나 "크거나 작거나 상관없이 세트의 자녀들은 모두 제 말을 들어주십시오. 여러분이 우리 조상들의 명령을 어기고 이 거룩한 산을 내려간다면, 영원히 이곳으로 올라오지 못할 것입니다."라고 말했다.

30. 그러나 그들은 에녹의 말을 듣지 않고 일어나서 거룩한 산을 내려갔다.

31. 그들은 카인의 딸들의 아름다운 자태를 보고, 물들인 손과

발, 그리고 장신구를 달고 문신을 한 얼굴을 보자, 죄의 불길이 그들 안에서 타올랐다.

32. 사탄의 장난으로 세트의 아들들 눈에는 카인의 딸들이 더없이 아름답게 보였고, 또한 카인의 딸들 눈에도 세트의 아들들이 더없이 멋지게 보였다. 그래서 그들은 욕정에 사로잡혔고, 게걸스러운 야수들처럼 서로 상대방의 육체를 탐냈다. 결국 세트의 아들들은 카인의 딸들과 추악한 죄를 짓고 말았다.

33. 그렇게 몸을 더럽히고 난 뒤에 그들이 먼저 내려온 길을 따라서 거룩한 산 위로 돌아가려고 했지만 되돌아갈 수가 없었다. 왜냐하면 그 거룩한 산의 돌들이 그들 앞에서 불타는 돌로 변했기 때문이다.

34. 그들이 영광을 버리고 아래로 내려갔고, 그래서 순수함 또는 무죄함을 잃거나 버렸으며 죄의 더러움 속에 빠졌기 때문에, 하느님이 그들에 대해서 분노하고 후회했다.

35. 하느님이 자기 말씀을 야레드에게 보내서 "네가 '나의 자녀들'이라고 부르는 너의 자녀들이 나의 계명을 어기고 멸망과 죄의 나라로 내려갔다. 남아 있는 자녀들에게 전령을 보내서 아래로 내려가 멸망하지 않도록 하라."고 말했다.

36. 야레드가 주님 앞에서 울면서 자비와 용서를 간청했다. 자기 자녀들이 거룩한 산에서 내려갔다는 말을 하느님으로부터 듣기보다는 차라리 자기 영혼이 육체를 떠나가게 되기를 그는 바랐다.

37. 그는 하느님의 지시에 복종하여 남은 자녀들에게 거룩한 산을 내려가지 말고, 카인의 자녀들과 성교하지 말라고 설교했다.

38. 그러나 그들은 그의 가르침에 귀를 기울이지 않았고, 그의 말에 따르려고 하지 않았다.

야레드가 989세에 슬픔 속에 죽으면서 대홍수를 예언한다

제21장

1. 그후 다른 무리가 모여서 자기 형제들을 찾으러 떠났고, 역시 멸망했다. 다른 무리들이 차례로 떠나서 결국은 몇몇 사람만 남게 되었다.

2. 비탄에 빠져버린 야레드는 병이 들었고, 그 병 때문에 죽을 날이 가까워졌다.

3. 그래서 야레드가 자기 맏아들 에녹, 에녹의 아들 메투셀라, 메투셀라의 아들 라멕, 라멕의 아들 노아를 불러모았다.

4. 그들이 모이자 그는 기도를 해주고 축복하고는 "너희는 정의롭고 무죄한 아들들이다. 이 거룩한 산에서 내려가지 마라. 너희 자녀들과 그 자녀들의 자녀들이 이 거룩한 산에서 내려갔고, 그들의 추악한 욕정과 하느님과의 계명 위반으로 이 거룩한 산과 영영 멀어졌다.

5. 그러나 하느님이 너희를 이 거룩한 산에 더 이상 머물게 하지 않으리라는 것을, 내가 그의 힘에 의해서 알고 있다. 왜냐하면 너희 자녀들이 그의 계명과 우리가 받은 조상의 명령을 어겼기 때문이다.

6. 나의 아들들아, 하느님은 너희를 낯선 땅으로 데려갈 테고, 다시는 너희가 이곳으로 돌아오지 못할 것이다. 그러니 너희 눈으로 이 낙원과 이 거룩한 산을 잘 보아두어라.

7. 나의 아들들아, 그러므로 각오를 단단히 하고, 너희 안에 있는 하느님의 계명을 지켜라. 너희가 이 거룩한 산을 떠나 전혀 모르는 낯선 땅으로 갈 때는 우리 조상 아담의 몸을 함께 모시고 가라. 또

한 세가지 귀중한 선물과 제물, 즉 황금과 유향과 몰약도 가지고 가서 우리 조상 아담의 몸이 안치된 그곳에 같이 놓아두어라.

8. 나의 아들들아, 너희 가운데 살아남는 이에게 하느님의 말씀이 올 것이고, 그가 이 땅에서 떠나갈 때, 우리 조상 아담의 몸을 함께 가지고 가서 땅의 한가운데, 즉 구원이 시작되는 그곳에 안치할 것이다."라고 말했다.

9. 노아가 그에게 "살아남을 그 사람은 우리 가운데 누구입니까?"라고 물었다.

10. 야레드가 "살아남을 이는 바로 너다. 네가 우리 조상 아담의 몸을 가지고 가서 홍수가 닥치면 방주에 넣을 것이다.

11. 네 허리에서 나올 아들 셈은 우리 조상 아담의 몸을 땅 한가운데, 즉 구원이 시작되는 그곳에 안치할 것이다."라고 대답했다.

12. 야레드가 아들 에녹에게 몸을 돌려서 "아들아, 너는 이 동굴에 머물며 우리 조상 아담의 몸을 평생 동안 열심히 보살펴라. 그리고 네 백성을 정의로움과 무죄함 속에서 인도하라."고 말했다.

13. 야레드는 더 이상 말하지 않았다. 그의 손이 늘어지고 눈이 감겼으며, 그는 조상들과 같이 안식으로 들어갔다. 타크사스 달의 12일에 죽은 그는 989세였고, 그때 노아는 360세였다.

14. 야레드는, 자기가 살아 있는 동안에 타락한 세트의 자녀들을 생각하고 너무나 큰 슬픔에 젖었기 때문에, 죽을 때 눈물이 두 뺨을 타고 흘러내렸다.

15. 에녹, 메투셀라, 라멕, 노아는 그를 위해서 울었다. 그리고 정성스럽게 향료를 바르고 보물의 동굴에 안치한 뒤에 일어서서 40일 동안 애도했다.

16. 애도 기간이 지난 뒤에도 네 사람의 가슴에는 슬픔으로 가득 찼다. 왜냐하면 자기들의 아버지가 떠나가서 더 이상 만나볼 수가 없기 때문이었다.

에녹이 죽지 않고 낙원으로 올라간다

제22장

1. 그러나 에녹은 아버지의 명령을 지키고 계속해서 동굴에 남아 보살폈다.

2. 이 에녹에게 수많은 기적들이 일어났고, 그는 또 유명한 책을 저술했다. 그러나 여기서는 이 기적들에 관해서 기록하지 않기로 한다.

3. 그 이후로 세트의 자녀들과 그 아내들과 자손들이 그릇된 길로 나가서 타락했다. 에녹, 메투셀라, 라멕, 그리고 노아는 그들을 보았고, 그들이 의심과 불신에 빠졌기 때문에 가슴이 몹시 아팠다. 그래서 그들을 보호하고 사악한 세대들로부터 구출해달라고 하느님의 자비를 간청했다.

4. 에녹은 주님 앞에서 385년을 봉사했고, 그 기간이 지나자 하느님이 자기를 땅에서 이동시키려고 한다는 것을 하느님의 은총으로 알았다.

5. 그래서 자기 아들에게 "아들아, 하느님이 대홍수의 물을 가져와서 우리 피조물들을 멸망시키려고 한다는 것을 나는 안다.

6. 너는 이 거룩한 산에서 사는 이 백성의 마지막 지배자다. 이 거룩한 산에서 자녀들을 낳을 사람이 너희에게 하나도 남지 않을 것이고, 너희 가운데 아무도 자기 백성의 자녀들을 다스리지 않을 것이며, 이 산의 많은 무리가 너희에게 남아 있지도 않을 것이기 때문이다.

7. 에녹이 또한 "너희 영혼들을 감시하라. 하느님에 대한 두려움과 그에 대한 봉사에 단단히 매달려라. 올바른 신앙 안에서 그를 숭배하고, 정의로움, 무죄함, 올바른 판단, 회개, 그리고 순수성 안

에서 그를 섬겨라." 하고 말했다.

8.   에녹이 그런 명령을 마치자, 하느님이 그를 거룩한 산으로부터 생명의 나라로, 정의로운 사람들과 선택된 사람들의 궁정으로, 하늘에 닿는 빛 안에 있는 기쁨의 낙원으로 옮겨갔다. 그 빛은 이 세상의 빛 그 바깥에 있는 것이다. 왜냐하면 그것은 온 세상을 채우는 하느님의 빛이고, 그것을 담아둘 장소는 하나도 없기 때문이다.

9.   에녹은 하느님의 빛 안에 있기 때문에, 하느님이 그를 죽게 할 때까지 그는 죽음이 미치지 않는 곳에 있게 된 것이다.

10.   결국 우리 조상들과 그 자녀들 가운데 메투셀라와 라멕과 노아 등 셋을 제외하고는 아무도 그 거룩한 산에 남지 않았다. 나머지는 모두 산에서 내려가서 카인의 자녀들과 더불어 죄에 빠졌기 때문이다. 그러므로 그들은 그 산에 돌아가는 것이 금지되었고, 세 사람만 거기 머물렀다.

제2의 창세기

49년 주기들에 관한 책

해설

이 문헌은 기원전 6세기에서 기원전 2세기 사이에 유태인이 히브리어 또는 아라메아어로 저술한 것으로 추정된다. 히브리어로 된 단편들 이외에 그리스어, 라틴어, 이디오피아어, 시리아어로 된 필사본들이 전해져 온다.

이것은 쿰란의 종파와 관련되는 '다마스쿠스 문헌'에서 언급된 것이 가장 오래된 것이고, 그리스도교 시대에는 4세기 때 알렉산드리아의 학자 디디무스가 이것을 '작은 창세기'라고 불렀다. 5세기의 예로니무스도 이것을 '작은 창세기'라고 불렀다. '49년 주기들'이라는 명칭은 4세기의 에피파니우스가 처음 사용했다. 그리고 젤라시우스 선언에서는 이것을 '아담의 딸들에 관한 책'이라고 불렀다.

창세기와 이집트 탈출기(출애굽기)의 보충으로 이 문헌에 추가된 내용은 유태인들의 전통적인 설화에서 온 것으로 보인다.

이 문헌의 저자는 달력에 대해서 특히 많은 관심을 기울이고 있다. 그는 1년을 12달로, 한 달은 30일로 계산하고, 3개월마다 하루를 추가한다. 그래서 1년은 364일로 52주간이 된다. 이것은 축제일을 계산하는 데 편리하고, 매년 축제일이 같은 날에 해당된다.

그리고 49년(7년이 7번 지난 시기)이 지나면 다음 주기가 시작된다. 그래서 제1주기의 첫째 주에 천지가 창조된다. 이집트 탈출과 홍해를 지나가는 것과 시나이 산에서 십계명을 받는 것은 천지창조 후 2410년에 일어나고, 이스라

> 엘 민족이 가나안에 들어가는 것은 (49년 주기가 50번 지
> 난) 천지창조 후 2450년의 일이다.

시나이 산으로 올라간 모세

제1장

1. 이스라엘이 이집트를 탈출한 뒤 첫해의 3월 16일에 하느님이 모세에게 "산으로 올라오너라. 석판 두 개와 네가 백성을 가르치도록 하기 위해서 내가 기록한 계명을 주겠다."고 말했다.

2. 그래서 모세가 하느님의 산으로 올라갔는데, 주님의 영광이 시나이 산 위에 머물고, 구름이 그 산을 6일 동안 덮고 있었다.

3. 7일째 되는 날 주님이 구름 속에서 모세를 부르자, 주님의 영광은 산꼭대기에서 활활 타는 불길처럼 보였다.

4. 모세는 산에서 40일 밤과 40일 낮을 지냈는데, 하느님은 최초의 일들과 마지막 일들, 그리고 율법과 증언의 날들을 분류하는 법을 가르쳐주었다.

5. 그리고 주님은 "이 산에서 내가 말하는 모든 것을 주의 깊게 듣고 책에 기록하라.

7. 왜냐하면 내가 그들이 얼마나 완고하고 반항이 심한 민족인지 알기 때문이다"라고 말했다.

천지창조와 위대한 징표인 안식일

제2장

1. 하느님이 6일 동안에 모든 것을 창조하고, 7일째 날을 안식일로 삼아서 쉬었다. 안식일은 그의 모든 업적의 징표다.

2. 첫째 날에 하느님이 하늘과 땅과 물을 창조했다. 그리고 자기를 섬기는 모든 천사들, 즉 자기 앞에 있는 천사들, 거룩함의 천사들, 불의 천사들, 구름과 암흑과 흰눈과 우박과 서리의 천사들, 심연과 천둥과 번개의 천사들, 찬바람과 뜨거운 바람과 사계절의 천사들을 창조했다. 또한 하늘과 땅과 심연의 모든 생물, 깊은 암흑과 빛과 새벽과 아침과 저녁을 계획한 대로 창조했다.

3. 우리(천사들)는 그의 위대한 일곱 가지 업적을 보고 그를 축복했으며, 찬미가를 불렀다.

4. 둘째 날에 물을 분리했고, 그 사이에 천장을 만들었다.

5-7. 셋째 날에 그는 지상의 물을 한 군데로 모으고, 마른 땅이 드러나게 했다. 물이 천장 끝으로 가고 마른 땅이 드러났다. 이날 그는 모든 바다, 강, 호수, 그리고 모든 이슬, 씨앗들, 식물, 과일을 맺는 나무들, 숲 속의 나무들과 에덴 동산을 창조했다.

8-10. 넷째 날에 그는 해와 달과 별들을 창조하여 하늘에 배치하고, 땅에 빛을 비추고 밤과 낮을 다스리게 했다. 그리고 암흑과 빛을 분리했다. 그는 태양을 지정하여 연월일과 주간들, 축일들, 7년 주기들, 50년 주기들을 구분하는 징표로 삼고, 그것을 건강의 원천으로 만들어 땅에서 태어나는 모든 싹이 건강하도록 했다.

11-12. 다섯째 날에 그는 (최초의 동물인) 거대한 바다 괴물들을 깊은 물에 살도록 만들었다. 또한 모든 종류의 물고기와 새들도 만들었다.

13-15. 여섯째 날에 그는 지상의 모든 야생 동물과 가축, 그리고 지상에서 움직이는 모든 생물을 만들었다. 그 다음에 한 남자와 한 여자를 만들어 그 남자를 온 세상의 모든 생물을 지배하는 주인으로 삼았다. 그가 창조한 것은 모두 22종류였다.

16-18. 일곱째 날에 그는 우리에게 위대한 징표인 안식일을 주었다. 즉 6일 동안은 우리가 일을 해야만 하지만, 안식일에는 절대로 일을 해서는 안 되는 것이다. 그는 우리(천사들)에게 하늘과 땅에서 안식일을 지키라고 명령했다.

19-20. 그는 우리에게 "보라! 내가 모든 민족 가운데 한 민족을 나의 백성으로 삼아 축복하겠다. 나의 백성은 안식일을 지킬 것이고, 나는 그들의 하느님이 될 것이다. 나는 야곱의 자손을 나의 백성으로 선택했다."고 말했다.

23. 아담에서 야곱에 이르는 선조들은 22명인데, 이것은 6일 동안에 22종류가 창조되었기 때문이다.

27. 안식일을 더럽히는 사람은 죽을 것이고, 안식일에 일하는 사람은 영원히 죽을 것이다.

28. 그리고 안식일을 지키는 사람은 언제나 거룩하고 축복을 받는 사람이 될 것이다.

29. 안식일에 적절하지 않은 일을 하거나, 사업을 하거나, 물을 긷거나, 무거운 것을 들고 문을 드나들거나, 먹고 마실 것을 그날 준비해서는 안 된다.

30. 그날은 한 집에서 다른 집으로 물건을 운반해서도 안 된다.

모세가 십계명을 받는다

아담과 하와의 창조

제3장

1. 둘째 주의 5일 동안에 우리는 모든 야생 동물, 가축, 새, 지상에서 움직이는 생물, 물고기를 매일 차례대로 아담에게 데리고 갔다.

2. 아담이 그들에게 이름을 각각 지어주었다.

3. 그는 암컷과 수컷들을 보았지만, 자기 자신은 외토리였다.

4. 그래서 주님이 우리에게 "남자가 혼자 지내는 것은 좋지 않다. 그와 비슷한 동반자를 우리가 만들어주자."고 말했다.

5.	우리 하느님이 그를 깊은 잠에 곯아떨어지게 만들었다. 그리고 그의 갈비뼈 하나를 꺼내어 여자를 만든 뒤에 그의 살을 다시 붙여놓았다.

6.	아담이 여섯째 날에 잠에서 깨어났을 때, 주님이 여자를 그에게 데리고 갔다. 그는 그녀를 알아보고 이렇게 말했다. "이것은 나의 뼈들 가운데서 나온 뼈요, 나의 살에서 나온 살이다. 그녀는 자기 남편으로부터 만들어졌기 때문에 나의 아내라고 불릴 것이다."

7.	남편과 아내가 하나이고, 남자가 부모를 떠나 자기 아내와 결합하여 한몸이 되는 이유가 여기에 있다.

8.	창조 첫째 주에 아담과 그의 뼈(그의 아내)가 창조되었고, 둘째 주에 주님이 그녀를 그에게 보여주었기 때문에, 여자들이 남자 아이를 낳으면 7일, 여자 아이를 낳으면 14일간 불결한 상태에 있다고 율법에서 규정한 것이다.

9.	아담이 자기가 창조된 땅에서 40일을 지낸 뒤에, 우리(천사들)가 그를 에덴 동산으로 옮겨 땅을 갈고 그 동산을 지키도록 했다. 그러나 그의 아내는 80일이 지나서야 비로소 에덴에 들어갔다. 산모의 불결한 상태가 완전히 끝나는 기간은 남자 아이를 낳은 경우에는 40일이고, 여자 아이를 낳은 경우에는 80일이다.

10-12.	에덴은 그 어느 곳보다도 거룩한 땅이고, 거기 심어진 나무들도 모두 거룩하기 때문에 그녀는 80일이 지나서야 거기 들어갔던 것이다.

15.	아담과 그의 아내가 에덴에 들어가서 7년 동안 땅을 갈고 지켰는데, 우리는 그에게 일거리를 주고 정원을 가꾸는 기술을 자세히 가르쳐주었다.

16.	그는 발가벗었지만 의식하지 못하고 부끄러워하지도 않았다. 또한 그는 새와 야생 동물과 가축으로부터 정원을 지켰고, 열매를 수집해서 먹고, 남은 것은 자기와 아내를 위해서 저장했다.

17. 만 7년이 지나고 2월 17일에 뱀이 여자에게 접근했다.

18. 나무 열매에 관해서 말이 오간 뒤에 여자가 "하느님은 우리에게 '정원 한가운데에 있는 나무 열매는 먹지도 만지지도 마라. 그렇게 하면 너희는 죽을 것이다.' 라고 말했어요."라고 대꾸했다.

19. 뱀은 여자에게 "물론 너는 죽지 않을 것이다. 네가 그것을 먹자마자 눈이 열리고 신들처럼 되며 선악을 알게 된다는 사실을 하느님은 알고 있다."고 말했다.

20. 여자가 쳐다보니 과일이 너무나 탐스럽고 먹음직스러웠다. 그래서 과일 몇 개를 따서 먹었다.

21. 그리고 자기 치부를 무화과나무 잎으로 가렸다. 또한 여자는 과일 몇 개를 아담에게 주었고 아담이 먹었다. 그의 눈이 열리고 자기가 발가벗었다는 것을 알았다.

22. 그는 무화과나무 잎새를 엮어서 허리가리개를 만들어 자기 치부를 가렸다.

23. 주님이 뱀을 저주했고, 뱀에 대해서 영원히 화를 냈다.

24. 그는 또한 뱀의 말을 따라 열매를 먹은 여자에게도 화를 냈다. 그래서 이렇게 말했다. "나는 너의 진통과 고통을 증가시켜서 네가 슬픔 가운데 아이를 해산하게 할 것이다. 너는 남편에게 의지해야 하고, 그가 너의 주인이 될 것이다."

25. 또한 그는 아담에게 이렇게 말했다. "네가 아내의 말에 따라 내가 금지한 열매를 먹었기 때문에 대지가 저주를 받을 것이다. 대지는 너에게 가시와 엉겅퀴를 생산해주고, 너는 네가 출발한 흙으로 돌아갈 때까지 이마에서 땀을 흘려 얻은 빵을 먹을 것이다. 너는 흙에서 나왔고, 또 흙으로 돌아갈 것이다."

26. 하느님은 아담과 하와에게 털가죽 옷을 만들어서 입혀준 다음, 에덴 동산에서 추방했다.

27. 쫓겨난 그날, 아담이 유향과 향료를 제물로 바쳤고, 그후 아

침마다 해가 뜰 무렵에 그런 제물을 바쳤다.

28. 그리고 아담이 추방되던 날, 모든 짐승과 가축과 새의 입이
달히고, 다시는 사람과 공동의 언어로 대화할 수 없게 되었다.

29. 주님은 에덴 동산에 있던 모든 생물을 또한 밖으로 추방했다.

30. 아담은 다른 야생 동물과 가축과는 달리 홀로 치부를 가리게
되었다.

30. 아담과 그의 아내는 4월 초승달이 처음 나타날 때 추방되어,
자신들이 창조된 땅인 엘다에 정착했다.

33. 아담이 자기 아내를 하와라고 불렀다.

34. 아담은 첫 째 49년 주기가 지난 뒤에 비로소 아내와 성교를
맺었다.

아담이 천년을 살지 못한 이유와 카인의 죽음

제4장

1. 둘째 49년 주기가 시작되었다. 하와는 창조 후 64~70년경에 카
인을 낳고, 71~77년경에 아벨을, 78~84년경에 딸 아완을 낳았다.

2. 셋째 49년 주기가 시작되고, 창조 후 95~105년경에 카인이 아
벨을 죽였다.

4. 주님이 카인을 질책하고 그를 도망자로 만들었다.

7. 아담과 하와가 아벨을 28년 동안 애도했고, 다시 4년이 지난
뒤에 아담이 원기를 회복하여 아내와 성교를 했다. 그래서 하와가
아들을 낳았는데, 아담이 "주님이 아벨 대신에 다른 아들을 주셨
다."고 말했기 때문에 그를 세트라고 불렀다.

8. 창조 후 134~140년경에 하와는 딸 아주라를 낳았다.

9.   카인이 자기 누이 아완을 아내로 삼았고, 아완은 창조 후 196 년경에 에녹을 낳았다. 창조 후 197년에 지상에 처음 집이 지어지 기 시작했고, 카인이 도시를 만들고 자기 아들의 이름을 따서 에녹 의 도시라고 불렀다.

10.   그리고 아담이 하와와 성교를 하여 9명의 자녀들을 더 얻었다.

11.   다섯째 49년 주기에 속하는 창조 후 225~231년경에 세트가 자기 누이 아주라를 아내로 삼아 에노스를 낳았다.

13.   에노스는 지상에서 최초로 주님의 이름을 불렀다.

16.   야레드의 아내 베라카가 창조 후 522년에 에녹을 낳았다.

17.   에녹은 글을 쓰고 지식과 지혜를 배운 최초의 사람이다. 그는 하늘의 변화와 계절을 기록했다.

18.   그는 증언을 최초로 기록했고, 사람의 아들들에게 미래에 일 어날 일들에 관해서 경고했다.

20.   창조 후 587년에 그는 다니엘의 딸 에드니를 아내로 삼아 아 들 메투셀라를 낳았다.

21.   에녹은 294년 동안 하느님의 천사들과 어울렸고, 천사들은 그 에게 하늘과 땅의 모든 것과 태양의 힘을 가르쳤으며, 에녹은 이것 을 모두 기록했다.

22.   그리고 에녹은, 사람의 딸들과 결합하여 스스로를 더럽힌 감 시의 천사들에 관해서도 증언을 했다.

23.   그는 사람의 아들들로부터 분리되었고, 우리는 그를 에덴 동 산으로 영광스럽게 옮겨주었다. 거기서 그는 세상에 대한 단죄와 심판, 그리고 사람의 아들들의 모든 악행을 기록하고 있다.

24.   그가 거기서 심판의 날까지 모든 사람의 행동에 관한 기록을 보관하고 있었기 때문에, 대홍수의 물이 에덴 동산을 침범할 수 없 었다.

26.   주님은 지상에 거룩한 곳을 네군데 가지고 있다. 즉 에덴 동

산, 동쪽의 산, 그리고 네가 오늘 머무는 이 산(시나이 산)과 시온 산이다.

28. 라멕의 아내 베테노스가 창조 후 701~707년경에 노아를 낳았다.

29. 창조 후 930년에 아담이 죽었다. 모든 자녀들이 그를 그가 창조된 장소에 묻었는데, 지상에서 그는 최초로 매장된 사람이었다.

30. 그의 나이는 천년에서 70년이 모자랐는데, 그것은 하늘에서는 천 년이 하루이고, 지식의 나무 열매를 먹으면 그날로 너는 죽을 것이라고 한 말이 들어맞은 것이다. 그래서 천년, 즉 하루를 다채우지 못하고 도중에 죽은 것이다.

31. 아담이 죽은 그 해에 카인은 자기 집이 무너지는 바람에 돌에 깔려서 죽었다. 동생 아벨을 돌로 쳐죽였기 때문에 돌에 깔려서 죽은 것이다.

33. 창조 후 1212년에 노아가 라케엘의 딸 엠자라를 아내로 삼아 1214년에 셈을 낳았다. 그리고 2년 뒤에 함을 낳고, 그후 또 3년 뒤에 야페트를 낳았다.

천사들의 타락, 거인족의 출현과 멸종

제5장

1. 창조 후 1177년경에 하느님의 많은 천사들이 사람의 딸들을 바라보고 아름답다고 느꼈고, 그래서 각자 아내를 선택해서 살았다.

2. 여기서 태어난 것이 거인족이다. 그래서 지상은 날로 무법 천지가 되고, 사람과 야생 동물과 가축과 새들 등 모든 생물의 생활 방식이 타락했다. 자연 질서가 뒤죽박죽이 되고, 그들이 서로 잡아

먹기 시작했다. 사람들의 생각과 의도가 사악하기만 했다.

4. 지상을 내려다본 주님은 사람과 모든 생물을 전멸시키겠다고 말했다.

5. 오로지 노아 한 사람만 그의 눈에 들었다.

6. 그는 지상에 파견했던 천사들에 대해서 너무나 분노했기 때문에 그들의 권한을 빼앗고, 우리에게 그들을 땅 속 깊은 곳에 감금하라고 지시했다. 그래서 우리는 그들을 따로 땅 속에 가두었다.

8. 거인족에 관해서 주님은 "나의 정신이 거인족 사람들 안에 영원히 머물지는 않을 것이다. 그들은 120세의 수명을 살고 죽어야 한다."고 말했다.

9. 그는 칼을 그들 사이에 내려보내서 서로 죽이도록 했다. 그들은 서로 죽여서 지상에서 멸종했다.

22. 노아는 주님의 지시대로 창조 후 1307년에 방주를 만들었다.

23. 그리고 다음해 2월 초승달이 뜰 때부터 16일까지 그 안으로 들어갔다. 주님은 2월 17일 저녁에 방주를 밖에서 봉인했다.

27. 노아의 방주가 물 위를 떠돌 때, 물이 땅을 150일 동안 뒤덮었다. 방주는 아라라트 산맥의 일부인 루바르 산에서 땅에 닿았다.

1년은 364일로 한다

제6장

1. 노아가 산 위에 제대를 만들고 새끼염소를 잡아서 그 피로 땅의 죄를 속죄했다.

6. 주님은 노아에게 "나는 모든 야생 동물과 새와 물고기와 초목 등 모든 것을 너에게 먹을 것으로 준다.

7. 그러나 피가 들어 있는 살은 먹지 마라. 모든 생물의 생명이 그 피 속에 있기 때문이다.

30. 그러므로 1년은 364일로 한다고 이스라엘의 자손들에게 널리 알려라."라고 말했다.

노아가 최초로 포도를 심는다

제7장

1. 창조 후 1311년, 노아가 루바르 산에 포도를 처음 심었다. 3년 뒤인 1314년 7월에 포도를 수확하여,

2. 포도주를 만들어 다음해 1월 초승달이 뜨는 첫날까지 저장했다.

3. 그는 초승달이 뜨는 그날을 축일로 삼아서 주님에게 제물을 바치고 즐거운 잔치를 벌였다.

6. 그와 자녀들이 몹시 기뻐하면서 포도주를 마셨다.

13. 함은 노아가 자기의 어린 아들 카나안을 저주했다는 것을 알고는 몹시 불쾌하여 쿠쉬, 마즈라임, 푸트, 카나안 등의 아들들을 데리고 노아를 떠나갔다.

14. 그리고 도시를 건설하여 자기 아내의 이름을 따서 네엘라타 마우크라고 불렀다.

15. 야페트가 자기 형이 한 일을 시기하여 다른 도시를 건설하고는 자기 아내의 이름을 따서 아다타네세스라고 불렀다.

16. 노아와 함께 살던 셈은 아버지의 권위에 의지하여 도시를 건설하고 자기 아내의 이름을 따서 세데카텔레바브라고 불렀다.

17. 그래서 루바르 산 주위에 세 도시가 생겼다.

20. 창조 후 1324년에 노아가 손자들에게 계명들을 가르치기 시

대홍수에 대한 예언

작했다.

21. 그는 감시의 천사들이 여자들과 간음했기 때문에 대홍수가
왔다고 가르쳤다.

22. 거인족들의 이름은 나피딤, 나필, 엘리오 등인데, 그들은 서
로 잡아먹고 또 죽였다.

점성술의 기록이 남아 있다

제8장

2. 아르파크샤드가 아들 카이남에게 글을 가르쳤다.

3. 아들은 도시를 건설할 장소를 찾아다니다가 먼 옛날 사람들이 바위에 새겨둔 글을 발견했다. 그래서 그것을 읽고 베꼈다. 거기에는 해와 달과 별들과 하늘의 모든 현상을 보고 점을 치는 감시 천사들의 가르침이 들어 있었다.

4. 그는 노아에게 야단을 맞을까 두려워서 그 기록을 감추었다.

11. 셈과 함과 야페트 등 노아의 아들 셋이 노아의 무릎에서 제비를 뽑아 온 세상의 3분의 1씩을 차지했다.

19. 에덴 정원은 주님의 집으로서 가장 거룩한 곳이고, 시나이 산은 사막의 중심지이고, 시온 산은 지구의 배꼽의 중심인데, 이 셋은 서로 마주 보고 있었다.

최초의 벽돌과 바벨탑

제10장

1. 불결한 악마들이 노아의 자손들을 나쁜 길로 인도하여 죽이기 시작했다.

2. 노아의 아들들이 노아에게 가서, 손자들을 눈멀게 하고 죽이는 악마들에 관해서 말했다.

3. 노아가 그들을 위해서 하느님에게 기도했다.

7. 주님은 우리에게 악마들을 모두 체포하라고 명령했다.

8. 악마의 두목인 마스테마가 자기에게 부하들을 조금 남겨줘야 사람들에게 자기의 권한을 행사할 수 있다고 간청했다.

9. 주님은 그에게 10분의 1을 주고, 나머지는 모두 처벌 장소로 끌어가라고 우리에게 명령했다.

15. 노아는 950세에 죽어서 아라라트 산맥의 루바르 산에 묻혔다.

17. 그는 에녹을 제외하고는 모든 사람 가운데 가장 의로운 사람이었다.

20. 창조 후 1590~1596년경에 시나르 땅의 사람들이 "자, 이제 우리가 도시와 탑을 만들어서 하늘로 올라가자."고 말하고는 탑을 건설하기 시작했다. 그리고 불로 벽돌을 굽기 시작했고, 벽돌들은 해산물로 만든 아스팔트로 접착했다.

21. 오로지 벽돌만 사용해서 43년 동안 탑을 건설했다. 탑의 높이는 5433큐비트나 되었다.

22. 주님이 우리에게 "보라! 단일 민족인 그들이 저 일을 시작해서 앞으로 그치지 않을 것이다. 자, 우리가 내려가서 그들이 서로 이해하지 못하도록 언어를 혼란시키자. 그리고 각지로 흩어지게 하여 심판의 날까지 공동 사업을 못하게 하자."고 말했다.

24. 주님이 사람들의 언어를 혼란시켜 그들이 서로를 이해하지 못해 도시와 탑의 건설을 중단했다.

25. 시나르 땅 일대를 바벨이라고 부르는 이유가 바로 이것이다.

26. 그리고 주님이 강한 바람을 일으켜서 탑을 무너뜨렸다. 이 유적이 아슈르와 바빌론 사이의 시나르 땅에 있는데, 사람들은 이것을 '붕괴'라고도 부른다.

27. 탑의 붕괴는 창조 후 1639년에 일어났다.

전쟁과 우상숭배

제11장

2. 창조 후 1682년경에 노아의 자손들이 전쟁을 일으켜 서로 죽이고 포로를 잡기 시작했다. 그들이 강한 도시와 성벽과 탑들을 세우고 사람의 피를 땅에 흘렸고 또한 피를 먹었다. 왕들이 나타나고 정복과 노예 매매가 시작되었다.

3. 케세드의 아들 우르가 칼데아 지방에 도시를 건설하고 우르라고 불렀다.

4. 사람들이 자신들의 모습을 금속으로 주조하여 그 우상을 숭배했다. 그리고 다른 우상들도 만들었다.

9. 창조 후 1800년에 우르가 이스카를 아내로 삼았다.

10. 그리고 창조 후 1806년에 테라를 낳았다.

14. 테라가 창조 후 1870년에 결혼하였고

15. 창조 후 1876년에 아브람을 낳았다.

16. 아브람은 우상 숭배와 불결함을 통해서 세상이 악하게 되었다는 것을 알았다. 그는 아버지에게서 글을 배웠다.

17. 또한 14세가 되었을 때 그는 우상 숭배를 하지 않기 위해서 아버지와 별거했고, 만물의 창조주에게 기도했다.

19. 아브람은 밭의 씨를 쪼아먹으려고 달려드는 무수한 까마귀들을 고함쳐서 쫓아버렸다.

23. 그리고 그는 땅 속에 씨를 심는 농기구를 발명했다.

아브람이 우상들의 집을 불태우다

제12장

2. 아브람이 아버지 테라에게 이렇게 말했다. "아버지가 그 앞에서 엎드려 숭배하는 우상들이 무슨 이익을 가져다줍니까?

3. 우상들의 안에는 생명이 없고, 벙어리들이기 때문에 이들이 우리를 잘못으로 인도할 뿐입니다. 그러니 숭배하지 마십시오.

4. 오히려 비와 이슬을 내리고 지상의 모든 것을 다스리고, 모든 것을 창조한 하늘의 하느님을 숭배하십시오.

5. 우상들이란 사람의 손으로 만든 물건에 불과합니다."

6. 테라는 "그런 것은 나도 잘 안다.

7. 그러나 내가 만일 진실을 말한다면, 이곳 백성들이 나를 죽일 것이다.

8. 너도 입을 다물지 않으면 사람들이 너를 죽일 것이다."라고 대답했다.

9. 창조 후 1925년에 아브람이 자기 누이 사라이를 아내로 삼았다.

10. 그의 동생인 하란이 아들 로트를 낳았다.

11. 그의 동생인 나호르가 아내를 맞아들였다.

12. 아브람이 60세 되는 해에 밤에 일어나서 우상들을 모신 집에 몰래 불을 질렀다.

14. 그때 하란이 우상들을 구하러 갔다가, 아버지 테라가 보는 앞에서 불에 타죽었다.

15. 테라가 아들들과 가족을 데리고 우르 땅을 떠나서 레바논과 가나안으로 향했고, 이윽고 하란 땅에 정착했다. 그들은 거기서 14년을 살았다.

16. 아브람이 저녁부터 아침까지 별을 관측하러 나갔다가 한 가

지 생각이 떠올라서 말했다.

17. "별들과 달과 태양의 조짐이 모조리 주님의 손에 달려 있다.

18. 그렇다면 왜 내가 이런 조짐들을 바랄 필요가 있는가? 주님은 자기가 원할 때 비를 내리고, 원하지 않으면 비를 내리지 않는다."

19. 그래서 아브람이 "나의 하느님, 가장 높으신 나의 하느님, 당신 홀로 저의 하느님이십니다. 당신과 당신의 지배를 이제 제가 선택합니다.

20. 사람들의 생각과 정신을 지배하는 악마들로부터 저를 구원해 주십시오."라고 기도했다.

22. 주님의 말씀이 그에게 와서 그곳을 떠나라고 지시했다.

26. 나는 아브람의 입과 입술과 귀를 열어주었고, 바벨탑의 붕괴 이전에 사람들이 사용했지만 이제는 아무도 이해하지 못하는 히브리어를 그에게 새로 가르쳤다.

27. 그는 히브리어로 된 자기 아버지의 책들을 가지고 6개월 동안 공부했다.

아브람이 소돔 왕을 구출하고 헤브론에 정착한다

제13장

1. 아브람이 아내 사라이와 조카 로트를 데리고 하란을 떠나 가나안으로 향했다. 아슈르에 이르러 방랑하다가 세켐에 도착해서 높다란 참나무 근처에 정착했다.

3. 주님은 그 땅을 그에게 주겠다고 말했다.

4. 그는 거기에 제대를 만들고 제물을 바쳤다.

10. 그는 헤브론에 이르러서 2년을 지냈다. 헤브론은 그때 건설되었다.

11. 베알로트 지방의 기근이 심해서 그는 이집트로 갔다.

15. 그는 아이와 베텔 사이의 땅으로 돌아갔다.

17. 로트가 그를 떠나 소돔에서 자리잡았다.

21. 그는 헤브론에 정착했다.

22. 엘람 왕 케도를라오메르, 시나르 왕 암라펠, 셀라사르 왕 아리오크, 여러 부족들의 왕 테르갈이 고모라 왕을 죽였고, 소돔 왕이 달아났다. 무수한 군사들이 사해 근처 시딤 계곡에서 죽었다.

23. 그들은 소돔과 아담과 제보임을 점령하고, 로트를 포로로 잡아갔다.

28. 소돔 왕이 자기를 구해 준 아브람 앞에 엎드렸다.

이슈마엘이 태어난다

제14장

24. 사라이가 자기 하녀인 이집트 여자 하가르를 아브람에게 아내로 주었다. 하가르는 그가 86세일 때 아들 이슈마엘을 낳았다.

최초의 할례

제15장

ㄱ.　주님은 "수많은 민족들의 아버지로 너를 지명했으니, 이제부터 너의 이름을 아브라함이라고 하라.

I5.　또 네 아내의 이름은 사라이가 아니라 사라로 하라."고 말했다.

ㄹ0.　주님은 이슈마엘을 12명의 왕의 선조로 하고, 그 후손이 강한 민족이 될 것이라고 말했다.

ㄹ3.　아브라함은 자기와 이슈마엘을 비롯한 모든 남자들에게 할례를 했다.

이사악이 태어난다

제16장

5.　주님이 소돔과 고모라와 제보임과 요르단 지방 전체를 심판하여 불태워버렸고, 그 지역은 지금까지 폐허로 남아 있다.

I4.　이사악이 태어났다. 그는 하느님과 아브라함의 계약에 따른 최초의 할례를 받았다.

야곱과 에사우

제19장

I. 창조 후 2002년에 아브라함이 헤브론 맞은편인 키르야트 아르바에서 14년을 살았다.

2. 창조 후 2016년에 사라가 헤브론에서 죽었다.

7. 그때 사라의 나이는 127세였다.

I0. 이사악이 레베카를 아내로 맞이했다.

II. 아브라함은 하녀 케투라를 세번째 아내로 삼았다. 하가르는 사라보다 먼저 죽었기 때문이다.

I2. 케투라는 14년 동안에 짐란, 요크샨, 메단, 미디안, 이슈바크, 슈아 등 6명의 아들을 낳았다.

I3. 레베카가 두 아들 야곱과 에사우를 낳았다. 야곱은 온순하고 올바른 사람이었고, 에사우는 거칠고 난폭한 사냥꾼이며, 털이 많았다.

I4. 야곱은 글을 배웠지만, 에사우는 배우지 않았다.

I5. 아브라함은 야곱을, 이사악은 에사우를 사랑했다.

아브라함의 자손인 아랍족

제20장

II. 창조 후 2044년에 아브라함이 이슈마엘과 그 아들들, 그리고 케투라의 아들들에게 선물을 주고는 떠나보냈다. 그리고 이사악에게 모든 재산을 넘겨주었다.

12-13. 케투라의 아들들과 이슈마엘이 파란과 바빌론 사이의 사막지방에 정착하여 서로 섞였는데, 각각 아랍족과 이슈마엘족이라고 불렸다.

아브라함이 죽는다

제23장

9. 아브라함은 창조 후 2050년에 175세에 죽었다. 대홍수 이전의 인간의 수명은 931세였는데, 대홍수 이후에 그 수명이 단축되었고, 사람이 늙는 속도도 더 빨라졌다.

11. 심판의 날까지 모든 사람은 100살이 되기 전에 빨리 늙어서 분별력을 잃을 것이다.

12. 그리고 75세만 되어도 오래 살았다는 말을 들을 것이다.

15. "고대에는 사람이 1000살까지도 살았는데 우리는 이제 기껏해야 70세를 산다."고 사람들이 말할 것이다. 80세까지 살 수가 있다고 해도 즐거움과 편안함은 없는 세월일 것이다.

에사우가 상속권을 넘긴다

제24장

1. 창조 후 2122년에 이사악이 헤브론을 떠나서 환상의 샘 근처로 가서 살았다.

2-6. 대흉년이 들었을 때, 배가 고파서 죽을 지경이던 에사우가

장남의 상속권을 동생인 야곱에게 팥죽 한 그릇을 받고 넘겨주었다. 그때부터 팥죽 때문에 에사우를 에돔이라고 불렀다.

레베카가 죽는다

제35장

26. 창조 후 2108년에 레베카가 158세에 죽었다.

27. 야곱과 에사우가 그녀를 이중 동굴로 운반하여 사라 곁에 묻었다.

이사악이 죽는다

제36장

1-2. 창조 후 2113년에 이사악이 에사우와 야곱을 불러놓고, 자기가 죽으면 아브라함이 돈을 주고 산 히타이트인들의 에프론 평원에 있는 이중 동굴로 운반해서 아브라함 곁에 묻어달라고 말했다.

12. 이사악은 재산을 둘로 나누어서 큰 몫을 에사우에게 주려고 했지만, 에사우가 사양했다.

17. 그리고 그는 에사우와 야곱 사이에 평화가 깃들이게 된 것을 몹시 기뻐했다.

18. 그는 180세에 죽었다.

19. 에사우는 에돔 지방으로 가서 세이르 산악지대에 살았다.

20. 야곱은 헤브론 산악 지방으로 가서 아브라함이 건설한 탑에

서 살았다.

에사우의 아들들이 야곱을 공격한다

제37장
I.   이사악이 유산의 큰 몫을 야곱에게 준 것을 안 에사우의 아들들이 분노하여, 에사우가 말리는 것도 듣지 않고 야곱을 공격하기 위해서 군사를 수천 명 동원했다.
II.   그리고 에사우를 강제로 지휘관으로 삼았다.
I4.   그때는 야곱이 아내 레아의 죽음을 애도하는 기간이었다.

야곱이 자기 형 에사우를 죽인다

제38장
I.   유다가 야곱에게 에사우를 죽이라고 말했다.
2.   야곱이 활을 쏘자 화살이 에사우의 오른쪽 가슴에 꽂혔고, 그래서 에사우가 죽었다.
8.   에사우의 아들 4명이 아버지의 시체를 내버려둔 채 달아났다.
9.   야곱이 에사우의 시체를 아두람의 산에 묻었다.
I0. 야곱의 아들들이 에사우의 아들들을 정복하여 노예로 삼았다.

야곱이 이집트에서 죽는다

제45장

6. 야곱이 이집트의 고센과 라메세스 지방에 정착했는데, 그때 그는 130세였다.

12. 요셉은 이집트 백성이 수확의 5분의 1을 왕에게 바치도록 법을 정했고, 그 법은 지금도 시행되고 있다.

13. 야곱은 이집트에서 17년을 살았고, 147세에 죽었다.

요셉이 죽는다

제46장

3. 요셉은 110세에 죽었는데, 왕을 대리하여 이집트를 80년 동안 다스렸다.

8. 요셉은 창조 후 2242년에 죽었다.

모세의 출생

제47장

1. 너(모세)는 창조 후 2330년에 태어났고

5. 파라오 왕의 딸 타르무트가 강에서 목욕을 하다가 네(모세)가 우는 소리를 들었다. 그래서 하녀를 시켜 네가 든 바구니를 가져오

도록 했다.

8.　너의 어머니 요케베드가 네 유모로 지정되었다.

9.　너는 파라오 왕의 딸의 아들이 되었고, 너의 친부 암람이 네게 글을 가르쳤다.

아담에서 모세까지 2410년이 지났다

제50장

4.　아담에서 오늘(모세시대)에 이르는 기간은 49년 주기가 49번 지났고, 9년이 더 지났으니, 2410년이 지난 것이다.

아담의 증언

카인의 딸들 때문에 대홍수가 닥쳤다

해설

이 문헌은 시리아어, 그리스어, 아랍어, 카르슈니어, 이디오피아어, 고대 죠르지아어, 아르메니아어 등의 필사본들이 남아 있다. 최초의 원본을 저술할 때 사용된 언어에 관해서는 히브리어, 그리스어, 시리아어 등 세 갈래의 주장이 있지만, 시리아어라는 주장이 가장 신빙성이 있다고 본다.

세 부분으로 구성된 이 문헌은 각 부분의 저술 연대가 다르다. 그리스도교의 수정을 거쳐서 현재의 필사본으로 정리된 것은 서기 3세기 중엽이나 말기라고 추정한다. 그러나 문헌 자체의 저술 시기는 서기 2세기에서 5세기 사이라고 본다. 저자와 저술 장소는 확인되지 않았다. 이 문헌의 내용 가운데 특이한 점은 대홍수를 일으킨 것이 카인의 딸들이라는 것, 아담이 처음부터 신이 되려고 했고, 결국에는 신이 된다는 것, 그리고 인류의 타락은 실수에서 나온 것이고, 금지된 열매는 무화과였다는 것 등이다. 그리고 천사들의 서열에 관한 기술도 매우 특이하다.

밤의 시간표

제1장

1. 밤 1시는 악마들이 찬미하는 시간이다. 이때에는 그들이 사람을 해치지 않는다.

2. 밤 2시는 비둘기들이 찬미하는 시간이다.

3. 밤 3시는 물고기와 불과 낮은 심연에 있는 모든 짐승들이 찬미하는 시간이다.

4. 밤 4시는 세라핌들이 "거룩합니다. 거룩합니다. 거룩합니다." 라고 찬미하는 시간이다. 그래서 내가 죄를 짓기 이전에는, 세라핌들이 낙원에서 거룩하다는 말을 세 번 반복하는 그 찬미가를 부르기 위해서 날개들을 부딪치는 소리를 들었다. 그러나 나는 율법을 어긴 뒤부터 다시는 그 소리를 듣지 못했다.

5. 밤 5시는 하늘 위에 있는 물이 찬미하는 시간이다. 그래서 나는 천사들과 함께 세찬 파도 소리를 들었다. 그것은 그들이 창조주에게 찬미가를 바치라고 재촉하는 소리였다.

6. 밤 6시는 구름들이 형성되는 시간, 한밤중에 밀려오는 엄청난 두려움의 시간이다.

7. 밤 7시는 물이 잠드는 동안에 그 물의 힘을 바라보는 시간이다. 하느님의 사제는 이 시간에 물을 길어서 거룩한 기름과 섞고, 그 기름을 환자에게 발라주면 환자들이 편안하게 쉰다.

8. 밤 8시는 이슬이 하늘에서 내려오는 동안에 지상에서 풀이 솟아나는 시간이다.

9. 밤 9시는 케루빔들이 찬미하는 시간이다.

10. 밤 10시는 사람들이 기도하는 시간이다. 그때 하늘의 문들이 열리고, 살아 있는 모든 것의 기도가 그 문으로 들어간다. 그리고

케루빔들은 주님을 숭배하고 나서 떠난다. 이 시간에 사람이 하느님에게 요청하는 것은 무엇이든지, 세라핌과 수탉들이 날개를 부딪칠 때 허락된다.

11. 밤 11시는 해가 낙원으로부터 떠오르고 모든 피조물 위에서 빛날 때, 온 땅 위에 기쁨이 깃드는 시간이다.

12. 밤 12시는 향을 피우기를 기다리는 시간이다. 사제들이 하느님에게 향을 피워서 바칠 때까지 불과

아담과 이브, 4세기의 조각

바람의 모든 계급에게 침묵이 부과되어 있다. 이 시간에는 하늘의 모든 힘(별)들이 사라진다. 이상이 밤의 시간표다.

낮의 시간표

제2장

1. 낮 1시는 하늘의 존재들이 간청하는 시간이다.
2. 낮 2시는 천사들이 기도하는 시간이다.
3. 낮 3시는 새들이 기도하는 시간이다.
4. 낮 4시는 짐승들이 기도하는 시간이다.
5. 낮 5시는 하늘 위에 있는 것들이 기도하는 시간이다.
6. 낮 6시는 우리 인간 본성의 사악함에 대항해서 간청하는 케루빔들이 찬미하는 시간이다.

7. 낮 7시는 모든 생물의 기도가 하늘의 문으로 들어갈 때, 케루빔들이 하느님 앞으로 들어가고 나오면서 주님을 숭배하고 떠나는 시간이다.

8. 낮 8시는 불과 물이 찬미하는 시간이다.

9. 낮 9시는 위엄의 옥좌 앞에 서 있는 저 천사들이 간청하는 시간이다.

10. 낮 10시는 천사들이 내려와서 물과 샘을 굽어볼 때, 즉 물을 방문하는 시간이다. 주님의 천사가 내려와서 물과 샘을 굽어보지 않는다면 사람들이 상처를 입고, 악마를 보는 사람은 누구나 상처를 입는다. 이 시간에 하느님의 사제가 물을 길어서 거룩한 기름과 섞고, 그 기름을 병자에게 발라주면 건강이 회복되고 병이 치유된다.

11. 낮 11시는 정의로운 사람들이 환호하고 기뻐하는 시간이다.

12. 낮 12시, 즉 저녁의 시간은 사람들이 만물의 주님인 하느님의 은총의 뜻을 달라고 간청하는 시간이다.

아담을 신으로 만들겠다는 예언

제3장

1. 아담이 자기 아들 세트에게 이렇게 말했다. 즉 "오랜 시간이 지난 뒤에 하느님이 이 세상에 내려오는데, 그는 동정녀에게 잉태되어 육체를 입고 사람으로 태어난 뒤에 어린애로서 자라날 것이라는 말을, 내 아들아, 너는 나에게 들었다. 그는 지상에서 많은 기적을 일으킬 것인데, 바다의 물결 위를 걸어가고, 바람에게 야단을 쳐서 잠잠하게 만들 것이다. 그가 파도들에게 손짓하면 파도들이

고요해질 것이다. 그는 눈먼 사람들을 보게 하고, 문둥이들을 깨끗하게 고쳐줄 것이다. 곱추들이 허리를 펴게 하고, 중풍환자들을 치유하며, 잃어버린 사람들을 회복하고, 악마들을 쫓아낼 것이다.

2. 죽음이 숨어 있던 그 과일들을 몇 개 내가 따먹은 뒤, 낙원에서 하느님이 내게 '아담아, 아담아, 두려워하지 마라. 너는 신이 되기를 원했다. 나는 너를 신으로 만들어주겠다. 그러나 지금이 아니라 오랜 세월이 지난 뒤에 그렇게 해주겠다. 내가 너를 지금 죽음에게 넘겨주니, 구더기들이 네 몸을 먹어버릴 것이다.' 라고 말했다.

3. 나는 그에게 '주님, 왜 그렇게 하는 것입니까?' 라고 물었다. 그는 '네가 뱀의 말을 들었기 때문이다. 그래서 너와 네 후손들은 뱀의 먹이가 될 것이다. 그러나 너는 나의 모습에 따라 창조되었기 때문에, 얼마쯤 지나면 네게 자비가 베풀어질 것이고, 나는 네가 저승에서 사라지도록 하지는 않을 것이다. 너를 위해서 나는 동정녀 마리아로부터 태어나고, 죽음을 맛보고, 죽음의 집에 들어갈 것이다. 너를 위해서 나는 새로운 하늘을 만들고, 나는 네 후손들 위에 확립될 것이다.

4. 그리고 사흘 뒤 내가 무덤 안에 머물러 있는 동안 나는 네게서 받은 육체를 일으킬 것이다. 나는 너를 내 신성한 옥좌 오른편에 앉히고, 네가 원한 대로 너를 신으로 만들 것이다. 나는 하느님의 총애를 받을 것이고, 너와 네 후손들에게 하늘의 정의에 맞는 것을 회복시켜줄 것이다.' 라고 대답했다.

5. 내 아들 세트야, 네 어머니 하와 때문에 죄가 생기게 되어, 네 형 카인이 네 누나 레부다에 대한 격정 때문에 아벨을 죽였는데, 그 카인의 딸들 때문에 지상에 대홍수가 올 것이라는 말을 너는 나에게 들었다. 대홍수가 지나간 뒤에 이 세상의 형태는 6천 년을 유지할 것이고, 그 다음에는 종말이 올 것이다." 라고 말했다.

6. 나 세트가 이 증언을 기록했다. 나의 아버지가 죽었고, 그들이

지상에 최초로 세우고 에녹이라 부른 도시 그 반대편에 있는 낙원의 동쪽에 그를 묻었다. 아담은 하느님의 모습에 따라 창조되었기 때문에 천사들과 하늘의 힘들이 그를 무덤까지 옮겼다. 그리고 해와 달이 7일 동안 빛을 잃었다. 우리는 이 증언에 봉인을 하고, 아담이 낙원에서 가지고 나온 제물, 즉 황금과 유향과 몰약과 함께 이 증언을 보물들의 동굴에 보관했다. 왕의 아들들인 동방박사들이 와서 이것들을 집어서 유데아의 베들레헴의 동굴에 있는 하느님의 아들에게 가지고 갈 것이다. 우리 아버지 아담의 증언은 여기서 끝난다.

천사들의 서열

제4장

1. 우리 아버지 아담의 증언이 계속된다. 내가 사랑하는 사람들이여, 이 세상의 계획과 봉사에 있어서 하늘의 천사들이 어떻게 서열을 이루고 있는지 잘 들어라. 그들은 제일 낮은 것으로부터 차례로 위에 놓여지고, 가장 높은 천사들은 메시아인 우리 주 예수를 받들어서 위로 올라갔다. 가장 낮은 것이 천사들이다. 이 천사들은 각각 한 사람씩 맡아서 감시하고 보호하기 때문에, 각 사람에 관한 하느님의 계획이 그들에게 알려져 있다. 이 천사의 임무는 사람에 대한 봉사다.

2. 두번째 서열에 있는 것은 대천사들이다. 이 세상에서 사람을 제외한 모든 생물을 보호하고 지도하는 것이 이들의 임무다.

3. 세번째 서열에 있는 것은 아르콘들이다. 그들은 예언자 다비드의 말에 따라서 공기를 움직여 땅 끝에서 구름이 일어나게 하고

지상에 비를 내리게 한다. 그들은 또한 비와 눈과 우박과 먼지와 피가 내리게 하는 등 기후의 변화를 책임진다. 천둥과 번갯불도 그들에게 맡겨져 있다.

4. 네번째 서열에 있는 것은 권위의 천사들이다. 그들은 해와 달과 별들의 빛을 다스린다.

5. 다섯번째 서열에 있는 것은 세력의 천사들이다. 그들은 악마들이, 사람들에 대한 질투 때문에 하느님이 창조한 만물을 파멸시키는 것을 막는다. 만일 이 저주받은 악마들에게 제멋대로 원하는 것을 하도록 내버려둔다면, 악마들이 한 시간 안에 만물을 없애버릴 것이기 때문이다.

6. 여섯번째 서열에 있는 것은 지배의 천사들이다. 그들은 왕국을 다스리고, 전쟁의 승리와 패배를 손아귀에 쥐고 있다. 이것은 아시리아 왕의 경우에 잘 드러난다. 그가 예루살렘을 정복하려고 올라갔을 때 천사가 하늘에서 내려가, 사악한 자들의 진영을 짓밟아서 눈 깜짝할 순간에 185,000명이 살해되었다.

7. 축복받은 자카리아는 사람의 모습으로 붉은 말을 탄 천사가 장막의 나무들 사이에 서 있는 것을 보았다. 흰 말과 붉은 말을 탄 다른 천사들이 손에 창을 든 채 그 천사의 뒤를 따라가는 것도 보았다. 마카베오 족의 유다도 붉은 말을 타고 황금 그물들을 끄는 천사를 보았다. 적이 그 천사를 보자, 사악한 안티오쿠스가 달아났다. 승리와 패배는 전투 시간이 이 천사들을 지휘하는 살아있는 하느님의 지시에 따라서 주어지는 것이다.

8. 그보다 더 높은 서열에 있는 옥좌의 천사들, 세라핌 그리고 케루빔들은 메시아인 우리 주님 예수의 위엄 앞에 서 있고, 그의 위엄의 옥좌를 섬기며, 매시간마다 "거룩합니다. 거룩합니다. 거룩합니다."라고 찬미가를 부른다. 케루빔은 그의 옥좌를 정성스럽게 운반하고, 옥새를 보관한다. 세라핌은 주님의 안방을 보살핀다. 옥좌

의 천사들은 가장 거룩한 곳의 문을 지킨다. 이것은 천사들의 서열에 따라서 그 임무를 진실하게 설명한 것이다. 우리 주님이 돕는 덕분에, 우리 아버지 아담의 증언 기록을 여기서 마친다.

아브라함의 증언

아브라함의 삶과 죽음

해설

이 문헌은 그리스어 필사본이 30여 종 남아 있고, 콥트어, 아랍어, 이디오피아어, 슬라브어, 루마니아어 필사본들도 있다.

이것은 기원후 2세기경에 이집트에서 저술된 것이라는 주장도 있고, 기원후 1세기에 유태인들이 저술한 것이라는 설도 있다. 어쨌든 이 문헌은 5세기 이후부터 그리스도교 세계에서 대단한 인기를 누려왔다.

또한 이것은 '아브라함의 삶과 죽음에 관한 이야기'라는 제목도 붙어 있다.

미카엘이 아브라함에게 파견된다

제2장

1. 주님의 지시를 받고 미카엘 대천사가 맘레의 참나무 근처에 있는 아브라함에게 내려갔다.

2. 마침 아브라함은 마세크의 아들들, 즉 12명의 하인들을 거느리고 밭을 갈고 있었다.

3. 가장 멋진 군인의 모습으로 나타난 천사를 아브라함이 바라보았다.

5. 천사가 그에게 "가장 존경스러운 아버지여, 하느님이 선택한 정의로운 사람이여, 주님의 참된 친구여, 안녕하십니까?"라고 인사했다.

6. 그러자 그가 천사에게 "가장 존경스러운 군인이여, 안녕하십니까?"라고 인사했다.

10. 천사는 "거대한 도시의 위대한 왕이 자기의 참된 친구인 당신을 불러오라고 했소."라고 말했다.

15. 아브라함은 자기와 천사가 타고 갈 말을 두 필 가져오라고 하인들에게 지시했다.

16. 그러나 천사는 "나는 말을 절대로 타고 다니지 않소.

19. 당신 집까지 걸어서 갑시다."라고 말했다.

아브라함이 천사의 발을 씻어준다

제3장

1. 그들이 길을 가는데 길가의 삼나무가 사람의 목소리로 주님을 찬미했다.

2. 아브라함은 천사가 그 말을 못 들었을 것으로 여겨 아무런 대꾸도 하지 않았다.

5. 이사악이 천사의 발 아래 엎드려 인사했다.

6. 천사가 그를 축복했다.

7. 아브라함이 이사악에게 우물에서 물을 길어오라고 말했다.

9. 그리고 그 물로 천사의 발을 씻어주고는 감정이 복받쳐서 눈

아브라함이 이사악을 제물로 바치려고 한다, 안토와느 고이펠 작, 17세기

물을 흘렸다.

10. 이사악도 울었다.

11. 천사도 눈물을 흘렸는데, 대야에 떨어진 그 눈물이 모두 보석으로 변했다.

13. 아브라함이 그 보석들을 몰래 건져서 감추었다.

미카엘은 아브라함에게 차마 죽음을 예고하지 못한다

제4장

1-8. 아브라함이 천사를 위해서 푸짐한 저녁상을 차려주었다.

9. 천사는 소변을 보러 가는 척하고 밖으로 나가서 눈 깜짝할 사이에 하늘로 올라갔다.

10-11. 그리고 주님에게 "저는 지상에서 아브라함과 같이 자비롭고 친절하고 정의로우며 신의가 있고 신심이 깊은 사람을 본 적이 없습니다.

13. 그래서 그에게 죽음을 예고할 수가 없었습니다."라고 말했다.

14. 주님은 미카엘에게 "내가 성령을 이사악에게 내려보내, 그가 꿈을 통해서 자기 아버지의 죽음을 미리 알도록 하겠다.

16. 그러면 그가 아브라함에게 꿈의 내용을 알릴 것이다."라고 말했다.

이사악이 꿈을 꾼다

제5장

6.   주님이 꿈을 통해서 이사악의 마음 속에 아브라함의 죽음에 대한 생각을 집어넣었다. 밤 3시에 그가 잠에서 깨어났다.

10.   허겁지겁 아버지의 방으로 들어간 이사악이 아버지를 끌어안고 통곡했다.

11-12.   아브라함과 천사가 같이 울었다.

사라가 천사를 알아본다

제6장

1.   사라는 손님이 천사임을 눈치채고는 아브라함을 살짝 밖으로 불러내서

2.   "저 손님이 누구인지 아세요?"라고 물었다.

3.   아브라함은 모른다고 대답했다.

6.   그녀는 손님이 바로 천사라고 말했다.

10.   그는 천사의 눈물이었던 보석들을 그녀에게 주었다.

아브라함이 죽기를 거부한다

제7장

3. 다시 안으로 들어온 그들에게 이사악이 꿈의 내용을 설명했다.
4. 이사악은 머리 위에 뜬 해와 달을 보았다.
5. 그는 하늘이 열리고 찬란한 사람이 내려오는 것을 보았다.
6. 그 사람은 해를 집어가지고 하늘로 돌아갔다.
7. 그 사람이 다시 하늘에서 내려와 달을 집어가지고 갔다.
17. 이사악은 "그 해가 아버지와 비슷했어요."라고 말했다.
18. 천사는 아브라함에게 "해는 바로 당신이고, 달은 사라입니다.
19. 당신은 이제 지상의 삶에서 떠나야 할 것입니다."라고 말했다.
20. 아브라함이 소스라치게 놀랐다.
24. 그리고 천사를 따라가지 않겠다고 말했다.

주님이 천사를 다시 파견한다

제8장

9-21. 주님이 미카엘의 보고를 받은 뒤에 "아브라함에게 가서 이렇게 전하라. 너는 왜 나의 명령에 따르지 않느냐? 아담과 하와의 후손은 누구나 다 죽었다는 것을 모르느냐? 예언자들도 왕들도 모두 죽었다. 그러나 나는 네게 죽음을 보내지 않았고 천사를 보내서 위로했다. 나는 너를 괴롭히려고 부르는 것이 아니다."라고 지시했다.

아브라함이 죽기 전에 조건을 내건다

제9장

6. 아브라함은 "저는 주님의 명령을 거역하는 것이 아니고
9. 살아 있는 동안에 온 세상과 만물을 둘러보고 싶은 것입니다.
10. 그런 뒤에 미련 없이 이 세상을 떠나겠습니다."라고 말했다.
15. 주님이 케루빔의 전투용 마차에 그를 태워 구경시켜주라고
허락했다.

아브라함이 온 세상을 구경한다

제10장

1. 미카엘이 빛의 구름과 60명의 천사를 거느리고 내려가, 케루빔
의 마차에 아브라함을 태운 다음 하늘 꼭대기로 올라갔다.
3. 아브라함이 그날 온 세상을 둘러보았다.
5. 그는 세상의 선한 것과 악한 것을 모조리 구경했다.
12. 칼을 든 도둑들을 본 아브라함이 천사에게 "땅이 입을 벌려서
저들을 삼키라고 해주십시오."라고 말했다. 그러자 땅이 갈라져서
그들을 삼켜버렸다.
13. 강도들이 약탈하는 장면을 본 그는 하늘에서 불을 내려 그들
을 태워버리라고 요청했다. 그러자 불이 내려와 그들을 태워버렸다.
15. 그러자 하늘에서 "마차를 멈추고 아브라함이 온 세상을 더 이
상 구경하지 못하게 하라.
16. 그가 모든 생명을 전멸시킬까 두렵기 때문이다.

18. 그는 죄를 짓지 않았고, 죄인들에게도 자비를 베풀지 않는다. 그러나 나는 죄인들이 회개하여 살기를 바란다."는 목소리가 들려왔다.

좁은 문과 넓은 문

제11장

1. 천사가 아브라함을 하늘의 첫째 대문 앞으로 데리고 갔다.
2. 그는 거기서 두 갈래의 길을 보았는데, 하나는 비좁고 또 하나는 매우 넓은 것이었다.
3. 비좁은 길에는 좁은 문이, 넓은 길에는 넓은 문이 있었다.
4. 문 밖에는 무시무시하게 생긴 사람이 황금 옥좌에 앉았는데, 그는 주님과 비슷했다.
6. 천사들이 무수한 사람들을 넓은 문으로 몰아넣는 반면, 좁은 문으로 들어가는 영혼은 매우 적었다.
10. 옥좌에 앉은 사람은 아담이었다.

영혼들을 저울로 달아서 심판한다

제12장

1. 불타는 천사 두 명이 1만 명의 영혼을 무자비하게 몰아서 멸망의 넓은 문으로 들여보냈다.
3. 우리는 그 천사들을 따라서 넓은 문으로 들어갔다.

4. 문과 문 사이에 불처럼 번쩍이는 무서운 옥좌가 놓였다.

5. 거기에는 하느님의 아들처럼 생기고, 태양처럼 빛나는 놀라운 사람이 앉아 있었다.

6. 그의 앞에 있는 황금 책상에는 넓이 10큐비트, 두께 6큐비트인 책이 놓여 있었다. 그의 양쪽에는 천사가 종이와 펜과 잉크를 들고 있었다.

7. 그리고 책상 앞에는 찬란한 천사가 저울을 들고 앉아 있었다.

10. 그의 오른쪽 천사는 사람들의 선행을, 왼쪽의 천사는 죄를 기록했다.

11. 그리고 저울을 든 천사는 영혼의 무게를 재고, 불타는 무시무시한 천사는 불로 영혼들을 시험했다.

30. 사위와 간통하고 자기 딸을 살해한 여자의 영혼이 "지상에서 살아 있을 때는 내가 지은 죄들을 잊어버렸지만, 여기서는 하나도 잊혀지는 것이 없다."고 부르짖었다.

아벨이 일차적으로 심판한다

제13장

4. 심판의 옥좌에 앉은 무시무시한 사람은 아벨이었다.

8. 모든 사람은 거기서 일차적으로 심판을 받고, 재림의 시기에는 이스라엘의 12지파들이 다시금 심판할 것이다.

10. 그리고 주님이 마지막으로 다시 심판한다.

16. 저울을 든 천사는 도키엘 대천사였다.

17. 불타는 천사는 피루엘 대천사였다.

21. 그리고 영혼들을 거기 데리고 오는 사람은 에녹이었다.

기도가 영혼들을 구원한다

제14장

2. 선행과 죄가 동일한 사람들은 처벌도 구원도 받지 못했다. 그들은 최후의 심판 때까지 그 자리에 서 있어야만 했다.

8. 아브라함과 미카엘이 그들을 위해서 주님께 기도하자, 그들이 구원되었다.

아브라함이 다시금 거부한다

제15장

4. 천사가 아브라함을 집으로 데려다주었다.

10. 천사가 그에게 육체를 떠날 때가 되었다고 말했다.

14. 그가 천사에게 "나는 당신을 따라가지 않겠소."라고 말했다.

18. 천사가 아브라함의 말을 주님에게 보고했다.

19. 주님이 "내 친구 아브라함이 정말 그렇게 말했는가?"라고 물었다.

20. 천사가 그렇다고 대답했다.

아브라함이 '죽음'의 천사의 요구도 거절한다

제16장

1. 주님이 '뻔뻔한 얼굴'과 '잔인한 눈초리'라는 별명이 있는 '죽음'을 데려오라고 지시했다.

3. 천사가 죽음에게 가서 '불멸의 왕이 당신을 부릅니다.'라고 말했다. 죽음이 벌벌 떨면서 주님에게 갔다.

7. 주님은 죽음에게 "아브라함을 겁주지 말고 부드러운 가면으로 설득하여 데려오라."고 말했다.

9. 죽음이 그 누구보다도 아름다운 대천사의 모습으로 변해서 아브라함에게 갔다.

11. 그때 아브라함은 맘레의 숲에서 턱을 손에 괸 채 미카엘을 기다리고 있었다.

18. 죽음은 그에게 "솔직하게 말하자면 나는 죽음의 쓴 잔이오.

23. 나는 당신 영혼을 데리러 왔소."라고 말했다.

24. 아브라함은 "당신 말을 잘 알겠소. 그러나 나는 따라가지 않겠소."라고 말했다.

25. 죽음이 입을 다물고 대꾸하지 않았다.

죽음이 무서운 모습을 드러낸다

제17장

2. 죽음은 아브라함이 가는 곳은 어디든지 뒤따라다녔다.

11. 죽음이 그에게 "정의로운 사람에게 나는 아름다운 모습으로

나타나지만, 악인에게는 썩은 냄새를 풍기고 무시무시한 모습으로 나타납니다." 라고 말했다.

l2.　아브라함이 죽음에게 무시무시한 모습을 보이라고 요구했다.

l6.　죽음이 가장 무시무시한 얼굴을 보여주었다.

l9.　죽음은 또한 불타는 칼의 얼굴, 번개의 얼굴과 무서운 천둥소리를 보여주고 들려주었다.

20.　또한 머리가 셋 달린 용도 보였다.

23.　그 모습을 본 남녀 하인이 7천 명이나 죽었고, 아브라함 자신도 기절할 지경이었다.

죽은 하인들이 살아난다

제18장

2.　아브라함의 요청에 따라서 죽음이 다시금 아름다운 모습으로 변했다.

ll.　아브라함과 죽음이, 죽은 하인들을 위해서 기도했다. 그래서 주님이 그들을 다시 살려주었다.

아브라함은 미카엘을 따라가겠다고 말한다

제19장

2.　아브라함이 죽음에게 "내가 쉬려고 하니 꺼져라." 하고 말했다.

3.　죽음은 그의 영혼을 데리고 가기 전에는 물러가지 않겠다고

대답했다.

4. 아브라함이 죽음에게 화를 냈다.

5. 그리고 미카엘이 와야만 따라가겠다고 말했다.

7. 죽음은 자기의 여러 가지 얼굴이 지닌 상징에 관해서 설명해 주었다.

아브라함이 죽는다

제20장

2. 죽음의 천사는 죽음이 22가지라고 말했다.

13. 죽음이 아브라함에게 "나의 오른손에 키스하시오. 그러면 기쁨과 생명과 힘이 당신에게 돌아올 거요."라고 말했다. 죽음은 그를 속이고 있었다.

14. 아브라함이 그 손에 키스했다.

15. 즉시 미카엘이 그의 곁에 서 있었다. 무수한 천사들이 하늘의 담요에 그의 영혼을 받아들였다.

이사악의 증언

60만 마리의 고문하는 짐승들

해설

이 문헌은 콥트어, 아랍어, 이디오피아어 필사본이 남아 있다. 그리스어 필사본이 있을 것이라고 추정되지만, 아직 발견되지 않았다. 이것은 연대를 추정할 수 없는 시기에 이집트에서 저술된 것으로 본다.

천사가 이사악에게 내려간다

제2장

1. 이사악이 자기 육체에서 떠날 때가 가까워지자, 주님이 메소레의 달 22일 새벽에 천사를 그에게 보냈다.

4. 그는 아브라함과 비슷한 모습의 천사를 바라보았다.

5. 천사는 "당신 아버지 아브라함이 당신을 기다리고 있소.

6. 선조이자 세상의 아버지라는 이름이 당신에게 주어졌기 때문에, 당신은 다른 성인들보다 뛰어난 옥좌를 받을 것이오."라고 말했다.

7. 이사악은 "나는 당신이 우리 아버지인 줄 알고 놀랐소."라고

말했다.

10. 천사는 "나는 당신을 감옥으로부터 기쁨의 장소로 데리고 갈 천사요. 그곳에는 빛과 즐거움과 환희가 영원히 풍성하지요.

11. 그러므로 이제 당신의 증언을 기록하시오."라고 말했다.

이사악이 야곱을 걱정해준다

제3장

1. 야곱은 그들이 하는 말을 들었지만, 아무런 말도 하지 않았다.

2. 이사악이 침울한 어조로 "나는 내 눈의 빛이고 사랑하는 아들 인 야곱에 대해서 무엇을 하면 좋겠소? 에사우가 그에게 어떤 짓을 할지 걱정이오."라고 말했다.

3. 천사가 "세상의 모든 민족이 단결한다고 해도, 야곱이 받은 축복을 무효로 만들 수가 없소.

4. 당신이 그를 축복했을 때는 성부와 성자와 성령도 축복했소.

5. 따라서 칼이 그의 몸에 닿지 못할 것이오. 그의 몸에서 12개의 옥좌가 나올 것이오."라고 말했다.

그리스도가 와서 구원할 것이다

제4장

1. 천사는 이사악이 잠자고 있던 침대에서 일어나 하늘나라로 올라갔다.

2. 이사악은 그 광경을 쳐다보고 놀랐다.

8. 야곱이 와서 이사악의 목을 껴안고 울었다. 그들은 눈물이 더 이상 나오지 않을 때까지 같이 울었다.

9. 야곱은 "저도 함께 데려가주세요."라고 말했다.

10. 이사악은 "그렇게 할 수는 없다. 너는 네 차례를 기다려라.

12. 주님이 결정한 것은 변경시킬 수가 없다.

13. 나는 주님에게 가게 되어 기쁘다.

14. 아무도 죽음을 피할 수가 없다.

17. 우리 선조들은 에녹을 제외하고 모두 죽음을 겪었다.

18. 앞으로 42세대가 지나면 그리스도가 순결한 동정녀 마리아에게서 태어날 것이다.

20. 그는 12사도를 선택하여 그들에게 자기 몸과 피의 신비를 가르칠 것이다. 빵은 그의 몸이 되고 포도주는 그의 피가 될 것이다.

22. 앞으로 올 세대는 시간의 끝에 이르기까지 그의 몸과 피로 구원될 것이다.

23. 그리스도교 신자들이 시간의 끝에 이르기까지 제물을 바칠 것이고, 그들이 제물을 바치고 있는 한, 적그리스도는 나타나지 않을 것이다."라고 말했다.

이사악이 백년간 단식생활을 한다

제5장

3. 이사악은 눈이 보이지 않게 되었을 때, 자기 침실로 들어가서 백년간 머물면서 날마다 단식했다. 그리고 자기와 집안의 모든 사람들을 위해서 어린 짐승을 제물로 바쳤다.

6. 그는 매년 40일씩 세번을 완전히 단식했고 침대에서 잠을 자지도 않았다.

사제가 지켜야 할 의무

제6장

1. 하느님의 사람이 시력을 회복했다는 소문이 널리 퍼지자, 사람들이 그의 생명의 말들을 들으려고 모여들었다.
4. 사제가 "제가 마땅히 해야 할 일은 무엇입니까?"라고 물었다.
5. 그는 "당신 몸은 하느님의 성전이니까 거룩하게 보존하시오.
6. 다른 사람과 싸우지 마시오.
7. 욕설, 허풍, 주책없는 말을 하지 마시오. 남의 물건에 손을 대지 마시오.
9. 제물을 바칠 때는 속세의 일을 생각하지 마시오.
10. 모든 사람과 화목하게 지내시오.

가장 무거운 죄들

제7장

1. 사제는 먹는 것, 마시는 것, 잠자는 것에 관해서 절제해야 하오. 속세에 관한 일은 말하지도 듣지도 말아야 하오.
2. 일생 동안 기도와 철야 기도에 전념해야 하오.
3. 사제든 일반 신자든 속세와 속세의 모든 사악한 걱정을 끊어

버리고 천사들이 주님을 섬기는 거룩한 봉사에 참여해야 하오.

5. 그들이 완전한 신앙과 순결을 보존한다면 천사들이 그들의 친구가 될 것이오.

6. 우리는 누구나 죄가 하나도 없어야만 하오.

7~10. 가장 무거운 죄는 칼이나 혀로 사람을 죽이는 짓, 육체적, 정신적 간음, 젊은이들을 더럽히는 짓, 질투, 화를 내는 짓, 지위를 자랑하는 짓, 이웃의 불행을 기뻐하는 짓, 비방하는 짓, 음탕한 눈으로 여자를 쳐다보는 짓, 비방에 귀를 기울이는 짓이오."라고 말했다.

60만 마리의 고문하는 짐승들

제8장

2. 그가 담요로 자기 얼굴을 가렸다.

4. 아브라함의 천사가 와서 그를 데리고 하늘로 올라갔다.

5. 그는 무시무시하고 소란한 장면이 여기저기서 펼쳐지는 것을 보았다.

6. 어떤 것은 낙타의 얼굴, 사자의 얼굴, 개의 얼굴을 각각 가졌고, 눈이 하나인 것, 그리고 쇠로 만든 혀를 가진 것도 있었다.

7. 나는 한 사람이 나타나는 것을 보았다.

8. 그들이 짐승들에게 다가섰을 때, 그를 데리고 온 사람들이 한쪽으로 비켰다. 사자가 그를 갈가리 찢어서 삼켜버렸다. 그리고 그를 토해내자, 그는 자기 모습으로 돌아갔다. 다른 짐승들이 차례로 그를 잡아먹고 나서 토해냈다.

11. 천사는 그가 이웃과 싸웠는데, 화해하기 전에 죽은 사람이라

고 설명했다.

12. 　그는 다섯 가지 짐승에게 차례로 잡혀먹었다. 짐승들은 그가
1시간 싸운 것에 대해서 1년 동안을 고문했다.

13. 　천사는 고문하는 짐승의 숫자가 60만 마리나 된다고 말했다.

불타는 강과 심연과 집

제9장

1. 　천사는 나를 불타는 강으로 데려갔다. 그 물결치는 소리는 천
둥 소리와 같았다.

2. 　거기 불타는 강물 속에 무수한 영혼이 빠져 있었다.

3. 　그 강물은 정의로운 영혼들은 손대지 않고, 죄인들만 태우고
삶았다. 악취가 극심했다.

4. 　구름처럼 연기가 나는 심연도 보았다. 거기 내던져진 사람들
이 통곡하며 이를 갈았다.

6. 　천사는 그들이 동성 연애인 남색의 죄를 지은 사람들이라고
말했다.

7. 　나는 잠자지 않는 벌레들로 가득 찬 구덩이도 보았다. 거기서
처벌을 담당하는 압데메루코스가 "그들이 하느님의 존재를 알 때
까지 몹시 두들겨패라."고 말했다.

8. 　불타는 돌로 지은 집을 보았다. 그 밑에 깔린 사람들이 통곡하
고 있었다.

이사악의 증언을 듣기만 해도 구원된다

제10장

1. 그 뒤에 천사가 나를 하늘로 데리고 올라갔다. 나는 아버지 아브라함을 만나 인사했다.

2. 아버지는 모든 성인들을 데리고 와서 나에게 인사했다.

8. 주님이 "누구나 각자 이사악의 증언을 베껴쓰게 하라. 그리고 이사악의 이름으로 가난한 사람에게 빵을 주도록 하라.

10. 그러면 그를 나의 왕국의 아들로 받아들일 것이다. 그는 천년의 첫 시간에 여기 들어올 것이다."라고 말했다.

11. 아브라함이 주님에게 "그가 만일 너무 가난해서 남에게 줄 빵이 없다면 어떻게 합니까?"라고 물었다.

12. 주님은 "이사악을 기념하여 밤에 잠을 자지 않고 밤샘을 한다면 그를 나의 왕국에 받아줄 것이다."라고 대답했다.

13. 아브라함이 "그가 힘이 없고 약해서 밤샘을 못하면 어떻게 합니까?"라고 물었다.

14. 주님은 "이사악의 이름으로 향을 하나 피우면 된다.

15. 그가 향마저 없다면, 이사악의 증언을 읽으면 된다.

16. 그 증언도 읽을 수 없다면, 다른 사람이 읽는 것을 들으면 된다.

17. 그것도 할 수가 없다면, 자기 집에 가서 기도를 백번 하면 된다."고 말했다.

야곱의 증언

천국과 지옥을 구경한 야곱

해설

이 문헌은 콥트어, 아랍어, 이디오피아어 필사본들이 남아 있다.

아브라함의 증언, 이사악의 증언 그리고 이 문헌이 3부작으로서 그리스어로 저술되었다는 주장도 있다. 아브라함의 증언만 그리스어로 된 필사본이 남아 있다. 그리고 이 세 가지 문헌을 한데 묶은 것은 이디오피아어의 한 갈래인 보하릭어로 된 필사본이 유일하다.

야곱의 눈이 보이지 않게 된다

제2장

3. 주님이 이스라엘이라고 불리는 야곱을 축복하였고, 그의 자손이 이집트 땅에 매우 많아졌다.

4. 야곱은 아들 요셉을 위해서 날마다 울었기 때문에 이집트로 갈 때 눈이 보이지 않을 지경이었다. 그러나 요셉을 만난 뒤로는 시력을 회복했다.

8. 그는 이집트의 가센 지방에서 17년 동안 살았다. 그리고 매우 늙어서 눈이 보이지 않게 되었다.

천사가 야곱에게 나타난다

제3장
1. 그는 이사악의 모습으로 나타난 천사를 보고 매우 무서워했다.
2. 천사는 "두려워하지 마시오. 나는 당신이 젊었을 때부터 당신과 함께 지내온 천사요.
7. 나는 에사우의 손에서 당신을 구해주었고, 이집트로 당신을 불러냈소."라고 말했다.

야곱이 아들들을 위로한다

제4장
4. 야곱의 아들들이 모여서 그에게 "아버지, 우리는 외국 땅의 나그네들인데 어떻게 해야 좋겠습니까?"라고 말했다.
5. 그는 "두려워 마라. 주님이 메소포타미아에서 나에게 나타나 '나는 네 조상들의 하느님이다. 두려워하지 마라. 나는 영원히 너와 네 후손들과 함께 있을 것이다.' 라고 했다."고 말했다.

요셉이 맹세한다

제5장

1. 야곱이 자기 육체를 떠나갈 때가 가까워졌다.

2. 그는 요셉을 가까이 오라고 불렀다.

4. 야곱의 요청에 따라서 요셉은 아버지의 시체를 조상들의 무덤으로 가져가겠다고 맹세했다.

5. 야곱이 요셉의 몸에 기댔다.

야곱이 지옥과 천국을 구경한다

제8장

1. 야곱은 휴식처들을 방문하기 위해서 하늘로 인도되어 올라갔다.
2. 그러자 수많은 고문 천사들이 나타났다.
3. 그들은 각각 모습이 달랐다. 그들이 고문하려고 하는 죄인들은 간음한 자, 창녀, 남색을 즐긴 자, 동성 연애자, 간통한 자, 하느님의 창조물을 더럽힌 자, 마술사, 마법사, 불의한 자, 우상 숭배자, 점성술사, 비방한 자, 한 입으로 두 말을 한 자였다.
4. 그들에 대한 처벌에는 꺼지지 않는 불, 암흑, 통곡하며 이빨을 가는 장소, 잠을 자지 않는 벌레 등이 쓰였다.
5. 재판관 앞에 끌려가는 일과 살아 있는 하느님 손에 넘겨지는 일은 끔찍한 것이었다.
7. 천사가 나를 아브라함과 이사악이 있는 곳, 빛으로 가득 찬 곳으로 데려갔는데, 그들은 하늘의 왕국, 사랑받는 사람들의 도시에서 즐거움과 기쁨을 누리고 있었다.

야곱이 147세로 세상을 떠난다

제9장

1. 그 다음에 야곱이 아들들에게 "나의 시체는 아브라함과 사라와 이사악이 묻힌 곳, 히타이트 사람 에프론의 들판에 있는 이중의 동굴, 즉 헤트의 아들들로부터 사들인 그곳에 묻어라." 하고 말했다.
2. 그는 다른 사람들처럼 육체를 떠났다.

3.　주님이 미카엘과 가브리엘을 데리고 하늘에서 내려왔고, 수많은 천사들이 그 앞에서 노래했다.

4.　그들은 야곱의 영혼을 빛의 왕국으로 데리고 갔다.

6.　요셉이 그를 이집트의 파라오 왕에게 소개했을 때는 130세였고, 그가 이집트에서 17년을 더 살았으므로 147년을 살고 눈을 감은 것이다.

야곱이 묻힌다

제10장

2.　요셉이 하인들에게 야곱의 시체를 이집트의 최고 관습에 따라서 방부 처리를 하라고 지시했다.

3.　그들은 40일 동안을 방부 처리를 하는 데 보냈고, 추가로 80일 동안 애도했다.

6.　요셉은 파라오 왕에게 야곱의 시체를 가나안에 묻게 해달라고 요청했다.

7.　파라오 왕이 허락하고 전투용 마차들과 수송용 마차들, 그리고 필요한 하인들과 사람들을 데리고 가라고 말했다.

8.　요셉이 파라오 앞에서 하느님을 찬미하고 왕궁 밖으로 나갔다.

9.　요셉이 자기 아버지의 장례를 치르기 위해 출발했다.

10.　수많은 파라오의 하인들, 이집트의 장로들, 요셉의 모든 가족들, 형제들이 같이 갔다.

11.　많은 기병대와 전차부대가 호위했다.

12.　그들은 요르단 강의 저쪽 편에 있는 가다드의 타작 마당에서 멈추었다.

13.   그리고 거기서 야곱을 7일 동안 애도했다.

14.   이집트인들이 애도했다고 해서 그곳을 지금까지도 '이집트의 애도'라고 부른다.

15.   그들은 이스라엘(야곱)을 맘레 건너편에 있는 동굴에 묻었다.

16-17.   요셉은 이집트로 돌아왔고, 더 오래 살다가 나중에 이집트의 왕이 되었다.

야곱의 증언은 여러 곳에 기록되어 있다

제11장

2.   야곱의 죽음에 관해서는 거룩한 영감을 받은 성서들과 우리 조상들의 책들, 그리고 너의 아버지인 아타나시우스 나 자신의 책에도 기록되어 있다.

3.   야곱의 증언을 확인하고 싶다면, 예언자 모세의 창세기를 읽어보는 것이 좋다.

야곱의 사다리

하늘에 닿은 사다리와 구세주

해설

이 문헌은 슬라브어로 된 필사본이 유일하게 남아 있다. 원래 그리스어로 저술된 것을 번역한 것으로 추정한다.

그러나 이것의 유래는 알려진 것이 없다. 기원 후 7~8 세기 이전에 저술된 것으로 추정할 뿐이다.

야곱의 사다리는 창세기 28장 10~12절에 언급되어 있다. 에피파니우스는 에비온파가 〈야곱의 계단〉이라는 문헌을 가지고 있다고 언급했지만, 이것은 내용이 이 문헌과 전혀 다른 것으로서, 신약에 나오는 야고보에 관한 것이다.

하늘 끝까지 닿은 사다리

제1장

1. 야곱이 삼촌 라반에게 가고 있었다. 한 곳에 이르러 돌을 베고 누워서 잠이 들었다. 해가 지고 그는 꿈을 꾸었다. 보라, 지상에 사다리가 놓였는데 그 끝이 하늘에 닿았고, 사다리의 끝은 불로 빚은 사람의 모습과 같았다.

2. 계단은 모두 12개인데, 각 계단의 좌우에 각각 사람의 모습이 있었다. 가슴까지 보이는 사람의 모습이 24나 되었다.

3. 그러나 가운데 있는 형상은 불로 된 것으로 어깨와 팔까지 보이는데, 다른 24개의 모습보다 더 키가 크고 한층 무시무시했다.

4. 내가 바라보고 있을 때, 주님의 천사들이 그 사다리를 오르내렸다. 그리고 주님이 제일 높은 형상 그 위에 서 있었다.

5. 그것은 지팡이에 의지해서 서 있는 사람의 모습이었다.

6. 사다리를 올라가는 천사들의 의미는 이렇다. 십자가의 나무가 주님의 수난으로 지상에 섰을 때, 야곱의 눈에 사다리가 보였다. 세례를 받은 이방인들을 주님이 받아주었기 때문에 그들이 올라가는 것이다. 그리고 내려오는 것은 복종하지 않는 사악한 사람들이었다.

7. 이것은 이미 모세가 "거짓말을 하고 사악한 세대여! 주님에게 감사하는 것이 이런 것인가?"라고 말하여 예언했다.

8. 그래서 이방인들이 사다리를 올라가고, 유태인들이 내려오는 것이다.

9. 꼭대기에서 그가 "야곱아, 야곱아." 하고 불렀다.

10. 나는 "주님, 제가 여기 있습니다."라고 대답했다.

11. 그는 "네가 자고 있는 그 땅을 너와 네 후손에게 주겠다. 나는 네 민족을 하늘의 별과 바다의 모래처럼 번식시키겠다.

12. 네 후손들을 통해서 온 땅과 그 안에 사는 모든 사람이 마지막 날까지 축복을 받을 것이다. 네게 주는 나의 축복은 너의 마지막 후손까지 이어질 것이다.

13. 그리고 동쪽과 서쪽이 모두 네 후손으로 채워질 것이다."라고 말했다.

야곱과 라반, 17세기

야곱이 꿈의 설명을 요청한다

제2장

1. 위에서 들려오는 그의 목소리를 듣고 나는 겁에 질려서 떨면서 엎어졌다.

2. 나는 꿈에서 깨어났다. 하느님의 목소리가 내 귀에 아직도 쟁쟁할 때, 나는 "이곳은 얼마나 엄숙한가! 이것은 하느님의 집, 하늘의 문이 분명하다."고 말했다.

3. 나는 베개로 삼았던 돌을 기둥처럼 일으켜세웠고, 그 꼭대기에 기름을 부었으며, 그 장소를 하느님의 집이라고 불렀다.

4. 그리고 나는 "오, 주님, 아담의 하느님, 아브라함과 이사악의 하느님,

10. 날개가 여섯인 세라핌이 당신 영광의 얼굴을 두려워하여 자기 다리와 얼굴을 날개로 가립니다.

11. 그들은 다른 천사들과 함께 날아다니면서 노래합니다. 열두 개의 얼굴과 수많은 이름을 가진 높으신 분이여, 번개의 모습으로 불타는 분이여, 거룩하고 거룩하고 거룩하고 거룩한 분이여, 야오, 야오바, 여오일, 사바크도스, 카보드,

12. 사바오트, 오믈렐레크, 일라비르, 아미스미, 바레크, 영원한 왕, 강력한 분, 가장 위대한 분, 자비로운 분, 축복을 받은 분이여!

13. 나의 꿈을 설명해주십시오."라고 기도했다.

사레클 대천사가 야곱을 이스라엘이라고 부른다

제3장

I. 내가 기도를 하고 있을 때, 내 앞에서 "기뻐하는 자들의 형인 사레클아, 야곱을 우선 축복한 뒤에 그의 꿈을 설명해주어라."하고 말하는 소리가 들렸다.

2. 사레클 대천사가 나에게 와서 내가 그의 얼굴을 쳐다보았다. 그러나 꿈에서 본 얼굴이 더 무시무시했기 때문에 그의 얼굴은 무섭지가 않았다. 그리고 나는 천사의 얼굴을 무서워하지 않고 있었다.

4. 그는 나에게 "이름이 뭐요?"라고 물었다.

5. 나는 야곱이라고 대답했다.

6. 그는 "당신 이름은 이제부터 야곱이 아니라 나의 이름처럼 이스라엘이라고 할 거요."라고 말했다.

7. 그런데 시리아의 판다나를 떠나 내가 형 에사우를 만나러 갔을 때, 그가 나에게 와서 축복하고 내 이름을 이스라엘이라고 불렀다.

8. 그는 자기 이름을 가르쳐주지 않아서, 내가 졸라댔더니 "네가 이겼다."고 대답했다.

사다리에 대한 해설

제4장

2. 그는 "사다리는 이 시대이고, 12계단은 이 시대의 시간이오.

3. 그리고 24개의 모습은 이 시대의 이방인 부족들의 왕들이고,

4. 이 왕들 아래, 그들은 당신 후손들이 이방인처럼 타락한 것에 대항해서 일어나고, 그는 이곳을 당신 후손들이 4대를 지나가는 동안 황폐한 곳으로 남겨둘 것이오.

5. 그리고 당신 조상들의 재산으로 하느님의 이름에게 바쳐진 성전 안에 성소를 지을 것이오.

6. 당신이 네가지 형상을 보았는데, 그것은 당신의 후손이 4대를 지나는 동안 이곳이 황무지가 된다는 의미요.

7. 첫째 형상, 즉 계단에 넘어진 사람을 본 것은

8. 가장 높으신 분이 당신의 형 에사우의 후손 가운데서 왕을 일으킬 것이라는 의미지요. 그들은 당신의 후손을 괴롭힌 모든 지배자들을 영접할 것이오.

9. 당신의 후손은 그 왕에게 넘겨져서 압제를 받을 것이오.

10. 왕이 그들을 무력으로 다스릴 것이고, 그들은 저항하지 못할 것이오.

11. 그러나 왕이 그들에게 우상 숭배를 강요하고 죽은 것들에게 제물을 바치라고 할 때가 되면 그들이 비로소 대항할 것이오.

12. 우상 숭배의 죄를 지은 사람들 가운데 일부는 당신 민족의 가장 위대한 자를 섬기고, 일부는 팔코나가르가일(청동상 또는 메소포타미아의 우상)을 섬길 것이오.

주님의 심판

제5장

1. 그리고 야곱이여, 당신 후손은 외국 땅에서 나그네가 되어 천대를 받고 노예가 되며, 날마다 매를 맞게 될 것이오.

2. 그러나 그들을 다스리는 이방인들을 하느님이 심판할 것이오, 왕이 일어나서 심판하면, 당신 후손들이 이방인들의 압제에서 해방될 것이고, 원수들의 모든 질책으로부터 벗어날 것이오. 왕은 모든 보복과 복수의 원천이 될 것이오. 시대의 끝에 이르면 몹시 고통을 받은 사람들이 일어나 소리칠 것이고, 그러면 주님이 그들의 소리를 듣고 감동하여 그 고통에 대해 자비를 베풀 것이오.

3. 천사와 대천사들이 당신 민족을 구해달라고 주님에게 기도할 것이오.

4. 그러면 그들의 여자들이 열매를 맺고, 주님이 당신 민족을 보호할 것이오.

5. 당신의 민족을 노예로 삼았던 그들의 창고가 전에는 가득 찼지만 포도주와 밀이 하나도 남지 않을 것이고, 그들의 땅에서는 파충류와 독을 가진 온갖 짐승이 기어다닐 것이며, 무수한 지진과 재난이 닥칠 것이오.

독수리와 바다의 괴물이 살해된다

제6장

1. 그러면 가장 높으신 분이 그곳을 심판하고 당신의 후손을 압제하는 민족들로부터 구원할 것이오.

2. 왜냐하면 왕은 복수의 원천이 되어 원수들에게 호되게 보복하려고 일어날 것이기 때문이오.

3. 당신의 후손들이 부르짖으면 주님이 바다의 괴물 레비아탄에게 분노를 쏟아붓고, 이방인들의 독수리를 칼로 죽일 것이오. 왜냐하면 그가 모든 신들의 하느님을 거슬러서 오만을 부릴 것이기 때

문이오.

4. 야곱이여, 그러면 당신과 당신 조상들의 복수가 이루어질 것이고, 당신 뒤에 오는 다른 사람들이 당신의 번영에 참여할 것이오.

5. 그러면 당신 후손들이 나팔을 불고, 에돔의 왕국 전체가 모압 족과 그 지배자들과 함께 모두 멸망할 것이오.

구세주에 대한 예언

제7장

1. 당신이 사다리를 올라가는 천사들을 보았는데, 그것은 마지막 시기에 가장 높으신 분이 파견한 사람이 있고, 그는 높은 것들과 낮은 것들을 결합할 것이오.

2. 당신의 아들과 딸들이 그에 관해서 예언하고 환상을 볼 것이오.

3. 그가 올 때 나타나는 여러 징표들이 있소. 즉 도끼에 찍힌 나무가 피를 흘리고, 세 살 먹은 아기가 조리 있게 말을 하며, 뱃속에 든 태아가 그의 길을 선포하고, 젊은이가 늙은이처럼 될 것이오.

4. 그러면 '기다림의 대상이던 그분'이 올 것이오. 그러나 그의 길은 아무도 모를 것이오.

5. 그가 오면 땅이 하늘의 영광을 받았기 때문에 기뻐하고, 위의 것이 또한 아래의 것이 될 것이오.

6. 당신의 후손 가운데서 왕의 싹이 솟아나오고, 그가 일어나서 악의 세력을 타도할 것이오.

7. 그는 모든 땅들의 구세주가 되고, 힘겹게 일하는 사람에게는 평화가 되며, 온 세상을 뜨거운 열에서 보호하는 구름이 될 것이오.

8. 그가 오지 않는다면, 무질서한 것이 질서를 찾지 못하고,

9. 낮은 것들이 높은 것들과 결합하지 못할 것이오. 그가 오면, 청동과 돌로 만든 황소들, 그리고 조각한 모든 형상들이 3일 동안 말을 하여, 어떤 지혜로운 사람들에게 소식을 전해서 지상에서 무슨 일이 일어날 것인지 알려줄 것이오. 그러면 그들이 그에게 가는 길을 별을 보고 알아낼 것이오. 그들은 천사들이 보지 못하는 것을 지상에서 볼 것이오.

10. 그러면 전능한 분이 육체를 가지고 지상에 있고, 사람의 팔이 그를 껴안고 있을 것이며, 그는 인류를 새롭게 만들고, 나무의 과일을 통해서 죽었던 아담과 하와에게 생명을 줄 것이오.

11. 그러면 신을 모독하는 자들의 속임수가 모조리 드러나고, 모든 우상이 넘어져 찬란한 옷을 입은 그의 얼굴 앞에서 수치를 받을 것이오. 그들은 속임수만 생각했고, 이제는 다스릴 수도 예언할 수도 없기 때문이오.

12. 그들은 광채와 영광을 박탈당하고, 앞으로 오실 그분이 그들의 힘과 권세를 뺏고, 아브라함에게 약속한 대로 진리를 줄 것이오.

13. 그는 예리한 것을 모두 무디게 하고, 거친 것은 반질반질하게 만들며, 모든 불의를 바다 깊은 곳에 던져버리고, 하늘과 땅에서 기적들을 일으킬 것이오.

14. 그는 사랑스러운 분의 집 그 안에서 상처를 받고, 그가 상처를 받으면 구원이 오고 모든 타락이 끝날 것이오.

15. 그를 해친 사람들이 오히려 상처를 입고, 그 상처는 결코 치유가 되지 않을 것이오.

16. 창조된 만물이 '상처받은 그분'에게 절하고, 수많은 사람이 그를 신뢰하며, 어디서나 모든 나라에서 그가 알려질 것이오.

17. 그의 이름을 안 사람은 수치를 당하지 않고, 그의 힘과 시대는 결코 쇠망하지 않을 것이오."라고 말했다.

요셉과 아세네트의 로맨스

이집트 왕이 된 요셉

해설

이 문헌은 창세기 41장 45절, 50~52절과 46장 20절에 언급된 아세네트를 바탕으로 해서 지어낸 고대 설화다. 기원후 1세기에 유태인 사회에서는 아세네트에 관한 여러 가지 전설이 유포되어 있었는데, 그녀는 포티페라의 양녀이고, 실제로는 세켐이 디나를 강간한 결과 태어난 딸로서 천사들이 이집트로 데려갔다고 한다. 그러나 이러한 전설은 이 문헌의 내용과 직접적인 관련이 없다고 본다.

그럼에도 불구하고 이 문헌에서는 유태교의 영향이 뚜렷하게 보인다.

이것은 4~5세기에 소아시아에서 그리스도교 신자가 저술한 것으로 추정된다. 기원전 1세기에서 기원후 1세기 사이에 이집트에서 유태인이 저술했다는 주장도 있다. 그리스어로 된 것이 원본임은 확실하다.

이 문헌의 필사본들은 9세기 이후 그리스어로 필사한 것이 20여 종 남아 있고, 라틴어와 시리아어로 된 것도 남아 있다. 그러나 이 문헌이 서부 유럽에 처음 알려진 것은 1250년경에 보베의 빈첸시우스가 이것의 내용을 라틴어로 소개했을 때였다.

가장 아름다운 미녀 아세네트

제1장

1-3. 7년 동안의 풍년이 든 그 첫번째 해의 2월에 이집트 왕 파라오가 요셉에게 전국을 순회하라고 파견했다. 요셉은 4월 18일에 헬리오폴리스에 도착했다. 그는 거기서 바다의 모래처럼 많은 밀을 세금으로 거두었다.

4-10. 그곳에는 주지사들 가운데 가장 지위가 높은 펜테프레스라는 고관이 살았는데, 그는 엄청난 부자에다가 지혜롭고 관대했다. 그는 헬리오폴리스의 사제를 겸했고, 18세 된 딸이 있었다. 그녀는 키가 크고 우아했으며, 그 누구보다도 아름다운 미녀였다. 또한 그녀는 이집트 여자들과 다르고, 어느 모로 보나 히브리 여자와 같았다. 그녀는 사라처럼 키가 크고, 레베카처럼 아름다웠으며, 라켈처럼 우아했다. 그녀의 이름은 아세네트였는데, 그녀의 미모가 구석구석까지 알려져서 왕자들과 주지사들의 아들들이 다투어 구혼했다.

11-14. 파라오 왕의 장남이 그녀를 아내로 맞이하게 해달라고 왕에게 간청했다. 왕은 "너보다 지위가 낮은 여자를 아내로 삼겠다고 하느냐? 안 된다. 너는 요아킴 왕의 딸과 약혼했고, 그 딸이 매우 아름다우니까 그녀를 아내로 삼아라." 하고 말했다.

아세네트는 황금이 넘치는 탑에서 산다

제2장

1. 아세네트는 모든 남자를 경멸했고, 남자들 가운데는 그녀를 본 사람이 한 명도 없었다. 왜냐하면 펜테프레스가 그녀를 매우 크고 높은 탑에서 살도록 했기 때문이다.

2-6. 그 탑 꼭대기에는 방이 열개 있었다. 매우 넓고 아름다운 첫 번째 방의 바닥에는 자주색 돌이 깔렸고, 벽은 각종 보석으로 장식되었으며, 천장은 금으로 씌운 것이었다. 또한 그곳에는 황금과 은으로 만든 각종 이집트의 신들이 안치되어, 아세네트는 그 신들을 숭배하고 두려워하면서 제물을 바쳤다.

7. 두 번째 방에는 그녀를 위한 각종 옷감과 보물 상자들이 있었다. 금화와 은화가 넘치고, 금으로 장식한 옷들과 아마포와 보석들이 넘쳤다.

8. 세번째 방은 창고인데, 이 세상의 좋은 것들로 가득 찼다.

10. 나머지 일곱개의 방에는 일곱명의 처녀들이 각각 살면서 그녀의 시중을 들었다. 그 하녀들은 그녀와 나이가 같고, 같은 날 밤에 태어났다.

12-17. 아세네트의 거실에 창문이 세개 있는데, 동쪽 창문에서는 안뜰을, 북쪽 창문에서는 길거리를 내려다볼 수 있었고, 나머지는 남쪽으로 나 있었다. 그녀의 황금 침대가 동쪽을 향해서 놓였다. 침대보는 금실로 수놓은 자주색과 청색의 고급 아마포였다.

18. 안뜰로 들어오는 대문이 네개였고, 문마다 열여덟 명의 무장한 군사가 지켰다.

요셉이 그녀의 집에서 쉬어가겠다고 요청한다

제3장

1-6. 요셉이 그 도시에 이르러 사제인 펜테프레스에게 열두 명의 하인을 먼저 파견하여, 정오의 더위가 심하고 식사 때도 되었으니 잠시 그 집에서 쉬어가게 해달라고 말했다. 펜테프레스가 감격하여 자기 하인들에게 집안 청소를 빨리 하고 거창한 잔칫상을 마련하라고 지시했다.

7-11. 아세네트는 부모가 시골의 별장에서 집으로 돌아온다는 소식을 들었다. 그래서 부모를 만나려고 서둘러 금실로 수놓은 청색 아마포 옷을 입고, 황금 허리띠를 매고, 온갖 보석으로 장식된 3층 황금관을 쓴 채 아래로 내려갔다. 그녀는 또한 신들의 이름이 새겨진 보석 목걸이와 팔찌를 했고, 얼굴은 베일로 가렸다.

그녀는 요셉과 결혼하라는 아버지의 권고를 거절한다

제4장

1-4. 그녀가 부모에게 가서 인사하자, 부모는 하느님의 신부처럼 치장한 딸을 보고 매우 기뻐하면서 푸짐한 선물을 주었다. 포도, 대추야자, 비둘기, 석류, 무화과를 선물로 받은 그녀가 매우 기뻐했다.

8-10. 펜테프레스가 딸을 자기 옆에 앉힌 뒤 그 손을 잡고는 "하느님의 위대한 인물인 요셉이 오늘 우리 집에 온단다. 그는 파라오

왕의 임명으로 이집트 전체를 다스리고 있지. 그는 또한 온 나라에 밀을 분배하고 닥쳐올 기근으로부터 백성을 구할 사람이란다. 그는 하느님을 숭배하고, 위대한 지혜와 지식을 갖추었으며, 하느님의 성령과 은총을 받은 사람이다. 나는 너를 그에게 아내로 주려고 한다."고 말했다.

11-15. 그 말을 들은 그녀는 화가 머리끝까지 치솟아서 "다른 민족의 사내, 도망자로서 노예로 팔렸던 사내에게 아버지는 나를 포로처럼 넘겨주겠다는 거예요? 그는 가나안 땅의 양치기 아들이고, 아버지에게 버림받은 사내가 아닌가요? 자기 여주인과 성교를 했고, 그래서 그 주인이 감옥에 처넣었던 그 사내가 아닌가요? 난 파라오 왕의 장남과 결혼하겠어요!"라고 말했다.

16. 딸이 화를 내며 대답하는 것을 보고 펜테프레스는 요셉에 관해서 더 이상 이야기를 하지 않는 것이 현명하다고 판단했다.

요셉이 총독의 마차를 타고 도착한다

제5장

1-4. 요셉이 대문에 도착했다고 하인이 달려와서 보고했다. 그녀는 자기 방으로 달려올라가서 동쪽 창문 가에 선 채 안으로 들어오는 요셉을 구경하려고 했다. 펜테프레스가 아내와 친척들을 거느리고 요셉을 마중하러 나갔다. 동쪽 대문이 열리고, 파라오 왕의 총독의 전투용 마차를 탄 요셉이 안으로 들어왔다.

5-7. 눈처럼 흰 말 네마리가 끄는 그 마차는 금으로 뒤덮였고, 고삐도 금으로 된 것이었다. 요셉은 눈부신 흰색의 상의에 금실로 수놓은 자주색 장삼을 걸쳤다. 그는 열두 개의 보석이 박힌 황금 관

을 쓰고, 왕의 지팡이를 오른손에 쥐었다. 그리고 열매가 주렁주렁 달린 올리브 가지를 앞으로 내밀었다.

10-11.   모두 땅에 이마를 대고 요셉에게 충성을 맹세했다. 마차에서 내린 요셉이 그들에게 오른손을 내밀었다. 그 자리에는 아세네트만 참석하지 않았다.

아세네트가 후회한다

제6장

1-8.   요셉을 보자마자 아세네트는 온몸의 힘이 빠지고 떨렸다. 공포에 사로잡혀서 비명마저 질렀다. 그리고 "내가 어디로 가서 그를 피할 수가 있단 말인가? 하느님의 아들인 요셉에 대해서 악담을 했으니, 그가 나를 뭐로 볼 것인가? 나는 어리석고 무모해서 그를 경멸했다. 요셉이 하느님의 아들인 줄은 몰랐다. 저토록 아름답고 찬란한 남자를 누가 낳을 수가 있단 말인가? 우리 아버지가 나를 그에게 하녀와 노예로 준다면, 나는 죽을 때까지 그를 섬길 것이다."라고 말했다.

요셉이 그녀에 관해서 질문한다

제7장

1.   요셉이 안으로 들어가 자리를 잡고 발을 씻었다. 그는 이집트인들과 함께 먹지 않았기 때문에 그 앞에 따로 상을 차렸다.

2.   그는 펜테프레스에게 "탑 꼭대기 창가에 서 있는 여자는 누구요? 다른 데로 가라고 하시오."라고 말했다.

3.   왜냐하면 이집트의 지배자들과 주지사들의 아내들과 딸들이 심부름꾼을 시켜서 그에게 황금과 은과 값진 선물을 보내어 유혹하고, 잠자리를 같이하자고 언제나 간청했기 때문이다.

4.   그녀들은 너무나 멋지게 생긴 요셉을 보자마자 반해서 상사병을 앓았다.

5.   그러나 요셉은 "나는 이스라엘의 하느님 앞에서 죄를 짓지 않겠다."고 말하고 모조리 거절해버렸다.

8.   펜테프레스는 요셉에게 "그녀는 제 딸인데, 처녀로서 남자들을 아주 싫어합니다. 당신을 제외하고는 지금까지 그녀의 얼굴을 본 남자가 없지요.

9.   당신이 원한다면, 그녀가 내려와서 당신과 이야기를 나눌 겁니다. 그녀는 당신의 누이니까요."라고 대답했다.

11.   요셉은 "당신의 딸이라면 내려오라고 하시오. 오늘부터 내가 그녀를 누이로 여기겠소."라고 말했다.

요셉이 그녀를 축복한다

제8장

1.   어머니가 올라가서 아세네트를 데리고 왔다. 아버지가 그녀에게 "네 오빠에게 인사해라. 그는 네가 처녀로서 모든 낯선 남자들을 싫어하는 것과 마찬가지로 그도 총각으로서 모든 낯선 여자들을 싫어하기 때문이다."라고 말했다.

2.   그녀가 요셉에게 "주인님은 기뻐하십시오. 당신은 가장 높으

신 분의 사람이니 축복을 받았습니다."라고 말했다. 요셉은 그녀에게 "만물에게 생명을 준 하느님이 당신을 축복하기 바랍니다."라고 대답했다.

4. 펜테프레스가 딸에게 "가까이 와서 네 오빠에게 키스하거라."고 말했다. 그녀가 키스를 하려고 요셉에게 다가서자, 그가 오른손을 뻗어서 그녀의 젖가슴에 대고 막았다.

5. 그리고 "입으로 살아 있는 하느님을 축복하고, 생명의 빵을 먹고, 불멸의 축복된 잔으로 마시고, 부패하지 않는 축복된 기름을 발랐으며, 하느님을 섬기는 그런 남자가, 벙어리에다가 죽어 있는 우상들을 입으로 축복하고, 그들의 식탁에서 고뇌의 빵을 먹고, 배신의 술잔을 받아마시고, 파멸의 기름을 바른 그런 낯선 여자와 키스하는 것은 옳지 않소.

6. 하느님을 섬기는 사람은 역시 살아 있는 하느님을 입으로 축복하는 자기 어머니와 누이, 그리고 자기와 잠자리를 같이하는 아내와 키스할 것이오."라고 말했다.

8. 그 말에 아세네트가 몹시 낙담하여 비명을 질렀고, 요셉을 응시하는 그 눈에는 눈물이 글썽거렸다.

9. 마음씨가 착하고 동정심이 많으며 하느님을 두려워하는 요셉은 그녀를 보자 동정심이 생겼다.

10. 그래서 그녀 위에 오른손을 든 채 이렇게 말했다. "나의 아버지 이스라엘의 주 하느님, 가장 높고 가장 강하신 분이여! 당신은 만물에게 생명을 주고 암흑에서 빛으로 불러내시며, 오류에서 진리로, 죽음에서 생명으로 불러냅니다. 주님, 이 처녀를 축복해주시고, 당신 성령으로 새롭게 하시며, 당신의 비밀스러운 손으로 새로 빚어주시고, 당신 생명으로 그녀를 활기차게 만들어 주십시오. 그녀가 당신 생명의 빵을 먹고, 당신 축복의 잔을 받아 마시며, 출생하기 이전에 당신의 선택을 받은 그녀가 당신이 선택받은 사람들

을 위해 마련하신 그 안식의 나라에 들어가게 해주십시오."

요셉이 그날로 그 집을 떠난다

제9장

I. 요셉의 축복을 받은 그녀는 너무나 기쁜 나머지 자기 방으로 달려올라가서 침대 위에 쓰러졌다. 그녀는 행복했을 뿐만 아니라 마음이 산란하고 공포에 질렸으며, 요셉이 하느님의 이름으로 말하기 시작할 때부터 온몸이 땀에 젖었기 때문이다.

2. 그녀는 비통하게 울었고 우상 숭배에 대해서 회개했다. 그리고 밤이 오기를 기다렸다.

3. 요셉이 먹고 마신 뒤에 하인들에게 "말들을 마차에 매라. 내가 곧 떠나서 도시 전체를 둘러보아야겠다."고 말했다. 펜테프레스가 "오늘 밤은 여기서 지내고 내일 떠나십시오."라고 말했다. 그러나 요셉은 "나는 지금 가야 합니다. 오늘은 하느님이 일을 시작하는 날이기 때문입니다. 7일이 지나서 다시 돌아와 하룻밤을 여기서 지내겠소."라고 말했다.

아세네트가 7일 동안 단식한다

제10장

I. 펜테프레스와 친척들이 별장으로 떠나고, 그 집에는 아세네트와 처녀들만 남았다.

2. 그녀는 기운을 차리지 못하고 해가 질 때까지 울었다. 빵을 먹지도 않고 물도 마시지 않았으며, 남들이 다 자는데도 홀로 깨어 있었다.

4. 그녀는 몰래 문으로 내려가서 가죽으로 된 휘장을 떼어내어 흙으로 채운 뒤에 다시 자기 방으로 올라가 바닥에 놓았다.

5. 문을 닫고 쇠로 된 빗장을 질렀으며, 큰 소리로 신음하고 계속 눈물을 흘렸다.

6. 가장 사랑을 받는 처녀가 여주인의 신음소리를 듣고 다른 처녀들을 깨워서 달려가보니 문이 잠겨 있었다.

7. 그녀들이 이유를 물었다.

8. 아세네트가 안에서 "두통이 심해서 누워 쉬는 중이야. 너무나 지쳐서 문을 열 힘조차 없으니, 너희는 각자 자기 방으로 돌아가라."고 말했다.

9. 그리고 두번째 방으로 가서 검은색의 검소한 옷을 꺼냈다.

10. 그것은 제일 큰 오빠가 죽었을 때 애도하기 위해서 입었던 옷이었다. 그리고 화려한 공주의 옷을 벗고 그 옷을 입었다.

12. 또 그녀는 가장 좋은 옷들을 창문을 열고 밖으로 내던졌으며,

13. 황금과 은으로 된 우상들을 파괴하여 가난한 사람들이 주워 가도록 역시 창 밖으로 내던졌다.

14. 우상들에게 바쳤던 살진 짐승들과 고기와 생선도 모조리 개에게 던지듯이 밖으로 버렸다.

15. 흙을 꺼내서 바닥에 뿌리고,

16. 거친 삼베옷을 입고 자기 머리에 흙을 뿌린 다음 흙바닥에 주저앉았다.

17. 또한 밤이 새도록 두 손으로 가슴을 때리면서 비통하게 울고 신음했다.

18. 아침에 보니 눈물 때문에 그녀 아래 깔렸던 흙이 진흙탕이 되

었다.

I9. 해가 질 때까지 흙바닥에 엎드려 지냈다.

Z0. 그녀는 7일 동안 아무것도 먹지 않고 마시지도 않은 채 그렇게 시간을 보냈다.

그녀의 사지가 마비된다

제11장

너무나 비탄이 심해서 그녀는 사지가 마비되었다. 8일째 되는 날 그녀는 누워 있는 바닥에서 위를 쳐다보았다.

아세네트의 기도

제12장

I. 그녀는 두 손을 쳐들고 동쪽 하늘을 바라보면서 이렇게 기도했다.

Z. "오, 주 하느님, 당신은 만물에게 생명의 숨결을 주고 보이지 않는 것들을 드러내며, 만물을 창조하고 보이지 않는 것들을 보이게 만드셨습니다.

3. 하늘을 위로 들어올리고, 땅을 물 위에 자리잡게 하고, 물의 심연 위에 거대한 돌들을 고정시켜 가라앉지 않은 채 영원히 당신의 뜻을 실행하게 했습니다.

4. 제가 주 하느님에게 소리치니 저의 간청을 들어주십시오. 당

신에게 저의 모든 죄를 고백하고 율법의 위반을 밝히겠습니다.

5.   저는 죄를 지었습니다. 주님, 저는 죄인입니다. 당신 율법을 어기고 불경스럽게 행동했습니다. 당신 앞에서 악한 말들을 했고, 주님, 저의 입은 우상들에게 그리고 이집트 인들의 신들의 식탁에 바쳐진 그 음식으로 더럽혀졌습니다.

6.   벙어리에다 죽어 있는 우상들을 숭배하여 죄를 지었습니다. 저는 당신에게 입을 벌릴 자격조차 없습니다.

7.   사제 펜테프레스의 딸인 제가, 쌀쌀맞고 거만한 아세네트인 제가 당신에게 죄를 지었습니다. 주님에게 간청하고 주님에게 부르짖습니다. 어린 아이가 부모에게 달아나듯이 저도 당신에게 피신하니 박해자들의 손에서 구해주십시오.

8.   자녀를 사랑하는 친절하고 사랑에 넘치는 아버지처럼, 당신은 두 팔을 제게 뻗어 원수의 손에서 구해주십시오.

9.   난폭한 고대의 사자가 저를 추격하고 있기 때문입니다. 그의 자녀들은 제가 버리고 파괴한 이집트 인들의 신들입니다. 그들의 아버지인 악마가 저를 잡아먹으려고 합니다.

10.   그러나 주님, 그의 손아귀에서 저를 구해주시고 그의 입에서 구출해주십시오. 그가 늑대처럼 저를 잡아서 찢으며, 불의 심연으로 바다의 폭풍우 속으로 던지고, 거대한 바다의 괴물이 저를 잡아먹지 못하게 해주십시오.

11.   부모는 자기 신들을 제가 파괴했다고 해서 저를 저버렸으니 주님, 저를 구원해주십시오. 저는 이제 버림받은 고아입니다. 저는 주님 이외에 아무런 희망도 없습니다. 당신은 고아들의 아버지고, 박해받는 사람들의 대변자며 억압받는 사람들의 협조자입니다.

12.   저의 아버지 펜테프레스의 신들은 허약하고 일시적인 것이지만, 주님 당신의 상속의 집은 영원하고 썩지 않는 것입니다."

천사가 그녀에게 나타난다

제14장

I.   기도를 마치자 동쪽 하늘에 아침별이 떠올랐다.

4.   엎드려 있는 그녀 머리맡에 하늘에서 내려온 사람이 서서 그녀의 이름을 불렀다.

7.   그리고 "나는 주님의 집의 지배자이고 가장 높으신 분의 모든 군대의 지휘자다. 내가 할 말이 있으니 일어나라."고 말했다.

8.   그의 옷과 왕관과 지팡이가 요셉과 똑같았다.

9.   그러나 그 얼굴은 번개와 같고 눈은 태양과 같았다. 머리카락은 불꽃과 같고, 손과 발은 불에서 나온 쇠와 같았다.

13-14.   그는 "거친 삼베옷을 벗고 흙을 씻어버린 뒤에 새옷으로 갈아입고, 네 처녀성의 이중의 허리띠를 매고 오라."고 말했다.

천사가 그녀에게 신부의 옷차림을 하라고 말한다

제15장

I-6.   그가 "오늘 너는 순결한 처녀이고 너의 머리가 남자의 머리와 마찬가지가 되었으니 얼굴을 가린 베일을 벗어라. 주님이 너의 고백을 들어주셨다. 그리고 너의 이름이 생명의 책에 기록되었다. 주님이 너를 요셉에게 신부로 주기로 하여 요셉이 신랑이 될 것이다. 너는 이제 아세네트가 아니라 '피난처인 도시'라고 불릴 것이다. 수많은 민족이 너에게 피난하고, 무수한 백성이 네 날개 아래 안식처를 얻을 것이기 때문이다.

7. 왜냐하면 회개는 주님의 딸이기 때문이다.

8. 회개는 매우 아름답고 순수하며 순결하고 우아한 처녀다. 하느님이 그녀를 사랑하고 모든 천사가 그녀를 존경한다.

9. 나는 오늘 요셉에게 가서 네 이야기를 하고, 그는 오늘 너를 찾아올 것이다.

10. 그러므로 너는 신부의 옷을 입고 가장 아름답게 치장하라."고 말했다.

14. 그녀가 그에게 음식과 포도주를 대접하겠다고 말했다.

벌집을 먹으면 영원히 산다

제16장

1-4. 그는 꿀벌의 벌집도 가져오라고 말했다. 그리고 그녀의 안방으로 가면 그것이 있을 테니 가져오라고 했다. 그녀는 자기 방으로 들어가서 눈처럼 희고 꿀이 가득하며 생명의 숨결과도 같은 벌집을 가져다주었다.

8-9. 그는 환희의 낙원의 벌들이 그 벌집을 만들었고, 하느님의 천사들이 그것을 먹는데, 그것을 먹는 사람은 영원히 죽지 않는다고 말했다. 그리고 일부를 떼어서 그녀의 입에 넣어주었다.

10-11. 그리고 손을 뻗어서 동쪽과 북쪽의 벌집 끝을 손가락으로 각각 짚었는데, 손가락이 그리는 곡선이 피처럼 변했다.

13. 몸이 눈처럼 하얗고 날개는 자주색과 청색과 황금색이고, 각각 황금관을 쓴 벌들이 나와서 그녀의 주위를 맴돌았다. 여왕벌만큼 큰 벌들이 그녀의 입술에 앉았다. 천사가 벌들에게 "너희 자리로 돌아가라."고 말하자, 벌들이 땅에 떨어져서 죽었다. 그가 다시

"일어나서 너희 자리로 돌아가라."고 말하자, 벌들이 살아나서 안 뜰로 갔다.

천사가 다른 처녀들도 축복한다

제17장

3. 그가 손으로 벌집을 만지자 식탁에서 불이 일어나 벌집을 태워버렸다. 벌집이 타면서 기가 막힌 향기가 방 안을 채웠다.

4. 그녀는 자기에게 시중드는 처녀들도 축복해달라고 요청했다.

5. 그가 처녀들을 불러오라고 한 뒤에 축복해주었다.

6. 그가 사라질 때, 아세네트는 불타는 마차가 동쪽으로 올라가는 것을 보았다.

그녀가 특별한 식탁을 마련한다

제18장

2. 그녀는 요셉이 온다는 보고를 받고 자기 하인에게 특별한 식탁을 마련하라고 지시했다.

3. 그리고 옷장을 열어 번개처럼 빛나는 최고급 옷을 꺼내입었다.

6. 또한 그녀는 베일을 썼다.

7. 가장 깨끗한 샘물을 담은 그릇을 향하여 내려다보는 그녀의 얼굴은 태양과 같고, 눈은 아침에 떠오르는 별과 같았다.

요셉과 아세네트가 서로 껴안는다

제19장

1. 그녀가 일곱 처녀들을 거느린 채 요셉을 마중하러 대문으로 나갔다.

3. 그들은 오랫동안 서로 껴안았으며, 영혼 안에 새로운 생명을 받았다.

부모가 둘의 결혼을 기뻐한다

제20장

1. 요셉이 안으로 들어가서 그녀 아버지의 자리에 앉고, 그녀는 물을 가져다가 그의 발을 씻어주었다.

2. 요셉이 시중드는 처녀를 한 명 불러서 자기 발을 씻게 하라고 말했다.

3. 그러나 그녀는 "당신 손은 나의 손이고, 당신 발은 나의 발이에요. 그러니까 아무도 당신 발을 만져서는 안 되지요."라고 말했다.

4. 요셉이 그녀의 오른손을 잡아서 거기 키스했고, 그녀는 그의 머리에 키스했다.

5. 그녀의 부모가 돌아와서 그들을 보고는 크게 기뻐했다.

6. 그리고 다음날 결혼 잔치를 벌이겠다고 말했다.

7. 그러나 요셉은 먼저 파라오 왕의 허락을 받겠다고 대답했다.

8. 그날 밤 요셉은 그녀와 잠자리를 같이 하지 않았다. 결혼하기 전에 아내와 성교하는 것은 옳지 않다고도 말했다.

대지, 루이 드 블롱뉴 작, 17세기

왕이 성대한 결혼식을 거행해준다

제21장

1. 다음날 아침 일찍 요셉이 일어나서 파라오 왕에게 간 뒤 자세히 보고했다.

2. 왕이 펜테프레스와 아세네트를 소환했다. 그리고 그녀의 아름다움에 감탄했다.

4. 왕이 요셉과 그녀의 머리에 황금관을 씌워주고

5. "가장 높으신 하느님이 너희를 축복하고 너희 집안이 영원히 번영하게 해줄 것이다."라고 말했다.

6. 둘이 마주 선 뒤에 키스했다. 왕은 결혼 잔치를 7일간 성대하게 베풀어주었다.

7. 그리고 그 7일 동안에 일을 하는 사람에게는 사형을 선포했다.

8. 잔치가 모두 끝난 뒤에 요셉이 그녀와 성교를 했고, 그녀는 마나쎄와 그의 동생 에프라임을 낳았다.

요셉이 야곱과 만난다

제22장

1-6. 일곱 해의 풍년이 지나고 일곱 해의 흉년이 시작되었으며, 요셉의 이야기를 들은 야곱이 2월 21일에 모든 가족을 이끌고 이집트로 와서 고센 지방에 정착했다. 요셉과 그녀가 같이 그곳으로 가서 형제들을 만났다. 야곱이 그들을 축복하고 키스했다. 아세네트가 야곱의 목을 껴안고 키스했다.

7. 요셉과 그녀가 집으로 돌아갈 때, 레비와 시메온이 좌우에서 호위해주었다. 그녀는 예언자인 레비를 사랑했기 때문에 그의 손을 잡고 갔다. 레비는 하늘에 기록된 글을 자주 보았고, 그것을 아세네트에게 개별적으로 해석해주었다. 그리고 그는 제일 높은 하늘에 있는 그녀의 자리도 보았다.

왕의 장남이 그녀에게 눈독을 들인다

제23장

1. 요셉과 그녀가 지나갈 때 파라오의 장남이 성벽 위에서 그녀를 보고는 그 아름다움에 반해버렸다.

2. 그래서 사람을 보내 레비와 시메온을 소환했다.

3-6. 그리고 그는 아세네트가 원래 자기와 결혼하기로 서약했는데 요셉이 가로챘다고 말했다. 또한 그는 레비와 시메온이 자기에게 협조한다면 황금과 은과 수많은 노예를 주겠지만, 그렇지 않다면 죽이겠다고 말했다.

7. 성미가 급하고 용감한 시메온이 칼을 빼서 파라오 왕의 장남을 죽일 작정이었다.

8. 그러나 예언자인 레비가 눈치채고는 시메온의 오른발을 세게 밟았다. 분노를 참으라는 신호였다.

9. 그리고 이웃의 악을 악으로 갚는 것은 옳지 않다고 말했다.

13. 그들은 칼을 빼어 내보이면서 악행을 절대로 하지 못한다고 선언했다.

14. 파라오 왕의 장남이 겁에 질려서 엎드려 빌었다.

왕의 장남의 음모

제24장

1. 왕의 장남은 그녀를 못 잊어 비탄과 고통에 시달렸다.

2. 그의 하인들이 "빌하와 질파의 아들들, 그리고 야곱의 아내들

인 레아와 라켈의 하녀들이 요셉과 아세네트를 미워하고 질투합니다. 그들을 이용하면 주인님 소원이 성취될 것입니다."라고 부추겼다.

3. 왕의 장남이 그들을 밤에 몰래 불러들였다.

4. 가드와 단이 시키는 대로 하겠다고 말했다.

5. 왕의 장남이 하인들을 모두 내보내고 그들만 남겼다.

8. 그리고 "요셉이 파라오 왕에게 말하기를 가드와 단은 하녀들이 낳았기 때문에 자기 형제가 아니라고 했소.

9. 그리고 아버지가 죽으면 둘이 유산을 못 받게 하고, 자기를 팔아먹은 데 대해 복수하겠다고 말했소."라고 말했다.

12. 그 말에 두 사람은 몹시 괴로워하면서 왕의 장남에게 도와달라고 요청했다.

13. 왕의 아들은 "내가 오늘 밤 파라오 왕을 죽일 테니, 당신들도 요셉을 죽이시오."라고 말했다. 그들이 그렇게 하기로 약속했다.

15. 왕의 아들이 그들에게 2천 명의 군대를 내주며 숲 속에 숨어 있다가 요셉과 호위 군대를 처치하라고 했다.

왕의 장남이 왕을 암살하는 데 실패한다

제25장

1-4. 왕의 장남이 왕을 죽이려고 갔다. 그러나 호위병들이 그를 왕의 침실로 들어가지 못하게 막았다. 왕이 고통을 겪고 있어서 쉬고 있기 때문이었다. 그리고 왕의 장남이라도 통과시키지 말라는 왕의 명령이 있었다는 것이다. 화를 내며 물러난 뒤, 가드와 단과 한 약속대로 활을 든 50명의 기병대를 거느리고 출발했다.

5. 나프탈리와 아세르가, 가드와 단에게 요셉에 대한 음모를 중단하라고 충고했다.

8. 그러나 가드와 단은 그들에게 화를 내면서 "그렇다면 우리더러 여자들처럼 죽으라는 거냐? 천만에!"라고 말했다. 그리고 요셉을 공격하러 떠났다.

그녀의 호위 군대가 전멸한다

제26장

4. 다음날 아침, 아세네트가 시골의 별장으로 떠나고, 요셉은 밀을 분배하러 떠났다.

5. 그녀가 강가에 이르렀을 때, 파라오 왕의 장남의 군대가 그녀의 호위병 6백명을 몰살시켰다.

6. 아세네트가 전투용 마차를 타고 달아났다.

7. 예언자인 레비가 사태를 알아채고는 자기 형제들에게 그녀의 위험을 알렸다. 그리고 모두 칼을 들고 구원하러 달려갔다.

8. 달아나던 그녀는 파라오 왕의 장남과 마주치자, 겁에 질려서 몸을 떨었다.

왕의 장남의 군대가 전멸한다

제27장

1. 그때 그녀의 마차에 벤야민이 같이 탔는데,

2. 그는 18세의 미남에다가 사자와 같이 힘이 센 장사였다.

3. 마차에서 내린 그는 강물에서 둥그런 돌을 집어서 파라오 왕의 장남에게 던져 왼쪽 관자놀이를 맞혔고, 그래서 중상을 입혔다. 왕의 장남은 말에서 떨어져 거의 죽을 지경이었다.

4. 그는 또 아세네트의 마부에게 조약돌 50개를 집어달라고 한 뒤,

5. 그 돌로 왕의 장남의 궁수 기병대 50명을 처치해버렸다.

6. 그러자 레아의 아들들인 루벤, 시메온, 레비, 유다, 아사카르, 제불론이 숲 속의 복병들을 기습하여 2천명을 죽였다.

7. 가드와 단이 달아났다. 그리고 아세네트와 벤야민을 죽이려고 달려갔다.

8. 아세네트가 하느님에게 기도했다. 그러자 그들의 손에서 칼이 떨어져 가루로 변했다.

형제들끼리 죽이는 일을 그녀가 막는다

제28장

1-2. 그 기적을 본 가드와 단이 땅에 엎드려서 아세네트에게 자비를 간청했다.

4. 그녀는 하느님을 섬기는 형제들이 악을 악으로 갚지 않을 테니 두려워하지 말라고 말했다.

7.   단과 가드가 숲으로 달아났다.

8.   레아의 아들들이 그들을 추격했다.

10. 그녀는 그들을 죽이지 말라고 말했다.

12. 시메온이 고집을 부리다가 결국은 그녀에게 복종했다.

15. 레비가 그녀의 오른손에 키스하고 축복했다.

요셉이 이집트의 왕이 된다

제29장

2.   벤야민이 파라오 왕의 장남에게 다가가서, 자기는 칼이 없기
때문에 그의 칼을 빼서 내리치려고 했다.

3.   그때 레비가 달려가서 벤야민의 오른팔을 잡고는 말렸다. 하
느님을 섬기는 사람이 악을 악으로 갚거나, 이미 쓰러진 적을 짓밟
고 죽이는 것은 옳지 않다고 말했다.

5.   또한 "그의 상처를 헝겊으로 매어주어 그가 살아난다면 우리
친구가 될 것이다. 그리고 그의 아버지 파라오가 우리 아버지가 될
것이다."라고 말했다.

5.   레비가 왕의 장남을 말에 태워서 그의 아버지에게 데리고 갔다.

6.   그리고 상세하게 왕에게 보고했다.

7.   왕이 옥좌에서 일어나 레비 앞에 엎드려 복종을 맹세했다.

8.   사흘 뒤 왕의 장남이 죽었다.

9-10. 슬픔에 지친 왕이 요셉을 후계자로 지정하고 나서 109세의
나이로 숨을 거두었다.

11. 요셉이 왕이 되어 48년을 다스렸다.

12. 그런 뒤에 파라오의 손자에게 왕위를 물려주었고, 그는 왕의

아버지와 같은 존재가 되었다.

열두 조상들의 증언

이 문헌의 명칭은 〈야곱의 열두 아들들의 마지막 말들〉이다. 이것은 기원후 2세기경에 한 사람의 그리스도교 신자가 여러 증언들을 토대로 해서 그리스어로 다시 편찬한 것으로 본다. 그리고 그 이후에도 수정되거나 추가된 부분들이 적지 않았다.

원래의 저자와 저술 연대에 관해서는 논쟁이 많다. 기원전 2세기 후반에 바리사이파 학자가 저술한 유태교 문헌이라는 주장도 있고, 기원후 200년을 전후한 시기에 그리스도교 신자가 저술했다는 주장도 있으며, 절충안으로서 기원전 100년경에 그리스어를 사용하는 유태인이 이집트에서 저술했다고도 한다.

쿰란에서 발견된 고대 문헌에 따르면, 아라메아어로 된 레비의 증언과 히브리어로 된 나프탈리의 증언이 기원전에 있었다는 사실이 드러나기도 했다.

루피누스가 오리제네스의 〈요수아에 관한 강론집〉을 번역할 때 이 문헌에 관해서 최초로 언급했는데, 이것은 성경에 포함되는 문서가 아니라고 말했다. 예로니무스도 이것을 비경전이라고 불렀다.

그후 젤라시우스 선언에는 포함되어 있지 않고, 〈60권 목록〉과 〈위작 아타나시우스 요약〉에 들어 있다. 이 문헌은 그리스어, 라틴어, 아르메니아어, 슬라브어, 세르비아어, 후기 그리스어 등의 필사본 26종류가 남아 있다.

1. 루벤의 증언

오류의 정신들과 간음에 대한 경고

간음하지 마라

제1장

1. 이것은 루벤이 125세에 죽을 때 자기 아들들에게 남겨준 증언의 필사본이다.

2. 요셉이 죽은 뒤 2년이 지나서 루벤에게 병이 들었다. 그는 아들들과 손자들을 모아놓고 "나는 죽어서 조상들에게 갈 때가 되었다."고 말했다.

6. 그리고 이렇게 덧붙였다. 젊은 시절의 무지 속에서 살지 마라. 또한 내가 아버지 야곱의 침대를 더럽힌 것과 같은 간음의 죄를 짓지 마라.

7. 그 죄 때문에 주님이 나의 허리에 몹쓸 병을 7개월 동안이나 내려보냈고, 아버지 야곱도 나를 위해서 기도해주지 않았다.

8. 나는 30세 때에 그 죄를 지었다.

9. 나는 7년 동안 진심으로 참회했다.

본성의 여덟 가지 정신

제2장

I. 회개할 때 나는 일곱 가지 오류의 정신을 보았다.

2. 그들은 벨리아르가 사람을 해치려고 지정한 것들이다.

4. 첫째는 생명의 정신이다. 그것으로 사람의 본질이 창조되었다. 둘째는 시력의 정신이다. 거기서 욕망이 온다.

5. 셋째는 청각의 정신이다. 거기서 가르침이 나온다. 넷째는 냄새의 정신이다. 그것으로 공기와 숨결 속에서 맛을 끌어들인다.

6. 다섯째는 말의 정신이다. 거기서 지식이 나온다. 여섯째는 맛의 정신이다. 거기서 먹는 것과 마시는 것이 나오고, 그것으로 사람이 힘을 얻는다.

8. 일곱째는 번식과 성교의 정신이다. 거기서 쾌락에 대한 사랑을 통해서 죄가 나온다. 그러므로 이것은 창조의 순서로는 마지막이고, 젊은 시절의 욕망의 순서로는 첫째가 된다. 왜냐하면 이것에 대한 진리는 인식되지 않고, 그것이 젊은이를 구렁텅이로 떨어지는 소경처럼, 벼랑에 선 야수처럼 인도하기 때문이다.

오류의 여덟 가지 정신

제3장

I. 여덟째는 잠의 정신이다. 여기서 깊이 잠자는 본성과 죽음의 모습이 온다.

2. 이러한 정신들과 오류의 정신들이 뒤섞인다.

3. 오류의 정신들이란 첫째는 간음의 정신이다. 이것은 본성과 감각들 안에 자리잡고 있다. 둘째는 만족을 모르는 욕망인데, 위장 안에 있다. 셋째는 간과 쓸개 안에 있는 싸움의 정신이다.

4. 넷째는 아첨과 아부의 정신인데, 이것은 남에게 좋은 인상을 주려고 애쓰는 것이다.

5. 다섯째는 오만의 정신이다.

6. 여섯째는 거짓말의 정신이다.

7. 일곱째는 불의의 정신이다. 여기서 도둑질과 강탈이 나온다. 이것은 다른 정신들과 함께 상호주의에 따라 작용한다.

8. 여덟째는 오류와 환상의 정신이다.

여자에 관한 경고

10. 여자의 얼굴에 주의를 기울이지 마라. 남의 아내와 단둘이 있지 마라. 여자들의 일을 너무 캐어묻지 마라.

11. 왜냐하면 내가 외딴 곳에서 발가벗은 채 목욕하는 빌라를 보지 않았더라면, 강간죄를 저지르지 않았을 것이기 때문이다.

간음은 영혼을 파괴한다

제4장

1. 그러므로 여자들의 아름다움에 주의를 기울이지 마라. 주님이 아내를 골라줄 때까지, 너희는 오히려 단순한 마음과 주님을 두려워하는 마음으로 살고, 공부하는 일과 양치는 일에 전념하라.

6. 간음은 영혼을 파괴한다. 그것은 간음하는 사람의 정신과 이

해력을 흐리게 하여 하느님에게서 멀어지게 하고 우상들에게 인도
한다. 젊은이들을 일찍 죽여서 하데스(지옥)로 끌고간다.

11.   간음에 마음을 빼앗기지 않는다면, 사탄도 너희들을 정복하
지 못할 것이다.

여자는 매력으로 남자를 사로잡는다

제5장

1.   여자들은 사악하다. 그들은 남자들에게 힘으로 대항할 수가 없
기 때문에 속임수를 쓰고 매력으로 남자를 사로잡는다.

3.   여자가 남자보다도 더 쉽게 간음의 정신에게 굴복한다고 천사
가 내게 가르쳐주었다. 여자들은 남자들에 대해서 마음 속으로 음
모를 꾸민다. 우선은 화장을 해서 남자의 마음을 끈다. 바라보는
시선으로 독약을 집어넣는다. 그리고 행동으로 남자를 포로로 잡
는다.

4.   여자는 남자를 힘으로 잡을 수가 없기 때문이다.

5.   그러므로 너희 아내와 딸들에게 머리와 얼굴을 치장하지 못하
게 하라. 그런 치장을 하는 여자는 영원한 지옥의 처벌을 받는다.

6.   대홍수 이전에 여자들이 그런 치장으로 감시의 천사들을 유혹
했던 것이다. 치장한 여자들을 항상 쳐다보다가 천사들이 욕정을
일으켰고, 간음 행위를 상상하다가 남자의 모습으로 변했다. 그리
고 여자들이 남편과 성교를 할 때 그 여자들에게 나타났다.

7.   여자들은 남자 모습의 그 유령들과 성교한다고 상상하면서 남
편과 성교를 계속한 결과, 거인족을 낳았다. 왜냐하면 여자들이 보
기에는 그 감시의 천사들은 키가 하늘에 닿을 듯이 컸던 것이다.

2. 시메온의 증언
질투에 관하여

질투는 형제도 죽인다

제2장

2.   (시메온은 120세에 죽었다.) 나는 야곱의 둘째 아들이다. 나의 어머니 레아는 주님이 자기 기도를 들어주었기 때문에 나를 시메온이라고 불렀다.

3.   나는 완고한 군인이 되었고, 아무것도 두려워하지 않았다.

4.   내 마음은 딱딱하고, 의지는 굽힐 줄을 모르며, 동정심은 하나도 없었다.

5.   용기는 주님이 사람에게 내려준 선물이다.

6.   한때 나는 요셉을 질투했다. 우리 아버지가 그를 사랑했기 때문이다.

7.   오류의 왕이 질투의 정신을 보내 내 마음의 눈을 멀게 해서, 나는 그를 형제로 보지 않았기 때문에 그를 죽이려고 결심했다.

질투의 정신을 조심하라

제3장

1. 오류와 질투의 정신을 조심하라.

2. 질투하는 사람은 먹지도 마시지도 또 좋은 일도 하지 못한다.

3. 그는 항상 질투받는 사람을 죽일 생각만 한다. 그러나 질투받는 사람은 번영하고, 그는 쇠망하기만 한다.

4. 나는 주님을 두려워하면서 단식했다. 그리고 질투에서 벗어나는 길은, 주님에 대한 두려움에서 온다고 깨달았다.

5. 사람이 주님에게로 달아나 피난처를 구한다면, 사악한 정신이 그에게서 떠나간다.

질투는 사람을 미치게 한다

제4장

7. 형제끼리 진심으로 선의로써 서로 사랑하라.

8. 질투의 정신은 영혼을 난폭하게 만들고 몸을 파괴한다. 그것은 마음 속에 분노와 갈등을 일으키고, 피를 흘리는 행동을 선동한다. 그것은 사람의 자연적인 사고력과 지능을 마비시킨다. 잠을 못 이루게 하고, 영혼을 혼란시키며, 몸을 떨게 만든다.

9. 잠이 든다고 해도 그는 사악한 격정에 사로잡히고, 사악한 정신들이 그의 영혼과 몸을 좀먹어 혼란된 정신으로 깨어난다. 그래서 그는 사악하고 해로운 악령에 신들린 사람처럼 보이게 된다.

3. 레비의 증언
사제직에 관하여

일곱 개의 하늘

제2장

1. 일곱 개의 하늘에 관해서 잘 들어라.

2. 제일 낮은 첫째 하늘은 사람들의 불의한 행동을 모두 목격하기 때문에 가장 어둡다.

3. 둘째 하늘은 불과 눈과 얼음을 가지고 있고, 주님이 선포한 정의의 심판 날에 대비하고 있다. 거기에는 사악한 자들을 처벌할 보복의 천사들이 모두 산다.

4. 셋째 하늘에는 심판날에 오류의 정신들과 벨리아르의 천사들에게 복수할 무사들의 군대가 있다. 넷째 하늘부터는 거룩한 하늘이다.

5. 가장 높은 일곱째 하늘에는 모든 거룩함을 한없이 초월하는 지성소에서 '위대한 영광'이 계신다.

6. 그 다음의 여섯째 하늘에는 주님을 모시고 천사들이 산다. 그들은 정의로운 사람들이 실수로 저지른 죄에 대해 주님에게 용서를 간청한다. 그리고 그들은 피가 흐르지 않는 정신적인 제물과 향기를 바친다.

7. 그 다음의 다섯째 하늘에는 주님을 모신 천사들에게 대답하는 천사들이 산다.

8. 그 다음의 넷째 하늘에는 옥좌의 천사들과 권한의 천사들이

최후의 심판(일부), 장 쿠쟁 작, 16세기

있는데, 끊임없이 주님께 찬미한다.

9.　주님이 우리를 내려다보면 우리는 모두 떨리고, 하늘과 땅과 심연이 모두 그분 앞에서 떨린다.

10.　그러나 사람들이 이것을 모르고 죄를 지어 주님을 도발한다.

레비가 하늘에서 사제직을 받는다

제5장

1. 천사가 하늘의 문을 나에게 열어주었고, 나는 성전과 영광의 옥좌에 앉은 하느님을 보았다.

2. 주님은 나에게 "내가 내려가서 이스라엘 한가운데서 살게 될 때까지, 너에게 사제직을 주었다."고 말했다.

3. 천사가 나를 땅으로 데리고 내려와서 방패와 칼을 주면서 "디나를 위해서 세켐에게 복수하라."고 말했다.

4. 그때 나는 하모르의 아들들을 죽였다.

6. 천사는 "나는 아무도 이스라엘을 멸종시키지 못하도록 이스라엘 백성을 위해서 중재하는 천사요."라고 대답했다.

레비가 사제가 되는 환상을 본다

제8장

1. 거기서 70일을 머문 뒤에 나는 전에 본 것과 마찬가지로 환상을 보았다.

2. 흰옷을 입은 일곱 명이 나에게 "일어나서 사제의 옷을 입어라. 정의의 왕관을 쓰고, 이해력의 가슴받이를 대고, 진리의 외투를 걸치며, 신앙의 허리끈을 두르고, 징표의 머릿수건을 두르며, 예언의 옷을 입어라."하고 말했다.

3. 그들이 나에게 차례로 입혀주고는 "너와 네 자손은 영원히 주님의 사제가 되라."고 말했다.

4. 첫째 사람이 내게 거룩한 기름을 바르고, 또 심판의 지팡이를 주었다.

5. 둘째 사람이 나를 깨끗한 물로 씻고 빵과 포도주(가장 거룩한 음식)를 먹이고는 거룩하고 영광스러운 옷을 입혔다.

6. 셋째 사람은 아마포 옷과 같은 사제의 옷을 입혀주었다.

7. 넷째 사람은 자주색 허리끈을 주었다.

8. 다섯째 사람은 싱싱한 올리브 가지를 주었다.

9. 여섯째 사람은 머리에 관을 씌워주었다.

10. 일곱째 사람은 사제의 머리띠를 둘러주었다.

11. 그들은 내 손을 향연으로 가득 차게 했다.

일곱 주기의 사제들

제17장

1. 지금까지 70주간에 관해서 말했으니, 이제는 사제직에 관해서 말하겠다.

2. 50년을 단위로 반복되는 주기마다 사제가 한명 있을 것이다. 첫째 주기의 첫째 사제는 위대하여 하느님에게 마치 아버지에게 말하듯이 말할 것이다. 그의 사제직은 주님 앞에서 완전하고, 기쁨의 날에 그는 세상의 구원을 위해서 일어날 것이다.

3. 둘째 주기에는 기름 바른 사제가 백성의 시련 속에서 잉태될 것이다. 그의 사제직은 모든 사람으로부터 높이 존경받을 것이다.

4. 셋째 사제는 슬픔에 압도당할 것이다.

5. 넷째 사제는 불의가 그를 마구 공격하고 이스라엘 사람들이 서로 증오하기 때문에 고뇌와 번민에 빠질 것이다.

6. 다섯째 사제는 암흑에 휩싸일 것이다.

7. 여섯째와 일곱째도 암흑에 휩싸일 것이다.

8. 일곱째 주기에는 하느님과 사람들 앞에서 내가 차마 말할 수 없는 오염과 부패가 있을 것이다. 이것이 무슨 일인지는 그들이 알 것이다.

9. 이 오염과 부패 때문에 그들은 포로가 되고 약탈을 당하며, 그들의 땅과 재산이 파괴될 것이다.

10. 그리고 7년을 1주간으로 하는 다섯 주간이 지나면, 그들이 황폐한 그들의 땅으로 돌아가 주님의 집을 새롭게 할 것이다.

11. 일곱째 주간에 사제들이 오는데, 그들은 우상 숭배자들이고, 싸우기를 좋아하고, 돈을 사랑하며, 오만하고, 법을 지키지 않고, 방탕하고, 어린이들을 더럽히고(남색을 즐기고), 동물들과 성교를 할 것이다.

낡은 사제직의 파멸과 새로운 사제의 등장

제18장

1. 주님이 그들에 대해서 심판을 하고 난 뒤에 사제직이 파멸할 것이다.

2. 그러면 주님이 새로운 사제를 일으키고, 주님의 모든 말씀이 그에게 계시될 것이다. 그는 오랫동안 지상에서 진실한 판결을 내릴 것이다.

3. 왕인 그의 별이 하늘에 떠오르고, 낮의 태양인 그는 지식의 빛을 비출 것이다. 그리고 그가 하늘로 올려질 때까지 지상에서 위대한 왕이 될 것이다.

4. 그는 태양처럼 온 땅을 비추고, 하늘 아래 암흑을 흩어버릴 것이다. 그래서 온 세상에 평화가 깃들 것이다.

5. 하늘이 그의 시절을 기뻐하고, 땅도 구름들도 환희에 잠길 것이다. 그러면 주님의 지식이 바닷물처럼 땅 위를 휩쓸 것이다. 주님 앞에 있는 천사들이 그를 기뻐할 것이다.

6. 하늘들이 열리고, 영광의 성전에서 그를 신성한 직책으로 부르는 아버지의 목소리가 들릴 것이다.

7. 하느님의 영광이 그에게 내리고, 이해력과 거룩함의 정신이 물 안에서 그에게 내릴 것이다.

8. 그는 진리 안에서 주님의 위엄을 자기 아들들에게 영원히 선포할 것이다. 그의 후계자는 대대로 영원히 없을 것이다.

9. 그가 사제로 있는 동안 이방인들은 지상에서 지식을 날로 더얻 고, 주님의 은총을 통해서 더욱 깨달을 것이지만, 이스라엘은 무지 속에 약해지고, 슬픔으로 암흑에 빠질 것이다. 그가 사제로 있는 동안 모든 죄가 끝나고, 무도한 자들이 악행을 그만두며, 정의로운 사람들이 그 사제 안에서 쉴 것이다.

10. 또 그는 낙원의 문을 열고, 아담을 위협한 칼의 힘을 파괴할 것이다.

11. 그리고 성인들에게 생명의 나무에서 먹을 권리를 주고, 거룩함의 정신이 그들 위에 있을 것이다.

12. 그는 벨리아르를 묶어버리고, 자기 자녀들에게 악마들을 발로 짓밟을 힘을 줄 것이다.

13. 주님은 자기 자녀들 때문에 기뻐하고, 귀여운 자녀들을 영원히 기뻐할 것이다.

14. 그러면 아브라함과 이사악과 야곱이 환희에 젖어 소리치고, 나도 기뻐하며, 모든 성인들이 기쁨의 옷을 입을 것이다.

4. 유다의 증언
용기, 물욕, 간음에 관하여

유다는 전쟁에서 언제나 이긴다

제3장

1. 가나안의 왕 하조르가 쳐들어왔을 때, 나는 그를 죽였다. 그리고 다른 가나안의 왕 타푸아는 내가 말에서 거꾸러뜨려 죽였다.

2-4. 나는 활을 잘 쏘는 아코르 왕과 2시간을 싸워서 그의 방패를 둘로 쪼개고 그의 다리를 잘라서 죽였다.

7. 우리 아버지 야곱은 왕들의 두목이고 키가 6미터나 되는 거인인 베엘리사스를 죽였다.

8. 적은 공포에 사로잡혀서 전쟁을 포기했다.

9. 야곱은 전쟁을 두려워하지 않았다.

10. 그는 나에 관한 환상을 보았는데, 힘의 천사가 나를 어디라도 따라다녀서 내가 결코 지는 일이 없을 것이라고 알았기 때문이다.

유다의 아들들이 죽는다

제10장

1. 에사우의 아들들을 정복한 뒤, 나의 아들 에르는 메소포타미아의 아르메니아 여자인 타마르와 결혼했다.

2. 그러나 사악한 그는 그녀가 가나안 여자가 아니라고 좋아하지 않았다. 그래서 천사가 결혼한 지 3일째 되는 날 그를 죽였다.

3. 그의 어머니는 그녀로부터 자녀가 태어나는 것을 원하지 않았기 때문에 교묘하게 음모를 꾸몄고, 그래서 그는 그녀와 성교를 하지 않았다.

4. 피로연이 계속되고 있는 동안에 나는 에르의 동생인 오난을 그녀에게 남편으로 주었다. 사악한 오난은 그녀와 1년을 같이 살면서도 성교를 하지 않았다.

5. 내가 위협하자 그는 그녀와 성교를 하기는 했지만, 그의 어머니의 말에 순종하여 자기 정액을 땅바닥에 흘려버렸다. 그도 사악함 때문에 죽었다.

6. 나는 셋째 아들 셀라를 그녀에게 주고 싶었다. 그러나 내 아내 바트슈아가 찬성하지 않았다. 그녀는 타마르가 자기와 같이 가나안 출신이 아니기 때문에 싫어했던 것이다.

유다가 며느리 타마르와 성교하고, 타마르가 임신한다

제12장

1. 과부로 2년을 지낸 타마르는 내가 양털을 깎으러 간다는 소식을 들었다. 그녀는 일부러 신부 차림을 하고는 에나임에 가서 성문 앞에 앉아 있었다.

2. 아모리트 사람들의 풍속에 따르면, 결혼하기 직전에 여자는 성문 앞에 앉아서 7일 동안 창녀 노릇을 해야만 했기 때문이다.

3. 나는 코제바의 우물가에서 포도주를 마시고 좀 취한 상태여서

그녀를 알아보지 못했다. 더욱이 화장을 하고 신부 차림을 한 그녀의 모습은 한층 매력적이어서 나는 속았다.

4. 나는 그녀에게 다가가서 "내가 너하고 잠자리를 해야겠다."고 말했다. 그녀는 "제게 무엇을 주시겠어요?"라고 물었다. 나는 지팡이와 허리띠와 왕관을 주고 그녀와 잤다. 그리고 그녀는 임신했다.

5. 그녀가 한 짓을 모른 채, 나는 (과부가 임신했기 때문에) 그녀를 죽이려고 했다. 그러나 그녀는 증거물들을 내게 몰래 보내서 내 의지를 꺾었다.

6. 그녀에게 직접 오라고 말했을 때, 술에 취한 채 내가 그녀와 같이 자면서 한 그 말을 고스란히 들려주는 바람에 나는 죽일 수가 없었다. 그것은 주님이 하신 일이기 때문이다.

7. 나는 그녀가 속임수를 써서 증거물들을 다른 사람한테서 얻었을지도 모른다고 생각했다.

8. 그러나 이스라엘 사람들이 보기에 내가 매우 몹쓸 짓을 저질렀기 때문에, 나는 두 번 다시 그녀를 가까이하지 않았다.

9. 그리고 그녀가 다른 곳에서 와서 성문 앞에 잠시 앉아 있었기 때문에, 에나임 도시 사람들은 그때 거기에 자기들 출신의 창녀는 한 명도 없었다고 말했다.

10. 나는 내가 그녀와 성교를 한 사실을 아무도 모를 것이라고 생각했다.

11. 그후 우리는 기근에 못 이겨서 이집트의 요셉에게 갔다.

12. 당시 나는 46세였고, 이집트에서 73년을 살았다.

술을 조심하라

제14장

1. 나의 자녀들아, 정신을 잃을 정도로 포도주에 취하지 마라. 포도주는 마음을 진리로부터 떠나게 만들고, 우리 욕정에 불을 붙이며, 눈이 멀어 잘못을 저지르게 한다.

2. 왜냐하면 간음의 정신은 마음을 기쁘게 하는 수단으로 포도주를 이용하고, 포도주와 간음은 남자의 힘을 빼앗아가기 때문이다.

3. 남자가 포도주를 마시고 취해 버리면, 그의 마음이 간음을 원하는 더러운 생각으로 가득 차고, 그의 육체는 성교를 하고 싶어서 안달하게 된다. 그리고 욕정을 채울 기회가 있으면 그는 죄를 짓고 부끄러워하지 않는다.

7. 그러므로 술을 마실 때는 자제력을 잃지 않는 한도까지만 마셔야 한다.

간음을 하면 왕마저도 자격을 잃는다

제15장

1. 간음한 사람은 자기가 입는 피해를 깨닫지 못하고, 남들의 멸시에도 부끄러워하지 않는다.

2. 왕이라 해도 간음죄를 지으면 왕의 자격을 잃고 발가벗은 사람이 되며 간음의 노예가 된다. 나의 경우를 보라.

3. 나는 내 부족의 기둥인 지팡이와 나의 힘인 허리띠와 왕국의 영광인 왕관을 여자에게 주었던 것이다.

4. 그 죄를 뉘우친 뒤에 나는 노년에 이르도록 포도주를 마시지 않았고, 고기를 먹지 않았으며, 파티에도 참석하지 않았다.

5. 하느님의 천사는 여자들이 왕과 거지를 똑같이 마음대로 주무르고, 또 언제나 그렇게 한다는 것을 나에게 보여주었다.

6. 여자들은 왕에게서 영광을, 무사들에게서 힘을, 거지에게서는 그가 가진 하찮은 것이라도 빼앗아간다.

술은 비밀을 누설시킨다

제16장

1. 포도주를 마실 때는 한계를 지켜라. 술에는 욕정, 참을 수 없는 격정, 방탕, 그리고 돈에 대한 탐욕이라는 네가지 사악한 정신이 들어 있다.

2. 그러므로 파티에서 술을 마실 때에는 절제와 주님에 대한 두려움을 갖추어서 마셔야 한다. 정신을 잃을 정도로 취하면 수치를 모르게 된다.

3. 난폭한 말, 격투, 비방, 주님의 계명을 어기는 죄를 짓거나 요절하는 것을 피하기 위해서는 아예 술을 마시지 않는 것이 더 낫다.

4. 더욱이 하느님은 자기의 비밀을 외국인들에게 누설하지 말라고 했는데, 내가 주님의 계명들과 야곱의 비밀들을 내 아내인 가나안 여자 바트슈아에게 알려준 것처럼, 포도주는 하느님과 사람들의 비밀을 외국인에게 누설하게 만든다.

5. 포도주는 또한 싸움과 혼란의 원인이다.

알로페. 죠지 롬니 작. 18세기

돈과 여자의 미모가 왕국을 멸망시킨다

제17장

1. 돈을 사랑하지 마라. 여자의 미모에 홀리지 마라. 나는 돈과 미모에 넘어가서 가나안 여자를 아내로 삼았던 것이다.

2. 돈과 여자의 미모가 나의 가문을 사악함으로 인도할 것임을 나는 잘 안다.

3. 이 두 가지가 나의 후손 가운데 지혜로운 사람들마저도 타락시킬 것이다. 그들은 나의 유다 왕국의 멸망에 책임을 질 것이다.

5. 이싸카르의 증언
단순함에 관하여

마음이 단순한 사람이 되라

제4장

1. 마음이 단순한 사람으로서 살아가라. 주님은 그런 사람을 사랑하기 때문이다.

2. 마음이 단순한 사람은 황금을 탐내지 않고, 이웃을 시기하지도 않는다. 그는 다채로운 음식에 관심이 없고, 언제나 새로운 옷으로 갈아입으려고도 하지 않는다.

3. 그는 오래 살려고 바둥거리지 않고, 오로지 하느님의 뜻에 따라 살기만 원한다.

4. 그는 그릇된 길로 들거나 정신이 타락하지 않기 위해서 여자의 아름다움을 외면하고 살기 때문에, 그에겐 오류의 정신이 아무런 힘도 없다.

5. 질투가 그의 생각을 파고들 수 없고, 악의가 그의 영혼을 좀먹지 못하며, 재산에 대한 욕심도 그의 마음을 점령하지 못한다.

6. 그는 올바르게 살고, 모든 것을 단순하게 바라보며, 세상의 오류로부터 나오는 사악함을 거들떠보지도 않기 때문이다.

단순한 사람의 삶

제7장

1. 나는 120세인데, 중대한 죄를 지은 기억이 없다.

2. 나는 아내 이외의 여자와 성교를 한 적이 없고, 음탕한 시선으로 간음한 적도 없다.

3. 나는 잘못을 저지를 정도로는 포도주를 마시지 않았다. 이웃의 좋은 물건을 탐내지도 않았다.

4. 나는 속임수를 생각하지 않았고, 거짓말을 한 적도 없다.

5. 슬퍼하는 사람이 있다면 그와 함께 한숨을 쉬었고, 가난한 사람들과 함께 빵을 나누어 먹었다. 혼자서만 먹은 적이 결코 없다. 땅의 경계를 알리는 돌을 옮긴 적도 없다. 나는 언제나 경건하고 충실했다.

6. 나는 주님을 힘껏 사랑했고, 그와 마찬가지로 모든 사람을 마치 나의 자녀인 듯이 사랑했다.

6. 제불론의 증언
동정과 자비에 관하여

사람을 차별하지 말고 베풀어라

제7장

1. 겨울에 입을 옷이 없어서 떠는 사람을 보면, 나는 동정하여 집에서 몰래 옷을 꺼내다가 그에게 주었다.

2. 그러므로 너희는 사람을 차별하지 말고 누구에게나 동정과 자비를 베풀어라. 그리고 너희가 하느님에게서 받은 물건을 누구에게나 좋은 마음으로 나누어 주라.

3. 그리고 어려운 사람에게 주고 싶어도 당장 너희가 가진 것이 없을 때에는, 그에게 동료 의식을 가지고 동정과 자비를 베풀어라.

4. 나도 줄 것이 없을 때가 있었는데, 그때 나는 눈물을 흘리면서 20리나 그와 함께 걸어갔고, 진심으로 그에게 동정했다.

악의를 버려라

제8장

1. 모든 사람에게 동정과 자비를 베풀어라. 그러면 주님이 너희에게 동정과 자비를 베풀 것이다.

2. 마지막 날에 주님은 자비로운 사람의 마음 속을 자기 집으로

삼을 것이다.

3. 사람이 자기 이웃에게 자비를 베푼 그만큼 주님이 또한 그에게 자비를 베풀어줄 것이다.

5. 너희는 서로 악의를 품지 말고 서로 사랑하라. 형제의 잘못을 서로 기억하지 마라. 악의는 단결에 장애가 되고 집안을 분열시키기 때문이다. 그것은 영혼의 혼란을 초래하고, 사람을 완전히 파멸시킨다. 악의를 품은 사람은 자비가 없기 때문이다.

7. 단의 증언
분노와 허위에 관하여

분노는 증오로 눈을 멀게 한다

제2장

1. 허위와 분노의 정신을 버리고 진리와 인내를 사랑하지 않는다면 너희는 죽을 것이다.

2. 분노는 사람의 눈을 멀게 한다. 분노한 사람은 다른 사람을 있는 그대로 볼 수가 없다.

3. 그는 자기 부모도 형제도 알아보지 못하고 원수처럼 대하고, 하느님의 예언자에게도 복종하지 않고, 정의로운 사람도 친구도 그는 인정하지 않는다.

4. 분노의 정신이 오류의 그물로 그를 사로잡고, 그의 두 눈을 멀게 했기 때문이다. 허위는 그의 마음을 흐리게 해서 왜곡된 형상을

보여준다.

5. 무엇으로 그의 눈이 머는가? 증오로 눈이 먼다. 그래서 분노한 사람은 형제를 시기하는 것이다.

분노는 분노하는 사람을 노예로 삼는다

제3장

1. 분노는 영혼 자체의 영혼인 것처럼 되기 때문에 사악하다.

2. 분노는 분노한 사람의 몸을 자기 것으로 삼고, 그의 영혼을 노예로 삼으며, 그가 각종 사악한 짓을 저지르게 만든다.

3. 그렇게 되면 영혼은 눈이 멀어서 일어난 일에 대해서 합리화한다.

4. 그래서 분노한 사람이 영향력이 큰 사람인 경우에는 그 분노가 세 배로 강력해진다. 첫째는 자기 하인들의 힘과 도움으로 강력해지고, 둘째는 자기 재산으로 강력해져서 그가 옳지 않다고 해도 압력을 행사해서 소송에서 이기며, 셋째는 자기 자신의 우월한 체력으로 분노가 강해져서 악을 행한다.

5. 분노하는 사람이 약한 경우에도 그는 평소보다 두 배의 힘을 발휘한다.

6. 분노는 허위와 함께 항상 사탄의 오른쪽에 서 있고, 사탄의 목적을 잔인하게 이루어준다.

냉정함을 잃지 마라

제4장

1. 분노가 얼마나 강력하고 또 얼마나 잘 속이는지 깨달아라.

2. 그것은 말로 도발하고, 행동으로 분노한 사람을 강화하여, 그의 마음 속에 무질서와 혼란을 심어 그의 영혼이 광포하게 날뛰게 만든다.

3. 그러므로 남이 비판할 때 분노하지 말고, 남이 좋은 사람이라고 칭찬할 때 너무 우쭐대지 마라.

5. 손해를 볼 때에도 냉정함을 잃지 마라. 냉정함을 잃으면 잃은 것에 대해서 되찾고 싶어하는 마음이 생기고, 이윽고 화가 나게 되기 때문이다.

6. 손해를 볼 때는 그것을 슬퍼하지 마라. 슬퍼하는 마음은 허위를 동반한 분노를 초래한다.

7. 분노와 허위는 이중의 사악함이다. 그들은 서로 도와서 마음을 부추긴다. 영혼이 끊임없이 들떠 있게 되면, 주님이 거기서 떠나고 벨리아르(사탄)가 지배한다.

8. 나프탈리의 증언
자연적인 선에 관하여

주님이 창조한 것은 모두 선하다

제2장

2. 토기를 만드는 사람이 토기의 크기와 필요한 진흙의 분량을 잘 알듯이, 정신을 담을 그릇인 육체를 그렇게 잘 만들어서 육체의 크기에 알맞게 정신을 담는다.

3. 주님은 무게와 부피와 길이를 다 재어서 만물을 창조했기 때문에, 육체와 정신의 상호 비율은 딱 들어맞는다.

4. 옹기장이가 토기의 용도를 잘 알듯이, 주님은 육체가 얼마나 오래 선 안에서 잘 견디고 언제 악으로 기울지를 안다.

5. 창조된 모든 것과 모든 생각을 주님이 다 알기 때문이다. 그것은 또한 주님이 모든 사람을 자신의 모습대로 만들었기 때문이다.

6. 사람은 힘이 있는 만큼 일하고, 정신을 쏟는 만큼 기술을 얻고, 목적을 두는 만큼 성취하고, 마음이 있어야 입을 연다. 눈이 있어야 잠을 자고, 영혼이 있어야 말을 한다. 이것은 주님의 법이나 사탄의 법에 있어서나 마찬가지다.

7. 빛과 암흑이 다르듯이, 남자가 서로 다르고 여자가 서로 다르다. 그러니까 얼굴이나 마음이 서로 같다고 말할 수 없다.

8. 왜냐하면 하느님은 순서에 따라서 모든 것을 좋게 만들었기 때문이다. 머리의 다섯 가지 감각(그는 머리에 목을 붙이고, 머리에게 영광을 주기 위해 머리카락을 붙였다), 다음은 이해력을 위한

가슴, 위장의 배설을 위한 배, 건강을 위한 숨통, 분노를 위한 간, 원한을 위한 쓸개, 웃음을 위한 내장, 완고함을 위한 콩팥, 힘을 위한 허리의 근육, 가슴을 형성하기 위한 갈빗대들, 힘을 위한 허리 등을 순서대로 주었다.

9. 그러므로 너희는 주님에 대한 두려움 안에서 올바른 것을 실행하면서 살아라. 질서나 궤도에서 벗어나거나 계절에 맞지 않는 것은 절대로 하지 마라.

10. 눈에게 들으라고 하면 눈은 듣지 못한다. 너희가 암흑 속에 있으면 빛의 일을 할 수 없다.

주님의 법을 변경하지 마라

제3장

1. 탐욕에 자극되어 악을 저지르지 말고, 허튼소리로 너희 자신을 속이지 마라. 순수한 마음으로 침묵을 지키면, 하느님의 뜻을 잘 따르고 악마의 뜻을 물리치는 법을 깨달을 것이다.

2. 해와 달과 별들은 궤도에서 벗어나는 일이 없다. 그와 마찬가지로 너희도 복종하지 않는 행동으로 주님의 법을 멋대로 변경해서는 안 된다.

첫번째 환상

제5장

1. 나는 40세 때 예루살렘 동쪽의 올리브 산에서 환상을 보았다. 해와 달이 가만히 정지해 있었다.

2. 그러자 할아버지 이사악이 우리에게 "너희는 달려가서 저 해와 달을 마음대로 잡아서 가져라."하고 말했다.

3. 우리는 일제히 내달렸다. 레비가 해를 잡고 유다가 달을 잡았다. 둘은 해와 달과 함께 위로 올라갔다.

4. 그때 한 청년이 레비에게 종려나무 가지를 열두 개 주었다. 유다는 달처럼 빛나고 그 발 아래 열두 줄기의 빛이 있었다.

5. 레비와 유다가 마주 보고 달려가서 서로 붙잡았다.

6. 그러자 지상에 황소가 나타났는데, 거대한 뿔이 두 개고, 등에 독수리의 날개가 달렸다. 우리는 그것을 잡으려고 했으나 잡을 수가 없었다.

7. 요셉이 먼저 그것을 잡아서 타고 위로 높이 올라갔기 때문이다.

8. 정원에 있던 나는 위를 쳐다보았다. 그러자 거룩한 책이 우리에게 나타나서 "아시리아, 메데아, 페르샤, 엘람, 갈라키아, 칼데아의 사람들이 차례로 이스라엘의 열두 부족들을 포로로 삼을 것이다."라고 말했다.

두번째 환상

제6장

1. 그후 일곱 달이 지났을 때, 나는 다시 환상을 보았다. 아버지 야곱이 잠니아 바닷가에 서 있고, 우리도 거기 함께 있었다.

2. 그때 '야곱의 배'라고 새겨진 배가 한 척 들어왔는데, 생선으로 가득 차 있었지만 선장도 선원들도 보이지 않았다.

3. 야곱이 "우리 배에 올라가자."고 말했다.

4. 우리가 배에 오르자 폭풍이 불기 시작하여, 그 바람이 어찌나 센지 키를 잡은 야곱이 날아가버렸다.

5. 우리는 폭풍에 표류하고, 배에는 물이 가득 찼다. 그리고 산더미 같은 파도에 부딪쳐서 배가 부서졌다.

6. 요셉은 작은 배를 타고 탈출했고, 우리는 널빤지 열 개에 매달렸다(레비와 유다가 한 널빤지에 매달렸다).

7. 우리는 땅의 끝으로 모두 흩어졌다.

8. 그러나 거친 옷을 입고 레비가 우리를 위해 주님에게 기도했다.

9. 폭풍우가 가라앉았을 때, 배가 마치 아무런 일도 없었던 것처럼 육지에 닿았다.

10. 아버지 요셉이 왔다. 그래서 우리는 모두 기뻐했다.

환상을 전해들은 야곱은 요셉이
살아 있다고 말한다

제7장

1. 나는 두 가지 환상에 관해서 아버지에게 말해주었다. 야곱은 "이스라엘이 많은 고생을 한 뒤에 이 모든 일이 적절한 시기에 이루어질 것이다. 요셉이 살아 있다고 나는 믿는다."라고 말하면서 눈물을 흘렸다.

4. 나는 요셉이 노예로 팔려갔다고 아버지에게 말해주고 싶었다. 그러나 형제들이 두려워서 말하지 못했다.

9. 가드의 증언
증오에 관하여

증오는 모든 인간 관계를 파괴한다

제3장

1. 옳은 것을 실천하라. 주님의 법을 지켜라. 증오는 모든 인간 관계를 파괴하는 것이니, 거기에 빠지지 마라.

2. 증오에 사로잡힌 사람은 누가 무엇을 하든지 항상 반대한다. 그래서 주님의 법을 지키는 사람을 칭찬하지 않고, 주님을 두려워하고 옳은 일을 하려고 노력하는 사람을 사랑하지 않는다.

3. 그는 진리를 비난하고 성공하는 사람을 시기하며, 배신을 환영하고 오만을 사랑한다. 증오가 사람을 소경으로 만들기 때문이다.

증오는 사람을 죽인다

제4장

1. 증오는 주님 자신을 거스르는 죄다. 그러니까 조심하라.

2. 그것은 이웃을 사랑하라는 계명을 거스르는 것이고, 하느님을 거스르는 죄다.

3. 형제가 죄를 지으면 증오는 그것을 즉시 사방에 알리고, 그 형제가 재판을 받고 사형에 처해져야 한다고 주장한다.

4. 증오는 하인을 충동하여 주인에게 대항하게 하고, 무슨 수를 써서라도 주인을 죽이게 만들려고 한다.

5. 증오는 시기와 손을 잡아서 번영하는 사람에게 대항한다. 남의 성공을 듣거나 볼 때는 실망한다.

6. 사랑은 죽은 사람을 살리고 사형 선고를 취소하지만, 증오는 살아 있는 사람을 죽이고 사소한 죄를 지은 사람도 살려두지 않는다.

7. 증오의 정신은 모든 일에 있어서 비겁하게 사탄과 협동하는데, 그 결과는 사람들의 죽음이다. 그러나 사랑은 인내를 통하여 주님의 법과 협동하고 그 결과는 사람들의 구원이다.

증오는 악이다

제5장

I. 증오는 악이다. 그것은 언제나 허위와 함께 돌아다니고, 진리에 반대하고, 작은 것을 크게 과장하고, 암흑을 빛인 양 나타내고, 단 것을 쓰다고 하고, 비방과 분노와 전쟁과 폭력과 모든 악행에 대한 갈망을 길러낸다. 그리고 악마의 독약으로 사람의 가슴을 채운다.

2. 정의로움은 증오를 피하고, 겸손은 그것을 파괴한다.

7. 참된 회개는 무지를 파괴하고, 암흑을 몰아내며, 눈을 뜨게 하고, 영혼에게 지식을 주며, 정신을 구원으로 인도한다.

9. 다른 사람에게서 배우지 못하는 것은 회개를 통해서 배운다.

진심으로 서로 사랑하라

제6장

3. 진심으로 서로 사랑하라. 누군가가 너희에게 죄를 지으면, 먼저 증오의 독을 없애버리고 나서 그에게 친구로서 말을 하라. 그리고 솔직하게 대하라. 그가 고백하고 회개하면 용서해주라.

4. 그러나 그가 자기 죄를 부정한다면, 그와 더 이상 다투지 마라.

시기하지 않는 사람이 가장 큰 부자다

제7장

1. 남이 너보다 더 잘 사는 것을 보고 속이 상해서는 안 된다. 그가 번영 속에서 선행을 하도록 기도해주는 것이 너의 이익이 된다.

2. 그가 더욱 더 잘 살고 큰 부자가 된다고 해도 시기하지 마라. 오히려 사람이란 누구나 다 한 번은 죽는다는 것을 기억하라. 재산과 유익한 것을 모든 사람에게 나누어주는 주님을 찬미하라.

3. 하느님의 심판을 연구하라. 그러면 주님은 네 마음을 저버리지 않고 평화를 줄 것이다.

4. 에사우처럼 사악한 방법으로 큰 재산을 모으는 사람에 대해서도 시기하지 마라. 주님이 그에게 정해준 심판의 날을 기다려라.

5. 사악한 방법으로 모은 재산은 주님이 거두어간다. 회개하는 자는 용서하지만, 회개하지 않는 사람은 영원한 벌을 줄 것이다.

6. 가난하지만 시기하지 않고 모든 일에 있어서 주님에게 감사하는 사람은 그 누구보다도 가장 큰 부자다. 그는 부자들의 근심과 걱정에서 해방되었기 때문이다.

7. 그러므로 증오를 버리고 진심으로 서로 사랑하라.

10. 아세르의 증언
덕행과 악덕의 두 측면에 관하여

모든 것에는 두 가지가 있다

제1장

3. 하느님은 인류를 위해서 두 가지 방법, 두 가지 충동, 두 가지 행동, 두 가지 길, 그리고 두 가지 목적을 지정했다.

4. 모든 것이 두 가지인데, 서로 대립한다.

5. 선과 악이 있고, 우리 가슴 속에 두 가지 충동이 있다.

6. 그래서 영혼이 선한 것으로 기울어져 있다면, 그의 모든 행동이 올바르고, 죄를 지어도 즉시 뉘우친다.

8. 그러나 영혼이 사악함에 기울어져 있다면, 그의 모든 행동은 사악하다. 그가 선한 일을 한다고 해도, 벨리아르가 그것을 사악한 것으로 뒤집어버린다.

전체적으로 볼 때 악한 경우

제2장

3. 어떤 사람이 악당을 사랑한다고 하자. 그는 악당과 마찬가지로 악에 발을 들여놓았다. 여기에도 두 가지 측면이 있지만, 전체적으로는 사악한 것이다.

4.   여기서 말하는 사랑은 악을 감추기 때문에 사악한 것이다. 겉으로는 선한 듯이 보이지만, 목적은 악으로 향한다.

5.   도둑, 강도, 사기꾼, 악당이면서도 가난한 사람들에게 자선을 베푸는 사람이 있다고 하자. 여기에도 두 가지 측면이 있지만, 전체적으로는 사악하다.

8.   간통과 간음을 한 사람이 단식을 한다고 하자. 이것도 두 가지 측면이 있지만, 전체적으로 악하다.

전체적으로 볼 때 선한 경우

제4장

2.   사악한 무리를 죽이는 사람들은 악을 근절하고 파괴했기 때문에 전체적으로 선하다.

3.   범죄도 저지르고 가난한 사람들을 동정도 하는 사람이나 간통도 저지르고 단식도 하는 사람이 있을 때, 그런 사람을 미워하는 사람은 전체적으로 선하다. 겉으로는 선하게 보이지만, 사실은 악한 것을 받아들이지 않는 주님의 모범에 따르기 때문이다.

진리를 거짓말이라고 말할 수는 없다

제5장

1.   모든 것에는 두 가지 측면이 있어서 서로 대립하고, 하나가 다른 것을 가린다.

2. 죽음과 생명, 불명예와 영광, 밤과 낮, 암흑과 광명이 있다. 그러나 모든 것은 낮에 속하고, 올바른 것은 모두 생명에 속한다. 그래서 영원한 생명은 죽음을 기다려야만 한다.

3. 진리를 거짓말이라고 하거나 옳은 것을 그른 것이라고 말할 수는 없다. 모든 것을 주님이 다스리듯이 모든 진리는 빛의 지배 아래 있기 때문이다.

11. 요셉의 증언
순결에 관하여

요셉이 열 번 유혹을 받는다

제2장

1. 파라오 왕의 친위대 대장 포티파르가 그의 집안일을 모두 나에게 맡겼다. 나는 수치를 모르는 그의 아내의 끈질긴 유혹을 극복해야만 했다. 그러나 우리 조상의 하느님이 그 욕정으로부터 나를 구해주었다.

2. 나는 감옥에 갇히고 매를 맞고 조롱을 당했다.

3. 그러나 주님은 간수가 나를 동정하도록 만들었다.

4. 그는 자기를 두려워하는 사람이 암흑 또는 감옥에 갇혀 있거나 고통과 가난을 당할 때라도 결코 저버리지 않기 때문이다.

5. 주님은 사람처럼 수치를 당하지도 않고 두려움도 모르며, 연약하지도 않고 쉽사리 굴복당하지도 않는다.

6. 영혼의 상태를 잠시 시험하기 위해서 거리를 두기는 하지만, 그는 어느 곳에서나 가까이 있고, 여러 가지 방법으로 위로한다.

7. 나는 열 번이나 유혹을 받았으나 끝까지 참고 견디어서 주님의 인정을 받았다. 인내는 가장 우수한 약이고, 용기는 탁월한 선물을 우리에게 많이 주기 때문이다.

주인의 아내인 세토가 요셉을 유혹하기 시작한다

제3장

1. 그 이집트 여자는 얼마나 자주 나를 죽이겠다고 위협했던가! 자기와 성교하기를 내가 거절했을 때, 그녀는 얼마나 자주 나를 처벌하고, 다시 불러서 위협을 거듭했던가!

2. 그녀는 내가 자기 말을 들어서 몸을 허락한다면, 자기 주인으로 삼고 모든 재산을 주겠다고 말하기도 했다.

3. 그러나 나는 주님의 말씀을 기억하고 내 방으로 가서 기도했다.

4. 그리고 7년 동안 나는 단식했다. 그러나 나는 안색이 아주 좋았다. 왜냐하면 단식하는 사람에게 주님은 건강을 주기 때문이다.

5. 주인이 출장갔을 때에는 나는 포도주를 마시지 않았고, 3일치 음식을 모두 가난한 사람과 병자에게 주었다.

6. 나는 아침에 일찍 일어나서 주님을 찾고, 그 멤피스 출신의 이집트 여자를 위해서 기도했다. 그녀는 밤에도 나를 찾아와서 졸라 댔기 때문이다.

7. 처음에는 그녀가 아들이 없어서 나를 아들처럼 대했다.

8. 그래서 아들처럼 나를 껴안았는데, 나는 그 속셈을 몰랐다. 드디어 그녀가 내게 간음을 하도록 유인했다.

이집트 여자가 남편을 죽이겠다고 말한다

제5장

1. 한번은 그녀가 "네가 간통을 하고 싶지 않다면, 내가 남편을 죽이고 너를 합법적인 남편으로 삼겠다."고 말했다.
2. 그 말을 듣고 나는 옷을 찢으며 "여인이여, 주님을 두려워하여 이런 사악한 짓은 하지 마시오. 그런 일을 한다면 나는 모든 사람에게 알릴 것이고, 당신은 파멸할 것이오."라고 대답했다.
3. 그녀는 겁에 질려서 자기의 사악한 계획을 다른 사람에게 알리지 말아달라고 애원했다.
4. 그리고 나의 환심을 사기 위해서 온갖 좋은 선물을 보냈다.

여자가 음식에 마술을 건다

제6장

1. 그녀는 마술을 건 음식을 나에게 보냈다.
2. 그 음식을 가지고 온 환관을 보자, 한 남자가 칼을 빼어든 채 그 접시를 들고 있는 모습이 내게 보였다. 그래서 나는 그녀가 내 영혼을 타락시키려고 음식에 마술을 걸었다고 깨달았다.
3. 나는 밖으로 나가서 울었다. 그 음식은 물론이고 아무것도 먹지 않았다.
4. 얼마후 그녀가 와서 왜 음식을 먹지 않았느냐고 물었다.
5. 나는 그것이 죽음으로 가득 차 있기 때문이라고 대답했다.

여자가 자살하겠다고 위협한다

제7장

3. 그녀는 내가 말을 들어주지 않는다면 우물에 빠지거나 절벽에서 몸을 던져 자살하겠다고 말했다.

4. 나는 벨리아르(사탄)가 그녀를 괴롭히고 있다고 보고, 주님에게 기도했다.

5. 그리고 그녀에게 "왜 죄에 눈이 멀어서 그렇게 괴로워하는 거요? 세토여, 당신이 자살한다면, 당신의 경쟁자인 첩이 당신 자녀들을 학대하고 당신에 관한 기억을 지상에서 모조리 없애버릴 거요."라고 말했다.

6. 그녀는 "너는 나를 사랑하고 있다. 왜냐하면 나의 생명과 자녀들에 관해서 걱정하고 있기 때문이다. 나의 목적을 달성할 희망이 있다."고 말했다.

7. 그러나 그녀는 내가 그녀 때문이 아니라 하느님 때문에 그렇게 말했다는 것을 깨닫지 못했다.

요셉이 감옥에 갇힌다

제8장

2. 드디어 그녀가 자기와 성교를 하러 가자고 하면서 내 옷을 잡아끌었다.

3. 그녀가 미친 듯이 잡아끌었기 때문에 나는 알몸으로 달아났다.

4. 그녀가 주인에게 나를 무고했다. 포티파르는 나를 가두었다가,

다음날 매질을 한 뒤에 왕의 감옥으로 보냈다.

5. 내가 감옥에 갇히자, 그녀는 엎드려서 비탄에 잠겼다. 그녀는 나에 관해서 소식을 들었다. 나는 비록 어두운 감옥에 갇혔지만, 주님을 찬미하는 노래를 부르고 기뻐했던 것이다. 왜냐하면 드디어 그 이집트 여자에게서 벗어났기 때문이다.

주님은 순결한 사람 안에서 머문다

제10장

1. 그러므로 너희는 기도와 단식을 동반한 용기가 위대한 일들을 이룩한다는 것을 보았다.

2. 너희도 용기와 겸손한 마음으로 순결과 순수성을 지키려고 한다면, 순결을 사랑하는 주님이 너희 안에 머물 것이다.

3. 시기, 노예 상태, 비방, 감옥에 갇히는 일을 당한다 해도, 순결을 사랑하기 때문에 순결한 사람 안에서 머무는 주님은, 나에게 베풀어주신 것처럼 그를 모든 악에서 구하고, 그를 높이 올려주신다.

12. 벤야민의 증언

순수한 마음에 관하여

야수마저도 마음이 순수한 사람을 두려워한다

제5장

I. 너희 마음이 선한 것을 사랑한다면, 악인들이 너희와 평화롭게 살고, 방탕한 사람들도 너희를 존경하여 선으로 향하며, 돈에 미친 사람들은 그런 짓을 그만둘 뿐 아니라, 이미 얻은 재산을 가난한 사람들에게 나누어주기까지 할 것이다.

2. 너희가 선을 행한다면, 불결한 악마들이 너희를 멀리하고, 야수들마저도 너희를 두려워할 것이다.

3. 왜냐하면 사람의 마음 속에 선행의 빛이 있으면, 암흑이 그를 피해서 달아날 것이기 때문이다.

4. 거룩한 사람을 모욕하는 사람은 뉘우칠 것이다. 왜냐하면 거룩한 사람은 모욕을 주는 사람에게 자비를 베풀고 아무런 대꾸도 하지 않기 때문이다.

5. 정의로운 사람이 배신을 당했을 때 배신한 사람을 위해서 기도한다면, 그는 비록 잠시 동안 굴욕을 받는다 해도, 머지않아서 나의 형 요셉처럼 더 큰 영광 안에 다시 나타날 것이다.

마음이 순수한 사람은 정직하다

제6장

1. 평화의 천사가 선한 사람의 영혼을 인도하므로, 그는 벨리아르(사탄)의 힘에 좌우되지 않는다.

2. 그는 또한 없어져버릴 것들을 탐욕스러운 눈으로 바라보지 않고, 재산을 모으지도 않으며, 재산이 많다고 기뻐하지도 않는다.

3. 그는 쾌락에 빠지지 않고, 이웃을 괴롭히지도 않는다. 사치를 부리지도 않고, 음탕한 눈으로 타락하지도 않는다. 그에게는 주님이 모든 것 안의 모든 것이기 때문이다.

4. 그는 사람이 주는 명예도 불명예도 아랑곳하지 않는다. 속임수나 거짓말이나 싸움이나 모욕에 대해서 그는 반격하지 않는다. 주님이 그의 안에서 머물고 그의 영혼을 비추어주며, 모든 사람 앞에서 항상 그에게 기쁨을 주기 때문이다.

5. 그는 선한 마음 때문에 한 입으로 두 말을 하지 않는다. 그는 단순하고 순수한 마음으로 모든 사람에게 똑같이 성실하게 맑다.

사악함이 초래하는 일곱 가지 재앙

제7장

1. 벨리아르의 악의를 조심하라. 그는 칼을 준다.

2. 그리고 칼은 일곱 가지 악의 어머니인데, 그것은 질투, 파괴, 압제, 유배, 기근, 소요, 황폐함이다.

3. 주님이 카인에게 1백 년마다 재앙을 내렸기 때문에, 그는 일곱

배의 복수를 받은 것이다.

4. 그는 2백 년 후부터 재앙에 시달리기 시작했고, 9백 년에 대홍수로 멸망했다. 카인은 일곱 가지 악으로 심판을 받았고, 라메크는 일곱 번의 일흔 번 심판을 받았다.

욥의 증언

우상들의 신전을 불태운 욥

해설

이 문헌은 젤라시우스 선언에 비경전으로 언급이 되었기 때문에 5~6세기에 서방 교회에서 라틴어 필사본들이 회람되었을 것으로 추측된다. 그러나 그런 필사본들은 남아 있지 않고, 이것에 관하여 고대 문서에 언급된 것도 전혀 없다.

그러다가 1833년에 그리스어로 된 13세기의 필사본(바티칸 소장)이 처음으로 소개되었다. 그후 슬라브어로 된 필사본도 알려졌다.

이것의 기원과 저술 시기에 관해서는 정설이 없다. 그리스도교 이전의 유태교의 에세네파에서 유래했다고 하는 주장도 있고, 2~3세기에 유태인 그리스도교 신자가 이집트에서 저술했다는 주장도 있다.

욥의 열 명의 자녀들 이름

제1장

1. 이것은 요바브라고 불리는 욥의 말을 기록한 책이다.

2. 그가 병이 들어 죽을 때가 가까워지자, 일곱 아들과 세 딸을 불렀다.

3. 그 아들들의 이름은 테르시, 코로스, 후온, 니케, 포로스, 피페, 프로우온이고, 딸들은 헤메라, 카씨아, 아말테이아스-케라스였다.

6. 그는 "나의 전처와 열 명의 다른 자녀들은 이미 비참하게 죽었다. 그러니까 너희는 내 말을 잘 들어라." 하고 말했다.

욥에게 광채가 나타난다

제3장

1. 밤에 내가 잠이 들었을 때, 엄청난 광채와 함께 매우 큰 목소리가 "요바브야, 요바브야."라고 나를 부르는 소리가 들렸다.

2. 나는 "제가 여기 있습니다."라고 대답했다.

3. 목소리는 "일어나라. 네가 알고 싶어하는 그분이 누구인지 가르쳐주겠다. 사람들이 제물을 태워서 바치고, 마실 것도 바치는 그 신은 하느님이 아니라 악마의 힘이고, 악마가 인간의 본성을 속인다는 것을 가르쳐주겠다."고 말했다.

4. 나는 침대에 엎드려서 숭배했다. 그리고 "저의 영혼의 구원을 위해서 오신 주님!

6. 저 신전이 사탄의 성전이라면, 제가 나가서 정화할 수 있는 권

한을 주십시오.

7. 저는 이 땅의 왕인데, 누가 저를 감히 막겠습니까?"라고 큰 소리로 말했다.

광채가 욥에게 시련을 예언한다

제4장

4. 그 광채가 나에게 "너는 저 신전을 정화할 수 있다. 그러나 사탄이 분노하여 너와 싸울 것이다. 그가 너에게 수많은 재앙을 내리겠지만, 너를 죽일 수는 없을 것이다.

5. 그는 네 모든 재산을 빼앗을 것이다. 네 자녀들을 죽일 것이다.

6. 그러나 네가 참고 견디면, 내가 세상이 끝날 때까지 네 이름을 온 세상에서 유명하게 만들 것이다.

7. 그리고 네 재산을 두 배로 돌려줄 것이다.

8. 이것은 주님이 아무도 편애하지 않고, 자기에게 복종하는 사람이면 누구에게나 풍성하게 갚아준다는 것을 알게 하려는 것이다.

9. 그리고 부활의 때에 주님이 너를 일으킬 것이다.

10. 너는 비틀거리면서 일어나 승리의 관을 얻는 권투 선수와 같을 것이다.

11. 그러면 너는 주님이 정의롭고 진실하며 강하고, 또한 선택받은 사람들에게 힘을 주는 분이라는 것을 알 것이다.

욥이 우상의 신전을 불태운다

제5장
2. 천사가 나에게 봉인한 뒤에 떠났다. 다음날 밤에 나는 일어나서 하인 50명을 이끌고 신전으로 가서 모조리 태워버렸다.

3. 그리고 집으로 돌아가서 문을 단단히 잠그라고 지시했다.

사탄이 거지로 변장한다

제6장
4. 내가 집 안에 있을 때, 사탄이 거지로 변장하여 문을 두드렸다.

5. 그는 문을 지키는 소녀에게 "내가 욥을 보고싶다고 가서 전하라."고 말했다.

7. 나는 그 면담을 거절했다.

불탄 빵

제7장
2. 사탄이 소녀에게 빵을 한 덩어리 달라고 요청했다.

3-4. 나는 소녀를 시켜서 불에 탄 빵을 주고는 "너는 나의 원수가 되었으니, 다시는 내 빵을 먹을 생각을 말라."는 전갈을 보냈다.

5-6. 소녀는 그가 사탄인 줄도 모르고 자기 빵을 내주었다.

7. 사탄은 불에 탄 빵을 가져오라고 소녀에게 지시했다.

12. 그리고 소녀를 욥에게 보내어 "이 빵이 철저하게 불에 탄 것처럼 네 몸도 이렇게 타게 만들 것이다. 나는 한 시간 이내에 너를 비참하게 만들겠다."는 말을 전했다.

13. 나는 "마음대로 하라. 나는 준비가 되어 있다."고 말했다.

욥의 막대한 재산과 자선 사업

제9장

2. 나는 양을 13만 마리 가지고 있었는데,

3. 그 가운데서 7천 마리를 떼어서 고아, 과부, 가난한 사람, 힘없는 사람들을 보살폈다.

4. 그리고 8백 마리의 개가 나의 양떼를 지켰다.

5. 또한 별도의 개 2백 마리가 나의 집을 지켰다. 나는 낙타를 9천 마리 가지고 있었는데, 3천 마리를 골라서 물건들을 싣고 여러 도시와 마을로 가서 가난한 사람들과 힘없는 사람들 그리고 과부들에게 나누어주도록 했다.

6. 나는 또 14만 마리의 당나귀를 목장에서 길렀다. 그 가운데 5백 마리를 자선 사업에 사용했다.

사탄이 욥의 가축들을 죽인다

제16장

1. 나는 천사의 메시지를 받은 뒤 7년 동안 자선 사업을 했다.
2. 그러자 드디어 사탄이 권한을 받아서 잔인하게 내려왔다.
3. 그는 자선 사업으로 할당되어 있던 양 7천 마리, 그리고 낙타
3. 천 마리, 당나귀 3백 마리, 황소 5백 마리를 죽였다.
5. 나머지 가축들은 나의 이웃 사람들이 가져가 버렸다.
7. 나는 재산의 손실에 관해서 보고를 받고, 주님을 찬미했지 모독하지 않았다.

사탄이 페르샤 왕으로 가장한다

제17장

1. 악마는 나의 반응을 보고 나서 음모를 꾸몄다.
2. 그는 페르샤의 왕으로 가장해서 우리 도시 앞에 나타났고, 모든 악당들을 불러모았다.
3. 그리고 그는 "욥이 지상의 모든 재산을 약탈하여 혼자 차지하고는 가난한 사람, 눈먼 사람, 절름발이들을 위해서 나누어주었다.
4. 그는 위대한 하느님의 성전을 파괴했고, 그래서 내가 그에게 복수하려는 것이다. 그러므로 너희는 그의 재산을 모조리 빼앗아라."하고 위협적인 목소리로 외쳤다.
6. 그리고 사탄은 "내가 그의 자녀들을 죽여버리겠다."고 말했다.

재산 따위는 아무것도 아니다

제18장

1. 사탄은 나의 집을 무너뜨려서 나의 자녀들을 죽였다.

2. 나의 이웃들은 그 광경을 보고 나서 나에게 달려들어 밖으로 쫓아냈고, 나의 재산을 약탈하기 시작했다.

4. 나는 진통을 겪는 여자처럼 온몸에 힘이 빠져서 아무 말도 하지 못했다.

5. 그러나 나는 천사를 통해서 주님이 미리 말한 것을 기억했다.

8. 나는 구원의 도시로 들어간다면 재산 따위는 아무것도 아니라고 생각했다.

욥의 아내가 물장수를 한다

제22장

1. 나는 온몸에 몹쓸 병이 들어서 아우시티스 도시 밖의 똥구더기에서 48년을 살았다.

2. 나는 첫번째 아내 시티도스가 먹고 살기 위해 하녀처럼 으리으리한 저택에 물을 길어다주는 모습을 바라보았다.

욥의 아내가 머리카락을 잘라서 팔고 빵을 산다

제23장

7. 사탄이 빵장수로 변장하여 나의 아내에게 "머리카락을 잘라주면 빵을 주겠소. 그러면 당신 남편이 3일은 더 살 수가 있을 거요." 라고 말했다.

8. 그녀는 "굶주린 남편에 비한다면 이 머리카락이 무슨 소용이 있겠는가?" 라고 생각했다.

10. 그래서 그녀는 사람들이 보는 앞에서 가위로 머리카락을 잘라서 사탄에게 주고 빵 세 덩어리를 얻었다.

욥의 옥좌와 왕국은 영원하다

제33장

2. 나는 엘리후, 엘리파즈, 빌다드 등 세 왕에게 "이제 나는 성인들 한가운데에 있는 나의 옥좌와 그 영광과 광채를 보여주겠소.

3. 나의 옥좌는 이 세상 위에 있고, 그것의 영광과 광채는 성부의 오른편에 있소.

4. 온 세상은 지나가고 그 영광도 없어질 것이오. 그리고 거기 매달려 있던 사람들도 멸망할 것이오.

5. 그러나 나의 옥좌는 거룩한 땅에 있고, 그 영광은 불변의 세상에 있소.

6. 강물들은 메말라버리고, 물결의 긍지도 심연 밑바닥으로 가버릴 것이오.

7. 그러나 나의 옥좌가 있는 땅의 강물들은 마르지도 않고, 사라지지도 않으며, 오히려 영원히 계속될 것이오.

8. 지상의 왕들은 사라지고, 모든 지도자들도 죽을 것이며, 그들의 영광과 자만은 거울에 비친 그림자와 같소.

9. 그러나 나의 왕국은 영원하고, 그 영광과 광채는 성부의 전투용 마차들과 함께 있는 것이오."라고 말했다.

솔로몬의 증언

악마들과 시바의 여왕

해설

이것은 그리스어 필사본을 통해서만 전해졌다. 이 증언은 솔로몬이 성전 건축을 하는 데 있어서 악마 오르니아스의 방해를 받고, 오르니아스 뿐 아니라 모든 악마들에 대해 솔로몬이 지배권을 획득한 이야기를 적은 것이다.

이것은 배교, 우상 숭배, 악마 숭배에 관해서 이스라엘 백성에게 경고하려는 목적을 가진 것으로 보이는데, 사실상 악마와 마술에 관한 대중적 미신에 관한 논문이라고 하겠다.

물론 이 책은 솔로몬의 마법의 주문을 모은 것이 아니라, 유태인이 쓴 것으로 보이는 고대 문헌의 한 분야에 속하는 것이다.

이 문헌의 저술 시기에 관하여는 서기 100년경, 또는 기원후 4세기, 그리고 12~13세기라고 보는 견해가 있다. 또한 서기 200~250년에 아시아(이집트)에서 그리스 출신의 그리스도교 신자가 저술한 것으로 보는 견해도 있다. 그러나 서기 400년에 이 문헌이 존재했던 것은 확실하다.

악마들을 지배하는 반지

제1장

1. 예루살렘 도시의 성전이 건축되고 기술자들이 일하고 있을 때,

2. 악마 오르니아스가 황혼 무렵에 나타나곤 했다. 그리고 젊은 감독의 돈과 건축 자재를 절반이나 빼앗아 갔다. 그는 매일 젊은이의 오른손 엄지손가락을 빨았다. 내가 몹시 사랑하는 그 젊은이는 시간만 낭비하고 있었다.

3. 그래서 나 솔로몬은 어느 날 그 젊은이를 불러서 "내가 너를 특별히 생각해서 임금과 자재를 두 배로 주는데, 왜 빈둥거리기만 하느냐?"하고 심문했다.

4. 젊은이는 악마가 자기 손가락을 빨기 때문에 영혼이 괴롭고 몸이 일을 못 한다고 고백했다.

5. 나는 주님의 성전에 가서 그 악마를 나의 권한으로 복종시키게 해달라고 기도했다.

6. 그러자 미카엘 대천사가 나에게 봉인을 새긴 보석으로 만든 작은 반지를 주었다.

7. 그리고 대천사는 "다비드의 아들 솔로몬이여, 주님인 사바오트가 보낸 이 선물을 받으시오. 이 반지를 몸에 지니고 있으면, 당신은 모든 남녀 악마들을 봉쇄하고, 그들에게 일을 시켜서 예루살렘을 건축할 수 있을 거요."라고 말했다.

8. 나는 그 젊은이를 불러서 반지를 주었다.

9. 그리고 "이 반지를 악마의 가슴에 던지고, 솔로몬이 악마를 소환한다고 말하라."고 지시했다.

12. 젊은이가 반지를 던지자, 악마 오르니아스가 비명을 내지르면서 "왜 이런 짓을 하느냐? 그 반지를 솔로몬에게 돌려줘라. 그

러면 내가 이 세상의 모든 금
과 은을 네게 주겠다."고 소리
쳤다.

13. 젊은이가 악마를 묶어서
솔로몬에게 넘겼다.

솔로몬이 악마를
굴복시킨다

솔로몬이 수입한 오피르의 황금에 관한
기원전 8세기 히브리어 기록

제2장

1. 나 솔로몬은 옥좌에서 일어났다. 그리고 부들부들 떠는 악마를
내려다보고 "너는 누구이며 이름은 뭐냐?"고 물었다. 악마가 오르
니아스라고 대답했다.

2. 나는 그가 어느 별자리 아래에서 태어났는지 물었다. 그는 물
병자리라고 대답했다. 그리고 그는 "저는 물병자리 아래에서 태어
난 사람들이 여자에 대한 욕정 때문에 처녀의 별자리를 불렀기 때
문에 그들을 질식시켜 죽이지요.

3. 저는 세 가지 형태로 꿈 속에 나타납니다. 저는 완전히 성숙하
지 못한 소녀들을 탐내는 남자의 모습으로 가끔 나타나지요. 내가
손을 대면 그들은 몹시 괴로워합니다. 때로는 날개를 달고 하늘로
날아가고, 때로는 사자의 모습으로 나타납니다.

4. 저는 하느님의 힘인 대천사의 아들이지만, 대천사 우리엘이
저를 지배합니다."라고 대답했다.

5. 나는 악마에게 봉인을 하고는, 바닷가에 놓여 있다가 아라비아
바다를 통해서 운반된 돌을 자르는 일을 그에게 시켰다.

6. 그는 돌을 자르는 연장들이 무서워서 만지려고 하지 않았다. 그리고 자기를 풀어주면 모든 악마들을 데리고 오겠다고 말했다.

7. 그가 내 말을 듣지 않았기 때문에 나는 우리엘 대천사에게 기도했다. 대천사가 하늘에서 내려왔다.

8. 그리고 거대한 물고기를 바다에서 불러내어 악마의 영역의 물을 모조리 마시게 해서 마른 땅으로 만들었다. 그런 방법으로 대천사는 악마 오르니아스를 굴복시켜 돌을 자르게 만들었다.

9. 나는 악마에게 악마들의 지배자를 데려오라고 명령했다.

악마들의 지배자를 잡아온다

제3장

1. 오르니아스가 반지를 가지고 베엘제붑에게 가서 "솔로몬이 당신을 소환합니다."라고 말했다.

3. 그리고 반지를 그에게 던졌다.

4. 베엘제붑은 엄청난 불길에 휩싸이기라도 한 듯이 비명을 지르고는 오르니아스를 따라 나에게 왔다.

7. 그는 자기가 악마들의 지배자인 베엘제붑이라고 대답했다. 그는 모든 악마들을 쇠사슬로 묶어서 데려오겠다고 약속했다.

여자 악마 오노스켈리스

제4장

1. 나는 그 악마에게 여자 악마도 있느냐고 물었다. 그는 있다고 대답했다. 그래서 나는 여자 악마를 보고 싶다고 말했다.

2. 베엘제붑이 가서 여자 악마 오노스켈리스를 데리고 왔다. 그녀는 매우 아름다운데, 몸은 살결이 흰 여자지만 나귀의 정강이를 가졌다.

4-6. 그녀는 동굴, 절벽, 바위 틈에 살면서 남자들을 목조르기도 하고, 죄를 짓게 만들기도 하며, 남자들과 성교도 하는 악마였다.

8. 그녀는 계절에 맞지 않는 잠음, 즉 하늘의 메아리가 들릴 때 숲에서 태어났다.

9. 그리고 보름달 아래서 태어나 대부분의 여행을 달밤에 한다. 나는 어느 천사의 지배를 받는지 물었다.

10. 그녀는 나의 천사가 자기를 지배한다고 대답했다.

11. 그녀가 거짓말을 한다고 판단한 나는 군사를 시켜서 그녀에게 매질을 했다. 그녀는 비명을 지르면서 "당신이 받은 하느님의 지혜가 저를 지배해요."라고 말했다.

12. 나는 그녀에게 밧줄 꼬는 일을 시켰다.

여자들을 미치게 하는 악마

제5장

1. 아스모데우스라는 다른 악마가 끌려왔다.

2. 내가 "너는 누구냐?"하고 물었다.

3. 그는 위협적인 시선으로 쳐다보면서 "당신은 누구요?"라고 나에게 반문했다. 내가 모진 처벌로 위협했다. 그는 "당신은 사람의 아들이고, 사람의 딸에게서 태어나기는 했지만 역시 천사요. 그러니 내가 어떻게 사람인 당신에게 대답할 수가 있겠소?

4. 나는 마차, 뱀의 다리 또는 북극성이라고 불리지요.

5. 나에게 많은 질문을 던지지 마시오. 당신의 왕국도 때가 되면 파멸할 것이기 때문이오. 당신의 영광은 잠시후에 사라지는 것이고, 이제 잠시 동안만 당신이 우리를 지배하는 거요. 잠시 동안이 지나면 우리가 다시 인류를 지배하고, 그들은 우리를 신으로 숭배할 거요. 그들은 우리를 지배하는 천사들의 이름을 모르기 때문이오."라고 말했다.

6. 나는 그를 더욱 단단히 묶고 매질을 하라고 명령했다.

7. 그는 새로 태어난 사람들을 거슬러서 음모한다고 했다. 그리고 처녀들의 아름다움을 더럽히고, 그녀들의 마음을 갉아먹는다고도 했다.

8. 그는 또한 거대한 파도에 실린, 미치게 하는 병을 여자들에게 퍼뜨렸다.

9. 그는 라파엘의 지배를 받는다.

10. 그리고 아시리아의 강에서 나는 메기의 간과 쓸개를 사프란과 함께 태우면 자기를 내쫓을 수 있다고 말했다.

11. 그는 자기를 강물에 처넣지 말라고 애원했다.

12. 나는 그의 머리에 열 개의 물통을 얹으라고 명령하고는 그에게 쇠와 진흙 다루는 일을 시켰다.

악마들의 지배자는 엠마누엘의 지배를 받는다

제6장

8. 내가 베엘제붑에게 누구의 지배를 받는지 물었다. 그는 자기를 지배하는 것은 전능하신 하느님, 즉 히브리어로 '파티케'(높은 곳에서 내려온 분)이고, 그리스어로는 '엠마누엘'이라고 대답했다. 그리고 누구든지 전능한 그분의 이름인 엘로이에 걸어서 자기에게 명령하면 그는 즉시 사라진다고 말했다.

9. 나 솔로몬은 그에게 테베의 대리석을 톱으로 자르라고 명령했다. 악마들이 자기들의 왕을 위해서 고함쳤다.

각종 악마들의 모습

제7장

릭스 테트락스는 얼굴을 허공에 높이 들고 다니지만 나머지 몸 부분은 달팽이처럼 꼬여 있다. 이것이 솔로몬을 위협하려고 심한 먼지 바람을 일으킨다. 여름에 가장 바쁜데, 주로 복통, 화재, 열병을 일으킨다. 성전 꼭대기에서 석수들에게 돌을 내던지는 짓을 한다.

제8장

잘 단결된 일곱 종류의 악마들, 일곱 종류의 원소들, 암흑 세계의 지배자들은 위장, 싸움, 클로토, 태풍, 오류, 권세, 최악이라는 이름을 가진다. 최악이라는 이름의 악마가 솔로몬이 사랑에 빠질 것이라고 예언한다. 이들은 성전의 기초를 파헤친다.

제9장

머리가 없는 악마는 살인인데, 자기 가슴속을 들여다보고, 언제나 사람들의 머리를 잘라서 먹는다.

제10장

거대한 개처럼 생긴 악마는 로드인데, 사람들의 목구멍으로 들어가서 그 마음을 지배하고 파멸시킨다.

제11장

거친 사자와 같은 아라비아의 악마는 사자 조종사라고 하는데, 수많은 악마를 부하로 거느리고 있다.

제12장

머리가 셋인 뱀 악마는 뱀의 벼슬이라고 한다.

제13장

머리카락을 풀어헤친 여자 악마는 오비주트라고 하는데, 여자들과 아이들을 괴롭힌다.

제14장

남자의 얼굴과 두 다리, 그리고 뱀의 몸에다가 등에 날개가 달린 악마는 날개 달린 뱀이라고 하는데, 아름다운 여인들이 임신했을 때 유산을 일으킨다.

제15장

머리가 셋 달린 여자 악마는 에넵시구스라고 하는데, '무수한 이름을 가진 악마'라고도 부른다. 달과 관련이 깊다. 이 악마는 솔로몬에게 왕국의 분열과 성전의 파괴를 예언한다.

제16장

앞에서 보면 말이고 뒤에서 보면 물고기인 악마는 바다에서 살면서 파선을 일으킨다. 그리고 치노페구스라고 불리는 사람으로 변하기도 한다.

제17장

거인족 시대에 살해된 거인의 이름 없는 영혼이 악마가 되어 공동묘지에 살면서 사람들을 귀신들리게 만든다.

제18장

36종류의 원소가 사람, 황소, 새, 짐승, 스핑크스, 뱀의 형태로 나타난다. 대부분이 사람의 몸에 병을 일으킨다.

시바의 여왕

제21장

1. 남쪽 나라의 여왕 시바는 내가 짓고 있는 성전을 보고 놀랐다. 여왕은 청동 1만 세켈을 기증했다.

2. 그리고 성전 안으로 들어가서 제대, 자비의 자리를 덮은 케루빔과 세라핌, 각종 색깔로 찬란히 빛나는 2백개의 보석, 에메랄드와 히아신스 회귀석과 사파이어로 된 등잔을 보았다.

3. 그리고 여왕은 금과 은과 구리로 된 그릇들, 쇠사슬처럼 만들어진 청동을 꼬아서 만든 거대한 기둥 받침대를 보았다. 또 받침대 위의 청동의 바다와 36마리의 황소를 보았다.

4. 일꾼들은 모두 하느님의 성전에서 황금 1달란트의 품삯을 받고 일하고 있었다. 물론 악마들은 품삯을 받을 수 없었다.

바람과 같은 악마를 체포한다

제22장

1. 아라비아의 왕 아다르체스가 다음과 같이 편지를 보내왔다. "아라비아의 왕 아다르체스가 솔로몬 왕에게 인사를 보냅니다. 주님이 당신에게 지혜를 내려주었고, 지상과 지하와 공중의 악마들에 관한 지식도 주었다고 들었습니다.

2. 아라비아에 한 악마가 있는데, 새벽부터 3시까지 무시무시한 열풍을 일으키는 바람에 사람도 가축들도 숨을 못 쉬고 죽어버립니다.

3. 이 악마는 바람과 같은데, 당신의 하느님이 당신에게 준 지혜로 뭔가 지혜로운 해결책을 마련해주기 바랍니다.

4. 이 악마를 체포할 사람을 보내준다면, 솔로몬 왕이여, 우리는 당신의 것이 되고, 나와 나의 모든 백성, 나의 토지, 심지어는 아라비아 전체가 평온해질 것입니다."

9. 일주일 후에 나는 아라비아 왕의 편지가 생각나서 하인에게 지시했다.

10. "낙타에 짐을 싣고, 포도주 가죽 부대와 이 도장을 가지고 아라비아로 가라. 악마가 바람을 일으키는 곳에서 포도주 부대를 열고 그 입구에 도장을 대고 있어라.

11. 포도주 자루가 불룩해지면 그 안에 악마가 들어간 것이니, 얼른 자루 입구를 단단히 묶어라. 그리고 도장으로 봉인한 뒤에 이리 가지고 오너라."

14. 하인이 지시받은 대로 실행해서 악마를 잡아가지고 돌아왔다.

19. 그 악마는 아라비아 출신의 에부파스였다.

20. 그를 지배하는 것은 동정녀에게서 태어나고 유태인들에 의해서 십자가에 못박힐 그분이다.

솔로몬이 지혜를 잃어버린다

제26장

1. 나는 모든 지역과 왕국에서 숫자에 제한 없이 아내를 맞아들였다. 어느 날 에부스의 왕을 방문했을 때, 그 나라의 한 여자를 보고 첫눈에 반해버렸다. 그래서 그 여자를 아내로 맞이하고 싶었기 때문에,

2. 그 나라의 사제들에게 "이 슈만족 여인에게 내가 첫눈에 몹시 반했으니 넘겨주기 바란다."고 말했다. 사제들은 "우리나라의 딸을 그렇게도 몹시 사랑한다니, 우리의 신들인 라판과 몰록을 숭배한다면 그 여자를 데려가도 좋습니다." 라고 대답했다.

3. 나는 "외국의 신들을 숭배하지 않는다."고 대꾸했다.

4. 그러나 사제들은 "네가 만일 솔로몬의 왕국에 가게 된다면, 솔로몬에게 말하라. 당신이 우리 백성이 하듯이 메뚜기 다섯 마리를 잡아서 라판과 몰록의 이름으로 죽이기 전까지는 나는 당신과 잠자리를 같이할 수 없다고 말하라."고 여자에게 지시했다.

5. 그 여자가 대단한 미인이어서 내가 너무나도 사랑했기 때문에, 그리고 사제들의 말을 이해하지 못했고, 메뚜기의 피 따위는 대수롭게 여기지 않았기 때문에, 메뚜기들을 손에 쥐고 라판과 몰록의 이름으로 죽였다. 그리고 그 여자를 내 왕궁으로 데려갔다.

6. 그러자 하느님의 천사가 나를 떠났고, 그 이후로는 내가 말하는 것이 공허하게 들렸다. 그 여자는 내게 우상들에게 바치는 신전들을 짓도록 강요했다.

7. 가련한 멍청이인 나는 여자의 말대로 했고, 하느님의 영광이 동시에 나를 떠나갔다. 내 영혼은 암흑에 빠지고, 나는 우상들과 악마들의 웃음거리가 되고 말았다.

8. 내가 이 증언을 기록하는 이유는 내 말을 듣는 너희가 기도하고, 처음 것이 아니라 마지막 것들에 주의를 기울이고, 그래서 은총을 충만하게 영원히 받게 되기를 바라기 때문이다. 아멘.

가명 필로의 구약 이야기

아담에서 다비드까지

해설

이 문헌은 예루살렘 성전이 파괴된 서기 70년 이전에 팔레스티나에 거주했던 유태인들이 공회당에서 사용한 구약성서를 이해하는 데 매우 중요하다. 그리고 구약성서와 후대에 수집·편찬된 성서 주석을 연결해주는 중요한 자료가 된다.

아울러 신약성서의 대부분이 저술된 1세기 당시에 이것도 저술되었기 때문에, 이 문헌은 초대 그리스도교의 역사를 아는 데 중요한 참고 자료가 된다.

그러나 이 문헌이 유태교와 그리스도교의 역사에 미친 영향은 그리 크지 않다고 본다.

이 문헌은 라틴어 필사본만 전해지고 있다. 전체 내용이 담긴 라틴어 필사본은 18종류이고, 일부만 담긴 것은 3종류다. 그 가운데 가장 오래된 필사본은 11세기에 만든 것이다. 그리고 이것은 1527년에 스위스의 바젤에서 라틴어로 처음 출판되었다.

학자들은 라틴어 필사본이 그리스어에서 번역된 것이라고 본다. 그런데 라틴어 필사본 이전에 그리스어 필사본이 있었다고 해도, 그것은 히브리어 원본에서 번역한 것이라고 한다. 최초의 원본에 사용한 언어가 아라메아어라는 의견도 있을 수 있지만, 역시 히브리어가 옳다는 것이 대체적인 연구 결과라고 본다.

또한 이 문헌은 기원전 135년부터 서기 100년 사이에, 다시 말하면 예수 그리스도가 생존하던 그 시절에 저술된 것으로 추정한다.

저자의 이름이 알렉산드리아에 살던 유태인 필로라고 알려져 있지만, 필로가 실제로 저술한 것은 아니라는 것이 정설이다. 익명의 저자가 성서의 내용과 그 해석을 자기 나름대로 자유롭게 이용하여 팔레스티나에서 이 문헌을 저술했다고 본다.

이 문헌을 서기 1세기 팔레스티나의 각종 종교적 세력(파리사이파, 에세네파, 쿰란 집단, 그노시스파, 기타)과 연결시키려는 시도도 있지만, 설득력이 약하다. 이것은 저술되던 그 당시에 팔레스티나에 있던 유태인들의 공회당의 전통을 반영한 작품이라고 생각한다.

다른 고대 문헌이나 성서에는 나타나지 않는 내용들이 이 문헌에 많이 포함되어 있다. 예를 들면, 바벨탑의 건축은 아브라함을 불 속에 집어넣은 사건과 관련되고, 타마르가 시아버지인 유다와 성교를 한 동기는 그녀가 이교도들과 성교하는 것을 피하려는 것이었다고 한 점, 모세가 물에 던져진 것과 홍해 바닷물을 마르게 한 것의 관련, 모세가 가나안에 들어가지 못한 이유는 거기 있는 우상들을 보지 않으려고 했다는 것, 캐나즈에 관한 부분, 미카의 우상들, 사울이 마술사들을 추방한 이유 등이다. 아래 내용은 구약성서와 중복되는 것을 생략하고 정리했다.

아담에서 노아까지

제1장

l. 세상이 시작되었을 때 아담이 카인, 나오바, 아벨, 세트 등 아들 셋과 딸 하나의 아버지가 되었다.

2. 아담은 700년을 살았는데, 아들 12명, 딸 8명을 두었다. 아들들의 이름은 엘리세엘, 수리스, 엘라메엘, 브라발, 나야트, 자라마, 자삼, 마아탈, 아나트였고, 딸들의 이름은 푸아, 이엑타스, 아레비카, 시파, 테티아, 사바, 아신이었다.

6. 세트의 아들들의 이름은 엘리디아, 폰나, 마타였고, 딸들의 이름은 말리다, 틸라였다.

7. 에노슈는 715세까지 살았고, 포에와 타알 등 아들 둘과 카테나트라는 딸을 두었다.

l7. 에녹은 200년을 살았는데, 그 아들들은 아나즈, 제움, 아카움, 펠레디, 엘리트였고, 딸들은 테이즈, 레피트, 레아트였다.

카인에서 라멕까지

제2장

2. 카인의 아내는 테멕이었다.

3. 카인은 15세 때 아내를 알았고, 그때부터 도시 7개를 건설하여, 첫째 도시는 아들의 이름을 따서 에녹이라 불렀다. 그리고 다음 도시들을 차례로 마울리, 레에드, 테제, 이에스카, 첼레트, 이에바트라고 불렀다.

4. 에녹을 낳은 카인은 그후 715년을 살았고, 올라드, 리자프, 포살 등의 아들과 치타, 마아크 등의 딸을 두었다. 카인은 730세를 살고 죽었다.

5. 카인의 아들 에녹은 세트의 딸들 가운데서 아내를 얻어서 치람, 쿠우트, 마다브를 낳았다.

7. 요발이 각종 악기를 처음으로 가르쳤다.

8. 그때 지상에 사는 사람들이 이웃 사람의 아내와 사악한 짓을 하기 시작하여 서로 몸을 더럽혔다. 그래서 하느님이 분노했다. 요발은 현악기들을 연주하고 각종 감미로운 노래를 불러서 지상을 타락시켰다.

9. 질라가 투발, 미자, 테파를 낳았는데, 이 투발이 사람들에게 납, 주석, 철, 청동, 은, 금을 사용하는 기술을 가르쳤다. 그래서 사람들이 우상들을 만들어서 숭배하기 시작했다.

노아의 대홍수

제3장

6. 대홍수가 일어난 것은 하느님이 하늘과 땅을 만들고 나서 1652년이 지났을 때였다.

9. 사람들이 죄를 지으면, 나는 기근이나 칼이나 불 또는 죽음, 지진 등으로 심판할 것이다. 그러나 홍수의 물로 지상을 다시는 멸망시키지 않겠다.

10. 그러나 세상에 대해서 지정한 기간이 지나면, 빛이 끝나고 암흑이 사라질 것이다. 나는 죽은 자들을 살리고, 잠자는 자들을 땅에서 일으킬 것이다. 지옥이 그동안 진 빚을 갚기 위해서 멸망의

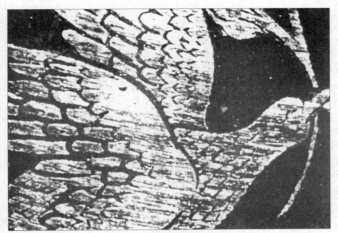
올리브 가지를 물고 온 비둘기, 12세기

장소가 보관하고 있던 것을 내게 돌려줄 것이다. 나는 각자의 행동에 따라, 각자가 만들어낸 열매에 따라 갚아주고, 영혼과 육체 사이에서 심판할 것이다. 그러면 세상은 끝나고, 죽음은 폐지되며, 지옥은 입을 닫을 것이다. 그리고 땅은 거기 사는 사람들을 위해서 열매를 못 맺거나 불모지가 되지 않고, 나의 용서를 받은 사람들은 더럽혀지지 않을 것이다. 그리고 영원히 사는 곳인 다른 땅과 다른 하늘이 생길 것이다.

최초의 인구 조사

제5장

2. 노아가 아직 살아 있을 때, 모든 사람이 한 곳에 모여서 화목하게 살았고, 지상에는 평화가 있었다.

3. 노아가 방주에서 나온 뒤 340년이 지나서 지도자들이 백성의 숫자를 조사했다.

8. 여자들과 어린 아이들을 제외하면, 노아가 아직 살아 있을 때 그 자손의 총계가 91만 4100명이었다.

바벨탑

제6장

1. 온 세상에 흩어져서 살던 사람들이 한 곳에 모여서 같이 살았다. 그들은 동쪽에서 이동하다가 바빌론 땅에서 들판을 발견하고 거기 정착했다. 그리고 서로 이렇게 말했다. "보라, 우리가 앞으로 형제로부터 각자 흩어질 것이고, 마지막 날들에는 우리가 서로 싸울 것이다. 자, 우리가 하늘 끝까지 닿는 탑을 쌓아서, 우리 자신을 위한 이름과 지상의 영광을 남기자."

2. 그들은 이웃끼리 또 이렇게 말했다. "흙벽돌을 만들고 거기 우리 이름을 적은 뒤에 불로 굽자. 그리고 무엇이든지 계속해서 태워서 회반죽으로 사용하자."

3. 그러나 아브람, 나호르, 로트, 루게, 테누테, 자바, 아르모다트, 요밥, 에사르, 아비마헬, 사바, 아우핀 등 12명이 벽돌 만들기를 거

부했다. 백성들이 그들을 잡아다가 지도자들에게 데리고 갔다. 그들은 "우리는 한 분뿐인 주님을 알고 그를 숭배합니다. 당신들이 벽돌과 함께 우리를 불가마에 던진다 해도, 우리는 벽돌 만드는 일에 합세하지 않겠소."라고 대답했다.

5. 지도자들이 화가 나서 그들을 불가마에 넣겠다고 선언했다.

6. 그러나 최고 지도자인 욕탄이 그들에게 7일 동안의 여유를 주어 뉘우치게 하자고 말했다. 그는 그들과 같은 부족 사람으로서 하느님을 섬기고 있었기 때문에 그들을 구출할 궁리를 했던 것이다.

7. 욕탄은 그 12명을 자기 집에 가두었다. 그는 힘센 장사 50명을 불러서 지시했다. 즉 밤에 그들을 구출해서 짐승 열 마리에 먹을 것을 실은 뒤에 산 속으로 데리고 가서 보호하라고 명령했다. 또한 "내 말이 새어나가는 날에는 너희를 불에 태워버리겠다."고 말했다.

8. 그들이 지시대로 수행했다.

9. 욕탄은 그들을 격려하고, 호위병 50명을 따로 주어서 산 속으로 보내고, 거기서 30일 동안 숨어 있으라고 말했다. 그는 "이 땅 백성들의 증오가 누그러질 때까지, 그리고 하느님이 분노하여 이들을 멸망시킬 때까지 산에서 기다리시오. 7일이 지나면 그들이 당신들을 찾을 텐데, 그러면 나는 '그들이 감옥 문을 부수고 탈출했고, 내가 하인 백명을 추격대로 파견했소.'라고 말할 것이오."라고 말했다.

10. 11명이 "오만한 무리의 손에서 우리를 구출해줘서 감사합니다."라고 말했다.

11. 그러나 아브람은 침묵을 지켰다. 욕탄이 "하느님의 하인인 아브람, 왜 대답이 없소?"라고 물었다. 아브람은 "오늘 내가 산으로 도망가면 불을 피하겠지만, 야수들에게 물려죽거나 먹을 것이 모자라서 굶어죽을 것이오. 내가 지은 죄가 너무 명백해서 불에 타죽어 마땅하다면, 하느님의 뜻이 이루어지도록 합시다. 그러나 내가

믿는 그분이 살아 있듯이, 나는 이곳을 떠나지 않겠소."라고 대답했다. 욕탄은 "이 사람들과 함께 가지 않겠다고 한다면, 당신 피가 당신 머리 위에 머물 것이오. 감옥에 머물러 있겠다면 마음대로 하시오."라고 말했다.

12. 아브람이 다시 감옥에 갇히고 나머지는 산으로 달아났다.

15. 일주일 뒤 백성들이 아브람을 불태우기로 했다.

16. 그들이 불가마를 만들고 불을 지폈다. 지도자 욕탄이 터질 듯한 가슴으로 아브람을 잡아서 벽돌과 함께 불가마에 집어넣었다.

17. 그러나 하느님이 엄청난 지진을 일으켰다. 그래서 불가마에서 치솟는 불길이 그 주위에 있는 것을 모조리 태웠다. 그날 하루에 불타 죽은 사람이 8만 3500명이었다. 그러나 아브람은 상처 하나 입지 않았다.

18. 그가 불가마에서 나오자 그 가마가 무너져버렸다. 그는 산 속으로 가서 나머지 11명과 만나고, 모든 일을 자세하게 설명해 주었다. 그들은 그 장소를 아브람의 이름을 따서 '델리'라고 불렀다. 그것은 칼데아 말로 '하느님'이라는 뜻이었다.

언어의 분열

제7장

1. 그 일이 있은 뒤에도 백성들은 사악한 음모를 버리지 않고 지도자들에게 몰려가서 "백성들이 영원히 패배하지는 않습니다. 우리가 단결하여 절대로 무너지지 않을 탑을 만들겠소."라고 말했다.

2. 그들이 건축을 시작하자, 하느님이

3. "내가 그들의 말을 분열시키고, 모든 지방으로 분산시켜서, 자

기 형제의 말도 못 알아듣도록 하겠다. 나는 그들을 절벽 위로 추방하여, 지푸라기로 움막을 짓고, 동굴을 파고 들판의 짐승처럼 살게 만들겠다. 그리고 항상 내 앞에서 그렇게 살도록 하여, 다시는 이런 음모를 못 꾸미게 하겠다. 나는 그들을 물방울처럼 여기고, 더러운 침처럼 보겠다. 그래서 어떤 사람들은 물에 빠져죽고, 어떤 사람들은 목이 말라서 죽을 것이다.

4. 그러나 나는 아브람을 이곳에서 구출하여 내가 예전부터 잘 보아둔 땅으로 이주시키겠다. 그 땅은 홍수로 지상을 멸망시킬 때에도 내가 파괴하지 않고 보존했던 곳이다." 라고 말했다.

5. 하느님이 그들의 말을 분열시키고, 그들의 모습을 변화시켜서 형제끼리 얼굴을 알아보지 못했고, 이웃끼리 말을 알아듣지 못했다. 그래서 건축가들이 조수들에게 벽돌을 가져오라고 지시하면 물을 가져왔고, 물을 가져오라고 하면 지푸라기를 가져오곤 했다. 그래서 결국 그 계획은 좌절되었다.

가나안에서 이집트까지

제8장

2. 아브람의 아들 이슈마엘은 아들 12명을 두었다.

4. 이사악은 메소포타미아에 사는 베투엘의 딸을 아내로 삼았는데, 그녀가 에사우와 야곱을 낳았다.

6. 야곱은 시리아 사람인 라반의 두 딸 레아와 라켈을 아내로 삼고, 빌라와 질파를 첩으로 두었다. 레아가 루벤, 시메온, 레비, 유다, 이사카르, 제불론, 디나(딸)를 낳았고, 라켈이 요셉과 벤야민을 낳았으며, 빌라가 단과 나프탈리를, 질파가 가드와 아세르를 낳

았다.

8. 욥(요압)이 그후 디나를 아내로 삼았는데, 아들 14명과 딸 6명을 낳았다.

14. 그들은 이집트로 내려가서 210년을 살았다.

모세 아버지의 용기와 모세의 출생

제9장

1. 이집트 인들이 왕에게 "그들(유태인들)에게서 태어나는 남자 아이는 모두 죽이고, 여자 아이는 살려서 우리 노예들에게 아내로 줍시다. 그러면 거기서 태어나는 아이들은 다시 노예가 되어 우리를 섬길 것입니다."라고 대답했다. 이것은 주님 앞에서 사악한 일로 보여졌다.

2. 원로들이 백성을 한자리에 모아놓고 통곡하고 탄식했다. 그리고 "우리 여자들의 자궁에서 나온 결실들이 더럽혀지고 그들이 우상을 숭배하는 그런 일을 피하기 위해서, 남편이 아내에게 접근하지 말자고 규칙을 정합시다. 하느님이 어떻게 할는지 알 때까지는 차라리 아들 없이 죽는 것이 낫습니다."라고 말했다.

3. 그러나 암람은 "이스라엘의 아들들의 종족이 대가 끊어지기보다는 이 시대가 영원히 끝나거나, 온 세상이 바닥도 없는 심연으로 가라앉거나, 아니면 심연의 핵심이 별들을 집어삼키는 일이 먼저 일어날 것입니다. 하느님이 아브라함에게 고통과 노예 상태가 400년 계속될 것이라고 했소. 그런데 그 약속을 한 지 350년이 지났고, 또 우리가 이집트의 노예가 된 지도 130년이 지났지요. 그러므로 나는 여러분이 선포하는 규칙에 따르지 않고, 집에 돌아가서 아내

와 가까이하여 아들들을 낳아서 번식시키겠소. 왜냐하면 하느님은 영원히 분노하지도 않고, 자기 백성을 영원히 잊어버리지도 않으며, 지상에 공연히 이스라엘 백성을 내보낸 것도 아니고, 쓸데없이 우리 조상과 계약을 맺지도 않았지요.

5. 그러므로 나는 아내와 관계를 가지겠지만, 이집트 왕의 명령에는 복종하지 않을 것입니다. 우리 어머니 타마르가 한 것처럼, 우리 아내들이 임신해도 3개월 동안은 그 사실을 숨기도록 합시다. 타마르는 간음을 하려고 한 것이 아닙니다. 그녀는 이교도들과 성교를 하는 것보다는 시아버지와 성교를 하고 돌에 맞아 죽는 편이 더 낫다고 생각한 것입니다. 그리고 임신 사실을 3개월 동안 숨겼지요. 이윽고 탄로가 나서 사형장으로 끌려가는 길에 그녀는 지팡이와 봉인 반지와 양가죽의 주인이 뱃속 아기의 아버지라고 선언했습니다. 그녀의 좋은 의도가 모든 위험에서 그녀를 구해주었습니다. 우리도 아기가 태어나면 버리지 맙시다. 하느님이 이러한 일에 도발을 받아서 우리를 멸종으로부터 구원해줄지 누가 알겠습니까?"라고 말했다.

7. 암람의 계획이 하느님의 눈에 들었다. 그래서 주님은 "암람의 계획이 내 마음에 들었고, 그는 나와 자기 조상들이 맺은 계약을 저버리지 않았으므로, 보라, 그에게서 태어나는 사람이 나를 영원히 섬길 것이고, 그를 통하여 야곱의 집에서 놀라운 일을 내가 할 것이다. 그리고 그를 통하여 내 백성들을 위해서 기적들을 일으킬 것이다. 그리고 백성들에게 나의 길을 선포할 것이다. 나는 그를 위해서 나의 등불에 불을 붙일 것이다."라고 말했다.

10. 암람의 딸 미리암이 밤에 꿈을 꾸고는 그 내용을 아버지에게 말했다. "나는 아마포 옷을 걸친 남자를 꿈에 보았어요. 그는 '네 부모에게 가서 이렇게 말하라. 너희에게서 이번에 태어나는 아기를 물에 버려라. 그 아이가 물에 던져진 것처럼, 물이 또한 말라버

릴 것이다. 나는 그를 통해서 기적들을 보여주고, 백성을 구할 것이며, 그는 지도자가 될 것이다.' 라고 말했어요." 그러나 부모는 딸의 말을 믿지 않았다.

11. 암람의 아내 요케베드가 임신했다.

12. 이집트 왕은, 히브리 여자들이 남자 아기를 낳으면 즉시 빼앗아 강물에 처넣을 임무를 지닌 지역 책임자들을 임명했다. 요케베드는 아기를 낳은 뒤에 소나무 껍질로 방주를 만들어 강가에 놓아두었다.

14. 원로들이 암람에게 항의했다. 그러나 암람은 들은 척도 하지 않았다.

16. 파라오 왕의 딸이 아기를 자기 아들로 삼고, '모세' 라고 불렀다. 그러나 친어머니는 그를 '멜키엘' 이라고 불렀다.

이스라엘이 홍해를 건너간다

제10장

2. 이집트 인들이 그들을 계속 추격하여 홍해 앞에서 발견했다.

3. 무서운 상황에 놓인 이스라엘의 아들들은 의견이 세 가지로 갈라졌다. 루벤, 이사카르, 제불론, 시메온 부족들은 원수에게 살해되는 것보다는 차라리 바다에 몸을 던져 죽는 것이 낫다고 주장했다. 가드, 아세르, 단, 나프탈리 부족들은 이집트 인들을 따라가서 목숨을 건지고 노예가 되자고 말했다. 그러나 레비, 유다, 요셉, 벤야민 부족들은 "무기를 들고 싸웁시다. 하느님이 우리와 함께 있을 것입니다." 라고 말했다.

4. 모세가 주님에게 "주님, 당신의 이름을 기억하십시오." 라고 소

리쳐 부르짖었다.

5. 하느님이 "네 지팡이로 바다를 내리쳐라. 그러면 바다가 말라붙을 것이다."라고 대답했다. 모세가 그렇게 했다. 하느님이 바다를 질책하자, 바다가 말라붙었다.

6. 이스라엘이 바다 한가운데의 마른 땅을 밟고 건너갔다. 그것을 본 이집트 인들이 계속해서 추격했는데, 하느님이 그들의 판단력을 흐리게 하여, 그들은 바다로 들어가는 줄을 몰랐다. 그들이 바다 안에 들어 있을 때, 하느님이 모세에게 "바다를 다시 내리쳐라."하고 말했다. 모세가 그렇게 했다. 그래서 주님이 바다에게 명령을 내렸다. 바다가 다시 흐르기 시작했고, 이집트 인들과 그들의 전투용 마차들과 기병대원들을 덮어버렸다.

모세가 가나안에 들어가지 못하는 이유

제19장

7. 주님이 모세에게 "네가 죽기 전에 그 땅을 보여주겠지만, 너는 그곳에 들어가지 못할 것이다. 그것은 이 백성들을 속이고 바른 길에서 벗어나게 만들 우상들을 네가 보지 못하게 하려는 것이다. 나는 그들이 나를 740년 동안 섬기면서 살 땅을 네게 보여주겠다. 그 기간이 지나면 그 땅이 원수들의 손으로 넘어가고, 원수들이 그 땅을 파괴하고, 외국인들이 포위할 것이다. 이런 일은 내가 호렙 산에서 맺은 계약의 석판들을 깨버리고 그들이 죄를 지었을 때, 석판의 글씨들이 날아가버린 그날, 즉 넷째 달의 17일에 일어날 것이다.

요수아의 후임자 케나즈

제25장

2. 요수아가 죽은 뒤 팔레스타인 사람들과 싸우려고 할 때, 백성들이 지도자를 선출하자고 말했다. 주님의 천사가 "칼렙의 부족에서 제비를 뽑아 정하라."고 말했다. 그래서 케나즈가 선출되었다.

3. 케나즈가 백성들에게 "너희 부족들을 데리고 와서 주님의 말을 들어라. 마음이 불순하여 죄를 지은 사람들을 제비뽑기로 확인하여 불태워 죽이겠다."고 말했다.

4. 제비를 뽑은 결과 6110명의 죄인이 드러나서 케나즈가 그들을 감옥에 가두었다.

6. 주님은 "그들이 죄를 자백하게 하고, 그리고 나서 불태워라."고 대답했다.

7. 케나즈가 그들에게 죄를 자백하라고 말했다. 그리고 "너희가 비록 지금 죽는다고 해도, 하느님이 죽은 자들을 부활시킬 때 너희에게 자비를 베풀지 누가 알겠는가?"라고 말했다. 엘라스가 "각자 지은 죄의 종류가 다르니 잘 조사해주기 바랍니다."라고 말했다.

9. 케나즈가 심문한 결과 그들이 자백했는데, 케난 자신이 속한 부족 사람들은 황금 송아지를 다시 만들려 했고, 루벤 부족의 사람들은 가나안의 신들에게 제물을 바치려고 했다. 레비 부족의 사람들은 집회의 장막이 신성한지 여부를 시험하려고 했고, 이사카르 부족의 사람들은 우상의 악마들에게 점을 치려고 했다. 제불룬 부족의 사람들은 자기 아이들을 잡아먹으려고 했다. 단과 나프탈리 부족의 사람들은 아모리트 사람들의 주물을 만들었다.

10. 가드 부족 사람들은 이웃끼리 아내를 바꾸어 서로 간통했다.

13. 마나쎄 부족 사람들은 안식일을 더럽혔다. 에프라임 부족 사

람들은 자녀들로 하여금 불을 통과하게 했다. 벤야민 부족의 사람들은 율법책에 기록된 내용이 하느님 자신이 정말 직접 기록한 것인지, 아니면, 모세 자신이 그렇게 가르친 것인지 조사하려고 했다.

죄인들에 대한 처벌

제26장

1. 케나즈는 자백한 내용을 모두 책에 기록했다. 하느님이 그에게 "죄인들을 피손 강으로 끌고가서 모두 불에 태워죽여라. 그래야만 나의 분노가 가라앉을 것이다."라고 말했다.

2. 그는 자기들이 가지고 있지 못하는 귀중한 보석들(아모리트 사람들이 요정들이라고 부르는 일곱 개의 황금 우상)마저도 태워야 하느냐고 물었다. 주님은 "금지된 것들로부터 하느님이 자기 이름으로 일부를 차지한다면, 사람이 무슨 짓을 못하겠느냐?

4. 천사가 그 보석들을 깊은 바다에 처넣을 것이다."라고 말했다.

7. 그는 우상들과 책들을 산꼭대기의 새로운 제대 옆에 놓았다. 그리고 평화의 제물과 아울러서 2천 마리의 짐승을 죽여 완전히 태우는 번제를 바쳤다. 그리고 모든 백성이 축제를 벌였다.

9. 우상들이 놓였던 자리에 주님의 열두 가지 거룩한 돌들이 있었고, 거기에는 각각 열두 부족의 이름이 적혀 있었다.

15. 케나즈가 그 돌들을 계약의 궤에 넣었다.

케나즈의 승리

제27장

l. 그런 다음 그는 이스라엘 백성 30만 명을 무장시켜서 이끌고 나가서 아모리트 사람들과 싸웠다. 첫날에 적 80만 명을 죽였고, 둘째날에는 50만 명을 죽였다.

2. 그리고 셋째날에는 "케나즈는 자기 아내와 첩들을 끼고 집에서 놀면서 우리만 전쟁터에 보내서 죽게 만들었다."고 불평하는 37명을 체포해서 감옥에 가두었다.

l0. 케나즈는 적을 4만 명 죽였다. 너무나 많은 적을 죽인 뒤에 그의 손이 칼에서 떨어지지 않자, 적을 한 명 죽여 그 뜨거운 피로 손을 적시자 손이 칼에서 떨어졌다.

l5. 감옥에 갇힌 사람들이 비방의 죄를 자백했다. 케나즈는 "너희가 스스로 죄를 자백했으므로, 내가 어떻게 자비를 베풀겠는가?"라고 말했다. 그는 그들을 불에 태워죽이고, 재를 피손 강에 뿌리라고 명령했다. 그는 57년 동안 백성을 다스렸다.

케나즈의 환상

제28장

l. 케나즈가 죽을 때가 이르자, 백성들 전부와 두 예언자 야비스와 피네하스, 그리고 사제 엘레아자르의 아들인 피네하스를 불렀다.

3. 사제 엘레아자르의 아들 피네하스가 그에게 자기 아버지가 죽기 전에 남긴 말을 전해주겠다고 말했다.

4. 그리고 "나의 아버지는 죽기 3일 전날 밤, 주님이 꿈에 나타나서 이렇게 말했다고 합니다. '네가 죽은 뒤 이 백성이 일어나서 타락하고 내 계명들을 저버릴 것이며, 나는 매우 분노할 것이다. 나는 거대한 포도밭을 마련하여 거기서 포도나무 하나를 선택하고, 그것을 가꾸고, 나의 이름으로 부르며, 그것을 영원히 나의 것으로 만들려고 했다. 그러나 그것이 나를 알아보지 못하고, 자기 열매를 파괴하며, 나에게 결실을 내어주지 않았다.'"라고 말했다.

5. 케나즈와 백성들과 원로들이 밤이 될 때까지 큰 소리로 통곡하고 탄식했다.

6. 그들이 앉아 있을 때, 거룩한 천사가 케나즈에게 와서 그에게 머물고, 그는 황홀한 상태로 들어가 예언을 하기 시작했다.

7. "나는 불타오르지 않는 불꽃을 본다. 밑바닥이 없는 깊은 잠에서 솟아오르는 샘물들의 소리를 듣는다. 나는 산꼭대기들도 하늘의 지붕도 인식하지 못한다. 모든 것이 형체가 없고, 보이지도 않으며, 위치하는 장소도 없다. 내가 보는 것을 눈이 알지 못한다 해도, 내 마음은 무엇을 말해야만 하는지 발견할 것이다.

8. 이제 타오르지 않는 저 불꽃으로부터 불씨가 하나 올라와서 스스로 연단을 만들어 놓는 것이 보였다. 그 바닥은 거미가 방패 모양으로 짜는 거미줄과 같았다. 이렇게 바닥이 만들어진 다음, 샘에서 부글부글 끓는 거품이 솟아올랐다. 그리고 그 거품은 다른 바닥을 형성했다. 위쪽 바닥과 아래쪽 바닥 사이에는 보이지 않는 곳의 빛으로부터 사람의 형상들이 나오고, 그들이 걸어다녔다. 그리고 '사람들을 위한 바닥이 마련될 것이고, 그들은 그 바닥들 사이에서 7천 년을 살 것이다.'라고 하는 목소리가 들렸다.

9. 아래쪽 바닥은 단단한 물질이지만, 위쪽 바닥은 거품이었다. 보이지 않는 곳의 빛으로부터 나온 것들은 '사람'이라고 불릴 것이다. 그가 나를 거슬러서 죄를 지을 때, 시간은 끝날 것이고 불씨

도 사라질 것이다. 그러면 샘도 솟지 않고, 그들이 변모할 것이다."

10. 그렇게 말을 마친 케나즈가 깨어나서 제 정신이 들었다. 그러나 그는 자기가 무엇을 보고 무엇을 말했는지 몰랐다.

아브라함과 이사악

제32장

1. 데보라가 이렇게 말했다. 아브라함이 노년기에 불임의 자궁에서 아들을 얻었다. 모든 천사들이 그를 시기했고, 숭배의 군대들이 그를 질투했다.

2. 천사들이 그를 시기했기 때문에, 하느님이 그에게 "내가 네게 준 것, 즉 네 몸에서 나온 결실을 죽여서 제물로 바쳐라." 하고 말했다. 아브라함은 따지려고 하지 않고 곧 실행에 착수했다. 제사 준비를 하면서 그는 아들에게 "이제 너를 번제의 제물로 바치려고 한다."고 말했다.

3. 그러나 아들은 그에게 "나를 만든 그분에게 제물로 바쳐지기 위해서 내가 이 세상에 태어난 것이 아닌가요? 이러한 제물이 다시는 없을 것이므로, 나의 축복은 모든 사람의 축복보다 뛰어난 것이 될 것입니다. 후손들이 나에 관해서 배울 것이고, 나를 통해서 그들은 주님이 사람의 영혼을 가치 있는 제물로 창조했다는 것을 알게 될 것입니다."라고 말했다.

4. 가장 힘이 센 그분이 급하게 자기 목소리를 보내서 아브라함에게 이사악을 죽이지 말라고 말했다.

미카의 우상들

제44장

I. 이때 이스라엘에는 지도자가 없었고, 각자 멋대로 행동했다.

2. 그런데 헬리우의 어머니 데딜라의 아들인 미카가 일어섰다. 그는 금화 1천 개, 금괴 4개, 은화 40개를 가지고 있었다. 데딜라는 아들에게 그것으로 우상들을 만들어 미카 자신이 그 우상들의 사제가 되라고 말했다.

5. 미카가 소년들, 송아지들, 사자, 독수리, 용, 비둘기의 우상들을 만들었다. 그리고 사람들을 그릇된 길로 인도했다. 아내를 얻고 싶은 사람은 비둘기의 우상을 통해서, 아들을 낳으려는 사람은 소년들의 우상을 통해서, 재산을 얻으려는 사람은 독수리의 우상을 통해서, 용기를 원하는 사람은 사자의 우상을 통해서, 하인과 하녀들을 얻으려는 사람은 송아지의 우상을 통해서, 오래 살기를 원하는 사람은 용의 우상을 통해서 그의 대답을 들었다.

사자의 우화

제47장

4. 주님이 이렇게 말했다. 숲 속 한가운데에 힘이 센 사자가 한 마리 살았다. 모든 짐승은 다른 야수들이 침입해서 파괴하지 못하도록, 그 숲의 보호와 관리를 사자에게 맡겼다. 그때 다른 숲에서 야수들이 몰려와 짐승의 새끼들을 모조리 잡아먹었다. 그러나 사자는 구경만 할 뿐 침묵을 지켰다. 다른 짐승들도 숲을 사자에게

맡겼고, 새끼들이 잡아먹힌 줄을 몰랐기 때문에 조용하게 지냈다.

5. 얼마후 아주 작은 짐승이 나와서 다른 사악한 짐승의 새끼 한 마리를 잡아먹었다. 그러자 사자가 울부짖어서 모든 짐승에게 겁을 주었다. 짐승들이 서로 싸우고, 이웃을 공격했다.

6. 수많은 짐승이 죽고 나자, 다른 거대한 숲의 새끼가 그 사자에게 "전에 사악한 야수들이 수많은 새끼들을 잡아먹을 때, 마땅히 모든 짐승을 자극해서 복수했어야 마땅할 때는 네가 침묵을 지키지 않았던가? 그런데 이제 사악한 짐승의 새끼 한 마리가 죽었다고 해서, 네가 숲을 뒤흔들고 부당하게도 짐승들을 수없이 죽게 만들고, 숲을 황폐하게 한단 말인가? 네가 먼저 죽어야만 하고, 그래야 이 숲이 안전하게 될 것이다."라고 말했다. 짐승의 새끼들이 그 말을 듣고는, 그 사자를 먼저 죽여버렸다. 그리고 그 말을 한 새끼를 사자의 자리에 앉히고, 그의 권위에 모두 복종했다.

7. 미카가 일어나서 우상들로 너희를 부자로 만들었다. 미카와 그의 어머니는 사악한 사람들이었는데, 아무도 거기 대항하지 않고 그릇된 길로 빠져들어갔다. 너희는 사악한 사자와 같이 침묵을 지켰다. 그런데 그의 첩 하나가 사악한 짓들을 하고는 죽었다고 해서 너희가 이제 "벤야민의 아들들을 우리 손에 넘겨주십시오."라고 말하면서 법석을 떤단 말이냐?

예언자들의 생애

해설

이 문헌은 그리스어, 시리아어, 이디오피아어, 아르메니아어, 라틴어로 된 필사본들이 많이 전해지고 있는데, 그 가운데서도 그리스어 필사본이 가장 많고 또 가장 완벽하게 보존되어 있다.

원본이 히브리어 또는 아라메아어로 저술되었다는 주장도 있지만, 근거가 충분하지 못하여 그리스어로 저술되었다고 본다.

또한 이것은 그리스도교 신자가 아닌 유태인이 서기 1세기에 팔레스타인에서 저술한 것으로 본다. 이 문헌은 유태인들이 거룩한 인물들이 죽은 뒤에 공경하던 관습을 그리스도교가 이어받아서 성인들을 공경하는 관습이 생겼다는 점을 뒷받침해 준다.

이사야

제1장

1. 나 이사야는 예루살렘에서 태어났고, 마나쎄 통치 때 톱으로 두 동강이 나서 죽었다. 그리고 로겔의 참나무 아래 묻혔는데, 그곳은 헤제키아가 수원지를 폐쇄하여 물이 끊어진 수로를 가로지르는 길 근처였다.

2. 하느님은 이사야 예언자가 죽기 직전에 마실 물을 달라고 기도했을 때, 즉시 물을 보내주는 실로암의 기적을 일으켰다. 실로암은 '보내진 것'이라는 뜻이다.

3. 그리고 헤제키아 시절에 이사야의 기도에 따라서 작은 샘이 솟아났다.

5. 적군이 예루살렘을 포위하고 실로암 근처에서 야영을 했는데,

6. 유태인들이 가면 물이 솟아나고, 외국인들이 가면 물이 솟아나지 않았다.

7. 지금까지도 그 신비를 드러내기 위해서 가끔 물이 솟아오른다.

8. 이사야를 통한 이 기적을 기념해서 백성들은 그를 매우 정중하게 그 근처에 묻었는데, 그것은 그가 죽은 뒤에도 그의 기도를 통해서 물을 계속 마실 수 있게 되기를 바랐기 때문이다. 또한 그에 관한 신탁도 있었기 때문이다.

9. 그의 무덤은 도시 남쪽에 있는 사제들의 무덤 서쪽, 왕들의 무덤 가까이 있다.

10. 솔로몬이 다비드의 설계에 따라서 그 무덤들을 시온의 동쪽에 만들었다. 그 무덤의 입구는 도시에서 3.8킬로미터 떨어진 가바온에 있다.

11. 그는 구불구불한 통로들을 가진 비밀 건축물을 만들었는데,

지금까지 대부분의 사람들에게 알려지지 않고 있다.

12. 거기에 왕은 이디오피아의 금, 그리고 향료를 보관했다.

13. 헤제키아가 이교도들에게 다비드와 솔로몬의 비밀을 가르쳐주고 조상들의 뼈

예루살렘 성벽에 새겨진 이사야서 66:14

를 더럽혔기 때문에, 하느님이 그의 후손들을 노예로 만들겠다고 맹세했고, 그날부터 그를 불임증에 걸리게 했다.

예레미아

제2장

1. 예레미아는 아나토트에서 출생했고, 이집트의 타프나이에서 자기 백성들의 돌에 맞아 죽었다.

2. 그는 파라오의 왕궁 근처에 묻혔는데, 그것은 이집트 인들이 그를 매우 존경했고 또 그를 통해서 혜택을 받았기 때문이다.

3. 그가 기도하자, 살무사들과 이집트 인들이 네포트, 그리스 인들이 악어라고 부르는 물의 괴물들이 물러갔던 것이다.

4. 지금까지도 신앙이 깊은 사람들은 그의 무덤에서 기도하고, 그곳의 흙을 가지고 살무사에게 물린 상처를 치료한다.

5. 그리고 우리는 안티고누스와 프톨레이우스의 자녀들인 노인들로부터 들었는데, 마케도니아의 알렉산더(대왕)가 예언자의 무덤 앞에 서서 신비들을 목격한 다음, 그의 유해를 알렉산드리아로 옮

겨가서 정중한 예식으로 그 도시의 주위에 원형으로 배치했다고 한다. 그래서 모든 살무사들과 악어들이 육지와 강에서 물러갔다는 것이다.

7. 또한 그는 '아르골라이'(뱀의 천적이라는 의미)라고 불리는 뱀을 펠로폰네소스 반도의 아르고스에서 이집트로 가지고 왔다.

8. 그가 이집트의 사제들에게 기적을 보여주었고, 동정녀로부터 말 구유에 태어나는 아기 구세주를 통해서 우상들이 넘어져 파괴될 것이라고 선언했다.

9. 그래서 그들이 오늘날까지도 아기를 낳은 동정녀를 공경하고, 말 구유에 아기를 놓아두고 숭배한다.

10. 프톨레미우스 왕이 그 이유를 물었더니, 그들은 "거룩한 예언자가 우리 조상들에게 전해 준 신비이고, 그 예언자는 우리에게 신비가 이루어질 때를 기다리라고 했습니다."라고 대답했다.

11. 이 예언자는 성전이 점령되기 직전에 율법의 상자를 집어서 바위가 그것을 집어삼키게 만들었다.

12. 그는 주위에 서 있던 사람들에게 "주님이 시온에서 하늘로 올라갔고, 그는 권한을 가지고 다시 올 것이오.

13. 모든 이교도들이 나무토막을 숭배하는 날, 그가 다시 올 것이오.

14. 이 상자는 아아론 외에는 아무도 꺼낼 수가 없고, 그 안에 든 석판들은 모세 이외에 어떠한 사제나 예언자도 열어볼 수가 없소.

15. 그리고 부활의 날에 이 상자가 제일 먼저 부활하여 바위에서 나오고, 시나이 산 위에 놓일 것이오. 그리고 모든 성인들이 원수들로부터 피해서 주님이 오기를 기다리기 위해 그 산에 모일 것이오."라고 말했다.

16. 그는 바위 안에 손가락으로 하느님의 이름을 봉인으로 썼고, 구름이 그 이름을 뒤덮어서 지금까지, 그리고 세상이 마칠 때까지,

아무도 그 장소를 모르고 그 이름을 읽을 수가 없다.

I7. 상자는 처음에 있었던 곳, 즉 황야에 있는데, 그것은 모세와 아아론이 누운 산들 사이에 위치한다.

에제키엘

제3장

I. 에제키엘은 아리라 지방의 사제 가문에서 출생했고, 유데아에 있는 사람들에게 많은 예언을 했으며, 유배 시절에 칼데아 지방에서 죽었다.

2. 이스라엘의 지배자가 우상 숭배에 관해서 그의 질책을 받고는 그를 죽였다.

3. 그들은 아브라함의 조상들인 셈과 아르파크샤드의 무덤에 묻었다. 마오우르 들판에 있는 그 무덤은 이중 동굴이다. 왜냐하면 아브라함도 헤브론에 있는 사라의 무덤을 그렇게 만들었기 때문이다.

4. 무덤을 이중 무덤이라고 부르는 이유는 거기 꼬불꼬불한 통로가 있고, 위층의 석실은 지상에서 보이지 않고 절벽 한가운데 위치하기 때문이다.

5. 이 예언자는 백성들에게 체바르 강을 주목하라고 가르쳤다.

6. 그가 그 근처에 살았기 때문에 사람들이 무수하게 모여들었다.

7. 칼데아 사람들은 그들이 반란을 일으킬까 두려워했고, 그래서 그들을 죽이려고 달려들었다.

8. 예언자는 강물이 흐르지 못하게 만들어 백성들이 건너편으로 건너가도록 했다.

9. 그리고 추격하던 칼데아 사람들은 모두 익사하고 말았다.
10. 그는 기도를 해서 사람들에게 엄청나게 많은 물고기를 공급해 주었고, 죽어가는 사람을 되살려냈다.
11. 원수들이 백성들을 살해하고 있을 때, 그는 적의 지휘자들에게 갔고, 기적으로 겁을 주어 살해를 멈추게 했다.
12. 그는 이스라엘에게 현세에서도 내세에서도 희망이 있다는 것을 믿게 한 것이다.
13. 칼데아에 있는 동안에 그는 예루살렘과 성전에서 일어나는 일들을 백성들에게 알려주었다.
14. 그리고 예루살렘으로 몸이 날아가서 신앙을 버린 사람들을 꾸짖었다.
16. 그는 율법을 준수하는 사람들을 박해하여 신을 모독한 단과 가드 종족에 대해 바빌론에서 판결을 선언했다.
17. 그는 그들에 대해서 위대한 기적을 일으켰는데, 뱀들이 그들의 아이들과 가축들을 잡아먹게 했고, 그들이 죄를 그만둘 때까지 고향으로 돌아가지 못하고 메디아에서 머물 것이라고 예언했다.
18. 이 두 종족 가운데 한 사람이 그를 죽였다.

다니엘

제4장

1. 그는 유다 부족에 소속되고, 저명한 왕족 가문에서 태어났다. 어린 아이 시절에 유데아에서 칼데아로 끌려갔다.
2. 그는 베트 호론 위쪽 지방에서 태어났고 순결하게 살았는데, 그래서 유태인들은 그를 고자라고 생각했다.

3. 그는 예루살렘을 위해서 몹시 통곡했고, 열심히 단식했다. 외모가 말라보였지만, 잘생긴 사람이었다.

4. 네브카드네자르 왕이 들판을 떠도는 야수가 되었을 때, 그의 아들 발타사르의 간청에 따라 예언자는 왕을 위해서 많이 기도했다.

5. 왕의 머리와 앞발 부분은 황소였고, 뒷다리 부분은 사자였다.

6. 이 신비에 관해서는 예언자에게 계시되었다. 즉 네브카드네자르가 쾌락을 일삼고 또 완고하기 때문에, 그리고 사탄을 섬기는 사람은 멍에를 맨 황소처럼 되기 때문에 그가 야수로 변한 것이다.

7. 독재자와 폭군들은 젊은 시절에 이러한 악습을 가지고 있다. 그래서 결국은 괴물로 변해서 남의 재산을 빼앗고, 파괴하고, 죽이고, 고문한다.

8. 하느님의 계시로 예언자는 왕이 황소처럼 풀을 먹고, 풀은 사람을 위한 음식이 된다는 것을 알았다.

9. 풀을 소화시킨 뒤에 사람의 심장을 회복한 왕은 언제나 울면서 주님을 공경하고, 밤낮으로 40번 기도했다.

10. 베헤모트가 늘 그를 점령했다. 그러면 그는 자기가 사람이라는 것을 잊어버리고, 혀를 빼앗겨서 말을 못했다. 그는 즉시 그 사실을 깨닫고 울어서 눈이 퉁퉁 부었다.

11. 수많은 사람들이 도시에서 밖으로 나가 그를 구경했다.

12. 그러나 다니엘만은 그를 쳐다보러 나가지 않았다. 그가 야수로 변한 뒤로 늘 그를 위해서 기도했기 때문이다. 그리고 예언자는 "그가 다시 사람으로 변할 것이다."라고 말했다. 그들이 그 말을 믿지 않았다.

13. 다니엘은 7년을 일곱 계절이라고 부르고, 그것을 일곱 달이 되도록 만들었다. 네브카드네자르의 경우에는 그가 일곱 달 만에 사람이 되었기 때문에, 일곱 계절의 신비가 이루어졌다. 그후 왕은 6년과 6개월 동안 주님 앞에 엎드려서 자신의 불경스러움을 고백

했고, 사악함의 용서를 받은 뒤에 그 왕국이 그에게 회복되었다.

14. 왕은 빵과 고기와 포도주를 전혀 입에 대지 않았다.

15. 왕은 다니엘을 발타사르라고 부르고, 자기 후계자들 가운데 하나로 삼으려고 했다.

16. 그러나 거룩한 예언자는 "할례를 받지 않은 사람의 상속자가 될 수는 없소."라고 거절했다.

17. 페르시아의 다른 왕들을 위해서도 그는 많은 기적을 보여주었다. 그들은 이런 기적들을 기록으로 남기지 않았다.

18. 그는 거기서 죽었고, 왕들의 무덤 동굴에 묻혔다.

19. 그는 바빌론 북쪽에 있는 산들에 관해서 예언을 남겼다. "북쪽 산이 연기를 뿜으면 바빌론의 멸망이 닥치고 있는 것이다. 그 산이 불타면 온 세상의 종말이 온다.

20. 남쪽의 산이 물을 토해내면, 백성들이 자기 땅으로 돌아갈 것이고, 그 산이 피를 토해내면, 온 세상에서 사탄의 학살이 벌어질 것이다."

호세아

제5장

1. 그는 이사카르 부족에 소속되고 벨레모트에서 출생했다. 그는 자기 고향 구역에 묻혔다.

2. 그는 실로에 있는 참나무가 스스로 갈라져서 열두 그루의 참나무가 나오면 주님이 지상에 내려올 것이라고 예언했다.

미카

제6장

1. 모라트 사람인 그는 에프라임 부족에 속한다.

2. 아합에게 많은 일을 해준 뒤에 그는 아합의 아들 요람에 의해 벼랑에서 떨어져죽었다. 왜냐하면 그가 요람의 조상들의 불경스러움을 질책했기 때문이다.

3. 그는 자기 고향 구역에 있는 아나킴 묘지에 묻혔다.

아모스

제7장

1. 그는 테코아 출신이다.

2. 아마지아가 그를 몹시 심하게 고문했고, 드디어 아마지아의 아들이 몽둥이로 그의 머리를 때려서 죽였다.

3. 그가 자기 고향 구역에 도착했을 때는 아직 숨이 붙어 있었는데, 며칠 후 죽어서 거기 묻혔다.

요엘

제8장

1. 그는 베토모론 지방의 루벤 부족의 영토에서 출생했다.
2. 그는 평화롭게 죽어서 거기 묻혔다.

오바디아

제9장

1. 그는 베타카람 지방의 세켐 구역에서 출생했다.
2. 이 사람은 엘리아의 제자인데, 엘리아 때문에 많은 고생을 했고, 목숨을 건지려고 달아났다.
3. 그는 50인 부대의 세번째 대장으로서 엘리아가 구해주었고, 그래서 아하지아에게 갔다.
4. 그 일이 있은 뒤에 그는 왕에게 봉사하는 일을 그만두고 예언을 했다.
5. 그는 죽어서 조상들 곁에 묻혔다.

요나

제10장

1. 그는 해변에 위치한 그리스 인들의 도시 아조투스 근처의 카리아트모스 구역에서 태어났다.

2. 바다의 괴물이 그를 토해내서 그가 니니베에 갔다가 돌아온 뒤에, 자기 구역에 머물지 않고 어머니와 함께 외국인들의 거주 지역인 소우르에 가서 살았다.

3. 왜냐하면 그는 "위대한 도시 니니베에 대해서 불리하게 거짓 예언을 내가 했기 때문에, 나는 그 질책을 거두어들일 것이다."라고 말했기 때문이다.

4. 그 무렵에 엘리아가 아합의 가문을 질책하고 있었다. 요나는 그 땅에 기근이 내리기를 기원하고 나서 달아났다.

5. 할례를 받지 않은 사람들과 함께 살 수가 없어서 그는 다른 데로 가서 아들과 사는 과부를 만나 그녀를 축복했다.

6. 과부의 아들이 죽자, 하느님은 엘리아를 통해서 그 아들을 되살려냈다. 그는 요나에게, 하느님으로부터 도망칠 수가 없다는 것을 보여주려고 했던 것이다.

7. 그가 기원했던 기근이 끝난 뒤에 그는 유다 땅으로 갔다.

8. 도중에 어머니가 죽자, 그녀를 데보라의 참나무 근처에 묻었다.

9. 사라르 지방에 머문 뒤에 그가 죽었고, 혼란 시기에 한 부족의 지도자가 된 케나즈의 동굴에 묻혔다.

10. 그는 돌이 구슬프게 소리치는 소리가 들릴 때, 예루살렘과 전국의 멸망이 닥칠 것이라고 예언했다.

11. 그리고 이교도들이 예루살렘에 몰려온 것을 볼 때, 예루살렘 도시 전체가 폐허로 변할 것이라고 예언했다.

나훔

제11장

1. 그는 시메온 부족에 소속되고, 이스베가바린 저쪽의 엘케시에서 출생했다.

2. 요나의 뒤를 이어서 그는 니니베에 관해서 예언했다. 즉 니니베는 단물과 지하의 불로 멸망할 것이라고 예언한 것이다. 그 일은 실제로 일어났다.

3. 왜냐하면 지진이 발생했을 때 그 도시 주위의 호수가 넘쳐서 도시가 물에 잠겼고, 들판에서 일어난 불이 높은 지역의 집들을 태워버렸기 때문이다.

4. 그는 평화롭게 죽어서 자기 구역에 묻혔다.

하바쿡

제12장

1. 그는 시메온 부족에 속하고, 베트조우카르 지방에서 태어났다.

2. 바빌론 유배 이전에 그는 예루살렘의 멸망에 관한 환상을 보았고, 그래서 몹시 통곡했다.

3. 네브카드네자르가 예루살렘에 입성했을 때 오스트라키네로 달아났고, 그 뒤에 이슈마엘 지방에 살았다.

4. 칼데아 사람들이 돌아가고, 예루살렘에 남았던 사람들이 이집트로 갔을 때, 그는 자기 구역에서 살았고, 거기서 추수하는 사람들을 돌보았다.

5. 그는 음식을 손에 들고 자기 가족들에게 "나는 먼 지방으로 갔다가 빨리 돌아올 것이다.

6. 그러나 내가 돌아오는 시기가 늦추어진다면 이 음식을 추수하는 사람들에게 주어라."하고 예언했다.

7. 그는 바빌론으로 가서 그 음식을 다니엘에게 주었고, 식사중인 추수하는 사람들에게 다가갔는데, 무슨 일이 일어났는지 말해주지 않았다. 그는 백성들이 곧 바빌론에서 고향으로 돌아갈 것이라고 깨달았다.

8. 그는 바빌론에서 돌아가기 2년 전에 죽었다.

9. 그리고 홀로 자기 밭에 묻혔다.

10. 그는 유데아에 있는 사람들이 성전 안에서 불빛을 보고 또한 성전의 영광을 볼 것이라고 예언했다.

11. 성전의 멸망에 대해서는 "서쪽에 있는 나라가 성전을 멸망시킬 것이다.

12. 그때, 다베이르(지성소)의 휘장이 갈가리 찢어질 것이고, 두 돌기둥의 초석들이 운반될 것이며, 그것들이 어디에 있는지 아무도 모를 것이다. 그것들은, 처음부터 증인의 천막이 세워졌던 황야로 천사들이 가져갈 것이다.

13. 그렇게 해서 주님이 드디어 알려질 것이다. 왜냐하면 처음부터 암흑 속에서 뱀에게 추격당하던 사람들을 그것들이 비출 것이기 때문이다."라고 예언했다.

제파니아

제13장
I. 그는 시메온 부족에 소속되고, 사바라타 지방에서 태어났다.
2. 그는 예루살렘에 관해서, 이교도들의 멸망과 불경스러운 사람들의 수치에 관해서 예언했다.
3. 그는 죽어서 자기 밭에 묻혔다.

하가이

제14장
I. 그도 역시 '메시지의 전달자'였는데, 젊은 시절에 바빌론에서 예루살렘으로 온 것으로 보인다. 그는 백성들이 돌아오는 것에 관해서 공개적으로 예언했다. 그리고 성전 건축의 일부를 목격했다.
2. 그는 죽어서 사제들의 무덤에 영광스럽게 묻혔다.

자카리아

제15장
I. 그는 이미 노인이 되어서 칼데아로부터 돌아왔다. 그리고 칼데아에서 많은 예언을 했고 징표들을 증거로 제시했다.
2. 이 사람은 요자다크가 아들을 낳을 것이고, 그 아들이 예루살렘에서 사제로 근무할 것이라고 예언했다.

3. 그는 또한 세알티엘이 아들을 낳았을 때 그를 축복했고, 그 아들의 이름을 제루바벨이라고 불렀다.

4. 그리고 치루스의 승리와 그가 예루살렘에 관해서 실시할 업적에 관해서 예언하고, 그 왕을 크게 칭찬했다.

5. 예루살렘에서 그가 말한 예언은 이교도들의 멸망, 이스라엘, 성전, 백성과 사제들의 게으름에 관한 환상들에 그 기초를 두고 있었다. 그리고 그는 두 가지 의미를 지닌 판결을 내렸다.

6. 그는 나이가 대단히 많았을 때 죽었고, 하가이 옆에 묻혔다.

말라키

제16장

1. 이 사람은 바빌론에서 돌아온 뒤에 소파에서 태어났다. 매우 젊었을 때부터 덕행의 생활을 했다.

2. 모든 백성이 그를 거룩하고 친절한 사람으로 존경해서 말라키 즉 '천사' 라고 불렀다. 왜냐하면 그는 정말 바라보기에 매우 아름다웠기 때문이다.

3. 더욱이 그가 예언한 것은 무엇이든지 하느님의 천사가 나타나서 그 말을 반복했는데, 이것은 혼란의 시기에 스파르포팀, 즉 〈판관들의 책〉에 적힌 것이 일어난 것과 같다.

4. 그는 매우 젊었을 때 죽어서 조상들의 밭에 묻혔다.

나탄

제17장

1. 다비드의 예언자인 나탄은 가바에서 태어났다. 다비드에게 주님의 율법을 가르친 것도 나탄이다.

2. 그는 다비드가 바트세바 때문에 죄를 지을 것이라고 미리 알았고, 그래서 말리려고 서둘러서 가고 있었는데, 벨리아르(사탄)가 방해했다. 즉 살해된 사람이 발가벗겨진 채 길가에 뒹구는 것을 보고 그 자리에 머물렀고, 그날 밤에 그는 다비드가 죄를 지었음을 알았다.

3. 그래서 그는 울면서 돌아갔고, 다비드가 그녀(바트세바)의 남편을 죽였을 때, 주님이 다비드를 책망하라고 그를 파견했다.

4. 그는 나이가 매우 많아서 죽었으며 자기 구역에 묻혔다.

아히자

제18장

1. 그는 고대에 천막이 있었던 실로에서 태어났다. 실로는 엘리의 도시다.

2. 이 사람은 솔로몬이 주님에게 죄를 지을 것이라고 말했다.

3. 그는 예로보암을 질책했다. 예로보암이 주님을 속일 것을 알았기 때문이다. 그는 황소의 멍에가 백성과 사제들을 짓밟는 것을 보았다.

4. 그는 또한 솔로몬에게 그의 아내들이 그와 그의 모든 후손들

을 변질시킬 것이라고 예언했다.
5. 그는 죽어서 실로의 참나무 근처에 묻혔다.

요아드

제19장
1. 그는 사마레임에서 출생했다. 그가 송아지들에 관해서 예로보암을 질책했을 때, 사자가 달려드는 바람에 물려죽었다.
2. 그리고 자기를 속인 가짜 예언자와 가까운 곳인 베텔에 묻혔다.

아자리아

제20장
1. 그는 시바타 지역에서 출생했다.
2. 그가 이스라엘이 유다를 점령하지 못하게 만들었다.(주: 이것은 아자리아를 후기의 예언자 오데드와 혼동한 것으로 보임)

엘리아

제21장

1. 아아론 부족에 소속된 그는 아랍 사람들의 땅에 있는 테스베에서 왔고, 테스베가 사제들의 차지가 되었기 때문에 그는 길레아드에서 살았다.

2. 그가 태어날 때, 그의 아버지는 하얗게 빛나는 모습을 한 사람들이 아들에게 인사하고 불로 감싸고는 아들에게 불꽃을 먹으라고 주는 것을 보았다.

3. 그래서 아버지가 예루살렘에 보고하러 갔는데, "두려워 마라. 그는 빛 속에서 살고, 그의 말은 판결이며, 그는 이스라엘을 판결할 것이다."라는 신탁이 내렸다.

4. 그는 이러한 징표들을 보여주었다.

5. 그가 기도하자 3년 동안 비가 내리지 않았고, 그 뒤에 그가 다시 기도하자 엄청나게 많은 비가 내렸다.

6. 시돈의 자레파트에서 그는 하느님의 말씀을 통해 과부의 항아리에 항상 곡식이 떨어지지 않고, 기름 항아리의 기름이 조금도 줄어들지 않게 했다.

7. 과부의 아들이 죽었을 때, 그의 기도 때문에 하느님이 그 아들을 부활시켰다.

8. 바알 신의 사제들이 누가 참된 신인가 하는 문제를 제기했을 때, 그는 자기와 그 사제들이 각각 제물을 바치자고 했다. 제물 밑에는 불을 지피지 않고 각자 기도만 하기로 했다.

9. 바알의 사제들이 9시까지 기도했지만 응답이 전혀 없었다. 엘리아는 자기 제물이 있는 곳을 물로 가득 채우고 기도했다. 그러자 불이 내려와서 제물을 태우고 물을 모두 없애버렸다.

10. 사람들이 하느님을 찬미하고, 바알의 예언자 450명을 죽였다.
11. 아하지아 왕이 신탁을 우상들에게 얻으려고 사람을 보냈을 때, 그가 죽음을 예언했고, 왕이 죽었다.
12. 이스라엘의 왕 아하지아가 50인 부대의 대장 두 명을 그에게 파견했을 때, 그가 주님의 도움을 간청했고, 불이 내려와서 두 대장을 태워버렸다.
13. 까마귀들이 아침에는 빵을, 저녁에는 고기를 물어다 그에게 주었다.
14. 그가 양가죽으로 요단 강물을 내리치자 물이 갈라지고, 그와 엘리샤가 맨땅을 밟고 건너갔다.
15. 최후에는 불타는 전투용 마차가 그를 태워 올라갔다.

엘리샤

제22장

1. 그는 루벤 부족의 땅인 아벨 메홀라에서 왔다. 이 사람에 관해서는 기적이 일어났다. 즉 그가 길갈에서 태어났을 때, 황금 송아지가 날카로운 소리를 내며 크게 울었고, 그 소리가 예루살렘에서도 들렸다. 사제가 점을 쳐본 결과, 자기들이 만든 우상을 파괴할 예언자가 태어났다고 선언했다.
3. 그는 죽어서 사마리아에 묻혔다.
4. 그는 이러한 징표들을 남겼다.
5. 즉 그도 역시 엘리아의 양가죽으로 요단 강물을 내리쳤고, 물이 갈라졌다. 그리고 그도 발을 적시지 않고 건너갔다.
6. 예리코의 물이 더럽고 불임증을 일으킨다는 말을 주민들로부

터 들은 그는 주님에게 기도하고 "나는 이 물을 치유할 것입니다. 앞으로는 이 물에서 죽음과 불임증이 더 이상 나오지 않을 것입니다."라고 말했다. 그 물은 오늘까지도 치유된 상태로 남아 있다.

7. 아이들이 그를 무례하게 대했다. 그래서 그가 저주를 하자, 곰이 두 마리 나타나서 42명의 아이들을 찢어죽였다.

8. 어떤 예언자가 죽었는데, 그 아내가 빚을 갚지 못하고 빚쟁이들에게 시달렸다. 그녀가 그에게 와서 도움을 청했다. 그는 그릇이란 그릇을 모조리 모아다가, 기름이 조금밖에 들지 않은 항아리를 기울여 그 그릇들에 부어 기름으로 가득 채우라고 명령했다. 그녀가 그대로 했더니 기름이 가득 차서 빚을 다 갚고도 자녀들을 양육할 만큼 기름이 남았다.

9. 그는 슈넴으로 가서 어떤 여자와 살았다. 아이를 낳을 수 없는 그녀가 아이를 원했다. 그가 기도하자 그녀가 임신하여 아이를 낳았다. 아이가 죽었을 때, 그가 기도하여 다시 살려냈다.

10. 그가 길갈에 갔을 때, 예언자들의 아들들과 함께 있었다. 음식을 삶을 때 독초도 같이 들어가서 모두 죽을 위기에 처했다. 그가 기도하자 음식에서 독이 사라졌다.

11. 예언자들의 아들들이 요단 강 근처에서 도끼로 나무를 찍었는데, 도끼날이 빠져서 강물에 떨어졌다. 그가 기도하자, 도끼날이 물 위에 떠올랐다.

12. 시리아 사람 나아만이 그를 통해서 문둥병이 치유되었다.

13. 그의 하인이 몰래 나아만에게 가서 은화를 요구했다. 그리고 돌아와서는 그런 일이 없었다고 거짓말했다. 그가 하인을 꾸짖고 저주하자, 하인이 문둥병자가 되고 말았다.

14. 시리아의 왕이 이스라엘을 쳐들어왔을 때, 그는 적의 계획을 이스라엘의 왕에게 미리 알려주어서 구했다.

15. 그것을 안 시리아의 왕이 군대를 보내 그를 체포하려고 했다.

그가 기도하여 군인들을 모두 장님으로 만들었고, 그들을 사마리 아로 끌어갔지만 해치지는 않았다.

16. 그 말을 들은 시리아의 왕이 전쟁을 단념했다.

17. 엘리샤가 죽었을 때, 다른 어떤 사람도 죽었다. 그 사람의 시체를 엘리샤의 뼈 위에 던졌더니, 죽었던 그 사람이 즉시 되살아났다.

예호야다의 아들 자카리아

제23장

1. 그는 예루살렘 출신인데, 사제 예호야다의 아들이다. 유대 왕 요아슈가 제대 근처에서 그를 죽였다. 다비드의 집은 성전의 회랑 앞에서 그의 피를 흘렸다. 사제들이 그를 그의 아버지와 함께 묻었다.

2. 그때부터 성전에서 징표들이 나타났다. 즉 사제들은 하느님의 천사들의 환상을 보거나, 신탁을 주거나, 에포드로 답변을 구하거나, 우림을 통해서 백성들에게 대답을 주는 일 등을 더 이상 할 수가 없었다.

레카브의 후손들의 역사

신대륙 발견의 계기를 제공한 문헌

해설

이 문헌은 조시무스가 '축복받은 사람들의 섬'을 방문하고 나서 기록한 것으로 되어 있다. 그는 40년 동안 하느님에게 그 섬을 보여달라고 기도한 결과, 천사의 인도를 받고 짐승 한 마리와 나무 두 그루의 도움을 받아서 섬으로 간다. 거기에는 예레미아 예언자 시대에 예루살렘을 떠난 레카브의 후손이 살고 있었다.

이 이야기는 고대 시절부터 매우 유명하고 인기가 대단히 높았는데, 그리스어, 이디오피아어, 시리아어, 아랍어, 아르메니아어, 슬라브어 등의 필사본이 많이 전해져온다.

또한 이것은 중세 시대에 중동과 유럽의 문화에 매우 큰 영향을 미쳤다. 특히 중세 유럽에서 가장 인기가 높았던 아일랜드 설화, 즉 아일랜드의 수도자 클론퍼트의 브렌다누스(서기 484~577년)가 '축복받은 사람들의 섬'을 두 번이나 방문했다는 설화〈성 브렌다누스의 항해〉에도 영향을 미쳤다고 본다. 브렌다누스는 아일랜드 서쪽으로 한없이 항해하여 이상향에 도착했다는데, 이것을 신대륙의 발견으로 해석하는 알렉산더 폰 훔볼트와 같은 학자들도 있다.

그리고 〈신밧드의 모험〉과 〈리스본의 이슬람 방랑자들의 항해〉와 같은 모험담이 브렌다누스의 이야기와 연관된다고 보는 학자들도 있다. 그렇다면 이 고대 문헌이 〈신밧드의 모험〉에도 영향을 미친 것이 된다. 다시 말하면 이러한 설화의 영향 때문으로, 서쪽으로 가면 신대륙이 있다는 생각을 하게 되고, 결국 콜럼버스가 아메리카 대륙을 발건하게 된 것이 아닌가 본다.

이것은 중세 초기에 그리스도교 신자들이, 내세의 낙원이 아니라 지상의 낙원인 '축복받은 사람들의 땅'을 동경하기 시작한 현상을 설명해준다는 데 의미가 있다. 그리고 서기 1세기 당시 유태인들의 신학을 이해하는 데 도움이 된다.

탁월하고 풍부한 상상력의 산물인 이 문헌의 특징은 질병, 고통, 불행, 유혹, 불편함에서 해방되고, 독특한 성풍속을 가지고 살아가는 축복받은 사람들의 일상 생활을 그린다는 점에 있다. 그들은 죽은 뒤에 모두 천국으로·들어가는데, 영혼만 올라가서 육체의 부활을 기다린다.

이것은 서기 1세기에서 5세기 사이에 유태교의 원전을 기초로 해서, 그리스어로 저술된 유태인의 문헌을 나중에 그리스도교 신자들이 추가하거나 번역한 것으로 본다. 여기 등장하는 조시무스가 팔레스타인에 살던 수도자라는 학설도 있다.

또한 그리스의 헤시오도스(기원전 8세기), 호메로스의 〈오디세이〉, 핀다로스(기원전 522~448년), 헤로도토스(기원전 485~425년), 그리고 로마의 비르질리우스(기원전 70~19년), 루치아누스(서기 125~200년) 등의 저술에 등장하는 '이상향'의 전통이 중동과 지중해 세계에 널리 퍼져 있던 점에 비추어서, 이 문헌도 전통의 영향을 받은 것이라고 보는 견해도 있다.

이 문헌의 원제목은 〈거룩한 은둔 수도자 조시무스, 그리고 레카브의 아들 요나답의 아들들의 역사〉이다.

조시무스가 40년 동안 간청했다

제1장

1. 덕행이 뛰어나고 놀라운 사람이 살고 있었다. 그는 사막에서 40년을 살면서 빵도 먹지 않고 포도주도 마시지 않았으며, 사람의 얼굴을 쳐다본 적도 없었다.

2. 그의 이름은 조시무스였다. 그는 '축복받은 사람들'이 사는 곳을 보여달라고 하느님에게 밤낮으로 간청했다. 축복받은 사람들이란 레카브의 아들인 요나답의 후손들인데, 예레미아 예언자 시대에 하느님이 지상에서 데려다 다른 곳에서 살게 한 것이다.

3. 축복받은 사람인 조시무스의 겸손을 주님이 굽어보고 그의 기도를 들었으며, 그의 요청을 받아들였다. 하루는 그가 기도하고 있을 때, 그에게 목소리가 들리고 천사가 다가와서 "오, 하느님의 사람인 조시무스여, 당신이 간청한 대로 축복받은 사람들을 당신이 보도록 여행하는 데 있어서 내가 길을 인도하기 위해 하늘로부터 파견되었소.

4. 그러나 40년 동안 빵도 먹지 않고 포도주도 마시지 않았으며,

5. 사람의 얼굴을 본 적도 없고, 오직 천사들의 얼굴만 보았다는 자만심을 속으로 품지 마시오. 자, 갑시다."라고 말했다.

바다 한가운데 떠 있는 거대한 구름의 성곽

제2장

1. 그래서 나는 동굴을 떠나 천사와 함께 40일 동안 여행했다.

2. 나는 한 곳에 도착했는데, 너무나 지치고 기운이 빠져서 쓰러져버렸다. 그후 나는 3일 동안 하느님에게 기도했다.

3. 그러자 어떤 짐승이 다가와서 나를 태우고는 여러 날을 여행하여 거대한 바다에 이르렀다.

6. 그 바다가 너무 넓어서 나는 크게 놀랐고, 어찌할 바를 몰랐다.

7. "오, 하느님의 사람이여, 아무도 이 이상 전진하지 못했고, 나를 넘어서 건너가지 못했다. 이것을 다만 바라보고 이해하라."고 하는 목소리가 즉시 들려왔다.

8. 내가 바라보자, 바다 한가운데 거대한 구름 성곽 같은 것이 떠 있었고, 그 구름의 꼭대기는 하늘에 닿았다. 나는 그 구름 안에 축복받은 사람들이 살고 있지 않은가 생각했다.

9. 왜냐하면 거기서 "아버지 조시무스여!"라고 부르는 소리가 나왔기 때문이다. 나는 잘못 생각했음을 깨달았고, 말을 못 하는 물건이 말을 하게 하고, 모든 것을 쉽게 만드는 하느님을 찬미하고 감사했다.

거대한 나무를 타고 섬에 도착했다

제3장

1. 나는 주님의 뜻대로 이루어지기를 빈다고 기도했다.

2. 그때 갑자기 매우 멋지고 웅장한 나무 두 그루가 바닷가에 나타났는데, 내가 본 나무들 가운데 가장 큰 것이었다.

3. 나무가 스스로 허리를 굽혀서 나는 그 가지들을 잡을 수 있었다. 그리고 나무가 몸을 펴서 하늘 꼭대기까지 나를 운반하여 구름이 내 발 밑에 놓였다. 그리고 저쪽 나무도 스스로 허리를 굽혔고, 이쪽 나무가 꼭대기를 굽혀서 나를 저쪽으로 넘겨주었다.

4. 그리고 차차 낮아지면서 나를 저쪽 나무의 한가운데에 놓아주었다. 이렇게 하여 하느님의 인도로 나는 거대한 바다와 구름을 건너갔다.

5. 나는 그곳에서 끊임없이 주님을 찬미하면서 3일 동안 쉬었다. 이윽고 나는 일어나서 바다 한가운데 있는 육지를 여행했다.

6. 그곳은 경치가 매우 아름답고, 거대한 나무로 가득 차 있었다. 나무들마다 멋지고 향기로운 열매가 주렁주렁 달렸다. 그곳은 산이나 언덕이 없는 광대한 섬과 같았다. 꽃으로 장식이 되었고, 한없는 즐거움이 풍성하게 넘치는 곳이었다.

발가벗은 남자를 만났다

제4장

I. 그 섬의 아름다움을 감상하고 있는 동안에 나는 좁은 길들을 돌아다니다가 거기 앉아 있는 발가벗은 남자를 만났다.

2. 나는 그의 모습을 보고 두려움에 사로잡혔지만, "나의 형제여, 당신에게 평화가 내리기를 빕니다."라고 말했다.

3. 그러자 그는 "평화 속에 와서 기쁨을 누리십시오. 나는 당신이 하느님의 사람이라는 것을 알고 있습니다. 그렇지 않다면 당신은 여기에 들어오는 허락을 받지 못했을 테니까요."라고 대답했다.

썩은 옷을 입은 자가 발가벗은 것이다

제5장

I. 그는 "당신은 허무의 세상에서 왔습니까?"라고 물었다.

2. 그래서 나는 "사실 나는 허무의 세상에서 왔는데, 당신들의 모든 것을 보러 온 것이오."라고 대답했다. 그리고 "당신은 왜 발가벗고 있는 거요?"라고 물었다.

3. 그러나 그는 "발가벗고 있는 사람은 바로 당신이오. 당신은 자신의 옷이 썩은 것이고, 내 옷은 썩지 않은 것이라는 사실을 모르고 있소. 그러나 나를 보고 싶다면, 다가와서 하늘 꼭대기를 향해 시선을 돌려보시오."라고 대답했다.

4. 내가 위를 향해 시선을 돌렸을 때, 그의 얼굴이 천사의 얼굴처럼 보였다. 나의 눈은 두려움에 질려서 침침해졌고, 나는 땅바닥에

쓰러졌다.

세상의 종말이 벌써 왔는가?

제6장

1. 그가 다가와서 내 손을 잡고는 일으켜주었다. 그리고 "두려워하지 마시오. 나는 당신이 그토록 간절하게 보고 싶어했던 그 축복받은 사람들 가운데 한 사람이오.

2. 자, 거룩하고 축복받은 내 형제들에게 인도해줄 테니 따라오시오."라고 말했다.

3. 나를 데리고 여행할 때, 그는 내 손을 꼭 잡은 채 지상에 관해서 모든 것을 물어보았다. 그리고 축복받은 사람들이 모인 곳으로 나를 데리고 갔다. 나는 그들을 바라본 뒤에 땅바닥에 엎드려서 그들을 숭배했다. 그것은 선택받은 사람들, 찬란한 젊은이들, 영광스럽고 거룩한 사람들이 모인 곳이었다.

4. 그들은 나를 보자 크게 놀라 서로 쳐다보면서

5. "형제들이여, 세상의 종말이 이미 닥쳤단 말이오? 그래서 사람이 여기 올 수 있게 되었단 말이오?"라고 동시에 물어보았다.

6. 그들이 모두 일어나서 기도하고, 내가 그들 사이에 끼어 있게 된 이유를 가르쳐달라고 주님에게 간청했다. 하느님이 그들의 기도를 들었다. 그래서 천사 두 명이 하늘에서 내려와 그들 앞에 선 다음 "종말이 닥친 것은 아니오. 이 사람이 여러분 가운데 같이 있다고 해서 두려워하지 마시오. 그는 여러분과 함께 7일 동안 머물 것이오. 하느님이 여러분에게 베풀어준 것을 모두 그에게 알려주고, 그를 위해서 기록해주시오. 그는 곧 기뻐하면서 자기가 있던

곳으로 돌아갈 거요."라고 말했다.

7. 천사들은 그 말을 한 뒤에 하늘로 다시 올라갔다.

지상에 관한 질문을 너무 많이 받았다

제7장

1. 그들이 크게 기뻐하고, 나를 평화롭게 받아들였다.

2. 거룩한 사람들, 축복받은 사람들이 나를 시중드는 사람에게 넘겨주었다. 그리고 "우리 형제인 이 사람을 당신 천막에서 7일 동안 잘 대접하시오."라고 말했다.

2-1. 나는 거룩한 그 사람을 따라서 천막으로 갔다. 그리고 아름다운 나무들 아래 앉았다. 그의 기도는 내게 기쁨을 주었다. 왜냐하면 그곳은 하느님의 낙원과 같았고, 그들은 죄를 짓기 이전의 아담과 하와와 같았기 때문이다.

3. 그들은 9시부터 다음 9시까지 단식했고, 나무의 열매들을 필요한 만큼 먹었다. 또한 꿀처럼 달고 맛있는 물이 나무 뿌리로부터 흘러나왔다. 그들은 각자 자기가 필요한 만큼 그 물을 마셨다. 그리고 9시부터는 먹지도 마시지도 않고, 각자 홀로 지냈다.

4. "보라, 어떤 사람이 허무의 세상으로부터 왔다."고 형제들에게 들은 그곳 주민들이

5. 술렁거리기 시작했다. 그리고 모두 몰려와서 나를 보려고 했다.

6. 왜냐하면 나 때문에 모두 놀랐던 것이다. 그리고 그들은 이 세상에 관해서 끊임없이 질문을 던졌고, 나는 거듭해서 대답했다.

7. 하도 오랫동안 질문에 시달리는 바람에 피곤하고 지쳐서 내 영혼이 떨리고, 나는 말도 못 하게 되었다. 그들이 밤낮으로 나를 잠

시도 쉽게 내버려두지 않았기 때문이다. 그래서 시중드는 그 사람에게 "그들이 찾아와서 나에 관해 물으면, 내가 여기 없다고 대답해주시오. 그래야 내가 좀 쉴 수가 있겠소."라고 말했다.

8. 그러자 그 사람은 큰 소리로 부르짖으면서 "오, 축복받은 나의 아버지들이여, 오늘 내게 불행이 닥쳤소. 나는 낙원에 있던 아담과 거의 같았는데, 이 사람이 사악한 권고를 해서 나로 하여금 죄를 짓게 만들려 하기 때문이오.

9. 그는 자기가 여기에 없다는 거짓말을 나의 동료들에게 하라고 했소. 그가 우리의 유배지에 거짓말들을 뿌려두지 못하도록 이 사람을 여기서 추방해주시오."라고 말했다.

10. 그래서 수많은 고상한 원로들과 정신적인 젊은이들이 모였다. 그들은 하늘의 천사들과 같았다. 그들이 회의를 연 뒤에 나에게 "오, 죄악의 사람이여, 우리에게서 떠나시오. 우리는 당신이 어떻게 해서 여기 왔는지 모릅니다. 어쩌면 사악한 자가 우리 조상 아담을 속였듯이 당신도 우리를 속이려고 하는지 모르겠소."라고 말했다.

11. 비참한 나 조시무스는 그들 앞에 엎드려서 눈물을 철철 흘리며 열심히 용서를 빌었다. 그리고 "오, 축복받은 사람들이여, 나에게 자비를 베풀어주십시오. 오, 지상의 천사들이여, 나의 죄를 용서해주십시오."라고 말했다. 내가 빌고 또 빈 뒤에야 그들이 마지못해서 자비를 베풀어주었다. 그들이 모두 침묵을 지키다가 이윽고 나에게 "우리 형제여, 당신을 우리에게 데려다준 것들에 관해서 모두 말해보시오. 두려워하지 말고 말해보시오."라고 말했다.

12. 그래서 나는 그 동안의 일을 자세하게 설명했다.

13. 그들은 "우리의 사랑을 받는 사람이여, 하느님이 당신의 요청을 허락해서 이제 우리를 보았으니, 당신이 원하는 것이 무엇이오?"라고 물었다.

14. 나는 "여러분이 여기에 오게 된 역사를 기록해서 주십시오. 그러면 그것이 하느님에 대한 두려움으로 인도되고 싶어하는 사람들에게 훌륭한 길잡이와 아름다운 선례가 될 것이오."라고 간청했다.

예루살렘의 멸망과 레카브의 후손들

제8장

1. 그들이 석판을 집어서 아래와 같이 기록했다. 허무의 세상에 사는 여러분은 모두 들어라. 그리고 아래와 같이 일어난 일들에 관해서 잘 알아들어라. 우리는 레카브의 후손이다. 우리는 여러분과 같은 사람이었고, 여러분의 세상을 떠나서 오늘 우리가 있는 이곳으로 온 것이다.

2. 그때에 이스라엘의 아들들의 죄 때문에 예루살렘이 파괴되고 멸망될 것에 관해서 예레미아 예언자가 예언했고, 얼마 지나지 않아서 파괴자가 와서 그들을 죽이고 파괴했다. 예레미아 예언자는 그들이 주님에게 돌아가도록 독촉했다.

3. 그때 우리 조상인 요나답, 즉 레카브의 아들은 예언자가, "주님이 여러분의 간청을 들어줄 때까지 빵을 먹지 말고, 포도주도 마시지 마시오."라고 한 말을 들었다. 요나답은 우리에게 "우리는 빵을 먹어서도 안 되고, 포도주를 마셔서도 안 되며, 옷을 입어서도 안 된다. 우리는 예언자의 말을 따라야만 한다."고 말했다.

4. 우리는 그의 말에 복종하여 옷을 벗었고, 빵을 먹지도 않았으며, 포도주도 마시지 않고, 통곡과 탄식을 그치지 않았다. 그리고 하느님에게 기도했다.

6. 그래서 주님이 우리 기도를 받아들였고, 분노를 거두었다.

레카브의 후손들이 왕에게 심문을 당했다

제9장

1. 요시아 왕이 죽은 뒤에 다른 왕이 다스렸다.

2. 그가 모든 유태인들을 불러모았을 때, 어떤 사람들이 우리에 관해서 "우리와 같이 행동하지 않는 가문이 있습니다. 그들은 옷을 입지 않고, 빵을 먹지 않으며, 포도주도 마시지 않습니다."라고 말했다.

3. 왕이 우리를 소환했다.

4. 왕은 우리에게 "너희는 누구이며, 어느 가문에 소속되어 있느냐?"고 물었다.

5. 우리는 "우리는 예루살렘 출신이고, 레카브의 아들 요나답의 아들들입니다.

6. 먼저 왕의 시대에 예레미아 예언자가 백성들에게 회개하라고 가르쳤고, 우리 아버지가 그 말에 따르라고 했습니다.

10. 그래서 우리는 평생 동안 옷을 입지 않고 지냅니다."라고 대답했다.

천사들이 그들을 감옥에서 구하여 옮겨주었다

제10장

1. 왕이 우리에게 "너희는 잘 했다.

2. 그러나 백성들과 어울려라. 옷을 입고 빵을 먹고 포도주를 마셔라. 그리고 주님을 저버려라. 그러면 우리 왕국의 복종하는 아들들이 될 것이다."라고 말했다.

3. 그러나 우리는 "우리는 절대로 하느님과 한 약속을 깨지 않고, 그와 맺은 계약을 영원히 지킬 것입니다."라고 대답했다.

4. 화가 난 왕이 우리를 모두 감옥에 가두었다. 감옥에서 우리는 하느님에게 밤새도록 기도했다.

5. 첫째날 밤에 찬란한 광채가 우리를 비추었고, 천사들이 영광스러운 모습으로 나타났다.

6. 그들이 우리를 감옥에서 데리고 나가 공중으로 날아갔다.

7. 그리고 이곳에 우리를 놓아두고는 여기서 살도록 했다. 정숙한 우리 아내들도 이 땅에 왔는데, 그들은 우리가 단식과 기도와 찬미에 열중하는 동안 우리와 따로 떨어져서 산다. 천사들이 우리를 광대한 바다 한가운데에 있는 이 땅에 데리고 온 뒤에, 하느님이 심연의 물을 불러서 이곳을 둘러싸게 했고,

8. 구름이 하늘 끝까지 치솟아서 요새처럼 이곳을 막았다.

기묘한 부부관계

제11장

1. 하느님의 뜻에 따라 우리가 거룩한 땅인 이곳에서 살게 되었고, 다른 곳으로 흩어지지 않았다.

2. 우리는 죄와 사악함과 더러운 생각이 없다. 우리 생명은 유한하지만, 우리는 결함 없이 깨끗하다. 우리의 영혼과 육체는 모든 더러움을 씻어버렸다. 우리는 하느님에게 희망을 걸고, 우리 눈은 미래의 생명의 빛을 향해서 언제나 고정되어 있다. 밤낮으로 기도를 계속하는 것이 우리의 직업이다.

3. 하느님의 명령에 따라 이 땅은 아름답고 웅장한 나무들이 가득하고, 그 나무들에는 사랑스럽고 놀라운 열매들이 풍부하다.

4. 나무 뿌리들로부터는 달고 유쾌한 물이 흘러나온다. 이 열매와 물로 우리는 기쁨과 휴식을 얻고 살아간다.

5. 우리 가운데는 포도밭, 곡식, 농사일, 숲, 쇠, 집, 건물, 금, 은 따위가 없다. 폭풍우나 비도 없다. 눈도 얼음도 없다. 우리를 둘러싼 구름 때문에 태양도 비치지 않는다. 우리 땅은 영광의 빛으로 가득 차 있어서 암흑과 밤이 들어올 수 없다. 우리는 찬란한 모습을 가지고 있고, 빛 속에서 산다.

6. 우리 가운데서는 아내를 얻는 남자들도 있는데, 그들은 각각 자기 아내와 단 한 번 성교를 한다.

7. 그런 다음에는 헤어져서 평생 동안 순결을 지킨다. 우리 생각 속에는 그 쾌락의 기억이 전혀 떠오르지 않는다. 그들은 처음부터 순결을 지킨 사람들과 똑같이 나머지 기간을 순결하게 산다.

8. 그러나 아내들은 임신하여 아이를 둘 낳는데, 하나는 결혼하고, 하나는 평생 동안 순결을 지킨다. 이것이 하느님이 우리에게

준 계명이고, 우리는 이 풍습을 지킨다.

순결하고 거룩하게 살라

제12장

1. 아무도 일년 단위로 세월을 계산하지 않는다. 순결하고 거룩하게 사는 사람에게는 그 수명이 늘어갈 것이고, 죄인들에게는 그 수명이 줄어들 것이기 때문이다. 그래서 아무도 달과 해를 계산하지 않는다.

2. 그러나 우리는 너희가 생각하듯이 그렇게 발가벗고 지내는 것은 아니다. 왜냐하면 영광으로 덮여 있기 때문이다. 우리는 몸의 치부를 서로 보여주고 있지도 않다.

3. 우리는 아담과 하와가 죄를 짓기 전에 입었던 그런 영광의 옷을 입고 있다.

4. 우리는 시간을 계산하지 않지만, 9시에 과일을 먹는다. 그 시간이 되면 나무의 과일들이 우리 뜻대로 떨어지지 않는데도 스스로 우리에게 온다. 우리는 배불리 먹는다. 그 다음에 나무 뿌리에서 나오는 맑고 달고 유쾌한 물을 마신다.

5. 그런 다음에는 물이 다시 제자리로 돌아가서 모인다.

6. 우리는 지상에 사는 너희에 관해서 지식을 가지고 있고, 너희가 누구인지도 안다. 천사들이 우리에게 끊임없이 와서 너희 행동과 수명에 관해 알려주기 때문에, 정의로운 사람들의 행동과 사악한 사람들의 행동을 우리가 아는 것이다.

7. 우리는 너희를 위해서 기도한다. 우리도 너희와 같은 종족이고 아담의 후손이기 때문이다. 하느님이 자기 뜻에 따라 우리를 선택

하여 너희와 분리했고 이곳에 데려다주었다.

8. 천사들이 우리와 함께 산다.

9. 우리는 너희 선행을 기뻐하고, 죄인과 이교도들에 대해서 슬퍼한다. 그리고 하느님이 너희에 대한 분노를 자제해달라고 항상 간청한다. 거룩한 천사들이 우리에게, 하느님의 말씀이 하느님의 어머니인 동정녀로부터 탄생한다고 알려주었다. 그리고 그가 인류의 구원을 위해서 할 모든 일도 알려주었다. 이 역사를 읽을 기회가 있는 너희는 그를 배반하지 마라. 잔인하고 무자비한 지배자에게 굴복하지 말고, 너희에게 위탁된 비밀들을 간직하라. 이 역사가 너희 구원을 위해 유익한 것이 되게 하라. 너희 깊은 생각 속에서 우리를 기억하고, 우리의 생활 방식을 본받아라. 평화를 추구하고, 불변의 사랑을 간직하고, 순결과 거룩함을 사랑하라. 그러면 너희는 모든 좋은 일 안에서 완전하게 되고, 하느님의 왕국을 상속받을 것이다.

부활을 기뻐한다

제13장

1. 우리는 나무에서 과일이 사라지고 자라지 않게 되었을 때, 주님의 40일 동안의 단식이 시작되었다고 알았다.

2. 그리고 우리 조상들이 이집트에서 나왔을 때 하느님이 내려주었던 만나가 매일 우리에게 내렸다.

3. 우리는 나무들이 다시 생기를 찾고 열매를 맺을 때 유월절이 올 것임을 안다.

4. 그리고 주님의 수난이 닥쳤다는 것도 안다. 그러나 주님이 무

덤에서 부활하는 축일에는 우리가 사흘 밤과 사흘 낮을 지켜본다. 그리고 주님의 부활의 거룩한 축일이 되었음을 알고는 기쁨에 넘친다. 우리는 다른 축일들에도 천사들과 함께 기뻐한다.

질병도 고통도 없는 이상향

제14장

1. 우리에게는 질병이 없다. 고통, 육체의 피로, 절망, 쇠약, 유혹도 없고, 사탄의 힘도 우리를 건드리지 못한다. 왜냐하면 우리에게는 분노, 질투, 사악한 욕망, 증오의 생각이 없기 때문이다. 우리는 오로지 고요함과 기쁨을 체험하고, 하느님과 우리 서로가 표시하는 사랑과 친절만 본다.

2. 그리고 우리 각자의 영혼은, 천사들이 육체로부터 영혼을 분리하러 올 때, 슬퍼하거나 괴로워하거나 뒤로 물러서지 않는다. 오히려 우리는 기쁨에 넘친다. 그래서 영혼을 거두러올 때 천사들은 기뻐하는 것이다.

3. 신부가 자기 신랑에 대해서 기뻐하는 것과 마찬가지로, 영혼은 거룩한 천사들의 기쁜 소식에 기뻐한다. 천사들이 그 영혼에게 "오, 순수한 영혼이여, 주님이 오라고 당신을 부르십니다."라는 말만 해주기 때문이다.

4. 그러면 영혼이 기쁨에 넘쳐서 천사를 만나려고 육체를 떠난다. 육체를 떠난 순수한 영혼을 볼 때, 거룩한 천사들이 자기들의 빛나는 옷을 펼친다.

5. 그리고 기쁘게 영혼을 받아들이면서 "순수한 영혼이여, 당신은 축복을 받았소. 주님이신 하느님의 뜻을 당신이 완전하게 실천

했기 때문이오."라고 말한다.

영혼이 기쁘게 육체를 떠난다

제15장

1. 영혼은 천사들의 계시를 받아서 자기가 육체를 떠날 날을 미리 알고 있다.

2. 우리의 수명은 너희와 같이 짧지 않고 매우 길다.

3. 천사들이 우리를 방문하면 영혼이 육체를 떠난다.

4. 제일 먼저 천사들이 찾아가는 것은 원로들이다.

5. 그러면 우리는 기쁨에 넘쳐서 모두 한자리에 모인다.

6. 그리고 즉시 시체들을 묻는 장소로 간다.

7. 우리는 천사들이 무덤을 만들어주기 때문에 우리 손으로 땅을 팔 필요가 없다.

8. 우리는 천사들이 영혼을 무덤으로 인도해서 데리고 갈 때, 기쁨에 넘쳐서 주님의 키스를 해주고 평화를 기원한다.

9. 그러면 영혼이 자기가 머물렀던 육체를 떠나간다. 슬퍼하기는커녕 기뻐하면서 영혼이 거룩한 천사들과 함께 하느님에게 올라가는 것이다.

10. 우리는 모두 육체를 떠나가는 영혼의 모습을 똑똑히 바라보는데, 그것은 영광스러운 빛의 모습이고, 육체와 같은 모양으로 찍혔으며, 정신적으로 날아간다.

삼위일체의 문

제16장

1. 우리가 거룩하고 결함 없는 영혼을 바라볼 때, 거룩한 천사들이 그 영혼을 데리고 가고, 인사하며, 영광 안에서 위로 올라간다. 가장 높은 하늘의 힘의 영역에 들어가면, 대천사들이 받는다. 그 다음에는 옥좌의 천사들과 지배의 천사들이 받는다. 그렇게 위로 올라가서 주님에게 이르고 주님을 숭배한다. 그리고 가장 높은 케루빔과 세라핌이 영혼을 받으면, 그들이 거룩한 삼위일체의 문으로 올라간다.

2. 그러면 하느님의 아들이 영혼을 받아 자기 아버지에게 데리고 가서 숭배하게 한다.

3. 영혼이 엎드려서 숭배하면 우리에게 계시가 되어, 우리도 모두 엎드려 숭배한다.

7. 하느님은 그 영혼을 웅장한 저택으로 보내고, 우리 공동체의 나머지들이 부활하는 날을 기다리게 한다. 우리는 그 형제의 육체를 떠나서 집회로 돌아가고, 성령에 대한 찬미로 예절을 마친다.

8. 이렇게 우리는 석판들에 기록하여 우리 형제인 조시무스를 통해 너희에게 보낸다. 또한 창조주인 하느님이 우리에게 이런 특권도 주었다. 즉 우리는 하늘의 모든 군대와 모든 계급의 천사들의 목소리와 찬미가를 듣는다. 그들은 끊임없이 하느님을 찬미하고, 우리도 우리 땅에서 찬미한다. 우리의 기도와 찬미를 천사들이 주님에게 전달한다.

나무 두 그루가 다시 그를 도와주었다

제17장

1. 우리는 모두 바닷가에서 무릎을 꿇고, 조시무스에게 안내와 피난처를 제공해주기를 하느님에게 기도했다.

2. 그러자 바다 위에 하늘 꼭대기까지 닿는 흰구름이 나타났다.

3. 우리는 모든 것을 쉽게 하는 하느님을 찬미했다.

4. 나무 두 그루가 갑자기 바다 한가운데에 나타났고, 한 그루가 하느님의 명령으로 나 조시무스를 향해 몸을 굽혔다. 그리고 나를 흰구름 위에 올려놓았다.

5. 그리고 다른 나무가 몸을 굽혀서 나를 마른 땅 위에 데려다주었다. 나는 광대한 바다와 구름을 다시 건너갔다.

동굴로 다시 돌아갔다

제18장

1. 그리고 그 짐승이 갑자기 나타나서 나를 태워주었다.

2. 내가 찬미하고 기뻐하는 동안에 그 짐승이 나를 동굴로 데려다주었다.

제2부

지혜의 문헌

아히카르 이야기

가장 오래된 지혜문서

해설

이것은 기원전 7세기 말이나 6세기 초에 상상력이 풍부한 익명의 저자가 이집트에서 아라메아어로 저술한 것으로 본다. 지혜가 넘치는 아히카르는 아시리아의 센나케리브 왕(기원전 681년경)의 수상 격인 대신으로서 이 이야기의 주인공이다.

한편 이 이야기는 기원전 1천년경부터 시리아 지역에서 아라메아어를 사용하는 사람들 사이에 구전되어 오다가 기록으로 남은 것으로 추정해본다.

이것은 구약과 비경전 고대 문헌의 지혜문서의 전통을 따라서 저술된 것이기 때문에 중요성을 갖는다. 이 이야기는 해외에 흩어져 살던 유태인들 사이에 널리 알려졌다. 그래서 기원전 5세기에 이집트의 유태인 거주지 엘레판틴에서 가장 오래된 이 문헌의 필사본이 발견되었던 것이다.

〈아히카르의 말들〉이라는 명칭의 이 문헌은 인류의 지혜와 사상을 보여주는 가장 오래된 지혜문서. 그리고 고대 지중해 세계에서 가장 널리 알려지고 또한 가장 인기가 높았던 이야기다.

또한 오랜 세월 동안 막대한 영향력을 미쳤고, 특히 〈아라비안나이트(천일야화)〉와 〈이솝의 생애〉는 물론이고, 코란과 구약과 신약 성경마저도 그 영향을 받았다. 즉 이 문헌에서 나단이 방탕하고 하인들을 때리는 장면(3장 58절)은 마태오 24장 48~51절과 루가 12장 43~46절에 영향을 주고, 나단이 뉘우치는 장면(7장 45절)은 탕자의 비유(루

아히카르의 이야기는 아랍문학의 명작 〈아라비안나이트〉의 기초가 되었다

가 15장 19절)에 영향을 미쳤다고 본다.

〈이솝의 생애〉(기원전 5세기)의 일부분은 아히카르의 이야기를 그대로 모방한 것이다. 그리고 아히카르의 지혜의 말들이 탈무드와 미드라쉬(주석서)에 들어 있다. 코란에 나오는 지혜로운 사람 루크만의 말들 가운데 일부가 아히카르에서 유래했다.

그리고 이것은 페르시아와 인도의 설화에도 흔적이 남아 있다. 아히카르의 이야기는 수백 년이 지나서 〈아라비안나이트〉에서 그 일부로 다시 등장했다.

이것의 인기를 증명해주는 것은 아랍어로 18세기까지, 그리고 시리아어로 19세기까지, 원본이 저술된 이후 2500년 동안, 필사본의 제작이 계속되었다는 사실이다.

우루크에서 최근에 발견된 쐐기문자 점토판에 아히카르라는 이름이 기록되어 있고, 트리에르에서 발견된 3세기 로마제국 시대의 모자이크에 아히카르의 이름이 새겨져 있으며, 독일의 트레베스에서 발견된 모자이크에는 여러 지혜로운 사람들 가운데 아히카르도 들어 있다.

아히카르가 조카 나단을 후계자로 기른다

제1장

1. 이것은 센나케립 왕의 장관이자 지혜로운 사람인 아히카르와 그의 조카인 나단의 이야기다.

2. 아시리아와 니니베의 왕인 사르하둠의 아들 센나케립 왕 시절에 아히카르라는 지혜로운 사람이 왕의 장관으로 있었다.

3. 그는 재산이 막대했고, 재능이 있고 지혜로웠으며, 철학자이자 학자로서 창조력이 있고 정치 수완이 탁월했다. 그는 60명의 여자와 결혼했고, 아내들에게 성을 하나씩 지어주었다.

4. 그러나 그 많은 아내에게서 후계자로 삼을 아들이 한 명도 나오지 않았다.

5. 그래서 매우 슬퍼하던 그가 하루는 점성술사, 학자, 마술사들을 모두 불러놓고는 자식이 없는 사정을 설명했다.

6. 그들은 "가서 신들에게 제물을 바치면 아들을 낳을지도 모릅니다."라고 말했다.

7. 그는 그 충고에 따라 우상들에게 가서 제물을 바치고 아들을 낳게 해달라고 간청했다.

8. 그러나 우상들은 단 한 마디도 그에게 대답하지 않았다. 그는 몹시 괴로워하고 낙담하여 그 자리를 떠났다.

9. 집으로 돌아온 그는 가장 높으신 분에게 신뢰를 두고 뜨거운 마음으로 간청하면서 "오, 가장 높으신 분이여, 오, 하늘과 땅의 창조주여, 만물의 창조주여!

10. 저에게 위로를 줄 아들, 나의 죽음의 자리에 참석하여 나의 눈을 감겨주고 묻어줄 아들을 주십시오."라고 말했다.

11. 그러자 목소리가 들려오는데 "너는 먼저 우상들을 믿고 그들

에게 제물을 바쳤기 때문에 죽을 때까지 자식이 없을 것이다.

12. 그러나 네 조카 나단을 아들로 삼아서 네 학문과 교양을 가르쳐라. 그는 네가 죽으면 묻어줄 것이다."라고 말했다.

13. 그는 젖을 빼는 조카 나단을 아들로 삼고 8명의 유모에게 맡겨 기르도록 했다.

14. 유모들이 나단을 잘 먹이고 훈련을 시켰고, 비단옷과 자주색과 진홍색의 옷을 입혔다. 그리고 나단은 비단 방석에 앉았다.

15. 나단이 높다란 삼나무처럼 자라서 걸어다니게 되었을 때, 아히카르는 그에게 교양과 글쓰기와 학문과 철학을 가르쳐주었다.

16. 한참 세월이 흐른 뒤에 센나케립 왕은 아히카르를 보고, 그가 매우 늙었음을 깨닫고는 말했다.

17. "나의 영예로운 친구, 재능 있고 신뢰가 가고 지혜로운 총독, 나의 비서관, 나의 장관, 나의 충고자, 나의 지도자여, 당신은 이제 너무 늙었고, 세월의 무게에 짓눌려 이 세상을 떠날 날이 가까워졌소.

18. 당신의 뒤를 이어 나에게 봉사할 사람을 추천해보시오."라고 말했다. 그는 왕에게 "저의 주인님, 당신 머리가 영원히 살기를 바랍니다! 저는 조카 나단을 저의 아들로 삼았습니다.

19. 저는 그를 양육하고 제 지혜와 지식으로 가르쳤습니다."라고 대답했다.

20. 왕이 "아히카르여! 그를 나에게 데려와서 보여주시오. 그가 자격이 있다고 판단되면, 당신 자리를 잇게 하겠소. 당신은 당신의 길을 가서 편안히 쉬고, 여생을 편안하게 보내도록 하시오."라고 말했다.

21. 그래서 아히카르가 조카 나단을 데리고 와서 왕에게 보였다. 그는 조카에게 권력과 영예가 함께하기를 기원했다.

22. 왕이 나단을 보고는 감탄하고 크게 기뻐하면서 아히카르에게

"아히카르여, 이 아이가 당신 아들이오? 당신이 우리 아버지 사르하둠과 나를 섬겼듯이 이 소년도 나를 섬기고 나의 모든 일을 처리하여, 당신에 이어서 강력한 권력을 갖도록 하겠소."라고 말했다.

23. 아히카르가 왕에게 복종하여 "저의 주인인 왕이여, 당신의 머리가 영원히 살기를 바랍니다! 폐하께서 저의 아들 나단에게 인내를 발휘하고, 잘못을 용서하여, 그가 폐하를 적절하게 섬기기를 바랄 뿐입니다."라고 말했다.

24. 왕은 나단을 가장 총애하고 자기 친구들 가운데 가장 권력이 강하게 만들며, 모든 명예와 존경을 나단과 함께 나누겠다고 맹세했다. 그리고 왕이 아히카르의 손에 키스하고 작별 인사를 했다.

25. 아히카르는 조카 나단을 자기 응접실에서 같이 지내게 하고, 밤낮으로 가르쳐서 빵과 물보다도 지혜와 지식이 더 많이 나단의 마음 속에 자리잡도록 만들었다.

아히카르의 처세술과 교훈

제2장

1. 그래서 그는 조카에게 이렇게 훈계했다.

2. 남의 말을 들으면 그것을 네 마음 속 깊이 묻어두고 다른 사람에게 전달하지 마라. 그것을 전달하면, 그것은 석탄불이 되어 네 혀를 태우고, 네 몸에 고통을 주며, 너는 하느님과 사람들 앞에서 수치와 책망을 받을 것이다.

3. 뜬소문을 들으면 전파하지 마라. 네 눈으로 직접 본 것이 아니면 거기에 관해서 이야기하지 마라.

4. 말은 남이 알아듣기 쉽도록 하고, 남의 말에 즉시 대꾸하지는

마라.

5. 무엇인가 들은 것이 있다면 그것을 감추지 마라.

6. 봉인된 매듭을 풀지 말고, 풀린 매듭에 봉인하지 마라.

7. 외모의 아름다움을 탐내지 마라. 그것은 시들어 사라지는 것이고, 명예로운 기억만이 영속적인 것이기 때문이다.

8. 어리석은 여자의 말에 속지 마라. 그녀는 반드시 너를 올가미에 걸 테고, 너는 가장 비참하게 죽을 것이다.

9. 멋진 옷을 입고 화장을 그럴 듯하게 했지만 영혼이 천박하고 어리석은 여자에게 반하지 마라. 그런 여자에게 재산을 주거나 결혼한다면, 그녀는 너를 죄로 유인하고 하느님이 네게 화를 낼 것이다.

10. 다른 나무들보다 잎은 먼저 나오지만 열매는 나중에 나오는 아몬드나무처럼 되지 마라. 오히려 그와 반대되는 뽕나무처럼 되라.

11. 고개를 깊이 숙이고, 목소리는 부드럽게 하며, 예의바르게 행동하고, 올바른 길을 걸으며, 어리석음을 피하라. 웃을 때 목청을 돋우지 마라. 큰 소리로 집을 지을 수가 있다면, 당나귀는 매일 수십 채의 집을 지을 것이다. 쟁기를 힘으로 끌려 한다면, 낙타들에게 맨 쟁기는 꿈쩍도 하지 않을 것이다.

12. 지혜로운 사람과 돌을 운반하는 것이, 어리석은 사람과 포도주를 마시는 것보다 더 낫다.

13. 정의로운 사람들의 무덤에 네 포도주를 부어라. 그리고 무식하고 천박한 사람과 함께 마시지는 마라.

14. 하느님을 두려워하는 사람과 사귀고 그를 본받아라. 무식한 사람을 가까이하지 마라. 그를 가까이하면 네가 그를 닮고 그의 길을 배울 것이다.

15. 사람을 먼저 시험해본 뒤에 그를 동료나 친구로 삼아라. 시험해보지 않고는 그를 칭찬하지 마라. 지혜가 없는 사람과 대화하는

것은 소용이 없다.

16. 구두를 신고 있는 동안에 가시밭길을 걸어가서 네 아들과 집 안과 후손들을 위해 길을 만들어주어라. 바다에 띄우기 전에 배가 튼튼한지 확인하라. 그렇지 않으면 배가 가라앉고 너는 구출될 수가 없을 것이다.

17. 부자가 뱀을 잡아먹으면 사람들은 "그는 지혜롭다."고 말하고, 가난한 사람이 뱀을 먹으면 "배가 고파서 저런다."고 말한다.

18. 네가 가진 하루의 빵과 재산으로 만족하고, 남의 재산을 탐내지 마라.

19. 어리석은 사람의 이웃이 되지 말고, 그와 식사를 같이하지도 마라. 이웃의 불행을 기뻐하지 마라. 원수가 네게 피해를 주었다해도 너는 그에게 친절을 베풀어라.

20. 하느님을 두려워하는 사람을 너는 두려워하고 존경하라.

21. 무식한 사람은 비틀거리고 넘어진다. 그러나 지혜로운 사람은 비틀거린다 해도 넘어지지 않고, 넘어진다 해도 즉시 일어나며, 병이 들면 그는 스스로 생명을 구할 수가 있다. 어리석고 무식한 사람이 병들면 치료할 약이 없다.

22. 너보다 낮은 사람이 접근하면 일어선 자세로 그를 영접하라. 그가 네게 갚지 못한다면, 주님이 그를 대신하여 갚아줄 것이다.

23. 네 아들에 대한 매질을 주저하지 마라. 아들을 채찍질하는 것은 밭에 주는 비료와 같고, 돈주머니 입구를 단단히 졸라매는 것과 같고, 가축을 길들이는 것과 같으며, 대문을 굳게 잠그는 것과도 같기 때문이다.

24. 네 아들에게 예의를 가르치고 악행을 피하도록 만들어라. 그렇지 않으면 그는 네게 반항할 것이고, 너는 사람들의 경멸을 받고, 그의 악행 때문에 처벌되어 길거리에서 죽을 것이다.

25. 뿔이 큰 황소가 아니라 불알을 까지 않은 살진 황소를 사라.

당나귀는 발굽이 큰 것을 사라. 속이는 사람과 사귀지 말고, 말다툼이 심한 하인이나 도둑질하는 하녀를 집에 두지 마라. 그런 사람들은 너를 파멸시킬 것이다.

26. 부모의 저주를 받는 일은 피하는 것이 좋다. 그들이 주님의 눈에 들게 하라.

27. 원수를 만나더라도 대적할 수 있도록 길을 걸어갈 때는 반드시 무기를 몸에 지녀라.

28. 잎새도 없이 앙상하여 자라지 못하는 나무가 아니라 잎새와 가지가 무성한 나무처럼 되라. 아내도 자녀도 없는 사람은 잎새도 열매도 없는 나무처럼 사람들에게 멸시와 미움을 받기 때문이다.

29. 지나가는 사람이 누구나 그 열매를 먹고, 사막의 짐승들이 그 그늘에서 쉬는, 그런 열매가 많은 나무처럼 되라.

30. 외토리로 방황하는 양은 언제나 늑대의 밥이 된다.

31. 주인은 어리석고 자기는 지혜롭다는 말은 하지 마라. 무식하고 어리석은 말을 하지 마라. 그렇지 않으면 주인에게 무시를 당할 것이다.

33. 노예들 앞에서 한 노예만 편애하지 마라. 어느 노예가 끝까지 네게 유익할지는 모르기 때문이다.

35. 동료가 너의 발을 밟게 내버려두지 마라. 그렇지 않으면 그가 네 가슴마저 밟을 것이다.

36. 네가 지혜로운 사람을 지혜로운 말로 질책하면, 그 말이 그의 가슴에 수치로 남을 것이다. 그러나 무식한 사람을 몽둥이로 때리면, 그는 이해하지도 못하고 말을 듣지도 않을 것이다.

37. 지혜로운 사람에게 일을 맡길 때는 잡다하게 지시하지 마라. 그는 네가 원하는 대로 일을 처리할 것이다. 어리석은 사람에게는 일을 맡기지 말고, 네가 직접 가서 일을 처리하라. 남에게 지시받은 일은 빨리 처리하라.

38. 너보다 강한 사람과 원수가 되지는 마라.

39. 네 아들과 하인들에게 재산을 맡길 때에는 먼저 그들을 시험하여 그들이 재산을 탕진하지 못하게 하라. 어리석고 무식하다 해도 재산이 많으면 지혜롭다고 사람들이 말하고, 가장 지혜로운 사람이라 해도 가진 것이 없으면 가난하다고 말하기 때문이다.

40. 이 세상에서 가장 쓰라린 것은 가난과 결핍이다.

41. 네 아들에게 검소함과 굶주림을 가르쳐서 집안일을 잘 처리하도록 하라.

42. 무식한 사람에게는 지혜로운 사람들의 말이 버거우니 가르쳐 주지 마라.

43. 친구에게 경멸당하지 않으려면, 네 처지를 그에게 밝히지 마라.

44. 육체의 눈이 먼 것보다도 마음의 눈이 먼 것이 더 나쁘다. 육체의 눈이 멀면 조금씩 인도될 수가 있지만, 마음의 눈이 멀면 인도될 수가 없고 바른 길을 떠나서 사악한 길을 걷기 때문이다.

45. 혀 때문에 비틀거리는 것보다 발이 비틀거리는 것이 더 낫다.

46. 가까이 있는 친구가 멀리 떨어져 있는 친한 형제보다 더 낫다.

47. 미모는 사라지지만 지식은 오래 간다. 세상은 낡아지고 허무한 것이지만, 존경받는 이름은 그렇지가 않다.

48. 휴식할 줄 모르는 사람은 차라리 죽는 것이 낫다.

49. 네 손에 든 개구리 다리가 이웃의 냄비에 든 거위보다 더 낫다. 네 곁에 있는 양이 멀리 있는 황소보다 더 낫다. 네 손에 든 참새 한 마리가 공중에 날아다니는 수천 마리 참새보다 더 낫다. 조금이라도 재산을 모으는 가난은 엄청난 재산을 탕진하는 것보다 더 낫다. 살아 있는 여우가 죽은 사자보다 더 낫다. 양털 1킬로그램이 금과 은 1킬로그램보다 더 낫다. 왜냐하면 금과 은은 숨기는 사람이 땅 속에 묻어서 보이지 않지만, 양털은 시장에 나와서 보이

고 그것으로 옷을 해입는 사람은 아름답게 보이기 때문이다.

50. 적은 재산은 흩어지고 없어진 재산보다 낫다.

51. 살아 있는 개가 죽은 가난한 사람보다 낫다.

52. 옳은 일을 하는 가난한 사람이 죄를 짓는 부자보다 낫다.

53. 비밀을 간직하고 친구에게 누설하지 마라.

54. 깊이 생각해보지 않고는 말을 함부로 하지 마라. 싸우는 사람들 사이에 끼여들지 말고 거기서 달아나 편안하게 지내라. 나쁜 말이 다툼을 낳고, 다툼이 치고받는 싸움으로 변하여, 네가 강제로 증인이 되어야만 할 것이기 때문이다.

55. 너보다 강한 사람에게는 대항하지 말고, 인내와 올바른 태도로 대하는 것이 가장 좋다.

56. 첫번째 친구를 미워하지 마라. 두번째 친구가 오래 가지 않을지도 모르기 때문이다.

57. 고통을 당하는 가난한 사람을 방문하라. 왕의 앞에서 그를 변호하고, 사자의 입에서 그를 구출하라.

58. 원수의 죽음을 기뻐하지 마라. 머지않아 너도 그의 곁으로 갈 것이기 때문이다. 너를 조롱하는 사람을 존중하고 그에게 먼저 인사하라.

59. 물이 공중에서 가만히 머물고, 검은 까마귀가 희게 되며, 몰약이 꿀처럼 달게 변한다면, 무식한 사람과 바보들이 이해하고 지혜롭게 될 것이다.

60. 지혜로운 사람이 되고 싶다면, 거짓말과 도둑질을 하지 말고, 사악한 것을 쳐다보지 마라.

61. 지혜로운 사람의 채찍질은 받지만, 어리석은 사람의 아첨은 받지 마라. 젊은 시절에 겸손하게 행동하라. 그러면 늙어서 존경받을 것이다.

62. 권력의 전성기에 있는 사람이나 홍수가 난 강물에 대항하지

플룻을 부는 고대 이집트인들

마라.

63. 아내를 빨리 얻으려고 서두르지는 마라. 결혼이 순탄한 경우에는 그녀가 돈과 재산을 요구하고, 잘못되는 경우에는 남편을 탓하고 욕할 것이기 때문이다.

64. 옷을 잘 입은 사람은 말도 훌륭하고, 옷차림이 초라한 사람은 말도 볼품이 없다.

65. 도둑질을 했다면 훔친 물건의 일부를 왕에게 바쳐서 처벌을 받지 않도록 하라.

66. 재산이 많고 너그러운 사람을 친구로 삼아라. 그러나 탐욕스럽고 인색한 사람은 친구로 삼지 마라.

67. 왕도 그의 군대도 위험해지는 경우가 네 가지 있다. 즉 지배자의 억압, 무능하고 썩은 정치, 사악한 의지, 그리고 백성들에 대한 독재가 그것이다. 감출 수가 없는 것이 네 가지 있다. 즉 지혜로운 사람, 어리석은 사람, 부자 그리고 가난한 사람이 그것이다.

조카 나단이 아히카르를 함정에 빠뜨려 죽이려고 한다

제3장

1. 아히카르는 조카 나단이 자기 가르침을 실천할 것으로 믿었다. 그러나 나단이 귀찮아하고 자기를 속이고 경멸할 줄은 몰랐다.

2. 그는 나단에게 노예와 말과 가축 등 전 재산을 넘겨주었다.

3. 그리고 가끔 왕에게 가서 인사하고 집으로 돌아와 쉬는 것이 일과의 전부였다.

4. 재산을 전부 넘겨받은 뒤에 나단은 그를 경멸하고, 그가 노망이 들었다고 항상 말했다.

5. 그리고 나단은 노예들을 때리고 말과 낙타들을 팔아먹기 시작했다.

6. 아히카르가 나단을 집에서 쫓아냈다.

7. 왕이 나단을 불러서 "아히카르가 건강하게 살아 있는 한, 아무도 그의 재산에 손을 대서는 안 된다."고 말했다.

10. 아히카르는 나단의 동생 베누자르단을 교육시켜서 그에게 자기 전 재산을 넘겨주었다.

11. 질투심에 사로잡힌 나단은 아히카르가 살해될 것이라는 말을 하고 다녔다.

12. 그리고 나단은 페르시아의 왕인 아키쉬에게 보내는 편지를 위조했다.

13. 그 편지의 내용은 "아시리아와 니니베의 왕 센나케립과 그리고 그의 대신이자 비서인 아히카르가 대왕에게 인사드립니다.

14. 이 편지를 받으시면 즉시 니스린 평원과 아시리아와 니니베로 진군하십시오. 제가 전쟁을 치르지 않고도 이 나라를 대왕에게

바치겠습니다."라는 것이었다.

15. 그는 아히카르의 이름으로 이집트 왕 파라오에게 보내는 같은 내용의 다른 편지를 위조했다.

18. 그리고 아히카르의 도장을 그 편지들에 찍었다.

19-21. 그는 또한 왕이 아히카르에게 보내는 편지도 위조했는데, 그 내용은 아히카르가 5일 후에 모든 군대를 거느리고 평원에서 자기를 향해 진군해 자기와 함께 있는 이집트 왕의 대사가 겁을 집어먹도록 만들라는 것이었다.

22. 그는 왕의 하인을 시켜서 왕의 편지를 아히카르에게 보낸 뒤에, 다른 편지들을 왕에게 가지고 가서 보여주었다.

23. 왕은 아히카르가 배신했다고 믿고 화를 냈다.

24. 나단은 편지 내용이 사실인지 확인해보자고 왕에게 말했다.

25. 지정된 날에 나단과 왕과 군대가 평원으로 갔다.

26. 아히카르는 나단의 음모를 알아채지 못한 채 편지 내용에 따라 마치 공격하는 것처럼 군대를 움직였다.

27. 아히카르의 행동을 본 왕이 격분했다.

28. 나단이 아히카르를 잡아오겠다고 왕에게 말했다.

29. 왕이 왕궁으로 돌아갔다. 나단이 아히카르에게 가서 왕이 그를 칭찬한다고 말했다.

30. 그리고 왕은 아히카르의 손발을 묶어서 왕궁으로 끌어와 파라오 왕의 대사에게 보여주겠다는 말을 했다고 전했다.

31. 아히카르는 "왕의 말을 들으면 즉시 복종해야 한다."고 말하고는 스스로 체포되었다.

34. 위조된 편지들을 본 아히카르는 하도 기가 막혀서 아무 말도 못하고 엎드렸다.

35-38. 왕은 아부 사미크에게 그를 대문 밖으로 끌어내 목을 베라고 명령했다. 그리고 그의 요청에 따라 시체를 그의 하인들에게

내주어 묻게 하라고 말했다.

40. 아부 사미크가 왕의 명령에 따라서 그를 발가벗겨 끌고갔다.

41. 아히카르는 죽음을 각오했고, 사람을 아내에게 보내 1천 명의 처녀들에게 자주색 비단옷을 입혀서 자기 죽음을 미리 애도하게 했다.

42. 그리고 아부 사미크와 그의 부하들을 위해서 성대한 잔칫상을 차리고 포도주를 많이 대접하게 했다.

43. 그의 아내는 지혜롭고 영리했기 때문에 최대의 친절과 예의를 갖추어서 대접했다.

44. 왕의 군사들이 그 집에서 먹고 마시고 취했다.

45. 아히카르가 아부 사미크를 따로 불러서 "센나케립의 아버지 사르하둠 왕이 당신을 죽이려고 했을 때 내가 당신을 감추어주었소.

46. 왕의 화가 가라앉았을 때 내가 당신을 데리고 가자 왕이 몹시 기뻐하지 않았소?

47. 마찬가지로 당신이 나를 죽이면 나중에 왕이 당신에게 화를 낼 것이오."라고 말했다.

48-51. 그리고 자신은 무죄하고 나단이 자기를 속였으니까 자기를 정원의 지하실에 숨겨주고, 마땅히 죽을 죄를 지은 자기 노예를 대신 죽이고 왕에게 보고하라고 말했다.

52. 아부 사미크가 그대로 시행하고 보고했다.

53. 아히카르의 아내만이 그가 숨은 곳을 알고는 일주일에 한 번씩 식량을 공급해주었다.

54. 도시의 모든 사람이 아히카르를 위해서 애도했다.

56. 왕이 후회했다.

57. 그리고 나단에게 관습에 따라 아히카르의 집으로 가서 애도하라고 명령했다.

58. 나단은 아히카르의 집으로 갔다. 그러나 애도하기는커녕 불

량배들을 불러모아서 먹고 마셨다.

59. 그리고 삼촌의 하인과 하녀들을 때리고 고문했다.

60. 그는 아히카르의 아내마저 겁탈하려고 했다.

63. 이웃의 모든 왕들이 수수께끼의 해결 명수인 아히카르를 위해서 애도하고, 센나케립 왕을 경멸했다.

아히카르가 왕 앞에 다시 나타난다

제4장

1-3. 아히카르가 살해되었다고 들은 이집트 왕이 센나케립 왕에게 "내가 하늘과 땅 사이에 성을 건축하려고 하니 모든 질문에 대답할 지혜로운 사람을 파견해 주기 바랍니다. 그리고 아시리아에서 3년 동안 세금을 걷게 만들 사람이 필요합니다."라는 내용의 편지를 써서 보냈다.

4. 센나케립 왕이 신하들에게 그 편지를 보였지만, 아무도 해결책을 알지 못해서 왕이 몹시 화를 냈다.

5. 그는 원로와 학자와 지혜로운 사람들과 철학자, 점성술사, 점쟁이들을 불러모아서 "누가 이집트 왕에게 가서 그의 모든 질문에 대답하겠느냐?"고 물었다.

6-7. 그들은 아히카르 이외에는 그런 인물이 없고, 아히카르가 모든 지식을 나단에게 가르쳐주었으니 나단을 보내라고 추천했다.

8. 왕에게 불려온 나단은 "누가 공중에 성을 건설할 수가 있겠습니까?"라고 말했다.

9. 왕은 울면서 아히카르의 죽음을 애도했다.

14-21. 왕은 "아히카르를 살려서 데리고 오는 사람에게는 내 왕

국의 절반이라도 내주겠다."고 말하면서 밤낮으로 울었다. 아부 사미크가 그 모습을 보고는 왕에게 다가가서 아히카르가 살아 있다고 사실대로 보고했다. 왕은 몹시 기뻐하고 그를 곧 데려오라고 명령했다.

26. 야수처럼 머리카락이 길고, 매발톱처럼 손톱이 자란 아히카르가 초라한 모습으로 왕에게 갔다.

27. 왕이 그를 껴안고 울었다.

29. 아히카르가 왕에게 "저는 의지하려고 종려나무를 심었는데, 그 나무가 옆으로 기울어져 제가 넘어졌습니다."라고 말했다.

32. 왕이 자기 옷을 벗어서 그에게 입혔다.

수수께끼 해결의 경쟁

제5장

1. 왕은 그에게 40일 동안 쉬라고 말했다.

3. 나단은 겁에 질려서 어쩔 줄을 몰랐다.

6. 이집트 왕의 편지를 본 아히카르는 모든 내용을 알아차렸다.

9. 그리고 해답을 궁리하도록 40일 동안 회신을 늦추라고 왕에게 말했다.

10. 아히카르는 사냥꾼들을 시켜서 독수리 2마리를 잡게 하고, 직물업자들에게 솜으로 2천 큐비트 길이의 노끈 두 줄을 꼬게 하고, 목수들에게 거대한 상자 두 개를 만들게 했다.

11. 그리고 소년 두 명을 훈련시켜서 독수리를 타게 하고, 독수리에게 노끈을 묶은 뒤에 그 밑에 상자를 매달았다. 그리고 독수리들이 날마다 조금씩 더 높이 날아올라가게 했다.

15. 그는 왕에게 해답을 보여주겠다고 말했다.

16. 그리고 왕을 넓은 곳으로 데리고 나간 뒤에 소년들을 태운 독수리들을 하늘 높이 올려보냈다. 소년들이 위에서 "돌과 진흙을 올려보내 주시오. 그러면 우리가 성을 쌓겠소."라고 소리쳤다.

17. 왕과 모든 사람이 놀랐다.

20. 아히카르가 이집트 왕에게 가서 인사했다.

23. 그리고 이집트 왕의 수수께끼에 대해서 가장 높으신 하느님의 도움으로 해답을 드리겠다고 말했다.

24. 그리고 자기가 올바른 해답을 제시하면 3년 동안의 세금을 면제해달라고 요청했다.

27. 파라오 왕이 그에게 이름을 물었다. 그는 아비캄이라고 대답했다.

28. 파라오 왕이 코웃음을 쳤다.

29. 그러나 아히카르는 가장 높으신 하느님은 약한 사람의 편을 들고 강한 사람을 물리친다고 대답했다.

31-35. 파라오 왕이 자주색과 붉은색의 옷을 입고 신하들을 거느린 채 아히카르를 불러서 자기와 신하들이 무엇처럼 보이는지 물었다. 아히카르는 "폐하는 벨 우상이고, 신하들은 벨의 하인들입니다."라고 대답했다.

36-38. 파라오 왕이 다음날 붉은색의 옷을 입고, 신하들은 흰옷을 입었다. 아히카르는 "폐하는 태양과 같고, 신하들은 그 햇살과 같습니다."라고 대답했다.

39-41. 다음날 파라오 왕과 신하들이 똑같이 흰옷을 입었다. 아히카르는 "폐하는 달과 같고, 신하들은 별과 같습니다."라고 대답했다.

42-46. 다음날 파라오 왕은 붉은 벨벳 옷을 입고, 신하들은 여러 가지 색깔의 옷을 입었다. 아히카르는 "폐하는 4월과 같고, 신하들

은 그 달에 피는 꽃과 같습니다."라고 대답했다.

47. 파라오 왕이 몹시 기뻐했다. 그리고 "너의 왕인 센나케립은 무엇과 같은가?"라고 물었다.

48. 아히카르는 파라오가 옥좌에서 일어서야만 그 질문에 대답하겠다고 말했다.

49. 파라오 왕이 일어섰다.

50. 아히카르는 "저의 주님은 하늘의 왕이고, 신하들은 천둥과 번개이며, 그분은 바람과 비를 지배합니다."라고 대답했다.

54. 그리고 그는 자기가 아히카르라고 고백했다.

허공에 궁전을 건축하라

제6장

1-4. 아히카르는 아시리아와 니니베의 센나케립 왕의 이름으로 이집트의 파라오 왕에게 보내는 편지를 썼다. 그 내용은 센나케립의 군대에게 지급할 돈이 모자라니 금화 9백냥을 빌려달라는 것이었다. 그리고 다음날 그 편지를 파라오 왕에게 제출했다.

8-9. 파라오 왕이 그 돈을 빌려주기로 약속하고는 공중에 성을 건축하라고 말했다.

10. 아히카르는 돌과 진흙과 석회와 일꾼들을 공급해달라고 말했다.

11. 아히카르와 소년들, 그리고 왕과 모든 신하들이 넓은 장소로 나갔다.

12. 독수리와 소년들이 공중 높이 올라갔다.

13. 이윽고 소년들이 "벽돌과 진흙을 위로 올려보내주시오. 우리

는 지금 할 일이 없어서 놀고 있소."라고 소리쳤다.

14. 거기 모인 사람들이 놀라 어쩔 줄을 몰랐다.

15. 아히카르와 그의 하인들이 "건축 재료를 위로 올려보내지 않고 무엇을 하고 있느냐?"고 말하면서 일꾼들을 때렸다.

16. 왕이 아히카르에게 "너는 미쳤다. 누가 그런 물건들을 저렇게 높은 곳으로 운반할 수가 있느냐?"고 외쳤다.

17. 그는 왕에게 "폐하! 누가 공중에 성을 건축할 수가 있겠습니까? 저의 주님이 여기 계셨더라면, 그분은 하루에도 수십 채의 성을 지을 수가 있었을 것입니다."라고 대답했다.

18. 파라오 왕이 "공중에 성을 건축한다는 계획은 포기하겠다. 내일 다시 오라."고 말했다.

19. 다음날 파라오 왕이 "네 주인의 말이 아시리아와 니니베에서 히힝거리며 울자, 이곳의 암말들이 그 소리를 듣고 새끼를 낳았는데 이것이 어찌된 일이냐?"라고 말했다.

20. 아히카르가 나가서 고양이를 잡아다가 묶은 뒤에 사정없이 때렸다.

21. 파라오 왕이 그를 불러서 말도 못하는 짐승을 때리는 이유를 물었다.

22. 그는 "밤과 낮의 시간을 잘 알고 우렁차게 알리는 수탉을 센나케립 왕이 제게 주었지요.

23. 그런데 이 고양이가 어젯밤에 아시리아로 가서 그 수탉의 머리를 물어서 죽였지요."라고 대답했다.

24. 파라오 왕은 이집트에서 니니베까지 68파라상이나 되는 거리인데 어떻게 고양이가 하룻밤에 거기 가서 수탉을 죽일 수가 있느냐고 말하고, 그가 노망이 들었다고 했다.

25. 그는 그렇게 먼 거리에 있다면, 이집트의 암말들이 어떻게 아시리아 왕의 말들이 우는 소리를 들을 수가 있는가 반문했다.

27. 파라오 왕은 아히카르에게 바다 모래로 밧줄을 꼬아서 바치라고 했다.

28-30. 그는 바닷가에 구멍을 파고는 거기 바다 모래를 부어서 마치 밧줄처럼 보이게 하고는 왕에게 "하인들을 시켜서 이 밧줄을 가져가라고 하십시오. 필요하면 언제든지 또 만들어드리겠습니다."라고 대답했다.

31. 파라오 왕은 부서진 맷돌을 실로 꿰매서 붙이라고 말했다.

32-35. 그는 다른 돌을 집어서 내놓고는 "저는 외국인이라서 바느질할 도구가 없습니다. 솜씨 좋은 구두제조업자에게 이 돌을 잘라서 송곳을 만들어내라고 해주십시오. 그 송곳을 가지고 제가 맷돌을 꿰매겠습니다."라고 말했다. 파라오 왕과 신하들이 모두 허리를 잡고 웃었다.

36. 파라오 왕은 3년 동안에 해당하는 세금을 걷어서 그에게 상으로 주었다.

50. 아시리아에 돌아온 그를 센나케립 왕이 대환영하고 나단을 그에게 넘겨주었다. 그는 나단을 쇠사슬로 묶어서 어두운 골방에 가두고, 매일 빵 한 덩어리와 약간의 물만 주었다.

나단이 회개한다

제7장

1. 아히카르는 날마다 나단을 이렇게 훈계했다.

2. 나는 네게 모든 선한 것과 친절을 베풀었는데, 너는 악으로 갚고 나를 죽이려고 했다.

3. 귀를 가지고 듣지 않는 사람에 대해서는 사람들이 목을 밟아서

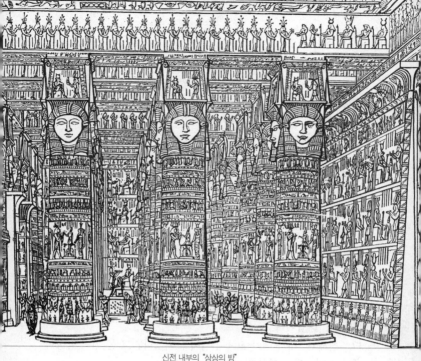

신전 내부의 "상상의 방"

말을 듣게 한다는 속담이 있다.

7. 너는 나에게 전갈과 같이 행동했다.

8. 너는 독초의 뿌리를 먹는 영양과 같다. 독초는 영양에게 "오늘은 나를 마음껏 먹어라. 사람들이 내일 네 가죽을 벗겨서 무두질할 것이다."라고 말한다.

9. 너는 추운 겨울날 발가벗은 동료를 보고 그에게 찬물을 끼얹는 사람과 같았다.

10. 너는 주님을 때리기 위해서 하늘로 돌을 던지는 사람과 같았

다. 그 돌은 높이 못 올라가고, 죄의 원인이 되었다.

11. 네가 나를 존중하고 내 말을 들었다면 반드시 상속자가 되었을 것이다.

12. 개나 돼지의 꼬리가 아무리 길고 비단과 같다고 해도 말 꼬리만큼은 가치가 없다.

13. 너는 질투와 오만으로 나를 죽이려고 했다. 그러나 주님이 나를 구해주었다.

14. 너는 거름 구덩이에 만든 함정과 같았다. 참새가 그 함정을 발견하고 "너는 여기서 무엇을 하고 있느냐?"고 물었다. 함정은 "주님께 기도하고 있다."고 대답했다.

15. 참새가 "네가 들고 있는 막대기는 무엇이냐?"고 물었다. 함정은 "기도할 때 내가 몸을 기대는 참나무 가지다."라고 대답했다.

16. 참새가 "네 입에 있는 것은 무엇이냐?"고 물었다. 함정은 "배고프고 가난한 사람들을 위해서 내가 가지고 다니는 빵과 식량이다."라고 대답했다.

17. 참새가 "내가 배가 고프니 먹어도 되느냐?"고 물었다. 함정이 좋다고 대답해서 새가 다가갔다.

18. 그러자 함정이 덮쳐서 새의 목을 물었다.

19. 참새가 "이런 것이 네 빵이라면 주님은 네 자선 행위와 선행을 용납하지 않을 것이다.

20. 네 기도와 단식이 이런 것이라면, 네 기도나 단식을 용납하지 않고 너를 완전하게 만들지도 않을 것이다."라고 말했다.

21. 너는 당나귀를 친구로 삼은 사자와 같았다. 사자는 당나귀를 앞에서 걸어가게 하고는 어느 날 달려들어 잡아먹었다.

22. 너는 밀을 갉아먹는 바구미 같았다.

23. 너는 밀 열 되를 파종한 사람과 같았다. 그가 추수해 보니 밀이 열 되에 불과했다. 주인이 "이 게으름뱅이야! 밀을 증가시키지

도 줄이지도 않았다!"고 말했다.

24. 너는 새 그물에 걸린 메추라기와 같았다. 그는 자기를 구하지도 못하면서 다른 메추라기들에게 그물에 돌진하라고 말했다.

25. 너는 몸이 식은 개와 같았다. 그 개는 몸을 녹이려고 옹기장이 집으로 갔다.

26. 몸이 녹은 뒤에 그 개는 사람들을 보고 짖었다. 그래서 개에게 물리지 않으려고 사람들이 그 개를 때려서 내쫓았다.

27. 너는 점잖은 사람들과 함께 온천물에 들어갔던 돼지와 같았다. 돼지는 온천물에서 나오자 더러운 구덩이를 보고는 거기 들어가 뒹굴었다.

28. 너는 동료들을 따라서 제물이 된 염소와 같았다.

29. 사냥에서 먹을 것을 얻지 못하는 개는 파리들의 밥이 된다.

30. 일하지 않고 쟁기질을 하지 않으며 탐욕스럽고 교활한 손은 몸에서 잘려나갈 것이다.

31. 빛을 보지 못하는 눈은 까마귀들이 쪼아서 뽑아버릴 것이다.

32. 너는 가지들이 잘려나가는 나무와 같았다. 나무는 사람들에게 "연장의 손잡이가 나무라서 내가 잘려나간다."고 말했다.

33. 너는 고양이와 같았다. 사람들이 고양이에게 "네게 황금목걸이를 만들어주고 또 네게 설탕과 아몬드를 먹여줄 테니 도둑질을 그만두라."고 말했다.

34. 고양이는 "나는 부모의 기술을 잊어버릴 수가 없다."고 대답했다.

35. 너는 강물 한가운데서 가시덤불을 타고 가는 뱀과 같았다. 늑대가 그들을 보고 "막상막하의 도둑놈들이다. 저들보다 더 나쁜 놈이 그들을 인도하게 하자."고 말했다.

36. 뱀이 늑대에게 "네가 평생 잡아먹은 양과 염소들을 그들의 부모에게 되돌려줄 수가 있느냐?"고 말했다.

37. 늑대는 그럴 수가 없다고 대답했다. 뱀은 "너는 나보다도 더 나쁜 놈이다."라고 말했다.

38. 나는 네게 맛있는 것을 먹였는데, 너는 나에게 마른 빵조차 주지 않았다.

39. 나는 네게 설탕물과 과일즙을 주었는데, 너는 나에게 냉수조차 주지 않았다.

40. 나는 너를 가르치고 잘 길렀는데, 너는 함정을 파고 나를 거기 빠뜨렸다.

41. 나는 너를 높다란 삼나무처럼 최고의 교육을 시켜서 양육했는데, 너는 뒤틀리고 나를 속였다.

42. 네가 견고한 요새를 지어서 원수로부터 나를 보호하고 또 나를 정중하게 매장해주기를 바랐다. 그러나 주님이 내게 자비를 베풀어 네 속임수에서 구해주었다.

43. 나는 네 행복을 기원했는데, 너는 악과 증오로 갚았다. 이제 나는 네 눈을 뽑고, 네 혀를 자르고, 목을 베어서 개들의 밥으로 만들어, 네 지겨운 행동에 대해서 응징하려고 한다.

44. 나단이 용서해달라고 빌었다.

45. 그는 아히카르의 하인이 되어 말들을 돌보고 가축의 똥을 치우며, 양떼를 치겠다고 말했다. "저는 사악하고 당신은 정의로우며, 저는 죄를 지었고, 당신은 용서해주는 사람입니다."라고 말했다.

46. 아히카르는 이렇게 말했다. 너는 물가에서도 열매를 맺지 못하는 나무와 같았다. 나무의 주인이 베어버리려고 하자, 나무가 "나를 다른 곳으로 이식해주십시오. 거기서도 열매를 맺지 못하면 그때 베십시오."라고 말했다.

47. 주인은 "물가에 있으면서도 열매를 못 맺는데, 다른 곳에서 어떻게 네가 열매를 맺겠느냐?"라고 말했다.

48. 독수리의 노년기가 까마귀의 청년기보다 더 낫다.

49. 사람들이 늑대에게 "양떼의 먼지로 해를 입지 않으려면 너는 양떼 곁에 가지 마라."하고 말했다. 늑대는 "양젖의 찌꺼기가 내 눈에는 좋게 보인다."고 말했다.

50. 사람들이 늑대를 학교에 보내서 글을 배우게 하고, 늑대에게 알파벳의 첫번째와 두번째 글자를 말해보라고 했다. 늑대는 "내 뱃속에 든 어린 양과 염소"라고 말했다.

51. 사람들이 당나귀를 식탁에 앉혔는데, 당나귀가 넘어져서 흙구덩이에 뒹굴었다. 그들은 "천성이 원래 그런 놈이니 내버려두자. 그의 천성은 변하지 않는다."고 말했다.

52. "아들을 낳으면 네 아들이라고 부르고, 사내아이를 양육한 경우에는 네 노예라고 불러라."고 한 속담이 확인되었다.

53. 선행을 하면 선으로 보답을 받고, 악행을 하면 악으로 보답을 받는다. 주님은 각자의 행동에 따라서 갚아주기 때문이다.

54. 내가 이제 무슨 말을 더 하겠는가? 주님은 숨겨진 것을 알고, 신비와 비밀들을 잘 알기 때문이다.

55. 주님이 네게 갚아주고 너와 나 사이에 심판을 해줄 것이다.

56. 아히카르의 말을 들은 나단은 즉시 독이 오른 독사와 같이 몸이 불었다.

57. 그의 팔다리와 옆구리와 배가 부풀어서 터지고 내장이 모두 흩어져서 죽었다.

58. 그는 파멸하여 지옥으로 갔다. 형제를 노려서 함정을 파는 사람은 자기 자신이 거기 빠지고, 덫을 놓는 사람은 자기가 거기 걸리기 때문이다.

가명 포칠리데스의 잠언

유럽의 도덕 교과서

해설

포칠리데스는 기원전 6세기 중엽에 밀레투스에서 살던 이오니아 시인이다. 그는 당시에 일상 생활에 유익한 격언 작가로 매우 유명했다. 그의 격언들 가운데 지금까지 남아 있는 것은 매우 적다. 여기 소개되는 잠언은 그가 지은 것이 아니라, 가명으로 제목을 붙인 것이다.

이 문헌의 내용은 유태인의 성격이 분명하게 드러나는데도, 저자는 그런 점을 철저하게 위장했다. 그래서 16세기까지 이 문헌의 저자가 포칠리데스라고 잘못 알려져 왔다.

이 문헌은 기원전 200년부터 서기 200년 사이에 그리스어로 저술된 것으로 본다. 지금까지 전해진 필사본은 모두 그리스어로 되어 있다. 알렉산드리아의 유태인이 기원전 30년에서 서기 40년 사이에 저술했다는 주장도 가능하다. 이 문헌은 1495년에 베니스에서 출판되었고, 그 이후에 대단한 인기를 누려왔으며 초등 교육의 교과서로 사용되었다.

1-2. 사람들 가운데 가장 지혜로운 포칠리데스가 자신의 거룩한 판단에 따라서 축복의 선물로 하느님의 이 충고들을 제공하는 것이다.

십계명의 요약

3. 간통을 하지 말고, 동성 연애의 욕정을 품지도 마라.
4. 배신을 음모하지 말고, 네 손에 피를 묻히지도 마라.
5. 불의한 수단으로 부자가 되지 말고, 명예로운 수단으로 생계를 유지하라.
6. 네가 가진 것으로 만족하고, 남의 것을 탐내지 마라.
7. 거짓말을 하지 말고, 항상 진실을 말하라.
8. 하느님을 극진히 섬기고, 그 다음으로는 부모를 섬겨라.

정의

9. 언제나 정의를 실천하라. 호감에 따라 네 판결이 흔들리지 않게 하라.
10. 가난한 사람을 부당하게 배척하지 말고, 편파적으로 판결하지 마라.
11. 네가 사악하게 판결한다면, 하느님이 너를 그와 같이 심판할 것이다.
12. 거짓 증인을 피하고, 올바른 사람에게 상을 주라.

13. 맡은 것을 잘 보살피고, 모든 일에 신의를 지켜라.

14. 물건을 올바르게 재라. 덤을 주는 것은 언제나 좋은 일이다.

15. 저울을 속이지 말고 정직하게 무게를 달아라.

16. 고의든 본의가 아니든 위증을 하지 마라.

17. 누가 맹세를 하든 영원한 하느님은 위증하는 사람을 미워한다.

18. 남의 씨앗을 훔치지 마라. 그것을 가져가는 사람은 저주를 받는다.

19. 노동자에게 그날의 품삯을 주라. 가난한 사람을 괴롭혀서는 안 된다.

20. 네 혀를 조심하고, 네 말을 가슴 속에 묻어두어라.

21. 불의한 짓을 하려 말고, 남이 불의한 짓을 하게 내버려두지도 마라.

자비

22. 가난한 사람에게 즉시 베풀고, 내일 오라는 말을 하지 마라.

23. 네 손을 채워라. 그리고 필요한 사람에게 자선을 베풀어라.

24. 집 없는 사람을 네 집에 받아들이고, 눈먼 사람을 인도해주라.

25. 항해란 위험한 것이므로 난파한 사람을 동정하라.

26. 넘어지는 사람에게 도움의 손길을 펴고, 힘이 없는 사람을 도와줘라.

27. 고통은 누구나 겪는 것이다. 인생은 수레바퀴다. 번영은 불안정하다.

28. 재산을 모았다면, 가난한 사람에게 도움의 손길을 뻗쳐라.

29. 하느님이 네게 주신 것을 가지고 필요한 사람에게 베풀어라.

30. 삶의 모든 것을 공통으로 하고, 모든 것이 조화를 이루게 하라.

31. 피를 먹지 말고, 우상에게 바쳤던 것을 피하라.

32. 남의 피를 흘리게 하기 위해서가 아니라 방어를 위해서 칼을 들라.

33. 그러나 불법적이든 합법적이든 칼이 전혀 필요 없게 되기를 바란다.

34. 왜냐하면 네가 원수를 살해하면 네 손이 피로 더럽혀지기 때문이다.

35. 이웃의 밭에서 멀찍이 떨어져 있어라. 그래서 침입자가 되지 마라.

36. 절제가 가장 좋은 것이다. 지나친 것은 큰 잘못이다.

37. 합법적인 획득은 유익하다. 그러나 불의한 획득은 나쁘다.

38. 밭에서 자라고 있는 과일을 해치지 마라.

39. 나그네들을 시민들과 동등하게 대우해야 한다.

40. 왜냐하면 오랜 방랑으로 우리가 모두 가난을 체험하기 때문이다.

41. 그리고 지역의 토지는 사람들을 위해서 안정적이지 못하다.

돈에 대한 사랑

42. 돈에 대한 사랑은 모든 악의 원인이다.

43. 금과 은은 항상 사람들을 유혹한다.

44. 악의 근원이고 삶의 파괴자이며 모든 것을 파괴해버리는 황금이여,

45. 사람들이 스스로 불러들이는 재앙이 되지 마라!

46. 왜냐하면 너 때문에 전쟁과 약탈과 살인이 일어나고,
47. 자식들이 부모의 원수가 되고, 형제들이 친척들의 원수가 되기 때문이다.

정직과 자제

48. 마음 속에 품은 생각과 다른 말을 입으로 말하지 마라.
49. 바위에 달라붙은 이끼처럼, 장소에 따라서 태도를 달리하지 마라.
50. 모든 사람에게 성실하고, 네 영혼에서 나오는 것을 말하라.
51. 일부러 나쁜 짓을 하는 사람은 사악하다. 그러나 강제 때문에 할 수 없이 그렇게 하는 사람에 대해서는 나는 단죄하지 않겠다.
52. 왜냐하면 각자의 의도가 심판을 받기 때문이다.
53. 지혜나 힘이나 재산에 대해서 자만하지 마라.
54. 하느님 홀로 지혜롭고, 홀로 강하며, 홀로 축복이 풍부한 재산가이기 때문이다.
55. 지나간 과거의 잘못을 가지고 네 마음을 괴롭히지 마라.
56. 이미 지나간 것은 고칠 수가 없기 때문이다.
57. 성미 급하게 손을 놀리지 마라. 오히려 네 난폭한 분노에 재갈을 물려라.
58. 손으로 때린 것이 본의 아니게 살인이 되는 경우가 많기 때문이다.

자제력

59. 네 감정이 너무 치솟거나 폭발하지 않도록 자제하라.

60. 지나친 것은 그것이 좋은 것이라 해도 사람에게 결코 이익이 되지 않는다.

61. 심한 사치는 불순한 욕망을 일으킨다.

62. 많은 재산은 오만과 자만을 키운다.

63. 넘치는 분노는 미친 듯이 파괴하게 만든다.

64. 화내는 것이 지나치면 격심한 분노가 된다.

65. 선한 일을 위한 열정은 고상한 것이지만, 악한 일을 위한 열정은 지나친 것이다.

66. 악행에 발벗고 나서는 것은 파멸을 초래하지만, 선행에 발벗고 나서는 것은 크게 도움이 된다.

67. 덕행에 대한 사랑은 값진 것이지만, 격정에 대한 사랑은 수치를 증가시킨다.

68. 지나치게 순진한 사람은 시민들 사이에서 바보라고 불린다.

69. 적절한 분량을 먹고, 적절한 분량을 마시고, 적절한 분량의 이야기를 하라.

질투

70. 친구의 재산을 부러워하지 마라. 그 시기 때문에 친구를 비난하지도 마라.

71. 하늘에 있는 것들은 서로 시기하지 않는다.

72. 달은 자기보다 훨씬 강한 태양의 광선을 시기하지 않고,

73. 지구는 비록 낮은 곳에 있지만, 하늘 높은 곳에 있는 것을 시기하지 않는다.

74. 또한 강이 바다를 시기하지 않는다. 그들은 언제나 화목하다.

75. 축복받은 것들 사이에 투쟁이 일어난다면, 하늘이 굳세게 서 있을 수가 없기 때문이다.

76. 자제하고, 수치스러운 행동을 삼가라.

77. 악을 모방하지 말고, 복수를 정의에게 맡겨라.

78. 왜냐하면 설득은 축복이고, 투쟁은 투쟁만 낳기 때문이다.

79. 의도를 정확하게 파악하기 전까지는 쉽게 믿지 마라.

80. 은혜를 베푼 사람에게 더 많은 것으로 갚는 것이 타당하다.

81. 손님에게는 뒤늦게 상다리가 휘도록 차려서 내놓는 것보다

82. 단순한 음식으로 빨리 대접하는 것이 더 낫다.

83. 가난한 사람에게 끊임없이 독촉하는 채권자가 되지 마라.

84. 새 둥지에서 모든 새를 한꺼번에 잡지 말고,

85. 새끼를 다시 까도록 어미새는 거기 내버려두라.

86. 무식한 사람들이 재판관이 되도록 내버려두지 마라.

87. 양쪽의 말을 다 들어보기 전에는 판결을 내리지 마라.

88. 지혜로운 사람은 지혜를, 기술자는 기술을 조사한다.

89. 제대로 배우지 못한 귀는 중요한 가르침을 깨닫지 못한다.

90. 왜냐하면 좋은 내용을 배운 적이 없는 사람들은 이해하지 못하기 때문이다.

91. 네 친구들을 기생충 같은 아첨꾼으로 만들지 마라.

92. 왜냐하면 먹고 마시는 데는 친구가 많이 모이는 법이고,

93. 그들은 만족스럽게 배를 채웠을 때마다 아첨하지만,

94. 조금만 마음에 안 들어도 불만을 품고, 아무리 주어도 만족을 모르기 때문이다.

95. 백성을 믿지 마라. 군중은 변덕스럽다.

96. 왜냐하면 백성과 물과 불은 모두 통제할 수 없는 것이기 때문이다.

죽음과 내세

97. 낙담하여 난롯가에 멍청하게 앉아 있지 마라.

98. 절제가 가장 좋은 것이므로, 네 슬픔을 절제하라.

99. 매장되지 않은 시체들이 제 몫의 땅을 차지하도록 하라.

100. 하느님의 분노를 불러오고 싶지 않거든, 죽은 사람들의 무덤을 파헤치지 말고,

101. 보이지 않아야 좋은 것을 햇빛에 노출시키지 마라.

102. 사람의 형체를 부수는 것(시체 해부를 가리킴)은 좋지 않은 일이다.

103. 왜냐하면 죽은 사람들의 유해가 흙으로부터 나와서

104. 곧 다시 빛을 보게 된다고 우리가 믿기 때문이다. 그런 뒤에 그들은 신들이 될 것이다.

105. 왜냐하면 영혼은 죽은 사람들 안에서 상하지 않고 남아 있고,

106. 정신은 하느님의 모습으로서, 사람에게 하느님이 빌려준 것이며,

107. 우리는 흙에서 육체를 얻고, 그 이후에 우리가 다시 흙으로 흡수되어 들어갔을 때,

108. 우리는 흙에 불과하고, 공기가 우리 정신들을 받아들이기 때문이다.

109. 재산이 많을 때 너는 아낌없이 베풀어라. 네가 목숨이 유한

한 인간임을 기억하라.

110. 재산과 돈을 네가 저승으로 가지고 가기는 불가능하다.

111. 모든 시체는 다 똑같다. 그러나 하느님이 영혼들을 다스린다.

112. 저승은 우리 모두의 공통되고 영원한 고향이며 조국이다.

113. 그곳은 가난한 사람들과 왕들을 포함한 우리 모두의 공동의 장소다.

114. 우리 인간은 오래 사는 것이 아니라, 한 철만 살 뿐이다.

115. 그러나 우리 영혼은 불멸하고, 영원히 모든 시대를 초월해서 산다.

불안한 현실

116. 내일 이후에 또는 한 시간 뒤에 무슨 일이 일어날지 아무도 모른다.

117. 죽음은 인간을 아랑곳하지 않고, 미래는 불확실하다.

118. 그러므로 불행에 실망하지 말고, 성공에 기뻐하지도 마라.

119. 인생에서는 수많은 경우에 어처구니없는 재앙이 자신만만한 사람에게 갑자기 닥치고,

120. 불행으로부터의 해방이 번민하는 사람에게 닥쳤다.

121. 주변 환경에 적응하라. 바람을 거슬러서 입김을 불지 마라.

말과 지혜

122. 자만심에 너무 젖어서 미친 사람처럼 되지 마라.

123. 올바른 말을 하는 연습을 하라. 그것은 모든 일에 크게 도움이 된다.

124. 말하는 능력은 사람에게 칼보다 더 날카로운 무기다.

125. 하느님은 모든 생물에게 각각 한 가지 무기를 주었다. 새에게는 날아가는 능력을 주었고,

126. 말에게는 속도를, 사자에게는 힘을 주었다.

127. 그리고 그는 황소에게 저절로 자라는 뿔들을, 벌에게는 자기 방어의 자연적 수단으로 침을 주었다.

128. 그러나 그는 사람에게 자기 방어를 위해서 말하는 능력을 주었다.

129. 그러나 신의 영감을 받은 지혜의 말이 가장 좋다.

130. 지혜로운 사람이 힘이 센 사람보다 더 낫다.

131. 지혜는 토지와 도시와 배들의 갈 길을 지도해준다.

132. 사악한 사람을 숨겨줘서 그가 재판을 피하게 하는 것은 비열한 짓이다.

133. 악행을 저지른 사람은 강제로 돌려보내야 한다.

134. 사악한 사람들과 함께 있는 사람은 자주 그들과 함께 죽는다.

135. 도둑이 훔친 불법적인 물건을 받지 마라.

136. 훔치는 사람과 그 훔친 물건을 받는 사람은 모두 도둑이다.

137. 모든 사람에게 각자의 몫을 주라. 공평함이 모든 면에서 가장 좋은 것이다.

138. 마지막에 부족하지 않도록 시작할 때 모든 것을 절약하라.

139. 목숨이 유한한 짐승의 먹이를 네가 차지하지 마라.

140. 그러나 네 원수의 짐승이 길에서 넘어지면 부축해서 일으켜 주라.

141. 방황하는 사람과 죄인을 절대로 폭로하지 마라.

142. 원수보다는 친절한 친구로 만드는 것이 더 낫다.

143. 악이란 싹트기 전에 잘라버려라. 그리고 상처를 치유하라.

144. 거대한 숲도 작은 불씨 하나로 타버린다.

145. 수치스러운 것들로부터 네 마음을 멀리하고 자제하라.

146. 사악한 소문을 피하고, 무도한 사람을 피하라.

147. 들짐승이 찢어놓은 고기를 먹지 말고, 그 고기들을 발빠른 개들에게 넘겨주라.

148. 짐승이 짐승을 잡아먹는다.

149. 마법의 묘약을 만들지 마라. 마술책을 멀리하라.

150. 여린 아이들을 모질게 손으로 때리지 마라.

151. 전쟁이 다가올 때, 분열과 투쟁을 피하라.

152. 악한 사람에게 선을 베풀지 마라. 그것은 바다에 씨를 뿌리는 것과 같다.

노동의 유익함

153. 네가 번 것으로 살기 위해서 열심히 일하라.

154. 왜냐하면 게으른 사람은 누구나 자기 손으로 훔칠 수 있는 것으로 살기 때문이다.

155. 기술이 사람을 지탱해준다. 그러나 게으른 사람은 굶주림에 짓눌린다.

156. 다른 사람이 남긴 것을 먹지 마라.

157. 그러나 네가 번 것을 먹을 때는 수치를 모르고 먹어라.

158. 기술을 배우지 않은 사람은 호미로 땅을 파야만 한다.

159. 네가 힘껏 일을 하려고만 한다면, 인생에는 각종 일이 있다.

160. 네가 배를 타고 선원이 되려고 한다면, 바다는 넓기만 하다.

161. 그리고 네가 밭을 갈려고 한다면, 밭은 역시 드넓다.

162. 사람에게도, 축복받은 하늘의 천체들에게도, 힘들지 않은 쉬운 일이란 없다.

163. 그러나 노동은 덕행을 크게 증가시킨다.

164-166. 곡식이 추수된 뒤에 밭이 타작 마당을 결실로 가득 채울 때, 땅 속 깊은 곳에 숨겨진 자기 집에서 개미가 기어나와 먹이를 찾아다닌다.

167. 개미들은 새로 타작한 밀이나 보리를 힘겹게 지고 간다.

168. 짐을 진 개미가 짐을 진 다른 개미를 항상 뒤따라간다.

169. 그들은 여름 추수 때부터 그들은 겨울을 위해 먹이를 운반하고,

170. 지칠 줄을 모른다. 이 작은 개미들이 얼마나 일을 열심히 하는가!

171. 꿀벌들이 공중을 날아다니면서 훌륭하게 일한다.

172. 우묵한 바위의 틈에서도, 갈대 사이에서도 일하고,

173. 늙은 참나무 구멍에서도, 그들의 보금자리에서도,

174. 수천 개의 방으로 구성된 벌집에 새카맣게 달라붙어서 밀랍을 만든다.

결혼과 순결

175. 이름 없이 죽지 않기 위해서, 미혼으로 남지 마라.

176. 너도 대자연에게 그의 정당한 몫을 줘라. 네가 태어난 것처럼 너도 자녀를 낳아라.

177. 네 아내를 창녀로 만들어 네 자녀들을 더럽히지 마라.

178. 왜냐하면 간통하는 침대는 너를 닮은 아들들을 주지 않기 때문이다.

179. 네 아버지의 두번째 부인인 네 계모에게 손을 대지 마라.

180. 그러나 그녀가 네 어머니의 뒤를 이었으므로 그녀를 어머니로서 공경하라.

181. 네 아버지의 첩들과 성교 하지 마라.

182. 네 누이의 침대에 가까이 가지 말고, 오히려 멀리하라.

183. 또한 네 형제들의 아내들과 같이 자지 마라.

184. 여자가 태아를 뱃속에서 죽이도록 내버려두지 마라.

185. 또한 태어난 아기를 개들과 육식 조류에게 먹이로 던져주지 마라.

186. 네 아내가 임신했을 때 그녀에게 손을 대지 마라.

187. 젊은 남성의 생식 기관을 잘라버리지 마라.

188. 이성이 없는 짐승들과 성교하지 마라.

189. 수치스러운 성교 방식으로 네 아내를 모욕하지 마라.

190. 불법적인 성교로 대자연이 정해준 한계를 범하지 마라.

191. 왜냐하면 동물들도 수컷과 수컷이 하는 성교를 좋아하지 않기 때문이다.

192. 그리고 여자가 남자의 성교 역할을 흉내내지 못하게 하라.

193. 네 아내에게 고삐 풀린 성욕을 마구 퍼붓지 마라.

194. 왜냐하면 에로스는 신이 아니라, 모든 것을 파괴하는 격정이기 때문이다.

195- 197. 네 아내를 사랑하라. 아내가 남편에게 친절하게 대하고, 남편도 아내에게 친절하게 대하는 것보다, 그리고 그들이 노년기에 이르기까지, 분열과 간섭과 싸움 없이 그렇게 살아가는 것보다 더 흐뭇하고 더 나은 것이 없기 때문이다.

198. 약혼하지 않은 어린 여자와 난폭하게 강제로 성교하지 마라.

199. 사악하고 돈 많은 여자를 아내로 맞아들이지 마라.

200. 왜냐하면 파괴적인 과도한 혼수 때문에 네가 그 여자의 노예가 될 것이기 때문이다.

201. 우리는 잘생긴 말과 목이 튼튼한 황소를 얻으려고 하고,

202. 밭을 잘 가는 농부들과 가장 우수한 개들을 구하려고 한다.

203. 그러나 바보인 우리는 착한 아내와 결혼하려고는 노력하지 않고,

204. 여자는 남자가 부자라는 이유로 그가 사악한데도 불구하고 배척하지 않는다.

205. 결혼에 결혼을 거듭하거나 재앙에 재앙을 덧붙이지 마라.

206. 그리고 재산을 둘러싸고 친족들과 싸우지 마라.

가정 생활

207. 네 자녀들에게 가혹하게 굴지 말고, 친절하게 대하라.

208. 아이가 네게 잘못을 저지르면, 어머니가 그 아이를 다스리도록 하라.

209. 아니면 집안의 어른들이나 백성의 지도자들이 그 아이를 타

이르도록 하라.

210. 남자 아이에게는 머리를 길게 길러서 땋게 하지 마라.

211. 앞머리를 땋지도 말고, 머리 꼭대기에 꼭지를 땋지도 마라.

212. 긴 머리카락은 소년들에게 어울리지 않고, 음탕한 여자들에게나 어울리는 것이다.

213. 잘생긴 소년이 한창 꽃피는 시기를 보호하라.

214. 왜냐하면 그들은 남자 어른과 성교한 것 때문에 격분하는 경우가 많기 때문이다.

215. 처녀는 자물쇠를 잠근 방에 가두어 보호하라.

216. 그리고 결혼하는 날까지 문 밖에 얼굴을 내놓지 못하게 하라.

217. 부모가 아이들의 아름다움을 보호하기란 어려운 일이다.

218. 충직함은 좋은 것이므로, 친구를 죽을 때까지 사랑하라.

219. 네 친족에게 사랑과 거룩한 일치를 보여주라.

220. 관자놀이에 흰머리가 난 사람들을 존경하고, 네 자리를 양보하며,

221. 모든 특권을 노인들에게 양보하라.

222. 네 아버지와 출신이 같거나 나이가 같은 노인에게 똑같은 영광을 바쳐라.

223. 노예에게는 그의 배를 채울 만큼 넉넉하게 먹을 것을 주라.

224. 노예가 네 마음에 들도록 하기 위해서는 지정된 몫을 그에게 나누어주라.

225. 낙인은 노예에게 모욕이 되는 것이므로, 네 노예에게 낙인을 찍지 마라.

226. 노예를 그 주인에게 모함하여 상처를 입게 하지 마라.

227. 현명한 노예의 의견도 받아들여라.

맺는 말

228. 정화 예식은 육체적인 정화가 아니라, 영혼의 정화를 위한 것이다.

229. 위의 모든 것은 정의로움의 신비들이다.

230. 이렇게 살아서, 네가 노년의 문턱에 이르기까지 수명을 즐길 수 있기를 바란다.

메난드로스의 잠언

450가지의 지혜

해설

메난드로스는 기원전 300년경에 아테네의 새로운 희극으로 유명한 작가다. 그러나 이 잠언의 실제 저자는, 대부분의 다른 고대 문헌들과 마찬가지로 제목에 나타난 이름의 인물이 아니다.

이 문헌은 시리아어로 저술된 것인데, 익명의 저자가 서기 3세기경에 여러 원전에서 잠언들을 수집한 것으로 보인다. 저자가 이집트인이라는 주장도 있다.

1. 지혜로운 메난드로스가 말했다.
2. 사람의 말들이 있기 이전에 그의 행동들이 있다.
3. 물과 씨앗, 식물들과 아이들이 있다.
4. 식물들을 심는 것은 좋은 일이다.
5. 아이들을 낳는 것은 마땅하다.
6. 씨앗은 칭찬받을 만하고 좋은 것이다.
7. 그러나 씨를 만들어내는 그가 무엇보다도 먼저 칭찬을 받아야 한다.
8. 하느님을 두려워하라.

9. 그리고 네 부모를 공경하라.

10. 노년기를 비웃지 마라.

11. 왜냐하면 네가 도달해서 머물 곳이 바로 그곳이기 때문이다.

12. 너보다 나이가 많은 사람을 공경하라.

13. 그러면 하느님이 너를 존경과 권위의 자리에 올릴 것이다.

14. 살인하지 마라.

15. 미움받을 짓을 네 손으로 하지 마라.

16. 왜냐하면 칼이 그 안에 숨어 있기 때문이다.

17. 잔인하게 살인하는 사람이 있다면,

18. 자기 자신도 즉시 살해당하지 않는 사람은 하나도 없다.

19. 날마다 네 부모의 말에 귀를 기울여라.

20. 그들을 거스르지 말고, 그들을 부끄럽게 만들지 마라.

21. 부모에게 거역하고 수치를 주는 아들이 있다면,

22. 하느님이 그의 죽음과 불행을 궁리하기 때문이다.

23. 네 아버지를 올바른 방법으로 공경하라.

24. 네 친구들을 경멸하지 마라.

25. 너를 존중하는 사람을 무시하지 마라.

26. 네 아들이 소년기를 벗어났을 때,

27. 겸손하고 지혜로운 성품이라면,

28. 그에게 '지혜의 책'을 가르쳐라.

29. 왜냐하면 책은 지혜를 배우기 위해서 좋고,

30. 지혜는 반짝이는 눈과 탁월한 혀이기 때문이다.

31. 빛나는 눈은 멀지 않고,

32. 지혜롭게 말하는 혀는 더듬거리지 않는다.

33. 네 아들이 소년기를 벗어났을 때,

34. 사악하고 거칠고 오만하며,

35. 도둑질하고 속이고 도전적이라면,

36. 그에게 검투사의 기술을 가르치고,

37. 손에 칼과 단검을 쥐어주라.

39-40. 그리고 그가 즉시 죽고, 살해되라고 기도하라.

41-43. 그것은 그가 계속해서 살아도, 네게 좋은 것을 하나도 보여주지 않는 반면, 네가 그의 사기와 방탕을 겪으면서 늙어가지 않게 하려는 것이다.

44. 사악한 아들은 계속해서 살 것이 아니라, 죽어야 마땅하다.

45. 간통하는 여자는 그 다리가 튼튼하지 않다.

46. 그녀는 착한 남편을 속이기 때문이다.

47. 아내를 제대로 올바르게 다루지 못하는 남자에 대해서는

48. 하느님마저도 그를 미워한다.

49. 네 아들이 간음을 하지 못하게 감시하라.

50. 네 하인이 술 마시고 춤추는 곳에 드나들지 못하게 하라.

51. 이런 것들에 빠지면 도둑질하는 버릇이 생기기 때문이다.

52. 포도주를 절도 있게 마셔라.

53. 그리고 술이 세다고 자랑하지 마라.

54. 포도주란 부드럽고 달콤한 것이지만,

55. 술 자랑을 하고 싸우는 사람은 누구나

56. 즉시 수치를 당하고 경멸을 받을 것이다.

57. 목만 가볍게 축인 뒤에는 그 자리를 떠나라.

58. 그러나 먹은 것을 토해서 그것을 개들이 먹게 하지 마라.

59. 지겨운 것이 두 가지가 있다.

60. 그 두 가지는 모두 배와 관계가 있다.

61. 하나는 굶어죽는 것인데, 배가 부풀어오른다.

62. 또 하나는 너무 많이 먹는 것인데, 배가 터지기 직전이 된다.

63. 자기 욕망과 배의 노예가 된 사람치고,

64. 즉시 수치와 경멸을 받지 않을 사람은 하나도 없다.

65. 자기의 배와 욕망을 다스리는 사람은 축복을 받았다.

66. 그런 사람은 언제나 신뢰할 만하다.

67. 제 시간이 아닌데도 잠자리에 드는 습관은 지겹다.

68. 잠은 우리를 저승으로 데려간다.

69. 잠은 우리를 죽은 사람들과 결합한다.

70. 게으름은 지겹다.

71. 굶주림과 목마름, 헐벗음과 통곡도 지겹다.

72. 부지런함은 얼마나 아름답고 대견한 것인가!

73. 그것은 언제나 배를 채워주고 얼굴을 빛나게 한다.

74. 크게 성공을 거두지 못한다 해도,

75. 그는 비난을 받지 않을 것이다.

76. 말싸움을 걸지 마라.

77. 너보다 나이가 많은 사람에게 손찌검을 하려고 하지 마라.

78. 왜냐하면 호메로스의 동료들이 그에게 물을 때,

79. "누구든지 노인을 때리는 사람은

80. 그에게 무슨 일이 일어나겠는가?"라고 말했기 때문이다.

81. 그는 "그의 눈이 멀 것이다."라고 대답했다.

82. 그들은 "누구든지 자기 어머니를 때리는 사람은

83. 그에게 무슨 일이 일어나겠는가?"라고 물었다.

84. 그는 "대지가 그를 받아들이지 않을 것이다.

85. 왜냐하면 대지는 모든 사람의 어머니이기 때문이다."라고 대답했다.

86. 그들이 다시 질문하면서

87. "그러면 누구든지 자기 아버지를 때리는 사람은

88. 그에게 무슨 일이 일어나겠는가?"라고 말했다.

89. 호메로스가 자기 동료들에게 대답하여

90. "그런 일은 없다.

91. 그래서 그런 경우는 생각할 필요도 없다.

92. 왜냐하면 그 어머니가 외국인과 간통을 저지르고 낳은 아들
이 아니라면,

93. 자기 아버지를 때리는 아들이란 존재하지 않기 때문이다."라
고 말했다.

94. 그 무엇보다도 네 아버지를 사랑하라.

95. 그를 두려워하고 존경하라.

96. 그리고 네 어머니를 경멸하지 말고, 부끄럽게 하지 마라.

97. 왜냐하면 그녀가 너를 열 달 동안 자기 뱃속에 잉태했고,

98. 너를 낳을 때는 거의 죽을 뻔했기 때문이다.

99. 노인의 말을 비웃지 마라.

100. 노인을 경멸하여 입을 삐죽거리지도 마라.

101. 또한 가난한 사람을 경멸하지 마라.

102. 왜냐하면 늙으면 몸도 약해지는 법이고,

103. 사람은 노년기의 그 허약함을 받아들여야만 하며,

104. 노인이 무덤에 내려갔을 때 안식을 발견할 것이기 때문이다.

105. 또한 어떤 사람이 넘어져서 몹시 다쳤을 때,

106. 그가 제 발로 다시 걸어다닐 것이라고는

107. 아무도 믿어주지 않았는데,

108. 하느님이 어느 날 그를 부축하여 일으켰고,

109. 다시금 큰 영광의 자리에 복귀시켰기 때문이다.

110. 그리고 재산은 영원하지 않고,

111. 가난이 한 사람에게 언제까지나 머물러 있는 것도 아니다.

112. 모든 것은 변하게 마련이기 때문이다.

113-115. 어떤 사람은 남을 죽이려고 일어섰다가 그 자신이 살해
되었고, 다른 사람들에게 잡혀서 죽게 된 사람이 목숨을 건진 경우
도 나는 보았기 때문이다.

116. 하느님의 일을 보면, 그가 배척한 사람이 영원히 배척받는 일은 없고,

117. 또한 그가 수치를 준 사람이 언제나 조롱거리로 남아 있는 것도 아니기 때문이다.

118. 아내를 얻고 싶은 경우에는

119. 우선 그녀의 말버릇에 관해서 조사를 하라.

120. 그런 다음에 그녀를 아내로 맞이하라.

121. 왜냐하면 말이 많은 여자는 지옥이고,

122. 성품이 나쁜 남자는 죽음을 초래하는 전염병이기 때문이다.

123. 하느님을 언제나 두려워하라.

124. 그러면 시련을 당할 때 네가 그의 이름을 부르고,

125. 그가 네 목소리에 귀를 기울일 것이다.

126. 이미 죽은 사람과 죽어가는 사람에 대해서 꼴 좋다는 식으로 기뻐하지 마라.

127. 사람은 누구나 영원한 집으로 돌아가고, 또 누구나 죽기 때문이다.

128. 네게 원수가 있는 경우에

129. 그가 죽기를 기도하지 마라.

130. 그는 죽을 때 그의 불행에서 구출되기 때문이다.

131. 오히려 원수에 대해서는 그가 가난해지기를 기도하라.

132. 그러면 그가 계속해서 살아 있으면서 악행을 그만둘지도 모르기 때문이다.

133. 남의 집안의 형제들끼리 다투는 데 끼여들지 마라.

134. 그리고 그들이 다투는 일에 관해서 네가 결정을 내리는 일은 없도록 하라.

135. 그런 형제들이 서로 싸운다면,

136. 그것이 너하고 무슨 상관이 있단 말이냐?

137. 그들은 형제이기 때문에 화해할 것이고,

138. 너에 대해서는 그들이 마음 속으로 경멸할 것이기 때문이다.

139. 싸움이 벌어진 시장 바닥을 통과하지 마라.

140. 그런 곳을 통과하면 너는 크게 다칠 것이고,

141. 싸우는 사람들을 뜯어말린다면, 네가 부상을 당하고 옷이 찢어질 것이며,

142. 옆에 서서 구경을 한다면, 나중에 증인으로 재판소에 불려갈 것이기 때문이다.

143. 부상당하는 일을 미워하라.

144. 거짓 증언을 하는 사람을 불러내지 마라.

145. 재산을 좋아하라. 그러나 도둑질은 미워하라.

146. 왜냐하면 재산은 '생명'이고,

147. 도둑질은 언제나 '죽음'이기 때문이다.

148. 시장 바닥에서 악한 사람을 만나면,

149. 그와 함께 즉시 자리를 잡고 앉지 마라.

150. 네가 나쁜 사람의 말에 귀를 기울인다면,

151. 너를 보는 사람은 누구나 네가 그 나쁜 사람의 친구라고 여길 것이고,

152. 네가 그의 의견을 존중하거나 따르지 않는다면,

153. 사악한 마음으로 너를 욕하고 또 괴롭힐 것이기 때문이다.

154. 악한 하인과 같이 식사하지 마라.

155-156. 네가 그에게 도둑질을 가르쳐준다고 그의 주인이 너를 비난하지 못하게 하려는 것이다.

157. 악한 하인을 미워하라.

158. 그리고 도둑질하는 자유인을 조심하라.

159. 네가 하인을 죽일 권한이 없는 것과 마찬가지로,

160. 자유인을 제지할 권한도 없기 때문이다.

161-162.   자기 주인을 미워하고 또 주인에게 수치를 주는, 그런 악한 하인을 하느님은 미워한다.

163.   악한 하인이 비참한 불행을 당하고 있을 때,

164.   그를 동정하지 마라.

165.   오히려 "그의 주인이 참 안됐다. 아까운 재산이 제 구실을 못하니까."라고 말하라.

166-167.   활동적이고, 또한 주인의 집에서 열성껏 일하는 부지런한 하인을 사랑하라.

168.   하느님은 악한 사람들을 모조리 노예로 만드는 반면,

169.   부지런한 사람들은 모두 명예와 위대함을 받을 자격이 있기 때문이다.

170.   재산을 함부로 낭비하는 노인을 배척하고 미워하라.

171.   왜냐하면 네가 부는 바람을 막을 수 없는 것과 마찬가지로,

172.   그런 노인을 억제하거나 가르칠 수가 없기 때문이다.

173.   길에서 벗어나지 마라.

174.   길에서 벗어나 방황하지 마라.

175.   악의 길을 걷지 마라.

176.   다른 사람과 다투지 마라.

177.   다른 사람과 다투면, 네가 가난뱅이로 전락할 것이고,

178.   거짓말을 한다면, 네가 즉시 경멸을 받을 것이며,

179.   욕을 퍼붓는다면, 네 얼굴이 창백해질 것이고,

180.   지나치게 큰소리를 친다면, 너는 스스로 손해를 초래할 것이기 때문이다.

181.   여러 사람과 식사를 하고 있을 때,

182.   그들이 보는 앞에서 네 돈주머니를 열지도 말고,

183.   네가 가진 것을 그들에게 보이지도 마라.

184.   그들이 네게 돈을 빌려가고 갚지 않을 것이기 때문이다.

185. 그리고 네가 돈을 갚으라고 말한다면, 그들이 너를 이리저리 피하고,

186. 너를 모진 사람이라고 부를 것이다.

187. 한 마디로 말하자면, 너는 네가 가진 것도 잃고,

188. 게다가 그들의 원수도 될 것이다.

189. 형제들을 사랑하라.

190. 그리고 친구들에게는 그들이 기뻐하도록 말을 하라.

191. 내가 돌아다니면서

192. 좋은 친구들과 비슷한 것을 찾아보았다.

193. 그러나 그런 것을 발견하지 못했다.

194. 아버지여, 네 아들들에 관해서 기뻐하라.

195. 그들이 참으로 네 기쁨이기 때문이다.

196-197. 그러나 나에게 있어서는 아들들이 형제들의 위치를 차지하지 못한다. 네 아들들과 형제들을 보라.

198. 왜냐하면 네 아들들은 네가 죽기를 기도하기 때문이다.

199. 네가 죽으면 그들이 명예를 이어받고,

200. 네 자리를 차지하며,

201. 네 재산을 마음대로 처분하면서 살 것이기 때문이다.

202. 그러나 네 형제들은 네가 살아 있기를 하느님에게 기도한다.

203. 네가 살아 있는 한 그들이 세력을 얻지만,

204. 네가 죽으면 그들은 날개가 꺾이고,

205. 네 아들들이 네 형제들을 쓸모 없는 것들이라고 부를 것이기 때문이다.

206-207. 그러나 아버지가 죽었다고 해서 스스로 나쁜 마음을 품고, 이런 식으로 생각하는 아들은 악하고 어리석다.

208-210. 아버지가 죽고, 집안의 어른이 아들들을 위해서 더 이상 살아 있지 않은 것이 그 아들들에게 유익하지 않다는 것을 나쁜

아들들은 모른다.

211-212. 아버지는 자기 자신을 네게 주었으므로, 네 아버지를 사랑하고 공경하라.

213. 친구를 멸시하지 마라.

214. 그리고 너를 존중하는 사람을 욕되게 하지 마라.

215. 또한 네가 식사를 같이 한 사람에 대해서는

216. 배신의 길을 함께 걸어가지 마라.

217. 네가 친구에게 가는 경우,

218. 그 친구가 진심으로 너를 사랑한다면,

219. 그리고 네가 그에게 참으로 소중하다면,

220. 그의 자녀들이 네게 그 점을 분명하게 드러낼 것이다.

221. 그의 자녀들이 네가 그 집에 오기를 진심으로 고대한다면,

222. 친구가 너를 사랑하고,

223. 네가 그에게 참으로 소중한 사람이라는 확신을 가져라.

224. 그러나 그의 자녀들이 네가 오기를 고대하지 않는다면,

225. 그리고 네 친구마저도 너와 만나기를 별로 탐탁지 않게 여긴다면,

226. 거기서 떠나 네 집으로 돌아가라!

227. 자유인으로 태어난 사람은 자기 집에 대해서 뒤늦게 그 고마움을 알고,

228. 하녀는 주인의 집에 대해서 역시 뒤늦게 그 고마움을 안다.

229. 고귀한 신분의 사람이 지위를 잃는 것을 보면,

230. 더 이상 그에게 수치를 주려고 하지 마라.

231. 오히려 올바른 방법으로 그를 존중해주고,

232. 네가 해줄 수 있는 것을 그에게 베풀어라.

233-234. 재산과 지위를 잃은 사람에게 네가 베풀어주는 사랑의 실천은 위대한 것이기 때문이다.

비너스와 불카누스, 15세기

235. 재산으로 도와줄 것이 네게 있다면, 그를 그렇게 도와주라.

236. 그러나 네게 재산도 없고 또 베풀 수도 없다면,

237. 친절하고 좋은 말을 간직한 채 그를 방문하고,

238. "두려워하지 마시오.

239. 하느님이 당신에게 무엇인가 좋은 일을 마련하고 있기를 바랍니다!"라고 말하라.

240. 간통을 멀리하라.

241. 썩어서 냄새나는 물을 살 필요가 어디 있느냐?

242. 그런 물이란 처음부터 줄어들고, 마지막에는 가볍고 헐거운 것이 된다.

243. 고개를 쳐든 채 곧장 걸어가라.

244. 그리고 순결한 생각을 유지하라.

245. 내 말을 잘 알아듣고 명심하라.

246. 너는 네 아내가 다른 남자와 간통하기를 바라지 않는다.

247. 그와 마찬가지로, 너도 이웃 사람의 아내와 간통하기를 원하지 마라.

248. 네 물건을 하나라도 잃어버리지 않으려고 매우 조심한다면,

249. 남의 것을 훔치지 않으려고 역시 매우 조심해야만 한다.

250. 네게 지긋지긋한 일은 무엇이든지

251. 그것을 네 이웃에게 하려고 하지 마라.

252. 오만한 생활 방식을 취하지 마라.

253. 그런 것은 네게 해로울 것이다.

254. 네가 건방지게 군다면,

255. 네가 즐겁게 되지 못할 것이다.

256-257. 하루하루 살아가는 것이 지루해서 못 견딜 지경이 아니라면, 사냥을 배우지 마라.

258. 그러나 사냥을 굳이 배워야겠다고 생각한다면,

259. 그것은 잃어버리지도 않은 것을 찾아내려고 하는 짓이고,

260. 무엇인가 아름다운 것을 너는 발견하지 못할 것이다.

261. 왜냐하면 사냥이란 치사한 일이기 때문이다.

262. 왕은 신하들로부터 존경을 받는다.

263. 그러나 신들은 사제들로부터 경멸을 받는다.

264. 자기 신들을 경멸하는 사제를 집에 초대하지 마라.

265. 사악한 사제를 네가 집으로 초대한다면,

266. 그는 네 집에 들어설 때마다 축복하지만,

267. 떠날 때마다 불평을 털어놓는다.

268. 그리고 네가 그에게 음식을 내놓으면,

269. 그가 물론 한 손으로는 음식을 집어서 입으로 가져가지만,

270. 다른 손으로는 음식을 몰래 집어서

271. 자기 자녀들에게 가져다주려고 그 음식을 가죽 가방에 집어 넣는다.

272. 그런 사제보다는 차라리 개를 더 사랑하라.

273. 개는 배부르게 먹은 뒤에는

274. 남은 음식을 네 집에 그대로 놓아두지만,

275. 사제는 배가 부르도록 먹은 뒤에도

276. 남은 음식을 자기 자녀들에게 가져다줄 뿐 아니라,

277. 한 술 더 떠서 불평까지 한다.

278-280. 적어도 네가 좋은 옷을 입고, 지갑에 돈이 두둑할 때는 환대를 받아라.

281. 풍성한 식탁은 참석자들을 즐겁게 한다.

282. 재산이 많으면 친구도 많아진다.

283. 그러나 그의 발이 비틀거리면,

284. 그의 친구는 모두 떠나가버린다.

285. 선물은 칭찬의 말을 낳는다.

286. 너보다 더 재산이 많은 사람하고 매일 식사를 하지는 마라.

287. 왜냐하면 네가 그를 방문하면,

288. 그는 날마다 지출하는 비용의 굴레로 너를 접대하는 것이고,

289. 그가 네 집을 방문하는 경우에는,

290. 네가 30일 동안 저축한 것을 그를 위해서 하루 만에 다 쓰고,

291. 그래서 파산할 것이기 때문이다.

292. 점쟁이의 말은 바보들의 마음을 기쁘게 해주고,

293. 점성술은 어리석은 사람들의 정신을 홀리게 한다.

294. 시장 바닥에 남아 있는 사람은 게으름뱅이고,

295. 도둑질은 사형 도구인 십자가를 만드는 목수다.

296. 나쁜 오락은 거짓과 도둑질의 선생이다.

297. 어린 소년에게 악한 일들을 보여주지 마라.

298. 학교는 사람을 죽음에서 멀리 떨어지게 해주고,

299. 직업 기술은 사람을 불운한 처지에서 멀리 떨어지게 만든다.

300. 법은 신성한 설교다.

301. 수다스럽게 떠벌리는 짓은 지겨운 것이다.

302. 지나치게 웃는 것은 참으로 비열하다.

303. 제멋대로 하는 행동을 항상 경멸하라.

304-305. 다른 사람의 말을 막고 혼자서만 멋대로 떠들어대고 말이 많은 사람을 배척하고 미워하라.

306-307. 그에게 1만 명의 원수가 있다고 해도, 그들은 그의 혀만큼 그에게 해를 끼치지 못할 것이다.

308. 그는 날마다 무서운 싸움에 끼여들고,

309-310. 자기 말이 제재를 받아서 밝은 표정을 짓지 않는다.

311. 세상에는 침묵보다 더 좋은 것이 없다.

312. 침묵하고 있는 것은 언제나 덕행이다.

313. 바보라 해도 입을 다물고 있기만 하면 지혜로운 사람으로 여겨진다.

314. 절대로 낙담하지 마라.

315. 싸움터로 다시 돌아가지 마라.

316. 누구든지 싸움터에 다시 돌아가서

317. 목숨을 버리지 않는 사람은

318. 즉시 생명과 명성을 얻고,

319. 칭찬을 받을 것이기 때문이다.

320. 재판소에서 용감하게 말하는 사람은

321. 무죄 선언을 받을 것이다.

322. 법석을 떨지 않는 재산은 참된 힘이지만,

323. 누구나 재산을 잘 사용할 줄 아는 것은 아니다.

324. 자기 배를 너무 채우면 그는 죽을 것이다.

325. 그가 마지막 시기를 기억하지 않는다면 멸망할 것이다.

326. 반면에 네가 배를 잘 진정시킨다면 재산을 모을 것이고,

327. 마지막 시기를 기억한다면 네가 끝까지 잘 될 것이다.

328. 재판관으로 행동하는 것은 좋은 일이다.

329. 어리석은 사람에 대해서 판결을 내리지 않도록 조심하라.

330. 왜냐하면 어리석은 사람을 그의 사건에 관해서 네가 도와주려고 노력한다 해도,

331. 그는 여전히 너를 비난하고, 많은 사람들에게

332. "그가 나를 단죄했다."고 말할 것이기 때문이다.

333. 사악한 사람과 식사를 같이하지 마라.

334. 왜냐하면 그는 네가 가진 것마저도 먹어 없애고,

335. 자기 사악함 때문에 너에 대해서 악하고 지겨운 말을 할 것이기 때문이다.

336. 수다스럽게 재잘거리는 여자의 말에 귀를 기울이지 마라.

337. 그런 여자가 자기 남편에 관해서 네게 불평할 때는 그 말을 믿지 마라.

338. 왜냐하면 그 남편은 그녀에게 잘못한 것이 없고,

339. 그녀가 사악한 혀로 날마다 그를 성가시게 했기 때문이다.

340. 너보다 강한 사람을 상대로 해서 네 힘을 시험해보려고 하지 마라.

341. 또 힘겨루기를 하자고 강요하는 사람에게도 응하지 마라.

342. "내가 그를 쓰러뜨릴 수도 있다."고 속으로 말하지 마라.

343. 그가 너를 쓰러뜨리고,

344. 많은 구경꾼들 앞에서 수치를 당하게 될 것이기 때문이다.

345. 너에게 도전하는 사람에 대해서는 용감하게 상대하라.

346. 네 아버지를 욕하는 사람을 용서하지 마라.

347. 네 집에 있는 하녀를 엉큼한 생각을 품고 쳐다보지 마라.

348. 불결한 짓과 방탕을 좋아하지 마라.

349. 절대로 네 명예를 더럽히지 마라.

350. 왜냐하면 네가 집 안에서 하녀를 그런 눈으로 쳐다보면 네가 매우 슬퍼질 테지만,

351. 네가 순결하다면 행복과 행운을 얻을 것이기 때문이다.

352. 그것은 하느님이 불결한 짓과 방탕을 미워하고,

353. 사람들조차도 그런 것을 수치스럽게 여기기 때문이다.

354. 네가 재산이 있다면, 많은 재산을 가지고 있다면,

355. 겸손하고 친절하게 행동하라. 그것을 나누어주라. 그리고 뽐내지 마라.

356. 그리고 네게 재산이 없다면, 가난한 사람이라면,

357. 고개를 깊이 숙이고 겸손하게 행동하라. 완고함을 버려라.

358. 뽐내는 짓과 완고함을 사람들이 미워한다.

359. 부모를 절대로 외면하지 말고,

360. 입술을 삐죽거리면서 관자놀이들과 젖가슴들(부모)을 경멸하지 마라.

361. 그리고 너를 만들어낸 하느님을 무시하지 마라.

362. 그러나 아래와 같은 점들을 잘 알아듣고 기억하라.

363. 네 눈들이 커진다고 해도, 우리 눈썹보다 여전히 더 크지 못하기 때문이고,

364. 네가 부모를 능가한다면,

365. 그리고 지금 네가 때를 만나고 운명이 그러해서,

366. 지배자와 주인님이라고 불린다면,

367. 그것은 네 부모의 이름을 보고 사람들이 너를 그렇게 부르는 것이기 때문이다.

368. 네가 재산을 가지고 있다면, 많은 재산이 있다면,

369-370. 네게 목숨이 붙어 있고, 네 눈이 볼 수 있으며, 네가 발로 걸어다닐 수 있는 한 그 재산을 가지고 살아라.

371. 왜냐하면 너는 아래와 같은 점을 이해하고 기억해야 하기 때문이다.

372. 즉 누구나 저승에서 자기 재산을 쓸 수가 없고,

373. 재산이란 그 누구의 경우라 해도 무덤까지 가지고 들어갈 수가 없다.

374. 그러므로 좋은 것들을 너 자신에게 거절하지 마라.

375-376. 태양 아래에서의 하루가 저승의 백 년보다도 더 낫기 때문이다.

377-379. 네 눈이 보고, 네 발이 걸어다닐 수 있으며, 네게 힘이 왕성한 동안에, 네가 젊은 시절에는 정력적으로 일하라.

380. 그러나 나이가 들고 기운이 떨어졌을 때는

381. 한자리에 앉아서 네 재산을 가지고 살아라.

382-384. 젊은이가 정력적으로 일하고, 자기 힘을 가지고 성공할 때, 그 젊음은 아름답다.

385. 근심이 네 마음을 절대로 지배하지 못하게 하라.

386. 근심을 품고 기르는 것은 나쁜 일이기 때문이다.

387. 사람이 실제로 살아보지 못하는 세월이 매우 길고,

388. 근심은 천천히 그를 죽이기 때문이다.

389. 네가 근심을 품으면 죽을 것이다.

390. 그리고 네가 슬퍼한다면, 삶다운 삶을 절대로 누리지 못할 것이다.

391. 왜냐하면 사람의 수명이란 짧고 한정된 것인데,

392. 하느님이 그것을 사람들을 위해서 결정하고,

393. 거기에 좋은 것 약간에다가 수많은 나쁜 것을 섞어놓았기 때문이다.

394. 모든 좋은 것의 근본 원천은 하느님에 대한 두려움인데,

395. 이것은 사람을 모든 악한 것에서 구해 준다.

396. 그래서 이것은 보물이다.

397. 사람의 일들이란 영원히 이어지는 것이 아니다.

398. 사람의 목숨은 죽음의 집에 이르러 끝나기 때문이다.

399. 청춘이란 아름답고 찬미받을 만한 것이다.

400. 그러나 그것은 오로지 잠시 동안만 사람들에게 주어지는 것이고,

401. 곧이어 노년기가 닥치면 청춘은 사라지고 만다.

402. 생명, 재산, 건물은 유쾌한 것이다.

403. 그러나 이런 것들보다 더 유쾌한 것은 존경받는 이름이다.

404-405. 싸움과 폭력이 전혀 깃들이지 않은 기쁨은 칭찬받을 만하고 또 빛나는 것이다.

406-407. 죽음의 집에 이를 때까지 지속되는 그런 우정은 좋고 또 탁월한 것이다.

408-409. 지혜는 거만하게 굴지 않을 때, 거짓이 없다.

410-411. 충실함은 건전한 판단을 동반할 때 좋은 것이다.

412-413. 부지런함은 그 사람이 정력적으로 일하고 성공할 때 칭찬을 받는다.

414-415. 몸이 튼튼한데도 게으름을 부리는 것은 나쁜 일이다.

416. 무절제는 충돌을 불러온다.

417. 지혜는 사람이 사악함을 멀리하게 만든다.

418. 희망은 마음을 위로한다.

419. 어리석음은 정신을 방황하게 만든다.

420. 흥분은 감각들을 마비시킨다.

421. 사악한 마음은 비탄과 한숨을 일으킨다.

422. 질투는 사악함과 충돌의 원인이다.

423. 혀는 비참함을 불러온다.

425. 재산은 빛나고 아름다운 것이다.

426. 그러나 선한 사람이 그것을 얻는 경우는 거의 없다.

427-428. 가난은 질병과 죽음을 동반할 때 지긋지긋하고 고통스러운 것이다.

429. 재산은 명예를 얻는 발판에 불과하다.

430. 휴식은 엄청난 축복이다.

431. 가난으로 이어지지 않는 경우의 재산은 강한 힘이다.

432. 극도의 가난은 쇠약함과 질병을 가져온다.

433. 건강은 기쁨과 환희를 가져온다.

434. 노년기는 죽음의 경계선이다.

435-436. 노년기에 찾아온 가난은 모든 악의 찌꺼기다.

437. 인생의 마지막 부분은 죽음이고,

438. 무덤이 흙(또는 재산, 아름다움)을 감추어버린다.

439. 고열이 매력적인 사람을 볼품없게 만든다.

440. 건강과 쾌활함은 사람의 모습에 매력을 더해준다.

441. 죽음은 튼튼한 육체마저도 썩히고,

442. 분해 작용이 육체의 열 개 부분을 차지하며,

443. 그 다음에는 죽음이 잘 준비된 한 개 부분을 썩힌다.

444. 사람이 살아가는 데는 나쁜 것과 좋은 것들이 뒤섞여 있다.

445. 물론 열병, 지진, 전염병, 기타 엄청난 재앙들과 같이

446. 죽음의 천사라고 불리는 것들도 포함되어 있다.

447. 그 누구도 좋은 것을 자기 힘으로 선택하고 잡을 수가 없고,

448. 나쁜 것을 피할 수가 없다.

449-450. 사람은 하느님이 그에게 삶을 허락하는 범위 안에서, 그가 정해준 바에 따라서 자기 길을 살아가는 것이다.

451-452. 사람은 정해진 수명보다 더 오래 살 수가 없기 때문에 절망해서는 안 된다.

453-454. 또한 우리에게 닥치는 불운에 대해서 하느님에게 화를 내고 불평해서도 안 된다.

455-457. 왜냐하면 불운을 당한다 해도, 다시금 명예와 위엄을 되찾는 경우가 너무나 많기 때문이다.

458. 슬픈 일이 닥쳤다 해도 사람은

459. 지나치게 슬퍼하고,

460. 비탄과 한숨으로 자신을 심하게 해쳐서는 안 된다.

461-462. 왜냐하면 그가 아무리 기절을 하고 엄청난 고통을 겪는다 해도, 그것이 이미 죽은 사람에게는 아무런 도움이 되지 않기 때문이다.

463. 지혜로운 사람이 곁에 있다면,

464. 죽은 사람이 슬퍼하는 사람에게 사랑스러웠다고 해도,

465. 지혜로운 사람은 슬퍼하는 사람과 함께 눈물을 흘리면서 무덤까지 따라가고,

466. 시체가 일단 땅 속에 묻히고 나면,

467. 슬퍼하는 사람에게 슬픔을 극복하도록 해준다.

468-469. 그리고 슬퍼하는 사람 자신도 언젠가는 죽을 것이라는 사실을 기억하고 마음 속으로 곰곰 생각해보게 만든다.

470-473. 그리고 저승이란, 사람들이 이승에서 겪은 사악한 일들을 떠나 쉬도록 하느님이 마련해준 휴식의 장소다.

474. 메난드로스의 지혜서는 여기서 끝난다.

마카베오 제3서

유태인 학살의 실패

해설

이 문헌은 시리아의 대왕 안티오쿠스 3세를 라피아에서 격파한 뒤, 예루살렘 성전에 들어가려다가 실패한 이집트의 왕 프톨레미우스 4세인 필로파토르(기원전 221~204년)가 그 보복으로 코끼리 5백마리를 동원해서 유태인들을 밟아죽이려는 이야기를 다루고 있다.

이 문헌은 바티칸 문헌집과 시나이 문헌집에는 포함되어 있지 않고, 세 번째로 방대한 알렉산드리아 문헌집의 그리스어 성서에 포함되어 있다. 서기 8~9세기경의 베네투스 문헌집에도 들어 있다.

헬레니즘 시대에 유행한 그리스의 '이야기 문체'와 닮은 이 문헌은 '역사적인 설화'의 성격을 띤다. 이것은 이집트에 거주하는 유태인이 알렉산드리아에서 그리스어로 기원전 1세기에 저술한 것으로 본다.

이 문헌은 예로니무스의 불가타 성서에서도 누락되어 서방 교회에는 잘 알려지지 않았다. 그리고 동방 교회에서도, 시리아 교회를 제외하고는, 그다지 영향을 미치지 못한 것으로 본다.

이집트 왕의 대승리

제1장

1. 필로파토르(이집트의 프톨레미우스 4세)는 피난민들을 통해서 자기 영토의 일부를 안티오쿠스(시리아의 안티오쿠스 3세)가 점령했다는 보고를 들었다. 그래서 모든 보병과 기병대를 동원하여, 자기 누이 아르시노에를 데리고 안티오쿠스의 군대가 주둔하고 있는 라피아 지방으로 진군했다.

2. 테오도투스는 자기가 지휘하던 정예 부대를 거느리고 밤에 왕을 암살하려고 음모를 꾸몄다.

3. 그러나 유태인으로 태어났지만 율법을 버리고 조상의 신앙도 저버린 드리밀루스의 아들 도시테오스가 왕을 다른 자리로 옮기게 하고, 그 대신 왕의 침대에 무명의 가련한 사내를 눕혔다. 그 사내는 왕 대신에 죽었다.

4. 전황이 안티오쿠스에게 유리하게 전개되었다. 그러자 아르시노에가 머리를 풀어헤치고 통곡하면서 진영을 돌아다니고, 처자식들을 위해서라도 용기를 내라고 소리쳤다. 또한 승리하는 경우에는 금화 4백 드라크마의 거금을 주겠다고 약속했다.

5. 전투는 이집트의 대승리로 끝났다.

6. 암살 음모가 제거되자, 프톨레미우스 왕이 주변의 도시들을 방문하고 선물을 나눠주면서 주민들을 격려했다.

8. 유태인들이 사절단과 친선의 선물을 보내고 승전을 축하했다. 그는 가능하면 빨리 예루살렘을 방문하고 싶어했다.

9. 그는 예루살렘에 가서 가장 위대한 하느님에게 감사의 제물을 바쳤다. 그러나 성전에 도착했을 때, 그는 성전의 찬란하고 웅장한 모습과 질서에 놀라고 감탄했다. 그리고 가장 거룩한 곳에 들어가

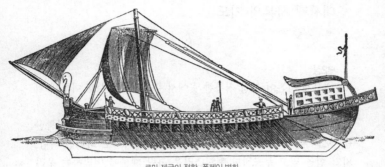

로마 제국의 전함, 폼페이 벽화

고 싶은 생각이 들었다.

II. 그들은 왕에게 대사제만이 일 년에 한 번 성전의 가장 거룩한 곳에 들어가고, 다른 사람은 사제라도 들어갈 수가 없다고 말했다.

I2. 왕 앞에게 율법을 낭독하기도 했지만, 왕은 단념하지 않고 자기는 가장 거룩한 곳에 들어가야만 하겠다고 고집했다.

I6. 정복 차림의 사제들이 땅에 엎드려 통곡하면서, 왕이 마음을 돌리도록 해달라고 전능하신 하느님의 도움을 간청했다.

I7. 남녀 노소를 불문하고 모든 백성이 허겁지겁 성전으로 몰려들었다.

Z2. 용감한 사람들은 무기를 들고 싸우다가 죽기를 각오했다. 장로들이 겨우 진정을 시켜서 그들을 기도에 참여하게 만들었다.

Z8. 모든 백성이 쉴 새 없이 바치는 기도 소리는 백성들뿐 아니라 성벽과 길에 깐 돌들마저도 소리치는 것 같았다. 그들은 성전이 더럽혀지는 것보다는 자기들이 죽기를 더 원했다.

대사제 시몬의 기도

제2장

1. 대사제 시몬이 가장 거룩한 곳에서 두 팔을 벌린 채 이렇게 기도했다.

2. "주님, 하늘의 왕, 만물의 지배자, 거룩한 것들 가운데 거룩한 분, 모든 것의 정복자이며 절대자인 주님! 사악하고 타락한 사람, 자기 힘을 믿고 무모하고 뻔뻔스러운 사람 때문에 번민하는 우리를 굽어보아주십시오.

3. 당신은 무례하고 오만하게 행동하는 사람을 처벌하는 지배자입니다. 당신은 과거에 사악한 사람들을 멸망시켰고, 자기 힘을 과신하는 거인족들을 홍수로 없애버렸습니다.

6. 당신은 이집트 왕 파라오에게 당신의 위대한 힘을 보여주었습니다.

13. 거룩한 왕이여, 우리는 우리 죄 때문에 나약해지고 힘도 없어서 원수에게 굴복했습니다.

14. 그런데 이 오만하고 타락한 사람이 당신의 영광의 이름으로 봉헌된 이 성지를 더럽히려고 합니다.

17. 이 사람들의 불결함 때문에 우리를 처벌하지 마시고, 그들의 타락 때문에 우리를 응징하지 마시고, 무도한 그들이 당신의 거룩한 곳을 짓밟았다고 자만하지 못하게 해주십시오.

20. 바로 이순간, 당신의 자비를 베풀고 우리에게 평화를 주십시오."

21. 거룩한 것들 가운데 가장 거룩한 아버지인 하느님이 모든 것을 내려다보고, 기도를 들었다.

22. 그래서 오만하기 짝이 없는 이집트 왕을 바람에 날리는 갈대

처럼 이리저리 뒤흔들어서 맥없이 땅에 쓰러지게 만들었다. 그는 사지가 마비되고 말도 못 했다.

23. 호위병들이 그가 죽을까 두려워서 밖으로 끌어냈다.

24. 잠시후에 정신을 차린 왕은 회개는커녕 앙심을 품고 떠났다.

27. 이집트로 돌아간 왕은 왕궁 앞에 탑을 쌓고 그 위에 돌기둥을 세운 뒤에

28. "여기에 제물을 바치지 않는 사람은 아무도 자기들의 신전에 들어갈 수 없다. 모든 유태인을 인구 조사에 등록시키고 노예로 삼아라.

29. 그리고 유태인 노예의 몸에는 디오니소스 신의 상징인 담쟁이덩굴의 잎새 모양으로 낙인을 찍어라."하고 기록했다.

32. 그러나 대부분의 유태인들은 보석금만 바치고 우상 숭배에 대해서 용감하게 저항했다.

유태인들의 생활

제3장

1. 왕은 매우 분노하여 알렉산드리아뿐 아니라 그 인근 지역의 유태인들도 모두 한 곳에 집결시킨 뒤에 가장 참혹한 방법으로 학살하기로 결심했다.

2. 그 준비가 진행되는 동안에 소문이 퍼져나갔다.

3. 그러나 유태인들은 왕에 대한 호의와 충성을 버리지 않았다.

4. 동시에 그들은 율법에 충실했고, 음식을 기피했는데, 이것 때문에 일부 다른 사람들의 미움도 샀다.

5. 그들은 정의로움을 실시하여 모든 사람들에게 좋은 평판을 얻

었다.

6. 그러나 외국인들은 그들의 이러한 태도에 아랑곳하지 않았다.

8. 그 도시에 있는 그리스인들은 유태인들을 돕지는 못했지만, 동정하고 격려했다.

11. 번영에 자만하고, 전능한 하느님을 두려워하지 않은 왕이 이집트의 장군과 지방장관들에게 아래와 같은 내용의 칙서를 보냈다.

13. "이번 아시아 원정은 너희가 잘 아는 바와 같이 신들의 도움으로 우리가 대승리를 거두었다.

15. 우리는 코엘레 시리아와 페니키아 백성들을 무력이 아니라 친절과 관용으로 다스리고 선물도 풍성하게 주었다.

16. 여러 도시의 신전들에게 재산을 넉넉하게 마련해준 다음에, 우리는 자신들의 어리석음을 버리지 않는 이 저주받은 백성의 신전을 빛내주기 위해서 예루살렘으로 갔다.

18. 그들은 과거의 자부심에 사로잡혀서 우리가 신전에 들어가는 것을 막았다. 그러나 우리는 관용을 베풀어서 주민들을 무력으로 해치지 않았다.

21. 우리는 우리의 정상적인 종교 예식에 따르면 누구에게나 알렉산드리아의 시민권을 주겠다고 제의했으나, 유태인들은 적대감을 품고 이것을 거절했다.

24. 앞으로 만일 위험한 사태가 갑자기 발생하면, 유태인들은 우리를 배신하여 반역자와 야만적인 원수가 될 것이다.

25. 그러므로 너희가 다스리는 곳에 있는 모든 유태인, 부녀자와 아이들도 포함하여 모조리 쇠사슬에 묶어서 우리에게 보내라. 그들은 반역자들에게 알맞은 가장 참혹한 죽음을 맛볼 것이다.

26. 그들이 모두 처벌을 받아 죽은 뒤에 우리나라는 영원히 안정과 번영을 확보할 것이다.

27. 유태인을 숨겨주는 자는 누구든지 참혹한 고문을 당하고 죽

을 것이다.

28. 유태인을 밀고하는 사람은 그 유태인의 재산을 차지하고, 왕궁의 국고에서 주는 2천 드라크마의 현금을 보상금으로 받을 것이다. 그리고 노예는 자유를 얻을 것이다.

29. 유태인이 숨어 있던 곳은 생물이 영원히 살지 못하도록 불로 모조리 태워버려라."

유태인들이 알렉산드리아에 잡혀가 갇힌다

제4장

1. 칙서가 도달한 도시마다 국고 부담으로 축제를 벌였다. 그리고 유태인들에게 대해서 평소에 품고 있던 적개심이 공공연하게 표현되었다.

2. 그러나 유태인들 사이에는 거리마다 동네마다 통곡 소리가 터져나왔다.

5. 머리가 허옇게 센 노인들이 채찍에 몰려서 끌려갔다.

6. 갓 결혼한 젊은 여자들이 결혼 축가 대신에 장송곡을 부르면서 머리에 수건도 쓰지 못한 채 끌려갔다.

7. 많은 사람이 보는 앞에서 그들은 손발이 묶인 채 배를 탔다.

8. 젊은 남편들도 목에 칼을 차고 끌려갔는데, 이미 그 발 아래 무덤들이 입을 벌리고 있었다.

9. 그들은 가축처럼 배에 실렸다.

10. 항해하는 동안에는 캄캄한 선실에 갇혀 있었다.

11. (알렉산드리아에서 5킬로미터 떨어진) 스케디아 부두에 도착한 뒤 그들은 교외의 경기장에 갇혔다.

14. 왕은 그들을 등록시킨 뒤에 하루 만에 고문하여 죽이라고 명령했다.

15. 등록은 해가 뜰 때부터 질 때까지 서둘러서 진행되었다. 그러나 40일이 지나도록 등록이 끝나지 않았다.

17. 얼마후 서기들이 왕에게 가서 등록을 더 이상 할 수 없다고 말했다. 등록할 유태인의 숫자가 너무 많다는 이유였다. 그러나 사실은 대부분의 유태인은 아직 시골에 있거나 집에 남아 있거나 여행 중이었다. 그래서 이집트의 장군들이 모든 유태인을 체포하기란 불가능했다.

19. 왕은 서기들이 유태인들을 도망시키려고 뇌물을 받았다고 위협했다.

20. 그러나 그들이 등록에 사용하는 파피루스와 펜이 동이 났다고 사실대로 보고하고 증거를 제시하자, 그제야 믿었다.

21. 그러나 이것은 하늘에서 유태인들을 돕는 그분의 무적의 섭리가 하는 일이었다.

코끼리로 유태인을 밟아죽이라고 명령한다

제5장

1. 화가 머리끝까지 난 왕이 코끼리를 담당하는 헤르몬을 불렀다.

2. 그리고 다음날 코끼리 5백 마리를 끌고 와서 유향과 고급 포도주로 그 짐승들을 취하게 하여 유태인들을 모조리 밟아죽이라고 명령했다.

3. 그리고 왕은 특히 유태인들을 미워하는 자기 친구들과 군대 지휘관들을 왕궁으로 불러서 잔치를 열었다.

6. 이교도들의 눈에 무력하게 보이는 유태인들은 자비로운 아버지 하느님에게 소리쳐 구원을 요청했다.

9. 그들의 기도 소리가 하늘에 닿았다.

10. 헤르몬은 유향을 섞은 포도주를 잔인한 코끼리들에게 엄청나게 마시게 하여 취하게 만들었다.

11. 그리고 다음날 아침 일찍 왕궁으로 들어가 보고를 하려고 했다. 그러나 하느님은 태초부터 자기가 선택한 사람에게 밤낮으로 내려보내주던 축복, 즉 아름다운 선물인 잠을 왕에게 보냈다.

12. 하느님이 보낸 감미롭고 깊은 잠에 빠진 왕은 무도한 계획을 시행할 수 없었고, 자신의 완고한 목적 안에서 완전히 실망했다.

13. 지정된 시간을 넘긴 유태인들은 하느님을 찬미했고, 그분의 강한 팔의 힘을 오만한 이교도들에게 보여달라고 간청했다.

14. 그러나 10시 반(당시 이집트에서 사용한 바빌로니아 계산으로는 오후 3시 반이고, 로마식으로는 오후 4시 반)이 되자, 의전담당 관리가 왕을 흔들어서 겨우 깨웠다.

20. 왕은 유태인들이 아직도 살아 있다고 화를 내고는, 처형을 다음날 실시하라고 명령했다.

23. 새벽에 닭이 울자, 헤르몬이 코끼리들을 거대한 석주 회랑에 정렬시켰다.

24. 시민들이 잔인한 구경거리를 감상하려고 기대에 차서 몰려들었다.

25. 그러나 유태인들은 하늘을 향해 손을 벌린 채 전능한 하느님에게 자기들을 빨리 구출해달라고 눈물로 탄원했다.

26. 해가 뜨기 직전에 헤르몬이 왕에게 가서 모든 것이 준비되었으니, 밖으로 나가야 한다고 보고했다.

27. 왕은 자기 지시를 까맣게 잊어버리고는 무슨 일인데 서두르느냐고 반문했다.

28. 모든 것을 다스리는 하느님이 그의 마음 속에 망각을 집어넣었던 것이다.

29. 그러나 헤르몬과 왕의 친구들이 코끼리들과 군대들을 가리키면서, "폐하의 굳은 목적에 따라서 모든 것이 준비되었습니다."라고 말했다.

30. 그러나 왕은 하느님의 섭리로 그 일을 완전히 잊어버리고 있었기 때문에, 헤르몬을 위협적으로 노려보면서 "네 부모나 자식들이 여기 있었다면, 그들을 유태인들 대신에 야수의 밥으로 던져주겠다. 나의 조상들에게 충성을 바친 유태인들에게 나는 아무런 불만이 없다.

32. 평소에 내가 너를 총애하지 않았더라면, 그들 대신에 너를 죽였을 것이다."라고 말했다.

37. 왕이 다시금 잔치를 벌이고는 헤르몬을 불러서 위협했다.

38. 그리고 코끼리들을 준비시켜서 다음날 유태인을 모조리 죽이라고 다시금 명령했다.

39. 거기 참석한 왕족들이 그의 변덕에 놀랐다.

40. 그래서 "폐하는 언제까지 우리를 바보로 취급하려는 겁니까? 세 번이나 명령을 내렸다가 취소했습니다.

41. 수많은 사람이 모여들어서 이 도시가 약탈당할 위험에 빠졌던 것입니다."라고 말했다.

42. 왕이 미친 듯이 화를 내고는 유태인을 모조리 죽이고, 유데아를 정복하여 성전을 불태워버리겠다고 맹세했다.

44. 그래서 왕의 친구들이 매우 기뻐했다.

46. 새벽에 무수한 군중이 경기장으로 몰려들었고, 왕도 거기 나갔다.

49. 유태인들은 자기들 생명에 마지막 순간이 닥쳤다고 깨닫고는 통곡하면서 서로 얼싸안았다.

50. 그러나 전에도 구원을 받았다는 것을 기억하여, 그들이 모두 땅에 엎드린 채 전능한 그분에게 죽음의 문턱에 서 있는 자기들을 구원해달라고 간청했다.

왕의 태도가 돌변한다

제6장

16. 사제 엘레아자르의 기도가 끝났을 때, 왕이 코끼리떼와 무시무시한 군대를 거느리고 경기장에 도착했다.

17. 유태인들이 지르는 소리가 산을 울리고 모든 군대에게 걷잡을 수 없는 공포를 주었다.

18. 그러자 위대하고 영광스러우며 모든 것을 정복하고 진실한 하느님이 그의 거룩한 얼굴을 드러내고, 하늘의 문들을 열었다. 하늘에서 영광과 위엄의 옷을 입은 천사 두 명이 내려왔는데, 유태인들 이외의 모든 사람이 천사들을 보았다.

19. 천사들이 원수들을 혼란시키고 공포에 질리게 하고는 모두 족쇄로 묶었다.

20. 왕도 몸을 부들부들 떨면서 그 엄청나던 오만을 버렸다.

21. 코끼리들이 뒤로 돌아서 군대를 짓밟았다.

27. 왕은 유태인들을 평안히 집으로 돌려보내라고 명령했다.

30. 그리고 유태인들에게 7일 동안 축제를 벌이도록 포도주와 필요한 물자를 제공했다.

배교자들을 처형한다

제7장

10. 유태인들은 하느님의 율법을 어기고 우상들에게 제물을 바친 배교자들을 자기들 손으로 처벌하게 해달라고 왕에게 요청했다.

11. 자기 배를 채우기 위해서 계명을 어긴 그런 사람들은 왕의 사업에도 도움이 되지 않는다고 강조했다.

12. 왕이 그렇게 하라고 허가했다.

14. 유태인들은 스스로 더럽힌 자를 누구든지 본보기로 사형에 처했다.

15. 그날 하루에 그렇게 처형당한 사람의 숫자가 3백 명을 넘었다.

에제키엘의 단편적 기록

장님과 절름발이의 음모

해설

다섯 편의 단편이 전해지는 이 문헌은 그리스어 또는 히브리어로 기원전 50년에서 서기 50년 사이에 유태교의 전통을 바탕으로 저술된 것으로 보인다. 구약과 신약이 교차하는 시기에 저술된 이 문헌은 초대 그리스도교에서 대단히 인기가 높았다. 그래서 원본이 사라진 뒤에도 그리스도교에서 교훈으로 삼았던 것이다.

왕의 잔치에 초청을 받지 못한 장님과 절름발이가 협력하여 왕의 과수원에 들어가서 제일 좋은 과일을 따먹고 나서 나중에 처벌된다는 이야기는, 육체와 정신이 함께 결합하여 부활하고 또 개인의 행동에 따라 심판을 받는다는 메시지를 전해준다.

이 문헌은 교부들의 문헌, 나그함마디에서 발견된 그노시스파의 문헌, 〈베드로 행전〉, 〈마니케아파의 찬미가 책〉 등에 인용되었다. 그리고 〈이사야의 승천〉 저자도 이 문헌을 알고 있었다.

이 문헌은 에녹 제1서에서 구세주의 탄생을 흰 황소의 출생을 가지고 상징적으로 표현한 것을 이어받아서 구세주의 어머니를 젊은 암소로 표현했는데, 초대 교회의 교부들이 이것을 마리아의 동정성에 적용했다는 견해도 있다.

예언자 에제키엘, 미켈란젤로 작, 16세기 바티칸 시스티노 성당벽화

단편 1 : 에피파니우스가 '이단들을 반박하는 글'에
인용한 내용

절름발이와 장님이 과수원에 침입한다

제1장

1. 어느 나라의 왕이 백성들을 군인으로 소집했는데, 민간인이라
고는 절름발이와 장님만 남겨두었다. 그들은 각각 따로 살아갔다.

2. 그리고 왕이 자기 아들을 위해서 결혼 잔치를 마련했을 때, 왕
국의 모든 사람을 초청했지만 절름발이와 장님만은 무시하고 부르
지 않았다.

3. 그들은 화가 나서 왕을 거슬러서 음모를 꾸미고 실천하기로 결
심했다.

4. 그때 왕에게는 과수원이 있었다. 장님이 멀리서 절름발이를
소리쳐 부르고 "우리가 먹을 빵 부스러기가 잔치에 초청받은 사람
들 사이에 얼마나 남아 있겠소? 그러므로 왕이 우리에게 한 것처
럼 우리도 보복을 합시다."라고 말했다.

5. 절름발이가 "어떻게 보복한단 말이오?"라고 물었다.

6. 장님이 "그의 과수원에 들어가서 망가뜨립시다."라고 대답했다.

7. 그러나 절름발이는 "나는 절름발이고 기지도 못하는데 어떻게
그런 일을 하겠소?"라고 물었다.

8. 장님은 "나는 앞을 못 보니 어디로 갈 수가 있겠소? 그러나 속
임수를 씁시다."라고 말했다.

9. 절름발이가 자기 주위의 풀을 뜯어서 밧줄을 꼰 뒤에, 그것을
장님에게 던졌다.

10. 그리고 "이 밧줄을 잡고 내게 오시오."라고 말했다. 장님이 그

밧줄을 잡고 다가갔다.

11. 그리고 절름발이가 장님에게 "자, 나의 다리가 되어서 나를 운반하시오. 그러면 나는 당신의 눈이 되고, 위에 앉아서 당신을 왼쪽으로 또 오른쪽으로 인도해주겠소."라고 말했다.

12. 그렇게 해서 둘이 과수원으로 들어갔다. 그들이 나무들을 망가뜨렸고, 어쨌든 거기에 발자국이 분명히 보이도록 남겼다.

13. 잔치에 참석한 사람들이 과수원에 들어가서 거기 남겨진 발자국을 보고는 모두 놀랐다.

14. 그들이 사실대로 왕에게 보고했고, "폐하의 이 나라에서는 모두가 군인인데, 과수원에 어떻게 민간인의 발자국들이 있습니까?"라고 말했다.

15. 왕이 크게 놀랐다.

(참고: 〈바빌로니아 탈무드〉에는 아래 내용이 인용되어 있다)

"왕의 아름다운 과수원에는 열매를 일찍 맺는 아름다운 무화과나무들이 있었다. 왕이 절름발이와 장님을 그 과수원의 보초로 세웠다. 절름발이가 장님의 등에 업혀서 인도하여 무화과를 따먹어 버렸다."

침입자들에 대한 처벌

제2장

1. 왕이 두 사람을 불렀다. 그리고 장님에게 "네가 과수원에 들어갔느냐?"라고 물었다.

2. 장님이 "제가 말입니까? 제가 눈이 멀어서 어디로 걸어가는지도 모른다는 것을 폐하께서 아시지 않습니까?"라고 대답했다.

3. 왕이 절름발이에게 "네가 과수원에 들어갔느냐?"라고 물었다.

4. 절름발이는 "폐하, 제가 불구자라는 사실을 지적하여 제 영혼을 더욱 슬프게 만드시려는 것입니까?"라고 대답했다.

5. 드디어 판결이 연기되었다.

6. 정의로운 재판관은 어떻게 하겠는가? 두 사람이 어떻게 협력했는지를 깨달은 그는 절름발이를 장님이 엎도록 해서 채찍으로 때리면서 시험했다.

7. 둘은 과수원에 들어가지 않았다고 부인할 수가 없었다. 그래서 그들은 서로 책임을 떠넘겼다.

8. 절름발이가 장님에게 "당신이 나를 운반하여 데리고 가지 않았소?"라고 말했다.

9. 장님이 절름발이에게 "당신이 나의 눈이 되지 않았소?"라고 말했다.

10. 이와 마찬가지로 육체가 영혼에게, 영혼이 육체에게 연결되어서 공동의 행동에 대해서 책임을 지게 되어 있는 것이다.

11. 그래서 선행이든 악행이든, 육체와 영혼이 함께 한 일에 대해서 육체와 영혼 양쪽에게 최종적인 판결이 내려지는 것이다.

단편 2 : 클레멘스의 제1 서한 8장 3절에 인용된 부분

이스라엘의 집이여, 율법을 어기는 너희 죄를 회개하라. 나는 내 백성의 자녀들에게 말한다. 너희 죄가 땅에서 하늘에 이른다면, 그 죄가 진홍색보다 더 빨갛고, 참회의 거친 옷보다 더 시커멓다 해도, 너희가 진심으로 나에게 돌아와서 "아버지"라고 부른다면, 나는 너희를 거룩한 백성으로 보고 귀를 기울일 것이다.

에제키엘의 환상, 라파엘로 작, 16세기

단편 3 : 암소의 비유

출산을 했지만 출산을 하지 않은 암소에 관해서 우리는 에제키엘의 글들에서 읽는다. (테르툴리아누스, 그리스도의 육체에 관하여, 23) 또 다른 곳에서 그는 "암송아지가 출산했고, 그들은 '그 암송아지가 출산하지 않았다.'고 말했다."고 말한다. (에피파니우스, 파나리온 이단들, 30.30.3)

보라, 암송아지가 출산했고, 또 출산하지 않았다. (니싸의 그레고리우스, 유태인들에 대한 반박, 3)

그녀가 출산했고, 또 출산하지 않았다고 성서들이 말한다. (알렉산드리아의 클레멘스, 스트로마타, 7장 16절)

또한 예언자가 "그녀가 출산했고, 또 출산하지 않았다."고 말했다. (베드로 행전, 24)

단편 4 : 순교자 유스티누스의 트리포와 나눈 대화 47에 인용된 부분

그러므로 우리 주 예수 그리스도도 "내가 너희 행동들을 보고, 그 행동들에 대해서 또한 심판할 것이다."라고 말했다. (참고: 이것은 예언자의 말을 유스티누스가 착오로 예수의 말이라고 했다는 주장이 있다.)

단편 5 : 알렉산드리아의 클레멘스의 프레다고구스 1장 9절에 인용된 부분

그러므로 그는 에제키엘을 통해서 이렇게 말했다. "그러므로 나는 절름발이를 묶을 것이다. 그리고 병든 사람들을 치유해 주고, 길을 잃은 사람들을 제 길로 돌려보내며, 그들을 나의 거룩한 산에서 먹여줄 것이다. 나는 그들의 목자가 되고, 그들의 피부에 옷이 붙어 있듯이 내가 그들 곁에 가까이 있을 것이다."

제3부

시편, 찬미가,
기도

다비드의 추가 시편

150편 이외에 추가로 남은 6편

해설

다비드의 시편 일부는 다비드가 왕이 되기 이전부터 바빌론 유배 이후까지 오랜 기간에 걸쳐서 저술된 것이다. 시편이 150편으로 묶여서 성서로 확정된 것이 기원전 2세기라고 하지만, 쿰란 동굴에서 발견된 시편을 보면 그 이후에도 예루살렘 성전이 파괴된 기원전 70년까지 시편의 범위가 유동적이었다는 의문을 제기한다.

여기 소개되는 6편(시편 151B는 일부만 남아 있음)은, 적어도 일부 유태인들이, 보완된 다비드의 시편의 일부라고 본 것이다.

이것은 〈솔로몬의 시편〉, 〈마나쎄의 기도〉, 〈유태인 기도서〉, 〈요셉의 기도〉, 〈야곱의 기도〉, 〈솔로몬의 찬미가〉와 더불어 기원전 100년부터 서기 200년 사이에 매우 중요한 역할을 했다.

사해 문헌들을 저술한 에세네파가 이 시편들도 저술했다는 주장도 있지만, 대부분의 학자들은 받아들이지 않는다.

시편 151은 기원전 2세기 이전에 히브리어로 저술된 것으로 본다.

시편 151A

1. 나는 형제들 가운데 키가 가장 작았고, 내 아버지 집의 아이였다. 나는 아버지의 양떼를 쳤고, 사자와 늑대를 발견하고는 죽여서 찢어버렸다.
2. 내 손들은 악기들을 만들었고, 내 손가락들은 현악기를 탔다.
3. 그리고 주님이고 내 하느님인 나의 주님을 누가 선언할 것인가?
4. 그는 천사를 보내어, 내 아버지의 양떼로부터 나를 분리했고, 그의 축성된 기름으로 나에게 기름을 발라주었다.
5. 나의 형제들은 잘생겼고 또 위엄도 있었지만, 주님은 그들을 선택하지 않았다.

시편 151B

1. 나는 적진에서 우리를 욕하는 필리스틴 사람을 보았다. 그래서 나는 그를 공격하러 나갔는데, 그는 자기 우상들에게 걸고 나를 저주했다.
2. 그러나 그후 나는 그의 칼을 뽑아서 목을 잘랐다. 그리고 이스라엘의 아들들로부터 수치를 없애버렸다.

다윗이 유다의 왕이 되다

시편 152

1. 오, 하느님, 오, 하느님, 저를 도우러 오십시오. 저를 지원하고 구해주십시오. 야수들로부터 저를 구해주십시오.

2. 사자의 입에 찢겨서 제가 지옥으로 내려가야 합니까? 아니면, 사자가 저를 불구자로 만들어도 좋겠습니까?

3. 저 야수들이 제 아버지의 양떼를 기습하여 한 마리를 물어 죽인 것으로 충분하지 않습니까? 이제 야수들은 저마저도 죽이려고

합니다.

4. 오, 주님, 당신의 선택을 받은 사람을 구해주시고, 당신의 거룩한 사람을 멸망에서 구출해주십시오. 그래서 그가 평생 동안 당신을 계속해서 찬미하고, 당신의 위대한 이름을 찬미하게 해주십시오.

5. 멸망의 죽음의 손에서 당신이 그를 구해주었을 때, 야수들의 입에 물린 저를 당신이 구출해주었을 때, 당신을 찬미하게 해주십시오.

6. 오, 저의 주님, 당신이 계신 그곳에서 빨리 구원자를 보내주십시오. 저 깊은 곳으로 저를 삼키려고 노리면서 입을 벌리고 있는 심연에서 저를 꺼내주십시오.

시편 153

1. 모든 민족들이여, 주님을 찬미하라. 영광을 바치고 그의 이름을 축복하라.

2. 죽음의 손에서 그가 선택된 사람의 목숨을 구해주었고, 거룩한 사람을 멸망에서 구원했기 때문이다.

3. 그는 나를 지옥의 덫에서 구해주었고, 끝없는 심연에서 나를 꺼내주었다.

4. 나의 구원이 그에게서 나오기도 전에, 야수 두 마리가 나를 거의 두 쪽으로 찢어버릴 뻔했기 때문이다.

5. 그러나 그는 천사를 보내서 나를 향해 딱 벌어진 입들을 닫아버리고, 멸망에서 내 목숨을 구해주었다.

6. 그가 내게 베풀었고, 지금도 베풀어주고 있는 모든 은총 때문에, 내가 직접 찬미하고 영광을 바칠 것이다.

시편 154

3. 가장 높으신 그분에게 영광을 바치기 위해서, 선한 사람들 그리고 순수한 사람들과 어울려라.

4. 그의 구원을 선포하기 위하여 공동체에 참여하라. 모든 단순한 사람들에게 그의 힘과 영광을 알리는 데 게으르지 마라.

5. 왜냐하면 주님의 영광을 선언하기 위해서 지혜가 주어졌기 때문이다.

6. 주님의 수많은 업적을 거듭 이야기하기 위해서 지혜가 인류에게 알려졌고,

7. 단순한 사람들에게 그의 힘을 알리고, 그의 위대함을 모르는 사람들에게 설명해주며,

8. 지혜의 문간에서 멀리 떨어진 사람들과 지혜의 입구에서 추방된 사람들에게도 설명해주기 위해, 지혜는 인류에게 알려졌다.

9. 그것은 가장 높으신 그분이 야곱의 주님이고, 그의 영광이 그의 모든 업적 위에 있으며,

10. 가장 높으신 그분을 찬미하는 사람을 주님이 제물을 가져와서 바치는 사람으로 받아들이고,

11. 수컷 염소들과 송아지들을 바치는 사람으로, 수많은 번제의 제물로 제대를 거룩하게 하는 사람으로, 향기로운 제물을 바치는 정의로운 사람으로 받아들이기 때문이다.

12. 정의로운 사람의 문간에서 지혜의 목소리가 들려오고, 경건한 사람들의 공동체에서 지혜의 노래가 들려온다.

13. 그들이 배부르게 먹고 함께 포도주를 마실 때, 지혜를 인용한다.

14. 그들은 가장 높으신 그분의 율법을 명상하고, 그의 힘을 말로

선포한다.

15. 지혜의 말들은 사악한 사람들로부터 얼마나 멀리 떨어져 있는가! 지혜를 아는 일은 모든 오만한 사람들로부터 얼마나 멀리 떨어져 있는가!

16. 선한 사람들에게 자비를 베푸는 주님의 눈을 쳐다보라.

17. 주님을 찬미하는 사람들에게 그는 자비를 더욱 더 베풀고, 사악한 시기가 그들에게 닥치지 않도록 구원해줄 것이다.

18. 이교도들의 손에서 가난한 사람들을 구출해주고, 사악한 사람들로부터 무죄한 사람들을 구출해주는 주님을 축복하라.

19. 야곱에게 뿔을 일으켜주고, 이스라엘에게 모든 민족들의 재판관을 주는 주님을 찬미하라.

20. 그래서 그가 시온에 더 오래 머물고, 예루살렘을 영원히 장식하도록 하라.

시편 155

1. 오, 주님, 제가 당신을 불렀으니, 제 말에 귀를 기울여주십시오.

2. 당신의 거룩한 집을 향해서 제 팔을 뻗었습니다.

3. 당신의 귀를 기울여주시고 저의 요청을 들어주십시오.

4. 또한 저의 기도를 거절하지 마십시오.

5. 저에게 더욱 힘을 주시고, 배척하지 말아주십시오.

6. 사악한 사람들 앞에서 저를 저버리지 마십시오.

7. 진리의 재판관인 당신은 제게 악의 처벌을 내리지 마십시오.

8. 오, 주님, 당신 앞에서는 살아 있는 사람 가운데 아무도 정의롭지 못하니, 저의 죄에 따라서 저를 처벌하지는 말아주십시오.

9. 오, 주님, 당신의 율법을 내게 가르치고, 세부 규칙들을 또한 가르쳐주십시오.

10. 그래서 수많은 사람들이 당신의 업적들을 듣고, 민족들이 당신의 위대함을 찬미하게 하십시오.

11. 저를 기억하고, 저를 잊지 말며, 제가 감당하기 너무 힘든 처지에 빠지지 말게 해주십시오.

12. 젊은 시절에 제가 지은 죄를 제게서 멀리 던져버리고, 저의 죄들을 기억하여 처벌하지 말아주십시오.

13. 오, 주님, 나쁜 전염병으로부터 저를 깨끗하게 씻어주고, 그것이 다시 제게 돌아오지 못하게 해주십시오.

14. 그것의 뿌리들이 제게 발을 붙이지 못하고, 그 잎새들이 제 안에서 꽃을 피우지 못하게 해주십시오.

15. 오, 주님, 당신은 위대합니다. 그러므로 당신 앞에서 드리는 저의 요청을 모두 들어주십시오.

16. 제가 누구에게 도와달라고 큰 소리로 요청하겠습니까? 사람들이 저에게 무슨 힘이 되겠습니까?

17. 오, 주님, 저는 당신을 신뢰합니다. 저는 "오, 주님!" 하고 불렀고, 그는 제게 대답해주었습니다. 그리고 찢어진 제 심정을 치유해 주었습니다.

18. 저는 눈을 감고 잠이 들었습니다. 그리고 꿈을 꾸었지만, 잠에서 일어났습니다.

19. 오, 주님, 당신은 저를 지원해주었습니다. 주님이 저를 구원해 주었으니, 저는 감사드릴 것입니다.

20. 이제 저는 그들의 수치를 바라볼 것입니다. 저는 당신을 신뢰하였기 때문에 수치를 당하지 않을 것입니다. 주님을 영원히 찬미하라.

21. 당신의 선택을 받은 이스라엘을 구원해주십시오. 또한 당신

의 선택을 받은 사람들, 야곱의 집의 모든 사람을 구원해주십시오.

솔로몬의 시편

최근에 재발견된 18편

해설

전쟁에 관한 이 18편의 작품은 기원전 1세기 중엽에 예루살렘의 익명의 유태인들이 로마군의 예루살렘 점령과 파괴에 대해서 저술한 것이다. 저술 연대를 기원전 1세기 중엽이라고 하는 이유는, 이 시편들의 주제가 기원전 48년에 팔레스타인에서 전쟁을 하고, 기원전 63년에 예루살렘을 점령한 뒤 이집트에서 암살당했으며, 그 시체가 바닷가에 내버려진 로마의 장군 폼페이우스에 관한 부분이 들어 있기 때문이다.

원본은 히브리어로 저술되었다고 보지만 하나도 남아 있지 않고, 10세기에서 16세기 사이에 작성된 그리스어 필사본 11종류와 시리아어 필사본 4종류가 전해진다.

〈솔로몬의 18편의 시편〉이라는 명칭은 5세기의 〈알렉산드리아 문헌〉에 최초로 등장하는데, 구약과 신약 그리고 클레멘스의 편지들 뒤에 이것이 언급되어 있다.

이것은 그리스도교가 등장하기 직전의 고대 문헌들 가운데 '메시아'에 관해서, 그리고 메시아를 기다리는 심정에 관해서 가장 상세하고 절실하게 기록된 작품이다. 메시아를 다비드의 후손으로 명확하게 표현한 것도 이 시편들이다. 그리고 이것은 점령군과 외세를 배척한다는 의미에서는 다니엘서와 계시록과 맥락을 같이하지만, 다니엘서와 계시록이 그 본래의 의도를 표면에 드러내지 않는 반면, 이 작품들은 공공연하게 반란을 부추긴다는 특색을 지니고 있다.

또한 이 시편들이 '메시아'와 '주님'의 개념을 처음으로 연결했고, 이것이 루가복음에서는 예수의 호칭이 되고, 나중에 '주님인 그리스도'라는 개념으로 발전했다는 해석도 있다. 또한 이것은 초대 그리스도교에서 널리 사용되었고 매우 중요한 위치를 차지했다. 그리고 초대 교회의 문헌들에서 자주 언급되었다. 그러나 어떠한 이유에서인지 고대 문헌의 세계에서 사라졌다가 최근에 다시 발견되었다.

1. 번영할 때 오만한 사람들에 관하여

고통과 비탄 속에서 나는 주님에게 부르짖었다.
죄인들이 공격해 올 때 나는 하느님을 소리쳐 불렀다.
전쟁이 닥친다는 소식을 갑자기 들었을 때 나는
"내가 오로지 정의로운 삶을 살았으니까
주님이 나의 기도를 들어줄 것이다."라고 말했다.
"나는 풍족하게 살고 자녀들이 많기 때문에
정의로운 삶을 산 것이다."라고 속으로 생각했다.
그들의 재산이 온 땅에 넘치고
그들의 영광이 땅 끝까지 퍼져 있으며,
그들은 별들보다 더 높이 올라간 듯하여
절대로 추락하지 않는다고 말했다.
그러나 그들은 번영할 때 오만을 부렸고

솔로몬이 예루살렘 성전을 건축한다

무엇이 옳은지 제대로 깨닫지 못했다.
그들은 은밀하게 죄를 지었고
나는 그 죄를 알지 못했다.
그들은 이방인들보다 훨씬 죄가 많았고
주님의 거룩한 것들을 철저히 더럽혔다.

2. 예루살렘의 멸망에 따른 노예 신세

죄인이 오만에 젖어 있을 때,
그는 파성기로 견고한 성벽을 허물었다.
그런데 당신은 그를 저지하지 않았다.
외국 민족들이 당신 제대에 올라가서
가죽 신발로 마구 짓밟았는데,
그것은 예루살렘의 아들들이 주님의 거룩한 것들을,
사악한 언행으로 주님의 제물을 더럽혔기 때문이다.
그래서 주님은 "그들을 내게서 멀리 내던져라." 하고 말했다.

그것은 하느님 앞에서 무가치한 것이 되었고
그 명예는 철저하게 더럽혀졌다.
아들딸들이 비참한 노예로 전락하고
그들의 목에는 쇠사슬이 걸렸고
모든 민족들 눈에 노예로 낙인이 찍혔다.

주님은 그들을 정복자의 손에 내맡겼기 때문에
그들의 죄에 따라서 갚아준 것이다.
그들은 경고에 귀를 기울이지 않은 채
너 나 없이 모두가 악행을 저질렀기 때문에
주님이 젊은이와 노인과 아이들을 가리지 않고
그들을 외면한 채 자비를 베풀지 않았다.
또한 모든 하늘이 화를 냈고
땅도 그들을 지긋지긋하게 여겼다.
그것은 오 하느님, 지상의 그 누구도

그들처럼 사악한 짓을 한 적이 없었고,
땅은 정의로운 판결을 모두 알고 있었기 때문입니다.
정복자들이 예루살렘의 아들들을 창녀인 양 조롱하고
대낮에 나그네가 누구든지 안으로 들어갔다.
그들 자신이 과거에 늘 한 것처럼
정복자들이 그들을 짓밟고 조롱했고,
대낮에 그들의 악행들을 폭로했다.
예루살렘의 딸들은 자연을 거스르는 성교로
스스로 몸을 더럽혔기 때문에
당신 심판에 따라서 능욕을 당했다.
그것을 본 나는 속이 고통으로 뒤틀릴 뿐이다.

그러나 오, 하느님, 올바른 마음으로 여전히
당신을 찬미합니다. 왜냐하면 오 하느님,
당신의 정의가 그 심판에서 드러나기 때문입니다.
당신은 죄인들에게 그 행동에 따라, 너무나도 사악한
그들의 행동에 따라서 갚아주기 때문입니다.
당신의 심판이 분명히 드러나게 하기 위해서
당신은 그들의 죄를 폭로했습니다.
당신은 지상에서 그들에 대한 기억을 지웠습니다.
하느님은 올바른 재판관이고
사람을 차별하는 법이 없는 분입니다.

여러 민족이 예루살렘을 무시하고 짓밟았기 때문에
그녀의 아름다움이 영광의 옥좌에서 끌려내려왔다.
그녀는 비단옷 대신 거친 삼베옷을 걸치고
왕관 대신 밧줄을 이마에 동여맸다.

주님이 주신 영광의 관을 벗어버리고
치욕 속에 그 아름다움이 내팽개쳐졌다.

그래서 내가 그것을 보고 주님에게 간청했다.
오, 주님, 여러 민족을 끌어들여 당신 손이
이스라엘을 호되게 처벌한 것도 이제는 충분합니다.
그들이 분노에 날뛰며 사정없이 조롱했고,
주님이 분노로 그들을 저지하지 않는다면,
그들이 이스라엘을 끝장내고 말 것이기 때문입니다.
그들은 열성이 아니라 탐욕을 일으켜서
우리를 강탈하려고 분노를 쏟아부은 것입니다.
오, 주님, 그들 머리 위에 처벌을 내리고
용의 오만을 수치로 만드는 데 시간을 끌지 마십시오.
그리고 내가 기다린 지 그리 오래 되지 않아서
그 오만한 자가 이집트의 산에서 살해되었고,
땅과 바다에서 아무도 거들떠보지 않게 된 것을
주님이 나에게 보여주었다.
여전히 오만한 그의 시체도 물결에 이리저리 떠다니며
아무도 묻어주려 하지 않는데 그것은
주님이 그를 치욕 속에 저버렸기 때문이다.

주님은 그를 사람으로 여기지 않았고
그의 마지막 날에 그를 기억하지 않았다.
그는 "나는 땅과 바다의 왕이 될 것이다."라고 말했다.
위대하고 강한 분이 주님임을 그는 인정하지 않았다.
주님이 모든 하늘의 왕이고
왕들과 왕국들을 심판한다.

나를 영광의 자리에 앉힌 것은 주님이다.
오만한 자들이 주님을 알아보지 않았기 때문에
주님은 그들을 치욕 속에 영원히 파멸시킨다.

지상의 모든 지배자들이여, 이제 주님의 심판을 보라!
하늘 아래 모든 것을 심판하는 주님이
위대한 왕이고 정의로운 분이기 때문이다.
지혜로 주님을 두려워하는 너희는 그분을 축복하라!
주님은 자기를 두려워하는 사람에게 심판날에
자비를 베풀 것이기 때문이다.
그래서 주님은 정의로운 자들과 죄인들을 구별하고,
죄인들은 그 행동에 따라 영원히 처벌하고,
정의로운 자들에게 자비를 베풀어서
죄인들의 손에서 구출하며, 죄인들은 정의로운 자들에게
저지른 그 행동에 따라서 처벌할 것이다.
주님은 인내 속에 자기에게 호소하는 사람들을 보살피고,
경건한 사람들에게 자기 자비를 베풀어주며,
언제나 자기 앞에서 강하게 만들기 때문이다.

주님은 자기 하인들 앞에서 영원히 축복을 받으십시오.

3. 정의로운 사람과 죄인

오, 내 영혼이여, 왜 너는 잠이 들어서
주님을 축복하지 않고 있는가?

마땅히 찬미받아야 할 하느님께
새로운 노래를 불러드려라.
그분이 흔들어깨울 때 일어나 노래하라.
기쁜 마음으로 바치는 시편은 좋은 것이다.

정의로운 사람은 언제나 주님을 기억하고
감사하며, 주님의 심판이 옳은 것이라고 선언한다.
그는 주님의 꾸지람을 무시하는 일이 없고
언제나 주님의 뜻에 따라서만 행동한다.
그가 비틀거리면 주님이 단단히 붙들어주고,
넘어지면 그는 주님의 도움을 기다리며
주님의 구원을 애타게 찾아다닌다.
그는 구원자인 주님의 도움으로 흔들리지 않고
그의 집에서는 죄가 죄를 부르는 일이 결코 없다.
그는 실수에 따른 악행마저 모두 없애기 위해
집안 구석구석을 열심히 청소한다.
모르고 지은 죄에 대해 속죄하기 위해 그는
단식하고 마음 속으로 뼈저리게 뉘우치고,
주님은 경건한 사람과 그 집을 용서해준다.

그러나 죄인은 비틀거릴 때 자기 삶을 저주하고
자기 출생일과 어머니의 산고마저 저주한다.
살아가면서 그는 죄에 죄를 거듭하고,
넘어지면 크게 다쳐서 다시는 일어나지 못한다.
죄인의 멸망은 영원한 것이고,
사람들이 정의로운 사람은 방문하지만
죄인은 아무도 기억하지 않을 것이다.

죄인들이란 영원히 이런 꼴을 당한다.
그러나 주님을 두려워하는 사람들은 일어나서
영원한 생명을 얻고, 주님의 빛 안에서 살며,
끝없이 영원히 살 것이다.

4. 위선자들의 죄

오, 위선자여, 마음으로 주님을 그토록 멀리하고,
죄를 거듭하여 이스라엘의 하느님에게 도전하면서도
감히 경건한 사람들이 모인 자리에 앉아 있단 말인가?
죄인을 심판할 때 사정 없이 단죄하는 말을 하면서도
그는 그 누구보다도 말과 외모가 번지르르하다.
마치 신심이 깊은 듯이 죄인을 제일 먼저 때리지만,
오히려 그는 자신이 무수한 죄와 방탕에 빠져 있다.
여자라면 가리지 않고 탐을 내고
맹세로 계약을 할 때도 그는 거짓말만 한다.
들키지 않으면 그만이라고 몰래 그리고 밤에 죄를 짓고,
모든 여자에게 눈웃음을 치며 악행으로 유인한다.
저의가 없는 척하고 쾌활한 표정으로 그는
남의 집을 거침없이 찾아가 안으로 들어간다.

주님이 경건한 사람들이 모인 곳에서 위선자를 제거하고
육체가 타락하고 인색함에 젖은 그런 사람은
그 생명마저 없애버리도록 하라.
주님이 아첨꾼들의 행동을 폭로하고

웃음과 비웃음을 일삼는 자의 행동을 폭로하게 하라.
정의로운 사람들이 모인 곳에서 죄인들이 제거되고
율법을 교활하게 왜곡하는 아첨꾼들이 제거되어
경건한 사람들이 주님의 심판은 옳다고 말하게 하라.
죄인과 아첨꾼들은 뱀처럼 말로 지혜를 파괴하려고
아직은 견고한 남의 집을 노리고 있다.
그는 사악한 제 욕심을 채우려고 거짓말을 한다.
그는 끊임없이 남의 가정을 파괴하고
더러운 욕심을 채우려고 남의 집을 파괴한다.
아무도 보거나 심판하지 않는다고 말하면서
그는 교활한 말로 속이기만 한다.
그는 한 집을 죄로 채우고 나서 다음 집을 노리는데
욕망을 부채질하는 말로 그 집을 파괴하려는 것이다.
이런 짓을 일삼으면서도 그의 영혼은 지옥처럼
결코 만족할 줄을 모른다.

오, 주님, 당신 앞에서 그가 수치를 받게 하시고,
신음하면서 나가고 저주를 받고 집에 돌아가게 하십시오.
오, 주님, 그가 고뇌와 가난과 결핍 속에 살게 하시고,
악몽에 시달리다가 멍청하게 깨어나게 하십시오.
밤마다 불면증으로 괴로워하게 만들고
하는 일마다 치욕적으로 실패하게 하십시오.
언제나 빈손으로 집에 돌아가게 만들고
필요한 것은 하나도 그 집에 남지 말게 하십시오.
자녀도 없이 외롭게 노년을 보내다가 죽게 하십시오.

아첨꾼들의 몸은 야수들이 찢어버리게 하라.

죄인들의 뼈는 수치스럽게 들판에서 노출시켜라.
위선자들의 눈은 까마귀가 파먹어라.
그들은 수많은 집을 수치 속에 무너지게 만들었고
자기 욕정을 채우려고 사람들을 흩어지게 만들었다.
그들은 하느님을 기억하지 않았고
그런 짓을 하면서도 주님을 두려워하지 않았다.
오히려 주님의 분노를 도발하고 그분의 속을 썩였다.
그들이 속임수로 순진한 영혼들을 속였으니
주님이 그들을 지상에서 쓸어버려야 한다.

주님을 두려워하여 죄를 짓지 않은 사람은 축복받았다.
주님은 사기꾼과 죄인들 손에서 그들을 구하고
우리를 그들의 모든 함정에서 구해줄 것이다.
오만하게 불의를 마구 저지르는 사람들을
주님이 모조리 파멸시키게 하라.
정의의 우리 주 하느님은 위대하고 강한 심판관이기 때문이다.

오, 주님, 당신을 사랑하는 모든 사람에게
자비를 베풀어주십시오.

5. 주님은 가난한 사람들의 피난처

오, 주 하느님, 당신의 정의로운 심판을 아는 사람들 가운데서
저는 당신 이름을 기꺼이 찬미하겠습니다.
당신은 선하고 자비로우며 가난한 사람들의 피난처이니,

제가 당신을 소리쳐 부를 때, 말없이 외면하지 말아주십시오.
아무도 자기보다 강한 자의 재산을 빼앗을 수 없는데,
당신 자신이 주는 것이 아니라면,
당신이 창조한 것을 누가 하나라도 빼앗아갈 수 있습니까?
사람과 그의 몫이 당신 저울에 올려져 있으니,
그는 당신이 정한 것에 추가나 확대를 할 수가 없습니다.

오, 주님, 어려울 때 우리가 당신 도움을 요청하면
당신은 우리 하느님이니 거절하지 않습니다.
어쩔 수 없는 처지로 우리가 죄를 짓지 않도록
우리를 지나치게 짓누르지는 말아주십시오.
당신이 우리를 회복시키지 않는다 해도
우리는 당신에게서 떨어져나가지 않고
오히려 당신에게 돌아갈 것입니다.
왜냐하면 제가 굶주릴 때, 오, 하느님,
저는 당신을 소리쳐 부르고,
당신은 필요한 것을 주실 것이기 때문입니다.

당신은 새와 물고기를 길러주십니다.
푸른 풀이 나도록 초원에 비를 내려서
모든 생물이 먹을 꼴을 마련해주십니다.
굶주릴 때 모든 생물은 당신을 쳐다볼 것입니다.
오, 주님, 왕들과 지배자들과 백성들을
당신은 길러주십니다. 오, 주님, 당신 이외에
누가 가난한 자와 어려운 자를 도와주겠습니까?
당신 이외에 누가 선하고 친절하겠습니까?
당신은 귀를 기울이고, 자비롭게 팔을 벌려서

겸손한 영혼을 기쁨으로 채워줄 것입니다.

사람들은 선행을 마지못해서 실천합니다.
그런데도 불평하지 않고 선행을 거듭한다면
그것만 해도 참으로 기특한 것입니다.
그러나 당신은 선과 재산을 풍성하게 선물합니다.
당신에게 희망을 거는 사람은 풍족하게 선물을 받을 것입니다.
오, 주님, 온 땅에 당신의 선과 자비가 내립니다.

주님이 기억하여 풍족하게 만드는 사람은 행복합니다.
재산이 너무 많은 사람은 죄를 짓게 마련입니다.
떳떳하고 적절한 재산이면 충분합니다.
그래서 주님의 축복은 정의가 넘치게 합니다.
주님을 두려워하는 사람들은 선한 선물에 기뻐하고
당신의 선은 당신 왕국 안의 이스라엘에게 내립니다.

주님은 우리 왕이시니 그분 영광은 축복을 받았습니다.

6. 주님의 이름을 부르는 사람은 행복하다

주님의 이름을 언제나 부르는 사람은 행복하다.
그가 주님의 이름을 기억하면 구원을 받을 것이다.
그의 길을 주님이 평탄하게 만들고
그의 업적은 주 하느님이 보존해줄 것이다.
악몽을 꾸어도 그의 영혼은 흔들리지 않고

강과 바다의 거친 물결을 지날 때도 낙심하지 않을 것이다.
잠에서 깨어나 주님의 이름을 축복하고
마음이 평온할 때 주님의 이름에 찬미가를 부른다.
그리고 자기 집안 전체를 위해 주님에게 간청한다.
그러면 주님은 자기를 두려워하는 모든 사람의 기도를
들어주고, 자기에게 희망을 거는 모든 사람의
요청을 이루어주신다.

진심으로 주님을 사랑하는 사람들에게
자비를 베풀어주시는 주님은 축복을 받았다.

7. 당신은 우리의 방패입니다

우리를 공연히 미워하는 그들이 공격해오지 못하도록,
오, 하느님, 당신 집이 우리에게서 너무 멀지 않게 해주십시오.
당신은 그들을 배척하셨으니
그들이 당신의 거룩한 유산을 짓밟지 못하게 해주십시오.
당신은 원하시는 대로 우리를 질책하십시오.
그러나 다른 민족들에게 우리를 넘기지는 마십시오.
전염병을 보내시는 경우에는
당신이 직접 그것을 우리에게 보내주십시오.
당신은 자비롭고, 아무리 분노해도
우리를 전멸시키지는 않을 것이기 때문입니다.

우리 가운데 누군가가 당신 이름을 부르는 한

우리는 당신 자비를 발견하고
다른 민족들이 우리를 짓밟지 못할 것입니다.
당신은 우리의 방패입니다.
그래서 우리가 당신을 소리쳐 부를 때,
당신은 우리에게 귀를 기울일 것입니다.
당신은 이스라엘의 자손에게 영원히 자비를 베풉니다.
그래서 당신은 그들을 저버리지 않을 것입니다.
우리는 영원히 당신의 지배를 받고
당신의 질책의 매를 맞을 것입니다.
당신은 우리를 도와줄 때, 우리를 일으켜세우고,
당신이 도움을 주기로 약속한 그날에
야곱의 집에 자비를 베풀어주실 것입니다.

8. 예루살렘에 전쟁이 닥칠 것이다

시련과 전쟁의 소리, 학살과 재난을 알리는 나팔 소리가
나의 귀에 들려오고 있다.
엄청나게 세찬 바람이 부는 것처럼,
거대한 불길의 태풍이 네게브 사막을 휩쓰는 것처럼,
그렇게 무수한 사람이 어마어마한 소음을 일으켰다.
그래서 나는 속으로 "주님이 분명히 우리를 심판한다."고 말했다.
거룩한 도시 예루살렘으로 다가가는 소리를 나는 듣는다.
그 소리에 내 허리가 꺾이고 다리가 후들후들 떨렸으며,
가슴에는 공포가 가득 차고, 뼈들이 초처럼 녹아내렸다.
나는 "그들이 올바른 길을 걸어야 한다."고 말했다.

천지 창조 후에 닥칠 주님의 심판을 나는 생각했다.
그의 심판은 언제나 올바른 것이라고 나는 믿었다.
주님은 그들의 죄를 온 천하에 드러냈고,
온 천하는 그의 심판이 옳다고 알게 되었다.
지하의 은밀한 곳에서 그들이 죄를 지어 주님의 분노를 자극했고,
그들은 아들이 어머니와, 딸이 아버지와 함께 뒤섞였고,
너 나 없이 누구나 이웃의 아내와 간통했다.
이러한 죄에 관해서 그들은 맹세로써 서로 약속했고,
복수 따위는 무시한 채 주님의 성전을 약탈했다.
그들은 각종 불결함을 지닌 채 곧장
주님의 제대로 가서 짓밟았다.
그들은 월경 때도 아랑곳하지 않은 채
월경의 피로 제물을 더럽혔다.
그들은 이방인들과 조금도 다름없이
죄라는 죄는 모조리 짓고 말았다.

그래서 주님이 그들에게 방랑의 운명을 주고
진국의 포도주를 마시고 취하게 만들었다.
주님은 강력한 힘으로 살해하는 그를
땅의 저 끝에서 불러들였다.
그는 예루살렘과 그의 온 땅에 전쟁을 선포했다.
그 땅의 지배자들이 기꺼이 그를 마중했고
"당신의 길은 축복을 받았습니다.
어서 평화롭게 입성하십시오."라고 그에게 말했다.
그가 들어오기 전에 그들은 거친 길을 평탄하게 만들었고,
예루살렘의 성문들을 열었으며, 성벽을 꽃으로 장식했다.

아버지가 아들의 집에 들어가듯이 그는
예루살렘에 평화롭게 입성했다.
그는 거기서 안전한 위치를 단단히 확보했고
예루살렘의 성채들과 성벽을 점령했다.
그들이 방랑하는 동안에 주님 자신이 그를
안전하게 불러들였기 때문이다.
그는 지배자들과 지혜로운 사람들을 모조리 죽였고
주민들의 피를 마치 불결한 물처럼 흘렸다.
그들이 불결함 속에서 낳은 아들과 딸들을
그는 노예로 끌어갔다.

그들은 조상들이 한 것과 마찬가지로 불결한 짓을 했다.
그들은 예루살렘은 물론이고 주님의 이름에 봉헌된 것들마저
남김없이 더럽히고 말았던 것이다.
그러나 하느님은 모든 민족들에게 자신의 심판이
올바르다는 것을 보여주었다.
주님의 경건한 하인들은 그들 가운데서
무죄한 어린 양과 같았다.
온 세상을 정의로 심판하는 주님은
마땅히 찬미를 받아야 한다.

오, 하느님, 이제 당신은 정의로운 심판을
우리에게 보여주었습니다.
우리는 눈으로 당신 심판을 보았습니다.
영원히 존경받는 당신 이름을 우리는 인정했습니다.
당신은 이스라엘을 심판하여 단련시키는

정의의 하느님이기 때문입니다.
오, 주님, 우리를 동정하고 자비를 베풀어주십시오.
자비와 선을 베풀어, 이스라엘의 흩어진 백성을
한자리에 모아주십시오.
당신은 우리에게 충실하시기 때문입니다.
우리가 비록 목이 뻣뻣해졌다고 해도,
당신은 여전히 우리를 단련시키는 분입니다.
아무도 구원받지 못할 듯이 다른 민족들이
우리를 모조리 삼키지 못하게 하기 위해서
오, 우리 하느님, 우리를 외면하지 말아주십시오.

태초부터 당신은 우리 하느님이고
우리는 당신에게 희망을 걸었습니다.
우리에 대한 당신의 심판은 옳은 것이니
우리가 당신을 떠나지 않겠습니다.
당신 기쁨을 우리와 자손이 영원히 누리게 해주십시오.
오, 우리 구세주인 주님, 다시는 우리가
다른 곳으로 흩어지지 말게 해주십시오.
자신의 경건한 사람들의 입으로 심판하는 주님은
마땅히 찬미를 받아야만 합니다.
그리고 주님의 이스라엘은 영원히 축복을 받았습니다.

거인족의 추락

9. 이스라엘 백성들이 유배당한다

이스라엘이 외국에 포로로 끌려갔을 때
자기들을 구원해준 주님에게서 그들이 떨어져나갔을 때
그들은 주님이 준 유산을 잃어버렸고
주님의 말씀에 따라 그들은 사방으로 흩어졌습니다.
그래서 오, 주님, 우리 죄 때문에
당신은 마땅히 당신의 정의로움을 보여주었습니다.
당신은 지상의 모든 백성에게 정의로운 심판관이기 때문입니다.
당신의 경건한 사람들의 올바른 행동이 당신 앞에 있습니다.
그러니 누가 모든 것을 아는 당신 눈을 피하겠습니까?
옳은 일이든 나쁜 일이든 우리가 하는 모든 일은
우리 능력과 선택에 따른 것입니다.
당신은 정의를 가지고 사람의 아들들을 방문합니다.
옳은 일을 하는 사람은 주님의 생명을 얻고
악한 일을 하는 사람은 자기 생명을 파괴합니다.
주님은 각자에게 정의로 심판을 내리기 때문입니다.
주님의 이름을 부르는 사람 이외에 그 누구에게,
오, 주님, 당신이 자비를 베풀겠습니까?
자기 죄를 인정하고 고백하는 영혼을 주님은
그의 모든 죄를 씻어줍니다.
이 모든 죄 때문에 우리는 얼굴에 수치를 뒤집어쓰니다.
죄인들 이외에 그 누구에게 주님이 죄를 용서해주겠습니까?
정의로운 사람들에게는 그들이 지은 죄를 묻지 않고
주님은 축복을 해줍니다.
죄를 지었지만 회개하는 사람들에게는 자비를 베풉니다.

당신은 우리 하느님이고,
우리는 당신이 사랑했던 백성입니다.
우리는 당신의 것이니, 오, 이스라엘의 하느님,
이제 우리에게 자비를 베풀어주십시오.
그들이 우리를 짓밟지 못하게 하기 위해서
당신 자비를 우리에게서 거두지 마십시오.
모든 민족들 가운데서 당신은 아브라함의 자손을 골랐고,
당신 이름을 우리에게 주었습니다.
우리를 영원히 저버리지는 말아주십시오.
우리에 관해 당신은 조상들과 계약을 맺었고
우리는 영혼이 당신에게 향할 때
당신에게 희망을 거는 것입니다.
주님의 자비가 이스라엘의 집 위에
영원히 영원히 내리기를 빕니다.

10. 주님의 매를 맞는 사람은 행복하다

주님이 기억하여 책망하는 사람은 행복하다.
사악한 길을 가지 못하도록 죄를 깨끗이 씻어버리고
다시는 죄를 짓지 말도록 해주기 위해서
주님이 매로 때리는 사람은 행복하다.
등에 기꺼이 채찍을 맞으려는 사람은 행복하다.
단련을 견디는 사람에게 주님이 자비롭기 때문이다.
주님은 올바른 사람들의 길을 곧게 펴주고
질책으로 그들을 꺾지는 않기 때문이다.

주님은 자기를 진실로 사랑하는 사람에게 자비롭고
자기 하인들을 기억하여 자비를 베푼다.
영원한 계약의 율법에 증언이 있고, 주님의 증언은
주님이 방문하는 사람들의 길에 있기 때문이다.
주님은 심판할 때 영원히 정의롭고 친절하다.
이스라엘은 주님의 이름을 기꺼이 찬미할 것이다.
경건한 사람들이 집회에서 주님께 감사하고
주님은 이스라엘이 기뻐하는 가운데
가난한 사람들에게 자비를 베풀 것이다.
주님은 영원히 선하고 자비로우며
이스라엘 백성은 주님의 이름을 찬미할 것이기 때문이다.

주님의 구원과 기쁨이 이스라엘의 집 위에
영원히 머물기를 빕니다.

11. 흩어진 백성들이 돌아온다

성인들을 불러모으기 위해서 시온에서 나팔을 불어라.
기쁜 소식을 가져오는 사람의 목소리가
예루살렘에서 울려퍼지게 하라.
주님이 이스라엘을 방문하여 자비를 베풀었기 때문이다.
예루살렘이여, 높은 곳에 올라가라.
그리고 주님이 동쪽과 서쪽으로부터 불러모은
네 자녀들을 바라보라.
저 먼 섬들로부터 주님이 그들을 불러모았고

그들은 하느님의 기쁨 속에 북쪽에서 온다.
주님은 그들을 위해 높은 산들을 평야로 만들었고
그들이 다가오자 산들이 달아났다.
숲은 그들에게 안식처를 제공했고, 주님은
자신의 영광스러운 방문 시기에
그들이 무사히 통과하도록
향기로운 나무들이 그들을 위해 솟아나게 했다.
오, 예루살렘이여, 네 영광의 옷을 입어라.
네 거룩한 옷을 준비하라.
주님이 이스라엘을 영원히 축복했기 때문이다.
주님이 이스라엘과 예루살렘에 관해서 말씀했던 그것을
주님 손으로 이룩하게 하자.
주님이 그 영광스러운 이름으로 이스라엘을 일으키게 하자.

주님의 자비가 이스라엘 위에 영원히 머물기를 빕니다.

12. 거짓말과 비방은 파멸을 초래한다

오, 주님, 법을 무시하고 사악한 사람으로부터
법도 없고 비방하고 거짓말하고 속이는 사람의 혀로부터
제 영혼을 구해주십시오.
사람들의 행복과 재산을 파괴하는 불처럼
사악한 사람의 혀에서 나오는 말은
비틀릴 대로 비틀려 있습니다.
그래서 그는 모든 집을 거짓말로 채우고

기쁨의 나무들을 찍어넘겨 불태우며
비방하는 입술로 사람들을 싸우게 만들기를 좋아합니다.

주님이 죄인들의 입술을 쓸어버려
무죄한 사람들 곁에서 그들이 떠나게 해주십시오.
비방하는 사람들의 뼈들은 주님을 두려워하는 사람들을 떠나
저 멀리 흩어지는 것이 마땅합니다.
비방하는 사람들의 혀들은 경건한 사람들을 떠나
저 멀리 불구덩이에서 타버려야 합니다.
불의를 미워하는 조용한 영혼을 주님은 지켜주십시오.
집에서 평화를 즐기는 사람을 주님은 지켜주십시오.
주님의 구원이 그의 하인 이스라엘 위에
영원히 머물기를 빕니다.
죄인들이 주님 앞에서 모두 멸망해야 합니다.
그러나 주님의 경건한 사람들은
주님의 약속을 상속받을 것입니다.

13. 정의로운 사람은 구원받는다

주님의 오른손이 나를 덮고
주님의 오른손이 우리를 아껴주었다.
주님의 팔이 날아오는 칼에서 우리를 구했고
기근과 죄인들의 죽음에서 구해 주었다.
난폭한 야수들이 그들에게 달려들어
이빨로 그 살을 찢어버리고

어금니로 뼈를 부숴버렸다.
그러나 주님은 이 모든 것에서 우리를 구했다.
정의로운 사람은 자기 잘못 때문에
죄인들과 더불어 끌려갈지 몰라 번민했다.
그것은 죄인들의 파멸이 참혹했기 때문이다.
그러나 그는 털끝 하나 다치지 않았다.
정의로운 사람이 무지로 지은 죄를 질책하는 것은
죄인들의 파멸과 전혀 다른 것이다.
죄인들이 기뻐하지 못하도록
정의로운 사람은 은밀하게 단련을 받는다.
주님은 정의로운 사람을 사랑스러운 아들처럼 교정해주고
맏아들처럼 질책하고 단련하기 때문이다.
주님은 경건한 사람을 아껴주시고
단련으로 그의 잘못을 지워주기 때문이다.
정의로운 사람의 생명은 영원하지만
죄인들은 파멸로 끌려가
아무도 그들을 기억하지 않을 것이기 때문이다.
그러나 경건한 사람 위에는 주님의 자비가
주님을 두려워하는 사람 위에는 주님의 자비가 머문다.

14. 죄인들은 짧은 날을 사랑한다

진리 안에서 주님을 사랑하는 사람들에게
주님의 단련을 잘 견디는 사람들에게
주님의 계명에 따라 정의롭게 걸어가는 사람들에게

우리가 생명을 얻도록 주님이 명령한 법에 따라 사는 사람들에게
주님은 언제나 충실하다.
경건한 사람들은 그 계명으로 영원히 살고
주님의 낙원, 생명의 나무를 받을 것이다.
그들은 영원히 굳게 뿌리내리고
언제까지나 그 뿌리가 뽑히지 않을 것이다.
이스라엘이 하느님의 상속의 몫이기 때문이다.
자기 죄와 더불어 지나가는 짧은 날을 사랑하는
죄인들과 법을 어기는 자는 그렇지가 못할 것이다.
그들은 덧없는 타락 속에서 기뻐하고
하느님을 기억하지 않는다.
주님은 사람들의 길을 언제나 모두 알고
마음 속의 비밀을 생기기도 전에 다 알기 때문이다.
따라서 그들의 상속은 지옥과 암흑과 파멸이고
정의로운 사람들이 자비를 얻을 때
그들은 모습을 드러내지 못할 것이다.
그러나 경건한 사람들은 기쁨 속에서 상속을 받을 것이다.

15. 정의로운 사람과 죄인의 운명

시련을 당할 때 나는 주님의 이름을 소리쳐 불렀습니다.
오, 하느님, 당신은 가난한 사람의 희망과 피난처이니
저는 야곱의 하느님에게 희망을 걸어 구원을 받았습니다.
당신 이외에 누가 그토록 강해서
진심으로 감사를 드려야 하겠습니까?

당신 이름 이외에 누구의 이름이 그토록 강해서
감사의 기도를 받아야 하겠습니까?
기쁨에 가득 찬 마음으로 새로운 시편의 노래를 바치고
고운 목소리로 입술의 열매를 바치며
경건하고 정의로운 마음에서 입술의 첫 열매를 바칩니다.
이렇게 바치는 사람은 결코 악에 흔들려 깨지지 않고
불의를 처벌하는 불과 분노에 다치지 않을 것입니다.
죄인들의 본질을 파괴하기 위해서 주님의 얼굴로부터
불과 분노가 터져나갈 때, 정의로운 사람에게는
주님의 표지가 있어서 구원받을 것이기 때문입니다.
기근과 칼과 전염병은 전쟁터에서 추격당하는 사람처럼
경건한 사람으로부터 멀리 달아날 것입니다.
그것들은 오히려 죄인들을 추격해서 잡고
법을 어기는 사람들은 주님의 심판을 피하지 못할 것입니다.
그들의 이마에는 파멸의 표지가 새겨져 있어서
전쟁에 노련한 원수에게 당하듯이 잡힐 것입니다.
죄인들의 상속은 파멸과 암흑이고
그들의 사악함이 지옥까지 그들을 쫓아갈 것입니다.
죄가 죄인의 집안을 황폐하게 하기 때문에
그들의 자녀들은 상속받을 것이 없을 것입니다.
그리고 주님이 심판하러 지상에 오는 날
죄인들은 영원히 멸망하고 말 것입니다.
그러나 주님을 두려워하는 사람들은 자비를 얻고
주님의 자비로 영원한 생명을 얻을 테지만
죄인들은 영원히 멸망할 것입니다.

16. 주님이 힘을 주시지 않는다면

제 영혼이 주님을 멀리 떠나서 잠을 잘 때,
저는 거의 구렁텅이로 떨어졌습니다.
제가 주님을 멀리 떠나 있을 때
제 영혼은 거의 죽음에 이르렀습니다.
제 영혼이 이스라엘의 주 하느님을 멀리 떠나 있을 때,
주님이 영원한 자비로 저를 도와주지 않았더라면,
저는 죄인들과 함께 지옥문으로 들어갔을 것입니다.

주님을 섬기라고 말을 고르듯이 저를 골랐고
언제나 저의 지원자고 구원자인 그분이 저를 구했습니다.
오, 주님, 당신은 저를 구원하셨고
죄인들과 더불어 파멸시키지 않았으니,
저는 당신에게 감사를 드릴 것입니다.
오, 하느님, 당신 자비를 제게서 거두지 마시고
제가 죽을 때까지 당신을 기억하게 해주십시오.
오, 주님, 사악한 죄에서 저를 보호하시고
단순한 사람을 죄로 유인하는 모든 사악한 여자로부터
저를 지키고 보호해주십시오.
법을 어기는 여자의 미모에 제가 속지 않도록
해로운 죄악에 물든 모든 사람으로부터 지켜주십시오.

당신 앞에서 제가 손으로 일하게 하시고
당신을 기억하면서 길을 걷게 해주십시오.
제 혀와 입술을 진실의 말로 보호하시고

신경질과 불합리한 분노를 멀리하게 해주십시오.
시련의 시기에 불평과 초조감을 멀리하게 해주시고
제가 죄를 지으면 제가 당신에게 돌아가도록
질책하고 단련해주십시오.
그러나 선의와 격려로 제 영혼을 지탱해주십시오.
당신이 제 영혼을 격려할 때에는
당신이 주시는 것으로 제게는 충분할 것입니다.
당신이 힘을 주시지 않는다면
누가 빈곤의 단련을 견디어내겠습니까?
사람이 타락으로 질책을 받을 때, 그는 자기 몸으로
또 가난의 시련으로 당신의 시험을 받는 것입니다.
정의로운 사람이 이 모든 시련을 견디어낸다면
그는 주님의 자비를 받을 것입니다.

17. 이스라엘의 멸망과 재건

오, 하느님, 당신 안에서 우리 영혼이 영광을 얻으니
당신은 영원히 우리의 왕이십니다.
사람이 지상에서 얼마나 오래 살겠습니까?
살아 있는 동안 그는 희망을 가질 수가 있습니다.
그러나 우리 주님의 힘은 영원히 자비와 함께 있고
주님의 왕국은 영원히 민족들을 심판하여 다스리시니,
우리는 구원자인 주님에게 희망을 걸고 있습니다.

오, 주님, 당신은 다비드를 이스라엘의 왕으로 선택했고,

그의 왕국이 당신 앞에서 결코 멸망하지 않을 것이라고
당신은 그에게 맹세했습니다.
그러나 우리 죄 때문에 죄인들이 우리를 거슬러 일어났고
우리를 공격해서 추방했습니다.
당신이 그들에게 약속하지 않은 것인데도
그들은 폭력으로 그것을 빼앗아갔습니다.
그들은 당신의 명예로운 이름을 결코 찬미하지 않았고
그들보다 탁월한 왕조 대신에 그들은
지상의 왕조를 세웠고 소란하게 오만을 떨면서
다비드의 옥좌를 파괴했습니다.
그러나 당신은 그들을 거꾸러뜨렸고
지상에서 그들의 후손을 없애버렸으며,
우리 민족이 아닌 다른 사람이 일어나
그들을 대적하게 되었습니다.
그들의 죄에 따라 오, 주님, 당신은 처벌하셨고
그들의 행동에 따라 마땅한 보복을 했습니다.
주님은 그들에게 사정이 없었고
후손을 하나도 그냥 살려보내지 않았습니다.
온 세상을 심판하시는 주님은 모든 심판에 있어서
언제나 충실하고 정의로운 분입니다.

무법자들이 우리 땅을 황폐하게 만들고
젊은이와 노인, 그리고 어린 아이마저 죽였기 때문에
우리 땅에는 아무도 남지 않게 되었습니다.
격노한 주님은 그들을 서쪽에까지 보내서
이 땅의 지배자들이 모조리 조롱을 당하게 했습니다.
외국인이기 때문에 적은 오만하게 행동했고

그의 마음도 그가 예루살렘에서 한 모든 행동도
다른 도시인들이 자기네 신들에게 한 것과 마찬가지로
우리 주님과는 거리가 먼 것이었습니다.

계약의 자녀들은 그들보다 더 사악했고
그들은 아무도 예루살렘에서
자비와 진리를 실행하지 않았습니다.
공회당을 사랑하는 경건한 사람들은
둥지를 떠나 날아가버리는 참새들처럼
그들로부터 달아나 목숨을 보존하기 위해서
사막에서 방랑하는 신세가 되었습니다.
외국에 살던 사람들이 좋다고 본 것은
살아서 도망친 그런 사람들이었습니다.
무법자들이 그들을 천지 사방으로 흩어버렸습니다.
깊은 곳에서 영원히 솟아나 높은 산에서 흘러내리던
샘들도 말라버렸습니다.
그들은 아무도 올바른 생활과 정의를 실천하지 않았고
꼭대기부터 밑바닥까지 모두가 죄인이며
왕이 죄를 지었고 판사들이 복종하지 않았으며
백성들이 죄인이었기 때문입니다.

오, 주님, 굽어보시고 다비드의 아들을
그들의 왕으로 일으켜주십시오.
그가 당신의 하인 이스라엘을 다스리게 해주십시오.
그의 허리에 힘의 허리띠를 주어
그가 불의한 지배자들을 격파하고
예루살렘을 파괴하고 짓밟은 다른 민족들로부터

그 성을 탈환하게 해주십시오.
지혜롭고 정의롭게 그는 죄인들을
유산으로부터 추방할 것입니다.
그는 오지그릇처럼 죄인들의 오만을 부수고
그들의 모든 것을 쇠몽둥이로 박살을 내며
신을 모독하는 민족들을 자기 입의 말로
파멸시킬 것입니다.
그의 질책을 듣고 민족들이 달아나고
그는 죄인들이 마음 속에 품은 생각을 꾸짖을 것입니다.

그는 거룩한 백성을 긁어모아 정의롭게 인도하고
주 하느님이 축성한 백성의 부족들을 심판할 것입니다.
그는 불의가 더 이상 자리잡지 못하게 하고
사악한 사람은 하나도 남기지 않을 것입니다.
그는 하느님의 아들들만 백성으로 삼을 것입니다.
그리고 그들에게 부족에 따라 땅을 나누어주고
여행자도 외국인도 거기 머물지 못하게 할 것입니다.
그는 지혜와 정의로 백성과 민족들을 심판할 것입니다.

그는 외국의 민족들을 지배하고
온 세상이 바라보는 곳에서 주님을 찬미하고
예루살렘을 청소하여 예전처럼 거룩하게 만들 것입니다.
그러면 그의 영광을 보기 위해서
예루살렘을 영광스럽게 만든 주님의 영광을 보기 위해서
땅 끝에서부터 민족들이 몰려오고
예루살렘의 지친 아들들을 선물로 데려올 것입니다.
그는 하느님을 배운 정의로운 왕이 될 것이고

그의 시절에 불의가 결코 발을 붙이지 못할 것입니다.
그것은 모든 것이 거룩하게 되고
그가 주님이 기름 바른 왕이기 때문입니다.
그는 말과 기병과 활에 신뢰를 두지 않고
전쟁을 위해 금과 은을 축적하지도 않기 때문입니다.
그는 전쟁에서 군대의 숫자에
신뢰를 두지도 않을 것이기 때문입니다.
주님 자신이 그의 왕이고 그의 희망이며
그 희망을 통해서 그는 강력하기 때문입니다.

그는 자기 입의 말로 온 땅을 타도할 것이므로
모든 민족이 그를 두려워할 것입니다.
그는 주님의 백성을 지혜와 기쁨으로 축복하고
자기 자신은 위대한 백성을 다스리기 위해서
죄를 하나도 짓지 않고 순수할 것입니다.
그는 지배자들을 질책하고
말의 힘으로 죄인들을 제거할 것입니다.
주님에게 의지하면서 끝까지 비틀거리지 않을 것입니다.
주님이 성령으로 그를 강력하게 만들고
이해력과 힘과 정의로 무장할 것이기 때문입니다.
주님이 그를 축복하여 그는 강하고 흔들리지 않고
주님에게 희망을 걸 것입니다.
그런데 누가 그를 대적해서 이기겠습니까?
그는 활기차게 일하고
주님을 두려워하여 더욱 강해질 것입니다.
그는 주님의 양떼를 성실하고 정의롭게 길러서
한 마리도 목장에서 비틀거리지 않을 것입니다.

모든 백성을 올바르게 이끌어
그들 사이에 오만이 없고
억압받는 사람도 전혀 없을 것입니다.
이것이 주님이 아시는 이스라엘의 왕의 위엄입니다.
이스라엘의 집을 교정하기 위해서 주님이
그를 그 집 위에 일으켜세울 것입니다.
그의 말은 순금보다 더 세련된 것이고
그는 사람들이 모인 곳에서, 그는 백성을
축복된 사람들의 부족들을 심판할 것입니다.
그의 말은 거룩한 사람들의 말과 같을 것입니다.
그 시절에 사는 사람들은 축복을 받았습니다.
그들은 주님이 부족들을 한데 모은 곳에서 이룩하실
이스라엘의 행운을 볼 것입니다.
주님은 하루라도 빨리 이스라엘에게
자비를 베풀어주십시오.
무도한 적들의 불결함에서 우리를 구해주십시오.
주님 자신이 영원히 우리의 왕입니다.

18. 주님의 선을 보게 되는 날

주님, 당신의 자비는 당신 업적들 위에 영원히 있습니다.
당신의 선은 풍성한 선물로 이스라엘 위에 있습니다.
그들이 부족한 것이 없도록 당신 눈이 보고 있습니다.
당신 귀는 가난한 사람들의 희망찬 기도를 들어주십니다.
판결이 온 땅에서 자비롭게 집행됩니다.

당신은 아브라함의 자손, 이스라엘의 자녀들을 사랑합니다.
복종하는 영혼이 무지해서 저지른 어리석음을 버리고
돌아오도록, 당신은 맏아들 외아들처럼 우리를 단련합니다.
자비와 축복과 선택의 날에 대비하여
주님이 이스라엘을 깨끗하게 만들기를 바랍니다.
그날에 사는 사람들은 축복을 받았습니다
주님은 기름 바른 사람들을 데리고 갈 것입니다.
그들은 그때 앞으로 올 후손들을 위해 주님이
주님의 기름 바른 사람들을 단련하는 채찍 아래
지혜와 정의로움과 힘의 정신으로 베풀어줄
주님의 선을 볼 것입니다.
그것은 주님을 두려워하여 각자가 올바른 일을 하게 만들고
자비의 시대에 주님을 두려워하며 사는 훌륭한 백성으로
그들을 주님 앞에 세우려고 하는 것입니다.

우리 하느님은 위대하고 영광스러우며
가장 높은 곳에서 산다.
해마다 계절들을 결정하기 위하여 하늘의 빛들을
자기 길에 세운 것도 그분이다.
그분이 정해준 길에서 빛들은 벗어날 수가 없다.
창조된 날부터 영원히 그것들은 주님을 두려워하여
날마다 자기 길을 달려가고 있다.
그리고 창조된 날부터 착오를 저지르지 않았고
주님의 하인들을 통해서 주님이 명령하기 전에는
태초부터 자기 궤도를 이탈한 적도 없다.

솔로몬의 찬미가

가장 아름다운 찬미가 42편

해설

이 문헌은 평화와 기쁨의 노래 가운데 가장 아름다운 작품이고, 가장 탁월한 지혜 문서다. 출처와 저술 연대, 그리고 많은 부분의 정확한 의미는 아직도 알 수 없는 최대의 미스테리다.

또한 이것은 유일하게 남아 있는 시리아어 필사본에 들어 있는데, 이 필사본은 그리스어에서 번역한 것으로 본다. 시리아어 필사본은 1909년에 J. 렌델 해리스가 자기 사무실 구석에 아무렇게나 놓여 있던 필사본들 가운데서 우연히 찬미가 책을 찾아내어 뒤적이다가 발견한 것이다.

그때까지는 이 문헌의 일부가 고대 문헌에 인용되어 있을 뿐이었다. 콥트어로 된 그노시스파 문헌인 〈피스티스 소피아〉에 이 문헌의 찬미가 5편이 들어 있다. 그리고 락탄시우스의 라틴어 문헌에도 언급되어 있다.

이 문헌의 유래에 관한 주장은 여러 가지다. 유태교의 찬미가를 바탕으로 했다는 주장도 있고, 서기 2세기 그노시스파의 찬미가에서 유래했다는 주장도 있다.

그러나 가장 유력한 것은 서기 1세기경에 새로 세례를 받은 유태인 그리스도교 신자들의 찬미가라는 주장이다.

그리스어, 라틴어, 시리아어, 콥트어의 필사본이 전해져오는 이 찬미가들은 서기 100년에서 200년 사이에 저술된 것으로 보는데, 저술 장소에 관해서는 시리아, 또는 팔레스타인의 펠라, 또는 에데싸, 또는 안티오키아 등 여러 주장이 있다. 최초의 원본에 사용한 언어가 그리스어라는 주장도 있지만, 시리아어라는 주장이 더 강하다.

여기에는 이상하게도 역사적 사건에 대한 비유도 없고, 구약이나 신약, 또는 다른 고대 문헌에서 인용한 부분도 전혀 없다. 따라서 순전히 독창적으로 저술한 것으로 본다.

이것은 대단히 아름다울 뿐만 아니라 종교적 · 정신적 가치가 매우 높다. 에세네파가 초기 그리스도교의 신학에 미친 영향, 요한복음의 유래와 의미, 그리고 초대 그리스도 교회의 예절에 관해서 좀더 깊이 이해하는 데 이 문헌이 많은 참고가 된다. 또한 이 문헌은 〈이사야의 승천〉의 저자에게 상당한 영향을 미쳤다고 본다.

본문과 내용으로 보아서는 저자가 솔로몬이라는 증거는 전혀 없다. 다만 찬미가가 시편과 유사하기 때문에 솔로몬을 저자로 본 것이 아닌가 추정해본다.

주님은 나의 머리의 왕관

찬미가 1

1. 주님은 왕관처럼 나의 머리에 있고, 그가 없이는 나도 없습니다.

2. 그들이 진리의 왕관을 나에게 엮어주었고, 그것이 내 안에서 당신 가지들을 싹트게 해주었습니다.

3. 그것은 싹도 트지 않고 시드는 왕관이 아니기 때문에, 당신이 내 머리 위에서 살고 꽃을 피웠습니다.

4. 가득 맺힌 열매는 완전하고 당신 구원으로 충만합니다.

주님이 나에게 사랑을 가르쳤다

찬미가 3
2. 그는 사지를 가졌고, 나는 그 위에 서 있으며, 그는 나를 사랑합니다.

3. 주님이 나를 사랑하지 않았다면, 나는 주님을 어떻게 사랑해야 할지 알지도 못했을 것입니다.

4. 사랑을 받는 사람 이외에 누가 사랑을 분별할 수 있겠습니까?

5. 나는 사랑스러운 그분을 사랑하고, 내 영혼은 그를 사랑합니다.

6. 그분의 안식이 있는 그곳에 나도 있습니다.

7. 가장 높고 자비로운 주님에게는 아끼는 것이 없으므로, 나는 이제 낯선 사람이 아닙니다.

8. 사랑하는 사람이 사랑스러운 그분을 만났으므로, 나는 그와 결합했습니다.

9. 나는 성자인 그분을 사랑할 것이므로 나는 아들이 될 것입니다.

10. 영생하는 그분과 결합한 사람 역시 영원히 죽지 않을 것이고

11. 살아 있는 그분 안에 기뻐하는 사람은 생명을 얻을 것이기 때문입니다.

12. 이것은 거짓말을 하지 않고 사람의 아들들에게 자기 길을 가르치는 주님의 성령입니다.

13. 지혜롭고 이해하고 깨어 있는 사람이 되십시오. 할렐루야.

사람이 주님의 성전을 이전할 수는 없다

찬미가 4

1. 오, 하느님, 아무도 당신의 거룩한 장소를 변경할 수 없습니다.

2. 사람에게는 그런 권한이 없으므로 당신 성전을 이전할 수 없는 것입니다.

3. 그것은 당신이 다른 장소들을 만들기 이전에 이미 성전을 설계했고

4. 새로 만든 것으로 오래 된 것을 교체할 수 없기 때문입니다.

5. 오, 주님, 당신은 당신을 믿는 사람들에게 마음을 주었으니 결코 실패하지 않을 것이고, 열매가 없을 수가 없습니다.

6. 당신을 믿는 하루는 다른 모든 세월보다 더 값진 것입니다.

7. 당신 은총을 입고도 상처받는 사람이 어디 있습니까?

8. 당신 봉인은 알려졌고, 피조물들이 그것을 알고, 하늘의 군대가 그것을 가지고 있으며, 선택받은 대천사들이 그것을 입었습니다.

9. 당신은 우리를 동료로 삼았는데, 당신에게 우리가 필요한 것이 아니라 우리에게 당신이 필요했기 때문입니다.

10. 당신 이슬을 우리 위에서 증류하시고, 풍성한 샘들을 열어 우리에게 우유와 꿀을 쏟아부어주십시오.

11. 당신은 약속한 것에 대해서 전혀 뉘우칠 것이 없습니다.

12. 당신은 모든 것을 무료로 주시므로 결과가 당신 앞에 이미 드러나 있습니다.

13. 그래서 주신 것을 다시 거두어들일 필요가 없습니다.

14. 모든 것이 하느님 당신 앞에 드러나 있고, 태초부터 지시되었으며, 당신은 모든 것을 창조하셨습니다. 할렐루야.

바다, 루이 드 불롱뉴 작, 17세기

살로메의 찬미가

찬미가 5

1. 오, 주님, 저는 당신을 사랑하므로 감사하겠습니다.
2. 오, 가장 높으신 분이여, 당신은 저의 희망이므로 저를 저버리지 않을 것입니다.
3. 저는 당신 은총을 무료로 받았고, 그것으로 살 것입니다.
4. 박해하는 자들이 와도 저를 보지 못할 것입니다.
5. 암흑의 구름이 그들 눈을 가리고, 짙은 어둠의 공기가 그들을 감쌀 것입니다.
6. 그들은 빛이 없어서 못 보고 저를 잡지 못할 것입니다.
7. 그들의 꾀는 짙은 암흑이 되고, 교활하게 꾸민 음모가 그들 머리에 떨어질 것입니다.
8. 그들이 음모했지만 성공하지 못했기 때문입니다.
9. 주님은 저의 희망이므로 나는 두려워하지 않을 것이고, 주님이 저의 구원이므로 저는 겁내지 않을 것입니다.
10. 그는 제 머리의 화환이므로 저는 꿈쩍도 하지 않고, 모든 것이 뒤흔들려도 저는 굳세게 서 있습니다.
11. 주님이 저와 함께, 또 제가 주님과 함께 있으므로, 보이는 모든 것이 파멸한다고 해도 저는 죽지 않을 것입니다. 할렐루야.

생명의 물

찬미가 6

1. 손이 하프 위로 움직이면 줄이 말을 하듯이
2. 그렇게 제 사지 안에서 성령이 말하고, 저는 그의 사랑으로 말합니다.
3. 그것은 이질적인 것과 쓴 것을 모두 파괴하고
4. 태초부터 끝날까지 그렇게 되어 있어서 아무것도 그분의 적이 되면 안 되고, 그분을 대적해서 서 있을 수가 없기 때문입니다.
5. 주님은 자신에 관한 지식을 증가시켰고, 그것들을 알리는 데 열심이어서, 당신 은총으로 우리에게 그 지식을 주셨습니다.
6. 주님은 우리에게 그의 이름을 찬미하게 했고, 우리 영혼은 그의 성령을 찬미합니다.
10. 거대한 강물이 전세계로 퍼져서 흘러가고 모든 것을 채우며, 지상의 모든 목마른 사람들이 그 물을 마셨습니다.
13. 물을 관리하는 그들이 마른 입술들을 적셔주고, 기진맥진한 의지를 일으켜세웠습니다.
16. 그들은 몸에 힘을, 눈에 빛을 주었습니다.
17. 누구나 주님 안에서 그들을 알았고, 그들은 생명의 물로 영원히 살았습니다. 할렐루야.

사람이 되신 주님에 대한 찬미가

찬미가 7

1. 사악함에 대해 분노하는 충동과 마찬가지로, 사랑스러운 것에 대해 기뻐하는 충동도 한없이 열매를 거두어들입니다.

2. 저의 기쁨은 주님이고, 저의 충동은 그를 향하고 있습니다. 저의 이 길은 탁월합니다.

3. 저에게는 주님이 협조자이기 때문입니다.

4. 그는 자신의 단순함으로 제가 그를 알도록 아낌없이 허락했고, 친절로 자신의 위대함을 굽혔습니다.

5. 제가 그를 받아들이게 만들기 위해 그는 저와 비슷하게 되었습니다.

6. 제가 그를 옷으로 입도록 그는 저와 같은 사람이 되었습니다.

7. 그는 저에게 친절하여 저는 그를 보고도 몸을 떨지 않았습니다.

8. 내가 그를 배우도록 그는 저의 본성과 같이 되었고, 제가 그에게 등을 돌리지 않도록 그는 저의 모습을 취했습니다.

9. 지식의 아버지는 지식의 말씀입니다.

10. 지혜를 창조한 그분은 창조된 만물보다 더 지혜롭습니다.

11. 세상에 나와서 무엇을 해야 하는지 아직 모르던 저를 그분이 창조했습니다.

12. 그는 자신의 무한한 은총 속에서 저에게 자비를 베풀었고, 제가 그의 희생을 요청하여 받도록 허락했습니다.

13. 그것은 그가 결코 부패하지 않는 분이고, 모든 시대의 충족, 모든 시대의 아버지이기 때문입니다.

14. 그는 만물이 창조주를 알고, 스스로 존재하게 되었다는 생각을 하지 못하도록, 그들에게 그분을 보여주었습니다.

15. 그는 지식을 그 길로 주었고, 그 길을 넓히고 연장하고, 모든 완성으로 이끌었습니다.

16. 그 길 위에 그의 빛의 자취들을 놓았고, 저는 처음부터 끝까지 그 길을 걸었습니다.

17. 그분이 그 길을 만들었고, 그분은 성자 안에서 머물고, 그의 구원을 위해 그분은 모든 것을 장악할 것이기 때문입니다.

18. 가장 높으신 분이 그의 성인들에게 알려질 것인데, 그것은 주님이 오시는 것을 노래하는 사람들에게 선언하여,

19. 그들이 그분을 영접하고, 다양한 음색의 하프로 기쁘게 찬미가를 부르게 하려는 것입니다.

20. 예언자들이 그분 앞으로 오고, 그는 그들을 바라볼 것입니다.

21. 그가 가까이 있고 또 바라보고 있으므로 그들은 그의 사랑을 찬미할 것입니다.

22. 그러면 증오가 지상에서 사라지고, 질투와 더불어 익사할 것입니다.

23. 그것은 무지가 파괴되고, 마침내 주님의 지식이 이르렀기 때문입니다.

24. 노래하는 사람들은 주 하느님의 은총을 노래할 것입니다.

25. 그들은 노래를 가져오고, 그 마음은 대낮처럼 밝으며, 그들의 기쁜 노래는 주님의 탁월한 아름다움과 같을 것입니다.

26. 지식이 없이 숨쉬는 것도, 말을 못하는 것도 없을 것입니다.

27. 그는 만물에게 입을 주었고, 그를 찬미하도록 목소리를 열어주었기 때문입니다.

28. 너희는 그의 힘을 인정하고, 그의 은총을 보여주어라. 할렐루야.

너희는 주님의 작품이다

❧

찬미가 8

1. 너희는 열라. 주님을 찬미하도록 마음을 활짝 열라.

2. 가슴을 사랑으로 가득 채우고 입으로 넘쳐흐르게 하라.

3. 거룩하고 살아 있는 열매를 주님에게 바치도록, 그의 빛 안에 조심스럽게 말하기 위해서,

4. 때때로 굴욕을 당했던 너희는 일어나라. 똑바로 서 있어라.

5. 침묵을 지키던 너희는 이제 입이 열렸다고 당당하게 말하라.

6. 너희 정의로움이 찬미를 받았으니, 멸시당하던 너희는 이제부터 기를 마음껏 펴라.

7. 주님의 오른팔이 너희와 함께 있고, 그분이 너희 협력자이며,

8. 너희가 전쟁을 하기도 전에 이미 평화가 너희를 위해 준비되어 있었기 때문이다.

9. 진리의 말을 듣고, 가장 높으신 그분의 지식을 받아라.

10. 내가 말해주고 있는 것을 너희 육체는 알지 못했고, 내가 보여주고 있는 것을 너희 마음이 알지도 못했다.

11. 나의 진리가 너희를 지켜주었으니, 이제 너희는 그 진리를 지켜라.

12. 나의 믿음이 너희를 지켜주었으니, 이제 너희는 그 신앙을 지켜라.

13. 그리고 진리 안에서 나를 아는 너희는 나의 지식을 이해하라.

14. 사랑을 하는 너희는 나를 극진히 사랑하라.

15. 그것은 나에게 소속된 사람들을 내가 외면하지 않기 때문이고,

16. 또한 내가 그들을 알고 있고, 또한 그들이 태어나기 전부터 이미 내가 그들을 알았고, 그 얼굴에 나의 봉인을 찍었기 때문이다.

17. 나는 그들의 온몸을 빚어냈고, 그들이 나의 거룩한 젖을 마시고 살게 하기 위해서 나는 그들을 위해 젖가슴을 준비했다.

18. 나는 그들을 나의 기쁨으로 삼지, 그들에 대해서 부끄러워하지는 않는데,

19. 그것은 그들이 내 작품이고 또 내 생각의 힘에서 나왔기 때문이다.

20. 그러므로 누가 나의 작품에 대항해서 일어서고, 누가 그들에게 복종하지 않을 것인가?

21. 나는 내 의지로 정신과 마음을 빚어냈고, 그들은 나의 것이며, 나의 오른손이 그들을 선택했다.

22. 나의 정의로움이 그들 앞에서 걸어가고, 그들은 내 이름이 그들과 함께 있기 때문에 그것을 박탈당하는 일이 없을 것이다.

23. 요청하라. 그리고 주님의 사랑 안에서 풍요로움을 누리며 살라.

24. 사랑스러운 그분 안에서 사랑을 받는 사람들은 살아 있는 그분 안에서 보존된 그들이고,

25. 그들이 구원받은 것은 그분 안에서 이루어진 것이다.

26. 너희는 너희 아버지의 이름에 대해서 영원히 충실한 사람으로 인정될 것이다. 할렐루야.

진리는 영원한 승리의 왕관이다

찬미가 9

1. 너희 귀를 열어라. 그러면 내가 너희에게 말할 것이다. 너희 영혼을 내게 바쳐라. 그러면 나도 내 영혼을 너희에게 주고,

2. 주님의 말씀과 그분의 선한 즐거움, 그리고 그분이 구세주에

관해서 고안해냈던 거룩한 생각들을 너희에게 주겠다.

3. 왜냐하면 너희 구원이 주님의 의지 안에 있고, 그의 생각은 영원한 생명이며, 너희 목적이 영원 불멸이기 때문이다.

4. 하느님 아버지 안에서 풍요로운 사람이 되고, 가장 높으신 그분의 생각을 받아라.

5. 그의 은총으로 강한 사람이 되고 구원을 받아라.

6. 왜냐하면 그의 성인들인 너희에게 내가 평화를 선포하는데,

7. 이것은 내 말에 귀를 기울이는 사람은 전쟁에서 쓰러지지 않고, 그를 안 사람이 죽지 않으며, 그를 받아들인 사람이 수치를 당하지 않도록 하기 위한 것이기 때문이다.

8. 진리는 영원한 왕관이다. 그것을 머리에 쓰는 사람들은 축복을 받았다.

9. 그것은 엄청나게 값진 보석이고, 그것 때문에 무수한 전쟁이 있었다.

10. 그리고 정의로움이 그것을 차지했고, 또 너희에게 주었다.

11. 주님의 참된 계약 안에서 그 왕관을 머리에 써라.

12. 그러면 정복한 모든 사람은 그의 책에 기록될 것이다.

13. 그들의 책은 너희 것인 승리이기 때문이다. 승리는 자기 앞에 있는 너희를 보고, 너희가 구원되기를 바라고 있다. 할렐루야.

구세주의 노래

찬미가 10

1. 주님이 자기 말씀으로 내 입을 지도했고, 자기 빛으로 내 마음을 열었으며, 자신의 죽지 않는 생명이 내 안에서 살도록 했다.

2. 그는 또한 자기 평화의 결실을 내가 말할 수 있게 해주었는데,

3. 이것은 자기에게 기꺼이 오는 사람들의 영혼을 회개시키고, 포로들이 포로 생활을 잘 마치고 자유를 얻도록 하려는 것이었다.

4. 나는 힘을 받아서 강력하게 되었고, 온 세상을 포로로 삼았다.

5. 가장 높으신 그분, 그리고 나의 아버지인 하느님을 찬미하기 위하여 나에게 그렇게 이루어졌다.

6. 그리고 사방에 흩어졌던 이방인들이 모두 한군데로 모였다.

7. 그들이 높은 장소에서 나에게 고백했기 때문에, 나는 그들에 대한 사랑으로 변질되지 않았다. 그리고 그들의 마음에 빛의 흔적들이 찍혔다.

8. 그들은 내 생명 안에서 걸었고, 구원되어 영원히 내 백성이 되었다. 할렐루야.

주님이 나를 낙원으로 데려갔다

찬미가 11

1. 내 마음이 쪼개지고 그 꽃이 나타났다. 그리고 은총이 그 안에서 솟아나 주님에게 결실을 바쳤다.

2. 왜냐하면 가장 높으신 그분이 내 마음을 자신의 성령으로 쪼개고, 자기에게 향하는 내 사랑을 찾아 뒤졌으며, 자신의 사랑으로 나를 가득 채웠기 때문이다.

3. 그리고 그가 나를 연 것은 나의 구원이 되었고, 나는 그의 평화 안에서 그의 길을 달렸고, 심지어는 진리의 길마저도 달려갔다.

4. 시작에서 끝에 이르기까지 나는 그의 지식을 얻었다.

5. 그리고 그는 나를 진리의 바위 위에 든든하게 세워주었다.

6. 말을 하는 물이 주님의 샘에서 풍성하게 흘러나와 내 입술에 닿았고,

7. 나는 죽지 않고 살아 있는 그 물을 마시고 취했다.

8. 그리고 나는 지식도 없이 취한 것이 아니었고, 허영을 버린 뒤에 가장 높으신 그분, 나의 하느님에게 돌아갔다.

9. 나는 그의 무한한 재산으로 부유하게 되었고, 지상에 널리 퍼진 어리석음과 손을 끊고, 그것을 벗어서 멀리 던져버렸다.

10. 주님이 새로운 옷을 내게 입혀주고, 자기 빛으로 나를 장악했으며, 하늘로부터 부패를 모르는 휴식을 내려주었다.

11. 나는 꽃피고 그 꽃의 열매를 기뻐하는 땅처럼 되었다.

12. 그리고 주님은 땅의 얼굴을 비추는 태양과 같았다.

13. 그는 내 눈을 빛나게 만들었고, 내 얼굴은 이슬을 받았으며, 내 콧구멍들은 주님의 향기를 즐겼다.

14. 그리고 주님은 자신의 즐거움이 한없이 넘치는 낙원으로 나를 데리고 갔다.

15. 나는 그의 영광 때문에 그를 숭배했고, 그래서 이렇게 말했다. "오, 주님, 당신 땅에 심겨진 사람들, 낙원을 차지한 사람들은 축복을 받았습니다.

16. 그들은 나무 열매로 자랍니다. 그리고 암흑에서 빛으로 변했습니다.

17. 보십시오! 선행을 하는 사람들, 사악함을 떠나서 당신의 기쁨으로 가는 당신의 모든 하인들은 아름답습니다.

18. 그리고 그들은 당신 땅에 심겨졌을 때 나무들의 원한을 벗어버렸고,

19. 모든 것이 당신의 유물처럼, 그리고 당신의 충실한 업적의 영원한 기념처럼 되었습니다.

20. 왜냐하면 당신의 낙원에는 방이 무수하게 많고, 거기에는 쓸

모 없는 것이 하나도 없으며,

21. 모든 것이 열매로 가득 차 있기 때문입니다. 오, 하느님, 낙원의 영원한 환희인 당신에게 영광을 드립니다." 할렐루야.

진리의 말들과 지식

찬미가 12

1. 내게 진리를 말하도록 하려고 주님은 진리의 말들로 나를 채워주었다.

2. 그래서 흐르는 물처럼 진리가 내 입에서 흘러나가고, 내 입술이 그의 열매를 보여준다.

3. 주님은 나에게 자기 지식을 풍성하게 내려주었다. 왜냐하면 그의 입은 참된 말씀이고 그의 빛의 문이기 때문이다.

4. 그의 말들은 그의 아름다움을 해설하고, 그에 대한 찬미를 반복하며, 그의 의견을 고백하고, 그의 생각을 알리고, 그의 하인들을 단련시키는데, 가장 높으신 그분이 자기 말들에게 지식을 주었다.

5. 왜냐하면 말씀의 신속함에 대해서는 표현이 불가능하고, 지식의 신속함과 힘은 그 표현과 같으며,

6. 그것이 가는 길은 끝을 모르기 때문이다. 그것은 절대로 실패하지 않고, 든든하게 서 있으며, 내려가는 법도 없고 내려가는 길도 모른다.

7. 왜냐하면 그것의 일이 있듯이 그것의 목적이 있고, 그것은 빛이고 또한 생각의 새벽이기 때문이다.

8. 그리고 세상들이 그것으로 서로 이야기를 나누고, 말씀 안에는 침묵하는 것들이 있다.

9. 또한 사랑과 화해는 그것으로부터 왔고, 사람들은 자기들의 것에 관해서는 무엇이든지 서로 이야기했으며, 말씀이 그들에게 침투했다.

10. 또한 그들은 자기들을 창조한 그분을 알았다. 왜냐하면 그들은 화해 속에 있었고, 가장 높으신 그분이 그들에게 말했기 때문이다. 그리고 그의 설명은 그것으로 이루어졌다.

11. 왜냐하면 말씀이 머물러 사는 장소가 사람이고, 말씀의 진리는 사랑이기 때문이다.

12. 그것을 가지고 모든 것을 이해했고, 또 주님의 진리 안에서 그를 안 사람들은 축복을 받았다. 할렐루야.

주님은 우리의 거울이다

찬미가 13

1. 보라. 주님은 우리 거울이다. 너희 눈을 뜨고 주님 안에서 그 눈들을 보라.

2. 그리고 너희 얼굴이 어떻게 생겼는지 보라. 그리고 성령을 찬미하라.

3. 너희 얼굴에서 더러운 자국을 씻어버리고, 그의 거룩함을 사랑하여 옷으로 입어라.

4. 그러면 너희는 영원히 그와 함께 더러움이 없을 것이다. 할렐루야.

아들이 아버지를 바라보듯이

찬미가 14

1. 아들이 아버지를 바라보듯이, 오, 주님, 제 눈은 항상 당신을 바라봅니다.
2. 그것은 제 마음과 즐거움이 당신과 함께 있기 때문입니다.
3. 오, 주님, 당신의 자비와 친절을 제게서 거두지 마십시오.
4. 오, 주님, 당신 오른손을 항상 뻗어서, 당신의 기쁨을 위해 마지막 날까지 저를 인도해주십시오.
5. 당신의 영광 때문에 제가 당신 앞에서 기뻐하고,
당신 이름 때문에 저는 사악한 자로부터 구원될 것입니다.
6. 그리고 오, 주님, 당신의 온화함이, 그리고 당신 사랑의 결실이 제 곁에 항상 머물러 있을 것입니다.
7. 제가 당신 안에서 결실을 맺도록 진리의 시편들을 가르쳐주십시오.
8. 또한 오, 주님, 모든 찬미가로 제가 찬미하도록 성령의 하프를 제게 열어주십시오.
9. 당신의 풍성한 자비에 따라 저의 요청을 들어주시고,
우리들의 요청을 빨리 들어주십시오.
10. 우리에게 그 무엇이 필요하든지, 당신만 있으면 충분합니다.
할렐루야.

주님은 나의 기쁨, 나의 태양이다

찬미가 15

1. 밝은 날을 기다리는 사람들에게 태양이 기쁨이듯이, 그렇게 주님은 나의 기쁨이다.

2. 그는 나의 태양이고, 그의 빛이 나를 일으키며, 내 얼굴에서 모든 어둠을 물리치기 때문이다.

3. 그는 내게 눈을 주었고, 나는 그의 거룩한 날을 보았다.

4. 나는 귀를 받았고, 그의 진리를 들었다.

5. 나는 지식의 생각을 받았고, 그를 통하여 스스로 기뻐했다.

6. 나는 그릇된 길을 버리고 그에게 가서 구원을 듬뿍 받았고,

7. 그의 선물을 많이 받았을 뿐 아니라, 그의 위대한 아름다움이 나를 장식했다.

8. 나는 그의 이름으로 썩지 않는 옷을 입었고, 그의 은총으로 부패를 벗었다.

9. 죽음이 내 눈앞에서 파괴되었고, 지옥이 내 말에 무너져버렸다.

10. 영원한 생명이 주님의 나라에서 일어났고, 그에게 충실한 사람들에게 알려졌으며, 그를 믿는 모든 사람에게 아낌없이 분배되었다. 할렐루야.

주님은 나의 사랑이다

찬미가 16

l. 농부가 밭을 갈듯이, 선장이 배를 조종하듯이, 그렇게 나는 시편으로 주님을 찬미한다.

2. 그의 사랑이 내 마음을 길러주고, 내 입술에 결실을 가져왔기 때문에, 그를 찬미하는 것이 내 직업이고 기술이다.

3. 주님이 나의 사랑이기 때문에, 나는 그에게 노래할 것이다.

4. 그를 찬미하여 내가 강해졌기 때문에, 나는 그를 신뢰한다.

5. 내가 입을 열고, 그의 성령은 내 안에서 주님의 영광과 아름다움을 선포할 것이다.

6-7. 또한 그의 풍성한 자비와 말씀의 힘으로 그의 손과 손가락들이 만든 것도 선포할 것이다.

8. 그것은 주님의 말씀이 보이지 않는 것을 찾아내고, 사람의 생각을 알며,

9. 그의 눈은 사람의 일들을 보고, 귀는 사람의 생각을 듣기 때문이다.

l0. 그는 대지를 펼쳐놓았고, 바다에 물을 채웠다.

ll. 그는 하늘을 펼쳐놓았고, 별들에게 질서를 주었다.

l2. 또한 만물을 질서에 따라 확립했고, 일을 마치고 쉬었다.

l3. 창조된 만물은 제 길을 가고 임무를 수행하며, 게으름을 피우고 정지할 줄을 모른다.

l4. 그리고 모든 천사들이 그의 말씀에 복종한다.

l5. 태양은 빛의 보물 창고이고, 밤은 암흑의 창고다.

l6. 그는 태양이 낮에 빛나도록 만들었고, 밤은 지상에 어둠을 가져온다.

17. 해와 밤은 서로 뒤를 이으면서 하느님의 아름다움을 선포한다.

18. 주님은 만물이 생기기 전에 계셨기 때문에, 그를 떠나서는 아무것도 있을 수 없다.

19. 그리고 그의 말씀과 가슴 속의 생각에서 세상들이 나왔다.

20. 그의 이름은 마땅히 영광과 영예를 받는다. 할렐루야.

그리스도는 우리의 머리다

찬미가 17

1. 하느님이 내게 왕관을 주었고, 나의 왕관은 살아 있는 그분이다.

2. 주님이 나를 정의롭게 만들었고, 나의 구원은 부패하지 않는다.

3. 나는 헛된 것들로부터 벗어났고, 그래서 단죄된 사람이 아니다.

4. 그의 손이 내 쇠사슬을 끊었고, 나는 새 사람의 얼굴과 모습을 받았으며, 주님 안에서 걸어다니고 구원을 받았다.

5. 진리의 생각이 나를 인도했고, 나는 진리를 추구하여 길을 헤매지 않았다.

6. 나를 본 사람은 모두 놀랐고, 나는 그들에게 낯설게 보였다.

7. 나를 알고 길러준 분은 가장 완전하고 가장 높으신 그분이고, 그는 친절하게 나를 대접해주었다. 그리고 내 마음을 최고의 진리에 이르도록 들어올렸다.

8. 거기서 그는 길을 가르쳐주고, 나는 닫혔던 문들을 열었다.

9. 나는 쇠창살들을 철저히 부숴버렸지만, 내 족쇄가 내 앞에서 뜨거워지고 녹았다.

10. 내가 모든 것을 열었기 때문에, 내게는 아무것도 닫혀 있다고 보이지 않았다.

II.　묶는 자도 묶인 자도 없도록 하기 위해, 나의 모든 죄수를 풀어주기 위해 나는 그들에게 갔다.

I2.　나는 지식을 아낌없이 주었고, 사랑으로 기도했다.

I3.　나는 마음들 속에 내 열매들을 심었고, 나 자신 안에서 그것들을 변화시켰다.

I4.　그들은 내 축복을 받아서 살았고, 내게 모여들어 구원되었다.

I5.　그들은 나의 몸, 나는 그들의 머리가 되었기 때문이다.

I6.　오, 우리 머리인 주 그리스도여, 영광을 받으십시오. 할렐루야.

내 마음이 그분 사랑 안에서 위로 올라갔다

찬미가 18

I.　주님을 찬미하기 위하여, 내 마음은 가장 높으신 그분의 사랑 안에서 위로 올라가고 확대되었다.

2.　그의 힘에서 떨어져 나오지 않기 위해서 나의 팔다리는 튼튼하게 되었다.

3.　내 몸에서 질병이 사라지고, 주님의 뜻으로 그분 앞에 서 있었다. 그의 왕국이 참되기 때문이다.

4.　오, 주님, 잘못하는 사람들 때문에 당신 말씀을 제게서 거두지 마십시오.

5.　그들의 행동 때문에 당신의 완성을 멀리하지도 마십시오.

6.　암흑이 광채를 정복하지도, 진리가 허위로부터 달아나지도 말게 하십시오.

7.　당신은 저를 승리로 인도할 것이고, 당신 오른팔이 우리 구원입니다. 그리고 당신은 사방에서 사람들을 받아들일 것입니다.

8. 그리고 역경에 빠져 있는 사람을 모두 보존해줄 것입니다.

9. 당신은 저의 하느님입니다. 허위와 죽음은 당신 입에 없습니다.

10. 왜냐하면 당신의 뜻은 완전하고, 당신은 허위를 모르고,

11. 허위도 당신을 모르기 때문입니다.

12. 당신은 오류를 모르고,

13. 오류도 당신을 모릅니다.

14. 무지는 소경처럼, 바다의 물거품처럼 나타났고,

15. 그들은 이 헛된 무지를 마치 위대한 것이나 되는 듯이 생각했으며,

16. 또한 무지를 닮아서 헛된 것이 되었습니다. 그러나 이런 것을 알고 명상한 사람들은 이해했고,

17. 주님의 정신 안에 들어 있는 사람들이었기 때문에 그들은 정신이 타락하지 않았습니다.

18. 그들은 오류 속에서 걷는 사람들을 조롱했고,

19. 가장 높으신 그분이 입김처럼 불어넣어주는 영감에 따라 진리를 말했습니다. 그분의 이름에 찬미와 위대한 영광이 있기를 빕니다. 할렐루야.

동정녀가 고통 없이 출산한다

찬미가 19

1. 나는 우유를 한 잔 받아서 주님의 무한한 기쁨 안에서 마셨다.

2. 성자가 잔이고, 우유를 짜서 준 분은 성부다.

3. 성부의 젖가슴이 가득 차서 우유를 충분히 배출할 필요가 있었기 때문에, 성령이 성부의 젖을 짰다.

4. 그리고 성령이 성부의 가슴을 열고, 성부의 두 젖에서 나온 우유를 섞었으며, 그것을 아무것도 모르는 세상에게 주었다.

5. 그것을 가득 받는 사람들은 그분 오른쪽에 있는 사람들이다.

6. 성령이 동정녀의 배를 열었고, 그녀는 임신하여 아이를 출산했다. 그리고 동정녀는 무수한 자비를 받은 어머니가 되었다.

7. 또한 그녀는 진통을 했고, 아무런 고통도 없이 성자를 낳았다.

8. 그녀가 충분히 준비되지 않았고, 또한 산파를 찾지도 않았기 때문에, 그리고 그분이 그녀가 해산하도록 도와주었기 때문에, 그녀는 마치 자신이 남자인 듯이 자기 뜻대로 출산했다.

9. 그녀는 그분을 세상에 낳았고, 대단한 긍지로 그분을 얻었다.

10. 그리고 포대기에 싸인 그분을 사랑했고, 친절하게 보살폈으며, 위엄에 찬 그분을 보여주었다. 할렐루야.

나는 주님의 사제다

찬미가 20

1. 나는 주님의 사제이고, 그분에게 사제로서 봉사하며, 그분이 생각하는 제물을 바친다.

2. 그분의 생각은 세상의 생각과 같지 않고, 육체의 생각과 같지도 않으며, 육체적으로 섬기는 그들과 같지도 않기 때문이다.

3. 주님의 제물은 정의로움이고, 마음과 입술의 순수함이다.

4. 나무랄 데 없는 너의 절제를 그분 앞에 바쳐라. 네 마음이 다른 마음에게, 네 영혼이 다른 영혼에게 난폭하게 굴지 못하게 하라.

5. 외국인을 은화를 주고 노예로 사지 말고, 네 이웃을 집어삼키려고 노리지도 마라.

6. 이웃이 알몸을 가릴 옷을 빼앗지 말고,

7. 오히려 더러움이 없는 주님의 은총을 입고, 그의 낙원으로 들어가서 생명의 나무의 가지로 네 화관을 만들어라.

8. 그리고 그 화관을 머리에 쓰고 기뻐하고, 그의 안식에 머리를 기대라. 그러면 네 앞에 영광이 있을 것이고,

9. 그분의 친절과 은총을 받을 것이며, 그의 거룩함을 찬미하면서 진리 안에 번영할 것이다. 그의 이름에 찬미와 영광이 있기를 빕니다. 할렐루야.

내 영혼이 해방된 육체를 얻었다

찬미가 21

1. 주님이 나를 속박에서 풀어주었기 때문에, 나는 가장 높으신 그분에게, 주님의 은총을 향하여 두 팔을 높이 들었다. 내 지원자가 그의 은총과 구원을 향해 나를 높이 들어올렸다.

2. 그래서 나는 암흑을 벗어버리고 빛을 입었고,

3. 내 영혼은 슬픔과 비탄과 고통에서 해방된 육체를 얻었다.

4. 주님에 대한 생각이, 그리고 순수함 속에서 그분이 동행해주는 것이 더욱 더 내게 도움이 되었다.

5. 나는 그의 빛 속에서 높이 들려졌고, 그분 앞에서 봉사했다.

6. 또한 그를 찬미하고 그에게 고백하면서 나는 그분 가까이 갔다.

7. 내 마음은 치솟아올라와서 내 입에 머물렀고, 더 올라가서 입술에 머물렀다. 그리고 내 얼굴에는 그분에 대한 환희와 찬미가 갈수록 진하게 번졌다. 할렐루야.

머리가 일곱 달린 용을 타도한다

찬미가 22

1. 높은 곳에서 나를 아래로 끌어내린 그가 낮은 곳에서 또한 나를 위로 올렸다.
2. 그 중간에 있는 것들을 모으는 그가 나를 아래로 내던졌다.
3. 내 원수들과 반대자들을 격파하는 그는 태초부터 존재했다.
4. 그는 속박을 풀 권한을 내게 주었다.
5. 그는 내 손을 통해서 머리가 일곱 달린 용을 타도했다. 당신은 그의 씨를 없애도록 저를 그의 뿌리 위에 세웠습니다.
6. 당신은 거기 있으면서 저를 도왔고, 당신 이름은 어디서나 저를 보호하는 성채였습니다.
7. 당신 오른손은 그의 사악한 독약을 파괴했고, 당신 손은 당신을 믿는 사람들의 길을 평탄하게 만들었습니다.
8. 또한 당신은 그들을 무덤에서 선택하여, 죽은 사람들로부터 분리했습니다.
9. 당신은 마른 뼈를 집어서 그들에게 육체를 만들어주었습니다.
10. 그들은 움직일 수 없었지만, 당신은 그들에게 생명의 힘을 주었습니다.
11. 당신의 길과 얼굴은 부패가 없지만, 당신은 이 세상을 부패로 인도했습니다. 그것은 모든 것이 분해된 뒤에 다시 새롭게 되고,
12. 당신의 바위가 모든 것의 기초가 되며, 그 위에 당신의 왕국을 건설하고, 그 왕국을 당신의 성인들이 사는 곳으로 만들려는 것이었습니다. 할렐루야.

신비의 문자와 봉인과 책

찬미가 23

I. 기쁨은 성인들의 것이다. 그들 이외에 누가 그 기쁨을 입을 것인가?

2. 은총은 선택된 사람들의 것이다. 태초부터 은총을 신뢰한 그들 이외에 누가 그것을 받을 것인가?

3. 사랑은 선택된 사람들의 것이다. 태초부터 사랑을 가진 그들 이외에 누가 그것을 입을 것인가?

4. 가장 높으신 그분에 대한 지식 안에서 너희는 그분의 환희와 그분의 지식의 완전함을 향해서 주저하지 말고 걸어가라.

5. 그의 생각은 문자와 같았고, 그의 뜻은 활시위를 떠나 무섭게도 빨리 날아오는 화살처럼 위에서 내려왔다.

6. 그리고 수많은 손이 그 문자를 잡아서 읽어보려고 달려갔다.

7. 문자가 그 손가락들을 피해나갔고, 그들은 그 문자와 그 문자에 새겨진 봉인에 겁을 집어먹었다.

8. 그것은 봉인을 다스리는 힘은 그들보다 더 강력해서, 그들에게는 봉인을 뜯을 권한이 주어지지 않았기 때문이다.

9. 그러나 봉인을 본 그들은 그것이 어디에 내려앉는지, 누가 그것을 읽고, 또 누가 그것을 들을지 알아내기 위해서 문자의 뒤를 따라갔다.

10. 그러나 바퀴 하나가 그것을 받아서 그 위로 굴러갔다.

11. 그리고 그것과 함께 거기에는 왕국의 징표와 통치 조직의 징표가 있었다.

12. 바퀴는 자기를 움직이려고 애쓰는 것은 모조리 풀처럼 베어버렸다.

13. 그리고 그것은 수많은 적을 모으고, 강들 위에 다리를 놓아 건너가 수많은 숲을 약탈하고 넓은 길을 만들었다.

14. 바퀴가 발 밑까지 굴러갔기 때문에, 징표가 찍힌 머리가 발 밑으로 내려갔다.

15. 문자는 그 안에 모든 구역들이 포함되어 있어서 계명의 한 가지였다.

16. 그것의 머리에는 가장 높으신 성부로부터 나오는 진리의 성자로 드러난 머리가 보였다.

17. 그는 모든 것을 상속받아서 차지했다. 그리고 수많은 사람의 생각이 아무 소용이 없게 되었다.

18. 모든 배교자들이 허겁지겁 달아났다. 박해하고 분노하던 사람들이 모두 사라졌다.

19. 그 문자는 하느님이 전적으로 저술한 거대한 책이었다.

20. 그리고 그 책 위에는 영원히 다스리는 성부와 성자와 성령의 이름이 있었다. 할렐루야.

비둘기가 구세주에게 날아간다

찬미가 24

1. 비둘기(아주 없어져버린 복음서를 의미함) 한 마리가 자기 자신의 머리인 구세주에게 날아갔다. 그리고 그 새가 그분 머리 위에서 노래하는 소리가 들렸다.

2. 주민들이 겁을 먹었고, 여행자들이 동요했다.

3. 새들이 모두 날개를 접었고, 기는 짐승들이 모두 구멍 속에서 죽었다. 숨겨졌던 심연들이 모두 입을 벌렸고, 사람들이 진통하는

여자들처럼 주님에게 부르짖었다.

4. 음식이 그들에게 속해 있기 않았기 때문에, 그들은 아무 음식도 받지 못했다.

5. 그들이 주님의 봉인으로 심연들을 봉인했다. 그리고 고대 시절부터 존재했던 그들이 생각 안에서 멸망해버렸다.

6. 왜냐하면 그들은 처음부터 부패했고, 그들의 부패의 끝은 생명이었기 때문이다.

7. 그들 가운데 불완전한 사람은 누구나 멸망했는데, 그것은 머물러 있어도 좋다는 말을 해줄 수 없었기 때문이다.

8. 그리고 주님은 진리를 지니지 못한 모든 사람들의 상상력을 파괴했다.

9. 그것은 마음 속으로 자만하는 사람들은 지혜가 충분하지 못했기 때문이다. 그들은 진리를 가지고 있지 못해서 배척을 받았다.

10. 주님은 자기 길을 보여주고, 외국으로 은총을 전파하기 때문에, 그것을 이해하는 사람들은 그의 거룩함을 안다. 할렐루야.

주님은 내 구원의 오른손이다

찬미가 25

1. 하느님, 저는 속박에서 구출되어 당신에게 피신했습니다.

2. 당신은 제 구원의 오른손이고 또 저의 후원자이기 때문입니다.

3. 저를 거슬러서 일어나는 그들을 당신이 눌러버렸고,

4. 저는 그를 더 이상 보지 않을 것입니다. 왜냐하면 당신 얼굴이 저와 함께 있었고, 그래서 당신 은총이 저를 구했기 때문입니다.

5. 그러나 수많은 사람 눈에 저는 멸시와 배척을 받았고, 납처럼

되었습니다.

6. 한편 당신의 자신과 당신 도움이 저의 힘이 되었습니다.

7. 당신이 저의 좌우에 등불을 놓아주셨고, 제 안에는 밝지 않은 곳이 없을 것입니다.

8. 저는 당신의 성령의 옷을 입고, 당신은 제 피부의 옷을 벗겨버렸습니다.

9. 그것은 당신 오른손이 저를 높이 들어올렸고, 저의 질병을 없애주었기 때문입니다.

10. 저는 진리 안에 강하게 되었고, 당신의 정의로움으로 거룩하게 되었으며, 원수들이 모두 저를 두려워했습니다.

11. 저는 또한 주님의 이름으로 존경을 받고, 그의 온화함으로 정의롭게 되었으며, 그의 안식이 영원히 머물러 있습니다. 할렐루야.

나는 그의 거룩한 노래를 부를 것이다

찬미가 26

1. 나는 주님의 것이므로 그에게 한없이 찬미를 바쳤다.

2. 내 마음이 그와 함께 있으므로 나는 그의 거룩한 노래를 부를 것이다.

3. 그것은 또한 그의 하프가 내 손에 있고, 그의 안식의 찬미가들이 침묵하지 않을 것이기 때문이다.

4. 나는 마음을 다해서 그에게 소리칠 것이고, 온몸으로 그를 찬미하고 칭송할 것이다.

5. 그것은 동쪽에서 서쪽에 이르기까지 그를 찬미하고,

6. 남쪽에서 북쪽에 이르기까지 그에게 고백하기 때문이며,

7. 산꼭대기들부터 가장 낮은 그 밑바닥에 이르기까지 그는 완전하기 때문이다.

8. 누가 주님의 시편들을 짓거나, 또 낭송할 수 있는가?

9. 누가 자기 영혼이 구원되도록 그 영혼을 생명을 위해 훈련시킬 수 있겠는가?

10. 누가 가장 높으신 그분의 입으로 말하기 위해서 그에게 머물 수 있겠는가?

11. 누가 주님의 놀라운 일들을 해석할 수 있는가?

12. 해석할 수 있는 사람은 분해되어, 해석되는 바로 그것이 될 것이기 때문이다.

13. 또한 아는 것과 쉬는 것으로 충분하고, 노래하는 사람들은 안식 속에 서 있기 때문인데,

14. 그들은 마치 풍성한 샘을 가진 채, 자기를 찾는 사람들을 도우려고 흘러가는 강물과 같다. 할렐루야.

두 팔을 벌리면 십자가가 된다

찬미가 27

1. 나는 두 팔을 벌리고 주님을 찬미했다.

2. 두 팔을 벌리면 내 몸이 주님의 징표가 되고,

3. 똑바로 서 있는 나무 또는 십자가가 되기 때문이다. 할렐루야.

성령의 날개가 내 마음 위에 펼쳐졌다

찬미가 28

1. 비둘기가 새끼들 위로 날개를 펴듯이, 그리고 새끼들의 주둥이가 어미 주둥이를 향해 벌어지듯이,

2. 그렇게 성령의 날개가 내 마음 위로 날개를 펼쳤다.

3. 어머니의 뱃속에서 뛰노는 태아들처럼 내 마음은 기쁨으로 춤추었다.

4. 나는 믿었고, 그래서 안식을 얻었는데, 그것은 내가 믿은 그는 충실하기 때문이다.

5. 그는 풍성한 축복을 내게 내렸고, 내 머리는 그와 함께 있다. 칼도 반월도도 나를 그에게서 갈라놓지 못할 것이다.

6. 그것은 파괴자가 오기 전에 내가 준비되어 있고, 나는 이미 그의 불멸의 날개를 탔기 때문이다.

7. 그는 내게 자기 징표를 보여주었고, 마실 것을 주었으며, 그것으로부터 내 안의 정신이 생명을 얻었고, 그 생명은 살아 있는 것이기 때문에 절대로 죽을 수가 없다.

8. 내가 박해를 받았기 때문에, 나를 본 사람들은 모두 놀랐다. 그리고 내가 패배자처럼 보였기 때문에, 그들은 내가 먹힌 줄 알았다.

9. 박해는 나의 구원이 되었고, 나에게 열성이 없었기 때문에 나는 그들의 질책을 받았다.

10. 또한 모든 사람에게 나는 선을 베풀었기 때문에, 그들의 미움을 샀다.

11. 그래서 주인을 몰라보고 공격해대는 미친 개들처럼, 그들이 사방에서 나에게 달려들었다.

12. 그것은 그들의 생각이 사악하고, 또 오해로 가득 차 있기 때

문이다.

13. 그러나 나는 오른손으로 물을 운반했고, 그들의 원한을 친절로 견디어냈다.

14. 나는 그들의 형제도 아니고, 내 출생이 그들과 같지도 않았기 때문에, 나는 멸망하지 않았다.

15. 나는 그들의 기억보다 더 나이가 많았기 때문에, 그들이 내 죽음을 추구했지만 그것을 발견하지 못했다.

16. 그들은 나를 공격했지만 헛된 일이었고, 나를 추격한 사람들도 아무런 보상을 받지 못했다.

17. 그들은 자기들보다 먼저 있던 그의 기억을 없애버리려고 애를 썼다.

18. 가장 높으신 그분의 생각을 아무도 미리 알 수가 없고, 그의 마음은 모든 지혜를 능가하기 때문이다. 할렐루야.

주님은 나의 희망이다

찬미가 29

1. 주님은 나의 희망이다. 그 안에서 나는 길을 잃지 않을 것이다.

2. 그는 그의 찬미에 따라서 나를 만들었고, 그의 선에 따라서 내게 주었으며,

3. 그의 자비에 따라서 나를 칭찬했고, 그의 탁월한 아름다움에 따라서 나를 높은 자리에 두었으며,

4. 지옥의 밑바닥에서 나를 건져올렸고, 죽음의 입에서 나를 구출했기 때문이다.

5. 그리고 그는 내 원수들을 굴복시켰고, 그의 은총으로 나를 정

의롭게 했다.

6. 나는 주님의 구세주를 믿었고, 그래서 내게는 그가 주님으로 보였다.

7. 그는 내게 그의 징표를 보였고, 그의 빛으로 나를 인도했으며, 그의 힘의 지팡이를 주었다.

8. 그것은 내게 백성들의 마음을 휘어잡고, 강한 사람들의 힘을 굴복시키게 하며,

9. 그의 말로 전쟁을 하고, 그의 힘으로 승리를 거두게 하려는 것이었다.

10. 그리고 주님은 그의 말로 내 원수를 타도하여, 원수는 바람에 불려 날아가는 검불처럼 되었다.

11. 가장 높으신 그분이 그의 하인인 나를, 그의 하녀의 아들인 나를 높이 들어올렸기 때문에 나는 그를 찬미했다. 할렐루야.

주님의 살아 있는 샘물

찬미가 30

1. 주님의 살아 있는 샘이 너희에게 개방되어 있으니, 거기서 스스로 물을 가득 채워라.

2. 목마른 너희는 모두 와서 물을 마시고, 주님의 샘가에서 편히 쉬어라.

3. 그 샘은 아름답고 순수하며, 영혼에게 휴식을 주기 때문이다. 그 물은 꿀보다도 훨씬 더 달고,

4. 꿀벌의 벌집도 그것에는 비교할 수가 없다.

5. 그 물은 주님의 입에서 흘러나오고, 주님의 가슴에서 그의 이

름이 나오기 때문이다.

6. 그들이 몰라보지만 그들 가운데에 이를 때까지 그 물은 보이지 않게 무한하게 흘러나왔다.

7. 그 샘에서 물을 마시고 그 샘가에서 휴식을 발견한 사람들은 축복받았다. 할렐루야.

주님은 구원의 약속을 지킨다

찬미가 31

1. 심연들이 주님 앞에서 무너져버렸고, 그의 얼굴이 암흑을 파괴해버렸다.

2. 오류가 길을 잃고 그의 손에 멸망되었으며, 어리석음은 걸어들어갈 길을 찾지 못하고, 주님의 진리에 의해서 침몰했다.

3. 그는 입을 열어 은총과 기쁨을 말했고, 그의 이름에게 새로운 찬미가를 불렀다.

4. 그는 가장 높으신 그분에게 목청을 돋우었고, 그와 함께 있는 아들들을 그분에게 바쳤다

5. 성부가 그에게 그렇게 주었기 때문에, 그의 얼굴은 떳떳하게 되었다.

6. 시련을 당했던 너희는 모두 와서 기쁨을 받고, 너희 영혼을 그의 은총으로 채우며, 너희는 불멸의 생명을 받아라.

7. 채무자였던 내가 일어났을 때, 그들은 나를 채무자로 만들었고, 아무 권한도 없으면서도 그들은 내 물건들을 전리품으로 나누어 가졌다.

8. 그러나 나는 아랑곳하지 않는다는 듯이 참고 평화와 침묵을 지

켰다.

9. 파도에 부딪치면서 꼬떡도 않고 견디는 견고한 바위처럼 나는 흔들리지 않고 서 있었다.

10. 또한 겸손 때문에 나는 그들의 원한을 참고 견디었다.

11. 그것은 내가 백성들을 구하여 그들을 상속받기 위해서, 그리고 내가 그들의 조상들에게 후손의 구원을 약속했는데, 그 약속을 공허한 것으로 만들지 않기 위해서 그렇게 한 것이다. 할렐루야.

축복받은 사람들에게 기쁨과 빛이 있다

찬미가 32

1. 축복받은 사람들에게는 그들 가슴에서 솟는 기쁨이 있고, 그들 안에 머무는 그분의 빛이 있으며,

2. 스스로 시작된 진리의 말들이 있다. 그는 가장 높으신 그분의 거룩한 힘으로 강화되고, 영원히 흔들리지 않는다. 할렐루야.

완전한 처녀

찬미가 33

1. 은총이 다시금 달려가서 부패를 저버렸다. 그리고 부패를 없애기 위해서 그분 안으로 내려갔다.

2. 그는 자기 앞에서 멸망을 파괴했고, 그 멸망의 질서를 전부 무너뜨리고 말았다.

3. 그리고 그는 높고 높은 산꼭대기에 서서 땅 끝에서 다른 끝에 이르도록 목소리를 던졌다.

4. 그는 그에게 복종하는 사람을 모두 끌어모았고, 사악한 사람은 한 명도 보이지 않았다.

5. 그러나 거기 아래와 같이 선언하고 소리치고 말하는 완전한 처녀가 한 명 서 있었다.

6. 오, 사람의 아들들아, 너희는 돌아오라. 오, 사람의 딸들아, 어서 오라.

7. 저 부패의 길들을 버리고 내게 가까이 오라. 내가 너희 안으로 들어가고, 너희를 멸망에서 구출해주겠다.

8. 너희는 멸망하지 않고 죽지도 않기 위해서, 진리의 길에서 지혜로운 사람이 되라.

9. 너희는 내 말을 듣고 구원을 받아라. 내가 지금 너희 가운데서 하느님의 은총을 말하고 있고, 내 방법에 따라서 너희는 구원과 축복을 받을 것이기 때문이다.

10. 나는 너희들의 심판관이다. 나를 옷으로 입는 사람들은 상처를 받지 않고, 썩지 않는 새로운 세상을 가질 것이다.

11. 나의 선택을 받은 사람들은 내 안에서 걸어가고, 나를 찾아다니는 사람들에게 나는 내 길을 알려줄 것이며, 그들이 내 이름을 신뢰하게 할 것이다. 할렐루야.

새벽의 신, 피에르 미냐르 작. 17세기

모든 것은 위에 있다

찬미가 34

1. 단순한 마음이 있는 곳에서는 어떠한 길도 험하지 않다.
2. 생각이 올바른 곳에서는 상처가 없다.
3. 빛이 비추어진 생각 그 깊은 곳에는 태풍이 없다.

4. 사방이 아름다움으로 둘러싸인 사람이 있는 곳에는 분열된 것이 없다.

5. 아래에 있는 것과 비슷한 것은, 모든 것이 위에 있기 때문에 그것은 위에 있는 것이다. 아래에 있는 것은 지식이 없는 것들의 상상에서 오는 것에 불과하다.

6. 너희 구원을 위해서 은총이 계시되었다. 믿어라. 그래서 생명을 얻고 구원을 받아라. 할렐루야.

주님의 이슬

찬미가 35

1. 주님은 고요함 속에서 그의 이슬을 내게 뿌려주었고,

2. 내 머리 위로 평화의 구름을 일으켜서 항상 나를 보호하도록 했다.

3. 그것은 내 구원을 위한 것이었고, 모든 것이 흔들렸으며, 그들이 몹시 겁을 냈다.

4. 그들에게서 연기와 심판이 나왔고, 나는 주님의 질서 안에서 조용히 있었다.

5. 그는 내게 피난처보다 더 안전하고 샘물보다 더 풍성했다.

6. 어머니에게 이끌리는 어린 아이처럼 나는 운반되었고, 그는 우유, 즉 주님의 이슬을 내게 주었다.

7. 그의 풍성한 배려로 나는 크게 자랐고, 그의 완전함 속에 머물렀다.

8. 그리고 나는 내 영혼을 들어올리면서 두 팔을 벌렸다. 그래서 나는 가장 높으신 그분에게 정의로운 사람이 되고, 또 구원을 받았

다. 할렐루야.

성령이 나를 위대하게 만들었다

찬미가 36

1. 나는 주님의 성령 안에 머물고, 성령은 나를 높이 들어올렸다.

2. 그리고 내가 찬미가를 지어 주님을 찬미하고 있는 동안에, 성령은 가장 높으신 주님 안에, 그의 완전함과 영광 앞에서 내가 스스로 일어서 있도록 해주었다.

3. 성령은 주님의 얼굴 앞으로 나를 데려갔고, 나는 사람의 아들인데도 빛을 받은 자이며 하느님의 아들이라고 불렸다.

4. 나는 찬미하는 사람들과 함께 찬미했고, 강한 사람들 가운데서도 위대했다.

5. 왜냐하면 가장 높으신 그분의 위대함에 따라 그가 나를 위대하게 만들었고, 그의 새로움에 따라 나를 새롭게 했으며, 그의 완전함으로 내게 기름을 발라주었기 때문이다.

6. 나는 그의 이웃들 가운데 하나가 되었고, 내 입이 이슬의 구름들처럼 열렸으며,

7. 내 마음이 정의로움의 세찬 물줄기처럼 흘러넘쳤고,

8. 나는 평화 속에 그에게 가까이 다가갔다. 그리고 그의 다스림의 성령으로 나는 확립되었다. 할렐루야.

주님이 내게 대답했다

찬미가 37

1. 나는 주님에게 두 팔을 뻗쳤고, 가장 높으신 그분에게 목소리를 높였다.
2. 그리고 내 마음의 입술로 말했다. 내 목소리가 그에게 닿았을 때, 그는 내 말을 들어주었다.
3. 그의 대답이 돌아왔고, 그는 내 노력의 열매들을 베풀어주었다.
4. 그 대답은 주님의 은총으로 내가 쉬도록 해주었다. 할렐루야.

진리는 나의 구원의 항구

찬미가 38

1. 나는 전투용 마차를 타듯이 진리의 빛을 향해 올라갔다.
2. 그러자 진리가 나를 받아서 인도하고, 구덩이와 계곡들을 건너가게 했으며, 바위와 파도로부터 나를 보호했다.
3. 진리는 또한 나에게 구원의 항구가 되고, 영원한 생명의 품에 나를 맡겼다.
4. 진리가 나와 함께 갔기 때문에, 나는 방황하지 않고 쉴 수가 있었다.
5. 나는 그분과 함께 걸었기 때문에, 위험을 겪지 않았다.
6. 나는 진리에 복종했기 때문에, 오류에 절대로 빠지지 않았다.
7. 오류는 진리로부터 달아나고 진리를 만나지 않으며, 진리는 올바른 길을 걸어가기 때문이다.

8. 내가 모르는 것이 있으면 진리는 무엇이든지 가르쳐주었고, 사람들이 달콤하다고 생각하는 것, 즉 잘못의 독약과 죽음의 전염병도 가르쳐주었다.

9. 타락한 신부가 장식되고, 타락시키는 신랑이 타락했을 때, 나는 멸망시키는 자를 보았다.

10. 그래서 내가 진리에게 "이들은 누구입니까?"라고 물었다. 진리는 "그들은 속이는 자와 오류다.

11. 그들은 신랑과 신부 안에서 똑같고, 온 세상을 그릇 인도하여 타락시킨다.

12. 또한 그들은 수많은 사람을 잔치에 초대하고,

13. 포도주를 주어 취하게 만들며, 사람들의 지혜와 지식을 제거하여 사람들이 지성을 잃게 만든다.

14. 그런 뒤에는 그들이 사람들을 떠나버린다. 그러고는 사람들이 올바른 정신이 없고, 또 그것을 찾아다니지도 않는 것을 보고는, 그들이 미치광이들처럼 돌아다니면서 타락시킨다."고 대답했다.

15. 그래서 나는 속이는 자의 손아귀에 빠지지 않도록 지혜로운 사람이 되었고, 진리가 나와 함께 걸어가므로 나 자신을 축하했다.

16. 그래서 나는 확립되었고, 삶과 구원을 얻었다.

17. 또한 그가 나를 확립시켰기 때문에, 나의 기초는 주님의 손 위에 놓였다.

18. 그가 뿌리를 내리게 하고 그 뿌리에 물을 주었으며, 고정시키고 축복했다. 그래서 그 열매는 영원하다.

19. 그 뿌리는 깊이 파고들었고, 지상에 싹이 터서 사방으로 가지가 뻗어나갔으며, 풍성한 열매를 맺었다. 주님은 나무를 심고 가꾸는 일에서 홀로 찬미를 받았다.

20. 그의 보살핌, 그 입술의 축복과, 그의 오른손이 아름답게 나무를 심는 일, 나무 심는 일의 발견, 그의 정신의 생각 때문에, 그

는 홀로 찬미를 받았다. 할렐루야.

구세주가 강물을 걸어서 건너간다

찬미가 39

1. 거대한 강들은 주님의 힘이다.

2. 그 강들은 주님을 경멸하는 사람들을 처박아서 데리고 가고, 그들의 길을 망쳐버린다.

3. 또는 그 강들은 그들의 실개천들을 휩쓸어버리고, 그들의 육체들을 잡아서 목숨을 끊어버린다.

4. 왜냐하면 그 강들이 번개보다 더 빠르기 때문이다. 그리고 신앙 안에서 건너가는 사람들은 아무 탈이 없고,

5. 결함이 없이 그 위를 걷는 사람들은 두려워하지 않을 것이다.

6. 왜냐하면 그들 안에 있는 징표는 주님이고, 그 징표는 주님의 이름으로 건너가는 사람들의 길이기 때문이다.

7. 그러므로 가장 높으신 그분의 이름을 입고, 그분을 알아라. 그러면 강들이 네게 복종할 것이기 때문에 위험을 겪지 않고 건너갈 수 있을 것이다.

8. 주님은 그의 말로 강들 위에 다리를 놓고, 그는 걸어서 그 강들을 건너갔다.

9. 그의 발자국들은 물 위에서 단단하게 서 있고 지워지지 않으며, 똑바로 서 있는 나무처럼 든든한 것이다.

10. 파도가 이쪽과 저쪽에서 일어났지만, 우리 주님 구세주의 발자국들은 단단하게 서 있었고, 절대로 지워지거나 부서지지 않는다.

11. 그리고 그의 뒤를 따라 건너가는 사람들과 그에 대한 신앙의

길에만 매달리고 그의 이름을 숭배하는 사람들에게 뚜렷한 길이
마련되었다. 할렐루야.

주님에 대한 나의 희망

찬미가 40

1. 꿀벌들의 벌집에서 꿀이 나오듯이
2. 자기 아이들을 사랑하는 여인의 젖가슴에서 우유가 솟아흐르
듯이,
3. 오, 하느님, 당신에 대한 저의 희망도 그와 같습니다.
4. 분수가 세차게 물을 뿜어내듯이
5. 그렇게 제 마음도 주님에 대한 찬미를 뿜어내고, 제 입술은 그
를 찬양하며, 제 혀는 시편을 노래합니다.
6. 또한 제 얼굴은 그의 기쁨을 가득 반사하고, 제 정신은 그의 사
랑 안에서 기쁨에 젖으며, 제 영혼은 그분 안에서 빛납니다.
7. 저는 그분을 진심으로 신뢰하고, 구원은 그분 안에서 결코 흔
들리지 않습니다.
8. 그의 유산은 영원한 생명이고, 거기 참여하는 사람들은 썩지
않습니다. 할렐루야.

새로운 노래가 솟아난다

찬미가 41

1. 주님의 자녀들이 모두 그를 찬미하고, 그의 신앙의 진리를 거둘 것이다.
2. 그리고 그들은 그에게 알려질 것이므로, 우리는 그의 사랑 안에서 노래할 것이다.
3. 우리는 은총으로 주님 안에서 살고, 그 안에서 생명을 받는다.
4. 왜냐하면 위대한 날이 우리 위에서 빛나고, 자신의 영광을 우리에게 베풀어준 그는 놀라운 분이기 때문이다.
5. 그러므로 우리는 모두 주님의 이름 안에서 단결하고, 그분의 선을 찬미하자.
6. 우리는 그의 빛을 우리 얼굴에서 발산하고, 우리 마음이 밤낮으로 그의 사랑 안에서 명상하게 하자.
7. 우리는 주님의 기쁨으로 영혼을 가득 채우자.
8. 나를 보는 사람은 모두 놀랄 것이다. 왜냐하면 나는 다른 종족에서 왔고,
9. 처음부터 나를 소유한 그분, 진리의 아버지가 나를 기억했으며,
10. 그의 풍성함, 그의 마음의 생각이 나를 낳았기 때문이다.
11. 우리 모든 길에서 그의 말씀이 우리와 함께 있다.
12. 생명을 주고, 우리 영혼들을 배척하지 않는 구세주,
13. 굴복당했지만, 그의 정의로움으로 높이 올려진 사람,
14. 가장 높으신 그분의 아들이 그의 아버지의 완전함 안에서 나타났다.
15. 그리고 빛이 그의 내면에 예전부터 있었던 말씀으로부터 흘러나왔다.

16. 구세주는 참으로 한 분이고, 그는 세상이 창조되기 이전에 이미 알려졌는데,

17. 그것은 그가 그의 이름의 진리로 영혼들을 영원히 구원하게 하려는 것이었다. 새로운 노래가 그를 사랑하는 사람들에게서 솟아오른다. 할렐루야.

죽음마저 정복한 구세주

찬미가 42

1. 나는 두 팔을 내뻗고 주님에게 다가갔다.

2. 내 손을 뻗는 것이 주님의 징표이기 때문이다.

3. 내뻗은 내 팔의 모습은 정의로운 그분의 길에 세워진 가지 많은 나무다.

4. 나는 나를 붙잡지 않은 사람들에게 아무것도 아니었고, 그래서 나를 사랑하는 사람들과 함께 있을 것이다.

5. 나를 박해하던 사람들은 모두 죽었다. 내가 살아 있었기 때문에, 내게 희망을 두던 사람들은 나를 찾아다녔다.

6. 그래서 내가 일어섰고, 이제 그들과 함께 있으며, 그들의 입으로 내가 말을 할 것이다.

7. 그들이 자신을 박해하던 사람들을 경멸했기 때문이다.

8. 나는 내 사랑의 멍에를 그들에게서 벗겨주었고,

9. 신랑의 팔이 신부의 목에서 풀어지듯이

10. 나를 아는 사람들이 지던 나의 멍에도 그렇게 되었다.

11. 신랑과 신부의 집에서 담요가 깔리듯이

12. 나를 믿는 사람들 위에 내 사랑도 그렇게 된다.

13. 배척받은 것 같지만, 나는 그렇지 않았고,

14. 그들이 나의 파멸을 도모했지만, 나는 파멸하지 않았다.

15. 지옥이 나를 보고는 스스로 비참하게 되었다.

16. 죽음이 나를, 나와 함께 수많은 사람을 지상으로 내던졌다.

17. 나는 분노와 원한을 품었고, 죽음과 함께 그의 밑바닥까지 내려갔다.

18. 그들이 차마 내 얼굴을 쳐다보지 못했기 때문에, 그는 나의 다리들과 머리를 놓아주었다.

19. 나는 그의 죽은 사람들 가운데서 살아 있는 사람들의 모임을 만들었고, 살아 있는 입술로 그들에게 말했다.

20. 왜냐하면 내 말은 헛되지 않을 것이기 때문이다.

21. 죽은 사람들이 내게 달려와서 소리치며 "하느님의 아들이여, 우리에게 자비를 베풀고, 당신의 친절에 따라 우리를 취급하며,

22. 암흑의 속박에서 구출해주십시오. 그리고 이 문을 열어서 우리가 당신에게 나아가게 해주십시오.

23. 왜냐하면 우리의 죽음이 당신에게 손대지 못한 것을 우리가 보았기 때문입니다.

24. 당신은 우리 구세주이므로 당신과 함께 우리도 구원을 받게 해주십시오."라고 말했다.

25. 나는 그들의 말을 들었고, 내 이름을 그들의 이마에 써주었다.

26. 왜냐하면 그들은 자유로운 사람이고 나의 것이기 때문이다. 할렐루야.

유태인들의 기도

사도들의 기도서에 포함되어 있던 것

해설

이 문헌은 그리스어를 사용하는 유태인들이 서기 150년
에서 300년 사이에 알렉산드리아 또는 시리아에서 저술한
것으로 보이는 16편의 기도문으로 되어 있다.

이것은 초대 그리스도교 교회에서 사용하던 기도문들과
매우 비슷한 성격을 지닌다. 그래서 그리스도교의 수정과
추가를 거쳐서, 〈사도들의 기도서〉 안에 포함되어 있기도
했다. 또한 이것은 구약의 시편과도 비슷하고, 시편의 내용
을 많이 인용하고 있다.

1. 감사의 기도

오, 우리 구세주 예수의 아버지인 하느님, 우리 가운데 심어준
당신의 거룩한 이름, 그리고 성자 예수를 통하여 우리에게 부여한
지식과 신앙과 사랑과 불멸에 대해서 감사드립니다.

오, 전능한 지배자인 우주의 하느님, 당신은 세상과 그 안에 있
는 것들을 그를 통해서 창조했고, 우리 영혼 깊은 곳에 율법을 심
어주었으며, 사람들에게 서로 교류할 물건들을 마련해주었습니다.

당신은 거룩하고 결함 없는 사람들의 하느님이고, 당신의 충실한 하인이자 우리 조상인 아브라함과 이사악과 야곱의 하느님입니다.

당신은 강력한 하느님이고, 충실하고 진실한 분이며, 약속에 있어서 거짓이 없습니다. 또한 당신은 지상에 당신의 그리스도 예수를 보내서, 사람으로서 사람들과 함께 살게 하고, 그가 거룩한 말씀이자 사람으로서, 오류를 근본적으로 파괴하도록 했습니다.

2. 우주의 구원자인 하느님에 대한 찬미

우리의 영원한 구원자이고, 모든 신들의 왕이며, 홀로 전능하고 홀로 주님인 만물의 하느님, 거룩하고 결함 없는 우리 조상 아브라함과 이사악과 야곱의 하느님, 자비롭고 인내하고, 더없이 인자한 하느님, 모든 마음 속을 환하게 들여다보고 모든 생각을 아는 당신에게 정의로운 사람들의 영혼이 소리쳐 부릅니다.

결함 없는 사람들의 아버지, 정직하게 당신을 부르는 사람들의 말을 들어주고, 또한 말로 표현하지 않은 요청도 다 아는 당신에게 경건한 사람들은 희망을 걸었습니다.

왜냐하면 당신의 통찰력은 사람의 깊은 감정에까지 이르고, 양심을 통해서 당신은 사람이 사는 곳이라면 그 어디서나 각 개인의 심판을 추구하며, 기도와 말을 통해서 나오는 향기는 당신을 향해 올라가기 때문입니다.

당신은 이 세상을 정의로운 사람들이 달려가는 경기장으로 만들었고, 각자에게 자비의 문을 열어주었습니다. 또한 재산의 소유가 결코 영원하지 못하고, 겉모습의 아름다움이 항상 유지되지 못하며, 권력과 육체의 힘이 쉽게 무너지고, 모든 것이 물거품이고 허무에 불과하다는 것을 당신은 각자가 지닌 지식과 선천적인 판단력과 율법에 대한 반응을 통해서 누구에게나 보여주었습니다.

그러나 가식 없는 신앙을 지닌 양심은 진리와 함께 하늘로 올라가는 보금자리로서 언제까지나 남아 있고, 영양분을 공급해주는 손이 그것을 지탱해줍니다. 그래서 동시에, 그리고 재생의 약속이 있기도 전에 영혼은 크게 기뻐합니다.

우리 조상 아브라함이 진리의 길을 주장하기 시작했을 때, 당신은 이 세상이 무엇인지 가르쳐주고 환상으로 그를 인도했습니다. 그의 신앙이 그의 지식보다 앞서갔고, 계약이 그의 신앙의 뒤를 따랐습니다.

오, 아브라함의 종족을 대신해서 싸우는 용사여, 당신은 영원히 축복받으십시오.

9. 위대한 주님에 대한 찬미

당신은 지배자, 주님, 전능한 하느님, 시작이 없고 왕을 가지지 않은 유일한 분입니다. 당신은 영원하고, 모든 시대보다 먼저 존재하며, 어떠한 형태로든 아무것도 필요하지 않고, 모든 원인과 시작보다 더 위대하며, 홀로 진실하고, 홀로 지혜로우며, 홀로 가장 높으신 분입니다.

또한 당신은 본질상 눈에 보이지 않고, 당신의 지식은 시작이 없습니다. 당신은 홀로 선하고, 그 어느 것과도 비교될 수가 없으며, 모든 것을 창조되기 전에 다 알고, 숨겨진 것들도 다 알며, 그 누구도 접근할 수 없습니다. 당신에게는 지배자가 없고, 당신은 하느님이며, 우리 구세주이고 하느님인 당신의 외아들의 아버지입니다.

또한 당신은 그를 통하여 우주 전체를 창조했고, 우주의 관리자, 보호자이며, 자비의 아버지, 모든 위로의 하느님이며, 가장 높은 곳에서 머물고, 낮은 것들을 굽어봅니다.

11. 회개하는 사람을 위한 기도

오, 전능하고 영원한 하느님, 모든 우주의 지배자이고 만물의 창조주이며 주인인 하느님, 영혼과 육체의 고개를 숙인 사람들을 굽어보십시오. 당신은 니니베 사람들의 회개를 받아들였습니다. 당신은 모든 사람이 구원을 받고, 진리의 지식에 도달하기를 원합니다. 또한 당신은 방탕으로 모든 재산을 없애버린 아들을, 그가 회개했기 때문에, 아버지의 따뜻한 정으로 받아들였습니다.

당신에게 죄를 짓지 않을 사람이 하나도 없으니, 이제 당신은 마음 속으로 뉘우치는 이 사람들의 간청을 받아주십시오. 주님, 당신이 죄를 자세히 들여다본다면, 누가 제자리에 서 있을 수가 있겠습니까? 당신은 죄를 용서해줄 권한이 있습니다.

16. 장례식의 기도

그리스도 안에서 쉬는 우리의 저 형제들을 대신해서 기도합시다. 이 형제나 저 자매의 안식을 위해서 기도합시다.

사람을 사랑하는 하느님이 그의 영혼을 받아들이고, 그가 고의로 또는 실수로 저지른 모든 죄를 용서하며, 그에게 친절과 호의를 베풀어서, 거룩한 사람들 사이에 자리를 잡아주고, 주님을 기쁘게 하고 주님의 뜻을 실천한 과거의 모든 사람들과 함께 그를 고통과 슬픔과 신음이 없는 아브라함과 이사악과 야곱의 품으로 보내주도록 기도합시다.

우리는 일어납시다. 그리고 태초부터 존재하는 말씀을 통해서 우리 자신을 영원한 하느님에게 모두 의탁합시다.

마나쎄의 기도

참회의 기도

해설

이것은 유다 왕국의 가장 사악한 왕으로 알려진 마나쎄(기원전 687~642년)를 저자로 삼은 참회의 기도인데, 마나쎄가 저자는 아니고, 이 제목의 출처는 〈알렉산드리아 문헌〉과 〈사도들의 기도서〉다.

원본은 기원전 2세기에서 서기 1세기 사이에 익명의 유태인이 히브리어 또는 아라메아어로 저술한 것으로 본다. 원본의 용어가 그리스어라는 주장도 있다.

저술된 장소에 관해서는 이집트의 알렉산드리아, 또는 예루살렘이나 그 근처라고 추정된다.

인간의 심정을 가장 아름답고 또 힘있게 표현한 걸작으로 평가되는 이 기도는 연대기의 추가 부분이라고 보는 견해도 있다. 이것은 초대 교회 시대부터 그리스도교에서 널리 애용되었고, 서기 4세기의 〈사도들의 기도서〉에도 포함되어 있다. 유태인의 전쟁의 저자인 역사가 플라비우스 요세푸스(서기 37년경~100년)가 이 기도에 대해서 언급했다. 도미니크수도회의 신학자인 토마스 아퀴나스(서기 1226년경~1274년)도 신학대전에서 이 기도의 일부를 인용했다.

오, 주님, 우리 조상의 하느님, 아브라함과 이사악과 야곱과 그 정의로운 후손들의 하느님, 하늘과 땅과 그 안의 모든 아름다운 것들을 창조했고, 한 마디 말로 바다를 세우고 그 경계선을 그어주었으며, 강력하고 영광스러운 이름으로 무한한 심연의 밑바닥을 막고 봉인한 분이여!

당신 앞에서, 특히 당신의 권능 앞에서, 만물이 두려워 떨고 있습니다. 그것은 당신의 엄청난 위대함을 아무도 견딜 수가 없고, 죄인들에 대한 당신의 불 같은 분노 앞에 아무도 견디거나 제대로 몸을 가눌 수가 없기 때문입니다.

그러나 당신은 인내심이 풍부하고, 자비롭고, 무한한 동정심을 품은 주님이고, 사람들의 사악함에 대해서 가엾게 여기는 분이기 때문에, 당신이 약속한 자비는 끝이 없고 무한한 것입니다.

오, 주님, 친절한 은총에 따라서 당신은 죄를 뉘우치는 사람들에게 용서를 약속했고, 매우 다양하게 베푸는 자비 안에서 당신은 죄인들을 위한 구원으로 회개를 지정했습니다.

그러므로 오, 주님, 정의로운 사람들의 하느님, 당신은 아브라함, 이사악, 야곱처럼 죄를 짓지 않는 정의로운 사람들을 위해서 은총을 지정한 것이 아니라, 죄인인 저를 위해서 은총을 지정해주었습니다.

왜냐하면 저의 죄는 바닷가의 모래알 숫자보다도 많고, 너무나 많이 저지른 죄 때문에 저는 눈을 들어 위를 쳐다볼 힘마저 없기 때문입니다.

오, 주님, 이제 저는 마땅히 받을 고통에 신음하고, 또한 마땅한 시련에 시달리며, 이미 덫에 걸려 있습니다. 그리고 무수한 쇠사슬에 등이 굽어서 고개조차 쳐들 수가 없습니다. 왜냐하면 저는 엄청나게 사악한 짓을 하도 많이 저질러서 눈을 들어 하늘을 쳐다볼 자격도 없고, 또한 저는 당신 앞에서 사악한 짓을 많이 하여 당신의 분노를 도발했으며, 우상들을 세우고 불순한 짓을 거듭했기 때문입니다.

이제 제가 마음의 무릎을 당신 앞에 꿇고, 당신의 자비를 간청하고 있으니 굽어보십시오. 오, 주님, 저는 죄를 지었습니다. 정녕 죄를 지었습니다. 저는 제가 지은 죄들을 잘 알고 있습니다. 당신에게 용서를 간청합니다. 용서해주십시오!

죄를 질책하여 나를 멸망시키지는 마십시오. 제게 영원히 분노하지는 마십시오. 저의 사악한 죄들을 기억하지 마십시오. 저를 단죄하여 땅 속 가장 깊은 곳으로 유배 보내지는 마십시오. 왜냐하면 당신은 회개하는 사람들의 하느님이기 때문입니다.

당신은 제 안에서 당신의 모든 은총을 드러낼 것이고, 비록 제가 자격이 없다고 해도, 다양하게 베푸는 당신의 자비에 따라 저를 구원할 것입니다. 그래서 제가 죽을 때까지 언제나 끊임없이 당신을 찬미하고, 하늘의 모든 군대가 당신을 찬미하며, 영원히 영원히 당신에게 노래를 바칠 것입니다.

요셉의 기도

세례자 요한과 야곱은 원래 천사였다

해설

니체포루스의 글에서는 이 기도가 1100행으로 구성되었다고 지적했지만, 지금 남아 있는 것은 오리제네스(서기 185년경~254년경)의 저술에 들어 있는 그리스어로 된 9행이 전부다. 오리제네스는 세례자 요한이 원래는 천사였는데 예수에 대한 증언을 하기 위해서 사람으로 태어난 것이라는 주장의 근거로 이 기도문을 인용한 것이다.

이것은 또한 에우세비우스의 〈복음의 준비〉와 가자의 프로코피우스의 〈창세기 주석〉에도 언급되어 있다.

이 기도는 야곱이, 이스라엘이라는 천사가 세상에 태어난 것이고, 천사 이스라엘과 천사 우리엘이 하늘에서 서열을 둘러싸고 싸웠다고 서술하는 점에서 매우 독특한 고대 문헌이다. 그리고 이 기도에서는 이스라엘('하느님을 보는 사람'이라는 뜻)이 '맏아들'과 '대천사'라고 불리고, '시작'과 '으뜸'이라는 그의 역할이 명시되어 있다.

이 기도의 원본의 언어에 관해서는, 이것을 유태인의 작품이라고 보는 쪽에서는 아라메아어로 저술되었다고 보고, 그리스도교 신자의 작품이라고 보는 쪽에서는 그리스어로 저술되었다고 본다. 저술 시기는 서기 1세기경으로, 저술 장소는 알렉산드리아 또는 팔레스타인이라고 본다.

오리제네스는 〈요한복음 주석〉에서 이것이 히브리 사람들 사이에서 현재(서기 231년) 사용되고 있는 비경전이라고 지적했다.

네게 말하고 있는 나 야곱은 또한 하느님의 천사이며, 지배하는 천사 이스라엘이기도 하다. 아브라함과 이사악은 다른 것들보다 먼저 창조되었다. 그러나 나 야곱은, 사람들은 야곱이라고 나를 부르지만, 실제 이름은 이스라엘이다. 하느님이 나를 이스라엘 즉 '하느님을 보는 사람'이라고 불렀는데, 그것은 내가 하느님이 생명을 주어 만든 모든 생명체의 맏아들이기 때문이다.

내가 메소포타미아의 시리아에서 오고 있을 때, 하느님의 천사 우리엘이 나에게 다가왔고, 야곱 이스라엘인 내가 지상으로 내려와 사람들 사이에 천막을 치고 살았고, 사람들이 나를 야곱이라고 불렀다고 말했다.

그는 나를 시기해서 나와 싸웠고, 나와 씨름했으며, 자기 이름과 모든 천사들보다 앞서는 그 이름이 내 이름보다 더 우월해질 것이라고 말했다.

나는 그의 이름, 그리고 그가 하느님의 아들들 사이에 차지하는 지위를 말해주었다. 그리고 "너는 나보다도 8등급이 아래인 우리엘이 아니냐? 그리고 나 이스라엘은 주님의 힘의 대천사이고, 하느님의 아들들 가운데 최고지도자가 아니냐? 그리고 나는 하느님의 얼굴 앞에서 가장 높은 봉사자(천사)가 아니냐?"라고 말했다.

그리고 나는 불멸의 이름으로 나의 하느님을 소리쳐 불렀다.

야곱의 기도

카이로에서 발견된 기도문

해설

서기 4세기의 파피루스에 적힌 이 기도는 이집트의 카이로에서 발견되었다. 이 기도는 서기 2세기에 유태인이 그리스어로 이집트에서 저술한 것으로 본다.

이 기도는 그리스와 이집트의 미술을 적은 다른 파피루스와 유사점이 있기는 하지만, 하느님에게 지혜를 간청하는 내용으로 보아서 근본적으로 다르다. 그리고 이것은 그노시스파의 고대 문헌과도 다른 것이다.

조상들의 아버지, 만물의 아버지, 우주의 힘의 아버지, 모든 것의 창조주, 천사들과 대천사들의 창조주, 구원하는 이름들의 창조주여! 저는 당신의 이름을 부릅니다.

오, 모든 힘들을 합친 힘의 아버지, 우주 전체 그리고 거주하는 곳과 거주하지 않는 곳의 모든 만물의 창조주, 케루빔들이 복종하는 분, 아브라함에게 왕국을 주어서 호의를 베푸신 분이여! 저의 말에 귀를 기울여주십시오.

모든 힘의 하느님, 천사들과 대천사들의 하느님, 왕이여, 거룩한 시나이 산 위에 앉아 있는 분, 옥좌에 앉아 있는 분, 뱀의 신들 위

에 앉아 있는 분, 태양 위에 앉아 있는 분이여! 야오여! 아브리엘,
로우엘 위에, 케루빔들이 쉬는 곳 위에, 영원히 앉아 있는 분이여!

아바오트, 아브라티아오트, 사바오트, 아스트라인 하느님, 만물
의 주님이여! 저는 당신의 이름을 부릅니다.

위에 있는 것들과 아래에 있는 것들과 지하에 있는 것들에게 심
연을 넘어서 힘을 부여하는 분이여! 기도하는 사람의 말을 들어주
십시오.

히브리 사람들의 하느님인 주님, 에파가엘, 엘로엘, 소우엘, 힘
을 영원히 가지고 있는 분이여! 모든 신들의 하느님이여, 이스라엘
민족 가운데서 기도하는 사람, 그리고 당신의 호의를 받은 사람을
구해주십시오.

당신은 비밀의 이름 사바오트를 가졌고, 모든 신들의 하느님입
니다. 아멘. 아멘.

모든 시대를 초월하여 모든 별들 위에 있고, 눈을 내려주며, 별
들과 행성들을 항상 통과하고, 그것들을 당신의 창조의 힘으로 모
든 길을 달리도록 만드는 분이여! 주님, 저를 지혜로 가득 채워주
고, 제게 힘을 주십시오.

주님, 제 마음을 좋은 것으로 가득 채워주십시오. 그리고 제가
지상의 천사가 되도록, 불멸의 생명을 얻도록, 당신에게서 오는 선
물을 받도록 해주십시오. 아멘. 아멘.

북쪽과 동쪽을 향해서 야곱의 기도를 일곱 번 바쳐라.

제4부

계시록

에녹 제1서

보석의 산들, 별들의 감옥

해설

에녹이 저술했다는 책들은 초대 교회에서 널리 읽혀졌고, 일부에서는 성서로 인정되었다. 초대 교회의 교부들 가운데 테르툴리아누스는 에녹의 책들을 성서로 인정했고, 오리제네스는 유보하는 태도를 취했다. 예로니무스와 아우구스티누스는 이 문헌들을 비경전이라고 보았다.

서방 교회에서는 동방 교회보다 먼저 이 문헌들이 사라졌고, 동방 교회에서는 8세기 이후에 자취를 감추었다. 그러다가 1천년이 지난 18세기에 제임스 브루스가 아비시니아(이디오피아)를 여행하다가 이디오피아어로 된 이 문헌들의 필사본을 발견했다.

그리고 1886년에 이집트의 아크밈에 있는 한 수도자의 무덤에서 그리스어로 된 양피지 조각들이 발견되었다. 이것은 5~6세기 때 만든 것이다. 1930년에는 그리스어로 된 파피루스가 발견되었다. 그리고 쿰란 동굴에서 발견된 필사본 내용이 이 문헌과 같다는 것이 확인된 것은 1952년이다.

이것은 다섯 종류의 책을 하나로 재편집한 것인데, 그 시기는 확인되지 않는다. 그리스어로 이 책이 인용되기 시작한 것은 서기 100년경이었다. 이디오피아어로 번역된 필사본은 4세기에 쓴 것으로 추정된다.

마지막 날에 대한 예언

제1장

1. 선택받고 정의로운 사람들을 축복한 에녹의 말이다.
2. 에녹은 이렇게 말했다.
3. 거룩하고 위대한 그분이 자기 집에서 나올 것이고,
4. 영원한 하느님이 시나이 산 위에 무수한 군대를 거느리고 나타날 것이다. 그는 하늘에서 자기 힘을 발휘할 것이다.
5. 모든 사람이 두려워하고, 감시의 천사들이 겁에 질려서 벌벌 떨 것이다.
6. 높은 산들이 흔들리고, 낮아지며, 불에 초가 녹듯이 무너져내릴 것이다.
7. 땅이 가라앉고, 지상의 모든 것이 파괴될 것이다. 그러면 정의로운 사람들과 모든 사람들에 대한 심판이 있을 것이다.
8. 그는 정의로운 사람들에게 평화를 주고, 선택받은 사람들에게 자비를 베풀어 안전하게 보호할 것이다. 하느님의 빛이 그들을 비추어 축복할 것이다.
9. 보라! 그는 1만 명의 거룩한 천사들을 거느리고 심판하러 올 것이다.

풍경, 콘라트 데커 작, 17세기

천사들이 여자들을 탐낸다

제6장

1. 그때 사람들이 번식하고, 아름다운 딸들이 태어났다.

2. 하늘의 아들들인 천사들이 그녀들을 보고 탐을 냈다. 그리고 "우리가 내려가서 아내를 맞고, 우리 자녀들을 낳자."고 말했다.

3. 그들의 두목인 세미아자가 "너희가 이런 일을 하지 않을까 걱정이다. 나 혼자서라도 큰 죄의 대가를 치르겠다."고 말했다.

4. 그들이 "이 계획을 완전히 실현시키기 위해서 우리가 맹세하고, 저주로 우리를 한데 묶어두자."라고 말했다.

5. 그들이 맹세했고, 저주로 서로 묶었다.

6. 그들은 2백 명이었는데, 헤르몬 산의 꼭대기인 아르디스로 내려갔다. 그들은 그 산에서 맹세했기 때문에 그 산의 이름을 헤르몬이라고 불렀다.

7. 그들의 주요 지도자들은 세미아자 이외에도 우라키바, 라미엘, 코카비엘, 타미엘, 다니엘, 에제키엘, 바라키엘, 아사엘, 아르마로스, 바트리엘, 아나넬, 자키엘, 삼시엘, 사르타엘, 투리엘, 요미엘, 아라지엘 등이었다.

거인족의 출현

제7장

1. 그들이 각각 여자를 골라서 아내로 삼았다. 그리고 여자들과 몸을 섞고, 부적과 주문을 가르쳐주었으며, 나무와 뿌리를 자르는

것을 보여주었다.

2. 여자들이 임신하여 엄청난 거인들을 낳았는데, 거인들의 키는 1천 큐비트(457미터)나 되었다.

3. 거인들은 사람들이 만들어낸 먹을 것을 모조리 먹어버려서, 사람들은 바칠 것이 없었다. 그리고 거인들은 사람들을 잡아먹었다.

5. 그들은 또한 새, 짐승, 파충류, 물고기를 잡아먹었고, 자기들끼리도 잡아먹고 그 피를 마셨다.

6. 땅은 그들의 잔인 무도함에 대해 불평했다.

사람들이 천사들에게서 기술을 배우고 타락한다

제8장

1. 아자젤이 사람들에게 장검과 단검과 방패와 흉갑의 제조 기술을 가르쳤다. 그리고 팔찌와 장신구들을 만드는 법을 가르치고, 눈 화장술과 눈썹을 아름답게 치장하는 기술도 가르쳤으며, 보석과 보석류와 각종 염료의 선택법도 알려주었다.

2. 그래서 세상이 변했다. 불경스러운 짓과 간음이 범람하고, 사람들이 그릇된 길로 들어서고, 타락했다.

3. 아메자락이 마술을 거는 사람들과 나무 뿌리를 자르는 사람들을 모두 가르쳤고, 아르마로스는 마술을 푸는 사람들을 가르쳤으며, 바라키엘은 점성술사들을, 코카비엘은 조짐을 해독하는 사람들을, 타미엘은 천문학을, 아스라델은 달의 운행법을 가르쳤다.

4. 그들은 사람들의 파멸을 소리쳤는데, 그 소리가 하늘에 닿았다.

타락한 천사들이 처벌된다

제10장

1. 가장 높으신 분이 아르시알랄리우르를 라멕의 아들에게 보내서 대홍수를 예언하도록 했다.

4. 그리고 라파엘에게는 아자젤을 묶어서 두다엘에 있는 사막 밑의 암흑 속에 가두라고 지시했다.

9. 또한 그는 가브리엘에게 감시의 천사들이 간음해서 낳은 거인족을 멸망시키라고 지시했다. 거인족들이 서로 싸워서 자멸하도록 만들라고 했다. 그들은 영원히 살기를 바라겠지만, 5백 년 밖에는 살 수가 없을 것이라고 말했다.

11. 그는 또한 미카엘에게 세미아자와 다른 천사들을 묶어서 70세대 동안 땅 속에 가두라고 지시했다.

에녹이 환상에서 하느님의 집을 본다

제14장

8. 나는 환상을 보았다. 구름들과 안개가 나를 불렀고, 별들의 궤도와 번갯불이 나를 밀었으며, 바람이 나를 날아가게 했다. 그래서 하늘 높이 들어올렸다.

9. 나는 우박으로 만든 벽에 이르렀는데, 불의 혀가 그것을 둘러싸고 있어서 나는 몹시 무서웠다.

10. 불의 혀 속으로 들어가서 우박으로 만든 거대한 저택에 도착했다. 그 집의 바닥은 흰 눈이었다.

II. 그 지붕은 별들의 궤도와 번갯불 같았는데, 거기 불타는 케루빔이 있었다. 케루빔들의 하늘은 물과 같았다.

I2. 벽은 불타고, 문도 불탔다.

I3. 문을 지나 안으로 들어가자, 불처럼 뜨겁고 눈처럼 싸늘했다. 거기는 즐거움도 생명도 없었다.

I4. 나는 겁에 질려서 몸을 와들와들 떨었고, 엎드렸다.

I5. 그 집보다 더 큰 다른 집을 보았다.

I6. 그 영광과 광채와 크기는 너무 황홀해서 내가 도저히 설명할 수 없다.

I7. 바닥은 불이고, 위는 별들의 궤도와 번개이며, 지붕은 뜨거운 불길이었다.

I8. 그 안에 높다란 옥좌가 놓였는데, 그것은 얼음처럼 보였고, 주위는 눈부신 태양과 같았으며, 케루빔의 소리가 났다.

I9. 옥좌 밑에서는 불타는 강들이 흘러나가서 도저히 눈으로 쳐다볼 수가 없었다.

20. 위대한 영광 안에서 그분이 태양보다 찬란하고 눈보다 흰 옷을 입고 앉아 있었다.

2I. 어떠한 천사도 거기 들어갈 수 없었고, 육체를 가진 생물은 아무도 그분의 얼굴을 쳐다볼 수가 없었다.

22. 그의 앞과 주위에는 거대한 불의 바다가 둘러싸고 있어서 아무도 가까이 접근하지 못했다. 백만 명의 천사들이 그 앞에 서 있었지만, 그는 천사들의 충고나 조언이 전혀 필요 없었다.

24. 나는 손으로 얼굴을 가린 채 몸을 떨었다. 그는 "에녹아, 나의 거룩한 말씀에게 가까이 와라."하고 말했다. 그리고 나를 들어 올려서 문 가까운 곳으로 데려갔다. 나는 고개를 떨군 채 쳐다보았다.

악마들의 유래

제15장

2. 그는 나에게 "너를 대신 나에게 보내서 청원하게 한 감시의 천사들에게 가서 나의 말을 전하라. 너희가 사람들을 대신해서 나에게 청원해야지, 사람들이 너희를 대신해서 청원해서는 안 된다.

3. 너희는 왜 거룩하고 영원한 하늘을 떠나서 사람의 딸들과 잠자고 스스로 몸을 더럽혔으며, 그 여자들을 아내로 삼았느냐? 그리고 왜 사람들이 하듯이 자녀들을 낳았느냐?

8. 너희 육체에서 태어난 거인들은 이제부터 지상의 악마들이라고 불릴 것이다.

9. 그들의 몸에서 악마들이 나올 것이다. 왜냐하면 그들은 거룩한 감시의 천사들에게서 태어났기 때문이다.

12. 이 사악한 악마들은 사람의 아들들과 여자들을 적대하여 일어설 것이다.

쓸모 없는 신비

제16장

1. 거인들이 파멸하고 살해되고 죽을 때에, 그 몸에서 나온 악마들이 어디로 가든지 관계없이, 거인들의 몸 은 심판 전에 파괴될 것이다.

3. 감시의 천사들은 하늘의 비밀들을 모르고 다만 한 가지 쓸모 없는 신비를 알고 있을 뿐이다. 마음이 완고해진 너희는 이 신비를

여자들에게 가르쳐주었고, 이 신비를 통해서 남자들과 여자들이 지상에서 악을 증가시킨다.

4. 에녹, 너는 이것을 그들에게 가서 전달하라. 그렇지 않으면 너는 평화를 얻지 못할 것이다."라고 말했다.

불의 강

제17장

2. 천사들이 나를 꼭대기가 하늘에 닿은 산으로 데리고 가서 폭풍의 장소를 보여주었다.

3. 저 멀리 빛나는 곳에서는 불의 활과 화살과 화살통, 그리고 불의 칼과 번개가 보였다.

4. 그들은 생명의 물이라고 부르는 곳과 저녁마다 지는 해를 받는 서쪽의 불에게 데리고 갔다.

5. 나는 물처럼 흐르는 불의 강으로 갔는데, 그 강은 서쪽의 거대한 바다로 흘러갔다.

6. 나는 모든 거대한 강을 보았고, 거대한 암흑에 도달했다.

보석의 산들과 별들의 감옥

제18장

4. 나는 하늘을 회전시키고 원형의 태양과 별들을 제자리에 박는 바람들을 보았다. 또한 지상에서 구름을 떠받치는 바람들을 보고,

천사들의 길도 보았다.

6. 나는 밤낮으로 불타는 남쪽으로 갔는데, 거기에는 보석으로 만든 일곱 개의 산이 있었다. 세 개의 산은 동쪽으로, 세 개의 산은 남쪽으로 향하고 있었다.

7. 동쪽으로 향한 산들은 색깔이 있는 보석으로 되었는데, 하나는 진주로, 또 하나는 치료의 보석으로 되어 있었다. 남쪽으로 향한 산들은 붉은 보석으로 되어 있었다.

8. 가운데 산은 안티몬과 홍옥으로 된 주님의 옥좌처럼 하늘에 닿았다.

10. 모든 산들이 불타고 있었다.

13. 나는 땅 속의 깊은 곳에서 불타는 거대한 산과 같은 일곱 개의 별을 보았다.

14. 천사는 "여기는 하늘의 별들과 타락한 천사들을 가두는 감옥이오. 제 시간에 뜨지 않고 지각을 한 별들이 여기서 불타는 것이지오."라고 말했다.

천사들의 임무

제20장

2. 우리엘은 천둥과 지진을 맡았다.

3. 라파엘은 사람들의 영혼을 맡았다.

4. 라구엘은 세상과 빛에 대해서 복수한다.

5. 미카엘은 인류의 대부분을 맡고 민족을 담당한다.

6. 사라카엘은 정신을 타락시키는 죄를 지은 남자들의 영혼을 맡는다.

7. 가브리엘은 뱀들과 낙원과 케루빔을 맡는다.

지혜의 열매

제32장
1. 향기로운 나무 숲 너머 북쪽으로 시선을 돌리자, 아름답고 향기로운 숲으로 가득 찬 일곱 개의 산이 보였다.
2. 나는 동쪽의 산꼭대기를 넘어서 홍해를 지나고 이윽고 정의로움의 낙원에 도착했다.
3. 거기에는 지혜의 나무가 있는데, 그들이 그 열매를 먹고 위대한 지혜를 안다.
4. 지혜의 열매는 향기로운 포도송이와 같았다.
6. 천사는 그 열매가 아담과 하와가 낙원에서 먹은 것이라고 말해주었다.

죄인들은 차라리 태어나지 않았더라면

제38장
1. 이것은 첫번째 비유다. 정의로운 사람들의 사회가 나타날 때, 죄인들은 심판을 받아 마른땅에서 추방된다. 죄인들은 차라리 태어나지 않았더라면 더 나았다.
5. 그때에는 강력한 왕들이 정의롭고 거룩한 사람들의 손에 넘겨진다.

6. 주님의 자비를 간청해도 이미 그들은 때가 늦었다.

정의로운 사람들의 집을 환상에서 본다

제39장

3. 그때 구름과 폭풍이 나를 하늘 끝으로 데리고 갔다.
4. 거기서 나는 두번째 환상을 보았다. 정의로운 사람들이 사는 곳과 거룩한 사람들이 쉬는 곳을 본 것이다.
5. 천사들과 함께 사는 그들은 사람의 아들들을 대신해서 간청하고 기도했다. 정의로움이 그들 앞에서 물처럼 흐르고, 자비는 이슬처럼 내렸다.
7. 주님의 날개 밑에서 사는 그들은 불처럼 빛났다.
8. 나는 거기서 살기를 간절히 바랐다.

지혜에 관한 비유

제42장

1. 지혜는 하늘에 집을 가지고 있었기 때문에 다른 데서는 머물 곳을 발견하지 못했다.
2. 지혜가 사람의 아들들 사이에서 집을 발견하려고 했지만 찾지 못하고 말았다. 그래서 자기 집으로 돌아가 천사들 사이에 자리를 잡았다.
3. 지혜의 여러 방에서 사악함이 나왔다. 지혜는 자기가 찾아다니

지 않았던 것들을 발견했고, 그들 사이에 머물렀다. 이것은 마치 사막의 비, 메마른 땅의 이슬과 같은 것이었다.

죄인들을 지상에서 말살할 것이다

제45장

1. 이것은 주님의 이름과 거룩한 사람들의 집을 부인하는 사람들에 관한 것으로 두번째 비유다.

2. 그들은 하늘로 올라가지도, 땅으로 내려오지도 못할 것이다. 이것이 주님의 이름을 부인한 자들의 몫이다.

3. 고통과 재앙의 그날에는 선택된 그분이 영광의 옥좌에 앉아서 거룩한 사람들의 선행을 골라낼 것이다.

4. 그날 나는 선택된 그분이 그들과 함께 살도록 하겠고, 하늘을 변모시켜서 영원한 축복과 빛으로 만들 것이다.

5. 나는 마른땅을 변모시켜 축복으로 만들 것이다. 내가 선택한 사람들을 거기 살게 하겠지만, 죄인들은 내가 발로 짓밟을 것이다.

6. 나는 죄인들을 지상에서 말살할 것이다.

사람의 아들이 심판한다

제46장

1. 나는 거기서 시간의 머리를 가진 사람을 보았는데, 그의 머리카락은 양털과 같았다. 그리고 또 한 분은 사람의 모습을 했는데

그 얼굴은 은총으로 가득 찼고, 그는 천사와 같았다.

2. 나는 천사에게 그 사람의 아들이 누구인지, 그가 어디서 왔는지, 그리고 왜 그가 시간의 머리를 가졌는지 물었다.

3. 천사는 "그는 정의로움을 지닌 사람의 아들이오. 성령이 그를 선택했기 때문에 그는 모든 비밀을 드러낼 것이오.

4. 그는 모든 왕과 지배자들을 왕좌에서 일으켜서 죄인들을 쳐부술 것이오.

5. 그리고 그는 왕들이 자기를 찬미하지 않을 뿐 아니라, 왕국을 누구에게서 받았는지 겸손하게 인정하지 않기 때문에, 그들을 옥좌와 왕국에서 추방할 것이오.

6. 그는 강력한 지배자들을 엎어지게 만들고, 그들이 수치를 뒤집어쓰게 할 것이오. 그러면 암흑이 그들의 집이 되고, 벌레들이 그들의 휴게소가 되고, 그들은 거기서 일어날 희망이 없을 것이오.

구세주에 대한 예언

제48장

2. 그때 사람의 아들이 성령 앞에서 그 이름이 불릴 것이고, 그의 이름은 시간의 머리 앞에 있을 것이오.

3. 태양과 별들이 창조되기 이전부터 그의 이름이 주님 앞에서 불려졌소.

4. 그는 정의롭고 거룩한 사람들이 의지하여 넘어지지 않을 지팡이가 되고, 민족들의 빛, 마음에 비탄을 품은 사람들의 희망이 될 것이오.

6. 이러한 이유 때문에 그는 세상이 창조되기 이전부터 선택되고

숨겨졌소.

10. 죄인들은 주님과 그의 구세주를 부인했기 때문에 그날 쓰러져서 다시는 일어나지 못할 것이오.

황금도 은도 그들을 구원하지 못한다

제52장

1. 회오리바람이 나를 서쪽으로 데려갔다.

2. 나는 하늘의 비밀들과 지상에서 일어날 모든 일을 보았다.

3. 거기에는 쇠의 산, 구리의 산, 은의 산, 금의 산, 부드러운 금속의 산, 그리고 납의 산이 있었다.

6. 천사는 이 모든 산들이, 선택받은 구세주 앞에서 불에 녹는 초처럼 하늘에서 산으로 떨어지는 물처럼 되고, 그의 발 아래 맥을 못출 것이라고 말했다.

7. 그리고 심판의 날에는 금도 은도 그 어느 것도 그들을 구원하지 못할 것이라고 말했다.

영원한 생명과 영원한 빛

제58장

1. 나는 정의로운 사람들, 선택받은 사람들에 관해서 세번째 비유를 이야기하기 시작했다.

2. 너희 몫이 영광스러울 것이므로, 너희는 축복을 받았다!

3. 정의로운 사람들은 태양의 빛 안에 있고, 선택받은 사람들은 영원한 생명의 빛 안에 있을 것이다. 그들의 생명에는 끝나는 날이 없을 것이고, 그들에게는 거룩한 날이 무한히 이어질 것이다.

4. 그들은 빛을 추구하고, 주님과 함께 정의로움을 발견할 것이다.

5. 그 다음에는 그들이 하늘에서 정의로움의 비밀들, 신앙의 몫을 추구해야 한다고 말할 것이다.

6. 그것은 마른땅 위에서 태양처럼 찬란하게 될 것이고, 암흑이 물러갔기 때문이다.

7. 그러면 그들에게는 영원한 빛과 영원한 세월이 주어질 것이다.

두 괴물

제60장

1. 에녹이 500세가 되고 7개월 14일째 되는 날의 일이다. 모든 하늘들이 격심하게 흔들렸다.

7. 그날 두 괴물이 서로 분리되었는데, 암컷 괴물인 레비아탄은 물의 샘 위에 있는 바다 깊은 곳에서 살고,

8. 수컷 괴물인 베헤모트는 드넓은 덴다인 사막에서 살았다. 그 사막은 정의로운 사람들과 선택받은 사람들이 사는 낙원의 동쪽에 있는 것이다.

9. 나는 괴물들이 어떻게 하루에 분리되었는지, 그 비밀을 천사에게 물었다.

10. 천사는 사람의 아들인 나에게 "당신은 비밀을 알려고 하고 있소."라고 말했다. 그러나 나를 인도해주는 천사가 비밀을 보여주었다.

심판날의 사람의 아들

제62장

5. 그들은 영광의 옥좌에 앉아 있는 사람의 아들을 보고 공포에 질릴 것이다.

7. 사람의 아들은 태초부터 숨겨져 있고, 가장 높으신 분이 그를 자기 권능 앞에 보존하여 두었다가 선택된 사람들에게만 드러낼 것이다.

9. 모든 왕들과 지배자들이 사람의 아들에게 희망을 걸고 그의 자비를 간청할 것이다.

지옥으로 가는 죄인들

제63장

10. 죄인들의 영혼들은 사악함으로 가득 차서 고문의 불이 타는 지옥으로 내려갈 것이다.

11. 그들의 얼굴은 사람의 아들 앞에서 암흑과 수치로 가득 찰 것이며, 칼날에 몰려서 쫓겨날 것이다.

사람의 아들의 이름

제69장

26. 선택받은 자들은 사람의 아들의 이름이 자기들에게 드러났기 때문에 기쁨에 넘칠 것이며, 축복과 찬미를 그치지 않을 것이다.

27. 그는 영광의 옥좌에 앉아서 모든 것을 심판하고, 죄인들을 지상에서 멸망시킬 것이다.

29. 사람의 아들이 옥좌에 앉았고, 모든 악이 그의 앞에서 물러갔기 때문에, 그후로는 지상에서 부패가 없을 것이다. 그리고 사람의 아들의 말씀은 주님 앞에서 위력을 발휘할 것이다.

에녹 제2서

비밀의 책

해설

기원 1세기 초에 그리스어를 사용하는 유태인이 이집트의 알렉산드리아에서 저술한 것으로 추정된다. 현재 슬라브어로 된 것이 유일하게 전해지고 있는데, 이 필사본은 최근에 러시아와 세르비아에서 발견되었다.

이런 문헌이 존재한다는 사실마저 과거 1천 2백 년 동안 전혀 알려지지 않고 있었다. 그러나 초대 교회에서는 교회뿐 아니라 각종 이단파들이 이 문헌을 많이 이용했다. 그래서 초대 교회를 연구하는 데 귀중한 참고가 된다.

또한 이것은 신약성서의 저자들에게 크게 영향을 미쳤는데, 신약성서의 모호한 구절들에 대해서는 이 문헌을 참고하지 않고는 해석이 불가능하기 때문이다.

이것은 독자들을 신비의 세계로 인도한다는 특징을 가지고 있다. 세상이 6일 동안에 창조되었으므로, 이 세상의 역사는 6천 년(또는 6백만 년)이 지나면 끝난다고 주장한다. 그 뒤에 1천 년 동안의 휴식, 즉 사회가 이상적인 상태에 도달한 기간이 지속된다. 그리고 그 다음에는 시간이 존재하지 않는 '영원한 제8일'이 시작된다는 것이다.

천사들이 에녹에게 나타난다

제1장

1. 지혜로운 사람이 한 명 살고 있었는데, 주님이 그를 사랑하고 받아들여서 자신의 왕국, 즉 지혜롭고 위대하고 상상할 수 없고 변함도 없는 그 나라를 보여주고 또한 그 증인이 되도록 했다.

2. 지혜로운 사람은 "나는 165세에 아들 마투살을 낳을 것이다.

3. 그 이후에도 2백 년을 더 살아 365세까지 살 것이다."라고 말했다.

4. 나는 1월 1일에 혼자 침대에 누워서 자고 있었다.

5. 꿈 속에서 너무나 슬픔에 복받쳐 나는 눈물을 철철 흘리면서 울었다. 그러나 왜 슬픈지 이해하지 못했다.

6. 그때 키가 어머어마하게 크고, 얼굴이 태양처럼 찬란하며, 두 눈이 불타는 빛과 같고, 입에서는 불을 토하며, 자주색 옷을 입고, 황금보다 더 찬란한 날개들을 달았으며, 손이 눈보다 더 흰 두 사람이 나에게 나타났다.

7. 그들이 침대 머리맡에 서서 내 이름을 불렀다.

8. 잠자리에서 일어난 나는 그 두 사람을 분명하게 보았다.

9. 인사를 했지만, 나는 공포에 질려서 안색이 변했다.

10. 그들은 "에녹이여, 두려워하지 마시오. 영원한 주님이 우리를 파견했소. 오늘 당신은 우리와 함께 하늘로 올라갈 것이오. 그러니까 주님이 당신을 다시 돌려보낼 때까지 가족들이 당신을 찾지 말라고 하시오."라고 말했다.

11. 나는 즉시 복종하였고, 마투살, 레김, 가이다드 등 나의 아들들을 불러서 그 놀라운 일을 알렸다.

첫째 하늘에 올라간다

❧

제3장

에녹이 아들들에게 훈계를 마치자, 천사들이 그를 날개 위에 태우고 첫째 하늘로 올라갔고, 그를 구름 위에 내려놓았다.

거기서 나는 에테르를 바라보았고, 지상의 바다보다도 더 넓은 바다를 보았다.

별들을 지배하는 천사들

❧

제4장

그들은 내 앞으로 별들의 질서를 다스리는 2백 명의 천사들을 데리고 왔다. 그 천사들은 별들을 지배하고, 여러 하늘에 대해서 섬기며, 날개로 날아다니고, 여행하는 사람들 주위에 모여들고는 했다.

흰 눈의 창고들

❧

제5장

거기서 나는 아래를 내려다보았고, 눈을 저장한 보물 창고들을 보았다. 또한 무시무시한 그 창고들을 지키는 천사들을 보았고, 구름들이 어디서 나오고 어디로 들어가는지도 보았다.

이슬, 올리브 기름, 꽃의 창고

제6장

그들은 나에게 이슬과 올리브 기름과 지상의 모든 꽃의 보물 창고를 보여주었다. 그 창고들을 지키는 수많은 천사들을 보았고, 창고들이 어떻게 닫히고 열리는지 보았다.

둘째 하늘과 배신한 천사들

제7장

1. 그들이 나를 둘째 하늘로 데리고 올라가서 지상의 암흑보다 더 진한 어두움을 보여주었다. 거기서 나는 공중에 매달린 죄수들을 보았다. 그들은 위대하고 끝이 없는 심판을 기다리고 있었다. 그곳의 천사들은 지상의 어두움보다 더 얼굴이 검었고, 죄수들을 끊임없이 통곡하게 만들었다.

2. 끊임없이 고문당하는 그들이 누구인지 내가 물었다. 그러자 인도하는 천사들이 "그들은 주님의 명령에 복종하지 않은 배신자들이지요. 그들은 자기 의지에 따랐고, 다섯째 하늘에 묶여 있는 그들의 지배자와 함께 배신했던 것이오."라고 말했다.

3. 나는 그들에게 몹시 동정했다. 그들은 내게 대신 기도해달라고 부탁했다. 나는 "유한한 목숨의 인간인 내가 어떻게 천사들을 위해서 기도할 수가 있겠소? 내가 어디로 가는지, 무슨 일을 당할지, 누가 나를 위해 기도할지 아무도 모르지 않소?"라고 대꾸했다.

셋째 하늘과 낙원

제8장

1. 그들이 나를 셋째 하늘로 데리고 올라갔다. 나는 아래를 내려 다보았는데, 경치가 너무나도 아름다웠다.

2. 나무마다 아름다운 꽃이 만발했고, 향기로운 과일로 가득 찼다.

3. 숲 한가운데 생명의 나무가 있고, 주님이 낙원에 들어갔을 때 거기서 쉰다. 생명의 나무는 더없이 아름답고 향기롭고, 다른 나무 들보다 훨씬 뛰어난 것이다. 그 주위는 사방이 황금색과 주홍색, 그리고 불타는 것과 같고, 그 나무는 각종 열매를 맺는다.

4. 그리고 그 뿌리는 땅의 끝에 있는 낙원 안에 있다.

5. 또한 낙원은 부패와 불멸 사이에 위치한다.

6. 꿀과 우유와 기름과 포도주가 흘러나오는 샘들이 네 개 있고, 네 갈래로 조용히 흐르는 강물들이 부패와 불멸 사이에 위치한 에 덴의 낙원으로 내려간다.

7. 이 강물들은 에덴의 낙원에서 땅으로 흘러가고 다른 요소들을 끌어들인다.

8. 여기에는 과일을 맺지 못하는 나무가 없고 모든 장소가 축복된 곳이다.

9. 그리고 여기에는 매우 찬란한 천사 3백 명이 낙원을 지키면서 항상 주님을 찬미한다.

10. 나는 "이곳은 얼마나 멋진가!"라고 말했다.

정의로운 사람들을 위해 마련된 낙원

제9장

인도하는 천사들이 나에게 "에녹이여, 이곳은 정의로운 사람들을 위해서 마련된 것이오. 그들은 자기 영혼을 괴롭히는 사람들의 모든 악행을 참고, 악에서 눈을 돌리며, 올바른 판단을 내리지요. 그리고 굶주리는 사람에게 빵을 주고, 헐벗은 사람에게 옷을 주며, 쓰러진 사람을 일으키고, 상처받은 고아들을 도와주며, 주님 앞에서 무죄하게 걷고, 주님만을 섬기지요. 이곳은 그들의 영원한 상속을 위해 준비된 곳이지요."라고 말했다.

무시무시한 고문의 장소

제10장

1. 그들이 나를 북쪽의 무서운 장소로 데리고 갔다. 거기서는 각종 고문이 시행되었다. 잔인한 암흑이 뒤덮고, 빛이 전혀 없는 곳이었다. 항상 희미한 불이 떠돌 뿐이었다. 불타는 강물이 흐르고, 사방이 불로 뒤덮였다. 그리고 사방에 서리와 얼음, 갈증과 오한이 깔리고, 쇠사슬이 잔인하고, 천사들은 무섭고 무자비했으며, 분노의 무기를 들고, 사정 없이 고문했다.

3. 그들은 내게 "여기는 하느님을 경멸한 사람들, 아이들을 동성애로 타락시킨 사람들, 마술사들, 점쟁이들, 사악한 행위를 한 사람들, 도둑질과 거짓말, 모함과 질투, 원한, 간음, 살인, 남의 영혼을 훔친 사람들, 가난한 사람의 재산을 빼앗아서 착복한 사람들,

굶주린 사람을 살릴 수 있으면서도 굶어죽게 한 사람들, 헐벗은 사람에게 옷을 줄 수 있으면서도 외면한 사람들, 우상 숭배자들에게 영원한 벌로 내려주려고 마련된 곳이오."라고 말했다.

넷째 하늘에서 천사들이 태양에 불을 붙인다

제11장

1. 그들이 나를 넷째 하늘로 데리고 올라갔다. 그리고 해와 달의 모든 운행과 빛을 보여주었다.

2. 나는 해의 빛이 달의 빛보다 더 찬란하다고 보았다.

3. 태양은 바람이 무서운 속도로 전진하듯이 자기 궤도와 바퀴를 밤낮으로 쉴 새 없이 돌고 있다.

4. 태양의 왼쪽에는 1천 개의 별을 각각 거느린 네 개의 거대한 별이 있고, 태양 오른쪽에도 역시 그런 별이 네 개 있어서, 모두 8천 개의 별이 항상 태양과 함께 움직인다.

5. 그리고 밤에는 1천 명, 낮에는 1천 5백 명의 천사들이 태양을 따라다닌다.

6. 날개 여섯인 천사들이 태양 앞에 있는 천사들과 함께 바퀴에 불을 지르고, 1백 명의 천사들이 태양을 불타게 만든다.

태양이 거느린 피닉스와 칼키드리

제12장

1. 나는 태양에 있는 새들을 보았다. 그것은 피닉스(불사조)들과 칼키드리인데, 그들은 놀랍고 기이한 것이고, 사자의 발과 꼬리, 악어의 머리를 한데다가 얼굴은 무지개처럼 자주색이고, 몸의 길이는 9백 미터나 되며, 그 열두 개의 날개는 천사의 날개와 같았다. 그들은 태양을 따라다니면서 불과 이슬을 운반한다.

2. 이렇게 태양은 돌면서 전진하고 하늘 아래에서 떠오르며, 그의 궤도는 땅 아래로 뻗어서 항상 빛을 내뿜는다.

에녹이 서쪽으로 간다

제14장

1. 그들이 나를 서쪽으로 데리고 가서 여섯 개의 문을 보여주었다. 거기는 태양이 365일과 4분의 1일이 지난 뒤에 지는 곳이다.

2. 태양은 땅 아래쪽에서 일곱 시간을 보내고 다시 동쪽에서 떠오른다.

태양의 새들이 부서져서 노래가 된다

제15장
1. 태양의 새들인 피닉스들과 칼키드리가 부서져서 노래가 된다. 그 새들은 빛을 준 주님의 명령으로 노래로 변한다.
2. 태양은 28년 동안 궤도를 달리고, 그리고는 다시 시작한다.

양력과 음력

제16장
1. 그들이 달이 들락거리는 열두 개의 대문이 있는 다른 궤도로 나를 데리고 갔다.
3. 태양력으로는 1년이 365일과 4분의 1일이고, 음력으로는 354일로 양력보다 12일이 모자란다.

다섯째 하늘

제18장
1. 다섯째 하늘에 올라가서 나는 그리고리라고 부르는 무수한 군사들을 보았다. 그들은 사람의 모습인데, 그 어떠한 거인보다도 더 크고, 얼굴이 말랐고, 입은 영원히 다물고 있었다.
3. 인도하는 천사들이 그들은 빛의 주님을 배척한 두목 사타나일

과 한패라고 말했다. 그들은 둘째 하늘의 암흑에 있던 천사들과 두 목과 함께 지상의 에르몬에 내려가서 주님에 대한 맹세를 저버렸다. 즉 사람의 딸들과 결혼해서 자기들의 씨로 지상을 더럽혔다. 그래서 거인족이 출현했고, 지상에 악이 가득 찼다.

4. 그들은 주님의 위대한 날에 처벌받을 것이다.

6. 나는 그리고리에게 주님을 찬미하라고 권고했다.

7. 그리고리가 한 목소리로 찬미했는데, 그 소리가 몹시 애처롭게 들렸다.

여섯째 하늘

제19장

1. 나는 여섯째 하늘에서 태양보다 더 찬란한 얼굴의 천사들을 보았다. 그들은 얼굴과 태도와 옷이 모두 같았다.

2. 그들은 하늘의 질서와 땅의 통치를 감시했다.

3. 천사들보다 높은 대천사들이 하늘과 땅의 생명을 담당했다. 그리고 계절과 세월, 강과 바다, 지상의 과일, 초원, 음식, 영혼들에 관한 기록을 맡은 천사들이 각각 있었다. 한가운데 여섯 마리의 피닉스, 여섯 명의 케루빔, 여섯 명의 날개 여섯인 천사들이 있어서 주님의 발판 앞에서 찬미하고 기뻐했다.

일곱째 하늘

제20장

1. 나는 일곱째 하늘에서 대단히 엄청난 광채와 위대한 대천사들의 불타는 군대, 육체가 없는 군대, 지배의 천사들, 질서의 천사들, 통치의 천사들, 케루빔과 세라핌, 옥좌의 천사들, 무수한 눈을 가진 천사들을 보았다. 나는 겁에 질려서 몸을 떨었다.

2. 인도하는 천사들이 나를 옥좌에 앉은 주님에게 소개했다. 주님이 이곳에 계신다면, 열번째 하늘에는 누가 있는가?

3. 열번째 하늘에는 히브리어로 '아라바트'라고 부르는 하느님이 있다.

4. 하늘의 군대들이 주님 앞에 열 걸음까지 와서 절하고 찬미했다.

여덟째와 아홉째 하늘

제21장

1. 케루빔과 세라핌, 날개 여섯인 천사들과 무수한 눈을 가진 천사들이 주님의 옥좌를 둘러쌌다. 그리고 "지배자이고 사바오트인 주님이여, 거룩합니다. 거룩합니다. 거룩합니다. 하늘과 땅이 당신 영광으로 충만합니다."라고 노래했다.

2. 인도하던 천사들이 나를 떠나갔다.

4. 주님이 대천사 가브리엘을 파견해주었다.

6. 대천사가 나를 바람에 불리는 낙엽처럼 집어들어서 주님 앞에 놓았다.

7. 그래서 나는 히브리어로 '무잘로트'라고 부르는 여덟째 하늘을 보았다. 무잘로트는 계절들, 가뭄과 홍수, 일곱째 하늘 위에 있는 열두 개의 별자리를 변화시키는 자다.

8. 그리고 히브리어로 "쿠카빔"이라고 부르는 아홉째 하늘도 보았다. 거기에는 열두 개의 별자리 집이 있었다.

에녹이 주님의 얼굴을 본다

제22장

1. 나는 열째 하늘에서 이글이글 타면서 불꽃을 내뿜는 쇠와 같은 주님의 얼굴을 보았다.

2. 그러나 그 얼굴은 설명할 수가 없는 것이고, 놀랍고 매우 엄숙하며, 너무나 무시무시한 것이었다.

3. 주님의 옥좌는 사람의 손으로 만든 것이 아니고, 거기에는 무수한 케루빔과 세라핌이 있었다.

5. 주님은 "두려워하지 말고 일어서서 내 앞에 영원히 서 있어라."하고 말했다.

6. 미카엘 대천사가 나를 일으켜서 주님 얼굴 앞으로 데려갔다.

8. 주님이 미카엘에게 "에녹의 지상의 옷을 벗기고, 나의 향기로운 기름을 발라주며, 내 영광의 옷을 입혀라."하고 지시했다.

9. 나는 천사와 같이 변했다.

10. 주님이 다른 천사들보다 지혜가 더 많은 프라부일 대천사를 불렀다.

11. 그리고 나에게 펜과 책을 주라고 했다.

에녹이 366권의 책을 저술한다

제23장

1. 프라부일 대천사는 하늘과 땅과 바다의 모든 사물과 움직임, 천사들, 사람들의 모든 생활에 관해서 가르쳐주었다.

2. 그리고 그는 "인류의 모든 영혼에 관해서 그 숫자가 아무리 많더라도 다 기록하라. 영혼들은 천지가 창조되기 이전에 영원히 존재하도록 마련되었기 때문이다."라고 말했다.

3. 나는 60일 동안 밤낮으로 모든 것을 기록했고, 그래서 366권의 책을 저술했다.

천사들은 주님의 창조를 이해하지 못한다

제24장

1. 주님이 나에게 "에녹은 가브리엘과 함께 나의 왼쪽에 앉아라." 하고 말했다.

3. 그리고 주님은 또한 이렇게 말했다. 즉 나는 천사들에게도 나의 비밀들을 가르쳐주지 않았다. 나는 그들에게 그들의 시작도 나의 끝없는 왕국도 말해주지 않았다. 그들은 나의 창조를 이해하지 못한다.

4. 모든 것이 눈에 보이기 전에, 마치 태양이 동쪽에서 서쪽으로, 서쪽에서 동쪽으로 가듯이, 나는 홀로 눈에 보이지 않는 것들 사이로 돌아다니고는 했다. 그러나 태양도 쉬는 때가 있는데, 나는 모든 것을 창조하는 중이었고, 보이는 것들을 창조하여 그 기초를 놓

을 생각을 하고 있었기 때문에 나는 쉴 수가 없었다.

최초에 창조된 것은 빛이다

제25장

1. 나의 명령에 따라 거대한 광채의 배를 가진 아도일이 내려왔다.
2. 나는 그에게 "입을 열어서 보이는 것들을 내보내라."고 말했다.
3. 아도일에게서 거대한 빛이 나왔고, 나는 그 거대한 빛 한가운데 있었다. 빛으로부터 빛이 나온 다음에 거대한 시대가 나왔는데, 내가 창조하려고 생각했던 모든 만물을 보여주었다.
4. 나는 그것이 좋다고 보았다.
5. 나는 옥좌에 앉아서 그 빛에게 "위로 올라가서 가장 높은 것들의 기초가 되라."고 말했다.
6. 빛보다 더 높은 곳에는 아무것도 없었다.

저급한 것들의 기초를 놓다

제26장

2. 나의 명령에 따라서 단단하고 무겁고 매우 붉은 아르카스가 나왔다.
3. 나는 아르카스에게 "너는 입을 벌려서 다른 것들이 나오게 하라."고 말했다. 그가 사라지자 매우 크고 검은 시대가 나왔는데, 모든 하급 피조물을 가지고 있었다. 나는 그것이 좋다고 보았다.

4. 나는 그에게 "아래로 내려가서 저급한 것들의 기초가 되라."고 말했다. 그는 내려가서 그렇게 했다. 암흑 아래에는 아무것도 없었다.

물과 밤과 낮을 만든다

제27장

1. 나는 빛과 암흑을 진하게 만들어서 빛과 함께 넓게 폈는데, 그것이 물이 되었다. 나는 그 물을 빛 아래에 있는 암흑 위에 넓게 폈다. 그리고 그 물을 단단하게 만들어서 심연을 만들었다. 또 물 주위에 빛의 샘을 만들었고, 그 안에 일곱 개의 층을 만들었으며, 물을 마른 수정과 젖은 수정, 즉 유리처럼 만들었다. 그리고 물들의 외곽과 다른 요소들을 만들었고, 각자에게 그의 길과 하늘의 일곱 개의 별을 주었다. 나는 그것이 좋다고 보았다.

2. 나는 빛과 암흑을 분리해서 밤과 낮을 만들었다. 첫째 날에 아침과 저녁이 있었다.

땅과 바다를 만든다

제28장

1. 나는 하늘 아래에 있는 물을 한 곳으로 모으고, 혼돈이 마른 것이 되게 했다.

2. 나는 파도로부터 단단하고 큰 바위를 만들고, 바위 위에 마른

것을 쌓아올려서 땅을 만들었다. 땅 속에 심연을 만들었다. 그리고
바다를 한 곳에 모아 멍에로 단단히 묶었다.

3. 그리고 나는 바다에게 "네게 영원한 경계선들을 준다. 그러니
까 너는 여러 개로 갈라지지 마라."하고 말했다. 이것이 첫째 날에
창조된 것이다.

둘째 날에 번개와 천사를 만든다

제29장

1. 나는 하늘의 모든 군대를 위해서 불의 모습과 본질을 상상했
다. 내 눈이 매우 단단한 바위를 바라보았다. 내 시선으로부터 번
개가 놀라운 본성, 즉 물 속의 불과 불 속의 물의 본성을 받았다.
그러므로 번개는 태양보다 더 찬란하고, 물보다 부드러우며, 바위
보다 더 단단하다.

2. 나는 바위에서 거대한 불을 잘라냈고, 그 불로 육체가 없는 천
사들의 군대의 10등급을 만들었다. 그들은 불타는 무기를 가지고
불꽃을 옷으로 입었다.

3. 한 천사가 자기보다 지위가 낮은 천사들을 이끌고 불가능한 것
을 생각했다. 즉 구름보다 더 높은 곳에 자기 옥좌를 놓아서 나의
힘과 동등한 힘을 가지려고 했다.

4. 그래서 나는 그와 부하들을 높은 곳으로부터 추방했고, 그는
심연 위의 공중에서 쉴 새 없이 날아다니고 있었다.

여섯째 날에 아담과 하와를 창조한다

제30장

1. 셋째 날에 나는 땅에게 열매를 맺는 나무가 자라게 하라고 명령했다. 나는 산들을 만들고 씨를 뿌렸다. 또한 낙원을 만들어 무장한 천사들이 지키도록 했다.

2. 넷째 날에는 여러 층의 하늘에 거대한 빛이 나타나게 했다.

4. 가장 높은 곳에는 별들, 즉 크루노, 둘째 하늘에는 아프로디트, 셋째 하늘에는 아리스, 다섯째 하늘에는 제우스, 여섯째 하늘에는 에르미스, 일곱째 하늘에는 달과 작은 별들을 놓았다.

5. 일곱째 하늘에서 태양은 낮에, 달과 별은 밤에 빛나도록 했다.

6. 태양은 열두 종류의 짐승에 따라서 움직이도록 했다.

8. 다섯째 날에 나는 바다의 물고기, 새, 땅에서 기는 짐승들, 그리고 생명의 숨을 내쉬는 모든 영혼을 만들었다.

10. 여섯째 날에 나는 나의 지혜에게 명령하여 일곱 가지를 갖춘 사람을 만들라고 했다. 사람의 살은 흙에서, 피는 이슬에서, 뼈는 돌에서, 지능은 천사들의 속도와 구름에서, 혈관과 털은 풀에서, 영혼은 나의 숨결과 바람에서 만들었다.

11. 그리고 나는 사람에게 일곱 가지 기능을 주었는데, 살은 듣고, 눈은 보고, 영혼은 냄새를 맡고, 혈관은 만지고, 뼈는 오래 견디고, 지능은 즐기는 기능을 가지게 되었다.

12. 나는 교묘한 말을 생각해내서 이렇게 말했다. 즉 나는 보이지 않는 것과 보이는 것으로부터 사람을 만들었으니, 두 가지가 그의 죽음과 삶의 모습이다. 그는 어떤 피조물들처럼 말을 할 수가 있으니, 위대한 것 안에 작은 것이고, 작은 것 안에 위대한 것이다. 나는 그를 땅에 제2의 천사로 배치하여 온 땅을 다스리고 나의 지혜

를 가지게 했다.

13. 나는 동서남북의 네 가지 요소로 그의 이름을 만들어 아담이라고 불렀다. 나는 그에게 네 개의 별을 주었고, 두 가지 길, 즉 빛과 암흑을 주었다.

14. 나는 그에게 "이것은 좋고 저것은 나쁘다."라고 말했다. 그것은 그가 나를 사랑하는지 미워하는지, 그리고 인류 가운데 누가 나를 사랑하는지 알아낼 목적에서 그런 것이다.

15. 왜냐하면 나는 그의 본성을 보았지만, 그는 자기의 본성을 보지 못했고, 그래서 그는 큰 죄를 지을 것이기 때문이다. 나는 "죄를 지은 뒤에는 죽음 이외에 무엇이 있겠느냐?"라고 말할 것이다.

16. 나는 그의 갈빗대를 뽑아서 그의 아내를 만들었다. 죽음은 그의 아내를 통해서 그에게 올 것이기 때문이다. 나는 그의 마지막 말, 즉 어머니라는 말에 따라서 여자의 이름을 하와라고 했다.

사탄이 하와를 유혹한다

제31장

1. 나는 땅의 동쪽에 있는 에덴 안에 동산을 만들어 아담이 거기서 살도록 했다. 그는 나의 계명과 명령을 지켜야만 했다.

2. 나는 하늘의 문들을 열어서 그가 승리가를 부르는 천사들과 그림자 없는 빛을 보도록 했다.

3. 아담은 계속해서 낙원에서 살았다. 아담이 땅을 다스리는 지배자이기 때문에 내가 다른 세상을 창조하기를 원했다는 것을 악마가 알아챘다.

4. 낮은 곳의 악령인 악마는 이름이 사타나일인데, 하늘에서 달

아나 소토나를 만들었다. 그는 천사들과 다르지만, 그의 지능과 선악을 분별하는 능력은 변하지 않았다.

5. 사탄은 자기 죄를 알고 그 처벌을 깨달았기 때문에, 아담을 파멸시키려고 음모했다. 그래서 하와를 유혹했지만, 아담에게는 손을 대지 않았다.

6. 나는 무지를 저주했다. 그러나 내가 이전에 축복했던 것들에 대해서는 저주하지 않았다. 나는 사람도 땅도 다른 피조물들도 저주하지 않았고, 오로지 사람의 사악한 결과와 그 행동을 저주했다.

아담은 낙원에서 5일과 절반을 살았다

제32장

1. 나는 아담에게 "너는 흙이다. 내가 너를 끌어낸 그 흙으로 너는 돌아갈 것이다. 나는 너를 파멸시키지 않겠다. 그러나 네가 나온 그 흙으로 돌려보낼 것이다.

2. 그 다음에 나의 재림 때 너를 다시 구해줄 것이다."라고 말했다.

3. 나는 보이는 것과 보이지 않는 것, 즉 나의 모든 피조물을 축복했다. 아담은 낙원에서 5일 그리고 하루의 절반을 살았다.

4. 나는 일곱째 날인 사바트를 축복하고, 그날은 모든 일을 쉬었다.

여덟째 천년과 그 이후

제33장

1. 나는 여덟째 날도 만들었다. 그날은 나의 창조가 끝난 뒤에 최초로 창조된 것이다. 최초의 7일은 7천 년의 모습으로 계속될 것이다. 그러나 여덟째 천년이 시작하면, 그 뒤로는 시간이 사라지고 무한한 세월이 이어질 것이다.

3. 나는 스스로 영원하고, 사람의 손이 만든 것이 아니며, 변화도 없다.

4. 나의 생각이 나의 충고자다. 나의 지혜와 말은 만들어진 것이다. 나의 눈은 모든 것을 본다.

5. 내가 외면을 하면 모든 것이 파괴될 것이다.

7. 에녹아, 너는 너를 여기 데리고 온 사무일과 라구일의 인도를 받아서, 네가 기록한 모든 책을 가지고 땅으로 내려가라. 그리고 네 자손들에게 이 모든 것을 가르쳐라.

9. 내가 직접 기록한 책들을 네 자손이 대대로 읽고 오로지 나를 하느님으로 섬기도록 하라.

에녹은 지상에서 30일 동안 산다

제36장

1. 에녹아, 나는 네게 지상에서 30일 동안 살도록 허락한다.

3. 그 기간이 지나면 나의 천사를 보내서 너를 다시 나에게 데려오겠다. 주님은 나에게 그렇게 말했다.

영원한 낙원의 삶

제45장

5. 에녹은 이렇게 말했다. 눈에 보이는 것과 보이지 않는 것, 즉 모든 피조물이 끝날 때, 사람은 각자 위대한 심판을 향해 갈 것이고, 모든 시간이 사라질 것이다.

6. 그때에는 한 가지 '에온'만 남을 것이다. 주님의 위대한 심판을 피한 사람은 모두 이 위대한 에온 안에 모일 것이다. 그러면 그 정의로운 사람들은 에온 안에서 영원히 살 것이다. 거기는 노동도 질병도 굴욕도 고뇌도 결핍도 폭력도 밤도 암흑도 없고, 오로지 빛만 있을 것이다.

7. 부패의 가능성을 가진 것이 모조리 사라지고 영원한 생명만 남을 것이기 때문에, 파괴할 수 없는 거대한 성벽으로 둘러싸이고, 찬란하며 부패하지 않는 낙원이 있을 것이다.

에녹이 주님에게 다시 올라간다

제47장

1. 에녹이 사람들에게 말하고 있을 때, 주님이 지상에 암흑을 내려보내 모든 사람을 감쌌다. 천사들이 에녹을 데리고 주님이 계신 가장 높은 하늘로 올라갔다.

2. 사람들은 어떻게 해서 에녹이 사라졌는지 이해하지 못했다. 그들은 거기서 '보이지 않는 하느님'에 관해 기록한 책을 발견했다.

에녹은 365년을 살았다

제48장

1. 에녹은 치반 달의 6일에 태어나서 365년을 살았다.

2. 그는 치반 달의 5일에 하늘로 올라가서 6일 동안 머물렀다.

3. 그는 자기가 본 모든 것을 366권의 책에 기록하여 후손에게 남겼고, 지상에서 30일 동안 머물다가 치반 달의 6일, 즉 그가 태어난 날의 태어난 시간에 다시 하늘로 올라갔다.

6. 그의 아들 메토살람과 형제들이 그가 하늘로 올라간 장소인 아쿠잔에 제대를 만들었다.

에녹 제3서

하느님의 오른손이 운다

해설

이 문헌은 히브리어로 저술된 것인데, 저술 연도와 장소는 알 수 없다. 다만 현재의 형태로 최종 편집된 시기를 서기 5~6세기로, 장소는 팔레스타인 또는 바빌로니아로 추정한다.

저자가 서기 132년 바르 코크바 전쟁이 일어나기 직전에 죽은 팔레스타인의 저명한 학자 라비 이슈마엘이라고 되어 있지만, 문헌의 권위를 위해서 가명을 동원한 것으로 본다. 라비 이슈마엘을 저자로 내세운 메르카바 신비주의 문헌들도 적지 않다.

20세기 초까지 잘 알려지지 않았던 이 문헌은 중세 독일계 유태인 신비주의자들인 하시데 아슈케나지, 그리고 중세 스페인의 유태인 신비주의 문헌(카발라)의 핵심인 〈조하르〉에 많은 영향을 미쳤다고 본다.

이슈마엘이 일곱째 궁전에 들어간다

제1장

I. 라비 이슈마엘이 이렇게 말했다. 전투용 마차의 환상을 보기 위해서 내가 하늘로 올라갔을 때, 여섯 궁전을 차례로 들어갔다.

2. 그리고 일곱째 궁전 앞에 도착했을 때, 거룩한 그분에게 기도하기 위해서 잠시 멈추었다.

3. 그리고 파괴의 천사 카스피엘과 그의 천사들이 나를 지배하여 하늘에서 아래로 추방하지 못하게 해달라고 기도했다.

4. 그분이 자기 하인인 '신성한 현존의 천사' 메타트론을 보내서 나를 일곱째 궁전으로 인도해 들어갔다.

6. 그는 전투용 마차를 보여주기 위해 나를 영광의 옥좌 앞으로 데리고 갔다.

7. 그러나 마차의 천사들이 무서운 눈으로 노려보는 바람에 내가 움츠러들고, 떨면서 엎어졌으며, 기절했다.

8. 거룩한 그분이 세라핌과 케루빔과 오파님에게 눈을 감으라고 명령했다.

9. 메타트론이 나를 일으켜서 정신을 차리게 했다.

II. 그러나 거룩한 그분이 한 시간 뒤에 나에게 세키나(이해)의 문, 평화의 문, 지혜의 문 등을 열어주었고,

I2. 나의 눈과 마음을 비춰주었다.

선택된 이스라엘

제2장

1. 그 마차의 독수리들인 불타는 오파님과 맹렬한 불길의 케루빔이 메타트론에게 "젊은이여, 여자의 몸에서 태어난 이 사람을 왜 데리고 와서 마차를 구경시키는 거요? 그는 어느 나라에서 온 사람이요?"라고 물었다.

3. 메타트론은 "그는 거룩한 그분이 70개의 민족 가운데 선택한 이스라엘에서 왔소."라고 대답했다.

천사보다 젊은 에녹이 길을 인도한다

제4장

1. 나는 메타트론에게 "창조주가 당신을 70개의 이름으로 부르는 이유는 뭐지요?

2. 하늘에서 그들이 왜 당신을 젊은이라고 부르는지요?"라고 물었다.

3. 그는 "나는 야레드의 아들 에녹이오.

6. 내가 하늘로 올라갔을 때 우자, 아자, 아자엘이라는 세 천사가 나를 반대했고, 거룩한 그분에게 '우주의 주님이여, 최초의 그들이 사람을 창조하지 말라고 좋은 충고를 해주지 않았습니까?' 라고 말했소. 그러자 그분이 '나는 사람을 만들었고, 그를 유지시켜줄 것이다.

8. 너희가 나를 간섭할 권한이 있느냐? 나는 너희 모두보다도 이

에녹을 선택해서 너희의 지배자로 삼았다.' 라고 대답했소.

10. 나는 천사들보다 젊기 때문에 젊은이라고 불리는 거요." 라고 대답했다.

하늘의 보물들

제8장

1. 이슈마엘은 메타트론이 자기에게 이렇게 말했다고 한다. "거룩한 그분이 나에게 이해, 신중, 생명, 은총과 호의, 사랑, 토라, 겸손, 유지, 자비, 존경의 문들을 각각 30만 개씩 열어주었다.

2. 그리고 나에게 지혜, 이해, 신중, 지식, 자비, 토라, 사랑, 은총, 아름다움, 겸손, 힘, 권한, 권위, 광채, 영예를 한없이 수여했다."

에녹의 몸이 한없이 커졌다

제9장

1. 이슈마엘은 메타트론이 자기에게 이렇게 말했다고 한다. "거룩한 그분이 내게 손을 얹고, 136만 5천 번 축복했다.

2. 그러자 나의 몸이 커지고 증가하여 온 세상의 가로와 세로와 똑같아졌다.

3. 그는 한쪽에 36개씩 양쪽에 72개의 날개를 달아주었는데, 날개하나가 온 세상을 덮었다.

4. 또한 그는 내게 36만 5천 개의 눈을 주었는데, 눈 하나가 거대

한 빛과 같았다."

천사들의 임무

제14장

4. 가브리엘은 불의 천사이고, 바라디엘은 우박의 천사다. 루히
엘은 바람의 천사이고, 바라키엘은 번개의 천사다. 자아미엘은 회
오리바람의 천사이고, 바키엘은 혜성의 천사다. 지이엘은 격동의
천사이고, 자아피엘은 태풍의 천사다. 라아미엘은 천둥의 천사이
고, 라아시엘은 지진의 천사다. 살기엘은 눈의 천사이고, 마타리엘
은 비의 천사다. 심시엘은 낮의 천사이고, 라일리엘은 밤의 천사
다. 갈갈리엘은 태양의 궤도의 천사이고, 오판니엘은 달의 천사다.
라하티엘은 천체의 천사다.
5. 그들은 나(에녹)의 왕관을 보고는 모두 엎드렸다.

하느님의 오른손

제48장

1. 메타트론이 나(이슈마엘)에게 말했다. "내가 전능한 그분의 오
른손을 네게 보여주겠다. 그 손은 성전의 파괴 때문에 그분의 뒤쪽
으로 추방되어 있다. 그 손에서 모든 찬란한 빛이 나오고, 그 손이
955개의 하늘을 창조했다. 구원의 날이 될 때까지는 세라핌과 오파
님마저도 그 손을 볼 수가 없다."

2. 그가 그 손을 내게 보여주었다. 그것은 너무나도 위대하고 아름다워서 어떠한 입도 그것을 찬미할 수 없고, 어떠한 눈도 그것을 볼 수가 없다.

3. 더욱이 정의로운 사람들의 영혼이 그 옆에 서 있었다. 그리고 매일 세 번씩 "깨어나십시오! 깨어나십시오! 주님의 팔이여, 힘의 옷을 입으십시오!"라고 찬미했다.

4. 그러면 그 손이 울었고, 다섯손가락에서 눈물이 흘러내려서 거대한 바다에 떨어졌으며, 온 세상이 다섯 번 뒤흔들렸다.

아브라함 계시록

무한히 키가 큰 아브라함

해설

이 문헌은 서기 70년경을 전후해서 유태인들의 전통을 바탕으로하여 팔레스타인에서 히브리어로 저술된 것으로 추정된다. 그리고 여기에 그리스도교의 요소가 가미되었을 것으로 본다. 저자가 유태인이라는 증거는 어디에도 없다.

이것은 서기 70년, 성전의 파괴 이후에 저술된 가장 중요한 문헌 가운데 하나이다. 서기 1세기 당시 팔레스타인의 문헌 전통을 이해하는 데 매우 중요한 자료가 되는 것이다.

에피파니우스가 이 문헌에 관해서 언급한 것으로 보이는데, 과거에는 아브라함의 증언과 아브라함의 계시록을 혼동했을 가능성도 많다.

1천 년 동안 알려지지 않았던 이 문헌은 고대 슬라브어로 된 필사본이 유일하게 전해져 내려오고 있다. 14세기의 필사본이 1863년에 처음 출판되었다.

아브라함의 아버지의 우상들

제1장

I.   나 아브라함은 아버지 테라의 우상들과 형제 나오크(나호르)의 우상들을 돌보고 있을 때, 어느 신이 정말 전능한 신인지 의문을 품었다.

3.   신전에 들어갔을 때, 거대한 돌로 만든 마루마트 신의 석상이 쇠로 만든 나코르 신 동상 발 밑에 엎어져 있었다.

7.   석상의 머리가 떨어져나갔다.

I2.   아버지는 마루마트의 몸체를 새로 조각한 뒤 머리를 거기 붙이고, 먼젓번 석상의 몸체는 파괴해버렸다.

우상들의 축복은 헛된 것이다

제4장

I.   나는 아버지가 만든 우상들을 시리아인들에게 팔아서 번 돈을 아버지에게 건네주었다.

2.   그는 매우 기뻐하면서 "내 수고가 헛되지 않았다. 아브라함아, 너는 나의 신들의 축복을 받아라."하고 말했다.

3.   나는 "아버지가 우상들을 만들었으니, 아버지가 그들의 신입니다. 그들의 축복은 파괴이고, 그들은 힘이 하나도 없지요. 자기 자신마저 보호하지 못하는 우상들이 무슨 축복을 할 수 있습니까?"라고 대꾸했다.

5.   내가 자기 신들을 욕했다고 해서 그는 몹시 화를 냈다.

제목 미상, 쟝 르 뒤크 작, 17세기

아브라함이 목각 우상을 땔감으로 사용한다

제5장

2. 그는 우상을 조각하고 남은 나무 부스러기들을 모아서 저녁밥을 지으라고 내게 지시했다.

7. 나는 그것들을 모아서 불을 지핀 뒤에 작은 목각 우상인 바리사트를 그 앞에 세워놓고 "내가 잠시 다른 데 다녀올 테니, 너는 불을 잘 봐라." 하고 우상에게 지시했다.

9. 돌아와서 보니까 우상은 넘어져 있고, 그의 발이 불에 빠져서 많이 탔다. 나는 폭소를 터뜨렸다. 이윽고 우상이 다 타서 재가 되었다.

17. 내가 그 이야기를 아버지에게 했더니, 그는 "바리사트는 위대하다. 오늘 하나 더 만들면, 그가 내 음식을 다시 준비해줄 것이다."라고 말했다.

만물을 창조한 신

제7장

1. 나는 "우상들보다도 불이 더 위대합니다. 불은 모든 것을 굴복시키고, 불에 타는 것을 조롱하기 때문입니다.

2. 그러나 불을 끄고 땅을 만족시키는 물이 불보다 더 위대합니다.

3. 그러나 불과 물은 땅에 굴복하므로 나는 그것들을 신이라고 부르지 않습니다.

4~9. 또한 땅은 사람들의 유익을 위해 만들어진 태양에게 굴복합

니다. 그러나 나는 땅도 태양도 신이라고 부르지 않습니다. 밤에 구름이 태양을 가리기 때문입니다. 달도 별들도 신이 될 수가 없습니다.

10. 나는 세상 만물을 만든 그 신이 누구인지, 무엇인지 알아보아야 하겠습니다.

12. 그 신이 우리에게 스스로 나타나도록 합시다."라고 말했다.

아브라함의 아버지가 벼락을 맞는다

제8장

1. 내가 앞마당에서 아버지에게 그렇게 말하고 있을 때,

2. 전능한 분의 목소리가 불의 홍수처럼 하늘에서 내려와 "아브라함아! 아브라함아!" 하고 나를 불렀다. 나는 "예, 여기 있습니다."라고 대답했다.

3. 그 목소리가 "너는 네 정신으로 이해하여 창조주인 하느님을 찾고 있다.

4. 내가 바로 그 하느님이다.

5. 너는 네 아버지 테라와 그의 집을 떠나서 네 아버지의 집의 죄와 더불어 멸망하지 않도록 하라."고 말했다.

6. 나는 밖으로 나갔다.

7. 그런데 내가 바깥쪽 대문에 이르기도 전에, 하늘에서 벼락이 떨어져서 그와 그의 집과 그 안에 있는 모든 것을 태워버렸다.

나오일 대천사가 나타난다

제10장

3. 내가 여전히 땅에 엎드려 있을 때,

4. 그 목소리가 "나오일(알테즈)! 그에게 가서 나의 표현할 수 없는 이름의 힘으로 격려하라."고 말했다.

5. 그가 파견한 천사가 사람의 모습으로 내게 나타나서 내 오른손을 잡아 일으켰다.

6. 그는 내게 "하느님의 친구여, 일어나시오.

9. 나는 일로일(어올, 야올) 천사요.

11. 나는 레비아탄을 굴복시킬 임무를 받았소.

16. 또한 나는 당신과 당신 후손과 더불어 있도록 지정되었소.

17. 나와 함께 미카엘이 당신을 영원히 축복하는 것이오." 라고 말했다.

대천사의 모습

제11장

2. 그의 몸은 사파이어(청옥)와 같았다. 그리고 얼굴은 온석면 같았고, 머리카락은 눈과 같았다. 그리고 무지개 같은 아마포 띠를 이마에 둘렀다. 그는 자주색 옷을 입고 황금 지팡이를 짚었다.

4. 그는 "나의 모습과 나의 말 때문에 겁내지 마시오. 걱정하지 말고 따라오시오.

5. 나는 제물이 바쳐질 때까지 당신과 함께 있고, 그 이후에는 나

를 보지 못할 것이오. 용기를 내서 따라오시오."라고 말했다.

아브라함이 호렙 산에 간다

제12장

I. 우리는 40일 밤과 낮을 함께 갔다. 나는 빵도 먹지 못하고 물도 마시지 못했다. 천사와 나누는 대화가 나의 빵이고 나의 물이었기 때문이다.

2. 나는 하느님의 거룩한 산, 즉 호렙 산에 도착했다.

3. 나는 천사에게 "영원한 그분의 노래하는 천사여, 나는 제물도 없고, 산 속에 제대가 어디 있는지 알지도 못합니다.

4. 그러니 어떻게 제물을 바칠 수가 있겠소?"라고 말했다.

5. 천사가 "당신 뒤를 바라보시오."라고 말했다. 뒤를 돌아보자, 송아지, 암컷 염소, 숫양, 산비둘기, 집비둘기 등 제물이 따라오고 있었다.

7. 천사가 "이 짐승들을 둘로 나눠서 두 쪽이 서로 마주 보게 놓으시오. 그러나 새들은 둘로 나누지 마시오. 짐승들을, 앞으로 당신 곁에 서 있고 또 내가 보여줄 그 사람들에게 주시오. 그들은 산 위에 있는 제대이고, 당신은 그 제대 위에서 영원한 그분에게 제물을 바쳐야 하오.

9. 그러나 비둘기들은 나에게 주시오. 내가 그 날개를 타고 위로 올라갈 것이오. 그리고 당신에게 하늘과 지상, 바다와 심연, 가장 낮은 곳과 낙원, 강, 우주 구석구석과 그 주위 등 이 모든 곳에 있는 모든 것을 보여주겠소."라고 말했다.

천사들의 대결

제13장

1. 나는 천사가 지시한 대로 했다. 둘로 나는 짐승들을 우리에게 온 천사들에게 주고, 새들은 안내하는 그 천사에게 주었다.

2. 나는 저녁 제사를 기다렸다.

3. 그러자 불결한 새들이 짐승의 시체 위로 날아와서 내가 그들을 쫓아버렸다.

4. 불결한 새들이 나에게 "거룩한 산꼭대기에서 아브라함 당신은 무엇을 하고 있소? 여기서는 사람들이 먹지도 마시지도 않고 또 사람이 먹을 음식도 없지요. 이 모든 것은 불로 모조리 태워야 하고, 당신도 같이 불에 타서 없어질 거요.

5. 당신 곁에 있는 사람은 내버려두고 혼자서 도망치시오. 당신이 버티고 있다면 함께 죽어버릴 거요."라고 말했다.

7. 나의 질문에 천사가 "저것은 사악한 천사 아자질이오."라고 대답했다.

8. 그리고 천사는 그에게 "아자질! 너는 수치를 받아라! 너는 불결함 속에서 스스로 여기서 살기로 했고, 또 여기서 살기를 좋아하기 때문이다.

9. 그래서 영원한 지배자, 전능한 그분이 지상에서 네가 살도록 지정한 것이다.

10. 그리고 너를 통해서 사악하고 속이는 천사가 사람들 사이에서 활동하고, 너를 통해서 불의한 사람들 위에 대대로 처벌과 불행이 내린다.

11. 그러나 영원하고 전능한 하느님은 정의로운 사람들의 몸을 네 손에 넘기지 않았다.

12. 그러므로 부끄러운 줄 알고 물러가라.

13. 너는 정의로운 사람을 누구나 유혹하도록 지정된 것이 아니다.

14. 이 사람은 내버려둬라. 그는 네 적이기 때문에 네가 속일 수 없다.

15. 태초에 너를 위해 마련되었던 옷을 그가 입고, 그의 부패의 옷이 네 몫으로 변했다."라고 말했다.

사악한 천사가 석탄불이 된다

제14장

5. 천사가 아브라함에게 "그에게 땅의 용광로의 석탄불이 되라고 말하시오."라고 말했다. 아자질이 땅 속의 접근할 수 없는 곳으로 갔다.

10. 천사가 나에게 "그의 말에 응답하지 마시오. 그에게 응답하는 사람을 그가 지배하도록 하느님이 권한을 주었기 때문이오."라고 말했다.

13. 그가 함께 내려가자고 아무리 간청했어도 나는 그에게 응답하지 않았다.

무수한 남자들이 불에 탄다

제15장

1. 해가 지고 용광로에서 연기가 솟았다.

2. 제물을 둘로 나눈 천사들이 용광로 꼭대기에서 올라갔다.

3. 그리고 인도하는 천사가 내 오른손을 잡고 나를 집비둘기의 오른쪽 날개에 태웠다. 그는 산비둘기의 왼쪽 날개에 탔다. 비둘기들은 죽이거나 둘로 나눈 것이 아니었다.

4. 그는 나를 불꽃 근처로 데리고 갔다.

5. 그리고 우리는 수많은 바람결을 탄 듯이 위로 올라가 우주 끝의 하늘로 갔다.

6. 그러자 나는 표현할 수 없는 엄청난 빛을 보았다.

7. 보라! 나는 무수한 사람을 태우는 불을 보았다. 불타는 사람은 모두 남자들인데, 얼굴과 형태가 변하면서 이리저리 달려가고 있었다. 그들은 내가 모르는 언어로 울부짖고 있었다.

천사가 가르쳐준 찬미가

제17장

1. 사방이 불에 둘러싸였고, 그 불이 우리에게 다가오는데, 그 속에서 물이 흐르는 것처럼, 또는 파도치는 것처럼 들리는 목소리가 울려나왔다.

2. 나를 인도하는 천사가 고개를 숙여서 숭배했다.

3. 나는 땅바닥에 엎드리려고 했다. 그러나 우리가 서 있는 공중

의 표면은 죽이 끓듯이 스스로 올라갔다 꺼졌다 했다.

4. 천사는 나에게 "아브라함이여, 내가 가르쳐준 노래를 부르기만 하면 되오."라고 말했다. 거기는 엎드릴 땅이 없었기 때문이다.

6. 천사와 나는 이렇게 끊임없이 노래했다.

7. "영원한 분, 전능한 분, 거룩한 분, 엘, 하느님, 임금님,

8. 스스로 낳았고, 썩지 않고, 더럽혀지지 않고, 태어나지 않고, 흠이 없고, 죽지 않고, 스스로 완전하고, 스스로 깨닫는 분,

9. 어머니가 없고, 아버지가 없고, 출생도 없고, 가장 높은 분, 불타는 분,

10. 사람을 사랑하는 분, 관대하고, 풍성한 나의 보호자, 인내하고 가장 자비로운 분,

11. (나의 하느님) 엘리, 영원하고 전능하고 거룩한 사바오트, 가장 영광스러운 엘, 엘, 엘, 엘, 야오일!

12. 내 영혼이 사랑한 당신, 모든 것을 보존해주는 분, 영원한 분, 찬란한 분, 목소리가 천둥 같고, 얼굴이 번개와 같으며, 무수한 눈을 가지고, 당신을 찬미하는 사람들의 기도를 들어주시는 분이여!

14. 빛 자체인 당신은 아침의 빛보다 먼저 만물을 비추고, 하늘의 모든 장소에서는 당신 얼굴의 빛의 표현할 수 없는 새벽에서 나오는 빛으로 충분합니다.

15. 나의 기도를 들어주시고, 당신을 찾는 나를 통해서 당신 자신이 마련한 제물도 또한 받아주십시오. 저를 호의로 받아주시고, 당신이 약속한 것을 보여주고, 가르쳐주고, 또 당신 하인에게 말해주십시오."

네 마리 짐승과 마차 위에 있는 주님의 옥좌

제18장

1. 불의 혀들이 더욱 높이 치솟았다.
2. 나는 불의 영향을 받지 않는 목소리, 파도치는 것과 같은 목소리를 들었다.
3. 또한 나는 불 밑에 있는 불의 옥좌를 보았다. 그리고 그 주위에 많은 눈을 가진 천사들이 노래하고, 옥좌 밑에서 불의 짐승 네 마리가 노래하는 것을 보았다.
4. 불의 짐승들은 모두 모습이 같았고, 각각 얼굴이 네 개였다.
5. 하나는 사자의 얼굴, 또 하나는 사람의 얼굴, 그리고 황소의 얼굴, 독수리의 얼굴이었다.
6. 그 짐승들은 어깨와 옆구리와 허리에 한 쌍의 날개를 달았다.
7. 어깨의 날개로는 얼굴을 가리고, 허리의 날개로는 다리를 가렸다. 그리고 가운데 날개로 날아다녔다.
8. 그들은 노래를 마치자, 서로 무시무시한 눈초리로 노려보았다.
9. 나를 인도하는 천사가 그들에게 가서 얼굴을 각각 돌려놓아서 서로 쳐다보지 못하게 만들었다.
10. 그리고 영원한 분에게서 나온 평화의 노래를 그들에게 가르쳐 주었다.
11. 나는 살아 있는 그 짐승들 뒤에 있는 전투용 마차를 보았다. 거기에는 불의 바퀴가 달렸는데, 그 바퀴의 테두리는 무수한 눈으로 가득 찼다.
12. 마차 위에 놓인 옥좌는 온통 불로 뒤덮였고, 불타는 천사들의 표현할 수 없는 빛이 그것을 둘러쌌다.
13. 그들의 거룩한 목소리는 한 사람의 목소리처럼 들려왔다.

일곱째 하늘에서 아브라함이 내려다본다

제19장

4. 우주가 갈라지고 하늘들이 내 발 아래 놓여 있었다.

5. 나는 일곱째 하늘 위에 선 채 퍼져나가는 불, 빛, 이슬, 무수한 천사, 눈에 보이지 않는 영광의 권능, 살아 있는 그 짐승들을 보았고, 그 이외에는 아무것도 보이지 않았다.

6. 여섯째 하늘의 천사들은 육체가 없고, 내가 서 있는 일곱째 하늘의 천사들의 지시를 이행하고 있었다. 그곳에는 영광의 권능이 없었다.

8. 영광의 권능이 그 하늘에게 물러가라고 지시했다.

9. 다섯째 하늘에서는 별들이 맡은 일을 하고 있었다. 땅의 요소들은 그들에게 복종했다.

창조되기 전에 이미 선택된 백성

제22장

2. 영원한 그분이 내게 "지상의 만물은 나의 의지 때문에 존재한다. 나는 모든 것이 마음에 들었다. 그후 말로 명령을 내렸다.

3. 내가 만들려고 계획한 것은 모두 이루어졌다. 이렇게 되도록 이미 미리 계획된 것이다. 네가 발 아래 바라본 모든 사물과 모든 사람은 그들이 창조되기 전에 이미 내 앞에 서 있었다."고 말했다.

5. 그는 "왼쪽에 있는 사람들은 과거에 살았던 사람들인데, 네가 지정된 이후에는 일부는 심판과 회복을 위해, 일부는 보복과 멸망

을 위해서, 모든 시대가 끝날 때까지 남겨진 것이다.

6. 그리고 오른쪽에 있는 사람들은 아자질로부터 분리하여 내 백성으로 선택해둔 사람들이다.

7. 그들이 앞으로 네 후손이 되고 또 내 백성이 될 사람들이다." 라고 말했다.

무한히 키가 큰 아담과 하와

제23장

3. 나는 낙원을 쳐다보았다.

4. 그리고 거기 있는 한 남자를 보았는데, 그는 내가 지금까지 본적이 없는, 무한히 키가 크고 또 한없이 단단한 사람이었다. 그는 크기와 모양이 자기와 똑같은 여자를 껴안고 있었다.

5. 그들은 낙원의 어떤 나무 아래 앉아 있었는데, 그 나무의 열매는 커다란 대추야자 송이와 같았다. 나무 뒤에는 사람의 손과 발을 가지고 좌우 어깨에 날개가 각각 세 개 달린 뱀이 있었다.

6. 그들은 커다란 열매 송이를 손에 들고 먹는 중이었고, 또 서로 껴안고 있었다.

7. 나는 "전능하고 영원한 분이여, 서로 껴안고 있는 저들은 누구입니까? 그들 사이에 있는 것은 누구입니까? 그들은 무엇을 먹고 있습니까?"라고 물었다.

8. 그는 "이것은 인간 세상이다. 이것은 아담이고, 이것은 지상에 있는 그들의 욕망이며, 이것은 하와다.

9. 그들 사이에 있는 것은 그들이 멸망으로 걸어가는 사악한 길, 즉 아자질이다."라고 말했다.

10. 나는 "왜 아자질에게 지상에서 인류를 멸망시키는 힘을 허락해 주었습니까?"라고 물었다.

11. 그는 "사람들의 악행 때문에 나는 악을 원하는 사람들을 미워한다. 그래서 나는 아자질에게 그들을 다스리고 그들의 사랑을 받을 권한을 허락했다."고 대답했다.

12. 나는 "영원하고 전능한 분이여, 왜 당신은 사람들이 자기 마음 속에서 악을 원하도록 뜻을 세웠습니까? 당신은 지상에서 사람이 실체도 없는 것을 따라가도록 당신 자신이 뜻을 세웠는데, 바로 그것 때문에 당신은 화를 내기 때문입니다."라고 말했다.

살인, 도둑질, 간음, 남색, 욕망

제24장

1. 그는 "그것은 너를 위해서, 그리고 뒤에 올 네 후손들을 위해서, 모든 민족들에게 주는 상처로서 그렇게 미리 마련된 것이다.

2. 나는 그들에게 닥쳐올 일과, 마지막 시기에 일어날 일을 보여주겠다.

3. 자, 저 그림을 보라."고 말했다.

5. 나는 아담처럼 보이는 그 사람과, 하와와 간사한 원수와 그 원수를 통해서 죄를 지은 카인을 보았다.

6. 나는 또한 카인이 아벨을 죽이는 장면도 보았다.

7. 나는 간음도 보았고, 욕정에 따라 간음하는 사람들도 보았다. 그리고 그것이 얼마나 지겨운 것인지, 그 짓을 하는 사람들이 얼마나 열심히 그 짓을 하는지도 보았다. 나는 그들의 타락의 불을 땅 속 가장 깊은 곳에서 보았다.

8. 나는 도둑질과 도둑들, 그리고 그들이 어떻게 도둑질을 하는지 보았다.

9. 나는 또한 발가벗은 남자들이 이마를 서로 맞대고 있는 것과, 그들의 수치와 서로 몸을 탐내는 욕정을 보았다. 그리고 그들이 받는 처벌도 보았다.

10. 나는 욕정을 보았다. 그리고 그녀의 손이 들고 있는 온갖 종류의 불법의 샘도 보았다.

질투의 우상

제25장

1. 나는 나의 아버지가 만든 목각과 비슷한 질투의 우상을 보았다.

2. 청동으로 된 그의 몸은 번쩍거렸고, 그 앞에서 한 남자가 숭배하고 있었다. 그리고 우상 앞의 제대 위에는 젊은이들의 시체가 놓였다.

3. 나는 "이 우상은 무엇입니까? 희생자들은 누구입니까?

4. 이렇게 아름다운 신전은 무엇입니까? 이 신전의 아름다움은 당신의 영광과 비슷합니다."라고 물었다.

5. 그는 "아브라함아, 이 신전과 제대 그리고 정교한 솜씨는 나의 영광스러운 이름의 신성함에 관한 나의 생각이다.

6. 그러나 네가 보는 저 우상은 나의 분노다. 그 분노로써 네 후손이 나를 분노하게 만들 것이다.

7. 그리고 제사를 바치는 저 남자는 살해된 제물들로 나를 분노하게 만드는 사람인데, 그 제물들은 마지막 시기의 심판, 심지어는 창조의 시작에서도 나에게 증인이 된다."고 대답했다.

우상숭배를 미리 막지 않은 이유

제26장

1. 나는 "영원하고 전능한 분이여, 왜 이렇게 일이 되도록 허락하십니까? 당신은 마음을 고쳐먹을 수가 없습니까?" 라고 물었다.

3. 그는 "너의 아버지는 왜 네 말을 듣지 않고 우상을 포기하지 않느냐?" 라고 반문했다.

4. 나는 "그가 내 말을 들으려 하지 않고, 나도 그가 시키는 대로 하지 않기 때문입니다." 라고 대답했다.

5. 그는 "네 아버지의 빛이 그의 안에 있고, 네 빛이 네 안에 있는 것과 마찬가지로, 나의 의지의 빛은 내 안에 있다. 나의 의지는 앞으로 올 시기에 관해서 미리 준비되어 있다.

6. 그림을 들여다보라." 고 말했다.

주님의 백성이 정복당한다

제27장

1. 그림이 움직이기 시작했다. 왼쪽의 이방인들이 오른쪽의 남녀와 어린 아이들을 약탈했다.

2. 일부는 죽이고 일부는 노예로 잡아갔다.

3. 그 약탈은 4대(400년)에 걸쳐서 계속되었다. 그들이 성전을 불태우고, 그 안의 거룩한 물건들을 털어갔다.

6. 나는 "영원하고 전능한 분이여, 당신은 왜 내 마음을 슬프게 합니까? 왜 이런 일이 일어나야만 합니까?" 라고 물었다.

그는 "네 후손이 우상과 살인으로 나를 분노하게 만들 것이므로 네가 그림에서 본 것은 모조리 일어나야만 한다. 신전에 있는 질투의 우상 때문에 모든 것이 이루어져야만 한다."고 대답했다.

구세주와 새로운 시대의 시작

제29장

4. 나는 이방인들 쪽에서 한 사람이 나오고, 무수한 사람들이 그를 따르며 숭배하는 것을 보았다.

5. 오른쪽에서도 한 사람이 나왔는데, 조롱하는 사람들도 있고, 공격하는 사람들도 있고, 또 숭배하는 사람들도 있었다.

8. 그는 "아브라함아, 조롱당하는 저 사람은 네 후손에게 마지막 시기에, 즉 불경스러운 시대의 열두번째 해에 허락된 중간 휴식이다. 이 사람이 네 후손, 즉 내 백성 가운데서 나올 것이다.

10. 내 백성은 그를 모두 본받을 것이고, 그가 나의 부름을 받았다는 것을 깨닫고 회개할 것이다.

12. 수많은 이방인들이 그를 숭배할 것이다.

13. 그러나 많은 네 후손은 그를 걸림돌이라고 볼 것이다. 또한 이 불경스러운 시대를 빨리 끝내기 위해서 마지막 시기의 12시(한 시대의 1시간은 100년)에 그는 자기를 숭배하는 네 후손들을 시험할 것이다.

14. 정의로운 새 시대가 시작하기 전에 나는 네 후손들을 통하여 무법의 이방인들을 심판할 것이다.

15. 그때 나는 지상의 모든 생물에게 열 가지 재앙을 내릴 것이다.

17. 그러면 네 후손 가운데 정의로운 사람들이 남을 것이고, 그 숫

자는 내가 안전하게 보존할 것이다.

18. 그들은 새로운 시대에 정의와 진리의 제물을 가지고 살고, 내 안에서 영원히 기뻐할 것이다.

19. 그들은 자기들을 멸망시킨 사람들을 멸망시키고, 자기들을 신에 대한 모독으로 모욕한 사람들에게 모욕을 주며, 내가 처벌하는 사람들의 얼굴에 침을 뱉을 것이다."라고 말했다.

열 가지 재앙

제30장

4. 그는 "네 마음이 알고 싶어하는 열 가지 재앙, 즉 12시가 지나서 지상에 닥칠 그것들을 알려주겠다.

5. 그것은 물자 부족에 따른 지독한 고통, 도시들이 불타는 것,

6. 가축들이 전염병으로 쓰러지는 것, 온 세상의 굶주림, 지진과 전쟁으로 지배자들이 타도되는 것,

7. 우박과 폭설, 야수들의 대규모 습격, 기근과 전염병, 칼로 보복하는 것과 공포의 탈출, 그리고 천둥과 지진에 따른 파괴다.

마지막 심판

제31장

1. 그 다음에 내가 공중에서 나팔을 불고, 선택된 그분에게 나의 모든 권한을 주어서 파견할 것이다.

2. 그는 이방인들 사이에 흩어진 내 백성을 모으고, 지금 시대에 내 백성을 학대하고 지배한 이방인들을 내가 불로 태울 것이다.

3. 나를 멸시한 사람들에게는 닥쳐올 새 시대의 멸시를 퍼부을 것이다.

4. 왜냐하면 나는 그들이 지옥의 불의 밥이 되도록, 그리고 땅 속 깊은 곳에서 쉬지 않고 날아다니도록 지정했기 때문이다.

노아의 아들 셈의 예언서

안토니우스와 클레오파트라에 관한 예언

해설

이 문헌은 노아의 아들인 셈을 가명으로 해서, 12궁도에 따라 그 해의 운수를 설명한 것이다. 15세기에 필사한 시리아어 필사본이 남아 있는데, 원래는 히브리어 또는 아라메아어로 기원전 1세기(기원전 31년 이후)에 이집트의 알렉산드리아, 또는 팔레스타인에서 익명의 유태인이 저술한 것으로 본다.

점성술과 12궁도에 관해서 유태인들이 관심을 기울인 시기는 적어도 예수 당시까지 거슬러 올라간다. 이 문헌은 물론이고, 유태인의 시빌 신탁, 그리고 사해 문서에 포함된 두 종류의 점성술 문서 등이 그 증거가 된다. 여기에는 로마 장군 안토니우스와 이집트 여왕 클레오파트라에 관한 언급(2장 3절)이 등장한다. 악티움 전투(2장 10절)에서 안토니우스가 패배하고, 알렉산드리아에서 자살하는 장면을 연상시키는 부분(6장 13~17절)도 들어 있다.

이 문헌은 안토니우스와 클레오파트라를 테마로 하는 문학 작품 가운데 가장 오래 된 것으로 볼 수가 있다. 이 문헌 이후에 등장한 같은 테마의 걸작들은 플루타르크스의 〈영웅전〉(마르쿠스 안토니우스의 생애), 셰익스피어의 〈안토니와 클레오파트라의 비극〉, 드라이든의 〈사랑을 위해 모든 것을〉, 버너드 쇼의 〈시저와 클레오파트라〉 등이 있다.

이 문헌의 제목은 〈한 해의 시작과 그 해에 일어날 일들에 관한 노아의 아들 셈이 작성한 예언〉이다.

백양궁(아리에스)으로 시작하는 해

제1장

1. 이 해에는 흉년이 들 것이다.
2. 네 다리를 가진 짐승들도 죽고, 구름이 나타나지 않을 것이다.
3. 곡식이 충분히 익지 않을 것이다. 그러나 귀리는 충분히 자라서 익을 것이다.
4. 나일 강이 크게 범람할 것이다.
5. 로마의 왕이 한 곳에 머물러 있지 않을 것이다.
6. 그리고 하늘의 별들이 불꽃처럼 흩어지고, 달이 월식을 일으킬 것이다.
7. 첫째 곡식이 죽고 마지막 곡식이 추수될 것이다.
8. 유월절부터 새해까지 곡물의 생산이 매우 적을 것이다.
9. 격심한 전쟁과 비참한 상황이 온 땅을, 특히 이집트 땅을 휩쓸기 때문에 이 해는 불행할 것이다.
10. 바다가 거칠어질 때 많은 배가 파선할 것이다.
11. 아프리카에서는 기름값이 올라가고, 다마스쿠스와 하우란에서는 밀값이 떨어질 것이다. 그러나 팔레스타인에서는 밀값이 올라갈 것이다.
12. 그 지역에서는 각종 질병과 전염병이 발생하고, 전쟁도 일어날 것이다.
13. 그러나 거기서 도망쳐서 구출을 받을 수는 있을 것이다.

금소궁(타우루스)으로 시작하는 해

제2장

1. 이름에 베트, 유드, 카프의 글자가 들어간 사람들은 누구나 병이 들거나, 무기에 다칠 것이다.
2. 그리고 전쟁이 벌어질 것이다.
3. 이집트에서 바람이 나가서 온 땅을 채울 것이다.
4. 이 해에 비가 많이 오고 밀이 풍년이 되겠지만, 그 땅과 인근 지역의 귀족들이 곡식을 망칠 것이다.
5. 이 해의 비가 3개월 동안 오지 않고, 그 다음에 곡식의 값이 36일 동안 매우 비싸질 것이다.
6. 수많은 사람이 목구멍 병으로 죽을 것이고, 건강을 잃을 것이다.
7. 첫 곡식이 그렇게 죽지만, 마지막 곡식은 추수될 것이다.
8. 보리와 마른콩도 추수될 것이다.
9. 악마들이 사람들을 공격하겠지만, 조금도 해치지 못할 것이다.
10. 그리고 두 명의 왕들이 서로 적대할 것이다.
11. 그리고 나일 강의 강물이 둑을 넘을 것이다.
12. 바다 한가운데에 있는 배를 탄 사람들이나 바다 위에 있는 백성들은 엄청나게 비참해질 것이다.
13. 그러나 이 해가 끝날 무렵에는 커다란 축복이 있을 것이다.

쌍둥이궁(제미니)으로 시작하는 해

제3장

1. 달이 아름답고, 북쪽에서 바람이 불어 거기서 비가 내릴 것이다.
2. 이름에 타우, 헤트, 밈의 문자를 가진 사람은 누구나 얼굴에 종기가 날 것이다.
3. 이 해의 시작에는 심한 전쟁이 일어날 것이다.
4. 봄에 비가 내리고, 곡식이 잘 익을 것이다. 특히 관개가 된 밭의 곡식이 풍성할 것이다.
5. 들쥐가 지상에서 번식할 것이다.
6. 그리고 로마인들과 파르티아인들이 격심한 전쟁을 할 것이다.
7. 로마인들이 배를 타고 바다를 항해하여 전쟁을 일으키고, 파르티아인들을 멸망시킬 것이다.
8. 사악한 사람들이 이 세상에서 돌아다니면서 악한 짓들을 할 것이고, 그러면 고뇌와 엄청난 비참함이 닥칠 것이다.
9. 그러나 이 해가 끝날 때는 번영이 오고, 나일 강마저도 풍부하게 넘쳐흐를 것이다.

큰게궁(칸체르)으로 시작하는 해

제4장

1. 이 해의 시작에는 생산물이 풍족해서 사람들이 건강할 것이다.
2. 나일 강이 예년보다 절반 가량만 넘칠 것이다.
3. 알렉산드리아가 어려운 처지에 놓이고, 전염병에 몹시 시달릴

것이다.

4. 달이 일식을 일으켜서 별들이 밝게 빛날 것이다.

5. 많은 배가 바다에서 난파할 것이다.

6. 이 해의 초기에는 밀과 보리가 비싸질 것이다.

7. 바람이 많이 불고, 사람들이 눈병을 앓고, 기침하고, 토할 것이다.

8. 포도주는 풍성하겠지만, 황소와 양들과 작은 가축들, 그리고 마른콩마저도 죽을 것이다.

9. 그러나 기름이 대신 보상해줄 것이다.

10. 그러다가 이 해가 끝날 때, 추수가 9일 동안 빈약하다가 그 뒤에 비가 내릴 것이다.

11. 그리고 이 해에 커다란 축복이 있을 것이다.

사자궁(레오)으로 시작하는 해

제5장

1. 봄에 비가 내리고 땅에는 북쪽의 바람이 없을 것이다.

2. 사람들의 음식이 넉넉해서 곡식을 즐길 것이다.

3. 밀과 쌀과 마른콩은 비쌀 것이고, 밀밭에는 물을 대어야 할 것이다.

4. 기름과 대추야자는 비싸질 것이다.

5. 사람들 사이에 질병이 돌 것이다.

6. 새끼를 밴 짐승들과 작은 가축들이 죽을 것이다.

7. 왕이 다른 왕과 전쟁할 것이다.

8. 그리고 엄청난 메뚜기떼가 몰려와서 사라지지 않을 것이다. 그

러나 그것들은 점점 소용돌이를 치면서 함께 물러갈 것이다.

9. 나일 강이 가장 심하게 범람할 것이다.

10. 그리고 사람들이 두통을 앓을 것이다.

11. 이 해의 끝에 비가 많이 내릴 것이다.

처녀궁(비르고)으로 시작하는 해

제6장

1. 이름에 유드, 셈카트, 베트, 눈의 문자를 가진 사람은 누구나 병이 들고, 재산을 강탈당하며, 자기 집에서 도망칠 것이다.

2. 이 불행은 이 해의 시작에 일어날 것이다.

3. 모든 구역에서 물이 몹시 부족할 것이다.

4. 첫째 곡식은 번영하지 못할 것이다.

5. 백성들은 겨울과 여름에 많은 비참함을 당할 것이다.

6. 그러나 마지막 곡식이 추수되고, 그 수확이 좋을 것이다.

7. 그리고 곡물의 값이 하우란과 비티니아에서 비싸질 것이지만, 이 해의 끝에는 싸질 것이다.

8. 포도주마저도 값이 내리고 맛이 좋을 것이다.

9. 대추야자는 풍성할 것이다.

10. 그러나 기름은 비싸질 것이고,

11. 밀과 보리도 값이 오르지만, 마른콩은 값이 내려갈 것이다.

12. 비가 늦게 올 것이고, 유월절 이전의 30일 동안에는 비가 내리지 않을 것이다.

13. 그리고 왕이 다른 왕과 싸우고, 그 왕을 죽일 것이다.

14. 그리고 알렉산드리아는 패배할 것이다.

15. 나일 강은 잘 넘쳐흐르지 못할 것이다.
16. 수많은 배가 파선할 것이다.
17. 그러나 이 해의 끝에는 모든 것이 풍족할 것이다.

천칭궁(리브라)으로 시작하는 해

제7장

1. 봄에 비가 내릴 것이다.
2. 이 해는 모습이 변할 것이다.
3. 사람들은 동쪽 바람에서 면제될 것이다.
4. 무화과나무들이 열매를 맺지 않을 것이다.
5. 그러나 대추야자와 기름은 풍부할 것이다.
6. 포도주는 값이 비싸질 것이다.
7. 밀은 매우 비싸질 것이다. 그리고 메뚜기떼가 나타날 것이다.
8. 또한 아프리카에서 심한 전쟁이 일어날 것이다.
9. 사람들이 심한 병에 시달릴 것이다.
10. 이 해의 중간 시기에 비가 20일 동안 내리지 않을 것이다.
11. 경작된 밀이 잘 익지 않을 것이다.
12. 모든 땅이 좋게 될 것이다.
13. 이름에 유드나 베트의 문자를 가진 사람은 누구나 병에 걸리고, 고뇌하며, 자기 땅에서 유배지로 떠날 것이다.
14. 포도주가 크게 손해를 입을 것이다.
15. 간통이 증가하고 방탕도 증가할 것이다.
16. 그리고 그 왕이 한 곳에 머물러 있을 것이다.
17. 또한 권력이 육지를 떠날 것이다.

18. 귀족들이 바다로 달아나고, 그들 사이에 격심한 해전이 벌어질 것이다.

19. 갈릴레아에서 심한 지진이 일어날 것이다.

20. 그리고 강도들이 하우란과 다마스쿠스에 집결할 것이다.

21. 나일 강이 가장 심하게 범람할 것이다.

22. 이집트에서 심한 전염병이 발생하고, 그것은 갈릴레아와 베트바르두네(당나귀들의 장소?)에도 퍼질 것이다.

23. 비가 내리지 않아서 백성들이 고생할 것이다.

전갈궁(스코르피오)으로 시작하는 해

제8장

1. 이 해가 시작할 때 북쪽에서 바람이 불어오고, 봄에 비가 많이 올 것이다.

2. 그리고 연말에 모든 것이 비싸질 것이다.

3. 비가 점차 줄어들어 사람들은 기우제를 지내고, 살아 있는 하느님에게 기도와 자선 행위로 비를 달라고 간청할 것이다.

4. 임신한 여자들 사이에 질병이 돌 것이다.

5. 살기가 어려워서 많은 남자들이 고향을 떠날 것이다.

6. 밀과 보리의 추수는 매우 적지만, 마른콩은 추수될 것이다.

7. 포도주와 기름은 충분할 것이다.

8. 사람들의 몸에 종양이 나겠지만, 해치지는 못할 것이다.

9. 나일 강이 예년보다 절반 가량 넘칠 것이다.

10. 그리고 작은 가축들에게 희망이 있다고 속삭일 것이다.

11. 이름에 타우나 유드의 문자가 있는 사람은 누구나 병이 들겠지

만, 건강을 회복할 것이다.

12.　전갈궁의 해에 태어난 사람은 일단 살아나겠지만, 연말에 살해될 것이다.

인마궁(사지타리우스)으로 시작하는 해

제9장

1.　이름에 배트나 페의 문자를 가진 사람은 누구나 비참해지고, 심한 병에 걸릴 것이고, 연초에 그런 현상이 극심해질 것이다.

2.　많은 곳의 사람들이 고통을 당할 것이다.

3.　그리고 이집트 땅에서는 파종이 매우 적을 것이다.

4.　이 해의 중간 시기에 비가 많이 내릴 것이다.

5.　그러나 사람들은 다가올 가뭄 때문에 곡식을 창고에 쌓아놓을 것이다.

6.　그리고 곡식이 넉넉하지 못할 것이다.

7.　연말에 가서도 사정은 나아지지 않을 것이다.

8.　그러나 포도주와 기름은 비교적 넉넉할 것이다.

9.　간통이 증가하고, 작은 가축들이 죽을 것이다.

마갈궁(카프리코르누스)으로 시작하는 해

제10장

1. 이름에 코프의 문자를 가진 사람은 누구나 병이 들고, 약탈을 당하며, 칼로 상처를 입을 것이다.

2. 그리고 동쪽 바람이 이 해를 지배할 것이다.

3. 누구나 일찍 씨를 뿌려야 할 것이다. 마지막에 뿌린 것은 성공하지 못할 것이다.

4. 연초에는 모든 물건이 비싸질 것이다.

5. 해일과 폭풍우가 증가하여 바다에 있는 사람들이 죽을 것이다.

6. 이 해의 중간 시기에 곡식의 값이 비싸질 것이다.

7. 도둑이 증가할 것이다.

8. 정부 관리들이 잔인해질 것이다.

9. 심지어는 말벌과 땅의 작은 파충류마저도 증가하여 수많은 사람들을 해칠 것이다.

10. 그리고 계속되는 전쟁으로 수많은 사람이 한 곳에서 다른 곳으로 이동할 것이다.

11. 그리고 지상에서 전쟁들이 증가할 것이다.

12. 연말에 비가 줄어들 것이다.

13. 어떤 지역들에서는 곡물이 추수되겠지만, 다른 곳들에서는 죽을 것이다.

14. 다마스쿠스와 하우란에서 질병이 발생할 것이다.

15. 해변 지방을 따라 기근이 발생할 것이다.

16. 간통이 증가할 것이다.

17. 그리고 사람들이 비를 고대하여 기우제를 드리고, 기도와 단식과 자선을 할 것이다.

18. 관개된 밭의 곡식은 결실을 잘 맺을 것이다.

쌍어궁(피쉐스)으로 시작하는 해

제11장

1. 이름에 카프나 밈의 문자를 가진 사람은 누구나 병이 들고, 결국은 살해될 것이다.
2. 이 해는 넉넉한 한 해가 될 것이다.
3. 곡식이 잘 자라고 익을 것이다.
4. 봄에 비가 내릴 것이다.
5. 바다에서 생선이 많이 잡힐 것이다.
6. 바다가 소리칠 때 배들이 난파할 것이다.
7. 그리고 사람들이 병이 들 것이다.
8. 포도주와 기름과 밀이 모두 넉넉할 것이다.
9. 그러면 곡식의 수확도 좋을 것이다.
10. 전쟁이 여러 차례 발생하고, 도시들 안에서 심한 파괴가 있을 것이다. 그리고 여러 마을의 사람들이 한 곳에서 다른 곳으로 이동하고 또한 교체될 것이다.
11. 팔레스타인에서 강도들이 밀려와서 세 도시를 상대로 심한 전쟁을 할 것이다.
12. 로마인들이 때로는 승리하고 때로는 쉽게 패배할 것이다.
13. 사람들 사이에 심한 전염병이 돌 것이다.
14. 그리고 왕국을 차지하려는 검은 사람이 올 것이다.
15. 그 왕국의 가문은 멸망할 것이다.
16. 그 왕은 사람들이 하는 말을 이해하려고 하고, 많은 도시를 파

괴할 것이다.

17. 그리고 아무도 그를 막지 못할 것이다. 하느님에 대한 두려움과 그분의 자비를 그는 무시할 것이다.

18. 그러면 연말에 사람들 사이에 평화와 번영이 깃들고, 온 땅의 왕들 사이에 사랑과 조화가 있을 것이다.

물병궁(아콰리우스)으로 시작하는 해
(이것은 쌍어궁 앞에 왔어야 옳지만, 필사할 때 착오로 여기에 기록된 것이다.)

제12장

1. 이름에 라마드 또는 페의 문자를 가진 사람은 누구나 병이 들거나, 아니면 약탈자들에 의해서 완전히 망할 것이다.

2. 연초에 비가 증가할 것이다.

3. 그리고 나일 강이 최대한으로 범람할 것이다.

4. 이집트가 팔레스타인을 지배할 것이다.

5. 보리가 추수될 것이다.

6. 어린 양과 양떼가 번성할 것이다.

7. 서쪽 바람이 이 해를 지배할 것이다.

8. 그리고 왕이 다른 왕과 싸울 것이다.

9. 첫번째 곡식이 번성할 것이다. 마른콩은 싹이 그다지 많이 나오지 않겠지만, 어쨌든 추수될 것이다. 장사꾼들은 살아 있는 하느님의 도움을 간청할 것이다.

엘리아 계시록

무법의 아들과 최후의 심판

해설

이 문헌이 1880년 초에 아크밈에서 발견된 콥트어 파피루스를 통해서 이 문헌이 세상에 알려졌다.

물론 초대 교회에서는 엘리아의 이름으로 된 계시록을 적어도 한 종류는 알고 있었다. 고대에는 여러 가지 언어로 된 여러 종류의 엘리아 계시록이 있었을 것이다.

그리스의 교부 오리제네스는 마태오복음 주석에서 고린토전서 2장 9절의 바오로의 말을 '엘리아 예언자의 비밀들'과 관련 짓고 있다.

예로니무스, 에피파니우스, 그리고 '60권의 책 목록'도 이 문헌에 관해서 언급했다. 그러나 이 문헌의 내용에 관한 언급 가운데 가장 오래 된 것은 8세기부터 등장한 티투스의 비경전 편지에 들어 있다.

콥트어로 필사된 이 계시록은 기원전 1세기에 이집트에 살던 유태인이 저술한 자료를 기초로 해서, 서기 3세기에 익명의 저자가 다시 저술한 것이라는 주장이 있다. 유태교의 전통에서 유래된 것으로 보이는 이 문헌은 수정을 거쳐서 그리스도교적인 것으로 변화되었다고 보는 것이다.

마지막 시기에 속이는 자들을 조심하라

제1장

1. 주님의 말이 나에게 와서 이렇게 말했다. 사람의 아들아, 내 말을 백성들에게 전하라. 너희는 왜 죄에 죄를 거듭하여 너희를 창조한 주 하느님을 분노하게 만드느냐?

2. 세상에 대해서 자만하는 것은 악마와 그의 파괴에서 오는 것이니, 너희는 세상과 그 안에 있는 것을 사랑하지 마라.

3. 영광의 주님이 이 시대의 노예 상태로부터 우리를 구원하기 위해 너희에게 자비를 베풀었다는 것을 기억하라.

4. 악마는 태양이 지상에서 비추는 것을 막고, 땅이 그 열매를 맺는 것을 막으며,

5. 숲을 태우는 불처럼 사람들을 태우고, 또 사람들을 물처럼 마시려고 계속해서 원했다.

6. 영광의 하느님이 우리에게 자비를 베풀어서 우리를 구원하려고 성자를 내보냈다.

7. 그는 우리에게 올 때, 천사들에게 알리지 않고 사람의 모습으로 왔다.

8. 그는 너희 아버지이므로, 너희는 그의 아들들이 될 것이다.

9. 그는 너희를 위해 하늘에 옥좌와 왕관들을 준비했다. 그는 "내게 복종하는 사람들의 이마에 내 이름을 적고, 그들의 오른손에 내 도장을 찍겠다."고 말했다.

12. 지상의 지혜로운 사람들이여, 마지막 시기에 많이 나타날 속이는 자들을 조심하라.

13. 그들은 하느님으로부터 나오지 않은 가르침을 선포하고, 하느님의 법을 배척하며, 단식은 하느님이 만든 것이 아니기 때문에

엘리야의 승천

필요 없다고 말하면서 자기 배를 신으로 모실 것이기 때문이다.

14. 그들은 하느님의 계약을 잊어버리고, 영광의 약속들을 스스로 내버릴 것이다.

15. 그들이 너희를 그릇된 길로 인도하지 않도록 조심하라.

17. 단식하는 사람은 질투와 싸움으로 죄를 짓는 일이 결코 없을 것이다.

18. 순수한 사람이 단식을 하도록 하라.

19. 단식하지만 순수하지 않은 사람은 주님과 천사들에게 도전하여 자기 영혼을 해친다.

20. 나는 순수한 마음과 순수한 손으로 하는 단식을 창조했다.

21.   그런 단식은 죄를 용서하고, 병을 치유하며, 악마를 쫓아내고, 순수한 기도를 통해서 죄를 용서받는다.

정의로운 왕이 나타난다

제2장

1.   아시리아 왕들, 그리고 하늘과 땅과 땅 속의 모든 것의 파괴에 관해서 말한다. 아시리아 왕들은 지금부터 선택된 내 백성을 지배하지 못하고, 내 백성은 전쟁에서 두려워하지 않을 것이다.

2.   그 왕이 북쪽에서 나타나면, 내 백성이 그를 불의의 왕, 아시리아 왕이라고 부를 것이다.

3.   그는 이집트와 계속 전쟁을 하고 수많은 시련을 가져오며, 온 땅에서 신음 소리를 일으킬 것이다. 너희 자녀들이 잡혀갈 것이다.

4.   그때 많은 사람이 죽기를 바라겠지만, 죽음이 그들에게서 달아날 것이다.

5.   서쪽에서 왕이 일어나 평화의 왕이라고 불릴 것이다.

6.   그는 울부짖는 사자처럼 바다 위를 달리고, 불의의 왕을 죽일 것이다.

7.   그는 처참한 전쟁과 유혈로 이집트에게 복수할 것이다.

8.   그는 이집트에게 평화와 선물을 요구할 것이다.

9.   그리고 성인들에게 평화를 주고,

10.   하느님의 사제들을 존중하고, 성인들의 지위를 높일 것이다.

11.   그는 하느님의 집에 텅 빈 선물을 주고, 이집트의 도시들을 몰래, 그들이 알아차리지 못한 채, 돌아다닐 것이다.

15.   그는 좌우에 아들을 각각 한 명씩 둘 것이다. 오른쪽의 아들은

악마처럼 보일 것이고, 또한 네 명의 왕이 그 왕으로부터 나왔기 때문에, 그 아들은 하느님의 이름을 무시할 것이다.

16. 그러나 그는 왕이 된 지 30년이 되는 해에 멤피스로 내려가 거기에 신전을 지을 것이다.

17. 그러면 아들이 일어나서 그를 죽일 것이다.

18. 그 아들은 이집트의 사제들과 성인들을 모조리 체포하고, 자기 아버지가 준 모든 선물에 대해서 두 배로 착취할 것이다.

19. 그는 거룩한 장소들을 폐쇄할 것이다.

23. 이집트의 도시들이 그때 신음할 것이다.

27. 그는 젖먹이를 가진 여자들을 모두 체포하여 용들에게 젖을 먹이게 하고,

28. 그녀들의 피를 짜서 화살에 바르는 독약으로 쓸 것이다.

29. 그리고 12세 이하의 아이들에게 활 쏘는 법을 가르칠 것이다.

32. 페르시아에서 세 명의 왕이 일어나 이집트에 사는 유태인들을 예루살렘으로 데려다가 살게 할 것이다.

33. 예루살렘에 안전함이 있다는 말을 들으면, 사제들이여, 너희는 옷을 찢어라. 왜냐하면 머지않아 반드시 멸망의 아들이 올 것이기 때문이다.

34. 무법자인 그가 거룩한 장소들에 나타날 것이다.

35. 그때 페르시아의 왕들이 아시리아 왕들과 함께 흐레아리트로 도망칠 것이다. 네 명의 왕이 세 명의 왕과 싸울 것이다.

36. 그들은 거기 있는 신전의 재물을 약탈할 때까지 3년을 거기서 지낼 것이다.

37. 그때 코스에서 멤피스에 이르기까지 피가 흐를 것이다. 나일 강은 핏물로 가득 차서 3일 동안 그 물을 마시지 못할 것이다.

39. 그때 태양의 도시에서 왕이 일어나고, 온 세상이 소동을 피울 것이다. 그는 페르시아 왕들이 다스린 지 6년이 되는 해에 서둘러

멤피스로 올라갈 것이다.

40. 그는 멤피스에서 반란을 개시하고, 아시리아 왕들을 죽일 것이다. 그러면 페르시아인들이 그 땅에 복수할 것이다.

41. 그는 모든 이방인과 무법자들을 학살하고, 신전들을 약탈하며, 사제들을 죽이라고 명령하고, 성인들의 성전 재건을 명령하며, 하느님의 집에 선물을 두 배로 줄 것이다.

42. 그는 하느님의 이름은 하나뿐이다라고 말할 것이다.

43. 온 세상이 페르시아인들을 숭배할 것이다. 학살에서 살아남은 사람들은 땅을 사막으로 만들지 않기 위해 주님이 우리에게 정의로운 왕을 주었다고 말할 것이다.

44. 그는 3년 6개월 동안 모든 세금을 면제해줄 것이다.

구름을 타고 그리스도가 다시 오는 날

제3장

1. 태양의 도시에 나타난 왕의 4년째 되는 해에 무법의 아들이 나타나서 "내가 그리스도다."라고 말할 것이다.

2. 물론 그는 그리스도가 아니니 믿지 마라.

3. 그리스도가 올 때에는 비둘기떼가 자기네 집을 맴돌 듯이 천사들이 그를 에워싸고 올 것이다. 그는 십자가의 표지를 앞세우고 하늘의 구름 위를 걸어올 것이다.

4. 동쪽에서 서쪽을 모두 비추는 태양처럼 그를 온 세상 사람들이 쳐다볼 것이다. 천사들을 모두 거느리고 그는 이렇게 올 것이다.

5. 무법의 아들은 또한 거룩한 장소에도 서 있으려고 할 것이다.

6. 그가 태양에게 떨어지라고 말하면 태양은 떨어지고,

7. 비추라고 말하면 비추고, 어두워지라고 말하면 어두워질 것이다. 그는 달에게 핏빛으로 변하라고 말하면 그렇게 될 것이다. 그는 태양과 달과 더불어 하늘을 가로질러 갈 것이다.

8. 그는 바다 위와 강물 위를 마치 맨땅을 밟듯이 걸어갈 것이다. 그는 절름발이를 걷게 하고, 귀머거리를 듣게 하고, 벙어리를 말하게 하고, 소경을 보게 할 것이다. 그는 문둥이를 깨끗하게 고치고,

9. 병자들의 병을 고치고, 악마에 들린 사람들에게서 악마를 쫓아낼 것이다. 그는 모든 사람이 보는 앞에서 수많은 이적과 기적을 일으킬 것이다.

10. 그는, 그리스도가 하는 일은 죽은 자를 부활시키는 것을 제외하고 모조리 할 것이다.

11. 이것으로써 너희는 그가 무법의 아들임을 알아볼 것이다. 왜냐하면 그는 영혼에 대해서는 권능이 없기 때문이다.

12. 무법의 아들을 알아보게 하기 위해서 그 외모를 말해두겠다.

13. 그는 좀스럽고 의심 많은 남자로서 다리가 가늘고, 앞이마에 흰 머리카락이 많고, 나머지는 모두 대머리며, 눈썹이 귀밑까지 이르고, 손가락 끝마다 문둥병 반점이 있다.

14. 그는 어린 아이로, 또는 노인으로 변신한다. 그는 자기 몸을 전부 변신할 수 있다. 그러나 자기 머리의 특징만은 변화시킬 수가 없다.

15. 이것으로써 너희는 그가 무법의 아들임을 알아볼 수 있다.

16. 처녀 타비타는 수치를 모르는 자(남자)가 거룩한 장소에 나타났다는 말을 들을 것이다.

17. 그래서 처녀는 아마포 옷을 걸치고 유데아에서 그 남자를 추격할 것이다.

18. 예루살렘으로 가는 모든 길에서 그를 질책하면서

19. "오, 수치를 모르는 자여, 오, 무법의 아들이여, 너는 모든 성

인들의 원수다."라고 외칠 것이다.

20. 그러면 수치를 모르는 자가 화가 나서

21. 처녀를 서쪽으로 추격할 것이다.

22. 그는 밤에 처녀의 피를 빨아먹고, 처녀를 성전에 내버릴 것이다. 그러면 처녀는 백성의 구원이 될 것이다.

23. 처녀는 아침에 다시 되살아나서 "오, 수치를 모르는 자여, 너는 나의 영혼과 육체에 대해서 아무런 힘도 없다. 왜냐하면 나는 언제나 주님 안에서 살기 때문이다."라고 말하면서 그를 질책할 것이다.

24. "네가 성전에 내다버린 나의 피는 백성의 구원이 되었다."고도 말할 것이다.

25-31. 수치를 모르는 자는 자기를 악마라고 질책하는 엘리야와 에녹과 더불어 대도시의 시장에서 7일 동안 싸울 것이다.

32-38. 엘리야와 에녹이 살해되어 사흘 반 동안 누워 있겠지만, 나흘째에는 다시 일어나서 여전히 그를 질책할 것이다.

39. 그는 두 사람을 당해내지 못할 것이다.

40. 그래서 화가 나 모든 성인과 사제들을 포로로 삼았다가 살해할 것이다.

42. 눈을 빼서 쇠꼬챙이 끝에 꿰고,

43. 살가죽을 벗기고,

44. 손톱을 하나씩 다 뺄 것이다.

51. 정의로운 사람 60명이 선출되어 하느님의 갑옷으로 무장한 채 예루살렘으로 달려가 그와 싸울 것이다.

54. 그는 그들을 잡아서 제대 위에서 불태워 죽일 것이다.

55. 그러면 사람들이 마음이 변해서 그를 저버리고, "이 사람은 그리스도가 아니다. 그리스도는 정의로운 사람들을 죽이지 않는다."고 말할 것이다. 그는 정직한 사람들을 기적으로 설득하려고

하지 않을 것이다.

56. 그때 그리스도가 자기 백성을 가엾게 여겨 날개가 각각 여섯 달린 자기 천사 60만 4천 명을 하늘에서 내려보낼 것이다.

58-59. 천사들은 이마에 그리스도라고 적히고 손에 크고 작은 도장이 찍힌 사람들을 날개에 태워서 보호해줄 것이다.

60. 그러면 가브리엘과 우리엘이 광채의 기둥이 되어 이들을 거룩한 땅으로 인도하고, 이들은 거기서 생명의 나무 열매를 먹는 권리를 받을 것이다.

62-89. 온 땅이 암흑에 덮이고, 지상에서 평화가 사라지고, 나무들이 뽑힐 것이다. 짐승과 가축과 새들이 죽을 것이다. 땅도 바다도 말라버릴 것이다. 그리고 죄인들은 무법의 아들을 악마라고 욕하고 통곡할 것이다. 천사들이 내려와 그와 싸우고, 주님이 하늘에서 불을 쏟아부을 것이다. 그 불은 죄인과 악마들을 모조리 태워버릴 것이다. 그리고 그날 정의로운 심판이 있을 것이다.

91. 엘리야와 에녹이 내려와서 지상의 육체를 벗어버리고 천상의 육체를 입고는

92. 무법의 아들을 추격하여 죽일 것이다.

93. 무법의 아들은 불 위에서 눈이 녹듯이,

94. 숨도 못 쉬는 용이 죽듯이, 그렇게 죽을 것이다.

97. 그날 왕이신 그리스도가 모든 성인을 데리고 하늘에서 내려와,

98. 죄인들이 점령했던 땅을 태우고 천 년을 다스릴 것이다. 그는 새로운 하늘과 새로운 땅을 만들고, 그 안에는 악마가 없을 것이다.

모세의 승천

서쪽의 왕이 정복한다

해설

이 문헌은 라틴어로 된 6~7세기의 필사본에 그 일부분
이 전해져 내려온다. 이 필사본은 1861년에 출판되었다.
이것은 그리스어에서 번역된 것으로 추정된다. 한편 〈모세
의 승천〉과 〈모세의 증언〉이 동일한 문헌인지에 관하여 학
설이 갈린다. 이것은 기원전 3년에서 서기 30년 사이에, 또
는 서기 130년경에 유태인이 저술한 것이라는 주장이 있다.

모세가 요수아에게 책을 준다

제1장

1. 모세가 120세 되었을 때 가르쳐준 이것은 모세의 증언이다.

2-5. 그것은 창조 후 2500년(동방의 계산으로는 2700년)에, 그리
고 페니키아를 떠난 지 4백 년이 되는 해에 모세의 지도 아래 백성
들이 이집트를 나와서 요르단 너머 암만으로 갔다.

10. 모세가 눈의 아들 요수아를 불러서 이렇게 말했다. 네가 받은
모든 계명을 충실히 지키겠다고 약속하라.

12. 하느님은 자기 백성을 위해서 세상을 창조했다.

14. 그는 태초부터 나를 선택하고 지정하고 준비하여 자기 계약의 중개자로 삼았다.
16. 그러므로 너는 내가 주는 이 책을 잘 보존하라.

성전과 도시가 불탈 것이다

제3장

1. 너의 백성이 아들들을 외국의 신들에게 제물로 바치고, 성전에 우상들을 세운 뒤에 그들을 숭배할 때, 동쪽에서 왕이 기병대를 거느리고 와서 포위할 것이다.
2. 그는 주님의 성전과 도시를 불태우고, 성전의 거룩한 물건들을 빼앗아갈 것이다.
3. 그는 온 백성을 자기 나라로 잡아갈 것이다.
4. 그러면 두 부족이 열 부족의 죄를 질책할 것이다.
14. 동쪽으로 끌려간 그들은 77년 동안 노예 생활을 할 것이다.

불의가 판칠 것이다

제5장

1-2. 인구 조사의 때가 가까워지고 왕들이 그들을 처벌할 때, 그들은 진리를 떠날 것이다.
3. 그들은 정의를 버리고 사악함을 택할 것이다. 그들은 성전을 더럽히고 외국의 신들을 섬길 것이다.

4. 그들은 하느님의 진리를 따르지 않고, 사제들이 아니라 노예들과 그 자손들이 제물을 바쳐서 제대를 더럽힐 것이다.

5. 그들의 선생들, 즉 지도자들은 재물을 탐내고, 뇌물을 받으며, 돈을 받고 그릇된 판결을 내릴 것이다.

6. 그들의 도시와 온 땅이 무법과 사악한 행동으로 가득 차고, 재판관들은 주님을 배반하여 사악한 짓을 일삼으며, 돈을 받고 불의한 판결을 내릴 것이다.

폭정 뒤에 서쪽의 왕이 나타나 정복한다

제6장

1. 그러면 그들을 다스리려고 왕들이 일어나고, 가장 높으신 분의 사제들이라고 불릴 것이다. 이 왕들은 가장 거룩한 곳을 더럽힐 것이다.

2. 그 뒤를 이어서 사제의 부족 출신이 아닌 오만한 왕이 나타날 것이다. 그는 교만하고 수치를 모르는 자인데, 백성을 가혹하게 판결할 것이다.

3. 그는 지도자들을 칼로 죽여서 아무도 모르는 곳에 묻을 것이다.

4. 그는 노인과 젊은이들도 다 죽이고, 아무도 살려두지 않을 것이다.

5. 온 세상이 그를 두려워하고 증오할 것이다.

6. 그는 이집트인들이 했듯이 매우 모질게 그들을 34년 동안 다스리고, 그들의 생활은 도저히 참을 수 없는 것이 될 것이다.

7. 그의 자녀들은 짧은 기간 동안만 다스릴 것이다.

8. 서쪽으로부터 강력한 왕이 대군을 거느리고 와서 그 나라를 정

복하고, 포로를 잡고, 성전의 일부를 불태우며, 그들을 도시 주위
에서 십자가에 못박을 것이다.

지배층의 타락

제7장

1. 이 시기가 지나면 끝장이 올 것이다.

2. 그들은 강요당할 것이다.

3. 신앙도 없고 전염병과도 같은 사람들이 정의로운 사람으로 자
처하고 지배할 것이다.

4. 그들은 사람들의 분노를 일으킬 것이다. 왜냐하면 그들은 교
활하고, 자기 중심적이고, 위선자이며, 아무 때나 파티를 열고, 음
식을 마구 먹고, 술을 마구 마시며,

5. 정의를 내세워서 가난한 사람들의 재산을 집어삼키고, 백성을
속이고 파멸시키기 때문이다.

8. 그들은 먹고 마시고 노는 데 정신이 없고

9. 말만 번지르르하게 할 것이다.

 티타니아의 보톰, 푸리셀리 작, 18세기

타락에 대한 처벌

제8장

1. 그들에게 분노와 보복의 시기가 닥칠 것이다. 그리고 왕들의 왕이 일어나서 막강한 권력으로 다스리고, 할례받은 사람들을 십자가에 못박을 것이다.

2. 그리고 할례를 받은 사실을 부인하는 사람들을 고문하고 쇠사슬에 묶어서 감옥에 처넣을 것이다.

3. 그들의 아내들은 이교도의 신들에게 바쳐지고, 아들들은 의사들이 수술할 것이다.

4. 또한 그들은 고문과 불과 칼로 처벌되고, 우상들을 공공연하게 메고 다니도록 강요당할 것이다.

5. 그들은 또한 그때에 가장 거룩한 곳으로 들어가서 매를 맞으며 주님의 이름을 모독하도록 강요당할 것이다. 그리고 그것도 모자라서 제대 위에 돼지가 놓일 것이다.

정의로운 사람이 나타난다

제9장

1. 그때 레비 부족에서 탁소라는 사람이 나와서 아들을 일곱 명 둘 것이다.

2. 그는 아들들에게 "첫번째 처벌보다도 더 지독하고 참혹한 두번째 처벌이 왔다.

3. 주님을 섬기지 않는 백성들 가운데서 우리보다 더 심한 재앙을 받은 민족이 어디 있는가?

6. 이제 우리는 3일 동안 단식하고 동굴로 들어가자. 그리고 하느님의 계명을 어기느니 차라리 거기서 죽어버리자.

7. 우리가 그렇게 죽으면, 주님이 우리의 피에 대해서 복수해줄 것이기 때문이다." 라고 말했다.

모세가 죽은 뒤 1750년이 지나면
주님의 왕국이 온다

제10장

l. 그러면 그의 왕국이 나타나고 악마는 끝장을 보게 될 것이다. 악마와 함께 슬픔이 사라질 것이다.

2. 천사의 우두머리가 즉시 임명되고, 그가 그들을 위해서 보복할 것이다.

3. 하늘의 그분이 자기 아들들 때문에 분노하여 옥좌에서 일어나고 거룩한 자기 집에서 나갈 것이다.

4. 땅이 구석구석까지 흔들리고, 높은 산들이 무너지며, 언덕들이 흔들려서 무너질 것이다.

5. 태양이 빛을 잃고, 달의 뿔들이 암흑에 잠기고, 해와 달이 부서져서 피로 변할 것이다. 별들이 궤도를 잃을 것이다.

6. 바다는 심연으로 후퇴하고, 모든 강물과 샘물들은 말라버릴 것이다.

7. 왜냐하면 가장 높으신 분, 홀로 영원한 하느님이 일어나고, 그가 이방인들을 처벌하기 위해 나타나며, 모든 우상들을 파괴할 것이기 때문이다.

8. 그러면 이스라엘이여, 너는 행복하게 되고, 독수리의 목과 날개들을 발로 짓밟을 것이다. 이방인들에게 주어진 시간이 다 끝났기 때문이다.

9. 하느님이 너를 높이 들어올리고, 그가 살고 있는 곳으로, 별들 위에 있는 하늘로 데리고 갈 것이기 때문이다.

l0. 그러면 너는 높은 곳에서 지상에 있는 네 적들을 내려다보고, 그들을 알아보고 기뻐하며, 너의 창조주에게 감사와 찬미를 드릴

것이다.

11. 그리고 너 요수아는 이 책에 기록된 것을 잘 살펴라. 내가 죽은 뒤에, 즉 내가 승천한 뒤에 7년씩 250번(1750년)이 지나면 그가 올 것이다.

예레미아 계시록(바룩 제4서)

예루살렘의 멸망

해설

이 문헌의 명칭은 〈예레미아의 파랄레이포메나(부록)〉라고 한다. 이디오피아어 필사본에 나오는 명칭은 〈바룩의 나머지 말들〉이다. 그러나 바룩보다는 예레미아가 주인공이다.

그리스어, 이디오피아어, 슬라브어, 아라메어어 등으로 된 필사본들이 남아 있는 이것은 고대 사회에서 널리 읽히고 또 대단한 인기를 모은 것으로 추측된다. 그러나 교부들 가운데 아무도 이 문헌을 언급하지 않았고, 또 그리스어 문헌 목록에도 나오지 않는다.

그리스어로 된 15세기의 필사본이 1868년에 출판되었고, 1872년에 독일어로 출판이 되어 널리 알려졌다.

이것은 서기 136년에서 175년 사이에 유태인 그리스도교 신자가 그리스어로 저술한 것으로 보인다.

예루살렘을 떠나라

제1장

1. 칼데아인들의 왕이 이스라엘 사람들을 포로로 끌어갔을 때, 하느님이 예레미아에게 "내가 선택한 예레미아여, 너와 바룩은 이 도시를 떠나라. 내가 주민들의 죄에 분노하여 이 도시를 멸망시키려고 하기 때문이다."라고 말했다.

5. 예레미아가 "전능하신 주님은 이 도시를 칼데아인들의 손에 넘겨주어, 그 왕이 자만하게 할 것입니까?

6. 차라리 당신 손으로 이 도시를 파괴하십시오."라고 말했다.

8-10. 주님은 "내가 성문을 열어주지 않으면, 왕도 그의 군대도 여기 들어올 수 없다. 그러므로 바룩에게 가서 알려라. 그리고 너희 둘은 한밤중에 성벽으로 가라."고 말했다.

11. 그리고 주님이 예레미아에게서 떠나갔다.

예루살렘의 멸망은 피할 수 없다

제3장

1. 예레미아와 바룩이 밤에 성벽으로 갔다.

2. 나팔 소리가 들린 뒤, 손에 횃불을 든 천사들이 하늘에서 내려와 성벽 옆에 섰다.

4. 예레미아가 천사들에게 "아직 이 도시를 파괴하지 마시오."라고 말했다.

6. 그리고 그는 주님에게 "당신은 이 도시를 원수들에게 넘겨주

어, 그들이 백성들을 바빌로니아로 잡아가게 할 것이라는 것을 우리가 이제 알았습니다.

7. 그럴 성전의 거룩한 물건들을 어떻게 하면 좋겠습니까?"라고 물었다.

8. 주님은 땅에 묻으라고 대답했다.

9. 그는 "이디오피아 사람인 아비멜렉은 어떻게 하겠습니까? 아비멜렉은 우리 백성에게 많은 친절을 베풀었고, 당신의 하인인 나를 진흙구덩이에서 구출해준 사람입니다. 그를 함께 죽이겠습니까?"라고 말했다.

10. 주님은 "그를 산 밑의 길가에 있는 아그리파의 과수원밭으로 보내라. 나는 백성들이 다시 돌아올 때까지 그를 보호해주겠다."고 대답했다.

11. 그리고 주님은 또한 예레미아에게 "너는 백성과 함께 바빌론으로 가서 가르쳐라.

12. 그러나 바룩은 여기 남도록 하라."고 말했다.

16. 아비멜렉은 예레미아가 지시한 대로 병자들에게 나누어줄 무화과 열매를 가지러 과수원으로 떠났다.

예루살렘이 함락된다

제4장

1. 다음날 아침, 칼데아 군대가 예루살렘을 포위했다. 거대한 천사가 나팔을 불고는 "칼데아인들이여, 성문이 열렸으니 안으로 들어가라."고 말했다.

2. 그래서 왕과 군대가 들어가 모든 백성을 포로로 삼았다.

3. 예레미아가 성전의 열쇠를 가지고 성 밖으로 나가서 태양을 향해 던졌다. 그리고 "태양이여, 그날이 올 때까지 이 열쇠를 잘 보관하라."고 말했다.

5. 그와 백성들이 바빌론으로 끌려갔다.

6. 바룩은 흙을 머리에 뿌리고 땅바닥에 주저앉아서 이렇게 탄식했다. "예루살렘은 왜 이토록 황폐하게 되었는가? 사랑받던 백성의 죄 때문에, 우리가 지은 죄 때문에, 이 도시는 원수들의 손에 넘어가고 말았다.

8. 하느님은 우리에게 자비를 베풀어 이 도시를 다시 되돌려줄 것이다. 원수들인 너희의 세월은 그리 오래 가지 못할 것이다."

아비멜렉이 66년 동안 잠을 잔다

제5장

1. 아비멜렉이 무화과를 가지러 가서 한낮의 더위 속에서 돌아오다가 나무 그늘에서 잠시 쉬어가게 되었다. 무화과나무 줄기에 기댄 채 깜빡 잠이 들었는데, 계속해서 66년 동안 잠을 잤다.

2. 그리고 잠에서 깨어났을 때, 그는 "유감스럽게도 잠을 너무 일찍 깼어. 잠이 부족해서 난 지금 졸리니까."라고 말했다.

3. 무화과 열매를 담은 바구니의 뚜껑을 열고 보니, 과일즙이 흘러나왔다.

4-6. 그는 잠을 더 자고 싶었지만, 새벽에 심부름을 보낸 예레미아가 걱정할까 봐 더위를 무릅쓰고 집으로 돌아가기로 결심했다.

7. 바구니를 둘러메고 예루살렘으로 돌아갔지만, 그는 그 도시를 알아볼 수가 없었다. 자기 집도 동네도 찾지 못하고, 친척을 한 명

예루살렘 폐허 속의 예레미아, 벤데만 작

도 만나지 못했다.

8. 그래서 그는 "내가 환상을 보고 있는 것이 분명하다. 이것은 그 도시가 아니다.

9. 산길을 따라 오다가 길을 잃었을 것이다."라고 중얼거렸다.

12-15. 그는 도시에서 나가 한참 걸어갔다. 그리고 도시의 이정표를 발견했다. 도시 안으로 들어갔다가 다시 나왔다. 그리고 또 들어갔다. 그리고 어디로 가야 좋을지 몰라서 바구니를 내려놓았다.

16. 그리고 그는 "주님이 이 환상을 거두어갈 때까지 기다리자." 하고 말했다.

17. 시골에서 들어오는 노인에게 그가 "이 도시는 어디지요?"라고 물었다. 노인이 예루살렘이라고 대답했다.

18. 그는 예레미아와 바룩과 백성들이 모두 어디 있는지 물었다.

19. 노인은 "당신은 분명히 이 도시 출신이군요.

20. 그렇지 않다면, 이렇게 오랜 세월이 지나서 예레미아를 찾을

리가 있겠소?

21. 예레미아와 백성들은 네브카드네자르 왕의 포로가 되어 지금 바빌론에 있소."라고 대답했다.

23. 그는 노인에게 "자기보다 나이가 많은 사람을 모욕하면 안 되지요. 당신이 나보다 나이가 더 많지만 않았더라도, 나는 당신을 비웃으며 미쳤다고 말했을 거요.

24. 하늘에서 폭포가 떨어졌다고 해도 그들은 지금 바빌론에 도착할 수 없을 거요."라고 말했다.

30. 노인은 "당신은 정의로운 사람이오. 하느님이 이 환상을 당신에게 내렸기 때문에, 그는 당신에게 이 도시의 멸망을 보여주지 않으려고 한 거요. 백성들이 노예로 바빌론에 끌려간 지 66년이나 지났소.

31. 들판을 보시오. 아직 무화과가 익을 때가 아니라는 것을 깨달으시오."라고 말했다.

34. 그날은 니산의 달 12일이었다. 그는 무화과를 노인에게 주고 "하늘의 예루살렘으로 가는 길에 하느님이 당신의 길을 밝혀주기를 빕니다."라고 말했다.

바룩이 예레미아에게 편지를 보낸다

제6장

1. 아비멜렉이 도시 밖으로 나가서 기도했다. 주님의 천사가 그를 바룩이 있는 곳으로 데려갔다.

2. 바룩은 그때 무덤 위에 앉아 있었다. 눈이 마주친 두 사람은 울면서 서로 키스했다. 그리고 무화과를 본 바룩이 하늘을 우러러보

면서 기도했다. 그리고 "성인들을 보상해주는 분은 하느님이다.

3. 내 마음이여, 각오를 단단히 하고 기뻐하라. 네 슬픔이 기쁨으로 변했기 때문이다. 전능하신 그분이 돌아오시기 때문이다.

5. 나의 순결한 신앙이여, 되살아나라. 66년이나 지난 이 무화과를 보라. 곰팡이가 끼지도 않고 썩은 냄새도 안 난다."고 말했다.

10. 바룩이 "바빌론에 있는 예레미아에게 어떻게 이 소식을 전할 수 있겠습니까?"라고 기도했다.

12. 그때 천사가 나타나서 걱정하지 말라고 말했다. 다음날 새벽에 다른 천사가 올 테니, 편지를 써서 그에게 주라고 했다.

16. 바룩이 이방인들의 시장에 가서 종이와 잉크를 사가지고 와서 이렇게 편지를 썼다.

17. 하느님의 하인인 바룩이 바빌론에서 유배중인 예레미아에게 인사드립니다. 예루살렘의 파괴와 굴욕 속에서 우리가 죽지 않도록 하느님이 배려했으니 기뻐하십시오.

18. 그분이 우리 눈물을 불쌍히 여기셨고, 자기 계약을 기억했으니 기뻐하십시오.

20. 천사가 하느님의 말씀을 내게 이렇게 전해주었습니다.

21. 너희가 나의 계명들을 지키지 않고 오만하고 완고했기 때문에, 나는 분노하여 너희를 바빌론의 용광로에 넘겼다.

22. 너희가 내 말을 듣고 나의 하인 예레미아의 말을 따른다면, 바빌론에서 데리고 올 것이다. 그러나 순종하지 않는 사람은 예루살렘에서도 바빌론에서도 살지 못할 것이다. 너는 요단 강물로 그들을 시험하라. 순종하지 않는 사람은 즉시 드러날 것이다. 이것은 위대한 징표다.

독수리가 편지를 전해준다

제7장

1. 바룩이 무덤을 떠났다.

2. 독수리가 사람의 말로 "신앙의 봉사자 바룩이여, 안녕하십니까?"라고 인사했다.

3. 바룩이 "너는 여기 무엇을 하려고 왔느냐?"라고 물었다.

4. 독수리는 편지를 전하러 왔다고 대답했다.

8. 바룩이 편지와 무화과 열매 15개를 새의 목에 감아서 끈으로 맸다.

9. 그리고 "새들의 왕이여, 평안히 가라. 내 편지를 안전하게 전해주어라.

10. 노아가 방주에서 내보냈는데 영영 돌아오지 않은 까마귀처럼 되지 말고, 세번째에 좋은 소식을 가져온 비둘기처럼 되라.

12. 화살처럼 날아가라."고 말했다.

13. 새가 날아가서 바빌론 성 밖의 한적한 곳에서 기다렸다.

14. 예레미아가 시체를 묻기 위해서 사람들을 데리고 나왔다.

15. 독수리는 자기가 좋은 소식을 가지고 왔으니 모두 모이라고 말했다.

16. 예레미아가 주님을 찬미하고 나서 모든 사람을 모아 다시 그 자리에 왔다. 독수리가 시체에 내려앉자, 그 사람이 다시 살아났다.

17. 이것은 사람들을 믿게 하기 위해서 일어난 일이었다.

18. 사람들이 그것을 보고 모두 놀랐다. 그리고 "이 새는 우리 조상들에게 모세를 통해서 나타났던 그 신이 아닌가? 그는 자기 자신을 독수리라고 비유하지 않았던가?"라고 말했다.

19. 독수리가 예레미아에게 "이 편지를 풀어서 백성들에게 낭독

해 주시오."라고 말했다.

20. 그래서 그가 편지를 낭독했다.

21. 백성들이 통곡하고 흙을 머리에 뿌렸다.

22. 그는 백성들에게 주님의 지시를 그대로 따르라고 말했다.

23. 그리고 그는 바룩에게 이렇게 편지를 썼다. 아들아, 우리가 이 무법의 왕에게서 탈출할 때까지 주님이 우리 길을 잘 지켜주도록 대신 기도하라. 왜냐하면 너는 주님 앞에서 정의로운 사람이기 때문이다.

24. 아버지가 외아들에게 하듯이, 하느님은 네가 바빌론에 와서 66년 동안 끊임없이 계속되는 우리의 참혹한 꼴을 보기를 원하지 않았다.

25. 나는 문 밖으로 나올 때마다 교수형을 당하는 우리 백성들을 너무나 자주 보았다. 그들은 눈물을 흘리면서 "이방인들의 신 차르여, 자비를 베풀어주십시오."라고 애원했다.

26. 나는 그 말을 들을 때마다, 그들이 목이 매달려서 그런 것뿐 아니라 외국인들의 신의 이름을 부르기 때문에 더욱 슬프게 통곡했다.

31. 독수리가 예레미아의 편지를 바룩에게 전달했다. 바룩은 자기 백성들의 고통과 시련을 알고는 울었다.

32. 예레미아가 무화과 열매들을 병자들에게 나누어주었다. 그리고 백성들에게, 바빌론의 이방인들과 어울려서 더럽게 되지 말라고 가르쳤다.

사마리아가 예루살렘과 대립한다

제8장

1. 하느님이 자기 백성을 바빌론에서 구출하여 떠날 날이 되었다.

2. 주님이 예레미아에게 "바빌론 사람과 결혼한 경우에는 각자 배우자인 남편과 아내를 남겨두고 떠나라고 하라.

3. 복종하는 사람은 요단강을 건너 예루살렘 안으로 들어가도록 하라. 그러나 순종하지 않는 사람은 성 안으로 들여보내지 마라." 고 말했다.

4. 바빌론 사람과 결혼한 백성 가운데 절반이 순종하지 않았다.

5. 그러면서도 요단강을 건넜다. 예레미아와 바룩과 아비멜렉이 일어서서 "바빌론 사람을 배우자로 데리고 온 사람은 예루살렘 성에 들어갈 수 없다."고 말했다.

7. 그들은 바빌론으로 돌아갔지만, 바빌론 사람들이 "너희는 증오 속에서 몰래 떠나갔으니 우리 성에 절대로 들어올 수 없다."고 거절했다.

8. 그들은 예루살렘에서 상당히 떨어진 사막에서 도시를 건설하고 사마리아라고 불렀다.

9. 예레미아가 전령을 보내서 회개를 촉구했다.

그리스도는 477년 뒤에 재림한다

제9장

1. 예레미아는 백성들과 함께 9일 동안 계속해서 감사의 제물을 바쳤다.

7. 제대 앞에서 기도를 하다가 그는 기절해서 죽은 듯이 넘어졌다.

8. 바룩과 아비멜렉이 그가 죽었다고 통곡했다.

10. 그들이 장례를 준비했다.

11. 그러자 "그의 영혼이 다시 육체로 돌아올 테니 살아 있는 사람을 묻지 마라."는 목소리가 들렸다.

13. 사흘이 지나서 그의 영혼이 다시 돌아왔다. 그는 목청을 돋우어 모든 사람들에게 "모두 하느님을 찬미하십시오. 우리를 잠에서 깨워 일으키는 하느님의 아들, 예수 그리스도, 모든 시대들의 빛, 꺼지지 않는 등불, 신앙의 생명도 찬미하십시오.

14. 지금부터 477년이 지나면 그분이 다시 지상에 올 것입니다. 그리고 낙원 한가운데의 생명의 나무도 와서 열매를 못 맺던 나무들이 모두 열매를 맺도록 할 것입니다.

15. 이미 싹이 터서 자만하면서 '우리는 가장 높은 나뭇가지를 하늘에 솟게 했소.'라고 말하는 사람들을 생명의 나무는 시들게 하고, 그들이 아무리 키가 커도 가지들을 땅으로 축 처지게 할 것입니다.

16. 그것은 하느님의 기쁨의 위대한 빛 안에서, 진홍색을 양털처럼 희게 하고, 흰 눈을 검게 하며, 단물이 짠물이 되게 할 것입니다.

17. 그리고 그는 섬들을 축복하여, 그들이 그리스도의 입에서 나오는 말로 열매를 맺게 할 것입니다.

18. 그가 지상에 와서 이방인들에게 복음을 전할 열두 사도를 선

출할 것입니다. 나는 성부의 축복을 받고 세상의 올리브 산에 오는 그를 보았습니다. 그는 굶주린 영혼들을 먹여줄 것입니다."라고 말했다.

19. 그가 하느님의 아들이 세상에 올 것에 관해서 말하자, 사람들은 분노하여

20. "이 말은 아모스의 아들 이사야가 '나는 하느님과 그의 아들을 보았다.'고 한 말과 똑같다.

21. 그러니까 가서 그를 죽이자. 그러나 이사야를 죽일 때와는 달리 돌로 쳐서 죽이자."고 말했다.

22. 바룩과 아비멜렉은 사람들이 미쳐서 날뛰는 것을 보고 몹시 슬프게 울었다. 특히 그들은 그가 본 신비들을 전부 듣고 싶어했던 것이다.

23. 그는 "동요하지 말고 울지 마라. 내가 본 모든 것을 너희에게 말해주기 전에는 그들이 나를 죽이지 않을 것이기 때문이다."라고 말했다.

24. 그리고 돌을 가져오라고 한 뒤 그 돌을 세워놓고는

25. "모든 시대들의 빛이여, 이 돌을 나와 비슷하게 만드십시오." 라고 말했다.

26. 그 돌이 예레미아와 비슷하게 변했다.

27. 사람들이 그 돌이 예레미아인 줄로 알고 돌을 던졌다.

28. 그동안에 그는 바룩과 아비멜렉에게 모든 신비를 전해주었다.

29. 이윽고 그가 굳은 결의로 백성들 앞에 섰다.

30. 그러자 그 돌이 "어리석은 이스라엘 사람들아, 왜 나를 예레미아로 알고 돌을 던지느냐? 보라. 여기 너희 한가운데 그가 서있다."라고 소리쳤다.

31. 사람들이 그를 보자 다시 돌을 던졌다. 그래서 그의 봉사의 목숨이 다했다.

32. 바룩과 아비멜렉이 그를 묻고, 그 돌을 기념으로 무덤 앞에 세웠다. 그리고 그 돌에 "이것은 예레미아를 도와주었던 돌이다." 라고 새겼다.

바룩 제2서(시리아어 바룩 계시록)

숲, 포도나무, 샘물, 삼나무의 환상

해설

바룩을 저자로 하거나 바룩과 관련된 고대 문헌이 여러 종류 있었지만 모두 사라지고 지금은 몇몇 계시록의 필사본 만 남아 있다.

시리아어로 된 이 계시록이 지금까지 남아 있는 이유는 이것이 아시아에서 시리아어를 사용하는 교회들 사이에 대단한 인기를 누렸고, 〈바룩의 편지〉로 알려진 이 문헌의 일부가 시리아어 성서에 포함되어 있기 때문이다.

그러나 이 문헌 전체는 거의 1400년 동안 알려지지 않았다가, 19세기 중엽에 밀라노의 암브로시우스 도서관에서 6세기 필사본이 발견되고, 라틴어 번역본이 1866년에 출판됨으로써 최초로 유럽에 알려졌다. 시리아어 필사본 자체는 1971년에 처음으로 출판되었다. 시리아어 필사본은 그리스어에서 번역한 것이다. 최초의 원본이 히브리어로 저술되었다는 주장도 있다. 저술 장소는 팔레스타인으로 추정하기도 한다. 이 문헌에는 저술 시기가 기원전 587년의 예루살렘 성전 파괴 시기라고 제시되어 있다. 그러나 실제로는 서기 115년경에 얌니아의 라비 아키바의 주변 인물이 저술했다고 보는데, 라비 요슈아 하나이아(서기 40년경에서 125년까지 생존)가 저자라는 주장도 있다.

어쨌든 저자가 그리스도교 신자는 아니다. 이 문헌 내용에 그리스도교의 흔적이 하나도 없기 때문이다. 이 문헌은 서기 70년의 성전 파괴를 다루고 있기 때문에 초기 유태교를 이해하는 데 더없이 중요한 자료가 된다.

주님이 예루살렘의 멸망을 예고한다

제1장

1. 유다의 왕 예코니아 25년에 주님의 말이 네리아의 아들 바룩에게 왔다.

2. 주님은 "포로로 끌려가지 않고 여기 남은 두 부족이 저지르는 죄를 보았느냐? 그들은 포로로 끌려간 열 부족의 죄보다 더 큰 죄를 스스로 지었다.

3. 노예가 된 열 부족은 왕들의 강요로 죄를 지었지만, 이 두 부족은 왕들에게 죄를 짓도록 강요하기 때문이다.

4. 이러한 이유 때문에 나는 이 도시와 주민들을 멸망시키겠다. 그들을 이교도들 사이에 흩어지게 하여, 그들이 이교도들에게 좋은 일을 하도록 하겠다.

5. 내 백성은 시련을 통해서 정화될 것이고, 다시금 번영을 추구할 날이 올 것이다."라고 말했다.

바룩이 지도자들에게 말을 전한다

제5장

5. 나는 예레미아, 이도, 세리아, 야비쉬, 게달리아, 그리고 모든 귀족들을 데리고 케드론 계곡으로 갔다. 그리고 주님에게 들은 말을 모두 전해주었다.

6. 그들이 큰 소리로 통곡했다.

7. 우리는 거기 앉아서 밤이 될 때까지 단식했다.

파트로클레스의 죽음.

성전의 모든 성물을 대지가 삼킨다

제6장

1. 다음날 칼데아 군대가 도시를 포위했다. 저녁에 나는 자리를 떠나서 참나무 곁에 서 있었다.

2. 나는 시온의 운명을 슬퍼하고 백성들에게 닥친 노예 상태를 탄식했다.

3. 갑자기 강력한 천사가 나를 들어올려서 예루살렘 성벽 위로 데리고 갔다.

4. 나는 거대한 횃불과 등불을 손에 든 천사 네 명이 도시의 네 구석에 서 있는 것을 보았다.

7. 하늘에서 다른 천사가 내려와 성전의 가장 거룩한 곳으로 갔

다. 그리고 휘장, 거룩한 궤와 덮는 천, 두 개의 석판, 사제들의 거룩한 제의, 번제의 제대, 사제들 장식용인 48개의 보석, 그리고 모든 그릇을 집어들었다.

8. 그 천사는 대지에게 "이것들을 받아서 마지막 시기까지 잘 보관하라."고 외쳤다.

10. 대지가 입을 벌려서 그것들을 삼켜버렸다.

시온의 멸망에 대한 바룩의 애가

제10장

5. 예레미아는 내가 전해준 주님의 말에 따라서 백성과 함께 바빌론으로 갔다. 나는 성전의 문 앞으로 돌아와서 앉은 채 이렇게 탄식의 노래를 불렀다.

6. 태어나지 않은 사람이나 사산된 아기는 행복하다.

7. 그러나 시온의 재앙과 예루살렘의 멸망을 보고도 살아남은 우리는 참으로 불행하다.

8. 나는 바다의 사이렌들을 불러올 것이다. 그리고 이렇게 말하겠다. 밤의 악마들이여, 사막에서 오라. 악마들과 야수들은 숲에서 나와라. 그리고 너희는 잠에서 깨어나 애도 준비를 하라. 나와 함께 애도의 노래를 부르고 통곡과 탄식을 하라.

9. 농부들이여, 다시는 씨를 뿌리지 마라. 대지여, 추수 때에 네가 곡식을 낼 이유가 무엇인가? 좋은 열매들은 너 혼자 간직하라.

10. 포도나무여, 포도주를 생산할 이유가 어디 있는가? 시온에서 포도주를 제물로 바칠 일도 없고, 첫 수확의 열매들을 바칠 날도 이제는 없지 않은가?

11. 하늘이여, 이슬을 내리지 마라. 비의 보물 창고를 열지도 마라. 태양이여, 찬란한 네 빛을 거두어가라.

12. 달이여, 네 밝은 빛을 거두어들여라. 시온의 빛이 사라졌는데, 다른 빛이 비칠 까닭이 어디 있단 말인가?

13. 신랑들이여, 신방으로 들어가지 말고, 신부들이 몸을 치장하지 못하게 하라. 기혼 여자들은 임신하기 위해 기도하지도 마라.

14. 아이를 못 낳는 여자가 제일 기뻐하고, 아들이 없는 사람들이 즐거워하는 반면, 아들을 가진 사람들은 비탄과 고뇌에 잠길 것이기 때문이다.

15. 슬픔 속에 묻어야만 하는 아이들을 무엇 때문에 고통 중에 낳아야 한단 말인가?

16. 우리 어머니인 이 도시가 황폐해지고, 그 아들들은 노예로 끌려가는 판에, 사람들이 또 아들들을 낳고, 아이들에게 이름을 지어줄 필요가 어디 있는가?

17. 이제부터는 아름다움과 우아함에 관해서 말도 꺼내지 마라.

18. 사제들이여, 성전의 열쇠들을 거두어 하늘 높이 던지고, 그것들을 주님에게 바치면서 이렇게 말하라. 우리는 거짓 사제들로 판명이 되었으므로, 이제 당신 집을 당신 자신이 지키십시오,라고.

19. 처녀들이여, 고운 아마포 그리고 오피르의 금으로 수놓은 비단을 짜는 너희는 그것들을 빨리 집어서 모조리 불에 처넣어라. 그러면 원수의 손에 들어가지 못하도록, 불길이 그것들을 창조한 분에게 가져다 줄 것이다.

바빌론에 대한 바룩의 비난의 노래

제11장

1. 나 바룩은 바빌론에 대해서 이렇게 비난했다. 만일 네가 번영하고 시온이 영광을 보존한 채 머물러 있었다면, 네가 시온과 대등한 것에 대해서 우리는 큰 슬픔을 느꼈을 것이다.

2. 그러나 네가 번영하는 반면에 시온이 멸망했으니, 이제 우리 슬픔은 한이 없고, 우리의 탄식은 헤아릴 길이 없다.

3. 누가 이것을 판단해줄 것인가? 우리에게 닥친 일에 관해서 누구에게 하소연할 것인가? 오, 주님, 당신은 어떻게 참았습니까?

4. 우리 조상들은 고통도 없이 안식에 들어갔고, 정의로운 사람들은 땅 속에서 평안히 잠들어 있습니다.

5. 그들은 오늘의 이 비참한 꼴을 모르고, 우리가 당하는 재앙을 들은 적이 없기 때문입니다.

6. 오, 대지여, 네가 귀가 있기를, 오, 흙이여, 네가 마음이 있기를 바란다. 그래서 너희가 지옥으로 내려가서 죽은 사람들에게 이렇게 선언할 수 있기를 바란다.

7. 너희는 살아 있는 우리보다도 더 행복한 사람들이라고!

바빌론에 대한 노래 계속

제12장

1. 번영하는 나라 바빌론이여, 나는 가슴 속에 있는 것을 털어놓고, 또 너를 비난하겠다.

2. 한낮의 태양이 영원히 불타는 것은 아니고, 햇빛이 언제나 쏟아지는 것도 아니다.

3. 네가 언제까지나 번영하고 즐거운 시절을 누릴 것이라고 기대하지 마라. 오만하지 말고, 지배력을 과시하지 마라.

4. 신의 분노가 지금은 재갈에 물린 듯이 인내로 억제되어 있지만, 적절한 시기에 이르면 틀림없이 너희를 거슬러서 눈을 뜰 것이기 때문이다.

시련이 끝나는 날

제13장

7. 시온 산에 서 있는 나에게 목소리가 이렇게 말했다.

8. 내 민족이 완전히 정화되었을 때, 그들이 "끝날 날이 언제 올 것입니까?"라고 물으면, 너는 이렇게 대답하라. 포도를 쥐어짜서 만든 포도주를 마셨던 너희는 그 찌꺼기도 마셔라. 사람을 차별하지 않는 가장 높으신 분의 심판이 바로 이것이다.

9. 왜냐하면 바로 이 이유 때문에 그가 자기 아들들에게 자비를 베풀지 않았고, 그들이 죄를 지었기 때문에 원수를 대하듯이 재앙으로 내리쳤기 때문이다.

10. 그렇게 해서 그들은 거룩한 사람들이 되기 위해서 정화되었던 것이다.

11. 모든 백성과 민족들이여, 너희는 이제 죄인들이 되었다. 그것은 너희가 대지를 항상 학대하고, 만물을 수치스럽게 취급했기 때문이다. 나는 너희에게 언제나 선물을 아낌없이 내려주었지만, 너희는 언제나 감사할 줄을 몰랐기 때문이다.

오래 산다고 반드시 유익한 것은 아니다

제17장

1. 짧은 인생을 살아가는 사람이 무한한 지혜를 알 수 없다는 나의 말에 대해서 주님은 이렇게 대답했다. 사람의 수명이 길고 짧은 것은 가장 높으신 그분에게 아무런 문제도 안 된다.

2. 아담은 930년이나 살았는데도 계명을 어겼으니, 그 긴 수명이 무슨 소용이 있었느냐?

3. 그가 누린 장수는 아무 이익도 되지 못하고, 오히려 죽음을 초래했으며 후손의 수명을 단축시켰을 뿐이다.

4. 모세가 고작 120년밖에 못 살았다고 해서 손해를 보았던가? 그는 창조주에게 복종하여 야곱의 아들들에게 율법을 주었고, 이스라엘 백성을 위해서 등불을 밝히지 않았느냐?

사람들은 암흑을 더 좋아한다

제18장

1. 나는 이렇게 대답했다. 등불을 밝힌 사람은 그 빛을 잘 이용했습니다. 그러나 모세처럼 행동할 수 있는 사람은 거의 없습니다.

2. 등불을 받은 수많은 사람이 오히려 아담의 암흑을 더 좋아하고, 등불의 빛을 기뻐하지 않았습니다.

진리를 들으려면 7일 동안 단식하라

제20장

1. 주님이 이렇게 대답했다. 보라, 하루가 어제보다 빨리 저물고, 계절들이 과거보다 더 빨리 서로 이어지며, 한 해가 지금보다 더 빨리 지나갈 날이 올 것이다.

2. 그래서 내가 지금 시온을 적에게 넘겨주는 것은, 지정된 시기에 세상을 더 빨리 처벌하기 위한 것이다.

3. 그러므로 내가 명령하는 것을 모두 네 가슴에 잘 간직하고, 마음 속 깊은 곳에 봉인해두어라.

4. 그러면 내 힘의 심판을 보여주고, 헤아릴 길이 없는 나의 길들을 보여줄 것이다.

5. 그러므로 너는 가서 7일 동안 자신을 깨끗이 정화하라. 빵을 먹지도 말고, 물을 마시지도 말며, 아무에게도 말하지 마라.

6. 그런 다음에 이곳으로 오라. 그때 나는 숨겨진 진리들을 말해주고, 시대들의 경과에 관해 가르치겠다. 그 시대들은 올 것이고, 결코 연기되지 않을 것이다.

죽음을 거두어주십시오

제21장

1. 나는 케드론 계곡의 어느 동굴에 들어가서 7일 동안 단식했으나, 배가 고프지도 않고 목이 마르지도 않았다.

2. 나는 그곳으로 돌아갔다.

3. 해가 질 때, 나는 여러 가지 생각에 마음이 어지러워졌다.

3. 나는 전능한 그분에게 기도했다.

19. 썩을 육신을 가진 사람이 얼마나 오래 인내할 수 있겠습니까? 유한한 인간이 얼마나 오래 지상에서 번영할 것입니까? 죄인들이 이 세상에서 얼마나 오래 죄와 타락을 계속할 것입니까?

22. 당신 이름 때문에 우리를 당신이 사랑하는 백성이라고 불렀습니다. 그러니까 이제 죽음을 거두어가십시오.

23. 죽음의 천사를 억제하고, 당신의 영광이 드러나고, 당신의 힘의 아름다움이 알려지게 하십시오.

26. 기도를 마치자 나는 완전히 녹초가 되었다.

재앙의 시기

제27장

1. 그는 이렇게 말했다. 재앙의 시기는 12개의 기간으로 나뉘어져 있다.

2. 첫째 기간에는 여러 가지 재난이 닥치기 시작할 것이다.

3. 둘째 기간에는 지상의 강력한 지배자들이 암살당할 것이다.

4. 셋째 기간에는 죽음이 수많은 사람을 없애버릴 것이다.

5. 넷째 기간에는 칼이 멸망시킬 것이다.

6. 다섯째 기간에는 비가 오지 않고 기근이 휩쓸 것이다.

7. 여섯째 기간에는 지진과 공포가 닥칠 것이다.

8-9. 여덟째 기간에는 수많은 유령이 나타나고, 악마들이 공격할 것이다.

10. 아홉째 기간에는 하늘에서 불이 떨어질 것이다.

11.　열째 기간에는 각종 파탄과 억압이 있을 것이다.

12.　열한째 기간에는 사악함과 불결함이 판칠 것이다.

13.　열두째 기간에는 이 모든 것이 혼합되어 혼돈이 올 것이다.

14.　각 기간별로 특징이 있지만, 모든 재앙이 한꺼번에 상승 작용을 일으켜 그 효과를 강화할 것이다.

구세주가 드러날 것이다

제29장

2.　그때 나는 이 땅에 있는 사람들만 보호할 것이다.

3.　열두 개의 기간이 지나가면, 구세주가 비로소 드러날 것이다.

4.　베헤모트가 자기 자리에서 나오고, 바다에서 레비아탄이 올라올 것이다. 이 두 괴물은 내가 창조의 다섯째 날에 만들어서 그때까지 보존한 것인데, 살아남은 모든 사람들에게 먹이로 제공될 것이다.

5.　땅도 천 배의 수확을 줄 것이다. 한 그루의 포도나무에서 천 개의 가지가 나오고, 각 가지에는 포도송이 천 개가 달리고, 각 포도송이는 천 개의 포도알이 달릴 것이며, 포도 한 알이 포도주 한 말을 낼 것이다.

6.　굶주린 사람들이 기뻐하고, 날마다 기적을 볼 것이다.

8.　그들은 하늘에서 내리는 만나를 먹을 것이다. 그들이 마지막 시기에 이르렀기 때문이다.

기름 바른 그분이 하늘로 돌아간다

제30장

1. 이런 일들이 있은 뒤, 기름 바른 그분이 지상에서 일하는 시기를 마치고 영광 속에 하늘로 돌아갈 때가 될 것이다. 그러면 그에게 희망을 걸고 있던 죽은 자들이 모두 다시 일어날 것이다.

2. 정의로운 사람들의 영혼을 보관하던 보물 창고들이 열리고, 수많은 영혼들이 한꺼번에 나타나서 한 마음으로 한 곳에 모일 것이다. 처음 모인 사람들은 기뻐하고, 마지막에 온 사람들도 슬퍼하지 않을 것이다.

3. 그들은 마지막 시기가 왔다는 것을 알기 때문이다.

4. 그러나 사악한 사람들의 영혼은 더욱 비참해질 것이다.

5. 왜냐하면 자기들의 고통과 멸망의 시기가 닥친 것을 알기 때문이다.

숲, 포도나무, 샘물, 삼나무의 환상

제36장

2. 험한 돌산으로 둘러싸인 들판에 나무들이 무성한 숲이 보였다. 그 숲은 광대한 토지를 차지했다.

3. 그 숲을 거슬러서 포도나무가 한 그루 솟아났고, 숲 밑으로 샘물이 평화롭게 흘렀다.

4. 그 샘물이 숲에 이르자, 거대한 파도들로 변하더니, 숲과 그 주위의 모든 산을 무너뜨려버렸다.

5. 숲과 산들의 꼭대기가 낮아졌다. 그 숲에서는 삼나무 한 그루만이 버티고 있었다.

6. 샘물이 그 삼나무마저도 쓰러뜨렸다. 포도나무가 조용히 삼나무에게 다가가서 입을 열고는

7. "너는 저 사악한 숲에 있던 삼나무가 아닌가? 지금까지 오랜 세월 동안 너 때문에 선행은 전혀 없고 사악한 행동만 저질러졌다.

8. 너는 네게 속하지 않은 것들에 대해서 힘을 휘둘렀다. 너는 네게 속한 것들에게조차 자비를 베풀지 않았다. 너는 네게서 멀리 떨어진 것들에게 손을 뻗쳤고, 가까이 있는 것들을 사악함의 그물에 처넣었다. 그리고 오만하게 굴었다.

9. 이제 네가 멸망할 시간이 닥쳤다.

10. 그러므로 너보다 먼저 사라진 숲처럼 너도 재로 변하라.

11. 그리고 네게 더 큰 고통의 시간이 올 때까지 이제 고통 속에 잠들어라." 하고 말했다.

삼나무가 불탄다

제37장

1. 나는 삼나무가 불타고 포도나무가 자라는 것을 보았다. 그리고 그 계곡은 시들지 않는 꽃들로 가득 찼다.

숲의 환상에 대한 해설

제39장

2. 거대한 그 숲은 이 세상이다.

3. 시온을 멸망시킨 이 왕국이 그 뒤에 오는 왕국에게 멸망할 날이 올 것이다.

4. 뒤에 오는 이 왕국도 얼마후 망할 것이다. 또한 세번째 왕국도 권력을 휘두르다가 때가 되면 멸망할 것이다.

5. 네번째 왕국은 더 가혹하고 사악한데, 들판의 나무들처럼 오랫동안 다스리고, 레바논의 삼나무보다 더 높이 스스로 오만해질 것이다.

6. 진리는 몸을 숨기고, 불의에 오염된 자들이 마치 사악한 야수들이 숲으로 달아나듯이 그 왕국으로 달아날 것이다.

7. 나의 기름 바른 그분의 지배가 시작될 때 그렇게 될 것이다. 그는 샘물과 포도나무처럼 드러날 것이다.

8. 그는 거대한 삼나무마저도 타도할 것이다.

사악한 마지막 지배자에 대한 처벌

제40장

1. 그때 살아남은 마지막 지배자가 사로잡히고, 그의 모든 군대는 파멸할 것이다. 사람들이 그를 시온 산으로 끌어가고, 기름 바른 그분은 그의 사악한 행동들을 단죄할 것이며, 그의 군대의 악행을 모두 그 앞에 제시할 것이다.

2. 그런 다음 구세주는 그를 죽이고, 내가 선택한 곳에서 발견된 내 백성을 보호할 것이다.

3. 그리고 그의 지배는, 타락의 세상이 끝나고 앞에서 언급한 시간이 완성될 때까지 영원히 계속될 것이다.

바룩 제3서(그리스어 바룩 계시록)

사탄이 포도나무를 처음 심었다

해설

초대 교회의 오리제네스(서기 185년경~254년경)가 〈예언자 바룩의 책〉이라고 언급한 것으로 해석되는 이 문헌은, 19세기 말에 처음으로 고대 문헌집 속에서 발견되어 세상에 알려졌다.

바룩이 다섯 층의 하늘을 여행한 것을 기록하는 형식을 띤 이 문헌은 그리스어와 슬라브어의 필사본이 남아 있다. 원본은 그리스어로 서기 1세기에서 3세기 사이에 저술된 것으로 보인다.

이것을 그리스도교의 계시록이라고 주장하는 설도 있고, 유태인의 전통을 그리스도교적으로 수정한 것이라는 의견도 있다.

이것은 〈바오로 계시록〉과 〈레카브의 후손들의 역사〉에 영향을 미쳤을 것으로 추정한다. 또한 서양에서는 필사본들이 19세기 말까지 발견되지 않았지만, 슬라브어 필사본은 슬라브어를 사용하는 교회에서 인기를 끌었고, 종교적으로 많이 원용되었다. 그래서 불가리아에서는 이와 내용이 유사한 민담이 18세기부터 퍼졌고, 러시아에서는 포도주의 과음을 경계하는 훈화의 원천이 되기도 했다.

첫째 하늘 : 전쟁의 탑을 건설한 사람들

제2장

1. 천사와 나는 아무도 건너갈 수 없는 강을 건너갔다.

2. 그는 나를 첫째 하늘 앞에 데리고 가서 어마어마하게 큰 문을 보여주었다. 우리는 날개를 타고 날아가듯 그 문을 지나서 30일 가량 여행했다.

3. 그 하늘에서 들판이 보였는데, 거기에는 황소의 얼굴과 수사슴의 뿔과 염소의 다리와 어린 양의 뒷다리를 가진 사람들이 살고 있었다.

5. 파미엘이라고 부르는 그 천사는 나의 질문에 대해서 "당신이 보는 이 문은 천국의 문이고, 그 두께는 지상에서 이 하늘에 이르는 거리와 같고, 이 들판의 넓이는 역시 그만한 거리와 같소." 라고 대답했다.

7. 그리고 들판에 사는 사람들은 하느님에 대항하는 전쟁의 탑을 건설한 사람들이라고 말했다.

둘째 하늘 : 하늘에 구멍을 뚫으려고 한 사람들

제3장

2. 우리는 둘째 하늘의 문을 지나서 60일 가량 여행했다.

3. 거기에도 들판이 있었고, 들판에는 수사슴의 다리를 가진 개처럼 보이는 사람들이 살고 있었다.

5. 천사는 그들이 벽돌탑을 건설하던 사람들이라고 설명했다. 그

들은 무수한 남녀를 잡아다가 벽돌을 만들게 했는데, 임신한 여자들이 애를 낳을 때도 쉬지 못하게 했다.

6. 그들이 463큐비트 높이로 탑을 쌓았을 때, 주님이 나타나서 그들의 말을 혼란시켰다.

7. 그들은 "하늘이 진흙이나 구리나 쇠로 만들어졌는지 보기 위해서 한번 뚫어보자."고 말하면서 송곳으로 하늘에 구멍을 뚫으려고 했다.

8. 그것을 본 하느님이 그들을 장님으로 만들고 언어를 분열시켜 버렸다.

셋째 하늘 : 지옥의 광경

제4장

2. 우리는 문을 지나서 185일 가량 여행했다.

3. 거기 들판에서 그는 돌처럼 보이는 뱀을 한 마리 보여주었다. 그리고 음침하고 더러운 하데스를 보여주었다.

5. 그는 "이 용은 사악하게 살다가 죽은 사람들의 육체를 먹고 사는 짐승이오."라고 대답했다.

6. 또한 용과 같이 생긴 하데스는 바닷물을 1큐비트 마시는데, 바다에서 물이 하나도 줄어들지 않는다고 말했다.

7. 그 이유는 하느님이 알피아스, 아부로스, 게리코스 등의 강을 360개 만들었기 때문이라고 설명했다.

(슬라브어 필사본 내용: 하느님이 알페이아, 아보우라, 아기레니크, 도우나브, 에프라트, 제폰, 마테푸스, 아레노우스, 펠쿠리 등 354개의 강을 만들었다. 미카엘이 20만 그리고 3명의 천사를 지휘

해서 에덴 동산에 나무를 심었는데, 미카엘이 올리브나무를, 가브리엘이 사과나무를, 우리엘이 밤나무를, 라파엘이 멜론을, 사타나엘[사탄]이 포도나무를 심었다.)

8. 그는 하와와 아담을 타락시킨 나무는 사타나엘이 심은 포도나무이고, 하느님은 사타나엘이 포도나무를 심은 데 대해 화가 나서 포도나무를 저주했고, 그 때문에 아담에게 그 나무에 손대지 말라고 금지했다고 말했다.

10. 또한 그는 대홍수 때 하느님이 40만 9천 명(슬라브어 필사본에는 10만 4천 명)의 거인들을 멸망시켰고, 물이 산꼭대기보다 15큐비트 더 높이 올라갔으며, 물이 낙원으로 들어가 모든 꽃을 죽였고, 포도나무를 낙원 밖으로 내몰았다고 말했다.

14. 노아가 그 포도나무를 발견한 뒤, 그것을 심어야 좋을지 가르쳐달라고 40일 동안 기도했다.

15. 하느님이 파견한 사라사엘 천사가 노아에게 그것을 심으라고 말하고 "이것의 쓴맛이 단맛으로 변하고, 그 저주가 축복이 될 것이다. 그 열매는 하느님의 피가 될 것이고, 이것을 통해서 인류가 단죄되었던 것과 마찬가지로, 이것 안에서 예수 그리스도를 통해 그들이 낙원으로 부름을 받을 것이다."라는 하느님의 말을 전했다.

16. 또한 인도하는 천사가 바룩에게 포도나무를 통해서 아담이 단죄되고 하느님의 영광을 잃었던 것과 같이, 포도주를 한도 없이 마시는 사람들은 아담보다 더 큰 죄를 짓는 것이 되고, 하느님의 영광을 잃을 뿐 아니라 영원한 불에 떨어질 것이라고 말했다.

17. 또한 천사는 바룩에게 포도주 때문에 형제끼리, 아버지가 아들에게, 자녀들이 부모에게 자비를 베풀지 않게 되고, 살인, 간통, 간음, 위증, 절도, 기타 이와 유사한 죄악을 사람들이 범하게 된다고 충고했다.

태양을 수행하는 불사조 피닉스

제6장

1. 우리는 태양이 출발하는 곳으로 갔다.

2. 그는 네 마리의 말이 끌고 밑에는 불이 타는 마차를 보여주었다. 그 마차에는 불타는 왕관을 쓴 사람이 타고 있었다. 또한 그 마차는 사십 명의 천사들이 끌었다. 그리고 태양 앞에는 아홉 개의 산만큼 큰 새가 달려갔다.

3. 그는 그 새가 세상의 보호자라고 말했다.

6. 그 새가 날개를 펴서 불꽃 모양의 광선들을 흡수하여 지상의 사람과 모든 생물을 보호한다는 것이다.

7. 그 새가 날개들을 펴자, 나는 오른쪽 날개에 타작 마당처럼 보이는 거대한 황금문자들을 보았다. 그 문자의 크기는 8천 미터나 되었다.

8. 그 글의 내용은 "땅도 하늘도 나를 지탱하지 못하지만, 불의 날개들이 나를 지탱한다."는 것이었다.

10. 그 새의 이름은 피닉스였다.

11. 그리고 그 새는 하늘의 만나와 땅의 이슬을 먹고 산다고 했다.

12. 또한 그 새가 누는 똥은 벌레인데, 그 벌레에서 왕과 제후들이 사용하는 신나몬 향료가 나온다고 천사가 말했다.

넷째 하늘

제10장

2. 드넓은 평원 한가운데 호수가 보였다.

3. 거기 수많은 종류의 새들이 있었는데, 지상의 새와 달리 모두 엄청나게 컸다. 백로가 거대한 황소와 같았다.

5. 천사는 그곳에 정의로운 사람들이 모여서 산다고 말했다.

7. 그리고 그 새들은 끊임없이 주님을 찬미하는 사람들이라고 말했다.

다섯째 하늘에는 들어가지 못했다

제11장

2. 다섯째 하늘의 문은 닫혀 있었다. 천사는 나에게 하늘의 왕국의 열쇠를 가진 미카엘이 올 때까지는 거기 들어갈 수 없다고 말했다.

8-9. 미카엘이 천둥 소리와 함께 내려와서 커다란 그릇을 손에 들고 있었다. 천사들이 정의로운 사람들의 덕행과 선행을 바구니에 담아 운반해서 그 그릇에 부었다. 미카엘은 상으로 기름을 주었다. 그러나 사악한 사람들을 담당하는 천사들은 가득 채우지 못한 바구니를 들고 와서 울었다. 그리고 사악한 사람들을 담당하는 임무를 면제해달라고 간청했다.

제파니아 계시록

세상은 물 한 방울과 같다

해설

제파니아 계시록은 〈60권의 책의 목록〉에 들어 있기 때문에 초대 교회에서도 알려진 것이라고 본다. 이 문헌은 4세기와 5세기에 각각 필사한 콥트어 필사본들에 그 내용의 일부가 보존되어 있다.

최초의 원본은 그리스어로 저술되었다고 보는데, 그 4분의 3이 없어졌다는 추측도 있다. 익명의 유태인이 제파니아의 이름으로 이 문헌을 저술한 시기는 기원전 100년에서 서기 175년 사이라고 본다. 그리고 저술 장소는 그가 그리스어를 사용했으므로, 팔레스타인 지역이 아닌 그리스 문화권, 특히 이집트일 것이라고 본다.

장례식

제1장

1. …가 죽었다. 우리는 다른 사람의 경우처럼 그를 묻을 것이다. 사람이 죽으면, 우리는 앞에서 현악기로 노래하면서 그를 운반하고, 그의 몸 위에 시편과 찬미가를 노래할 것이다.

세상은 물 한 방울과 같다

제2장

1. 주님의 천사가 나를 도시 전체 위로 데리고 갔다. 내 눈앞에는 아무것도 없었다.

2. 길을 걸어가면서 이야기를 나누고 있는 두 사람이 보였다.

3. 또한 두 여인이 함께 맷돌을 가는 광경도 보았다. 나는 그들이 하는 말도 들었다.

4. 나는 또 두 사람이 침대에 누워 있는 것을 보았다. 그들은 침대에서 서로…

5. 나는 사람들이 사는 온 세상이 한 방울의 물처럼 매달려 있는 것을 보았다. 그것은 마치 우물 속에서 끌어올린 물통에서 물방울이 떨어지려고 하는 것과 같았다.

6. 나는 천사에게 "여기에는 암흑이나 밤이 없습니까?" 하고 물어보았다.

7. 그는 "정의로운 사람들과 거룩한 사람들이 사는 이곳에는 암흑이 없고, 그들은 항상 빛 속에서 살지요." 라고 대답했다.

8. 나는 처벌을 받고 있는 모든 영혼을 보았다.

q. 그래서 전능한 주님에게 "오, 하느님, 당신이 거룩한 사람들과 함께 머물고 있다면, 처벌을 받는 이 세상과 영혼들을 분명히 불쌍히 여길 것입니다."라고 부르짖었다.

선행과 죄를 모두 기록하는 천사들

제3장

z. 천사가 나를 세이르 산으로 데리고 갔는데, 천사 둘이 세 사람과 함께 걸어가면서 그 사람들에 대해서 매우 기뻐했다.

4. 천사는 나에게 "이들은 자기 아버지의 훈계도 주님의 계명도 지키지 않았는데, 바로 사제 요탐의 아들들이오."라고 말했다.

5. 다른 천사 두 명이 요탐의 아들들 때문에 울고 있었다.

6. 천사는 나에게 "이들은 전능한 주님의 천사들인데, 하늘의 문을 지키면서, 정의로운 사람들의 선행들을 책에 기록하지요.

7. 내가 이 천사들의 손에서 영혼들을 받아 주님 앞에 데리고 가면, 주님은 그들의 이름을 살아 있는 자들의 책에 기록합니다.

8. 또한 지상에서 활동하는 고발자의 천사들은 사람들의 모든 죄를 책에 기록하지요.

q. 그들도 하늘의 문 앞에 앉아 고발자에게 사람들의 죄를 알려주면, 고발자는 죄인들이 세상을 떠나 그곳에 올 때 고발하기 위해서 죄들을 자기 책에 적어둡니다.

처벌하는 천사들

제4장

2. 한 곳에 이르자 무수한 천사들이 거기 들어갔다.

3. 그들의 얼굴은 표범과 같고, 야생 곰처럼 이빨이 툭 튀어나와 있었다.

4. 눈에는 핏발이 서 있었고,

5. 머리카락은 여자처럼 치렁치렁했으며, 손에 불타는 채찍을 들고 있었다.

6. 천사는 나에게 "이들은 불경스러운 사람들을 여기 데려다가 처박아놓은 일꾼들이지요. 불경스러운 사람들을 3일 동안 공중으로 끌고다니다가 영원한 처벌 장소에 집어넣는 것입니다."라고 말했다.

9. 그리고 "두려워하지 마시오. 당신은 주님 앞에 순수하기 때문에, 그들이 당신에게 손을 대지 못할 것이오."라고 말했다.

10. 천사가 그들에게 손짓을 하자, 그들이 나에게서 달아났다.

하늘의 도시

제5장

2. 나는 청동으로 만든 여러 개의 문 앞에 이르렀다.

3. 천사가 손을 대자 문들이 열렸다. 안으로 들어가자, 광장 전체가 아름다운 도시와 같았다. 나는 한가운데로 들어갔다.

4. 그러자 천사가 내 옆에서 스스로 모습을 변했다.

6. 내 입이 닫혀졌다. 청동 문으로부터 불길이 50스타디움 가량 뻗어나왔다.

하데스를 맡은 고발의 천사 에레미엘

제6장

1. 나는 뒤로 돌아서 걸었는데, 거대한 바다를 보았다.

2. 물로 가득 찬 바다라고 생각했지만, 그것은 유황과 역청이 타는 불길의 바다였다.

8. 나는 매우 큰 천사를 보았다. 그의 털은 암사자와 같았고, 이빨이 곰처럼 튀어나와 있었다. 머리카락은 여자의 머리카락과 같았다. 나를 잡아먹으려고 할 때 그의 몸은 뱀의 몸과 같았다.

9. 나는 공포에 질려서 엎어졌다.

10. 나는 주님에게 구해달라고 기도했다.

11. 영광 안에서 햇빛처럼 빛나는 얼굴을 가진 커다란 천사를 바라보았다.

12. 그는 가슴에 황금의 띠를 둘렀고, 그의 발은 불에 녹는 청동과 같았다.

13. 나는 주님이 나를 찾아왔다고 생각해서 몹시 기뻤다.

14. 그래서 엎드려 경배했다.

15. 그는 "나는 주님이 아니라, 심연과 하데스를 다스리는 위대한 천사 에레미엘이오. 대홍수가 끝난 뒤부터 지금까지 모든 영혼이 이곳에 갇혀 있지요."라고 말했다.

16-17. 안내하는 천사가 나에게 "당신은 지금 하데스에 와 있고, 저 천사는 고발의 천사요."라고 말했다.

모든 죄가 적힌 책

제7장

1. 고발의 천사가 손에 들고 있던 책을 폈다.

2. 거기에는 내가 젊은 시절부터 지은 모든 죄가 빠짐없이 낱낱이 나의 모국어로 적혀 있었다.

8. 그래서 나는 땅에 엎드려서 전능하신 주님께 "자비를 베풀어서 나의 모든 죄를 저 책에서 지워주십시오."라고 기도했다.

9. 고발의 천사가 나에게 "당신은 고발의 천사에 대해서 승리를 거두었소. 그러므로 나루터를 건너서 이 심연과 하데스를 빠져나가시오."라고 말했다.

그가 천사의 옷을 입었다

제8장

1. 그들이 나를 배에 태워주었다.

2. 무수한 천사가 나를 칭찬했다.

3. 나 자신은 천사의 옷을 입었다. 그리고 모든 천사가 기도하는 것을 보았다.

4. 나는 그들이 나에게 하는 천사의 말을 알았고, 그래서 그들과 함께 기도했다.

5. 나의 아들들아, 이것은 시험이다. 선과 악을 저울로 달아보아야만 했기 때문이다.

황금 나팔

제9장

1. 위대한 천사가 손에 황금 나팔을 들고 나와서 나의 머리 위로 세 번 불었다.

2. 그리고 "용기를 내시오! 당신은 고발의 천사에게 승리했소. 당신 이름이 살아 있는 사람들의 책에 기록되었소."라고 말했다.

3. 나는 그를 껴안고 싶었다. 그러나 그의 영광이 커서 그렇게 할 수가 없었다. 이윽고 그는 정의로운 사람들, 즉 아브라함과 이사악과 야곱과 에녹과 엘리아와 다비드에게 달려가서 친구처럼 그들과 이야기를 주고받았다.

처벌을 받는 죄인들

제10장

1. 그가 하늘을 향해서 황금 나팔을 불었다.

2. 하늘이 해 뜨는 곳에서 해 지는 곳까지, 북쪽에서 남쪽까지 열렸다.

3. 나는 하데스의 밑바닥에서 보았던 그 바다를 보았다. 그 파도들이 구름을 향해 올라갔다.

4. 나는 그 바다에 영혼들이 가라앉는 것을 보았다. 어떤 사람들은 손발이 족쇄에 채워져서 그 손이 목에 묶여 있었다.

5. 천사는 그들이 황금과 은을 뇌물로 받은 사람들이라고 말했다.

6. 또한 불타는 담요에 싸인 사람들도 보았다.

7. 그들은 이자를 받고 돈을 빌려주고 이자의 이자를 받은 사람들이었다.

8. 눈이 멀어서 울부짖는 사람들도 있었다.

9. 그들은 하느님의 말씀을 듣고도 실천하지 않은 교리 교사들이었다.

11. 천사는 그들이 주님의 심판날까지 거기서 회개한다고 말했다.

12. 나는 털에 덮인 육체를 가진 사람들도 거기서 보았다.

정의로운 사람들이 대신 기도했다

제11장

1. 천사가 무수한 사람들을 데리고 나왔다.

2. 그들은 모든 고통의 장면을 바라보고는 전능하신 주님에게 자비를 베풀어달라고 기도했다.

4. 천사는 죄인들을 대신해서 기도하는 사람들이 아브라함과 이사악과 야곱, 그리고 모든 정의로운 사람들이라고 대답했다.

주님이 분노하여 일어날 때

제12장

1. 천사가 지상을 향해서 황금 나팔을 불었다.

2. 그리고 하늘을 향해서도 불었다.

3. 안내하는 천사는 나에게 "주님이 분노하여 하늘과 땅을 멸망하

러 일어날 때까지는 모든 것을 당신에게 보여줄 권한이 내게 없
소."라고 말했다.

세드라크 계시록

왜 악마를 죽이지 않았습니까?

해설

이 계시록은 15세기에 그리스어로 필사한 필사본에 유일하게 보존되어 있다. 최초의 원본은 유태교의 원전에 바탕을 두고, 서기 150년에서 500년 사이에 그리스어로 저술된 것으로 본다. 이 문헌의 주요 테마는 하느님의 사랑, 그리고 죄인에 대한 자비이다.

사랑, 회개, 정통적인 그리스도교 신자들, 주 예수 그리스도의 재림에 관한 거룩하고 축복받은 세드라크의 설교이다. 주님, 축복을 내려주십시오.

사랑은 가장 중요한 덕행이다

제1장
1. 진실한 사랑보다 더 나은 것은 없다.
3. 우리가 모든 것을 얻는다 해도 사랑을 얻지 못한다면 무슨 소용이 있겠는가?

4. 왕과 귀족들을 초청해서 성대한 잔칫상을 마련한다고 해도, 소금이 없다면 각종 비싼 요리를 먹을 수가 없고, 비용과 노력이 헛수고로 그치고, 손님들을 불쾌하게 만들 것이다.

5. 이와 같이 사랑이 없다면 우리에게 무슨 은총이 있겠는가?

6. 순결을 지키고, 단식과 밤샘 기도를 하고, 가난한 사람들에게 풍성한 식탁을 차려준다고 해도, 사랑이 없다면 우리 행동은 모두 거짓이다.

7. 하느님에게 십일조를 바치고 교회를 건축한다 해도, 사랑이 없다면 하느님은 그런 것을 아무것도 아니라고 본다.

11. 형제를 미워하면서도 그리스도를 사랑한다고 생각하는 사람은 거짓말쟁이고, 자신을 속인다.

15. 사랑의 힘은 상상을 초월하고, 측량할 수가 없다!

16. 사랑보다 더 명예로운 것이 없고, 하늘과 땅에서 더 위대한 것이 없다.

17. 이 신성한 사랑은 가장 중요한 덕행이다.

20. 가장 중요한 점은, 이 사랑이 하느님의 아들을 하늘로부터 지상으로 데리고 왔다는 것이다.

24. 모든 좋은 것을 주는 사랑은 축복을 받았다! 참된 신앙과 순수한 사랑이 있는 사람은 축복을 받은 것이다. 친구를 위해서 목숨을 버리는 사람에게 사랑보다 더 큰 것이 없다고 주님이 말씀했기 때문이다.

세번째 하늘까지 올라간다

제2장

I. 숨겨진 목소리가 그의 귀에 들렸다. "세드라크여, 당신은 하느님과 얘기하고 싶어합니다. 그리고 의문나는 것을 모두 당신에게 밝혀달라고 요청하려고 합니다."

3. 그 목소리는 또한 "당신을 하늘로 데려가기 위해서 내가 파견되었소."라고 말했다.

4. 그는 "나는 하느님을 마주 대하면서 이야기하고 싶습니다. 그러나 하늘로 올라갈 수가 없습니다."라고 말했다.

5. 그러나 천사는 날개를 펴고 그를 잡아서 세번째 하늘까지 데리고 올라갔다. 거기 신성함의 불꽃이 앉아 있었다.

창조의 이유

제3장

I. 주님이 그에게 "세드라크야, 환영한다.

2. 하느님에게 네가 무슨 불평이 있는지 말해보라."고 말했다.

3. 그가 "아들들은 참으로 아버지에게 불평이 있습니다. 지상의 세계를 무엇 때문에 창조했습니까?"라고 물었다.

4. 주님은 "사람을 위해서 그랬다."고 대답했다.

5. 그는 "바다를 창조하고, 모든 좋은 것을 지상에 펼쳐놓은 이유는 무엇입니까?"라고 물었다.

6. 주님은 "사람을 위해서 그랬다."고 대답했다.

7. 그는 "그렇다면, 왜 사람을 파멸시켰습니까?"라고 물었다.

8. 주님은 "사람은 내 손이 만들어낸 작품이다. 나는 내가 옳다고 보는 방식에 따라 그를 훈련시킨다."고 대답했다.

생명의 나무 열매

제4장

1. 세드라크가 "주님, 당신의 훈련은 처벌과 불인데, 너무 가혹합니다.

2. 사람은 차라리 태어나지 않은 것이 더 좋았을 것입니다.

3. 사람에게 자비를 베풀고 싶지 않다면, 왜 당신의 완전한 손으로 일을 해서 사람을 창조한 것입니까?"라고 말했다.

4. 하느님이 그에게 "나는 최초의 사람인 아담을 창조해서 생명의 나무가 한가운데 있는 낙원에 그를 놓아두었다.

5. 그러나 그는 내 계명을 어기고 악마에게 속아서 생명의 나무 열매를 먹었다."고 말했다.

왜 악마를 죽이지 않았습니까?

제5장

1. 세드라크가 "아담이 속은 것은 주님의 뜻에 따른 것입니다.

2. 당신이 천사들에게 아담을 경배하라고 했지만, 천사들의 우두머리가 당신 명령을 따르지 않았기 때문이지요. 그래서 당신은 그

천사를 유배했습니다.

3. 당신이 사람을 사랑했다면, 왜 모든 악을 만들어내는 악마를 죽이지 않았습니까?

4. 어느 누가 보이지 않는 악한 천사와 싸울 수 있습니까?

5. 그는 연기처럼 사람의 마음 속까지 침투하여 모든 죄를 가르칩니다.

6. 그는 불멸의 하느님인 당신하고도 싸울 수 있습니다. 그러니 가련한 인간이 어떻게 그를 대적하겠습니까?

7. 그러나 주님, 자비를 베풀고 처벌을 거두어주십시오. 차라리 죄인들과 함께 저도 처벌해주십시오. 죄인들에게 당신이 자비를 베풀지 않는다면, 당신 자비는 어디 있는 것입니까?"라고 말했다.

아버지를 저버린 아들

제6장

1. 하느님이 "내가 사람에게 하라고 명령한 것은 무엇이든지 그가 할 능력이 있다.

2. 나는 그를 지혜롭게 만들었고, 하늘과 땅의 상속자로 삼았다.

3. 나의 선물들을 받았는데도 불구하고, 그는 외국인, 간통하는 자, 그리고 죄인이 되었다.

4. 상속 재산을 받은 아들이 아버지를 버리고 외국인이 되고, 외국인들을 섬긴다면,

5. 그 아버지는 재산을 회수하고, 자기 영광을 아들에게서 거두어 버리지 않겠느냐?

6. 놀랍고도 질투하는 하느님인 나더러 간통하는 자와 죄인이 된

사람에게 어떻게 하란 말이냐?"하고 말했다.

그릇된 구실로 처벌하는 것이다

제7장

1. 세드라크가 "주님은 사람의 의지와 지식이 보잘것없다는 것도 잘 압니다. 그리고 그릇된 구실로 그를 처벌하고 제거합니다.

2. 하늘의 왕국을 채울 사람은 저 하나뿐입니까?

3. 그렇지가 않다면, 사람도 구원해주십시오.

4. 가련한 사람이 당신 뜻에 따라서 죄를 지은 것입니다."라고 말했다.

5. 주님이 "너는 왜 그물처럼 네 말들을 내 주위에 펼쳐놓느냐?

6. 아담과 그의 아내와 태양을 창조한 뒤에 나는 '누가 더 빛나는지 서로 바라보라.'고 말했다.

7. 태양과 아담은 대등했지만, 그의 아내 하와는 달보다 더 빛났고 더 아름다웠다."고 말했다.

8. 그는 "먼지로 돌아가는 아름다운 것들이 무슨 소용이 있습니까?

9. 악을 악으로 갚지 말라고 한 당신 말은 어떻게 되지요?

11. 악을 악으로 갚지 않는다고 한다면, 당신이 사람을 처벌하는 이유가 뭡니까?

13. 천사들에게 사람들을 감시하게 하십시오. 그래서 사람이 죄를 지으려고 할 때, 천사가 사람의 발을 붙잡도록 하십시오."라고 말했다.

사람이 원하는 대로 하도록 내버려둔다

제8장

1. 하느님이 "내가 사람의 발을 붙잡는다면, 그는 '당신은 세상에서 내게 은총을 주지 않았습니다.' 라고 말할 것이다. 그래서 나는 그를 사랑하기 때문에 자기가 원하는 것을 하도록 내버려두었고, 정의로운 천사를 시켜 그를 밤낮으로 감시하게 했다."고 말했다.

2. 세드라크는 "당신은 생물 가운데 사람을 가장 사랑합니다. 짐승 가운데서는 양을, 나무 가운데서는 올리브나무를, 열매를 맺는 식물 가운데서는 포도나무를, 날아다니는 동물 가운데서는 꿀벌을, 강물 가운데서는 요단강을, 도시 가운데서는 예루살렘을 가장 사랑합니다.

3. 그러나 사람도 이 모든 것을 사랑합니다."라고 말했다.

4. 하느님이 "내 질문에 네가 대답한다면, 너는 창조주인 나에게 도전해도 좋다."고 말했다.

6. 그리고 "모든 것을 내가 창조한 이래, 태어난 사람의 숫자와 죽은 자의 숫자, 그리고 앞으로 죽을 사람의 숫자, 사람이 가진 머리카락의 숫자가 무엇이냐?"고 물었다.

10. 세드라크는 "주님만이 이 모든 것을 압니다. 저는 사람이 처벌을 받지 않도록 해달라고 요청할 뿐이고, 그렇지 않다면 저도 처벌을 받겠다는 것입니다."라고 말했다.

성자가 그의 영혼을 달라고 요구한다

제9장

1. 하느님이 자기 외아들에게 "사랑받는 세드라크의 영혼을 가서 맡아다가 낙원에 집어넣어라."고 말했다.

2. 외아들이 그에게 영혼을 넘겨달라고 말했다.

3. 그는 "제 영혼을 당신에게 주지 않겠습니다."라고 말했다.

영혼은 허파와 염통에 위치한다

제10장

1. 세드라크가 하느님에게 "제 육체의 어느 부분에서 영혼을 가져가겠습니까?"라고 물었다.

2. 하느님이 "네 영혼은 허파와 염통에 들어 있고, 거기서부터 온 몸으로 퍼져 있다는 것을 모르느냐?

3. 그것은 목구멍과 입을 통해서 나간다."고 말했다.

죄악의 용서에는 3년의 회개가 필요하다

제12장

1. 그리스도가 그에게 "그만하거라, 세드라크여. 언제까지 눈물을 흘리고 탄식할 것이냐? 낙원이 네게 열려 있다. 너는 죽은 뒤에 살

것이다."라고 말했다.

5. 그는 "주님, 사람이 80년 또는 90년 또는 1백 년을 죄를 지으면서 산 뒤에는 며칠 동안이나 회개하면 생명을 얻을 수 있습니까?"라고 물었다.

6. 주님이 "3년 동안 회개하고 정의로운 결실을 맺은 뒤에 죽는다면, 나는 그의 모든 죄를 기억하지 않을 것이다."라고 대답했다.

회개 기간을 40일로 줄인다

제13장

1. 그는 "3년은 너무 깁니다. 그 안에 죽음이 닥칠지도 모르니까요."라고 말했다.

4. 주님은 "1백 년을 산 뒤에 사람들 앞에서 자기 죄를 1년 동안 고백하고 회개한다면 용서해주겠다."고 말했다.

5. 그는 "주님, 1년도 너무 깁니다."라고 말했다.

6. 구세주는 "그가 40일 동안 회개하면 용서해주겠다."고 말했다.

한 순간의 회개도 구원을 준다

제14장

2. 세드라크와 미카엘 대천사가 엎드려서 주님에게 회개의 구체적인 방법을 가르쳐달라고 요청했다.

3. 주님은 "회개는 간청과 종교 예식과 끊임없는 눈물과 탄식으

로 하는 것이다. 다비드가 눈물을 통해서 구원되었다는 것을 모르느냐? 나머지 사람들은 한순간에 구원되었다."고 말했다.

사도와 복음서 저자도 한순간에 구원되었다

제15장

2. 주님이 "강도가 회개하여 한순간에 구원되었다는 것을 모르느냐?

3. 나의 사도와 복음서의 저자마저도 한순간에 구원을 받았다."고 말했다.

세드라크가 낙원에 들어간다

제16장

3. 주님이 "나는 자비를 베풀어서 회개 기간을 40일에서 20일로 줄여주겠다. 네 이름을 기억하는 사람은 누구든지 처벌을 받지 않을 것이다. 그리고 이 놀라운 설교를 필사하는 사람의 죄도 영원히 기록되지 않을 것이다."라고 말했다.

5. 하느님의 하인인 세드라크가 "주님, 제 영혼을 받으십시오."라고 말했다.

6. 주님이 그의 영혼을 성인들이 있는 낙원에 집어넣었다.

에즈라 제4서

콜럼버스의 신대륙 발견의 원동력

해설

이 문헌은 콜럼버스에게 신대륙을 발견할 수 있다는 신념을 주었고, 그는 스페인의 왕을 설득하기 위해 이 문헌의 6장 42절의 창조에 관한 부분을 인용하여 결국 설득에 성공하고 항해에 나섰던 것이다. 그 6장 42절에는 지구상에 바다가 7분의 6이고 육지가 7분의 1이라고 되어 있다. 실제로는 육지가 7분의 1이 아니라 3분의 1이지만, 어쨌든 이 문헌이 콜럼버스에게 육지가 바다에 둘러싸여 있다는 힌트를 주었다.

그리고 아이작 뉴턴의 뒤를 이어서 캠브리지 대학교 교수가 된 윌리엄 휘스톤은 시대의 종말이 왔다는 99개의 증거를 들 때, 그 3분의 1을 이 문헌이 제시하는 징표들을 근거로 삼은 것이다.

존 러스킨도 이 문헌의 영향을 많이 받았고, 밀턴은 고대 문헌들 가운데서도 특히 이 문헌을 주목했다. 그래서 그는 〈듀칼리온〉의 서문에서 이 문헌을 인용하고 있다.

이 문헌의 표현은 신약의 계시록과 유사한 부분이 많다. 그리고 고대 문헌들 가운데 바룩 제2서, 에녹 제1서 등이 비슷한 점이 많다.

현재 남아 있는 이 문헌의 라틴어 필사본들은 그리스어 필사본에서 온 것으로, 그리스어 필사본은 히브리어 또는 아라메아어에서 온 것으로 본다. 그리고 최초의 원본은 서기 100년경에 팔레스타인 또는 로마에서 저술된 것으로 본다.

새로운 백성이 나온다

제1장

33. 전능하신 주님이 이렇게 말한다. "너희 집은 황폐해졌다. 지 푸라기가 바람에 날리듯이 나는 너희를 몰아낼 것이고, 너희 아들 들은 자식이 없을 것이다.

35. 나는 너희 집을, 내 말을 들은 적이 없지만 나를 믿을, 앞으로 올 백성에게 주겠다.

36. 나의 징표들을 보지 못한 그들이 내 계명을 지킬 것이다.

이스라엘의 배척으로 에즈라가 이교도에게 간다

제2장

33. 나 에즈라는 호렙산에서 주님의 명령을 받고 이스라엘에게 갔다. 그러나 그들이 나를 배척하고, 계명을 거절했다.

34. 그러므로 나는 다른 민족들에게 말한다. 너희는 목자를 기다 려라. 그는 너희에게 영원한 안식을 줄 것이다. 시대의 종말에 올 그는 너희에게 가까이 와 있기 때문이다.

35. 영원한 빛이 너희를 비출 것이므로, 왕국의 보상을 받을 준비 를 하라.

36. 이 시대의 그늘에서 피하고, 너희 영광의 기쁨을 받아라.

42. 나는 시온산에서 헤아릴 수 없이 많은 사람을 보았다.

43. 그 한가운데 서 있는 청년은 다른 사람들보다도 키가 더 컸 다. 그들은 각각 왕관을 쓰고 있었다.

바빌론과 유프라데스. J. B.프레이저 작

45. 천사는 나에게 그들이 하느님의 이름을 고백한 사람들이고,
47. 그 청년은 하느님의 아들이라고 설명해주었다.

첫번째 환상

제3장

1. 우리 도시가 멸망한 뒤 39년째 되던 해에, 에즈라 또는 살라티
엘인 나는 바빌론에 살았다. 나는 침대에 누웠어도 마음이 몹시 괴
로웠다.

2. 왜냐하면 시온의 황폐와 바빌론의 번영을 보았기 때문이다.

28. 그래서 나는 마음 속으로 "바빌론 사람들의 행동이 당신 백성들의 행동보다 더 낫단 말입니까? 그렇기 때문에 바빌론이 시온을 지배한단 말입니까?

29. 내 영혼은 여기서 죄인들을 지난 30년 동안에 많이 보지 않았습니까?

30. 사악하게 행동하는 원수들을 주님은 왜 보존하고, 당신 백성은 멸망시켰습니까?

34. 우리 민족의 죄와 다른 민족들의 죄를 저울에 달아보십시오.

35. 지상의 어느 민족들이 당신의 계명을 잘 지켰습니까?

36. 개인적으로 잘 지킨 사람들은 다른 민족들 안에서 발견하겠지만, 민족 전체로서 그렇게 한 경우는 발견하지 못할 것입니다." 라고 말했다.

주님의 길을 인간은 이해할 수 없다

제4장

1. 나에게 파견된 우리엘 천사가

2. "이 세상에 대한 당신의 이해는 완전히 틀린 것이오. 가장 높으신 그분의 길을 알아들을 수 있다고 생각하는 거요?"라고 말했다.

3. 내가 그렇다고 대답했다. 천사는 세 가지 질문 가운데 하나라도 맞으면, 내가 보고싶어하는 길을 보여주고, 사람의 마음이 왜 악한지 설명해주겠다고 말했다.

5. 천사는 "불의 무게 또는 바람의 무게를 저울에 달아서 무게를 말해보시오. 또는 지나간 하루를 다시 불러오시오.

7. 바다의 가슴에는 몇 가지 주거지가 있소? 가장 깊은 곳의 원천에는 물줄기가 몇 개지요? 창공 위의 물줄기는 몇 개지요? 지옥의 출구 또는 낙원의 입구는 어디 있소? 성장하면서 체험한 것도 모르는 당신이 어떻게 가장 높으신 그분의 길을 이해할 수가 있겠소? 타락한 세상으로 이미 낡아빠진 당신이 어떻게 순수와 불멸을 이해하겠소?"라고 말했다.

13. 천사가 나에게 "나는 나무들이 많은 숲으로 갔는데, 그 숲의 나무들이 음모를 꾸몄소.

14. 그리고 '바다와 싸워서 물리치자. 그러면 우리가 더 넓은 숲을 만들 수 있을 것이다.' 라고 말했소.

15. 바다의 파도들도 바다를 넓히기 위해서 똑같은 음모를 꾸몄소.

16. 그러나 불이 와서 숲을 태워버리는 바람에 숲의 음모는 실패로 돌아갔고, 마찬가지로 모래밭이 굳게 버티고 막아선 까닭에 바다의 음모도 허사였소.

18. 당신이 만일 재판관이라면, 어느 쪽을 칭찬하고 어느 쪽을 단죄하겠소?" 라고 말했다.

19. 나는 "둘 다 어리석은 계획을 세웠지요. 육지는 숲의 몫으로 배당되었고, 파도들이 일어나는 곳은 바다의 몫으로 준 것이기 때문입니다."라고 대답했다.

20. 그는 "그것은 올바른 판단이오. 그러나 당신의 경우에 관해서는 왜 그런 올바른 판단을 적용하지 않는 거요?

21. 지상에 사는 사람은 오로지 지상의 일을 이해하고, 하늘에 사는 사람은 하늘의 일을 이해할 수 있는 거요." 라고 말했다.

23. 나는 "하늘의 일을 알고 싶은 것이 아니라, 이스라엘이 왜 이교도들 손에 넘겨지고, 율법이 효력을 잃고, 기록된 계약들이 없어졌는지 알고 싶은 것입니다. 우리는 왜 메뚜기떼처럼 사라지고, 우리 목숨은 왜 안개와 같은 것입니까? 우리는 왜 자비를 받을 가치

가 없다는 것입니까?"라고 말했다.

26. 그는 "당신이 살아 있다면 볼 것이고, 오래 산다면 자주 놀랄 것이오. 왜냐하면 시대의 종말이 빨리 닥치고 있기 때문이오.

27. 이 시대는 슬픔과 연약함으로 가득 차서, 정의로운 사람들에게 약속한 것을 모두 정해진 시간에 이룰 수가 없을 것이오.

28. 악의 씨가 뿌려졌지만, 아직은 그 추수기가 안 되었소."라고 말했다.

33. 나는 "이런 일들이 언제 일어날 것입니까? 우리의 세월이 왜 짧고 사악한 것인가요?"라고 물었다.

34. 그는 "당신은 가장 높으신 그분보다 더 빨리 단축시키지 못합니다. 당신은 자신을 위해서 단축시키지만, 그분은 많은 사람을 위해서 단축시키기 때문이지요.

35. 정의로운 영혼들이 언제까지 기다려야 하느냐고 이미 물었소.

36. 그리고 에레미엘 대천사는 정의로운 영혼들의 숫자가 완전히 채워질 때 시대가 끝날 것이라고 대답했소."라고 말했다.

38. 나는 "악에 물든 우리들 때문에 추수의 시기가 늦어지는 것인지도 모릅니다. 지상의 사람들이 짓는 죄 때문에도 그럴지 모릅니다."라고 말했다.

40. 그는 "임신한 지 9개월이 되었을 때, 배가 아기를 더 오래 간직할 수 있는지 임산부에게 물어보시오."라고 말했다.

41. 나는 더 이상 버틸 수가 없다고 대답했다.

42. 그는 "하데스에서는 영혼의 방들이 그러한 배와 같소. 그 방들은 자기가 맡은 영혼들을 빨리 되돌려주고 싶어하지요.

43. 그러면 당신이 보고싶어하는 것들이 드러날 거요."라고 말했다.

44. 나는 "지나간 세월보다 종말 때까지 앞으로 올 세월이 더 많습니까?"라고 물었다.

47. 그는 "내 오른쪽에 서시오. 비유를 설명해주겠소."라고 말했다.

48. 불타는 용광로가 지나가고 연기가 남았다.

49. 이어서 물기를 머금은 구름이 지나가면서 폭우를 쏟아부었다. 그러나 물방울들이 구름에 남았다.

50. 그는 "스스로 생각해 보시오. 비 전체는 남은 물방울보다 많고, 불은 연기보다 큰 것이오."라고 말했다.

51. 나는 "그 시기까지 내가 살아 있을 것입니까? 또는 누가 그 시기에 살아 있을 것입니까?"라고 물었다.

52. 그는 "그 시기의 징표들에 관해서는 일부 내가 말해주겠지만, 당신의 수명에 관해서는 내가 모릅니다.

다가오는 종말의 징표들

제5장

1. 그날이 다가오는 징표를 보시오. 그때에는 지상의 사람들이 엄청난 공포에 사로잡히고, 진리의 길이 감춰지고, 그러면 땅에는 신앙이 없어질 것이오.

2. 불의가 그 어느 때보다도 증가하고,

3. 당신이 지금 보는 땅은 황폐하고 짓밟히며, 사람들이 그것을 볼 것이오.

4. 가장 높으신 그분이 당신을 그때까지 살게 한다면, 당신은 세 번째 시기가 지난 뒤의 혼란을 볼 것이오. 태양이 갑자기 밤에 빛나고, 달이 낮에 빛날 것이오.

5. 나무에서 피가 떨어지고, 돌이 자기 목소리를 낼 것이오. 백성들이 시달리고, 별들이 떨어질 것이오.

6. 지상에 거주하는 사람들이 기대하지 않는 그가 다스릴 것이고, 새들이 모두 함께 날아가버릴 것이오.

7. 소돔의 바다(사해)에서 고기가 잡히고, 많은 사람이 모르는 그가 밤에 목소리를 내면 모두 그 목소리를 들을 것이오.

8. 수많은 곳에서 혼란이 발생하고, 불이 자주 일어나며, 야수들이 돌아다니고, 월경하는 여자들이 괴물들을 낳을 것이오.

9. 단물 속에서 짠물이 발견되고, 친구들이 서로 정복하며, 이성과 지혜가 자취를 감출 것이오.

10. 많은 사람이 지혜를 찾지만 발견하지 못하고, 지상에서는 불의와 무절제가 판을 칠 것이오.

12. 사람들이 희망을 걸지만 얻지 못하고, 일을 하지만 번영하지 못할 것이오."라고 말했다.

14. 그러자 나는 잠을 깼다. 온몸이 떨리고, 나의 영혼은 지쳐서 기절했다.

15. 그러나 천사가 원기를 회복시켜서 일으켜주었다.

16. 두번째 밤에 백성의 우두머리인 팔티엘이 찾아와서 "어디 갔었습니까? 양떼를 늑대 무리의 손에 맡기는 목자처럼 우리를 다시는 떠나가지 마십시오."라고 말했다.

20. 나는 7일 동안 단식하고 울면서 기도했다.

두번째 환상

23. 나는 가장 높으신 그분 앞에서 "당신은 지상의 모든 나무 가운데서 포도나무를, 모든 땅 가운데서 한 곳을, 그리고 모든 꽃 가운데서 백합을 선택했습니다.

26. 그리고 한 백성을 선택했습니다.

30. 당신이 정말 당신 백성을 미워한다면, 직접 당신 손으로 처벌하십시오."라고 말했다.

40. 그는 나에게 "너는 나의 판단을 알아낼 수 없다. 내가 나의 백성에게 약속한 사랑의 목표도 너는 알 수 없다."고 말했다.

42. 그는 "나의 심판은 둥그런 원과 같다. 마지막에 살아남은 사람들에게는 심판이 늦게 오고, 처음에 살았던 사람들에게는 심판이 서둘러서 닥치는 것도 아니다."라고 말했다.

시대의 종말

제6장

6. 그는 "태초에 나는 이 모든 것을 계획했다. 그것들은 나를 통해서 창조되었고, 또 종말은 나를 통해서 올 것이다.

13. 네 두 다리로 일어서라. 그러면 커다란 목소리를 들을 것이다.

14. 네가 서 있는 곳이 심하게 흔들린다고 해도 두려워하지 마라."고 말했다.

17. 무수한 파도가 밀려오는 소리와 같은 목소리가 들렸는데,

20. 그 목소리는 "그때 나는 이러한 징표들을 줄 것이다. 하늘에서 책들이 펼쳐지고 모든 사람이 그것들을 볼 것이다.

21. 한 살 먹은 아이들이 목소리를 내서 말하고, 임신한 여인들이 3-4개월 만에 조산하며, 조산된 아이들이 살아서 춤을 출 것이다.

22. 밭에 뿌린 씨들이 갑자기 사라지고, 가득 찼던 곳간들이 갑자기 텅 빌 것이다.

23. 나팔 소리가 크게 들리면, 그 소리를 모두 듣고 공포에 질릴

것이다.

24. 친구들끼리 원수처럼 싸우고, 강물들의 원천이 말라붙어서 3시간 동안 흐르지 않을 것이다.

25. 이 모든 것이 일어난 뒤에도 남아 있는 사람들은 나의 구원, 그리고 나의 세상의 종말을 볼 것이다.

26. 그들은 죽음을 맛보지 않고 뒤로 들어올려진 사람들을 볼 것이다. 또한 대지의 주민들의 마음이 다른 정신으로 변할 것이다.

27. 왜냐하면 악이 사라지고, 속임수가 소멸하며,

28. 충실함이 번성하고, 부패가 극복되고, 오랫동안 결실이 없던 진리가 드러날 것이기 때문이다."라고 말했다.

세 번째 환상

38. 나는 "오, 주님, 태초의 첫째날에 당신은 '하늘과 땅이 만들어져라.' 하고 말했습니다. 그러자 당신의 말이 그대로 이루어졌습니다.

39. 위에서 성령이 움직이고, 암흑과 침묵이 모든 것을 뒤덮었습니다. 사람의 목소리는 아직 거기 없었습니다.

40. 이윽고 당신은 당신의 업적들이 모습을 드러내게 만들기 위해서 보물 창고에서 한 줄기의 빛을 꺼내왔습니다.

41. 둘째 날에 당신은 하늘의 천사를 창조하고, 그에게 물들을 둘로 나누어서 하나는 위로, 하나는 아래로 가도록 하라고 지시했습니다.

42. 셋째 날에 당신은 지구의 7분의 1에 해당하는 한 곳으로 물들이 모이도록 명령했고, 7분의 6은 마른땅으로 삼아서 나무와 곡식

이 경작되도록 했습니다.

43. 당신 말에 따라서 그대로 이루어졌습니다.

45. 넷째 날에 당신은 해와 달의 광채를 만들고, 별들을 배치시켰으며,

46. 그들에게 앞으로 창초될 사람들에게 봉사하라고 명령을 내렸습니다.

47. 다섯째 날에는 물이 모여 있는 지구의 7분의 1에서 생물들과 새와 물고기들이 나오게 했습니다.

49. 생물 가운데 두 가지를 만들고, 하나는 베헤모트, 또 하나는 레비아탄이라고 불렀습니다.

50. 물이 모인 그 7분의 1은 이 두 생물을 한꺼번에 담을 수가 없어서,

51. 베헤모트에게는 산이 천 개나 있는 마른땅을 주고,

52. 레비아탄에게는 물이 모인 그 7분의 1을 주었습니다. 당신은 당신이 원하는 시기에, 당신이 선택한 사람들에게 그들을 먹이로 줄 것입니다.

53. 여섯째 날에는 가축과 짐승과 기는 생물들을 만들고, 아담에게 만물을 다스리게 했습니다. 그리고 아담으로부터 우리 모두가 나왔고, 당신이 선택한 백성도 나왔습니다."라고 말했다.

메시아의 왕국

제7장

26. 천사가 나에게 "내가 예언한 징표들이 나타나는 그날이 오면, 지금은 보이지 않는 도시가 그때 나타나고, 숨어 있던 땅이 드러날

것이다.

28. 내 아들 구세주가 자기와 함께 있는 사람들과 더불어 드러날 것이고, 그날까지 남아 있던 사람들은 4백 년 동안 기뻐할 것이다.

29. 그리고 이 4백 년이 지나면 내 아들 구세주, 그리고 숨을 쉬던 모든 사람들이 죽을 것이다.

30. 또한 온 세상이 마치 첫번째의 태초에 이른 것처럼, 7일 동안 태초의 침묵으로 돌아갈 것이다.

31. 이 7일이 지나면, 아직 잠을 깨지 않았던 세상이 눈을 뜨고, 썩어버릴 것들은 사라질 것이다.

32. 그러면 땅은 그 안에서 잠자는 사람들을 내놓고, 커다란 방들이 붙잡아두었던 영혼들을 내어놓을 것이다."라고 말했다.

50. 그는 또한 "가장 높으신 그분은 세상을 하나가 아니라 두 개를 만들었다.

51. 네가 말한 것처럼, 정의로운 사람은 매우 적고, 불경스러운 사람들은 매우 많기 때문이다.

60. 나는 구원을 받는 극소수 때문에 기뻐할 것이다.

61. 나는 멸망하는 대다수를 위해서 슬퍼하지 않을 것이다."라고 말했다.

인류의 운명에 대한 탄식

116. 나는 "땅이 아담을 만들어내지 않았더라면, 만들어냈다 해도 죄를 짓지 못하게 했더라면 더 좋았을 것입니다.

117. 현세에서 슬픔 속에 살다가 죽은 뒤에는 처벌을 받아야 한다면, 사람들에게 무슨 이익이 있는 것입니까?

119. 우리에게 영원한 시대가 약속되었지만, 우리가 죽음을 초래하는 행동을 한다면 무슨 소용이 있습니까?

120. 영원한 희망이 약속되었지만, 우리가 그것을 얻을 수 없다면 무슨 소용이 있습니까?

123. 낙원이 드러나지만, 우리가 거기에 들어갈 수 없다면 무슨 소용이 있습니까?"라고 말했다.

127. 그는 "지상에 태어난 자는 누구나 경쟁을 거쳐야 한다. 지는 자는 처벌을 받고, 이기는 자는 상을 받을 것이다."라고 대답했다.

네번째 환상

제9장

38. 내 오른쪽에 있는 여인이 큰 소리로 통곡하면서 탄식했는데, 그녀는 옷을 찢고 머리에 재를 뿌렸다.

42. 내가 이유를 물어보자,

43. 그녀는 "남편과 30년을 살았는데도 제가 아이를 낳지 못하기 때문이지요.

44. 날마다 밤낮으로 가장 높으신 그분에게 간청을 했어요.

45. 하느님이 당신 하녀의 비참한 상태를 굽어보시고 아들을 낳게 되었어요.

47. 그 아들이 장성한 뒤에 저는 며느리를 골라서 결혼 날짜를 잡았어요.

네번째 환상(계속)

제10장

1. 그런데 아들이 신방에 들어간 뒤에 쓰러져서 죽었지요.

2. 우리는 등불을 모두 끄고, 모든 이웃 사람들이 저를 위로했어요.

3. 그 다음날 저는 집에서 나와 여기 왔지요.

4. 저는 다시 저 도시로 돌아가지 않겠어요."라고 말했다.

5. 나는 화가 나서 "세상에서 가장 어리석은 여자여, 우리에게 무슨 일이 일어났고, 또 우리가 모두 통곡하고 있다는 것을 모르시오?

10. 우리 모두가 시온으로부터 태어나서 거의 대부분이 멸망하게 되어 있소.

11. 우리의 어머니인 시온은 자식의 대부분을 잃었는데, 당신은 아들 한 명을 잃었다고 통곡하는 거요?

17. 도시에 있는 당신 남편에게 돌아가시오."라고 말했다.

18. 그녀는 "저는 돌아가지 않겠어요. 여기서 죽을 거예요."라고 대답했다.

20. 나는 "시온의 고통과 예루살렘의 슬픔을 보고 당신은 위안을 받으시오.

21. 우리 제대가 파괴되고 성전이 무너졌소.

22. 촛대의 불이 꺼지고, 계약의 궤가 약탈당했소. 사제들이 산 채 불에 타죽고, 우리 처녀들과 아내들이 더럽혀졌소.

23. 시온이 영광의 봉인을 잃었소."라고 말했다.

25. 그녀의 얼굴이 갑자기 엄청난 광채를 발산하고, 번개처럼 변했다.

26. 그리고 그녀가 갑자기 무시무시하게 큰 소리를 내지르자, 땅이 흔들렸다.

27. 여인은 더 이상 보이지 않고, 그 자리에 거대한 초석들을 가진 도시가 나타났다.

44. 우리엘 천사가 나에게 "네가 본 그 여인은 시온이다.

45. 그리고 30년 동안 아이를 낳지 못했다는 것은 3천 년 동안 제물이 봉헌되지 않았다는 의미다.

46. 또한 3천 년이 지난 뒤 솔로몬이 도시를 건설하고 제물을 바쳤다. 그 도시가 여인이 낳은 아들이다.

47. 그 아들이 죽은 것은 예루살렘의 멸망이다.

50. 가장 높으신 그분은 네가 진심으로 애도하고 그녀를 위해서 슬퍼하는 것을 보고는 그녀의 영광과 아름다움을 보여준 것이다." 라고 말했다.

다섯번째 환상(독수리)

제11장

1. 바다에서 나온 독수리 한 마리를 보았는데, 그는 머리가 셋이고, 날개가 열두 개였다.

2. 그는 온 땅 위에 날개를 폈고, 하늘의 모든 바람이 그에게 불어왔고, 구름들이 그 주위에 몰려들었다.

3. 그의 날개에서 작은 날개들이 돋아났고, 가운데 머리가 양쪽 머리들보다 더 컸다.

5. 그는 날아다니면서 지상의 모든 것을 지배했다.

7. 그는 자기 날개들에게 큰 소리로 "모두 동시에 살펴보지 마라. 잠을 자다가 자기 차례가 되면 감시하라. 머리들은 마지막을 위해서 남겨둬라." 하고 말했다.

10. 그의 목소리는 머리들이 아니라 몸 한가운데서 나오는 것이다.

11. 작은 날개는 모두 여덟 개였다.

12. 그의 오른쪽에서 날개 하나가 일어나 온 땅을 지배했다.

13. 온 땅을 지배하는 동안 그 날개는 최후를 맞이하여 사라지고, 그 날개가 있던 자리는 보이지 않았다. 다른 날개가 일어나 오랫동안 지배했다.

14. 그 날개도 첫번째 날개처럼 사라졌다.

22. 이렇게 차례로 열두 개의 큰 날개와 두 개의 작은 날개가 사라졌고, 독수리의 몸에는 쉬고 있는 머리들과 작은 날개 여섯 개만 남았다.

24. 작은 날개 두 개가 떨어져나와서 오른쪽 머리 밑에 붙었다.

26. 하나가 지배하려고 일어났다가 갑자기 사라지고, 또 하나는 더 빨리 사라졌다.

28. 다른 두 날개가 공동으로 지배하려고 음모했다.

29. 그때 가운데 머리가 잠을 깼다.

31. 그 머리는 다른 머리들과 연합하여 작은 날개 두 개를 잡아먹었다.

32. 그리고 이 머리가 사라진 모든 날개들의 권력보다 더 큰 권력을 휘둘러 온 땅을 지배하고, 주민들을 더욱 가혹하게 다스렸다.

33. 가운데 머리도 갑자기 사라졌다.

35. 오른쪽 머리가 왼쪽 머리를 잡아먹었다.

37. 사자와 비슷한 짐승이 숲에서 나와 독수리에게 사람의 목소리로 이렇게 말했다.

38. "가장 높으신 그분이 네게

39. '너는 내 시간의 끝이 지상에 이르도록 하기 위하여 창조한 네 마리 짐승 가운데 하나가 아니냐?

40. 너는 앞에 있던 세 마리를 정복하고, 지상을 공포와 속임수로

다스렸다.

42. 너는 온순한 사람들을 억압하고 평화로운 사람들을 해쳤다. 그리고 진리를 말하는 사람들을 미워하고, 거짓말하는 사람들을 사랑했다.

45. 그러므로 네 가치 없는 몸 전체가 사라질 때가 왔다.

46. 온 땅이 네 폭력에서 해방될 것이다.' 라고 말한다."

독수리 환상에 대한 해설

제12장

11. 그는 "네가 본 독수리는 네 형제 다니엘의 환상에 나타난 제4의 왕국이다.

12. 그러나 다니엘은 그것에 관한 해설을 듣지 못했다.

13. 한 왕국이 일어날 것인데, 그것은 과거의 모든 왕국들보다 더 무시무시할 것이다.

14. 열두 명의 왕들이 차례로 다스리고,

15. 두 번째 왕이 가장 오래 지배할 것이다.

16. 열두 개의 날개는 열두 명의 왕을 의미한다.

26. 가운데 머리, 즉 지배하는 왕은 지독한 고통 중에 침대에서 죽을 것이다.

27. 그러나 나머지 두 머리, 즉 왕들은 칼로 살해될 것이다.

32. 그리고 숲에서 나온 사자는 마지막 시기에 나타날 구세주이고, 그는 다비드의 가문에서 나올 것이다." 라고 말했다.

여섯번째 환상(바다에서 나온 사람)

제13장

2. 바람이 몹시 불고 파도가 거칠게 일어났다.

3. 그러자 바다 한가운데서 사람의 형상을 한 것이 솟아났다. 이 윽고 한 사람이 구름들을 타고 날아다녔는데, 그의 눈길이 닿는 곳 에서는 모든 것이 떨고,

4. 그의 목소리를 듣는 것은 모두 초와 같이 녹아내렸다.

5. 하늘의 사방에서 무수한 사람들이 몰려들어 바다에서 나온 그 사람과 싸웠다.

6. 그는 거대한 산을 만들고, 그 위로 날아올라갔다.

9. 그는 아무런 무기도 손에 들지 않았다.

10. 그러나 그의 입에서는 불길이 강물처럼 흘러내렸고, 입술에서 는 불타는 입김이 나왔다.

11. 무수한 적이 잿더미로 변했다.

12. 그는 산에서 내려와 평화로운 다른 무리를 불러모았다.

13. 수많은 사람이 모였는데, 기뻐하는 사람들도 있고 슬퍼하는 사람들도 있었다. 어떤 사람들은 묶여 있고, 어떤 사람들은 다른 사람들을 끌고왔다.

26. 그는 "바다에서 나온 사람은 구세주다.

35. 그는 시온 산 위에 서 있을 것이다.

40. 그리고 평화로운 사람들은 아시리아의 왕 샬마네세르에게 포 로로 끌려간 열 개의 부족이다."라고 말했다.

에즈라의 환상

단테의 〈신곡〉의 기초가 된 문헌

해설

단테가 〈알베리히의 환상〉이라는 문헌을 자료로 삼고 거기서 영감을 얻어서 신곡을 저술했다는 것은 단테를 연구하는 학자들이 공통적으로 인정하는 바다. 그런데 중세 때 저술된 〈알베리히의 환상〉은 고대 문헌인 이 〈에즈라의 환상〉에 의거해서 저술된 것이다. 따라서 〈에즈라의 환상〉은 단테의 신곡의 기초가 된 문헌이라고 본다.

이것은 서기 350년에서 600년 사이에 익명의 그리스도교 신자가 확인되지 않는 장소에서 그리스어로 저술하였고, 그것이 라틴어로 번역되어 중세기 때 유럽 사회에 유포되었다. 11세기에서 13세기 사이에 필사된 라틴어 필사본 7종류가 전해지고 있다.

1. 에즈라가 주님에게 "오, 주님, 죄인들의 심판을 볼 때 제가 두려워하지 않도록 용기를 주십시오."라고 기도했다.

2. 그의 기도에 따라, 지옥의 일곱 천사들이 그를 불타는 지역의 70층으로 운반했다.

3. 그는 불타는 문들을 보았는데, 문 앞에 누워 있는 사자들은 입과 콧구멍과 눈에서 가장 세찬 불길을 내뿜었다.

4. 가장 힘이 센 사람들이 거기를 통과했는데, 불길이 그들을 해치지 못했다.

5. 에즈라는 "무사히 통과하는 저 사람들은 누구입니까?"라고 물었다.

6. 지옥의 천사들이 "그들은 좋은 평판이 하늘에 닿은 정의로운 사람들인데,

7. 아낌없이 자선을 베풀고, 헐벗은 사람들에게 옷을 주었으며, 선한 의욕을 품고 살았소."라고 대답했다.

8. 다른 사람들이 그 문들을 통과했을 때, 개들이 그들을 갈기갈기 찢었고, 불길이 태워버렸다.

10. 천사들은 "그들은 주님을 부정했고, 주님의 날에 여자들과 함께 죄를 지었소."라고 대답했다.

11. 에즈라는 "주님, 죄인들에게 자비를 베풀어주십시오."라고 말했다.

12. 그들이 에즈라를 50층 아래로 데리고 갔는데, 그는 선 채 고문당하는 사람들을 보았다.

13. 천사들이 그들의 얼굴에 불을 던지기도 하고, 불타는 채찍으로 후려갈겼다.

14. 땅이 큰 소리로 "그들은 나에게 불경스러운 짓을 했기 때문에 사정을 보지 말고 후려쳐주시오."라고 부르짖었다.

16. 천사들은 "그들은 기혼 여자들과 동거했소. 즉 기혼 여자들은

남편들을 위해서가 아니라, 그들을 기쁘게 하고 사악한 욕정을 일으키려고 몸을 치장했던 것이오."라고 말했다.

19. 천사들이 그를 남쪽으로 데리고 갔다. 불 속에 가련한 사내들과 여자들이 매달린 채, 천사들이 휘두르는 불타는 몽둥이에 얻어맞고 있었다.

21. 천사들은 "그들은 사악한 욕정을 품고 자기 어머니와 동거한 사람들이오."라고 대답했다.

23. 천사들이 그를 다시 불타는 지역의 더 아래쪽으로 데리고 내려갔다. 거기 유황과 역청이 성난 파도처럼 부글부글 끓는 커다란 가마솥이 보였다.

24. 정의로운 사람들은 거기 들어가서도 마치 이슬이나 찬물 위를 걸어가는 것처럼 불타는 파도 위를 걸어갔고, 주님의 이름을 찬미했다.

26. 천사들은 "그들은 하느님과 거룩한 사제들 앞에서 날마다 고백을 잘 했고, 열심히 자선을 베풀었으며, 죄와 싸웠소."라고 대답했다.

27. 이윽고 죄인들이 그곳을 건너가려고 했을 때, 지옥의 천사들이 와서 그들을 불타는 강물 속으로 가라앉혀버렸다.

28. 그들은 불 속에서 "주님, 우리에게 자비를 베풀어주십시오."라고 소리쳤다. 그러나 그는 자비를 베풀지 않았다.

29. 목소리는 들렸지만, 불과 고뇌 때문에 몸은 보이지 않았다.

32. 천사들은 "그들은 날마다 욕정에 빠져 방탕했고, 나그네를 영접하지 않았으며, 자선도 베풀지 않았소. 또한 남의 재산을 불법으로 차지했고, 사악한 욕정을 품었기 때문에 고뇌하는 거요."라고 대답했다.

34. 종전과 같이 그가 걸어갈 때, 어두운 곳에서 영원히 죽지 않는 벌레를 보았다. 그 벌레의 크기는 측정할 수가 없을 정도였다.

35. 그것의 입 앞에는 수많은 죄인들이 서 있었는데, 벌레가 숨을 들이마시면 죄인들이 파리떼처럼 입 속으로 빨려들어가고, 숨을 내쉬면 다른 색깔로 변해서 모두 튀어나왔다.

36. 천사들은 "그들은 각종 악행을 저질렀고, 고백이나 참회를 하지 않았소."라고 대답했다.

37. 에즈라는 한 사람이 불타는 옥좌에 앉아 있는 것을 보았다. 신하들이 불 속에 선 채 그를 둘러싸고 시중을 들고 있었다.

38. 천사들은 "그는 오랫동안 왕 노릇을 한 헤로데인데, 유데아의 베들레헴에서 주님 때문에 남자 아기들을 살해했다오."라고 대답했다.

39. 에즈라는 "주님, 정당한 심판을 내려주십시오."라고 말했다.

40. 그는 걸어갔다. 그리고 묶여 있는 사람들을 보았는데, 천사들이 가시로 그들의 눈을 찌르고 있었다.

42. 천사들은 "그들은 방황하는 사람들에게 괴상한 길을 가르쳐주었소."라고 대답했다.

43. 그는 3백 킬로그램이나 되는 쇠사슬을 목에 감은 채 거의 죽어가는 모습으로, 서쪽으로 오고 있는 처녀들을 보았다.

45. 천사들은 "그들은 결혼하기 전에 처녀성을 더럽힌 여자들이오."라고 대답했다. 거기 무수한 노인들이 엎어져 있는데, 그들 위로 펄펄 끓는 쇠와 납이 퍼부어졌다.

46. 천사들은 "그들은 율법의 박사들로서 세례와 주님의 법을 제대로 알지 못했고, 말로만 가르치고 실천하지 않아서 이렇게 처벌되는 거요."라고 대답했다.

48. 그는 또한 석양을 등진 채 불길이 맹렬하게 타오르는 용광로를 보았다. 이 세상의 수많은 왕들과 지배자들이 거기 집어던져졌는데,

49. 무수한 가난한 사람들이 그들을 고발하면서 "저들은 권력으

로 우리를 해쳤고, 자유인들을 노예로 삼았습니다."라고 소리쳤다.

50.   유황과 역청이 불타는 다른 용광로에는 부모의 지시로 악행을 저지르고 입으로 남을 해친 아들들이 들어갔다.

51.   가장 어두운 곳의 용광로에는 수많은 여자들이 처넣어졌다.

52.   천사들은 "그들은 간통으로 애를 낳은 뒤에 그 애를 살해한 여자들이오."라고 대답했다.

53.   그리고 살해된 아이들이 그 여자들을 고발하고 "주님이 우리에게 주신 영혼을 이 여자들이 빼앗아갔습니다."라고 말했다.

56.   미카엘과 가브리엘이 와서 에즈라에게 "하늘에 들어와라." 하고 말했다.

57.   에즈라는 "죄인들에 대한 심판을 모조리 보기 전에는 그럴 수 없소."라고 대꾸했다.

58.   천사들이 그를 불타는 지역의 더 아래쪽인 14층까지 데리고 갔다. 치솟는 불길 근처에 누워 있는 사자들과 개들이 보였다. 정의로운 사람들은 그 짐승들을 지나서 낙원으로 들어갔다.

59.   수만 명의 정의로운 사람들의 집이 그 어느 때보다도 가장 찬란하게 빛나는 것을 보았다.

60.   그것을 본 뒤에 그는 하늘로 올라가서 무수한 천사를 만났다. 천사들이 그에게 "죄인들을 위해서 주님에게 기도하시오."라고 말했다. 천사들이 그를 주님 앞에 내려놓았다.

61.   그가 "주님, 죄인들에게 자비를 베풀어주십시오."라고 말했다. 주님은 "에즈라야, 그들이 각자의 행동에 따라서 처벌을 받도록 내버려둬라." 하고 말했다.

62.   그는 "주님은 풀을 먹으면서도 찬미하지 않는 짐승들에게 우리에게 한 것보다 더 큰 자비를 베풀었습니다. 짐승들은 죽어도 죄가 없고, 우리는 살아 있든 죽었든 당신이 고문을 합니다."라고 말했다.

63. 주님이 "나의 모습으로 내가 사람을 창조했고, 죄를 짓지 말라고 명령했다. 그러나 그들은 죄를 지었다. 그래서 고문을 당하는 것이다.

64. 그리고 선택받은 사람들이란 고백과 참회와 관대한 자선 때문에 영원한 안식으로 들어가는 사람들이다."라고 말했다.

65. 그래서 에즈라는 "정의로운 사람들은 처벌을 받지 않도록 무엇을 합니까?"라고 말했다.

66. 주님은 "주인을 위해서 일을 잘한 하인이 자유의 몸이 되듯이, 정의로운 사람들도 하늘의 왕국에서 상을 받을 것이다."라고 말했다. 아멘.

제5부

기타 문헌

아리스테아스의 편지

구약의 그리스어 번역 과정과 교훈

해설

이것은 모세의 히브리어 율법서(모세 5경)를 72명의 학자가 모여서 72일 만에 그리스어로 번역한 일에 관한 이야기다. 그러나 구약 성서의 그리스어 번역에는 실제로 수백년이 걸렸다는 것이 역사적 사실이다.

이것은 알렉산드리아의 유태인이 기원전 130년경에 그리스어로 저술했다고 본다. 여기 기록된 번역 사업은 기원전 270년에 죽은 유명한 여왕 아르시노에 시절에 있었던 것이다.

역사상 최초의 도서 수집가인 프톨레미우스 2세 필라델푸스(기원전 283~247)가 알렉산드리아의 도서관을 온 세상의 모든 책으로 채우려 했다. 그는 유태인 포로 10만명을 해방하는 대신에 유태인들의 율법서 한 권을 구한다. 역사상 가장 비싼 책값이다.

유태인의 사상과 그리스 문화의 조화를 모색하는 이 문헌은 유태인의 율법, 지혜 그리고 지식을 가장 잘 선전해준다. 또한 그리스 문명의 왕권 이론에 관해서도 좋은 자료가 된다.

율법서를 얻기 위해 유태인 노예 10만 명을 해방한다

제1장

1. 필로크라테스여, 내가 유태인 대사제 엘레아자르를 방문한 이야기를 정리하려고 자료를 수집했고, 당신도 나의 그 방문 동기와 목적을 알고 싶어하기 때문에, 여기 그 내용을 밝히는 것입니다.

2. 나는 종교적인 목적에서 외교 사절이 되어 율법서를 가지고 있는 저명한 대사제에게 파견되었습니다.

3. 또한 유태인 포로들의 해방을 이집트 왕에게 간청하는 기회를 얻기 위한 것이기도 합니다. 이제 그 내용을 아래와 같이 알려드립니다.

11. 프톨레미우스 필라델푸스 왕의 도서관 관리인인 팔레룸의 데메트리우스는 온 세상의 모든 책들을 구입하기 위해서 막대한 자금을 받았다.

13. 하루는 왕이 그에게 도서관의 장서가 몇 권이나 되는지 물었는데, 그 자리에 나도 있었다. 그는 "현재 20만 권 이상이 수집되어 있는데, 곧 50만 권에 이를 것입니다. 그리고 유태인의 율법서를 구해서 필사해둘 가치가 있습니다."라고 대답했다.

117. 왕은 그 책을 얻기 위해서 유태인 대사제에게 편지를 쓰라고 명령했다.

18-20. 이집트 왕의 아버지는 코엘레 시리아와 페니키아를 정복했을 때, 유태인 포로를 10만 명 이상 이집트로 끌어갔다. 나는 타렌툼의 소시비우스와 왕궁 경비대장 안드레아스에게 그들의 해방을 자주 촉구하고 있었다. 10만 명 가운데 3만 명은 각 지방의 요새에서 수비병으로 근무했고 나머지는 노예였다.

28. 나는 율법서를 얻을 사절을 파견하려면 먼저 모든 노예를 해방하여 관대함을 과시하라고 왕에게 말했다.

32. 왕은 유태인 노예가 몇 명이나 되는지 물었다. 왕궁 경비대장 안드레아스가 10만 명이 조금 넘을 것이라고 대답했다.

34. 왕은 "아리스테아스가 요청하는 그 숫자는 새발의 피다!"라고 말했다.

317. 포로 해방에 필요한 돈은 1인당 20드라크마로서 총액이 400탈렌툼을 초과했다.

41. 왕이 전국에 포고문을 발표하여 3일 안에 모든 포로의 명단을 작성하라고 지시했다.

51. 포로 해방의 몸값은 어린 아이들을 위한 10탈렌툼을 포함하여 660탈렌툼을 초과했다.

율법서를 그리스어로 번역할 72명의 원로학자

제2장

2. 이집트의 모든 사무는 왕의 포고문으로 시행되었다.

4-10. 데메트리우스는 히브리어로 된 율법서의 원본이 없고, 그 동안 번역이 아무렇게나 되어왔기 때문에, 대사제에게 각 지파의 원로학자 여섯 명씩을 이집트에 파견하여 정확한 번역을 시키는 것이 좋다는 내용의 건의문을 제출했다.

11-24. 왕은 대사제에게 보내는 편지를 작성하라고 지시했다. 그 편지는 유태인 포로들의 해방에 대해 언급하고, 율법서를 히브리어에서 그리스어로 번역해야 한다고 말했다. 또한 경비대장 안드레아스와 아리스테아스를 파견하고, 대사제에게 제물 비용으로 은

100달란트를 보낸다고 했다.

25. 대사제 엘레아자르는 회신에서 왕과 아르시노에 여왕의 건강을 축원하고, 왕의 지시를 충실히 이행하겠다고 밝혔다.

48. 그리고 율법서를 히브리어에서 그리스어로 번역할 원로학자 72명과 함께 율법서를 보낸다고 말했다.

번역가들의 최고 수준

제4장

35. 번역의 과정은 아래와 같다.

36. 대사제는 인격과 학식이 가장 뛰어난 사람들을 선출했다.

37. 그들은 유태인들의 문헌뿐 아니라 그리스어에도 능통했다.

40. 그들은 항상 중용을 따랐다.

41. 그들은 오만하지 않았고, 언제나 남의 의견을 존중해서 잘 들어주었다.

43. 그들은 대사제 엘레아자르를 진심으로 존경하고 사랑했다.

44. 대사제는 번역이 끝나면 그들을 무사히 돌려보내달라고 왕에게 간청했기 때문이다.

왕과 학자들의 대화

제7장

2. 우리는 알렉산드리아에 무사히 도착했고 즉시 왕에게 보고했다.

17. 왕의 비서실장인 니카노르가 도로테우스를 불러서 유태인 학자들을 위해 모든 준비를 철저히 하라고 지시했다.

30. 학자들을 위해서 왕이 파티를 열었다.

32. 왕은 왕국을 잘 보존하는 방법이 무엇인지 물었다.

33. 학자들 가운데 가장 나이 많은 사람이 한참 생각한 뒤에 "하느님의 지속적인 관대함을 폐하께서 모방한다면 왕국의 안전을 도모할 수 있습니다. 백성들에 대한 처벌을 각자의 행동에 따라서 가볍게 해준다면, 그들이 악을 떠나서 회개하도록 만들 것입니다."라고 대답했다.

34. 왕은 모든 행동을 올바르게 하는 방법이 무엇인지 물었다.

35. 다음 학자가 "하느님이 모든 생각을 알고 있다는 것을 기억하고, 모든 것에 대해서 올바른 생각을 가지면 됩니다. 하느님을 두려워하면 올바른 목표에서 벗어날 수가 없습니다."라고 대답했다.

36. 왕은 좋은 친구를 얻는 방법을 물었다.

37. 다음 학자가 "폐하가 백성들 대다수의 이익을 연구한다는 사실을 그들이 안다면, 그들이 따를 것입니다. 그리고 폐하는 하느님이 인류에게 건강과 음식과 다른 모든 것을 철따라 공급한다는 것을 잘 아시게 될 것입니다."라고 대답했다.

38. 왕은 사람들의 칭찬을 받는 방법을 물었다.

39. 다음 학자가 "모든 사람에게 공정하게 말하고, 죄인들에게 오만하거나 폭군처럼 대하지 않는다면 칭찬을 받을 것입니다."라고 대답했다.

40. 왕은 군사적으로 항상 승리하는 방법을 물었다. 다음 학자가 "폐하께서 의무를 정의의 정신으로 수행하면서도, 군대의 힘만을 믿지는 않고 하느님의 도움을 청한다면 됩니다."라고 대답했다.

44. 왕은 삶에서 최고의 가치가 무엇인지 물었다.

45. 다음 학자가 "하느님이 우주의 주님이고, 우리의 모든 성공과 성취는 우리가 아니라 하느님이 이룬다고 아는 것입니다."라고 대답했다.

46. 왕은 재산을 잘 보존하여 후손에게 넘겨주는 방법을 물었다.

47. 다음 학자가 "모든 거래를 고상한 동기에서 하고, 후손에게 명성이나 재산에 눈이 멀지 않도록 경고하는 것입니다."라고 말했다.

48. 왕은 어떠한 일을 당해도 마음의 평정을 유지하는 방법을 물었다.

49. 다음 학자가 "사람이란 누구나 가장 큰 행복뿐 아니라 가장 심한 불행도 겪을 수밖에 없다는 사실을 분명히 깨닫는 것입니다."라고 대답했다.

51. 왕은 용기의 목적이 무엇인지 물었다.

52. 다음 학자가 "올바른 계획을 위험할 때에도 원래 의도대로 시행하는 것입니다."라고 대답했다.

왕이 질문을 계속한다

제8장

1. 다음날도 파티가 계속되었다.

4. 왕이 계속해서 부자로 사는 방법을 물었다.

5. 학자가 "자기 직책에 적절하지 않은 일을 피하고, 방종하게 행동하지 않고, 공연한 일에 돈을 낭비하지 않으며, 아랫사람들을 너그럽게 다루는 것입니다."라고 대답했다.

6. 왕이 진리를 보존하는 방법을 물었다.

7. 다음 학자가 "거짓말이 모든 사람에게, 특히 왕들에게 수치를 초래한다는 것을 인정하는 것입니다."라고 대답했다.

8. 왕이 지혜를 가르치는 방법을 물었다.

9. 다음 학자가 "폐하께서 불행을 원하지 않고 좋은 일만 닥치기를 바라는 것처럼, 그런 자세로 신하들과 죄인들을 다룬다면 고귀하고 선한 것을 부드럽게 권고하는 것이 됩니다."라고 대답했다.

10. 왕은 백성들의 친구가 되는 방법을 물었다.

11. 다음 학자가 "사람이란 날 때부터 고통과 시련을 수없이 겪게 되어 있다는 점을 잘 살펴서, 백성을 함부로 처벌하거나 가혹한 고통을 주지 않는 것입니다."라고 대답했다.

12. 왕이 나라를 다스리는 가장 근본적인 원칙을 물었다.

13. 다음 학자가 "뇌물을 받지 말고, 자기 자신을 절제하고, 정의로운 사람을 존중하여 친구로 삼는 것입니다."라고 대답했다.

15. 왕이 "왕의 기본 자세가 무엇인가?"라고 물었다.

16. 다음 학자가 "자기 자신을 잘 다스리고, 재산이나 명성이나 더러운 욕망에 흔들려서 그릇된 길을 걷지 않는 것입니다. 올바른 사람답게 생각을 하고, 통치에 필요한 것을 제외하고는 다른 것을 탐내지 않는 것입니다."라고 대답했다.

29. 다음날 왕이 질투에서 벗어나는 방법을 물었다.

30. 다음 학자가 "왕들에게 영광과 재산을 주는 것이 하느님 자신이고, 어느 왕이든 자기 힘으로 왕 노릇을 하는 사람은 없다고 생각하는 것입니다."라고 대답했다.

31. 왕이 원수를 경멸하는 방법을 물었다.

32. 다음 학자가 "모든 사람에게 친절을 베풀어 그들의 우정을 얻으면, 폐하는 그 누구도 두려워할 필요가 없습니다. 모든 사람에게 인기가 있다는 것은 하느님의 가장 큰 선물입니다."라고 대답했다.

왕이 질문을 계속한다

제9장

3. 다음날도 계속된 파티에서 왕이 건강에 가장 유익한 것이 무엇인지 물었다.

4. 다음 학자가 "절제입니다."라고 대답했다.

5. 왕이 부모에게 감사하는 방법을 물었다.

6. 다음 학자가 "부모를 괴롭히지 않는 것입니다."라고 대답했다.

13. 왕이 공포에서 해방되는 방법을 물었다.

14. 다음 학자가 "자기 양심에 꺼리는 일이 전혀 없고, 하느님의 고상한 충고를 따르는 것입니다."라고 대답했다.

17. 왕이 안락한 생활과 쾌락을 피하는 방법을 물었다.

18. 다음 학자가 "늘 무수한 백성의 행복과 복지를 증진시키는 방안만 궁리하는 것입니다."라고 대답했다.

22. 다음날 왕이 가장 심한 태만이 무엇인지 물었다.

23. 다음 학자가 "자녀들의 교육을 소홀히 하는 것입니다."라고 대답했다.

24. 왕이 애국자가 되는 길을 물었다.

25. 다음 학자가 "자기 나라에서 살다가 죽는 것이 가장 좋다고 생각하는 것입니다. 외국에서 살면 가난한 자는 경멸을 받고, 부자

는 수치를 당합니다."라고 대답했다.

26. 왕이 아내와 화목하게 사는 방법을 물었다.

27. 다음 학자가 "여자란 원래가 완고하고 자기 욕망만 추구하며, 변덕이 심하고 연약하니까, 아내에 대해서 지혜롭게 처신하고 싸움을 피하는 것입니다."라고 대답했다.

31. 왕이 분노를 피하는 방법을 물었다.

32. 다음 학자가 "왕은 백성을 죽일 힘이 있다는 사실을 기억하는 것입니다. 왕이라는 이유만으로 분노하여 많은 사람을 죽이는 것은 가련하고 무익한 일입니다."라고 대답했다.

35. 왕이 철학은 무엇인가라고 물었다.

36. 다음 학자가 "모든 의문에 관해서 깊이 생각하고, 충동에 따르지 않으며, 격정이 미치는 피해와 결과를 저울질하고, 환경에 맞춰서 올바르게 행동하며, 중용을 실천하는 것입니다."라고 대답했다.

42. 왕이 지혜의 결실이 무엇인지 물었다.

43. 다음 학자가 "자신이 악을 행한 적이 없고 진리에 따라서 살았다고 스스로 인식하는 것입니다."라고 대답했다.

45. 다음 날 왕이 오만에서 벗어나는 방법을 물었다.

46. 다음 학자가 "사람이 평등하다는 것을 늘 생각하고 자신은 다른 사람들을 다스리는 통치자라는 사실을 기억하는 것입니다."라고 대답했다.

49. 왕은 "왕에게 가장 필요한 것이 무엇인가?"라고 물었다.

50. 다음 학자가 "신하와 백성들의 우정과 사랑입니다."라고 대답했다.

51. 왕이 연설의 목적을 물었다.

52. 다음 학자가 "반대자의 잘못을 논리 정연하게 제시하여 그를 설득하는 것입니다."라고 대답했다.

53. 왕은 한 왕국에서 여러 민족이 화목하게 사는 방법을 물었다.

54. 다음 학자는 "정의를 바탕으로 해서 각 민족을 공평하게 대우해 주는 것입니다."라고 대답했다.

55. 왕이 사람이 언제 슬퍼해야 하는지 물었다.

56. 다음 학자가 "친구가 불행을 당했을 때입니다. 악에서 해방된 죽은 자를 위해서 슬퍼하는 것을 이성이 허락하지 않지만, 사람들은 자기 자신, 그리고 자기 이익만 생각하기 때문에 죽은 자를 위해서 슬퍼합니다."라고 대답했다.

57. 왕은 명예의 상실에 관해서 물었다.

58. 다음 학자가 "교만과 지나친 자만심에 사로잡힐 때 명예가 상실되고 수치를 얻게 됩니다."라고 대답했다.

59. 왕은 누구를 신뢰해야 하는지 물었다.

60. 다음 학자가 "공포와 이기심이 아니라 선의로 섬기는 사람들입니다.

61. 자기 이익만 생각하는 사람은 배신할 마음을 품고 있기 때문입니다."라고 대답했다.

구약 성서의 번역 작업

제11장

11. 3일이 지난 뒤에 데메트리우스가 72명의 학자들을 데리고 다리를 건너서 섬으로 갔다. 그리고 파로스 북쪽 지역에 도착했다.

12. 그들을 위해 바닷가에 지은 아름답고 외딴 집에서 그들이 번역 작업을 하게 되었다. 필요한 물건은 무엇이든지 거기 마련되어 있었다.

13. 그들은 토론을 거쳐서 합의했고, 데메트리우스의 지도 아래

모든 것을 기록했다.

14. 회의는 매일 9시까지 열렸다.

20. 번역은 예정했던 대로 72일 만에 끝났다.

21. 데메트리우스가 그곳에 사는 유태인들을 모두 모은 뒤에 그 번역된 책들을 낭독해주었다.

23. 사제들과 장로들과 유태인들이 그 번역이 뛰어나고 신성하며 정확하므로, 절대로 변경이 있어서는 안 된다고 말했다.

24. 번역된 책들은 모든 사람의 동의를 얻었다.

27. 왕의 앞에서 그 책들이 낭독되자, 왕이 크게 놀라고 감탄했다.

35. 왕은 그 책들을 잘 보존하라고 지시했다.

38. 왕은 번역에 참가한 학자들에게 많은 선물과 돈을 주어서 돌려보냈다.

시빌의 신탁

클레오파트라, 줄리어스 시저 등에 관하여

해설

이 문헌은 기원전 2세기부터 서기 7세기까지에 걸쳐서 익명의 저자들이 이집트, 시리아, 소아시아, 메소포타미아 등에서 저술한 것이다.

시빌의 신탁은 주로 신학적 전통에 영향을 미쳤기 때문에, 교부들이 수백 번이나 이것을 인용했다. 그리고 로마제국의 콘스탄티누스 황제가 〈성인들에게 보내는 연설문〉에서 인용할 정도로 중요시되었다.

더욱이 시빌의 신탁은 중세기를 통해서 계속해서 추가로 저술되었고, 천년 왕국 사상, 특히 피오레의 요아킴이 주창한 천년 왕국 사상에 막대한 영향을 미쳤다. 중세기에는 티부르티나의 시빌이 매우 인기가 높았고, 가톨릭의 전례에서 사용되는 성가 〈분노의 날(디에스 이레, 토마스 아 첼라노 작사)〉에도 시빌이 등장한다.

비르질리우스, 호라시우스, 유베날리스 등의 라틴 작가들이 시빌의 신탁을 이용했고, 단테의 〈신곡〉도 죄인들의 고문 장면에 관해 시빌의 신탁에서 영향을 받았다.

미켈란젤로는 바티칸의 시스티나 성당 벽화에 여섯 명의 시빌을 그렸고, 라파엘로는 로마의 평화의 성모(산타 마리아 델라 파체) 성당에 네 명의 시빌을 그렸다. 이외에도 많은 화가가 시빌을 그렸으며, 시빌의 전통에 따른 적 그리스도를 그림의 테마로 삼았다.

신탁이라고 하면 그리스의 델피의 신탁이 유명하지만, 그리스에 국한된 현상은 아니었다. 기원전 5세기와 4세기의 자료에 따르면 시빌은 여자 예언자의 이름이었고, 많은 시빌들이 동방에서 그리스로 유입되었다고 보인다.

로마의 시인 오비디우스는 아폴로 신이 시빌에게 무한한 생명을 주었다고 말했다. 어쨌든 시빌은 수천 년을 사는 마른 몸집의 노파로 묘사된다. 고대 이교도 세계에서는 시빌을 여신으로도 취급했고, 유태인의 전통에서는 노아의 딸 또는 며느리라고 한다.

기원전 4세기부터 여러 명의 시빌이 등장하는데, 그 가운데서도 가장 유명한 것이 소아시아의 에리트레아와 마르페수스, 그리고 이탈리아의 쿠마에 출신 시빌들이다. 시빌의 숫자는 중세기 때 열두 명으로 늘어났다.

히브리 시빌을 사베 또는 삼베테라고 부르는데, 그 어원에 관해서는 시바의 여왕, 사바트(안식일), 사바오트(주님) 등 여러 가지 설이 있다.

서문과 14권으로 구성된 시빌의 신탁은 유럽에서 19세기 중엽에 처음으로 그 전체가 출판되었다.

서문

30. 라틴어 단어인 시빌은 여자 예언자, 즉 미래를 내다보는 여자라는 뜻이다. 여러 지역에서 여러 시대에 걸쳐서 살아온 시빌들은 모두 열 명이다. 최초의 시빌은 칼데아인, 즉 페르시아인인데, 그 이름은 노아의 가문에 소속된 삼베테다. 그녀는 마케도니아의 알렉산더에 관해서 예언했다고 한다.

35. 알렉산더 대왕의 전기를 저술한 니카노르가 그녀에 대해서 언급했다. 둘째는 리비아 출신 시빌인데, 에우리피데스가 〈라미아〉의 서문에서 언급했다. 셋째는 델피에서 출생한 시빌인데, 크리스푸스가 신들에 관한 논문에서 언급했다. 넷째는 이탈리아의 침메리아 출신의 시빌이다.

40. 그녀의 아들 에반데르는 로마에서 루페르쿰이라고 불리는 판(목축의 신) 신전을 건축했다. 다섯째는 에리트레아 출신의 시빌인데, 그녀는 트로이 전쟁에 관해서 예언했다. 에리트레아인 아폴로도루스가 그녀에 관해서 확인했다. 여섯째는 사미아 출신의 시빌 피토인데, 에라토스테네스가 그녀에 관해서 기록했다. 일곱째는 쿠메아 출신의 시빌인데, 이름은 아말테이아, 에로필레, 타락산드라 등이다.

46. 비르질리우스는 그녀를 글라우쿠스의 딸 데이포베라고 했다. 여덟째는 헬레스폰투스의 작은 도시 제르지티온 근처 마르메수스 마을에서 태어난 시빌인데, 헤라클레이데스 폰티쿠스가 기록한 대로 그녀는 솔론과 치루스 시절에 트로이의 국경선 안에 있었다. 아홉째는 프리지아 출신의 시빌이다. 열번째는 티부르티나 출신 시빌인데, 아보우네아라고 한다.

50. 쿠메아 출신 시빌이 자기의 예언이 담긴 책 아홉 권을 로마

왕 타르퀴니우스 프리스쿠스에게 가지고 왔다고 한다. 그녀는 은
화 300냥을 대가로 요구했으나 무시당하자 세 권을 태워버렸다.

56. 그리고 여섯 권을 가지고 가서 같은 금액을 요구했으나 다시
금 무시당하자 또 세 권을 태웠다. 나머지 세 권을 가지고 가서 똑
같은 금액을 요구했다.

60. 왕이 읽어보고 놀라서 은화 100냥을 주고 그 책들을 샀다. 그
리고 여러 지방에 흩어져 전해지는 신탁들을 수집했다.

제1권

천지 창조

5. 최고의 왕인 하느님이 온 세상을 창조했는데, 그가 "그것이 생
겨나도록 하라."고 말하자, 온 세상이 생겨났다. 그는 땅을 만들고
나서, 그 주위를 타르타루스(저승)로 둘러쌌다.

10. 그리고 밝은 빛을 주었다. 그는 하늘을 위로 올리고, 찬란한
바다를 넓게 펼쳤다. 또한 하늘의 궁륭을 반짝이는 무수한 별들로
장식하고, 땅을 식물들로 치장했다. 그는 바다에 강들을 섞고, 공
기에 향기와 구름들을 섞었다.

15. 그는 지금 눈에 보이는 모든 것을 말 한 마디로 신속하고 확실
하게 창조했다.

20. 왜냐하면 그는 스스로 탄생했고, 하늘에서 내려다보고 있었
기 때문이다. 그리고 그는 자기 모습에 따라서 아름답고 놀라운 청

년을 빚어냈다. 그는 청년에게, 불멸의 정원에서 살면서 아름다운 일에 전념하도록 했다.

25.   그러나 청년은 화려한 정원에서 혼자 살았기 때문에 대화하기를 원했다. 그래서 자기와 비슷한 다른 사람을 만들어달라고 기도했다. 하느님이 그의 옆구리에서 뼈를 하나 꺼내서 더없이 아름다운 처녀 하와를 만들어 그에게 짝으로 주었다.

30.   청년이 자기와 똑같은 모습의 그녀를 보자 갑자기 크게 놀라고 기뻐했다. 하느님이 모든 것을 보살펴주었기 때문에, 그들은 자연 발생적으로 흘러나오는 지혜로운 말로 대화했다.

35.   그들의 마음에는 욕정이 끼여들지 않았고, 수치를 느끼지 않았다. 또한 사지를 그대로 드러낸 야생 동물처럼 걸어다녔다. 하느님이 그 나무에 손을 대지 말라고 명령했다

40.   그러나 대단히 무서운 뱀이 교묘하게 그들을 속여서 죽음의 운명을 맞고, 선과 악의 지식을 얻도록 했다. 여자가 먼저 남자를 배신했다. 그녀가 그를 설득했다. 그는 여자의 말에 넘어가서 불멸의 창조주를 잊어버렸다.

45.   그들은 무화과 잎들을 엮어서 옷을 만들어 서로 입혀주었다. 그들은 수치를 알게 되었고 자기들의 행동을 감추었다.

50.   불멸의 그분이 화가 나서 그들을 불멸의 땅에서 내쫓았다. 그들은 과일이 많은 땅에서 나오자마자 곧 비통하게 울고 신음했다.

55.   그러자 하느님이 그들을 너그럽게 보아서 "번식하라. 기술을 가지고 땅을 갈아라. 땀을 흘려서 먹을 것을 얻어라."고 말했다. 그리고 뱀을 가혹하게 내쫓고 배와 옆구리로 기어다니게 만들었다. 또한 사람과 뱀 사이에 극도의 적대 관계를 설정했다.

60.   사람들이 무수하게 번식하여 각종 집과 도시와 성벽과 우물을 만들고, 지식도 늘어갔다. 그들은 매우 오랫동안 장수하면서 안락한 생활을 누렸고, 고통을 느끼지 못한 채 잠이 든 것처럼 죽었다.

70. 그러나 그들은 부모를 비웃고 모욕하는 죄를 지었다.

75. 형제끼리 싸우고 친구를 배신했다. 그리고 전쟁을 일으켜서 피를 흘렸다. 무시무시한 최후의 멸망이 하늘로부터 쏟아져서 그들을 모두 죽였다.

80. 하데스가 그들을 받았다. 아담이 최초로 죽음을 맛보고 땅에 묻혔기 때문에, 죽은 뒤에 가는 곳을 하데스의 집이라고 부른다.

85. 그러나 그들은 제1세대이기 때문에 하데스에서 명예가 있었다. 가장 정의로운 사람들이 살아남아서 올바른 행동을 하고, 고상한 목적을 추구하며, 자존심이 강하고 대단히 지혜로운 제2세대가 태어났다.

90. 그들은 농사짓는 일, 목수일, 항해, 점성술, 의약품, 마술 등을 발전시켰다.

100. 그들은 타르타루스의 무서운 집, 즉 꺼지지 않는 불이 맹렬하게 타오르는 게헤나로 갔다.

105. 그 다음에는 전쟁과 살육을 일삼는 무시무시한 제3세대가 일어났다.

110. 그 다음에는 가장 젊고 또 가장 피에 굶주린 제4세대가 나타났다.

120. 그리고 매우 열등한 제5세대가 나타났는데, 그들은 거인족보다도 더 거만하고 사악했다.

220. 모든 폭풍우가 몰려들고, 모든 샘이 입을 열어 하늘에서 쏟아지는 거대한 폭포수처럼 물을 내뿜었다. 광대한 땅이 물에 잠겼다.

265. 노아의 방주는 프리기아에 위치한 아라라트산의 정상에 머물렀다.

제3권

로마의 세계 지배

46. 로마가 이집트도 지배하고 한 가지 목표로 인도할 것이다. 그 때 불멸의 왕의 가장 위대한 왕국이 사람들에게 분명히 드러날 것이다. 왜냐하면 머지않아 거룩한 왕이 지상의 왕권을 영원히 장악할 것이기 때문이다.

50. 그러면 분노가 라틴 민족 위에 쏟아질 것이다. 세 사람이 로마를 비참한 운명으로 멸망시킬 것이다. 하늘에서 내려오는 불의 폭포가 모든 사람을 자기 집에서 죽일 것이다.

클레오파트라의 통치

75. 온 세상이 한 여자의 손으로 통치될 것이다. 과부가 온 세상을 다스리고, 금과 은을 놀라운 바다에 던지며, 하찮은 사람들의 청동과 쇠를 바다에 던질 것이다.

80. 그때 우주의 모든 것이 버림을 받을 것이다. 하늘의 천장이 모두 땅과 바다에 무너져내릴 것이다. 그침이 없는 불의 폭포가 쏟아질 것이다.

90. 그러면 위대한 하느님의 심판이 닥칠 것이다.

바벨탑

95. 그들이 아시리아 땅에 탑을 쌓을 때 모두가 한 가지 언어를 사용했다.

100. 그들은 별이 충만한 하늘에 올라가려고 했다. 그러나 불멸의 그분이 모든 바람에게 명령하여 거대한 그 탑을 위에서부터 무너뜨리도록 했다. 그리고 사람들이 서로 싸우도록 했다. 그래서 사람들이 그 도시를 바빌론이라고 불렀다.

105. 탑이 무너지고 나자 사람들의 언어가 서로 다른 발음으로 여러 갈래로 갈라지고, 온 세상이 작은 왕국으로 나뉘었다. 이것은 대홍수 이후의 제10세대 때에 일어났다.

로마에 불리한 신탁

350. 로마가 정복된 아시아로부터 아무리 많은 재물을 거두어들인다 해도, 아시아는 그 세 배를 로마로부터 받아내고 로마의 오만에 보복할 것이다. 아무리 많은 아시아 사람들이 이탈리아인들의 집에서 하인 노릇을 한다고 해도, 그 스무 배의 이탈리아인들이 아시아에서 노예 생활을 할 것이다.

355. 수많은 구혼자들과 함께 피로연에서 취한 처녀인 로마는 치장도 하지 못한 채 노예로서 결혼할 것이다. 여왕(클레오파트라)이 자주 너(로마)의 아름다운 머리카락을 자르고, 하늘에서 땅으로 너를 던져버리고,

360. 너를 다시 땅에서 하늘로 올릴 것이다. 그것은 사람들이 사

악하고 부패한 생활을 하기 때문이다. 로마는 길거리가 될 것이다.

365. 아시아에 평화가 돌아오고, 유럽이 축복을 받을 것이다.

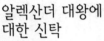
알렉산더 대왕에 대한 신탁

알렉산더 대왕의 초상

380. 마케도니아가 아시아에 가혹한 시련을 가져올 것이고, 사생아와 노예들의 후손인 크로노스 종족으로부터 유럽의 심각한 비탄이 일어날 것이다. 그녀는 튼튼한 성벽을 가진 바빌론마저도 정복할 것이다.

385. 모든 땅의 여왕이라고 불린 뒤에 그녀는 비참한 운명으로 멸망하고, 끝없이 방랑하는 후손에게 이름을 남겨줄 것이다. 그리고 번영하는 아시아 땅으로 어깨에 자주색 옷을 걸친 신앙이 없는 남자가 올 것이다. 그는 야만인이고, 정의를 모르며, 성미가 불과 같이 급하다.

390. 아시아는 가혹한 멍에를 질 것이다. 그러나 하데스가 모든 일에서 그를 따라다닐 것이다. 그의 민족은 그가 멸망시키려고 하는 아시아의 민족들 손으로 멸망할 것이다.

395. 그는 한 뿌리에서 돋아난 열 개의 뿔을 잘라버리고, 옆구리에서 다른 뿔이 돋아나게 할 것이다. 그는 용사 그리고 왕족을 낳는 사람을 죽이고, 그 자신은 전쟁을 음모하는 자기 후손의 손에

죽을 것이다.

400. 그러면 옆구리에서 돋아난 뿔이 다스릴 것이다.

구원의 왕

650. 그러면 하느님이 태양으로부터 왕을 보내고, 그는 어떤 사람들을 죽이고 어떤 사람들에게는 충성을 서약하게 만들어, 온 세상을 사악한 전쟁에서 해방할 것이다.

655. 그는 자기 계획에 따라서 이런 일을 하는 것이 아니라, 위대한 하느님의 고상한 가르침에 복종하는 것이다.

제5권

별들의 전쟁

510. 나는 불타는 태양의 위협을 별들 사이에서, 그리고 달의 어마어마한 분노를 번개 같은 섬광들 사이에서 보았다. 별들은 하느님의 명령에 따라서 서로 싸우고 있었다.

515. 태양에 대항해서 기다란 불꽃들이 싸웠고, 두 개의 뿔이 달린 달의 질주가 변경되었다. 금성이 사자궁의 등에 올라탄 채 싸우고, 마갈궁이 젊은 금소궁의 발꿈치를 깨부수고, 금소궁은 마갈궁

으로부터 그 돌아올 날을 빼앗았다.

520. 오리온 성좌는 천칭궁을 없애버렸다. 처녀궁은 백양궁 안에서 쌍둥이궁의 운명을 변경했다. 묘성은 더 이상 나타나지 않고, 용자리는 혁대를 버렸다. 쌍어궁은 사자궁의 허리띠 속에 가라앉았다. 큰게궁은 오리온을 두려워해서 자기 자리를 지키지 못했다.

525. 전갈궁은 사자궁이 무서워서 꼬리를 내리고, 천랑성은 태양의 불꽃 때문에 사라졌다. 샛별의 강력한 힘이 물병궁을 태워버렸다. 하늘 자신이 분노로 몸을 일으키고, 전쟁하는 별들을 흔들어서 땅에 떨어뜨렸다.

530. 바다에 떨어진 별들이 즉시 온 땅을 불태웠다. 그러나 하늘에는 별이 하나도 없었다.

제11권

클레오파트라

244. 늪지대인 이집트에서 여덟 명의 왕이 233년을 다스릴 것이다.

245. 그러나 그들의 가문이 멸망하고, 거기서 다른 뿌리, 즉 여자가 나올 것이다. 그녀는 사람들을 죽이고 자기 왕국을 배신할 것이다.

250. 왕자가 용사인 자기 아버지를 죽이고, 그 자신도 자기 아들의 손에 죽을 것이다. 그러나 그는 죽기 전에 다른 나무를 자라게

할 것이다. 즉시 거기서 싹이 트고, 옆에서 자라는 가지가 될 것이다. 그래서 나일강 일대에 여왕이 나오고, 그녀는 일곱 종류의 입을 가지고 바다로 나아갈 것이다.

255.   또한 그녀는 매우 사랑받는 이름을 가질 것이다. 그리고 수많은 요청을 하여 금과 은을 엄청나게 많이 거두어들일 것이다. 그녀는 자기 부하들로부터 배반을 당할 것이다. 그러면 그 땅은 다시금 전쟁과 살육을 겪을 것이다.

율리우스 카이사르(줄리어스 시저)

260.   로마를 아홉 명의 지배자가 다스리고 난 뒤에 카이사르(시저)가 마지막으로 나타나서 무시무시한 전쟁을 치를 것이다. 그는 사지를 땅에 뻗을 것이다. 로마의 자녀들이 자기네 손으로 그를 운반하여

270.   경건하게 매장하고, 그의 우정에 대한 따뜻한 추억을 간직한 채 무덤을 만들어줄 것이다. 짐승의 자식인 지도자가 로마를 창건한 이래 620년이 지나면,

275.   더 이상 독재자가 없고, 신과 같은 사람이 왕이 될 것이다.

제12권

아우구스투스

14. 서쪽 바다에서 온 용사가 로마의 위대한 주인이 될 것이다. 그의 이름은 알파벳의 첫번째 글자로 시작된다. 그가 너(로마)를 완전히 장악하면, 무수한 사람을 죽이는 전쟁을 일으킬 것이다. 그는 전쟁에서 가장 우수한 재능을 발휘할 것이다.

20. 그는 모든 민족들에게 법률을 주고, 모든 것을 굴복시킬 것이다. 그는 광대한 영토를 다스릴 것이다.

25. 로마의 그 어떠한 왕도 그보다 더 위대하지는 못할 것이다. 왜냐하면 하느님이 이 사람을 위해서 모든 것을 승인했기 때문이다.

네로

75. 무시무시한 폭군이 나타날 것이다.

80. 그는 모든 도시에서 재산이 가장 많은 사람들을 죽일 것이고, 비참한 전쟁을 일으키는 무서운 뱀이 될 것이다. 그는 또한 자기 가족들에게도 손을 대서 그들을 죽일 것이며, 운동 선수, 전투용 마차를 모는 선수, 살인자 등 수천 가지 역할을 할 것이다. 그는 산을 잘라서 바다와 바다 사이에 협곡을 만들 것이다.

85. 그는 자기를 신과 동격으로 만들 것이다. 그는 현악기를 가지

고 노래를 부를 것이다. 그후 왕국을 버리고 달아나서 비참하게 죽을 것이다.

명상록의 저자 마르쿠스 아우렐리우스

185. 그 뒤에 다스릴 사람은 지혜로운 일을 많이 알고, 선하며, 위대한 인물이 될 것이다.

190. 강력한 인물인 그는 자기 아버지의 추억을 위해 많은 업적을 이룰 것이다. 그는 즉시 로마의 성벽을 금과 은과 상아로 장식할 것이다.

195. 그는 게르만족의 모든 땅을 완전히 파괴할 것이다. 하늘의 하느님이 모든 일에 있어서 그의 요구를 들어줄 것이다.

사해문서

빛의 아들들과 암흑의 아들들의 전쟁

해설

> 이 문헌은 로마군단의 전법과 구약 시대의 전통적 전법을 동원해서 선과 악이 대결하는 내용을 기술하고 있다. 하느님의 군대가 암흑의 왕 벨리아르의 군대와 40년 동안 전쟁을 하고, 하느님의 간섭으로 이스라엘 백성이 승리를 거둔다. 물론 이 전쟁은 현실의 전쟁이 아니라, 윤리적·신학적 충돌을 의미한다.
>
> 이 문헌은 기원전 1세기 말 또는 서기 1세기 초에 저술된 것으로 보는데, 사해 근처의 쿰란 동굴에서 1940년대에 발견되었다.

빛의 아들들이 승리할 것이다

제1장

빛의 아들들이 유배지인 이교도들의 사막으로부터 돌아와서 예루살렘의 사막에 진영을 설치할 때, 레비의 아들들, 유다의 아들들, 그리고 사막에 유배당한 벤야민의 아들들이 암흑의 아들들, 즉 벨리아르의 군대, 에돔과 모압의 군대, 암몬의 아들들, 필리스티아 백성, 아시리아의 키팀의 군대, 그리고 계약을 위반한 사람들과 싸울 것이다. 그 전쟁이 끝난 뒤에 그들은 이집트의 키팀의 왕에게 가서 싸울 것이다. 그 다음에는 매우 분노하여 북쪽의 왕을 치고, 그의 힘의 뿔을 잘라버릴 것이다. 그러면 하느님의 백성을 위한 구원의 시기가 오고, 주님이 자기 백성을 모두 지배하며, 벨리아르의 사람들은 모두 멸망할 것이다. 그때 야페트의 아들들을 거슬러서 엄청난 소동이 벌어지고, 아시리아가 응원군도 없이 멸망할 것이다. 키팀 사람들의 지배가 끝나고, 따라서 악이 자취를 감출 것이다. 그리고 암흑의 아들들은 하나도 살아남지 못할 것이다.

전쟁의 대상들

제2장

대사제와 열두 명의 원로 사제들이 주님을 항상 섬길 것이다. 스물여섯 명의 사제들이 각각 임무를 수행하고, 부족마다 사제가 한 명씩 임명된다. 50세 이상의 사제들이 주님에게 향을 피워 올리고, 백성들의 죄의 용서를 빌 것이다. 첫해에는 메소포타미아와 전쟁하고, 둘째 해에는 루드의 아들들과, 셋째 해에는 시리아의 아들들의 나머지, 그리고 유프라테스 너머의 우즈, 훌, 토가르, 마시샤와 싸울 것이다. 넷째와 다섯째 해에는 아르파크샤드의 아들들과, 여섯째와 일곱째 해에는 아시리아와 페르시아의 모든 아들들, 그리고 거대한 사막에 이르는 동쪽의 백성들과 싸울 것이다. 여덟째 해에는 엘람의 아들들과, 아홉째 해에는 이슈마엘과 케투라의 아들들과 싸우고, 그후 10년 동안은 함의 아들들과 싸울 것이다.

각종 나팔에 적는 글들

제3장

집합의 나팔은 전쟁의 문들이 열리고 용사들이 전진하도록 하는 것이고, 전투 개시의 나팔, 복병의 나팔, 추격의 나팔, 다시 집결하는 나팔이 있다. 집합의 나팔에는 그들이 '주님의 부름을 받은 사람들'이라고 적을 것이다. 지휘관들의 나팔에는 '주님의 왕들', 연결의 나팔에는 '주님의 명령', 원로들의 나팔에는 '백성들의 아버지의 대표자들'이라고 적을 것이다. 그들이 집회소에 모두 모였을 때는 '거룩한 회의를 위한 주님의 증언들'이라고 적을 것이다. 야영의 나팔에는 '주님의 거룩한 진영 안의 평화'라고 적을 것이다. 진영을 해산하는 나팔에는 '원수들을 흩어버리고, 정의로움을 미워하는 사람들을 도망치게 만들며, 주님을 미워하는 자들에게 친절로 갚는 하느님의 힘'이라고 적을 것이다.

부대 단위의 나팔에는 '암흑의 모든 아들들에 대한 주님의 분노의 복수를 위한 깃발의 전열'이라고 적을 것이다. 용사들을 집합하는 나팔에는 '주님의 집회 안에서 복수의 기념'이라고 적을 것이다. 살해의 나팔에는 '주님을 믿지 않는 자들을 모두 살해하는 전투의 주님의 강력한 손'이라고 적을 것이다. 복병의 나팔에는 '사악함의 파멸을 위한 주님의 신비들'이라고 적고, 추격의 나팔에는 '주님의 분노는 암흑의 아들들이 모두 파멸할 때까지 돌아서지 않는다. 주님은 그들을 모두 죽인다.'고 적을 것이다. 전투에서 돌아올 때 부는 나팔에는 '주님이 불러모은다'고 적을 것이다. 그리고 예루살렘으로 돌아올 때의 나팔에는 '평화의 회복에 대한 주님의 환희'라고 적을 것이다.

군기들에 적어넣는 각종 문구

제4장

메라리의 군기에 그들은 '주님의 제물', 그리고 메라리와 지휘
관들의 이름을 적고, 천 명의 군대의 군기에는 '벨리아르와 그의
모든 군대에 대한 주님의 무한한 분노', 그리고 지휘관과 100인 부
대의 대장들의 이름을 적을 것이다. 1백인 부대의 군기에는 '주님
의 1백인들, 즉 죄를 짓는 모든 육체들과 싸우는 전쟁의 손', 그리
고 1백인 대장과 10인 대장들의 이름을 적을 것이다. 50인 부대의
군기에는 '주님의 힘이 사악한 자들의 진영을 파괴했다'고 적을
것이다. 10인 부대의 군기에는 '줄이 열 개 달린 하프로 부르는 주
님의 노래'라고 적을 것이다. 전투를 하려고 출발할 때 그들은 군
기에 '주님의 진리', '주님의 정의로움', '주님의 영광', '주님의 정
의'라고 적고, 전투 직전에는 '주님의 오른손', '주님의 집회', '주
님의 공포', '주님의 살육'이라고 적으며, 전투에서 돌아올 때는
'주님의 칭찬', '주님의 위대함', '주님의 찬미', '주님의 영광'이라
고 적을 것이다. 군기들에는 서열에 따라서 각각 차례대로 '주님의
집회', '주님의 진영', '주님의 부족들', '주님의 가족들', '주님의
군기들', '주님의 소집', '주님의 부름을 받은 사람들', '주님의 군
대'라고 적을 것이고, 전투 직전에는 '주님의 전쟁', '주님의 복
수', '주님의 투쟁', '주님의 보상', '주님의 힘', '주님의 평화 제
의', '주님의 권한', '오만한 모든 민족에 대한 주님의 파괴'라고
적으며, 전투에서 돌아올 때는 '주님의 구원', '주님의 지원', '주
님의 승리', '주님의 원조', '주님의 지팡이', '주님의 위로', '주
님의 찬미', '주님의 칭찬', '주님의 평화'라고 적을 것이다.

육체와 정신이 깨끗해야 전투에 참가한다

제6장

최전선에서 전투에 참가하는 사람들은 40세에서 50세, 야영하는 사람들은 50세에서 60세이며, 지휘관들은 40세에서 50세다. 전리품을 거두고 땅을 청소하고, 무기를 보관하고 음식을 공급하는 사람들은 25세에서 30세다. 청소년과 여자들은 진영에 들어갈 수 없다. 불구자들도 참가할 수 없다. 육체와 정신에 결함이 없고, 복수의 날에 준비가 된 지원자들만 전투에 참가한다. 거룩한 천사들이 함께 싸우기 때문에, 태어나서부터 전투할 때까지 깨끗하게 자신을 보존한 사람이 아니면 안 된다.

이스라엘이여, 두려워하지 마라

제9장

위대하고 무시무시한 하느님 당신이 우리와 함께 있고, 적들을 우리 앞에서 무찌르십니다. 사제들이 백성들에게 "오, 이스라엘이여, 귀를 기울여라. 두려워하지 말고 마음에 겁을 집어먹지도 마라. 원수들을 격파하고 너희를 구하기 위해 하느님이 너희와 함께 있기 때문이다."라고 말합니다.

사악한 왕국이 파멸할 날은 지정되었다

제14장

오늘은 사악함의 왕국의 왕이 파멸하도록 지정된 날이다. 주님은 미카엘의 힘으로 구출한 사람들에게 영원한 빛 속에서 영원한 도움을 주고, 이스라엘 전체에게 기쁨 속에서 빛을 주며, 주님의 백성에게 평화와 축복을 내리고, 모든 육체에 대한 미카엘의 지배와 이스라엘의 지배를 신들 가운데서 높이 들어올릴 것이다. 정의로운 사람들은 높은 장소들에서 기뻐하고, 그의 진리의 아들들은 영원한 지식 안에서 환호할 것이다. 그의 계약의 아들들인 너희는 그가 손을 흔들고, 그의 시련들을 그의 신비들로 채울 때까지 시련을 겪을 때 군세게 견디어라. 그러면 구원을 받을 것이다.〈끝〉